사건의 철학

삶, 죽음, 운명

지은이 逍雲 이정우

소운(逍雲) 이정우(李正雨)는 1959년 충청북도 영동에서 태어났고 서울에서 자랐다. 서울대학교에서 공학과 미학 그리고 철학을 공부했으며, 아리스토텔레스 연구로 석사학위를, 푸코 연구로 박사학위를 받았다. 1995~1998년 서강대학교 철학과 교수, 2000~2007년 철학아카데미 원장, 2009~2011년 어시스트윤리경영연구소 소장을 역임했으며, 현재 소운서원 원장(2008~)과 경희사이버대학교 교수(2012~)로 활동하고 있다.

소운의 사유는 '전통, 근대, 탈근대'를 화두로 한 보편적인 세계사의 서술, '시간, 사건, 생명 등'을 중심으로 하는 생성존재론(사건의 철학), 그리고 '소수자의 윤리학과 정치학'을 추구하는 실천철학의 세 갈래로 진행되어 왔다. 철학사적 저작으로는 『신족과 거인족의 투쟁』(한길사, 2008), 『세계철학사 1: 지중해세계의 철학』(길, 2011), 『세계철학사 2: 아시아세계의 철학』(길, 2018), 『소은 박홍규와 서구 존재론사』(길, 2016) 등이 있으며, 존재론적 저작으로는 『사건의 철학』(그린비, 2011), 『접힘과 펼쳐짐』(그린비, 2012) 등이, 실천철학적 저작으로는 『천하나의 고원』(돌베개, 2008), 『전통, 근대, 탈근대』(그린비, 2011), 『진보의 새로운 조건들』(인간사랑, 2012) 등이 있다. 현재는 『세계철학사 3: 근현대세계의 철학』, 『구키 슈조: 시간, 우연, 예술』을 집필하고 있다.

소운 이정우 저작집 2

사건의 철학: 삶, 죽음, 운명

발행일 초판 1쇄 2011년 4월 30일 | 초판 3쇄 2019년 5월 20일
지은이 이정우
펴낸이 유재건 • **펴낸곳** (주)그린비출판사 • **주소** 서울시 마포구 와우산로 180, 4층
전화 02-702-2717 • **이메일** editor@greenbee.co.kr • **신고번호** 제2017-000094호

ISBN 978-89-7682-358-8 94100   978-89-7682-356-4 (세트)
이 도서의 국립중앙도서관 출판예정도서목록(CIP)은 서지정보유통지원시스템 홈페이지(http://seoji.nl.go.kr)와 국가자료공동목록시스템(http://www.nl.go.kr/kolisnet)에서 이용하실 수 있습니다.(CIP제어번호: CIP2011000887)

철학이 있는 삶 **그린비출판사** www.greenbee.co.kr

사건의 철학

삶, 죽음, 운명

이정우 지음

그린비

머리말(저작집에 부침)

이 강의록은 1998년과 1999년 두 번에 걸쳐 이화여자대학교에서 특강 형식으로 이루어진 강의를 녹취해 정리한 것이다. 1998년 서강대학교를 사임하고 2000년 철학아카데미를 창설할 때를 즈음해서 내 인생과 사유에 많은 변화가 있었다. 본 저작은 이 시기에 행했던 강의들 중 하나를 담고 있다.

이 강의록은 이전에 '담론학'discoursique의 이름으로 제시한 '객관적 선험철학'(『객관적 선험철학 시론』, 저작집 1권)을 존재론적으로 정교화하고자 시도되었다. 언어, 사유, 문화, 역사,……의 가능근거로서의 객관적 선험the objective transcendental을 언어철학, 담론사/문화사, 인식론적인 방식으로 논했거니와, 여기에서는 보다 존재론적으로 논의함으로써 객관적 선험의 '객관성'을 좀더 보완하고자 했다. 이 작업은 문화의 아래쪽을 향해 자연/물질과 접하는 부분까지 내려갔을 때 발견하게 되는 '사건' 개념을 실마리로 하고 있으며, '사건의 철학'을 통해서 객관적 선험철학의 의미는 보다 풍부해질 것으로 믿는다.

객관적 선험은 칸트에서처럼 인간주체에게 귀속되는 것이 아니라 자연에서 문화로 넘어오는 접면接面에 위치한다. 이 접면에서 우리가 발견하는 것은 사건과 의미이다. 본 강의록은 이 두 개념을 축으로 전개된다. 모든 문화의 근저에 존재하는 어떤 면/장이 객관적 선험이며, 이 면/장에서 성립하는 사건과 의미를 출발점으로 문화와 역사가 펼쳐진다. 요컨대 객관적 선험철학은 우리 삶의 가능근거를 인식주체의 구성에서가 아니라 객관적 선험의 생성에서 찾는다. 아울러 본 강의록 2부에서는 이전에 이론적으로만 제시되었던 객관적 선험철학을 (스토아철학과 선불교를 매개해) 실천철학으로 이끌어 가려 했다. 1부가 '순수사건'의 장 즉 객관적 선험의 추상적인 구조를 논한다면, 2부는 본격적인 의미에서의 사건의 철학을 즉 구체적인 내용들을 논한다. 우리 삶에서 '사건'이라는 존재의 의의가 무엇인지를 다각도로 밝히려 했다.

두 가지 과제가 남는다. 객관적 선험에서는 문화/역사의 저편(자연이라 하든 세계, 물질, 우주, 기氣, 존재,……라 하든)은 논의의 배경으로서만 등장하며, 저편과 이편(문화/역사의 세계)의 경계선을 어디까지나 이편에 중점을 두고서 다룬다. 그러나 객관적 선험을 어떤 구조로서 실체화할 경우 (칸트가 주관적 선험을 고착화함으로써 범했던 오류와 유비적인) 오류를 범하게 될 것이다. 객관적 선험도 시간과 더불어, 세계 전체의 변화와 더불어 변해 갈 것이다(속도는 극히 느리겠지만). 따라서 보다 포괄적인 존재론을 구성하기 위해서는 (베르그송-들뢰즈의 잠재성 이론, 현대 양상론자들의 가능세계론, 최근에 발달하고 있는 생명과학 등등을 매개해서) 객관적 선험의 저편까지 포괄하는 사유를 전개해야 할 것이다. 또 하나, 본 저작에서의 실천철학은 대부분 '소요의 길'만을, '삶, 죽음, 운명'이라는 포괄적이고 형이상학적인 내용만을 다루고 있다. 그러나 삶을 이어 가는 데에는 소요도 필요하고 투쟁도 필요하다. 소요 없는 투쟁은 증오일 뿐이고, 투쟁 없는 소요는 도피일 뿐이기 때문이다. 여기에서 미처 다루지 못한 '투쟁의 길'에 대해서는 별도의 장소──('사건의 철학'을 보완하는) '사건의 정치학'──에서 다룰 것이다.

'보론 1'로 붙인 「들뢰즈와 'meta-physica'의 귀환」은 2007년 6월 28일에 열렸던 '제3회 맑스코뮤날레 학술문화제: 21세기 자본주의와 대안적 세계화'에서 발표되었으며, '보론 2'로 붙인 「비판적 긍정의 사유: 禪과 하이데거를 넘어서」는 2010년 5월 29일 열렸던 '불기佛紀 2554년 봉축세미나: 간화선, 철학을 만나다'에서 「시간과 실재」라는 제목으로 발표되었다.

2010년 겨울

逍雲

:: **차례**

1부 시뮬라크르의 시대

안녕하세요. 만나서 반갑습니다. 여러분들하고 앞으로 일곱 번에 걸쳐 대화를 나누게 되었습니다. 우리 여기에서 학점도 보고서도 또 다른 무엇도 없는 순수하고 자유로운 사유의 장을 펼쳐 봅시다. 그리스 시대나 춘추전국 시대에는 철학 —— 아니면 다른 어떤 이름으로 부르든 상관없습니다. 우리의 만남은 '이름'에 연연하는 만남이 아닙니다 —— 이란 만남과 이야기였고 살아 있는 사유였습니다. 그러나 근대적인 대학 제도가 정착되면서 학문이란 하나의 직업이 되었고, 학자들은 추상적인 어휘들과 중성적인 표현들을 통해서 표백되었습니다. 현대의 학자들은 더 이상 무엇인가를 알고 싶어서, 우주의 근원, 나의 존재, 역사의 의미 등을 알고 싶어서 연구하지는 않습니다. 일정한 주제를 잡아 논문을 쓰고, 석사·박사 학위를 받고, 교수라는 자리를 얻기 위해 동분서주하고, 연구비를 타 내기 위해 서로 싸우는 하나의 직업인, 소시민이 된 것입니다. 앞으로 나는 고대적 사유행위로 돌아가 강의와 토론을 통한 사유를 전개하려고 합니다. 여러분들과 더불어서 말입니다. 내 말이 공허한 독백이나 일방적인 주입이 되지 않도록 여러분들이 도와주시기 바랍니다.

1강_생성과 구조

여기에서 우리가 다룰 개념은 '시뮬라크르'simulacre라는 개념이고, 이 것은 달리 말하면 '사건'이라고 할 수 있다. 번역하기가 상당히 어려워 발음 그대로 '시뮬라크르'라고 쓴다. 이전에 펴낸 책에서 논의했던 '감성적 언표'의 개념과도 통하며, 맥락에 따라서는 이미지 개념과도 연결된다. 시뮬라크르, 감성적 언표, 이미지, 사건 등은 맥락과 뉘앙스는 조금씩 다르지만 기본적으로는 유사한 문제의식을 담고 있다고 할 수 있다.

§1. 사건

그러면 오늘날 사건 또는 시뮬라크르라는 개념이 왜 문제시되는가? 이 개념들을 둘러싼 문제는 어떤 맥락에서 발생하는가? 이 점부터 생각해 보기로 하자. 우선 예를 하나 들어 보는 것도 좋을 듯하다. 나폴레옹의 대관식을 떠올려 보자. 다비드가 그린 「나폴레옹 대관식」을 떠올려 보는 것도 좋겠다. 대관식이라는 것은 상당히 큰 사건이다. 그런 데 그 사건에서 무슨 일이 벌어졌는가? 그 사건에 무슨 일이 벌어졌기에 그것을 "커다란 사건"이라 부르는가? 이것은 상당히 흥미로운 물음이다. 사건이라는 것은 "무슨 일인가가 일어났다"는 것을, 즉 무엇인가가 발생했다는 것을 함축한다. 그렇다면 위의 예에서 과연 무엇이 변했는가?

커다란 궁전에 사람들이 모이고, 휘황찬란한 가구들이 놓이고, 교황이 왕관을 들고 있다. 나폴레옹은 앞으로 걸어나와 교황으로부터 왕관을 받아 자신이 직접 머리에 썼다고 전해진다. 이제 이 상황에서 무엇이 변했는지 생각해 보자. 사물이나 실체에서는 변한 것이 없다. 대관식이 있었다고 해서 그 궁전이 사라진 것도 아니고, 거기에 있었던 사람들 수가 늘어난 것도 아니고, 의자가 탁자로 바뀐 것도 아니다. 사물이나 실체에는 아무 변화가 없다. 그렇다고 성질이 바뀌었는가? 성질도 바뀌지 않았다. 건물의 무게도 그대로고, 사람들의 옷 색깔도 그대로고, 왕관의 모양도 그대로이다. 결국 대관식에서 분명 큰 사건이 벌어졌지만, 사실상 거기에서 사물도 성질도 변한 바가 없는 것이다.[1]

그러면 그 대관식에서 사건은 도대체 어디에 존재했던 것일까?

---

1) 베르그송의 지속을 염두에 둔다면, 물론 모든 것은 변하고 있다. 미세한 차원에서 사람들의 신체도 건물도 성질들(미시적 변화의 결과들)도 변하고 있다. 그러나 지금 맥락에서는 이런 미시적 변화는 다른 문제이다. 지금의 사건은 현세계(現世界) 즉 삶의 '표면'에서 일정한 차이로서 식별되는 사건을 말한다. 또 하나, 객관적 차원에서의 변화가 없었음에도 사람들의 마음은 변했다. 나폴레옹의 마음에도 교황의 마음에도 그리고 다른 많은 사람들의 마음에도 변화가 왔을 것이다. 따라서, 여기에서 다루지는 않겠지만, 마음에서의 사건은 객관적 사건과는 별도의 위상을 부여받아야 할 것이다.

대관식에서 사건은 나폴레옹의 머리에 왕관이 놓이는 **그 순간**에 존재
했다. 그 사건은 순간적으로 나타났다가 사라졌다. 나폴레옹의 머리
에 왕관이 놓이는 그 순간에 나타났다가 사라진 것이다.[2] 사건이란 순
간적인 존재이다. 그런데 놀라운 것은 그럼에도 그날 있었던 모든 일
들은 결국 그 순간을 위해서 준비된 것이라는 점이다. 그래서 사건이
라는 이 존재는 매우 독특한 무엇이다. 다시 말해서 독특한 존재론적
위상을 가진다.

　　우리가 여기에서 사용하는 '사건'이라는 말은 일상적인 용법과는
다른 용법을 가진다. 우리가 말하는 사건은 반드시 커다란 사건, 역사
적 사건만이 아니라 이 우주에서 발생하는 모든 사건을 말한다. 작은
사건, 아주 일반적인 의미에서의 사건을 생각해 보자. 운동장에 깃발
이 서 있고 바람이 불었다. 바람이 불어 깃발이 흔들렸다. 그리고 바람
이 그쳐 이제 깃발은 흔들리지 않는다. 이 또한 존재론적인 맥락에서
는 '사건'인 것이다. 이 경우에도 역시 사물은 그대로이다. 깃발도 또
깃발의 모양, 색깔, 촉감 등도 그대로이다. 그런데 그 흔들림 자체는 어
떤가? 그 순간적인 흔들림은 바람이 부는 그 순간에 나타났다가 사라

2) 물론 사건 개념은 그 적용 층위에 따라 범위가 달라진다. 좁게 보면 나폴레옹의 머리에 왕
　관이 놓인 사건을 말하게 되지만, 보다 넓은 층위에서 보면 그날의 대관식 전체를 사건으
　로 보는 것도 가능하다. 하나의 사건은 대부분 그보다 작은 사건들의 계열화를 통해 성립
　하며, 따라서 사건들은 여러 층위에 걸쳐 누층적(累層的)으로 발생한다. 대관식은 (들뢰
　즈·가타리의 용어로 하면) 하나의 배치/다양체이다. 이 배치/다양체는 얼핏 사건과 대립하
　는 어떤 구조인 듯이 생각되지만 결국 보다 큰 층위에서 본 하나의 사건이기도 하다(달리
　말한다면, 배치/다양체 개념에는 구조와 사건이 '지양'되어 있다). 대관식, 결혼식, 경기, 전시,
　전쟁, 시위,…… 등 우리 삶을 구성하는 배치들/다양체들은 모두 큰 사건들인 것이다. 여
　기에서는 주로 미시적 사건들을 예로 들겠지만, 이 점을 분명히 염두에 두어야 할 것이다.

졌다. 그렇다면 이 '흔들림'이라는 것은 도대체 어떤 존재일까? 더 정확히 말해, 어떤 존재론적 위상을 가지는가?

또 하나의 예로서 사람의 표정表情을 들 수 있다. 표정이라는 것은 흥미로운 존재이다. 표정을 지은 사람은 그대로이지만, 표정은 그 사람 얼굴에 순간적으로 나타났다가 사라진다. 그런데 바로 그 순간적으로 나타났다가 사라지는 표정이라는 존재가 때때로 우리 삶에서 매우 중요한 의미를 함축하게 된다. 자연과학적으로 생각하면 얼굴의 세포 구조가 살짝 바뀌었다가 돌아온 것일 뿐이지만, 표정은 때때로 극히 중요한 의미를 띠곤 한다(바로 이 의미라는 것 때문에 인간과 인생은 결코 과학적 '메커니즘'에 의한 설명으로 환원될 수 없다). 순간적으로만 존재하는 것, 그럼에도 인간의 삶에 있어 매우 중요한 것, 바로 그런 것이 사건이라는 존재이다. 다시 말해 A나 B가 아니라 A에서 B로 넘어가는 짧은 시간 속에서 나타났다가 사라지는 것이 바로 사건이며, 이 사건이 우리 삶에서 중요한 의미를 띠게 되는 것이다. 이 사건/시뮬라크르를 어떻게 사유하느냐 하는 것이 현대 철학에 있어 매우 중요한 테마들 중 하나이다. 그래서 현대 철학의 핵심적인 한 측면은 바로 사건의 사유에 있다 하겠다.

이런 생각을 더 밀고 나아가 다음 물음을 던질 수 있다: 가장 근원적인 사건은 무엇일까? 개인적인 관심사를 떠나 보편적인 지평에서 가장 근본적인 사건은 무엇일까? 그것은 곧 이 세상이 존재하게 되었다는 것, 이 세상이 "있게 되었다"는 것이다. 논리적으로 생각할 때, 세계라는 것은 존재할 수도 있었고 존재하지 않을 수도 있었다. 우주 전체, 나아가 시간, 공간까지도 존재할 수도 있었고 존재하지 않았을 수도 있었다. 요컨대 '세계'라는 것, 이것이 존재했어야 할 필연성은 없으며, 따라서 그것의 존재와 비존재는 근원적인 두 가능성이다.[3] 그런데 이 두 가지 가능성, 즉 존재와 무 중에서 존재가 선택되었다는 것(물론 '선택'이라는 말은 의인적으로 사용된 것이 아니다), 이것이 가장 근원적인 사건이다. 세계란 왜 존재하게 되었을까? 이 물음에 대답할 수 없다는 사실은 바로 그 사건이 우발적인contingent 것임을 말해 준다.[4] 이 '존재하다'라는 우발적 사건이 바로 가장 근원적인 사건이다.

사건이 "존재한다"고 할 때, 그것은 철수와 영희가 "존재한다", 옷의 붉은색이 "존재한다", 한 건물의 높이가 "존재한다",……고 할 때의 "존재한다"와는 다른 의미에서의 "존재한다"이다. 사건은 그것이 발생하는 짧은 시간 동안만 존재하고 곧 존재하지 않게 되기 때문이다. 잘 알려져 있듯이 대체적으로 (아리스토텔레스에서 전형을 볼 수 있는) 전통적인 철학[5]은 실체-성질 구도에 입각해서 사유를 전개했으

---

3) 물론 베르그송처럼 세계의 무 자체를 사이비 개념으로 보는 입장도 있다. 베르그송, 『창조적 진화』(황수영 옮김, 아카넷, 2005) 4장을 보라.

4) 우발적인 것은 필연적인 것과 모순을 형성한다. 우발적인 것은 어떤 사태가 이렇게 될 수도 있었고 저렇게 될 수도 있었다는 것, 다시 말해 반드시 이렇게(또는 저렇게) 될 이유(필연적 이유)는 없다는 것, 그럼에도 "사실상" 이렇게(또는 저렇게) 되었음을 말한다(단, 이때의 필연이란 과학적 법칙성이 아니라 논리학적-존재론적 이유/근거를 말한다). 세계는 존재할 수도 있었고 존재하지 않았을 수도 있었다. 꼭 존재해야만 할 이유도 없고, 꼭 존재하지 않아야 할 이유도 없다. 인식의 한계를 고려해 말한다면, 꼭 존재해야 할 이유도 알 수 없고 꼭 존재하지 않아야 할 이유도 알 수가 없다. 그런데 세계는 존재한다. 그것이 근원적인 우발성이다.

5) 내가 서구 철학사에 관련해 '전통 철학'이라는 표현을 쓸 때에는 대체적으로 라이프니츠에 이르기까지의 철학사를 가리킨다. 동북아 철학사의 경우에는 서구와 본격적으로 만나기 이전의 철학사를 가리킨다.

며, 사건에 대해서는 상대적으로 낮은 위상을 부여했다. 니체 이후의 현대 형이상학이 전통 철학에 대해 강력한 비판을 제기하게 되는 것은 이런 맥락에서이다. 지금 우리의 논의도 20세기 형이상학 전반을 염두에 둔 문제 제기이다.

이렇게 사건이 폄하되었던 이유들 중 하나는 가치론적인 것이다. 전통 철학에서 사건이란 기본적으로 "덧없는 것"으로 표상되었다. 사건이나 시뮬라크르는 존재론적-가치론적으로 낮은 위상을 부여받았다. 이와 같은 것으로는 또 이미지를 들 수 있다. 어느 순간 나에게 다가오지만 그 순간만 지나면 사라지는 허깨비, 그러면서도 (인식론적으로 매우 자의적이고 제멋대로인) 우리의 기분을 좌우하는 그림자, 사물의 진상眞相보다는 껍데기/가짜를 보여 주는 것, 이런 것이 이미지이다. 사건, 이미지, 시뮬라크르, 감성적 언표들,……, 이 모두가 이런 순간적인 존재들이다. 그렇기 때문에 "실재한다", "리얼하다"를 "지속적이다"와 동일시하는 사유에서는 덜 실재하는 것, 덜 리얼한 것으로 평가된다. 다시 말해서 전통 철학은 보다 "실재적이다"와 보다 "지속적이다"(더 나아가 "영원하다")를 흔히 동일시하곤 했다. 사실 아닌 게 아니라 이것은 사실 상식과 일치하는 생각이다. (이름 그대로) 오래가는 만년필萬年筆이 더 좋은 만년필이고, 오래가는 건물이 더 좋은 건물이다. 사람들 사이의 사랑과 우정도 오래갈수록 더 좋은 것이다. 인간은 오래가는 것은 더 가치 있게 여기고, 순간적인 것은 가치가 없는 것, 허망한 것이라고 생각한다. 그런데 조금 전에 말했듯이 우리 삶에서는 바로 그 덧없는 것, 순간적인 것이 때로는 대단히 중요하다. 지속되는 것 못지않게 순간적인 것도 중요한 것이다. 바로 이 순간적인 것 —사건— 을 어떻게 사유할 것인가? 이것이 우리의 문제이다.

그래서 우리의 과제는 일단 생성을 사유하는 것이다. "일단"이라고 한 것은 지금 우리가 다루는 생성이 19세기 이래의 생성철학(니체, 베르그송, 화이트헤드 등)이 말하는 생성과는 일정 정도 다르기 때문이다. '생성'을 사유한다고 하면 그것은 보통 자연철학적인 맥락이나 형이상학적인 맥락을 띠었지만, 지금 우리가 다루는 생성은 의미의 문제, 의미론과 관련되는 한에서의 생성이기 때문이다. 방금 예로 든 표정이라는 것을 생각해 볼 수 있다. 우리는 표정에 대해 자연철학이나 형이상학적인 맥락에서 그 변화, 운동, 생성을 논하는 것이 아니라 바로 그 변화, 운동, 생성이 **의미와 관련되는 지점**을 논하려 한다. '얼굴 세포들의 변화'라든가 호르몬 생성 같은 물리적 운동을 표정이 '의미하는 것'과 관련지어 다룬다는 것이다. 그래서 우리의 문제는 존재냐 생성이냐라는 전통적인 논쟁도 아니고, '지속'이나 '과정'에 대한 형이상학적인 논의도 아니며(물론 넓게 보면 이런 논의를 포함한다), 정확하게는 자연의 차원과 문화의 차원이 접해 있는 경계선을 다룬다.[6] 다시 말해, 우리는 니체, 베르그송, 화이트헤드, 하이데거의 연장선상에 있

---

6) 그렇다고 사건이 자연과 문화의 접면(接面)에서만 발생하는 것은 아니다. 만일 우리 몸이 매우 작아져서 다른 사람 몸 속에 들어간다면, 그때 우리에게 나타나는 접면은 또 다른 접면일 것이다. 사건이 발생하는 **표면**은 인식주체의 조건에 따라 변한다(스피노자가 말하는 '무한 오성=intellectus infinitus'의 눈길을 상기할 필요가 있다). 그러나 특별히 현미경이나 망원경을 사용하는 맥락이 아닌 한 우리가 살고 있는 지금 이 차원 —현세계— 이 사건 발생의 일차적인 지평인 것은 물론이며, 때문에 이 책에서는 기본적으로 이 표면에 초점을 맞춘다. 그리고 표면 아래를 '물질'로 처리하는 것도 사실상 많은 존재론적 논의를 필요로 하는 대목이지만, 우선은 물질 —내가 생각하는 물질은 오히려 기(氣)에 가깝다— 로 전제하고서 논의를 전개할 것이다.

으면서도 핵심적으로는 사물의 표면에 초점을 맞추고 있다. 누군가가 눈물을 흘리면 그것은 자연적인 과정, 물리적인 과정이다. 그런데 우리는 이 물리적인 과정이 "저 사람은 슬프다"라는 문화적, 사회적 관계로 넘어가는 그 경계선을 다룬다. 다시 말해, 존재의 차원과 의미의 차원이, 자연과 문화가 접속하는 경계선에서 사유를 전개하고자 하는 것이다.

§2. 형이상학사에서의 시뮬라크르

지금까지 우리가 이야기할 주제가 무엇인가, 문제가 무엇인가를 짚어 봤다. 지금부터는 사상사적인 배경, 담론사적인 맥락을 짚어 보자. 존재와 생성을 사유하는 것, 시간과 공간을 사유하는 것, 이것은 서구 형이상학사의 굵은 줄거리를 형성한다.

서구 형이상학사를 몇 단계로 나누어 볼 수 있다. 그 출발점은 물론 그리스다. 그리스의 플라톤, 아리스토텔레스, 플로티노스가 서구 형이상학의 기본 뿌리를 형성한다. 그리고 이 전통이 중세가 되면 헤브라이즘과 만나서 이븐 루쉬드, 토마스 아퀴나스, 둔스 스코투스 등을 낳고, 17세기가 되면 과학 즉 근세 물리학과 만나면서 데카르트, 스피노자, 라이프니츠가 나오게 된다. 이렇게 서구의 전통 형이상학은 고대 그리스 사유라는 뿌리, 중세에서의 그 일신교(유대교, 기독교, 이슬람교)적 변형, 그리고 근세 물리학과 섞여 이루어지는 근세적 일신—新의 세 단계로 이어진다.

이 세 단계로 이어 가는 동안 서구 형이상학의 주류는 기본적으로는 영원의 철학, 즉 초월적인 것(시간, 공간, 물질을 넘어서는 것)을 찾는 철학이었다. 바로 그렇기 때문에 서구 형이상학자들이 줄기차게 물어 왔던 것이 실재/실체/본질의 물음이었던 것이다: 변화하는 이 세계를 넘어 변화하지 않는 것은 무엇인가? 우리가 서구 형이상학자들의 기초 개념들로서 배우는 것들(엠페도클레스의 '사원소', 플라톤과 아리스토텔레스의 '형상', 라이프니츠의 '모나드' 등등)은 바로 이 물음에 대한 해답으로서 제시된 개념들이다. 이런 사유들에는 (시간적이기보다는) 다분히 공간적이라 해야 할 표상이 깔려 있다. 시간이란 변화를 유발하는 것이고, 덧없는 것이고, 움직이므로 잡을 수 없는 것이지만, 공간은 정확히 우리의 머리(사유공간)에서 표상되고 또 그림으로 그려져 우리 눈앞에 놓일 수 있기 때문이다. 19세기에 이르기까지 서구 사유는 공간적 사유문법을 가지고서 작업했다.[7]

이렇게 진행되어 오던 서구 형이상학은 17세기 후반부터 급진적으로 비판받기 시작한다.[8] 특히 데이비드 흄에 의해 우리가 세계에서 발견하는 것으로 간주되던 법칙, 인과율, 보편자 등등은 결국 (세계에

---

7) 잘 알려져 있듯이, 그리스의 사유가 공간적 성격을 띠었다면 히브리 사유는 상대적으로 시간적 성격을 띠었다. 그러나 서구 철학의 주류는 공간적 사유를 위주로 했다. 공간적 사유는 곧 분석적-합리적 사유이다. 공간적인 것이 곧 분석 가능한 것이기 때문이다(공간은 오려-붙일 수 있지만 시간은 그렇게 할 수 없다. 오려-붙여진 시간은 이미 공간화된 시간이다). 그리고 사물들을 분석적으로 보는 것은 곧 합리적으로 보는 것이다. 이것이 서구 담론사에서 '합리적인 것'이 '기하학적인 것'과 동일시되어 온 기본적인 이유이다. 그리고 서구 철학사에 대한 혁명적 전복을 담고 있는 베르그송의 사유가 '시간의 공간화'라는 문제에서 출발하고 있는 것도 바로 이 때문이다. 나아가 '역'(易)과 '기'(氣)에서 출발하는 동북아 형이상학이 베르그송과 화이트헤드 이후에 서구 철학과 일정 부분 수렴 가능성을 보이는 것도 바로 이런 맥락에서이다.

내재하는 것이 아니라) 인간이 경험을 통해서 습관적으로 가지게 된 신념일 뿐이라는 생각이 제기된다. 칸트는 우리가 알 수 있는 것과 알 수 없는 것의 경계를 정확히 나눔으로써 전통 형이상학을 논박한다. 19세기가 되면 콩트가 등장해 실증주의를 제시한다. 학문은 실증적인 것만을 다루어야 하며, 실증할 수 없는 본질, 실체, 형상, 신,…… 같은 것들을 다루어서는 안 된다고 못을 박는다. 18·19세기는 형이상학이 침몰한 시대였다.

그러나 형이상학은 20세기에 들어와 부활한다. 20세기 철학의 가장 위대한 성과는 형이상학의 부활에 있다. 그 씨앗은 사실상 19세기에 뿌려졌다. 헤겔과 멘 드 비랑이 그 시발점을 형성한다. 헤겔은 전통적인 공간 위주의 사유를 시간 위주로 바꾸어 '변증법'에 새로운 의미를 부여하고, 수학 중심이 아닌 역사 중심의 사유를 전개했다. 물론 헤겔의 시간은 가짜 시간이고(우연, 창조, 차이생성 등을 동반하지 않는 시간은 허깨비 같은 시간이다), 이 점에서 그의 사유는 현대적인 의미에서의 생성존재론과는 다른 면모를 띤다. 그러나 그가 시간과 역사를 적극적으로 사유하는 데 결정적인 일보를 내디딘 것은 분명하다. 이에 비해 멘 드 비랑은 객관세계의 탐구는 자연과학의 소산이고 철학의 임무는 인간의 주관, 내면, 현대식으로 말해 '실존'을 반성하

---

8) 철학사를 분절하는 데에는 여러 가지 기준이 있지만, 형이상학사를 놓고서 보면 데카르트가 근대 철학의 아버지라기보다는 라이프니츠가 중세 철학의 완성자라고 할 수 있다. 즉, 데카르트에서 새로운 시대가 시작된 것이 아니라 영국 경험론 및 계몽사상에서 비로소 근대적인 철학이 시작되었다고 보아야 한다. 라이프니츠까지가 서구의 '전통 형이상학'을 형성하는 것이다. 여기에서는 다룰 수 없지만, 이것은 서구 '근대 철학사'를 정확히 이해하는 데에 매우 중요한 문제이다.

는 것이라고 말하면서 철학사에 새로운 분기점을 만든다. 멘 드 비랑이 뿌린 씨앗은 현상학을 거쳐 훗날의 실존주의에까지 이어진다. 그러나 전체적으로 보아 19세기는 반反형이상학의 시대였다. 20세기에 이르러 형이상학은 베르그송, 화이트헤드와 더불어 새롭게 부활했다. 오늘날 형이상학을 연구하려는 사람이라면 누구나 이 두 인물에 대한 정확한 이해로부터 출발해야 할 것이다. 그리고 다른 한편 이 흐름과는 성격을 달리해, 현상학, 해석학, 실존주의, 인격주의 등과 같은 사조들도 꽃핀다. 베르그송, 화이트헤드가 거대한 규모의 '일반 존재론'을 구축했다면, 현상학, 해석학 등은 주로 '인간존재론'에 초점을 맞추었다고 할 수 있다.

어쨌든 20세기에 형이상학은 다채롭고도 깊이 있는 사유의 새로운 지평들을 활짝 열었다. 오늘날 많이 연구되고 있는 들뢰즈의 사유는 이런 흐름의 완성이라 할 수 있다. 베르그송에서 시작된 20세기 형이상학이 들뢰즈에게서 완성되었다고 할 수 있을 것이다. 우리는 라이프니츠에 이르기까지의 형이상학을 '전통 형이상학'이라 부를 수 있고, 18·19세기의 비판을 거쳐 20세기에 새로이 재건된 형이상학을 '현대 형이상학'이라 부를 수 있다. 현대 형이상학은, 물론 매우 복잡한 양태를 띠지만, 대체적으로 보아 공간보다는 시간을, 엄격한 결정론보다는 우연, 창조, 불연속 등을 중시하며, 이런 흐름의 연장선상에서 등장한 문제가 바로 시뮬라크르의 문제이다.

니체는 서구 전통 철학을 근저에서 뒤흔들었고 (다소 모호한 형태로이긴 했지만) '역능의지'와 '영원회귀'라는, 오늘날까지도 많이 논의되고 있는 흥미로운 개념들을 제시했다. 베르그송은 '지속' 개념을 중심으로 플라톤 이래의 서구 형이상학 전체에 맞서는 생명과 창조의 철학을 전개했다. 화이트헤드는 '과정철학'을 통해서 성숙하고 풍요로운 경험주의 철학을 펼친다(그리고 이들과 성격이 많이 다르긴 하지만, 하이데거·메를로-퐁티를 비롯한 현상학·해석학 계열의 철학자들도 존재와 현존재Sein und Dasein를 둘러싸고서 생성존재론적 사유를 펼친다). 이런 흐름 전체를 놓고서 볼 때 현대 철학의 핵심적인 한 개념은 생성의 개념이다. 니체의 '생성'Werden, 베르그송의 '지속'durée, 화이트헤드의 '과정'process, 하이데거의 '존재사건'Ereignis을 비롯해, 현대 형이상학은 기본적으로 생성을 사유해 온 것이다. 우리가 지금 논하고 있는 사건의 존재론도 이런 흐름의 연장선상에 있다(그러나 다시 언급하겠지만, '생성'의 사유와 '사건'의 사유 사이에는 적지 않은 차이가 있다). 이제 이런 철학사적 배경을 염두에 두고 시뮬라크르에 대해 논할 것이다. 그러나 논의를 시작하기 전에 또 하나 반드시 검토하고 넘어가야 할 사유가 있다. 그것은 바로 '구조주의' 사유이다.

§3. 생성과 구조

구조주의 사유는 19세기 이래 전개되어 온 서구 형이상학의 두 갈래, 즉 '생성'의 일반 존재론과 '선험적 주체'의 인간존재론을 정면으로 논박하면서 등장했다는 점에서 서구 철학사에 있어 또 하나의 분기점을 이룬다. 물론 헤겔과 멘 드 비랑 이래의 서구 형이상학이 모두 생성과 선험적 주체의 철학이었던 것은 아니지만(그런 흐름들과 대립하는 사유들도 있었고, 생성의 일반 존재론과 선험적 주체의 인간존재론 양자 자체가 대립적인 면들을 드러내곤 했다), 대체적인 흐름으로 볼 때 분명 서구 형이상학의 한 갈래는 생성의 존재론을, 다른 한 갈래는 선험적 주체의 인간존재론을 다듬어 왔다. 생성존재론과 구조주의의 대립은 다음 절에서 보기로 하고, 우선 주체철학(선험적 주체의 철학)과 구조주의의 대립을 생각해 보자.

구조주의라는 사유는 어떤 한 사람의 창시자가 나와서 골격을 제시하고 그것이 후계자들에 의해 이어진 것이 아니다. 예를 들어 현상학에는 에드문트 후설이라는 창시자가 있다. 구조주의는 성격을 달리한다. 여러 담론들, 즉 언어학, 정신분석학, 수학, 인류학, 심리학, 생물학,…… 등의 여러 학문들이 독자적으로 각각의 분야를 다루어 가는 과정에서 서로 영향을 주고 또 용어를 빌려 감으로써 서서히 형성된 사조이다. 그런 흐름이 일정 지점에서, 즉 '인간존재'의 새로운 이해라는 지점에서 철학사와 합류하게 된 것이다. 다시 말해, 구조주의가 인식론적, 인간존재론적 함축을 띠게 됨에 따라 '과학'에서 '사상'으로 확대되었고, 철학적 함축을 띠게 되면서 철학사의 한 갈래로서 합류하게 된 것이다.

어떤 과학이 철학적 함축을 띠게 되면 그것은 철학사에 합류하게 된다. 진화론은 인간존재에 대한 새로운 개념을 가져오게 됨에 따라 철학적 함축을 띠게 되었으며, 상대성 이론은 시공간에 대한 새로운 개념을 제시함으로써 철학적 분석의 대상이 되었다. 즉, 과학은 매우 방대하지만 그 모든 것이 철학과 관련되는 것은 아니다. 어떤 과학 이론이 **철학적 함축**을 띠게 되었을 때 비로소 철학적 논의의 대상이 된다. 구조주의도 본래는 인간과학에서 출발했지만, 그것이 한편으로 인간과학에서의 인식론적 혁명을 함축함에 따라, 그리고 다른 한편으로 실존주의와 대립하는 인간존재론적 함축을 띠게 됨에 따라 철학사적 맥락과 만나게 된 것이다. 따라서 구조주의에 대한 이해는 좁은 의미에서의 철학에 대한 이해와는 성격을 달리해야 한다. 기존의 철학들에 접근하는 방식으로 구조주의에 접근해서는 곤란한 것이다.

구조주의는 한때의 시대적 분위기에 따라 나타났다가 사라진 변덕스러운 사조가 아니다. 다양한 실증과학들이 공통의 인식론적 기반을 형성시키면서 전개되어 가다가 훗날 거기에 추후적追後的으로 '구조주의'라는 이름이 붙은 것일 뿐, 어떤 창시자가 나와서 이름을 제시하고 후계자들이 그것을 이어 간 것은 아니다. 구조주의가 '주의' 이상의 것이며 생명이 긴 사유인 것은 이 때문이다. 물리학이 아무리 발달해도 지금도 우리의 생활에서는 고전 물리학이 사용되고 있듯이, 구조주의의 시대가 지났다고 해도 그 과학적 성과는 시대의 분위기에 따라 사라질 성격의 것이 아니다. 그런 면에서 구조주의적인 사유문법은 앞으로도 긴 생명력을 가질 것으로 보인다.

구조주의는 20세기 초의 베르그송, 20세기 중엽의 실존주의 같은 과학비판적 또는 탈과학적 사조와 날카롭게 대립한다.[9] 따라서, 다소 단적으로 표현한다면, 한편으로 베르그송이 강조한 시간과 생명,

---

9) 사실상 베르그송의 철학과 실존주의 계열의 철학 사이에는 커다란 차이가 있다. 베르그송의 철학이 철학의 역사는 물론 19세기 과학들에 대한 포괄적인 검토 위에서 성립한 장대한 '형이상학'이라면, 실존주의는 철학사의 전통을 비판적으로 바라보면서 아예 다른 개념의 철학, 탈과학적인 철학/문학을 추구한 사조이기 때문이다. 구조주의는 베르그송과도 또 실존주의와도 다른 제3의 길을 걸어갔다.

창조,…… 등이, 다른 한편으로 실존주의가 강조한 개인, 주체성, 결단,…… 등이 허망한 것, 거품 같은 것이라고 생각한다.[10] 때문에 구조주의라는 사유는 매우 과학적·실증적 외양을 띠지만, 묘하게 그 극한에 가서는 불가佛家나 도가道家의 사유에 상당히 근접한다. 레비-스트로스는 『슬픈 열대』 말미에서 불교에 대해 강한 친화감을 표현했고, 라캉은 장자를 인용하곤 했다. 또 푸코는 선불교에 대해 많은 관심을

---

10) 구조주의 사유의 시대적 배경에는 제국주의 및 파시즘과의 연관성이 포함된다. 제국주의는 유럽 바깥의 민족들을 고통으로 몰아넣었고, 파시즘 역시 전 세계를 피로 물들였다. 구조주의는 유럽 문명의 이런 폭력과 몰락의 밑바탕에는 합리주의적 형태로든 탈합리주의적 형태로든 인간중심주의, 주체중심주의가 짙게 깔려 있다고 보았다. 구조주의는 제2차 세계대전이 남긴 정신적 공황상태에 대한 일종의 치유로서 등장했다고도 볼 수 있다.

담론사적인 맥락에서 볼 때, 구조주의 사유를 가능케 한 사유들로서는 마르크스와 프로이트의 유산, 바슐라르의 합리주의, 게루의 메타철학사, 스피노자 르네상스와 라이프니츠 르네상스, 소쉬르의 재발견 등을 들 수 있다. 1) 마르크스와 프로이트는 20세기 전반을 풍미했던 헤겔 사유를 대체하면서 등장했으며, 문화의 무의식적(넓은 의미) 구조를 탐구할 수 있는 길을 열어 주었다. 2) 멘 드 비랑에서 니체, 베르그송을 거쳐 실존주의에 이르기까지 전개된 탈합리주의 사유에 제동을 걸고 나온 바슐라르의 합리주의는 구조주의에 인식론적 토양을 마련해 주었다. 3) 게루는 저자 개인에 초점을 맞추던 기존의 철학사 연구를 탈피해 한 철학체계의 '건축학적 구조'에 주목한 철학사 연구를 시도함으로써 의식, 주체, 개인의 사유로부터 구조, 체계, 장의 사유로 가는 길을 열었다. 4) 스피노자 르네상스와 라이프니츠 르네상스는 구조주의 사유들과 맞물리면서 데카르트-칸트-현상학 축에 대립하는 새로운 사유축의 형성을 가능케 했다. 5) 소쉬르의 재발견은 19세기 비교문법학적인 언어학으로부터 구조주의 언어학으로 가는 길을 열었으며, 언어학·인류학·정신분석학을 비롯한 여러 인간과학의 변혁에 결정적인 실마리로 작용했다.

한 가지 주목할 것은 인간과학에서의 구조주의는 소쉬르를 그 '시조'로 삼을 수 있지만, 철학적 맥락에서의 구조주의'적 사유'는 훨씬 다채로운 연원을 가진다는 점이다. 일반적으로는 잘 이해되고 있지 않은 이 여러 맥락들을 폭넓게 이해하는 것이 현대 철학의 정확한 이해를 위해 중요하다.

가졌으며, 들뢰즈도 선불교, 도가를 종종 언급했다. 요컨대 구조주의
는 멘 드 비랑에서 실존주의로 이어진 반성철학, 내면의 철학, 주체성
의 철학과 정면으로 대결하는 '바깥'의 사유이자, 또 표면적인 뜨거움,
시끄러움에 대해 심층적인 차가움, 조용함을 대비시키는 사유이기도
하다.

그렇기 때문에 구조주의는 정치적으로는 비교적 보수적인 성향
을 띠게 될 가능성을 내포한다. 물론 법칙적인 것, 반反주체적인 것을
추구한다 해서 반드시 정치적으로 보수적이라는 결론이 연역되지는
않는다. 한국 지식계에서 흔히 볼 수 있는, 학문과 정치의 즉물적인 연
결은 위험한 발상일 수 있다. 그러나 변화를 허망하다고 보는 생각은
우리를 구체적인 세상사에 무심하게 만든다. 그런 점에서 다분히 보
수적 경향을 내포한다고 하겠다.[11] 68년 저항운동을 기점으로 구조주
의의 열풍이 잦아든 것은 이런 맥락에서 이해할 수 있다. 이렇게 구조
주의 사유를 극단화할 경우 정치적 차원이 은폐되는 것은 사실이다.

---

11) 이것은 주어지는 것과 만들어지는 것의 문제와 관련된다. 레비-스트로스나 라캉의 사유
에서 구조란 대체적으로 '주어지는 것'의 성격을 띤다. 즉, 구조란 인간이 자의적으로 만
드는 것이 아니라 세계 속에 원래 주어져 있는 법칙성, 자연과학이 탐구하는 것과 유사
한 법칙성을 통해 파악되는 것으로 이해된다. 그러나 우리가 '주어지는 것'이라고 생각
하는 상당수의 것들이 사실상 '만들어지는 것'이다. 마치 자연법칙처럼 주어진 것으로
생각되는 구조들이 사실상 어떤 특정한 시대, 특정한 사람들이 특정한 목적을 가지고서
만든 것인 경우가 많다(물론 전부는 아니다. 그렇게 생각하면 또 다른 환원주의, 모든 것을
'이데올로기'나 '권력'으로 보는 조잡한 생각으로 빠진다). 우리는 '구조'라고 생각되는 것들
이 과연 어떤 면에서 주어진 것이고 또 어떤 면에서 만들어진 것인가를 세심하게 구분해
내어야 하며, 또 주어지는 것에 대해서는 그 자연적/객관적 맥락을 증명해내야 하고, 만
들어진 것[作爲]의 경우 그 밑바닥에서 정치적이고 역사적인 맥락을 읽어낼 수 있어야
한다.

그러나 구조주의는 우리가 지금까지 모르고 지냈던 삶의 무의식적 조건/층위를 드러낸 점에서, 그리고 선험적 주체에 특권을 부여했던 근대 철학의 환상을 해체해 주었다는 점에서, 담론의 역사에서 커다란 분기점을 그은 것이 사실이다.

지금까지 구조주의의 담론사적 맥락을 훑어보았다. 이제 그 철학적 성과가 무엇인지 본격적으로 짚어 보자. 우리는 구조주의를 그것이 극복하고자 했던 세 관점, 즉 실증주의, 변증법, 주체철학과 각각 비교해 봄으로써 그 의의를 읽어낼 수 있다.

우선 구조주의는 19세기적인 실증주의와 어떻게 다른가? 구조주의는 인식론적으로 말해 합리주의의 성격을 띤다. 현대 인식론은 콩트, 베르나르, 마흐, 밀 등의 실증주의에서 출발해 쿠르노, 푸앵카레, 뒤엠을 거치면서 탈실증주의적 인식론이 모색되고, 메이에르송, 브렁슈비크, 포퍼, 바슐라르 등에 이르러 합리주의로 전환되었다. 현대 합리주의를 가리키기 위해 고전적인 합리주의(플라톤, 데카르트 등)에 대비해 흔히 '비판적 합리주의'라는 말이 사용된다. 구조주의는 이 현대 합리주의의 연장선상에서 성립한다. 그러나 그후 인식의 역사성이 강조되는 흐름이 나타나게 되며(캉길렘, 쿤, 세르, 푸코 등등), 바로 이런 맥락에서 구조주의 인식론도 극복되기에 이른다. 실증주의→합리주의→역사주의의 흐름을 읽어낼 수 있다(마지막의 '역사주의'라는 용어는 조심스럽게 사용해야 할 것이다).

실증주의에서 '법칙'이란 콩트의 말대로 우리의 감각에 주어지는 현상들, 즉 실증적 자료들을 "서술해 주는" 것이다. 왜 그 현상들이 바로 그렇게 되었는가를 설명하는 것이 아니라 다만 그것을 가장 간략한 언어로 서술하는 것이다. 마흐는 이를 '경제적 서술'이라고 표현했다. 콩트는 법칙을 현상들 가운데에서 반복적으로 측정되는 것을 모아 가장 간단하게 공식화한 것이라고 한다.[12] 이런 입장에 따른다면, 우리는 법칙을 발견하는 것이 아니다. 법칙은 실재하는 것이 아니라 명목적인 것이기 때문이다. 중세를 수놓은 '보편자 논쟁'에서의 유명론적 입장이 맥락을 바꾸어 새롭게 등장하고 있다. 돌멩이의 자유 낙하는 $s=\frac{1}{2}gt^2$이라는 법칙에 의해 표현된다(최초의 근대 과학적 법칙).[13] 실증주의는 이 공식을 우리 눈에 보이는 현상을 가장 간단하게 서술한 것으로 이해한다. 이렇게 법칙으로 서술하지 않는다면, 우리는 이 낙하 현상을 수많은 시간으로 잘게 나누어 서술해야 할 것이다. 이 복잡한 과정을 가장 경제적으로 간편화시켜 주는 것이 '함수'로 표현된 '법칙'이다.

합리주의가 생각하는 법칙은 다르다. 합리주의는 세계 자체가 법칙성을 내포한다고 생각한다. 예컨대 자유 낙하의 법칙은 세계 내에 존재했던 것이고, 과학자는 그것을 발견한 것이다.[14] 세계는 기본적

---

12) 콩트의 저작들에서 과학철학적 부분들을 편집해 놓은 것으로 다음이 있다. Auguste Comte, *Philosophie des sciences*, éd. par Jean Laubier, PUF, 1974.

13) s=낙하 거리. g=중력가속도. t=시간. 과학의 역사에서 가장 결정적인 순간들 중 하나인 '함수' 개념의 형성에 관해서는 카시러의 고전적인 저작이 뛰어나다. Ernst Cassirer, *Substanzbegriff und Funktionsbegriff*, Sondereinband, 1994.

14) 물론 이것은 잠정적인 결론이다. 과학의 역사에 따라 다른 법칙이 새롭게 발견되기도 하고, 또 이전의 법칙이 다른 법칙으로 통합되기도 하고(예컨대 열역학 법칙들은 통계역학의 법칙들로 흡수될 수 있다), 또 기존의 법칙이 변형되기도 하기(예컨대 계수에서의 변화) 때문이다. 그럼에도 합리주의자들은 과학의 법칙들이란 실재를 반영하는 그 무엇이라고 생각한다.

으로 '가지적인'intelligible 것이다. 이 점에서 합리주의는 기본적으로
는 플라톤의 연장선상에 있다. 형상形相이 실재한다는 입장이다. 이 형
상 개념이 중세에는 '보편자'로, 근대에 들어와서는 '법칙'으로 변형
되었다고 볼 수 있다. 그리고 지금 다루고 있는 '구조'가 바로 그 현대
적 변형태라 할 수 있을 것이다(지금은 다룰 수 없지만, 형상, 법칙, 구조
사이의 차이도 중요한 문제라는 점을 기억하자). 결국 구조주의는 실재
론, 합리주의에 맞닿아 있다. 요컨대 구조주의 사유는 우리가 경험하
는 현상들이 아무리 다양하고 복잡하게 보인다 해도, 그것들을 내포
하는 어떤 심층적 구조가 존재한다고 보는 현대적 판본의 합리주의라
할 수 있다(여기에서 "내포한다"는 것은 현상들이 어떤 구조의 표현들임
을 뜻한다. 달리 말해, 어떤 구조의 현상적 경우들임을 뜻한다).

　이렇게 볼 때, 서구 담론사에서 구조주의가 차지하는 위상을 짐
작할 수 있다. 19세기 이래의 서구 철학은 고전적인 합리주의로부터
탈피하려는 흐름들로 점철되어 왔다. 루카치 같은 사람은 이런 흐름
에 대해 '이성의 파괴'라는 표현까지 쓴다.[15] 그런 배경하에서 합리주
의를 부활시킨 사람이 바슐라르이다. 사실 담론사를 유심히 보면 탈
합리주의 시대가 극에 달하면 새로운 형태의 합리주의가 등장하곤 했
다. "反者道之動"인 것이다. 그리스 시대에 소피스트들이 허무주의, 회

---

15) 그러나 이는 피상적인 이해라고도 할 수 있다. "irrationalisme"는 흔히 '비합리주의'로
　　번역되지만, 이는 일상어에서 "비합리적이다"라는 것과는 상관이 없다. 베르그송 등에
　　게서 "irrationalisme"는 합리주의에 반(反)해 실재란 분석 ──세계를 불연속적이고 자
　　기동일적인 요소들로 환원해 보는 작업── 으로 해소되지 않는 연속적이고 다질적인
　　생성임을 주장하는 입장을 뜻한다.

의주의, 상대주의를 주창했을 때 플라톤의 합리주의가 나왔고, 르네
상스 시대에 회의주의가 팽배했을 때 데카르트가 나왔다. 그리고 19
세기 이래의 탈합리주의가 절정에 달했을 때(베르그송은 그 무엇으로
도 법칙화할 수 없는 절대 흐름, 즉 지속을 역설했다) 이 탈합리주의에
대항해서 합리주의를 부활시킨 인물이 바슐라르이다. 이렇게 플라톤,
데카르트, 바슐라르를 위시한 합리주의자들의 맥이 이어져 왔고, 구
조주의는 바로 이 바슐라르 인식론의 연장선상에서 성립했다고 할 수
있다.

구조란 곧 이론이라고 할 수 있다.[16) 전 세계 사람들이 모두 식사
를 한다. 그 밥 먹는 양태들은 극히 다양하다. 그러나 우리는 그 심층
에서 어떤 법칙성을 발견할 수 있다. 레비-스트로스가 말한 '식사법
의 구조'가 그것이다. 레비-스트로스는 바로 이 '구조'를 가지고서 식
사라는 현상을 이해한다.[17) 현상이란 그 자체로서는 이해되지 않는 무
엇, 그 자체로서는 아무런 의미가 없는 무엇이다. 현상은 이론을 가지
고서 그것을 볼 때 비로소 어떤 의미를 품게 된다. 이론은 현상을 이해
理解 가능한 것으로 만들어 준다. 흔히 이론을 인간이 만들어내는 것,
관념의 소산이라고 말한다. 그래서 강한 경험주의적 입장에 서 있는
사람들은 때로 이 말을 경멸적으로 사용한다: "그건 이론에 불과해."

---

16) 이때의 이론은 물론 철저하게 합리주의적 인식론에 입각해 이해된 이론이다. 그것은 주
체의 관점을 뜻하는 것이 아니라 주체가 현상들 너머에서 발견해내는 무엇을 뜻한다. 구
조를 이론으로서 이해한 대표적인 인물은 알튀세르이다.

17) '요리의 기호학'에 대해서는 다음을 보라. 김성도·박여성, 「음식기호학」, 『기호학과 철학
그리고 예술』, 소명, 2002, 135~160쪽.

반면 합리주의에서 이론이란 **발견되는** 것이다. 이론이 곧 구조이다.

　'이해'란 무엇인가? 그것은 말 그대로 이유[理] 속에 녹여 넣는[解] 것을 뜻한다. 우리 감각에 나타나는 특정한 현상들을 그것들을 이해 가능하게 만들어 주는 어떤 이론 속에 녹여 넣는 것이다. "녹여 넣는다"는 것은 무엇을 뜻하는가? 그것은 우리가 바라보는 현상 하나하나가 바로 우리가 발견한 그 이론의 현상적인/표현된 **경우들**임을 뜻한다. 앞에서 구조가 현상들을 "내포한다"고 했던 것과 같다. 돌멩이의 낙하 법칙＝이론이 제시되었을 때, 우리는 그것을 통해 낙하 현상을 이해한다. 이것은 정확히 무엇을 뜻하는가? 그것은 매 순간의 낙하 현상들은 그 법칙/이론의 **현상적인 표현**이라는 것이다. 레비-스트로스의 식사법은 하나의 구조, 즉 다양한 식사 현상들을 그것의 현상적인 표현으로서 드러내는 이론이다. 그 구조＝이론을 통해 현상들을 이해하는 것이 곧 현상들을 "녹여 넣는" 것이다. 이렇게 구조＝이론을 통해 현상을 설명하는 것이 합리주의이다. 이 점에서 구조주의적 합리주의는 콩트 이래의 실증주의와 대립한다.

　두번째로 구조주의와 변증법의 관계를 보자. 우리가 세계를 이해하고자 할 때 그것을 어떤 층위에서 보느냐가 중요하다. 극히 거시적인 층위에서부터 극히 미시적인 층위에 이르기까지 무수한 층위들이 존재한다. 상대적으로 거시적인 층위를 선택해 연구할 경우 포괄적인 이해가 가능하지만, 미시적인 측면들은 너무 큰 그물코들 사이로 빠져나가 버린다. 거꾸로 상대적으로 미시적인 층위를 잡아 연구할 경우 세세한 것들을 연구하느라 거시적인 것들은 시야 바깥으로 빠져나가 버린다. 결국 연구의 층위를 어떻게 잡느냐가 담론의 성격을 결정한다. 때로 사람들은 층위의 문제를 두고서 다투기도 한다. 그러나 사실은 매우 여러 종류의 '인식론적 층위들'epistemological levels/layers이 스펙트럼처럼 펼쳐져 있다 해야 하리라. 무의미한 자기중심적인 다툼이 대부분이다.

거시적인 것을 싫어하는 사람들이 있다. 매우 큰 범위를 "두루뭉술하게" 싸잡아서 이야기하는 것이 싫은 것이다. 모든 담론들 중 이런 거시적인 담론의 전형이 형이상학이라 할 수 있으며, 그래서 실증적 탐구를 하는 사람들은 '형이상학'이라는 말 자체에 경멸적인 뉘앙스를 부여해 언급하는 경우가 많다(물론 이는 'metaphysica'라는 말의 의미를 잘 모르는 데에서 나오는 생각이다). 미시적인 것을 좋아하는 사람은 남극의 펭귄을 연구한다거나 어떤 특정한 역사적 사건(예컨대 마르탱 게르의 귀환)을 연구하고 싶어 한다. 그러나 이런 미시적 연구에 파묻히는 것을 힘들어하는 사람들도 있다. 늘 전체를 보고 싶어 하는 사람들이다. 세계의 의미, 그 전체적 구조, 그 안에서의 인간의 위상 등에 관심이 있는 사람들이다. 이런 관심의 극한이 형이상학이다. 이 양극 사이에 수많은 인식론적 층위들이 존재할 수 있다. 학문을 하는 사람들은 자신의 성격이 어떤 층위에 맞는지를 신중하게 생각해 보아야 한다.

19세기에 등장한 거대 이론들 중 하나가 변증법이다. 헤겔은 변증법이라는 사유를 가지고 우주를 총체적으로 설명하려고 했다. 구조주의도 그렇다. 구조주의도 거대 이론의 성격을 띤다. 그렇다면 변증법과 구조주의의 차이는 어디에 있을까? 헤겔의 변증법은 어떤 거대한 틀을 먼저 만들고 그 틀에다가 개별적인 것들을 집어넣는 성격이 강하다. 즉, 아프리오리한 사유의 성격을 띤다. 구 소련에서 나왔던 책들이 이런 변증법의 전형을 보여 준다. 이 책들을 보면 (결국 헤겔의 사유에 뿌리 두고 있는) 유물변증법唯物辨證法이라는 틀이 먼저 있고 그후 어떤 새로운 과학적 성과가 등장하면 모두 거기에 구겨 넣는다. 그러나 구조주의의 성격은 다르다. 구조주의는 언어학, 인류학, 정신분석학,…… 등 각각의 영역에서 구체적으로 연구된 성과들이 교차하면서 형성된 사조이다. 개별 과학들의 정확성을 띠면서도 고립된 지식들/과학들로 그치지 않고 서로 얽히면서 복잡한 장을 형성했고, 그후에 '구조주의'라는 이름이 붙음으로써 하나의 '사조'가 되었다고 할 수 있다. 변증법의 발달 과정과는 반대의 과정을 밟은 것이다. 그것은 어떤 한 사상가에 의해 만들어진 특정한 관점이 아니라 개별적인 것들이 조금씩 모여 하나의 느슨한 전체로서 **형성되어** 간 경우라 할 수 있다.

변증법과 구조주의는 모두 거대 이론이다. 그러나 변증법은 시간적 종합을 꾀하고 구조주의는 공간적 종합을 꾀한다는 차이가 있다. 변증법의 기본 단위는 역사적 '계기'Moment이다. 역사적 계기들이 종합되어 나가는 과정이 변증법이다(그러나 이 사유가 결정론적이고 목적론적인 성격을 띤다는 점에서 그것의 시간은 사실상 진정한 시간의 역힐을 히지는 못한다고 해야 한다).[18] 반면 구조주의의 기본 단위는 '~

---

18) 결정론이란 시간이 도래하기 전에 이미 미래가 결정되어 있다는 것이고, 목적론이란 사물들이 어디에로 나아갈지 이미 정해져 있다는 뜻이다. 따라서 시간이란 이미 정해져 있는 것들이 펼쳐지는 데 걸리는 것 이상의 의미를 가지지 못한다(이 점에서 기계론과 목적론은 동전의 양면이다). 시간이 진정한 위상을 부여받으려면 시간 속에서 무슨 일인가가 일어나야 하며, 시간을 **기다려 봐야만** 미래를 알 수 있는 비결정성이 전제되어야 한다. "설탕이 녹기를 기다려야 한다."(베르그송)

소素'이다. 구조주의 계열의 저작들을 읽으면 '신화소', '요리소', '음소',…… 같은 식의 말들을 자주 볼 수 있다. 이 '소'들은 자연과학적인 물리적 소들(수소, 산소 등등)이 아니라 논리적 요소들이다. 이 논리적 요소들이 계열을 형성하고, 이 계열들이 일정한 장을 형성한다. 바로 이 논리적 장——법칙, 이론, 즉 구조——이 문화의 선험적 조건으로 작동한다(레비-스트로스의 신화 분석이 가장 선명한 예들 중 하나이다). 다시 말해, 현실은 이 구조의 표현이다. 이 점에서 구조주의는 철저하게 공간적 사유를 구사한다. 변증법과 구조주의는 모두 현실의 역동성과 미세한 우연성을 무시한다는 점에서 한계를 드러낸다.

　마지막으로, 주체철학과 구조주의를 비교해 보자. 내가 편의상 '주체철학'이라고 부르는 것은 칸트적 의미에서의 선험적 주체를 이어받고 있는 헤겔, 후설, 하이데거, 사르트르, 메를로-퐁티로 이어진 사조이다. 물론 이들 사이에는 많은 차이점들이 있지만, 멀리서 볼 때 이들은 하나의 사유계열을 이룬다고 볼 수 있다. 하이데거나 메를로-퐁티의 주체철학 극복도 칸트 이래로 내려온 이 사유 구도 자체 내에서의 극복이지 그 사유 구도 자체의 극복은 아니다. 한 계열 내에서의 철학적 대결과 한 계열과 그것과 아예 다른 계열 사이에서의 대결은 구분된다. 구조주의의 반反주체주의 사유는 현상학(/해석학) 계열 자체 내에서의 반反주체중심주의와는 성격을 달리한다. 이 두 계열은 매우 날카롭게 대립한다.

　사실 현상학과 구조주의 사이에서 볼 수 있는 식의 대립은 철학사에서 여러 번 반복되어 왔다. 사실 서구 근대 철학은, 나아가 오늘날의 철학에서까지도 주체——문제가 되고 있는 것은 정확히 '선험적 주체'이다——를 둘러싼 대립의 연속이었다. 인간 자신의 의미가 인간 자신에게 가장 절박한 문제이기 때문일 것이다. 거칠게 대별해서 이 대립은 인문주의와 과학주의의 대립이라고 할 수 있다. 그러나 인간이 인문학에 의해 그리고 자연이 자연과학에 의해 다루어지는 한, 이런 대립을 피해 갈 수 있었다. 데카르트적 이분법이 그 효시를 이룬다. 그러나 만일 과학주의가 인간을 포괄하고자 한다면 문제는 달라진다. 인문주의와 과학주의의 정면충돌은 피해 가기 어려운 진검승부가 될 수밖에 없다. 20세기 중엽의 실존주의와 구조주의의 대결이 이런 진검승부의 축소판이라 할 수 있다. 구조주의는 실존주의가 강조했던 인간의 독자성, 주체성, 자유, 결단,…… 같은 주제들을 거품 같은 것들로서 공격했기 때문에, 이로부터 치열한 이론적 대결이 결과했던 것이다.

지금까지 구조주의와 다른 세 사유를 비교해 보았고, 그로부터 구조주의란 인간을 포함한 세계의 객관적 법칙성을 발견하려 하는 '합리주의' 사유이자, 변증법과는 달리 개별 분야들이 서서히 얽히면서 형성된 '밑으로부터의 사유' 그리고 시간보다는 공간을 중시하는 '결정론적 사유'이자, 현상학적 내면성을 부정하는 '바깥의 사유'라는 점을 보았다.[19] 구조주의는 실증주의, 변증법, 현상학/반성철학이라고

---

19) 현대 철학에서 '바깥'이라는 말은 공간적 의미에서의 바깥이라기보다는 주로 내면성의 바깥을 말한다. 내면성이 일정한 동일성을 함축한다고 볼 때, 바깥은 또한 동일성의 바깥이기도 하다. 즉, 바깥의 사유는 탈내면적 사유이다. 그러나 구조주의 자체가 동일성의 사유('바깥'의 동일성)라는 점이 지적되면서, 구조주의 자체가 해체되기 시작한다. 이제 현대 철학은 동일성이 보존되지 않는, 즉 사이에서의(in-between) 관계, 접속의 생성을 통해서 새로운 창조가 발생하는 '탈영토화'의 사유를 지향하고 있다.

하는 19세기 이래의 세 사유와 동시에 대결하면서 전개되었다는 점에서 흥미롭다. 그것은 과학적 토대를 가지고 있으면서도 실증주의의 밋밋함을 벗어나고, 거대 이론이면서도 변증법의 독단성을 벗어나며, 인간과 사회를 사유하면서도 현상학적 내면성을 벗어나는 면모를 띠고 있다. 이 점에서 구조주의는 사유의 역사에서 커다란 진보를 이룩해냈으며, 20세기 후반의 여러 창조적인 사유들은 어떤 형태로든 구조주의와의 대결을 통해서 전개되어 왔다고 할 수 있을 것이다.

§4. 구조주의를 넘어서

이른바 '후기구조주의'는 구조주의의 세례를 받았고 또 그것과 대결하면서 자신들의 사유를 펼친 일군의 사상가들의 사유를 편의상 묶어 부르는 이름이다. 따라서 '후기구조주의'라고 하는 어떤 하나의 사조가 존재하는 것은 전혀 아니다. 그것은 순전히 편의상의 명칭이다. 서울에서 살다 벗어난 사람들이 동으로도 서로도 또 다른 어디로도 갈 수 있듯이, '후기구조주의자들'은 출발점은 유사해도 종착점은 모두 다른 사람들인 것이다. 다만 구조주의를 극복해 가는 과정에서 나타나는 어떤 공통의 테마들이 분명 존재한다. 시간, 욕망, 권력, 카오스, 신체,…… 등이 그런 개념들/테마들이다. 나는 이 여러 흐름들 중 특히 푸코, 세르, 르네 톰, 들뢰즈 등을 묶어 내가 추구하는 '객관적 선험철학'의 선구자들로 읽었다.

　이제 '후기구조주의자들'은 구조주의 사유에서 어떤 한계를 보았으며, 그래서 어떤 새로운 길을 개척했는지 생각해 보자.

1) 어떤 담론도 세계에 관련해 그것이 우리에게 드러내 주는 점이 있는 한편 바로 그 점 때문에 숨기는 점도 있다. 구조주의 사유는 기본적으로 공간의 사유이고, '구조'라는 말 자체가 이미 공간적인 개념이다(물론 이때의 공간이란 즉물적 공간, 물리적 공간이 아니라 법칙의 공간, 논리적 공간이다). 사유의 역사는 어느 면에서는 공간적 관점과 시간적 관점의 길항拮抗을 겪어 왔다고도 할 수 있다. 세계를 바라보는 근본적인 두 관점이라고 할 수 있을 것이다. 베르그송이나 실존주의 같은 탈합리주의적 사유들은 시간을 강조한다. 이것은 거의 필연적이라 해야 할 것 같다. 공간화한다는 것은 모든 것을 인식주체의 눈길 아래에 확연하게 동시적으로 보여 주는 것이지만, 탈합리성을 강조하는 것은 그 법칙에 맞지 않는 것 즉 차이·변화·생성을 강조하는 것이기 때문이다.[20] 이럴 때 시간을 도입하지 않을 수 없게 된다. 그 무엇이든 시간과 더불어 변하기 때문이다. 그래서 베르그송이나 하이데거 같은 사람들은 사유를 시간축 위에서 전개한다. 그러나 구조주의는 시간을 제거한다. 사실 '시간의 제거'라는 개념은 에밀 메이에르송이 과학적 사유의 본질로서 제기한 개념이다(『동일성과 실재』라는 제목은 '동일

---

[20] "동시적으로 보여 준다"는 것은 인식대상의 양끝이 주체의 눈길 아래에 놓임을 뜻한다. 우리는 한 책의 양끝을 동시에 볼 수 있고, 그것은 곧 그 책 전체가 인식주체의 눈길 아래에 놓임을 뜻한다. 그러나 거대한 산의 양끝은 보이지 않으며, 때문에 동시성(同時性)이 성립하지 않는다. 따라서 그 대상의 확인은 필연적으로 시간을 필요로 한다(로스코, 뉴먼 등 '색면파' 화가들이 거대한 캔버스를 썼음을 상기하자). 또 하나, 동시성이 성립하지 못하는 경우는 인식대상이 운동/변화하는 경우이다. 이때 주체는 움직이는 대상을 동시성을 통해 포착하지 못하고 그 지속을 따라가야 한다(아인슈타인은 수학적 변환으로 이 문제를 해결하려 했고, 베르그송은 그것을 비판한 바 있다). 동시성이 합리성/합리주의와 통하고, 지속이 탈합리성/생성존재론과 통함은 물론이다.

성과 시간'으로 바꿀 수도 있다). 과학적 행위 자체가 원래 시간의 제거라는 존재론적 작업 위에 서 있다는 것이다. '과학성'을 추구하는 현대 언어학이 파롤보다는 랑그를, 통시적인 사고보다는 공시적인 사고를 선호하는 이유가 거기에 있다. 레비-스트로스의 경우도 물론이다. 그러나 후기구조주의는 "잃어버린 시간을 찾아서" 새로운 여정을 준비했고, 한동안 잊혀졌던 베르그송이 부활한 이유도 여기에 있다.[21]

2) 다음으로 우연과 불연속의 문제가 제기되었다. 구조주의가 견지하는 존재론적 입장은 결정론이다. 구조주의는 필연을 사유한다. 우연이 설 자리가 없다. 자, 봐라! 우연인 줄 알았던 것이 필연이 아니냐. 이것이 구조주의의 입장이다. 사실 과학이라는 것 자체가 결정론을 전제하지 않으면 성립하지 않는다. 클로드 베르나르가 그의 『실험의학 입문』에서 강조했듯이, '과학'이라는 말 자체에 결정론의 입장이 이미 함축되어 있다. 그렇지 않다면 과학적 탐구를 시작할 이유가 없다. 법칙성이 있다고 믿기 때문에 탐구를 시작하는 것이다. 과학이라는 담론은 우연을 필연으로 바꾸는 것이다(물론 자의적으로 바꾸는 것이 아니라 새롭게 발견하는 것이다). 여기 거리[街]가 있다고 하자. 다만

---

21) 그러나 이것이 그저 공간축에서 시간축으로의 단순한 이동을 뜻하는 것은 아니다. 푸코의 장소에 대한 관심, 들뢰즈·가타리 사유에서 나타나는 공간적 측면들(『천의 고원』은 베르그송적인 저작이면서도 동시에 공간적 분석들로 가득 차 있다), 세르에게서의 공간 분석 등에서 볼 수 있듯이, 후기구조주의의 보다 실재론적인 갈래 ——"후기구조주의"는 어디까지나 편의상의 표현이라고 했거니와, 특히 여기에서 실재론적 갈래와 '포스트모더니즘'적 갈래를 구분해내는 것은 핵심적이다(그 구분이 언제나 명확하지는 않지만) ——는 시간론 못지않게 공간론이기도 하다. 이들의 사유에서는 시간과 공간의 대립이 이미 극복되고 두 차원이 독특하게 혼효하고 있다.

이 거리는 보이지 않는 거리이다. 그리고 대부분의 사람들은 이런 거리가 있다는 것도 모른 채 그 거리를 오가고 있다. 이런 것이 구조주의가 말하는 '구조'에 대한 하나의 비유가 될 수 있을 것이다.

후기구조주의는 구조주의의 학문적 설득력을 일정 정도 인정한다. 일단 인간이 태어날 때의 생물학적 조건과 태어난 후의 사회적-역사적 조건에 의해 결정된다는 것은 부정할 수 없다. 그러나 구조주의는 이런 상식을 넘어선 훨씬 심층적인 차원에서의 결정론을 드러냈다. 인간 존재를 지배하는, 그러나 지금까지 우리가 몰랐던 어떤 심층적인 차원을 드러내 보여 준 것이다. 학문의 역사에서 큰 획을 그은 발전이다. 후기구조주의로 통칭되는 탈구조주의적 사상가들도 구조주의의 이런 학문적 성과는 깔고 들어간다. 그러나 그후 구조주의는 다원화되기 시작한다. 다원화된다는 것은 곧 기존의 거대 구조에 불연속과 우연이 도입된다는 것을 뜻한다. 우연이 도입된다는 것은 시간에 균열이 생긴다는 것을 뜻한다. 이 과정을 통해서 거대 구조가 비판되고 공간적으로 또 시간적으로 다원화된 구조가 된다. 파르메니데스의 일자─者가 후기 자연철학자들에 의해 쪼개진 것을 연상시킨다.

다원화의 한 예로서 고고학 시절의 푸코의 사유를 들 수 있다. '문화'와 '시대'가 하나의 단위가 된다. 서구 문화의 경우, 르네상스, 고전 시대, 근대라는 100년 내지 200년에 걸친 시대적 단위들이 있다. 그리고 각 시대를 지배하는 무의식적 인식 구조가 있다고 한다. 그것을 푸코는 '에피스테메'라 부른다. 레비-스트로스는 원시사회와 현대 사회가 엄청나게 다른 것 같지만, 그 표면적 거품 아래에는 심층적인 법칙성이 깔려 있다고 했다. 레비-스트로스는 역사보다는 역사를 넘어서는 어떤 지평을 응시하고자 했다. 그러나 푸코는 역사를 넘어서는 일 반성을 추구하기보다 그것을 몇 개의 큰 단위로 분절해서 이해했다. 모든 시대를 총괄하는 큰 구조가 있는 것이 아니고, 긴 시간대들로 즉 '시대'들로 다원화된 구조가 있다고 본 것이다(이 불연속은 우연을 함 축하고, 푸코 사유에서 이 우연의 문제, 단절의 문제는 비판의 대상이 된 다). 브로델의 표현으로 하면 '장기 지속'이다.

3) 여기에서 푸코의 이야기를 넘어 이런 생각을 해볼 수 있다. 구 조와 구조 사이의 영역, 그 어떤 구조에도 속하지 않는 부분이 존재하 지 않는가? 만일 존재한다면 그것을 어떻게 이해해야 하는가? 비유컨 대, A, B, C라는 섬들이 각각의 구조를 가지고 있고(거꾸로 말해, 각각 의 구조를 통해 A, B, C가 섬이 된 것이다) 그 구조가 시간에 따른 변화 를 겪는다고 할 수 있다. 그때 바다는 무엇일까? 이 바다를 카오스라 부를 수 있을 것이다. 구조화되지 않은, 질서가 부여되지 않는 이 카오 스(또는 생명, 욕망, 기氣,…… 등으로도 부를 수 있다)는 구조의 '바깥' 을 형성한다. 구조주의가 현상학적 내면성을 극복한 '바깥의 사유'라 면, 이 카오스를 사유하는 것 — 카오스와 구조들의 관계를 사유하는 것 — 은 '바깥의 바깥의 사유'라 해야 할 것이다.[22]

---

22) 이에 관련해 자연철학적 맥락에서는 프리고진·스탕제르,『혼돈으로부터의 질서』(신국 조 옮김, 정음사, 1998); Lawrence Bouquiaux, *L'Harmonie et le chaos* (Ed. Peeters, 1994); Pierre Bergé et al., *L'Ordre dans le chaos*(Hermann, 1988)를, 역사철학적 맥 락에서는 Deleuze et Guattari, *L'Anti-Oedipe*(Minuit, 1972)를, 사회학적 맥락에서는 클리퍼드 기어츠,『문화의 해석』(문옥표 옮김, 까치, 1998); 上野千鶴子,『構造主義の冒險』 (勁草書房, 1985)을 보라. 상대성 이론과 양자역학의 대립, 생물학에서의 유전형과 표현 형의 관계, 권력 획득에서의 바깥의 문제 등도 이런 관점에서 사유해 볼 필요가 있다.

카오스라든가 욕망 같은 개념들이 등장하게 된 데에는 정치적 배경도 한몫을 했다고 할 수 있다. 그 배경은 곧 68년 5월 사건이다. 그러나 이 사건이 프랑스에서만 있었던 것은 아니며, 독일, 미국, 일본 등 여러 선진국들에서 동시다발적으로 발생했다는 점을 염두에 두어야 한다. 또 하나 중요한 것은 자본주의 국가들(프랑스, 독일, 미국, 일본 등)에서 이런 변화가 일어날 그때에 공산주의 국가들에서도 유사한 변화——예컨대 "프라하의 봄"——가 발생했다는 사실이다. 이 점에서 1968년은 현대 사상의 정치적 배경을 이루는 해라고 할 수 있다. 이 해에 벌어진 사건들을 통해 사회라는 것이 구조적으로 강하게 정형화된 것 같지만 그 밑바탕에는 대중의 욕망——여기에서는 오히려 긍정적 뉘앙스를 띤다——이 흐르고 있다는 사실이 분명하게 드러난 것이다. 68혁명 당시 소르본의 한 교실의 칠판에는 다음과 같은 글이 씌어 있었다고 한다: "구조주의는 거리로 내려오지 않는다!"

보다 철학사적으로 말해, 이것은 또한 스피노자·라이프니츠와 니체의 '역능'potentia, Macht, 베르그송의 '생명(의 약동)' 같은 개념들의 부활을 함축한다. 구조주의의 추상적이고 수학적인, 다시 말해 힘과 물질이 없는 사유가 극복되는 데 이런 개념들이 중요한 역할을 하게 된다. 라캉, 알튀세르 학파, 말년의 푸코, 그리고 들뢰즈 등은 모두 (데카르트에 근원을 두는) 현상학을 극복하는 과정에서 스피노자에게서 심대한 영향을 받는다. 또 세르, 들뢰즈, 톰 등은 모두 라이프니츠를 통해 중요한 철학적 영감을 받았으며, 푸코는 『말과 사물』에서의 고전 시대 분석에서 라이프니츠에 크게 기대고 있다. 스피노자·라이프니츠 르네상스는 지난 반세기에 걸쳐 철학의 풍경을 크게 바꾸어 놓았다고 할 수 있다. 데카르트·독일 관념론·현상학(과 해석학)에서 스피노자·라이프니츠·(후기)구조주의로. 아울러 니체·베르그송 연구(특히 들뢰즈의 『니체와 철학』과 『베르그송주의』)는 구조주의에서 후기구조주의로 넘어가는 국면에서 핵심적인 역할을 했다.

이와 유사하면서도 구분되는 또 하나의 개념은 (넓은 의미에서의) 권력이다. 카오스, 욕망, 역능, 생명,…… 이 모두가 '힘'이라는 기본 개념의 변형태들이다. 이 점은 권력도 마찬가지이다. 그러나 권력은 힘은 힘이되 그 안에 '작위'作爲의 측면을 함축하는 힘이다. 즉, 카오스, 욕망, 역능, 생명이 자연스럽게 무엇인가를 산출해내는 힘들이라면, 권력은 작위적으로 삶의 틀을 주조籌造해낸다는 뉘앙스를 띠고 있다. 역능puissance과 권력pouvoir의 구분은 스피노자에게서 유래하며, 현대 철학의 심장부에 존재하는 개념들이다(니체의 'Wille zur Macht'도 '역능의지'와 '권력의지'로 분화시켜 번역할 필요가 있다). 그러나 좀더 생각해 보면, 권력 또한 욕망의 일종이라고도 할 수 있다. (넓은 의미에서) 어떤 형태로든 지배하려는 욕망이 권력인 것이다. 그러나 욕망은 추상적인 무엇이다. 권력이란 욕망을 구체화하려는 힘이라고도 할 수 있다. 권력 개념은 앞에서도 지적했듯이(§3, 각주 11) '주어진 것'과 '만들어진 것'에 관련해 구조주의의 단순한 객관주의를 비판적으로 넘어서는 데 중요한 역할을 했다.

4) 다음으로 또 하나 문제가 되는 것은 인간의 몸/신체이다. 그 무엇으로도 환원될 수 없는, 법칙화될 수 없는 신체의 가변성, 역동성, 개체성, 주체성, 이런 측면들이 또한 강조된다. 구조주의는 구체적인 것들을 추상적인 것들 속에 용해시킨다. 자연과학과 같은 성격을 띤

다. 늘 드는 예이지만, 냄새 나는 수돗물, 웅장한 폭포수, 깊은 바닷물, 잔잔한 호수의 물,…… 등의 현상학적 특성들은 과학적으로는 모두 'H$_2$O'로 환원된다. 그러나 이렇게 환원할 수 없는 존재, 그것이 곧 신체이다. 나의 몸, 나의 '살', 그것은 그 어떤 것으로도 대체되지 않는 고유함 그 자체이다. 물론 최근의 신체론이 현상학적 신체론으로의 회귀는 아니다. 오히려 그 고유한 신체가 어떻게 통제당하고 조작당하는가, 그래서 고유하지 않은 존재가 되는가에 초점을 맞춘다. 그리고 그런 통제와 조작에 대한 저항의 문제가 발생한다. 즉, 최근의 신체론은 정치학적–사회학적 뉘앙스를 띤다 하겠다. 푸코가 제시한 '생체권력'bio-pouvoir의 문제가 대표적인 예이다. 그러나 신체론이 이성, 정신, 영혼 같은 개념들을 파기하는 또 하나의 환원주의로 가면 곤란하다. 하나의 환원주의를 다른 하나의 환원주의로 대체하는 것은 중요하지 않다. 사유를 보다 균형 잡힌 것, 풍요로운 것으로 만드는 것이 중요하다.

지금까지 살펴보았듯이, 구조주의 사유가 한계를 드러내면서 시간, 불연속, 카오스, 욕망, 권력, 신체 같은 개념들이 새롭게 얼굴을 드러내게 된다. 구조주의가 극단적인 합리주의, 결정론이 함축하는 한계를 노정시킴으로써 이런 문제의식들이 도래하게 되었다. 그런데 조심할 것은 오늘날의 사유는 구조주의로부터 출발해 조금씩 다른 길을 모색한 것이지 갑작스럽게 도래한 탈합리주의가 아니라는 점이다. 후기구조주의는 구조주의의 입장, 즉 1) 이 세계를 합리적으로 사유하는 것, 2) 장 개념에 입각해 사유하는 것, 3) 공간성을 중시해 사유하는 것 중에서 2)는 이어받되 1), 3)에는 대체적으로 비판적 태도를 취한다.

후기구조주의자들도 구조주의가 발견한 '장'場 개념은 중요하게 생각하지만, 이제 그 장을 보다 역동적이고(우연, 시간, 불연속 등의 도입), 주체-개입적인 것('주체화' 문제의 재론)으로 파악한다. 그리고 다원적으로 사유하는 것은 물론이다. 예컨대 구조주의의 연장선상에 있으면서도 '행위자'라는 요소를 적극적으로 재사유하려 한 부르디외라든가, (일종의 라이프니츠주의로서의) 구조주의의 세례를 받았으나 다양한 담론들의 개별성을 가로지르면서 그것들 사이에서의 소통, 개입, 번역, 분배 등이 형성하는 '인식론적 장'을 사유하는 세르 같은 사람들이 대표적인 예가 될 것이다. 그 이전의 라캉, 알튀세르는 물론이고, 푸코, 들뢰즈, 데리다 등도 모두 구조주의의 세례를 드러낸다. 연속성과 불연속성이 갈라지는 지점들을 세심히 살펴볼 필요가 있다.

반면 '포스트모더니즘'은 구조주의와 극단적으로 대립한다. 1) 구조주의가 합리주의라면 포스트모더니즘은 '과학적 합리성/객관성'이라는 개념을 비판적으로 보며, 2) 구조주의가 장의 존재론을 구사한다면 포스트모더니즘은 그 장 자체도 주관의 구성물이라고 보며, 3) 구조주의가 공간적 분석의 태도를 취한다면 포스트모더니즘은 우연과 시간의 입장을 취한다. 후기구조주의가 구조주의를 변형시켜 나간 사조들이라면, 포스트모더니즘은 구조주의적 합리주의와는 단적으로 대조적인 사조라 할 것이다. 사실 '포스트모더니즘'이라는 개념은 너무 모호하고 불투명한 개념이며, 많은 사람들이 매우 상이한 사상가들을 이 범주로 무책임하게 환원시켜 버리는 우를 범하고 있다. 포스트모더니즘은 어디까지나 미학적, 문학·예술적 범주로서 국한해, 모더니즘과 연계시켜 보다 세심히 논의되어야 할 개념이라 하겠다.

＊　＊　＊

Q 사건의 철학이 제시하는 사건 개념이 기존 역사학에서 사건을 사유한 방식과는 어떤 차이가 있는지 알고 싶습니다.

A 역사학에서 말하는 사건은 쉽게 말해서 지금 우리가 논의하고 있는 일반적인/존재론적인 사건의 한 경우라고 할 수 있습니다. 우리가 말하는 사건은 이 세계에 존재하는 모든 생성, 운동, 더 정확히 말해 차이이고, 역사학에서 말하는 사건은 그 차이가 의미화된 것, 나아가 그 의미화된 것들 중에서 특별히 중요하다고 판단된 것이죠.[23] 작은 사건들의 여러 계열들이 교차하는 지점에서 발생하는 큰 사건, 그것이 "역사적 사건"입니다.[24] 우리가 말하는 사건은 역사적 사건에 국한되는 것이 아니고, 존재론적인 의미에서의 사건, 가장 포괄적인 사건인 것입니다.

Q 최근 철학에서 "사건과 구조의 화해"라는 말을 많이 하는데, 이 강의를 듣다 보니 우리 사회학에서 오래된 논쟁으로 "행위자냐 구조냐" 하는 것이 있고 그후 이것을

---

23) 사건들의 층차(層差) ──사건이란 기본적으로 차이에서 발생한다. 오로지 생성만이 존재하는 곳에서는 역설적으로 사건이 발생하지 않는다. 특정한 생성이 다른 생성들을 그것의 '배경'으로 밀어내면서 '돌출'할 때 사건이 발생한다. 호수 표면으로 물고기가 뛰어오른 것은 사건이다. 그러나 그 이전에도 호수의 물결은 계속 움직이고 있었다. 그리고 역으로 그때에 주위에서 어떤 살인 사건이 일어났다면, 물고기가 뛰어오른 것은 이 살인 사건의 배경으로 흡수되어 버린다. 요컨대 모든 사건은 **일정한 지평** 위에서 솟아오른다. 그리고 사건과 상대적으로 그것의 지평은 무차이(indifférence)로서 존재한다. 그래서 사건이란 무수한 층차를 가진 각각의 맥락에서 성립한다. 요컨대 차이가 있는 곳에 사건이 있으나, 차이들은 절대적인 것이 아니라 상대적인 무수한 층차에서 성립한다.
24) 이정우, 『전통, 근대, 탈근대』(저작집 3권)에서 이 문제를 다루었다.

변증법적으로 종합하려는 시도가 있었던 것이 생각납니다. 지금 들으니 그런 논의의 반복일 뿐이라는 생각이 드는데요.

A 행위자냐 구조냐 하는 문제는 바로 주체의 문제입니다. '행위자'라는 것은 주체성을 가진 존재로서 법칙이나 구조에 완전히 흡수되지 않는 어떤 존재죠. 강한 의미에서의 구조주의에서는 행위자가 없습니다. 더 정확히 말해, 행위자는 있지만 그 행위자가 근대적인 의미에서의 '선험적 주체'는 아니죠. 인간이란 선험적 주체가 아니라 일정한 구조에 들어가는 하나의 함수값과도 같은 존재라는 겁니다. 이렇게 극단적인 구조주의로 가면, 개인, 행위자의 문제는 완전히 제외됩니다. 그렇기 때문에 구조주의의 장의 사유를 받아들이면서도 행위자의 개념을 버리지 않는 사유가 등장합니다. 구조라는 것을 인정하되 그 구조가 각 개인들에게 내면화되는 방식에는 차이가 존재한다는 것입니다. 다시 말해, 각 개인은 똑같은 구조 안에서 살아가면서도 그 구조를 내면화하는 방식이 조금씩 다르며(부르디외는 이를 '아비투스'habitus 개념으로 파악합니다), 때문에 행위자의 문제를 간과할 수 없다는 것입니다.

바로 이 주체성의 문제가 후기구조주의 사유의 주요 테마들 중 하나입니다. '주체'의 문제라는 일반적이고 존재론적인 문제가 사회학에서는 '행위자'의 문제로 나타나는 것입니다. 또, 비평에서는 '저자'의 문제로, 인식론에서는 '인식주체'의 문제로 나타납니다. 개별 영역들에서 나타나는 문제들과 그것들을 아우르는 존재론적 문제를 함께 사유할 필요가 있습니다.

그리고 "행위자냐 구조냐"의 문제와 '사건과 구조'의 문제는 다소 다른 문제입니다. 전자는 주체와 그것을 둘러싼 장의 문제라면, 사건과 구조의 문제는 장 자체의 성격에 관련된 문제입니다. 즉, 구조 개념 자체의 극복의 문제이죠. 물론 사건이란, 특히 우리에게 의미 있는 사건이란 대개 인간이 개입되는 사건이기에, 사건 개념에는 행위자 개념이 들어갑니다. 사건 개념은 다소 객관화된 개념이고, 행위자 개념은 주체의 입장에서의 개념이라 하겠습니다. 두 문제를 구별하되 또한 밀접하게 연결시켜 사유해 보는 것이 좋겠습니다.

Q 합리주의의 전통이 플라톤, 데카르트, 바슐라르로 이어진다고 말씀하셨는데, 어떤 공통점과 차이점이 있습니까?

A 합리주의라는 말은 기본적으로 세 가지를 의미합니다. 1) 존재론적 의미 : 이 세계는 무질서하지 않으며 질서를 내포하고 있다. 즉, 혼돈스럽고 매 순간 변하는 것이 아니라 어떤 형태로든 질서를 내포한다. 달리 말해 세계는 '가지적'intelligible이다. 이 가지성을 보여 주는 것이 형상, 법칙, 구조 등이다. 2) 인식론적 의미 : 인간에게는 이 세계를 파악할 수 있는 능력이 있다. 이 인식론적인 토대, 즉 세계 인식의 가능근거를 이성 또는 순수사유noêsis라고 한다. 존재론적으로 세계의 가지성을, 인식론적으로는 인간의 이성을 인정하는 것이 합리주의이다. 3) 질서와 이성이 만날 수 있다. 더 정확히 말해, 일치할 수 있다.

플라톤의 경우, 우리가 경험하는 수많은 개체들, 현상들보다 더 깊은 차원에는 형상들이 있고, 인간은 그것들을 발견할 수 있는 능력인 영혼(특히 이성=로고스)을 가지고 있다고 합니다. 그리고 존재론적 형상과 우리 영혼 속의 형상이 일치합니다. '존재와 사유의 일치'죠. 또 데카르트의 경우, 『성찰』에서 '방법적 회의'를 전개했다는 것을 잘 아실 것입니다. 모든 것이 불확실하다는 전제하에 회의를 시작합니다. 그런데 어디에서부터 회의를 시작하는지 유심히 보면, 매우 감각적인 것들에서부터 시작하죠? 감각적인 것부터 회의해서 결국 회의할 수 없는 것으로 갑니다. 그렇게 해서 발견한 것이 우리의 이성입니다. "cogito"입니다. 데카르트는 플라톤의 로고스를 이어받은 "cogito"의 철학자입니다. 그리고 그 코기토에 입각해 발견해낸 것이 신과 물질적 실체입니다(신과 코기토의 관계에 있어, 중세 철학에서와는 달리 순서가 반대라는 점을 주목하시기 바랍니다). 그런데 신은 이미 인간의 영혼 안에 "진리의 씨앗"을 넣어 주었습니다. 이것이 인식의 가능근거죠.

플라톤에게서는 차이가 존재하는 만큼 그에 해당하는 형상들도 존재합니다. '네모의 형상', '붉음의 형상'도 존재합니다(다만 시뮬라크르, 또는 매우 가치 없는 것들, 예컨대 발톱에 긴 때 같은 것에도 형상이 있을까 주저하기는 합니다). 원칙적으로 가시적인 것이 있으면 그것이 자신의 '그림자'로 가지는 형상이 있습니다. 데카르트의 경우 네모나 붉음은 자체로서는 존재하지 않습니다. 영혼과 신을 제외한다면 모든 것들은 'res extensa'의 파생물입니다. 이 점에서는 오히려 데모크리토스와 같죠(다만 데카르트는 진공을 인정하지 않습니다). 또, 플라톤에게 영혼=프쉬케, 이성=로고스, 순수사유=노에시스는 어디까지나 존재론적 지평에서 사유됩니다. 즉, 존재론이 먼저 있고 그 테두리 내에서 인식주체가 사유됩니다. 데카르트는 인식주체를 그것 자체로서 문제 삼았다는 점에서 근대적입니다. 그러나 인식주체와 객체의 일치를 보장해 주는 것은 신입니다(플라톤에게서 이 일치는 궁극적으로 형상들 사이의 관계일 뿐입니다). 발견의 맥락에서는 코기토가 앞에 오지만, 설명의 맥락에서는 신이 먼저 옵니다. 이 점에서 데카르트의 코기토는 충분히 근대적인 의미에서의 인식주체는 아닙니다.

바슐라르의 경우는 분야가 플라톤이나 데카르트보다 더 구체화되어 물리학에 국한됩니다. 달리 말한다면, 플라톤이나 데카르트는 고전적인 의미에서의 '위대한 철학자들'이지만, 바슐라르는 현대적인 의미에서의 '과학철학자'죠(그러나 바슐라르는 예술철학에서도 독특한 경지를 이루었고, 두 영역은 '상상력'을 비롯한 중요한 인식론적-존재론적 사유로 뒷받침되고 있습니다. 이 점에서 바슐라르를 고전적인 철학적 거장들의 반열에 위치 지을 수도 있을 것입니다). 그에 따르면, 실재는 베르그송이 말하는 것과 같은 끝없는 생기生起가 아니라 일정한 수학적 구조로 되어 있다고 합니다. 그 수학적 구조를 파악할 수 있는 것이 '수학적 물리학' mathematical physics이라는 담론인 것이죠(그래서 바슐라르에게 수학적 물리학은 단순히 과학의 한 분야가 아니라 매우 특권적인 의미를 가지는 담론입니다). 그러나 우리는 세계의 합리적 구조를 단적으로 파악하지는 못합니다. 바슐라르에 이르러 합리주의는 '열린 합리주의'가 됩니다. 본질/형상, 로고스, 코기토 등과 같은 개념들에 부과되었던 절대적인 성격이 완화되고, 이성은 경험과 이론의 끝없는 변증법적 상호 작용을 통해 조금씩 세계의 참모습에 접근하는 것으로 이해됩니다. 진리 인식 과정이 훨씬 더 복잡하고 역동적인 것으로 이해되죠. 달리 말해, 인식이라는 행위가 어디까지나 역사적 지평에서 이해됩니다. 바슐라르의 합리주의는 간접적인 방식으로이지만 구조주의의 인식론적 토대로 작용합니다.

요컨대 합리주의란 세계의 합리적인 질서와 그 질서를 파악할 수 있는 인간 이성, 그리고 이성과 질서의 상응이라는 이 세 가지를 항상 전제합니다. 철학사적으로 말해, 플라톤의 합리주의는 소피스트적 탈합리주의(허무주의, 상대주의, 회의주의)에 반反해서 제시되었고, 데카르트의 합리주의는 (푸코가 『말과 사물』의 1장에서 묘사한 바 있던) 르네상스 시대의 탈합리주의에 대항해서 나온 것입니다. 또, 바슐라르의 합리주의는 베르그송에게서 절정에 달했던 19세기의 탈합리주의를 비판하면서 나온 것이죠. 이렇게 담론사에서 합리주의는 반복됩니다. 그러나 반복된다고 하더라도 구체적인 내용에 들어가면 형상, 법칙, 구조가 다 다르기 때문에, 또 인식주체의 위상에 대한 이해가 다르기 때문에, 그리고 존재와 사유의 일치를 근거 짓는 방식이 다르기 때문에 자세히 비교할 필요가 있습니다.

Q 실존주의와 구조주의가 대립한다고 말씀하셨고, 또 구조주의가 극한에 이르면 불가, 도가와 접속된다고 하셨는데, 실존주의도 불가에 맥이 닿아 있는 것으로 알고 있습니다. 그럼 그 각각이 불가, 도가와 맞닿아 있으면서 어떻게 다른 것입니까?

A 도가나 불가라는 것 자체가 매우 다양한 형태들을 포함합니다. 불가만 가지고서 논의한다 해도, 어떤 면에서 비교하느냐 또 주로 어떤 학파와 비교하느냐에 따라 비교의 방식이 달라지죠. 실존주의와 구조주의 각각에 있어서의 내부적인 차이들은 접어 둔다 해도 말입니다. 만일 우리가 실존주의, 구조주의와 불교 전체를 비교한다면 간단하게 이야기하기는 힘듭니다. 가장 기초적인 내용만 가지고서 이야기해 봅시다.

불교는 기본적으로 네 가지 사유로 이루어져 있습니다. 좀 단적으로 표현한다면, 인생은 고苦라는 현실 이해[苦諦], 고통은 집착에서 나온다는 원인 파악[執諦], 집착을 없앰으로써 열반에 들 수 있다는 원리적 처방[滅諦],[25] 그렇게 하기 위해서는 팔정도八正道에 매진해야 한다는 구체적 실천[道諦]이 불교사상의 요체입니다. 이런 기본적인 구도와 비교해 본다면 실존주의와 불교 사이에 분명 유사점이 있습니다. 실존주의와 불교 모두 철학적 사유를 어떤 개인의 내면적 고뇌로부터 출발합니다.

하지만 그런 정도의 비교라면 굳이 실존주의와 불교가 아니더라도 많은 사상들이 이 두 시고의 유사한 문제의식에서 출발한다는 점에서 좀 싱거운 이야기가 되어 버립니다. 그래서 좀더 나아가 본다면, 다음으로 특히 '집착'이라는 측면은 상당히 통하는 면이 있습니다. 왜냐하면 실존주의가 토대로 하는 것이 현상학이고 현상학의 가장 기본적인 원리들 중 하나가 바로 지향성intentionality이기 때문입니다. 지향성이란 우리 의식이 자족적으로 존재하지 않고 늘 바깥의 무엇인가를 향한다는 것을 뜻합니다. 그런데 이 지향성은, 다소 무리가 따르긴 하지만, 집착과 비교할 수 있습니다. 집착이라는 것은 특정 대상에 나의 시선을 고착시키고 괴로울 정도로 그것에 마음을 기울이는 것이니까요. 물론 지향성은 꼭 집착이 아니라 인간 의식의 특성 그 자체를 뜻한다는 점에서, 그리고 불교에서의 집착이란 특히 자성自性을 가진 사물들의 존재에 대한 집착을 뜻한다는 점에서, 상세히 논의해 들어가면 매우 복잡한 논의가 될 겁니다.

실존주의와 불교는 멸제와 도제에서 갈라집니다. 실존주의는 바로 '나', 나라는 '주체', 나의 '실존'을 결단을 통해 받아들이고, 나의 실존

---

25) '멸제'는 처방을 뜻하기도 하고 실제 번뇌가 멸한 상태[無漏]를 뜻하기도 한다.

을 사랑하고, 실존에 따라 살아가고자 하기 때문에, 궁극적으로 이 세계에 대해서 주체적이고 참여적인 태도를 취합니다. 예컨대 사르트르 같은 사람은 인간은 허무와 열정이라는 양면을 가지고 있다고 보고, 따라서 자신의 실존을 순수하게 받아들이고 역사에 참여하는 실천적인 사상을 강조합니다.[26] 불교는 반대죠. 우리가 삶에 부여하는 각종 가치들, 집착들을 끊어 버리겠다는 것입니다. 그것이 어떻게 가능할까요? 내가 즐거워하고 슬퍼하고 노여워하는 이 모든 것들이 결국 내가 가지고 있는 어떤 주체성으로부터 나오는 것이 아니라 사실은 연기緣起의 법칙성에 입각해서 이루어진다는 사실을 깨닫는 것입니다. 깨닫는 순간에 내가 자아에 대해 가지고 있는 집착[我執]은 하나의 환상으로서 드러나게 됩니다. 그런 점에서 오히려 구조주의와 비슷한 것이죠.

그러나 거듭 말하지만, 비교라는 것은 늘 그 문맥을 잘 봐 가면서 해야 합니다. 그렇지 않을 경우, 전혀 다른 토양과 상황에서 나온 이야기들을 그 말 몇 가지만 가지고서 비교할 경우, 아주 엉뚱한 이야기가 되기 쉽죠. 그리고 비교는 늘 같은 점도 말하고 다른 점도 말해야 합니다. 꼭 이 둘이 같고 저 둘이 다르다는 식으로 말할 수는 없습니다. 다만 어떤 측면, 어떤 층위, 어떤 맥락에서 비교하느냐에 따라 같기도 하고 다르기도 한 것이죠. 방금 한 이야기도 매우 거친 비교에 불과하고, 앞으로 보다 본격적인 논의를 해야 할 것입니다.

---

26) 전자의 측면은 『존재와 무』(정소정 옮김, 동서문화사, 2009)에서, 후자의 측면은 『변증법적 이성 비판』(박정자 옮김, 나남, 2009)에서 두드러지게 전개되었다.

Q 생성을 의미의 차원에서 다룬다고 하셨는데요. 자연철학에서의 생성과 어떻게 다르다는 것입니까?

A 자연철학에서의 생성론은 세계나 우주, 자연에서의 운동을 다루는 것이죠. 이에 비해 생성을 의미의 발생 과정에 연계해 다룬다는 것은 곧 그 운동이 인간적 차원, 의미의 차원으로 넘어가는 과정을 다룬다는 것입니다. 그 점이 다르죠. 어떤 자연적 운동이 일어나는 것은 곧 하나의 사건이 발생했음을 뜻합니다. 예를 들어, 누군가가 눈물을 흘리는 것은 자연적 운동이죠. 이 운동을 그 자체로서 다루면 자연철학입니다. 얼굴 위의 액체와 내과적인 신체 상태의 관계는 어떤가, 액체가 왜 그런 모양으로 흐르는가를 다루는 것이 자연철학입니다. 그러나 눈물을 흘리는 자연적 과정이 또한 문화의 차원에서는 '슬프다'라는 의미로 해석되죠. 그리고 이 의미에 연관된 숱한 문화적 맥락들이 존재합니다. 우리는 이렇게 자연에서 문화로 넘어오는 그 경계선을 다룹니다.[27]

Q 다원화된 구조를 밝히는 것과 구조화가 안 된 영역에 관심을 갖는 것은 다른 것 같은데요.

A 다원화된 구조를 다루는 것과 카오스를 끌어오는 것은 다른 것이라는 말씀이시죠? 다른 문제이기는 하지만, 입체적으로 보면 다원화된 구조

---

27) 의미라는 것을 꼭 인간의 문화라는 차원에 국한시켜야 하는가는 그 자체로서 논의되어야 할 문제이다. 오늘날에는 심지어 분자생물학적 차원에서도 의미가 논의되고 있다. (예컨대 다음 책들을 보라. 日本記號學會 編, 『生命の記號論』, 東海大學出版會, 1994. 多田富雄, 『生命の意味論』, 新潮社, 1997.) 그러나 여기에서는 일단 좁은 의미에서의 의미, 즉 인간의 문화를 가능하게 하는 선험적 조건으로서의 의미를 다룬다.

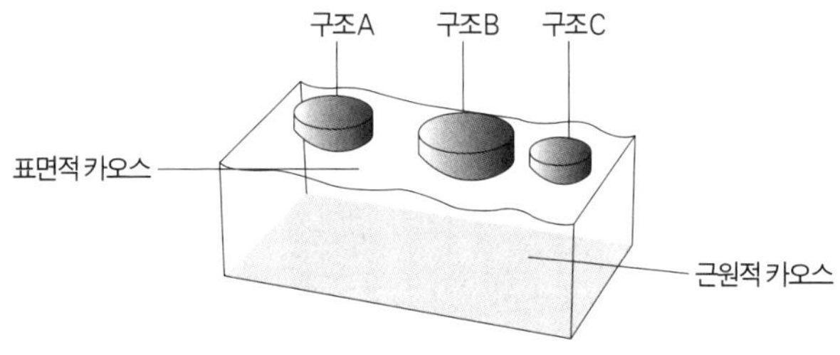

〈그림 1〉 구조들 사이의 표면적 카오스와 구조들 아래의 근원적 카오스

를 다룰 때 카오스가 문제가 됩니다. 카오스를 두 가지로 볼 수 있습니다. 위에서 내려다보아 구조화되지 않은 카오스 즉 구조 옆에 있는 카오스가 있고, 또 앞에서 단면을 보아 구조화되지 않은 카오스 즉 구조 밑에 있는 카오스가 있습니다(그림 1). 전자가 **구조들 사이의 카오스**('표면적 카오스'라고도 할 수 있을 것입니다)라면, 후자는 **구조화되기 이전의 근원적 카오스**라고 할 수 있겠습니다. 이렇게 카오스에 대한 논의에는 이중의 맥락이 있습니다.

자연과학에서 아직 수학화가 안 된 부분이 있죠. 예컨대 힘(물리력), 빛, 열,…… 등은 수학화가 되었지만, 냄새는 아직 수학화가 되지 않았습니다. 전자의 경우 각 영역들 사이에 카오스가 존재한다고 할 수 있고(이 카오스를 완전히 제거한다면, 비로소 단 하나의 물리학이 성립하겠죠), 후자의 경우 수학에 대해서는 아직 근원적 카오스로 존재한다고 할 수 있습니다(물론 수학화되었다고 그것이 과연 카오스의 "완전 정복"인지는 따져 봐야죠). 마찬가지로 인간과학(인문학과는 달리 인간을 '과학적'으로 접근하는 학문들) 영역에서도 카오스의 영역이 있습니다. 우연, 신체, 욕망,…… 같은 것들이 그렇습니다(수학화가 카오스의 완전 정복인지 하는 문제는 인문사회 계통에서는 더 심각한 문제죠). 특히 욕망 개념은 근원적이고 그 대립적 짝은 코드 개념입니다. 자연과학에서의 카오스-질서 짝이 인간과학에서는 욕망-코드에 해당합니다. 코드라는 것은 한 사회를 지배하는 질서입니다. 그러나 그 코드 밑에는 언제라도 그것을 전복시킬 수 있는 카오스 즉 욕망이 흐르고 있습니다. 반면, 국가라든가 이미 일정하게 코드화된 구조들 사이에 존재하는 카오스가 있습니다. 예컨대 한국-코드와 일본-코드 사이에는 여전히 카오스가 존재하고 있죠. 이렇게 자연과학에서든 인간과학에서든, 표면적 카오스와 근원적 카오스를 구별해서 연구해 볼 필요가 있습니다.

Q 욕망이라는 것이 구조에 의해 영향받지 않습니까?

A 욕망이라는 것은 쉽게 생각하면 구조에 의해 코드화되면서도 구조 바깥에 여전히 남아 있고 또 구조를 위협하는 것으로 보면 됩니다. 플라톤에서 형상들과 코라의 관계가 역전되었다고 보면 될 것 같습니다. 욕망-코라가 더 근본적이고, 형상들은 그것을 일정 정도 코드화하지만 온전히 정복할 수는 없다고 말입니다(〈그림 1〉에서 구조들을 형상들로, 카오스를 욕망으로 보면 됩니다).

우리가 물질 그 자체는 보지 못하고 다만 물체만을 볼 수 있는 것처럼, 욕망 자체는 볼 수 없고 그것이 현실화된 형태들, 일정한 구조로서, 더 적절한 표현으로는 배치 또는 장치로서 구체화具體化된embodied ── 한자와 영어를 음미해 봅시다 ── 결과만을 볼 수 있습니다. 욕망 그 자체는 보이지도 들리지도 않습니다(그런데 느낄 수는 있죠. 기氣처럼 말이죠. 매우 흥미로운 사실입니다). 우리에게 보이는 것은 어떤 형태로든 코드화된 욕망입니다.[28] 그럼에도 존재론적으로 인정하지 않을 수 없는 것이 욕망입니다.

구조는 욕망에 의해 만들어지지만, 거꾸로 이미 만들어져 있는 구조가 욕망에 영향을 끼칩니다. 이른바 "닭과 달걀의 관계"죠. 모든 구조는 저절로 생기는 것이 아니라 욕망에 의해 만들어지는 것들이지만(이 때문에 복잡계 이론 등 자연과학적 사고를 인간과학에 무매개적으로 투사하는 것은 매우 거친 사고입니다), 그후 다시 욕망이란 늘 기존의 구조 속에서 스스로를 표현할 수밖에 없습니다. 이때 가장 문제가 되는 것은 주체들이죠. 특정 구조를 만들어내는 욕망의 주체들, 그 구조에 의해 길들여지는 주체들, 그 구조를 해체하려는 주체들,…… 결국은 주체들의 문제입니다. 예컨대 자본주의 사회체제는 특정한 부류의 인간들(부르주아 계급)에 의해 만들어진 것이지만, 오늘날 자본주의 체제 안에서 태어나는 사람들은 누구나 그 구조에 의해 길들여집니다. 그러나 그런 구조를 전복시킬 수 있는 탈자본주의적 욕망(의 주체들) 또한 존재하는 것이죠. 욕망과 구조는 이렇게 서로 순환관계에 있다고 할 수 있고, 그 관계가 어떤 모양새를 띨 것인가는 결국 관련되는 주체들에 달려 있다고 할 수 있습니다.

---

28) 코드화된 욕망은 두 차원으로 구성된다. 하나는 눈에 직접 보이는 장치들(건물, 옷, 무기,……)이고 다른 하나는 추상적인 장치들(법, 관례, 조직구조,……)이다. 전자는 **신체적 배치**를 형성하고, 후자는 **언표적 배치**를 형성한다.

2강_시뮬라크르

오늘은 시뮬라크르에 대해서, 철학사적으로는 플라톤 및 스토아학파와 현대 사상의 관련성에 대해서 짚어 보려 한다. 이는 곧 현대의 생성존재론과 고대의 형상존재론 사이의 대결의 문제이기도 하다.

현대 사상이 고대 사상(여기에서는 주로 플라톤)과 부딪치는 대목은 여러 곳이 있지만, 여기에서 논의하고자 하는 대목은 '시뮬라크르'simulacre를 둘러싼 대목이다. 시뮬라크르라는 개념은 현대 철학이 반反플라톤적 성격을 띠게 되는 중요한 한 매듭을 이룬다. '시뮬라크르'라는 말은 플라톤의 '시뮬라크라'simulakra에서 유래했으며, 플라톤 자신은 같은 의미로 'phantasma'라는 말을 더 많이 썼다. 후대에 'phantasma'는 살아남아 'phantasm'이 되었고, 'phantasy', 'phantom' 등과 연계되면서 주요 개념으로서 역할을 한 데 비해, 'simulakra'는 사어死語가 되었다. 그러나 개념도 인간만큼이나 묘한 운명을 가진 듯하다. 현대 컴퓨터 어휘에서 'simulation'이라는 말이 등장하면서('시뮬레이션'이라는 말은 '시뮬라크르 만들기', '시뮬라크르의 작용'이라는 뜻이다), 수천 년을 잠자던 이 개념이 졸지에 "시대의 총아"가 되었다. 물론 대부분의 사람들은 이 말이 플라톤의 대화편 『소피스테스』에서 유래한다는 사실을 모르겠지만 말이다.

다른 한편 인문학계에서도 장 보드리야르의 '시뮬라시옹'('시뮬레이션'의 프랑스식 발음)이 현대 사회와 문화를 이해하는 키워드로 등장함으로써, 시뮬라크르는 이공계와 인문계 양 세계에 걸쳐(물론 두 세계에서 뉘앙스는 매우 다르지만) 오늘날의 시대를 상징하는 어휘가 되어 버렸다. 그러나 오늘 이야기할 '시뮬라크르'는 컴퓨터 시뮬레이션에서의 시뮬라크르도 또 보드리야르 식의 시뮬라시옹론에서의 시뮬라크르도 아니다. 우리 논의는 현대 사회를 떠돌아다니는 이런 시끌벅적한 논의들과는 다소 다른 맥락에서, 플라톤과 들뢰즈를 양대 축으로 삼아 고대 존재론과 현대 존재론의 대결이라는 주제를 다룬다(바디우 같은 사람은 '시뮬라크르'라는 말을 여전히 플라톤이 뜻한 바대로 사용하는데, 이 또한 우리의 맥락과는 구분된다).

'시뮬라크르'라는 말을 현대식으로 적극적으로 해석한다면 '이미지', '사건'과 연결시킬 수 있다. 대중적으로는 '이미지'와 연결시켜서 이해하는 것이 인기가 있지만(보드리야르 식의 논의), 여기에서는 사건과 연계시켜 다룰 것이다. 이 말은 본래 '가짜'를 뜻한다. 즉, 이데아와 대척점에 있는 것이 시뮬라크라이다. 그러나 현대 사유는 이 시뮬라크르가 얼마나 중요하고 긍정적인 것인가를 드러내고자 한다. 플라톤의 철학, 스토아학파의 철학, 들뢰즈의 철학을 중심으로 이 문제를 다루어 보자.

§1. 플라톤과 가치-존재론

왜 플라톤으로부터 논의를 시작하게 되는가. 그것은 플라톤이 바로 서구 사유에서 시뮬라크르에 매우 낮은 존재론적 위상을 부여했던, 더 나아가 그것을 제거하려고 했던 대표적인 인물이기 때문이다. 그렇기 때문에 현대 사유의 입장에서는 플라톤에서 시작하지 않을 수 없다.

우선 우리가 플라톤을 읽으면서, 더 넓게는 서구의 고중세 사유 즉 그리스-로마의 헬레니즘과 오리엔트에서 연원한 헤브라이즘으로 구성되는 사유를 읽으면서, 가장 두드러지게 느낄 수 있는 것은 무엇일까? 그것은 바로 무엇인가가 "있다"는 것과 무엇인가가 "가치 있다"는 생각이 섞여 있다는 사실이다. 다시 말해서, 존재론적 판단과 가치론적 판단이 섞여 있다, 아니 하나로 일치되어 있다는 것이다. 보다 직접적으로 보면 진·선·미眞·善·美가 일치한다는 점도 있지만, 그 근저를 들여다보면 존재론과 가치론의 일치가 깔려 있다. 존재론과 가치론 사이의 구분 자체가 존재하지 않는 것이다.

현대인들에게는 무엇인가가 "있다/없다"라는 존재론적 판단과 무엇인가가 "좋다/나쁘다"라는 가치론적 판단은 별개의 문제이다. 발톱에 낀 때도 분명 "있는" 것이다. 다시 말해, 현대인에게 "있음/없음"은 양자택일alternative의 문제이다. 있거나 없는 것이지, "반쯤 있다"는 말은 성립하지 않는다. "이다/아니다"의 경우도 마찬가지이다. "반쯤 ~이다"라는 표현은 성립하지 않는다. 이 존재는 사람"이다"/"아니다"이지, "70% 정도 사람이다"라는 표현은 성립하지 않는다.[1] 그러나 그리스 사유에서는 "있다/없다"는 양자택일의 문제가 아니라 정도degree의 문제이다. 예컨대 빨간색과 같은 경우는 **얼마만큼** 빨갛다는 것이 성립한다. 조금 빨갛다, 꽤 빨갛다, 많이 빨갛다,…… 같은 식의 정도가 성립한다. 그런데 그리스 사유에서는(특히 플라톤을 염두에 두고 있다) 있다/없다가 바로 이 빨간색을 다루는 것과 같은 방식으로 다루어진다. 다시 말해, 그리스인들에게 '존재'란 택일의 문제가 아니라 정도의 문제이다. 이런 사유를 나는 '가치-존재론'이라고 부른다.[2] 서구어로 번역한다면 'axio-ontology' 정도가 될 것 같다. 동북아 사상을 공부할 때 성리학 체계를 만나게 되는데, 바로 성리학 체계에서의 리理와 기氣도 이런 가치-존재론적인 형태를 띠고 있다.[3]

그래서 플라톤적 사유에서는 '덜 존재한다', '더 존재한다'라는 말

---

1) 물론 더 심층적 차원에서는 "있다", "이다"도 상대적인 것으로 드러난다. 쇤베르크의 무조음악이 처음 등장했을 때, 그것을 이해하지 못했던 사람들에게 그것은 음악이 "아니었다". 뒤샹의 실험적 작품들이 처음 등장했을 때, 거기에는 예술이 "없었다". 또 어떤 고루한 철학 교수들은 최근의 철학들이 철학"이 아니다"라고 말하기도 한다. 결국 "이다/아니다", "있다/없다"도 문화의 그때 그때 국면과 층위에 따라 달리 판단되는 개념들이다. 그러나 현재로서는 이런 맥락은 접어 두고자 한다.

2) 이 사유양식은 17세기에 이르기까지도 나타난다. 다른 '근대인들'(les modernes)과 달리 고중세적 사유를 버리지 않았던 스피노자와 라이프니츠에게 가치-존재론적 사유가 뚜렷이 남아 있다. "각 사물이 보다 많은 실재성 또는 존재를 내포할수록(…… plus realitatis, aut esse ……), 그것에 속한 속성들의 수도 보다 크다."(스피노자, 『에티카』, 1부, 명제 9) "이로부터 신이 절대적으로 완전하다는 것을 알 수 있다. 여기에서 완전성이란 엄밀하게 파악된 한에서 적극적 실재의 크기 이외의 것이 아니다(…… la grandeur de la r alit positive ……)."(라이프니츠, 『모나드론』, §41) 이런 맥락에서 '실재도'(degree of reality), '존재도'(degree of being) 같은 개념들이 사용된다(여기에서 다룰 수는 없지만, 스피노자와 라이프니츠의 용법에는 큰 차이가 존재한다). 서구 중세 철학의 '에피스테메'로서 바로 이 개념들을 들 수 있을 것이다.

이 성립한다. 그러나 현대인들에게는 성립하지 않는다. 물론 지금도 사람들은 때로 플라톤 식으로 이야기하기는 한다. 존재와 가치를 섞어 이야기하는 것이다. "덜 된 인간" 같은 표현이 그런 경우이다. 어떤 인간이 덜 되었다는 것은 그가 일정 '정도'만 인간이라는 뜻이다. 이런 표현은 우리가 어떤 면에서는 지금도 가치-존재론적으로 생각하고 있다는 것을 말한다. 그러나 엄밀히 말해 이것은 존재론적 판단이 아니라 어디까지나 가치론적 판단이다. 이 말을 하면서 사람들이 진짜 존재론적으로 "덜 된 인간"을 뜻하는 것은 아니다. 현대인들에게 "있다"는 것과 "가치 있다"는 것은 전혀 별개의 문제인 것이다. 가치-존재론은 서구 고중세 사유와 성리학에서 두드러지게 나타나는 독특한 사유문법이다.

가치-존재론은 이렇게 존재도, 실재도라는 독특한 개념에 의해 사유하거니와, 또 하나 빼놓을 수 없는 것은 '완전도'degree of perfection 이다. 중세 철학의 에피스테메로서 이 개념을 들 수 있을 것이다. 중세 철학에서 신神은 가장 "완전한" 존재라고 말한다. 그것은 곧 신이야말

---

3) 각 사물은 리(理)의 정도를 내포한다. 묘한 것은 리의 정도는 그 자체로서가 아니라 기(氣)의 정도를 통해서 존재한다는 점이다. 리에서의 차이는 각 사물의 기가 리를 받아들일 수 있는 잠재력의 차이에 기인한다. 그것은 거울의 더러움의 정도(리의 더 적음)가 실은 거울에 긴 때의 정도(기의 많음)를 뜻하는 것과도 같다. 또, 강물을 국자로 떠낼 때와 사발로 떠낼 때 강물의 양(리의 양)은 달라지지만 그것은 강물 자체가 달라서가 아니라 국자와 사발의 용량(기의 양)이 다르기 때문인 것과도 같다. 따라서 리 자체, 이데아 자체, 신 자체는 완전하다. 현실이 불완전하게 되는 것은 기/물질이 끼어들기 때문이다. 때문에 현실세계는 언제나 '마이너스'(베르그송)로 또는 '빛'(니체)으로 존재할 수밖에 없다. 그리고 진리를 찾는다는 것은 무엇인가를 만들어내는 것이 아니라 본래[本然]를 되찾는 것에 불과하다. 성리학과 가치-존재론은 상당히 유사한 사유문법에 기반해 있다.

로 가장 많이 존재하는 존재라는 뜻이다. 이 또한 현대인들에게 낯선 생각이다. 우리에게 '완전하다'는 것은 1) 무엇인가가 '존재'한다, 그리고 2) 그것은 '완전하다'는 것을 뜻한다. 즉, '완전하다'는 것은 서술의 문제이지 존재의 문제가 아니다. 완전하다는 것은 가치론적 판단이지 존재론적 판단이 아니다. 그러나 서구 중세 철학에서 더/덜 완전하다는 것은 곧 실재realitas를 그만큼 더/덜 내포하고 있다는 뜻이다. 그래서 실재를 가장 많이 내포하고 있는 존재가 신이 된다.[4] '더/덜 존재한다'는 표현만큼 서구 전통 철학의 성격을 잘 보여 주는 표현도 드물 것이다.

들뢰즈의 플라톤 해석[5]에도 이런 이해가 깔려 있는 것으로 보인다. 들뢰즈는 플라톤에게서 무엇인가를 존재론적으로 확인하는 것identifier은 사실상 그것의 가치를 평가하는 것authentifier이라는 말을 한다. 흔히 어떤 미술품을 감정할 때 'authenticity'라는 말을 쓰는데, 이 말은 그 물품이 진짜인지 가짜인지 가릴 때 쓴다. 그래서 플라톤에게 '있다/없다'의 문제는 곧 '진짜다/가짜다'의 문제가 되는 것이다.

---

4) 칸트에게 '존재'는 '서술'의 문제가 아니다(이 생각은 후에 러셀에 의해 정교화된다). 무엇인가가 '존재'하는가 아닌가는 그것이 무엇'인가' 아닌가와는 다른 문제이다. '있다'와 '이다'를 혼동하면 곤란하다. 또, 서술에서는 정도가 성립하지만 존재는 오로지 양자택일의 문제이다. 그러나 가치-존재론의 경우, 한 사물의 존재는 정도의 문제이다. 그리고 한 사물의 존재의 정도는 곧 그 완전성에 의존한다. 따라서 가장 완전한 존재인 신이 "존재하지 않는다"는 것은 논리적 모순을 함축하게 된다. 안셀무스와 라이프니츠에 이르기까지의 신 존재 개념에는 이런 사유문법이 내재하고 있다. '신 존재 증명'을 둘러싼 논의들의 심층에는 바로 이 '가치-존재론'에 대한 상이한 태도가 깔려 있다고 볼 수 있다.

5) Gilles Deleuze, *Différence et répétition*, PUF, 1968, pp. 82~89. "Platon et le simulacre", *Logique du sens*, Minuit, 1969, appendice 1.

다시 말해서, 존재론적으로 **동일성**을 확인하는 것은 결국 가치론적으로 **진품**을 판별하는 것이다. 플라톤은 이런 맥락에서 더 존재하는 것과 덜 존재하는 것을 나눈다. 그리고 진짜로 존재하는 것을 'to on'이라 불렀다. 우리말로는 '실재'實在라 한다. 이 'to on'이 라틴어로 번역되어 'realitas'가 되고 오늘날의 'reality'가 되었다. 철학의 역사, 특히 형이상학의 역사는 바로 이 실재가 무엇인가를 찾는 과정이었다. 그리고 서구 고중세 형이상학에서는 이 개념이 바로 '정도'의 문제로 이해되었던 것이다.[6]

　이상의 존재론적 논의를 인식론적 논의로 바꾸어 말해 보자. 결국 감각이 아닌 이성으로 파악할 수 있는 것, 그것이 실재이다. 이 실재와 대비되는 것이 곧 덜 존재하는 것, 즉 현상, 나아가 가상, 외관이다. 현상은 덜 실재하는 것, 덜 '리얼한' 것이다. 인식주체의 눈에, 내 감각기관들에 나타나는 것이 현상이다. 현상에 해당하는 희랍어 'phainomenon'은 'phainein'에서 유래한다. 'phainein'은 '빛나게 하다', '보이게 하다', '나타나게 하다'를 뜻한다. '태양이 빛나다'를 뜻하는 'phainô'와도 통한다(빛이 없으면 보이지 않을 것이기에).

---

6) '리얼리티'가 '실재'와 '현실'로 변별되어 번역되는 이유는 "리얼한" 것이 과연 어떤 것인가에 대한 대답의 차이를 함축한다. 형이상학자, 자연과학자,…… 등에게 "리얼한" 것은 감각적 세계를 넘어선 '실체'이다. 그러나 대부분의 사람들에게 '리얼한' 것은 생생한 현실이다. 그래서 사람들은 예컨대 어떤 그림이 사물의 모습을 매우 사실적으로 묘사했을 때 그것이 "리얼하다"고 말한다(묘하게도 '리얼리즘'은 '현실주의'가 아니라 '사실주의'로 번역되었다. 그리고 현실주의는 고매한 가치보다는 "현실적인" 이익을 추구하는 태도를 가리키는 말이 되었다). 현실을 '리얼한' 것으로 추구한다는 것은 현상 개념을 새롭게 평가한다는 것을 뜻하기도 한다. 예컨대 플라톤주의가 실재를 추구한다면, 현상학은 현상을 추구한다. 두 담론에서 '리얼한' 것은 대조적이다.

'phainomenon'은 'phainein'의 과거분사이다. 보이게 된 것, 드러난 것이라는 뜻이다. 'phainô'와 연결시킨다면 빛 아래에 서 있음을 뜻하기도 한다. 그것이 현상 즉 나타나 있는[現] 어떤 것[象]이다.[7] 어쨌든 이것들은 모두 **덜 존재하는** 것들이다. 존재론적으로 말하면 덜 존재하는 것들이고, 인식론적으로 말하면 우리의 감각 기관들을 통해 인식되는 차원이다. 우리의 이성을 통해서 인식되는 것이 실체이고, 우리의 감각 기관들을 통해서 인식되는 것이 현상이다. 이성을 통해 인식되는 차원을 '가지적'可知的 차원이라 하고, 감각을 통해 인식되는 차원을 '감각적' 차원이라 할 수 있다 가치-존재론의 사유는 이렇게 이성과 감성에 관한 인식론적 문제와 얽혀 있다. 이런 이분법 및 '존재의 정도'라는 사유는 서구 담론사에서 지속된다.

　　물론 우리는 사태를 거꾸로 생각할 수도 있다. 실재와 현상이라는 존재론적 두 차원이 있어 우리가 그렇게 파악한다기보다는, 거꾸로 인간 자신이 몸과 마음이라는 두 차원으로 되어 있기에 몸에 상관적인 차원과 마음에 상관적인 차원을 구분하게 되었다고도 할 수 있을 것이다. 만일 가상적으로 이야기해 인간이 몸과 마음과 또 다른 어떤 세번째 차원으로 이루어져 있다면, 아마 이 세계를 세 차원으로 나누어 볼 것이다. 다시 말해, 인간 자신이 이원적二元的 존재이기에 세계

---

7) '외관'(外觀)이라는 말은 실재와 대비되어 참되지 못한 모습이라는 뉘앙스를 띤다. 반면 '현상'이라는 말은, 특히 칸트 이래, 실체는 아니지만 실체의 한 표현으로서 그것의 일정한 측면이라는 뉘앙스를 띤다. 칸트가 현상이라는 말에 이러한 뉘앙스를 부여했으며, 존재론적으로는 스피노자의 사유에서 이런 구도가 잘 드러난다. '가상'이라는 말은 가짜라는 뉘앙스를 좀더 강하게 함축한다.

를 이원적으로 파악한다고도 말할 수 있다. 그래서 실재와 현상의 관계는 마음과 몸의 관계와 맞물려 있다. 어쨌든 플라톤은 실재와 현상, 더 존재하는 것과 덜 존재하는 것을 나누었으며, 더 존재하는 것 즉 실재를 추구했다. 그리고 이런 전통이 서구 사유의 뿌리에 놓여 있다.

무엇인가를 나누고 나면 이제 그후에 제기되는 물음은 그 둘 사이의 관계가 무엇인가 하는 것이다. 만일 실재와 현상이 완전히 분리되어 있다면 우리는 결코 실재로 나아가지 못할 것이다. 그러나 실재와 현상 사이에는 어떤 형태로든 다리가 놓여 있기 때문에 현상을 실마리로 삼아 실재로 나아갈 수 있다. 그렇다면 그 관계는 무엇인가? 이것을 설명하기 위해서 플라톤은 '임재'臨在=parousia라든가 '관여'關與=methexis라든가 '모방'模倣=mimêsis 등과 같은 개념들을 논한다.

떡을 만들 때 우리는 팥이 밀가루 반죽에 얼마나 많이 들어갔느냐에 따라 그것을 더/덜 좋은 떡이라고 생각한다(아니면, 모래에 금이 섞이는 경우를 생각해도 되겠다). 그래서 팥이 들어간 정도가 그 떡이 얼마나 제대로 만들어진 떡인가를 결정한다. 이것을 플라톤은 밀가루 반죽이 얼마나 팥에 '관여'하느냐, 달리 말해서 팥이 밀가루 반죽에 얼마나 '임재'하느냐의 문제로 본다. 다시 말해, 플라톤에게 중요한 것은 개개의 사물들이 이데아들에 얼마나 관여하는가, 또는 이데아들이 개개의 사물들에 얼마나 임재하는가의 문제이다. 관여는 현실적 사물들의 측으로부터 이데아로 올라가 말하는 것이고, 임재는 이데아 측으로부터 현실적 사물들로 내려가 말하는 것이다. 바로 이 관여/임재의 정도가 그 사물이 가치-존재론적 위상이라고 할 수 있다. 적토마나 오추마 같은 뛰어난 말들은 말의 이데아에 더 많이 관여하는 말들이고,

로시난테(허구의 말이지만) 같은 말은 말의 이데아에 덜 관여하는 말인 것이다.

플라톤은 이런 관계를 표현하기 위해 또 하나 중요한 말을 사용하는데, 그것은 모방＝재현이다. 어떤 사물이 형상(이데아)을 나누어 가지는 것은 그 사물이 자신의 형상을 모방/재현하는 것이다. 적토마는 말의 형상이 아니다. 말의 형상이 적토마에 다시-나타나-있는re-presented 것이다. 달리 말해 적토마는 말의 형상으로 하여금 다시-나타나게-한 것이다. 이것이 모방/재현이다. 이 형상의 모방/재현을 얼마만큼 잘하고 있는가가 그 사물의 가치-존재론적 위상을 결정한다. 요컨대 플라톤은 세계를 형상(또는 후대의 표현으로 본질, 이상태)의 가지적 차원과 현실적 사물들의 감각적 차원으로 나누어 보았으며, 후자가 전자를 모방/재현하고 있다고 생각했다. 감각적 세계는 가지적 세계의 "그림자"인 것이다. 그렇기 때문에 감각계에서의 어떤 사물의 가치-존재론적 위상은 그 사물이 자신에 상관적인 형상을 얼마만큼 잘 모방/재현하고 있는가에 따라 좌우된다.

플라톤적인 사유를 다소 단순화시킨다면 이렇게 말할 수 있다. 세계의 모든 것을 한 선분 위에 죽 늘어놓아 보자. 이렇게 늘어놓을 수 있다는 것은 가치론적으로 말해 그 세계가 **위계적**인 세계라는 것을, 즉 한 극한으로 갈수록 보다 뛰어난, 존재론적으로 더 완전한 사물이 있으며, 다른 한 극한으로 갈수록 보다 열등한, 존재론적으로 더 불완전한 사물이 분포되어 있다는 것을 함축한다. 그리고 좋은 쪽의 극한에 이르면 우리는 형상들을 만나게 된다. 그렇다면 나쁜 쪽의 극한에서는 무엇을 만나게 될까? 바로 시뮬라크르들을 만나게 된다.

그리고 이 차원을 아페이론 즉 '무규정적인indetermined 것'이라고도 한다(이 말은 여러 가지 의미를 함축하지만 여기에서는 시뮬라크르적인 성격을 뜻한다). 이런 생각은 그리스적 사유의 중요한 특징이고, 어찌 보면 그리스인들의 '집단 무의식'이라고도 할 수 있다. 특히 중요한 것은 좋은 쪽 극한으로 갈수록 불변의 것들이 포진되고 반대편으로 갈수록 유동적인 존재들이 포진된다는 사실이다. 다시 말해, 영원하고 자기동일적인eternal and self identical 것에 더 가까울수록 더 실재적이다real. 따라서 이 문제는 시간과 직접 연결된다. 한 극한으로 갈수록 시간의 지배를 덜 받는 것들이 포진하고, 반대 극한으로 갈수록 시간의 지배를 많이 받는 것들이 포진한다. 그래서 후자의 끝에는 어떤 질서도 품고 있지 않은 것, 그야말로 매 순간 변하는 것이 존재 — 플라톤 식으로 생각하면 "존재한다"고 말하기 어렵지만 — 하게 된다. 이런 차원을 우리는 흔히 '카오스'라고 한다. 그래서 한쪽 극으로 갈수록 순간적이고 혼돈스러운 존재들이 나타나고, 다른 쪽 극으로 갈수록 영원하고 질서 잡힌 존재들이 나타난다. 이런 구도에서 우리는 형상들과 시뮬라크르들이 서로 대척적인 관계에 있다는 사실을 선명하게 감지할 수 있다.

물론 플라톤의 사유를 이런 식으로 도식하는 데에는 적지 않은 무리가 따른다. 플라톤의 사유는 대단히 역동적이고 다채롭다. 어떤 교설教說을 내리는 사유가 아니라 끝없이 묻고 대답하고 또 고치고 하는 사유, 일종의 실험이다. 그래서 사유의 내용도 계속 변해 간다. 때문에 쉽게 재단할 수 있는 사유가 아니다. 방금 말한 구도는 오히려 플라톤 이후 그의 사유가 교과서적으로 도식화된 것이라고 할 수 있다. 그러나 어쨌든 이런 식의 사유 구도는 플라톤 이래 서구 사유를 오랫동안 지배하게 된다.

지금까지 보았듯이, 서구 전통 철학을 논할 때면 늘 실재와 현상의 구분이라든가 본질과 외관의 구분을 이야기하게 된다. 오늘은 거기에 가치-존재론적 사유의 특징을 덧붙였다. 전체 구도는 이분법적이지만, 세부적으로 들어갈 경우 실재/현상의 무수한 정도가 있는 것이다. 그래서 우리는 플라톤에게서 현상 자체 내에서의 구분이 시도되고 있는 것을 볼 수 있다. 현상은 본질의 그림자이다. 그래서 현상 자체 내의 이분법이란 다음을 뜻한다: 우리가 살고 있는 이 세계가 어차피 형상세계의 그림자이지만, 그 그림자들 중에서도 좋은 그림자가 있고 나쁜 그림자가 있다. 마치 그림은 어차피 사물이 아니지만 그럼에도 사물을 잘 모방한 것이 있는가 하면 그렇지 못한 것도 있는 것과 같다. 본질을 더 **잘 복사한** 현상이 있고 그렇지 못한 것이 있는 것이다. 인간은 누구나 인간의 형상이 아니다. 그러나 그 형상에 조금이나마 더 가까이 간 인간도 있고 더 멀리 떨어져 있는 인간도 있다.

플라톤에게 이 현실세계의 모든 것은 'eidôla'이다. 그림자이자 복사물이다. 그것은 가짜, 그림자, 우상idol과도 같은 것이다. 그러나 같은 그림자라 해도 형상의 세계를 더 잘 복사하고 있는, 바꿔 말해 본질을 좀더 많이 나누어-가지고 있는(본질에 더 많이 관여하는) 복사물이 있고, 그런 것을 'eikôn'이라고 한다. 때문에 우리는 (교통 표지판에서와 같은) 어떤 'icon'을 보고서 그것이 지시하는 원래의 사물을 찾아낼 수 있다. 그러나 아예 형상을 받아들이기를 거부하는 것들이 존재한다. 이런 것들을 플라톤은 'phantasmata'라고 부른다. 'phantasma'는

'eikôn'이 함축하는 모방/재현, 나누어-가짐[分有]/관여를 아예 거부하는 것이고, 따라서 오늘날의 시뮬라크르, 이미지, 사건에 해당하는 말이다. 플라톤은 'phantasma'의 동의어로서 'simulakra'라는 말을 썼고, 바로 이 말을 현대어(프랑스어)로 그대로 음역한 것이 'simulacre'이다. 플라톤은 형상을 나름대로 모방하는 '복사물'은 구제해 주지만, 시뮬라크르에 대해서는 철저한 비판을 가한다. 시뮬라크르는 순간적인 것, 이미지, 환영 등이기 때문이다.

§2. 시뮬라크르를 사유하라

하지만 한번 생각해 보자. 우리 삶에서 매우 중요한 것들 중 적지 않은 것들이 바로 이런 시뮬라크르의 성격을 띤 것들이 아닐까? 여러분들이 대학교에 처음 들어오게 되었을 때를 생각해 보라. 대학입학시험을 봤고 얼마 후 통지서가 날아왔다. 그래서 떨리는 가슴으로 그 통지서가 든 봉투를 열었다. 그 순간, 바로 그 순간 여러분들은 이 대학교의 학생이 된 것이다. 이 순간적으로 발생하는 것, 그것이 바로 시뮬라크르이고 여기에서는 바로 사건이다.

그런데 따져 보자. 그 순간에 무슨 일이 일어났는가? 실체적인 차원에서 여러분이 변한 것은 아무것도 없다. 갑자기 남자로 변했다거나, 머리가 갑자기 길어졌다거나, 손오공처럼 여러 나들로 많아졌다거나,…… 한 것은 아니다. 그렇다면 도대체 무슨 일이 일어난 것일까? 그때 사건은 어디에 있었던 것일까? 여러분이 대학생이 되었다는 것을 확인시켜 준 그 사건 자체는 어디에 존재했던 것일까? 물론 합격

통지를 알리는 종이라는 실체는 있었다. 그러나 종이 자체가 사건은 아니다. '대학에 합격했다'라는 사건은 여러분이 그 합격 통지서를 펼치는 그 순간 발생한 것이고 곧 사라졌다고 해야 할 것이다. 이 점에서 그것은 일종의 'phantasma'의 성격을 띤다고 해야 하지 않을까? 여러분이 종이를 여는 그 순간 합격이라는 사건이 발생했고 곧 사라진 것이다. 여러분이 그것을 잡으려 해도 잡을 수가 없었을 것이다. 사건이란 더 이상 거기에 없었을 테니까 말이다.[8]

스포츠 같은 경우도 마찬가지이다. 운동경기를 하다 보면 '역전'이라는 것이 있다. 이 역전이 사건의 매우 좋은 예이다. 3 : 1로 지고 있던 팀이 한 선수의 홈런 한 방으로 순식간에 역전을 시킨다. 그러면 그 역전이라는 사건은 어디에 있을까? 선수도 공도 방망이도 모두 그대로이다(물론 미세하게는 계속 변화가 있다. 그러나 1강 §5, 각주 23에서 논한 '사건들의 층차'를 기억하자). 그렇다면 도대체 그 역전이라는 사건은 어디에 있는 것일까? 역전은 그 선수가 홈런을 친 바로 그 순간에 나타났다가 곧 사라진다. 공을 쳐서 펜스를 넘어갈 때까지의 그 짧은 순간이 그 사건이 나타나는 시간이다. 이런 사건이 스포츠를 흥미롭게 만든다. 스포츠란 짧은 시간 내에 극적인 사건들을 밀집시킴으로써 대중들을 즐겁게 해주는 장치이다. 실제 인생에서의 사건들이

---

8) 사건은 이렇게 (들뢰즈·가타리 식으로 말해서) '비물체적 변환'(transformation incorporelle)의 성격을 띤다. 통지서를 받아 든 순간 영희는 갑자기 대학생이 된 것이다. 물체적 변화가 아니라 비물체적 변환이 사건의 성격을 특징짓는다. 또 하나, 사건 그 자체는 사라져도 그 사건을 맞이한 주체의 기억에는 과거의 사건으로서 남는다는 사실이다. 그리고 그 기억이 집단적으로 이루어지고 또 기록될 때 그것은 '역사적 사건'이 된다. 사건과 기억(맥락에 따라서는 역사)의 관계는 그 자체로서 탐구해 볼 만한 매우 흥미로운 주제이다.

밋밋할 때 그것들을 대체해 주는 인위적인 사건발생 장치가 스포츠인 것이다. 영화나 소설 등도 마찬가지이다. 인간이란 일부러라도 사건들을 만들어 즐기고 싶어 하는 존재인 것 같다.[9] 어쨌든 사건이란 이렇게 매우 흥미로운 존재론적 위상ontological status을 함축하고 있다.

플라톤적인 본질철학에서는 사건을 제대로 사유할 수가 없었다. 사건은 순간적인 것, 시뮬라크르이기 때문이다. 그렇지만 우리 삶에서 중요한 것들은 바로 사건들이 아닌가. 이 중요한 것들을 존재론적으로 방치할 수는 없다. 바로 이 사건/시뮬라크르를 사유하는 것이 현대 철학의 핵심이다. 물론 이전에도 니체, 베르그송, 화이트헤드를 비롯한 많은 사람들이 생성, 운동, 변화를 긍정적으로 파악하려고 했다. 그러나 생성의 철학에서 후기구조주의의 중요한 공헌은 생성을 자연적 의미에서의 생성으로서가 아니라 의미를 가진 생성 즉 사건으로서 사유하려 했다는 점이다. 생성을 사건으로서, 즉 의미와 연계되는 무엇으로서 파악함으로써 생성철학의 새로운 분기점이 마련된 것이다. 아울러 여기에서는 다루지 못하지만, 후기구조주의의 사건론을 화이트헤드, 하이데거, 데이빗슨, 바디우 등의 사건론과 비교해 보는 것 또

---

9) 이는 문화론적으로도 중요한 문제이나. 영화, 소설, 만화, 인터넷 등등, 현대 대중문화는 현실에 발을 딛지 않은 인위적인 사건들——이런 장치들은 일단 재미가 있어야 많이 팔리기에 이것들이 만들어내는 인위적인 사건들은 대부분 극단적이고 과장되어 있고 선정적이기 마련이다——을 홍수처럼 쏟아내고 있고, 허구가 현실을 오히려 압도하는 '시뮬라시옹의 시대'(보드리야르)를 도래케 했다고 할 수 있다(스포츠는 인위적인 장치이지만 실제 몸을 가지고서 만들어내는 사건들이기에 현실과 허구의 중간에 있다고 볼 수 있다). 이런 사태는 특히 청소년들의 정신을 마약처럼 좀먹고 있으며, 자연적 환경의 보존 못지않게 어떻게 **건강한 문화적 환경을 보존할 것인가**가 미래의 존망이 걸린 문제라 하겠다.

한 흥미로운 작업이 될 것이다.

　　이상 논한 시뮬라크르의 의미, 사건의 의미를 구체적으로 파악하기 위해, 가치-존재론적 사유로부터 시뮬라크르/사건의 사유로의 이행을 음미해 보기 위해 미학적인 예 하나와 정치철학적인 예 하나를 다루어 보자.

　　전통적인 미술은 말할 필요도 없이 미메시스 즉 재현 개념에 기반했다. 화가가 자신이 그리고 있는 대상을 얼마나 그대로 화폭에 재현했는가? 다시 말해, 원래 사물을 얼마나 잘 모방/재현했는가? 플라톤 식으로 말해, 그림이 원래의 대상에 얼마나 관여하고 있는가, 원래의 대상을 얼마나 나누어-가지고 있는가가 문제이다.[10] 잘 알려져 있듯이, 현대 미술은 바로 이 재현 개념을 파기하는 것에서 출발했다. 우선 인상파는 '리얼리티'라는 개념을 실재가 아닌 현실로 이해함으로써 미술사에 혁명을 가져왔다(이때의 현실은 사실주의의 현실이 아니라 감각적 현실이다). 이들에게 미술이 추구하는 것은 더 이상 실재가

---

10) 플라톤의 경우 원래의 대상들 자체가 형상들의 모방물이므로, 그림은 모방물을 다시 모방한 것이 된다. 이렇게 플라톤에게서는 원래의 사물들의 존재론적 위상이 파생적 사물들의 존재론적 위상보다 더 높다. 이런 생각은 너무나 당연한 듯이 보이지만, 현대 문명에서는 이런 존재론적 위계가 무너져 버렸다고 해야 한다. 현대에 이르러 자연적 사물들보다 문화적 산물들이 오히려 더 많아졌고 또 때로는 더 높이 평가되고 있기 때문이다. 각주 10에서 언급한 '건강한 문화적 환경의 보존'은 이런 존재론적 전복의 시대에 어떻게 **본래의 현실에 충실한 삶을 살 것인가**와 관련된다. 지금 우리의 작업은 한편으로 현실적 삶에서의 시뮬라크르, 이미지, 사건에 의미를 부여하는 것이지만, 다른 한편으로는 오히려 인위적인(특히 저질적인) 시뮬라시옹의 세계로부터 시뮬라크르, 이미지, 사건을 보호하고자 하는 것이기도 하다. 요컨대 우리의 작업은 플라톤적인 본질주의로부터 시뮬라크르를 구제하려는 것인 **동시에** 보드리야르적인 시뮬라시옹의 세계로부터 시뮬라크르의 진정한/객관적 의미를 보호하려는 것이기도 하다.

아니다. 리얼리티는 곧 현실이다. 특히 이들의 현실은 가장 즉물적인 의미에서의 감각적 현실이다. 화가의 눈에 가시적으로 생생하게 보이는 현상 그 자체이다. 물론 여기에도 아직 재현 개념이 남아 있는 것은 사실이다. 눈에 보이는 **그대로를** 그리려는 것이기에 말이다. 단지 재현하려는 차원이 달라진 것이다. 그러나 인상파 이후 현대 미술로 가면 그런 형태의 재현 개념까지도 파기된다.

물론 현대 미술이 재현 개념을 완전히 파기했는기는 논쟁거리로 남는다. 예컨대 추상회화도 극단적으로 다른 두 해석이 가능하다. 하나의 해석은 추상회화도 재현을 한다는, 다만 눈에 보이는 가시적 현실이 아니라 보이지 않는 저편의 세계를 재현한다는 해석이다. 그럴 경우 추상회화는 오히려 플라톤적이라고 할 수 있다(더 정확히 말해, 현대 회화는 회화에 대한 플라톤의 생각과는 달리 현실을 모방하는 것이 아니라 실재를 모방하는 것이 된다). 화가가 보는 현실에서 감성적인 것을 다 떨어 버리고 그 사물의 본질만을 드러내는 것. 하지만 반대로 해석해서 추상회화는 그 어떤 것도 재현하지 않는다고, 다만 화가의 어떤 주관을 표현할 뿐이라고도 할 수 있다. 그러나 문제는 매우 복잡하다. 예컨대 '초현실주의'surréalisme는 현실을 모방하고 있지는 않지만 어떤 면에서는 무의식의 세계를 모방하는 것으로도 볼 수 있으며, '포스트모더니즘'postmodernism은 현실의 '모방'을 거부하지만 그 자체가 오늘날 현실의 한 '반영'이라고도 할 수 있다(말하자면, 자기도 모르게 모방하고 있다고도 볼 수 있다). '모방'/'재현'이라는 말은 이해하기에 따라서 매우 넓고 다양한 의미를 가질 수 있는 것이다.

그러나 어쨌든 현대 미술이 고전적인 모방 개념을 거부하거나

(데리다의 표현을 쓴다면) '탈구축'하고 있는 것은 분명하다. "리얼하다"라는 개념을 포기하거나 전혀 새로운 의미로 재구축하고 있는 것이다. 플라톤과 연계해 볼 때 이 문제는 앞에서 말한 '관여' 또는 '임재'의 개념과 관련된다. 가치-존재론으로 볼 경우, 한 예술품의 가치는 그것이 원본에 얼마나 '관여'하고 있는지(원본을 얼마나 '분유'하고 있는지), 원본이 그것에 얼마나 임재해 있는지에 따라 평가된다. 그러나 이제 현대 미술은 이런 개념을 파기/탈구축했다고 할 수 있다.

이런 맥락에서 푸코는 '유사성'ressemblance과 '상사성'相似性 = similitude을 구분한 바 있다.[11] 유사성이란 본래적인 것, 원본을 전제하는 한에서 그 원본과의 가까움을 말한다. 그 원본과의 거리가 어느 정도인가를 따진다. 플라톤의 존재론이 이 논리에 입각해 있으며, 전통적인 회화를 지배해 온 것도 이 논리이다. 이에 비해 상사성은 원본이 없는 경우에 성립한다. 이 경우 다만 각 존재들 사이의 같음과 다름이 있을 뿐이다. 유사성은 $a_1, a_2, a_3, \cdots\cdots$ 위에 A가 존재할 때 성립한다. 그리고 $a_1, a_2, a_3, \cdots\cdots$가 이 A를 얼마만큼 잘 모방하느냐가 중요하다. 그러나 상사성의 개념에는 $a_1, a_2, a_3, \cdots\cdots$만 있을 뿐 A가 전제되지 않는다. 초월적 원본은 존재하지 않으며 다만 사물들 사이의 같음과 다름이 있을 뿐이다. 회화의 경우, 원본과의 닮음이 아니라 각 작품들 사이의 같고 다름만이 문제가 된다(앤디 워홀의 'Campbell'들의 연쇄를 상기하면 될 것 같다). **수직적 유사성이 아니라 수평적 상사성**이 존재할 뿐인 것이다. 이는 곧 가치-존재론의 거부이다(그림 2).

---

11) 다음을 보라. 푸코, 『이것은 파이프가 아니다』, 김현 옮김, 민음사, 1995.

〈그림 2〉 유사성과 상사성

이번에는 정치철학적 맥락에서 말해 보자. 정치에서 가장 중요한 문제들 중 하나는 바로 권력의 근거가 어디에 있는가라는 문제이다.[12]

이 문제에 관해 우리가 앞에서 "플라톤적"이라고 칭했던 생각은 권력의 근거를 초월적인 그 어디에 두는 입장이다. 다시 말해서 지상地上의 권력의 원천은 천상天上에 있다는 것이다. 그것이 신이든, 하늘의 뜻이든, 아니면 다른 어떤 것이든, 철수가 왕이 되어야 하느냐 아니면 영희가 왕이 되어야 하느냐는 그들 중 누가 이 초월적 존재들을 더 많이 닮았느냐, 그 피를 나누어-가지고 있느냐에 의해 결정되어야 한다는 것이다. 지상의 존재들과 천상의 존재들 사이의 혈연관계가 핵심이다. 동북아 사상사에서의 '천명'天命사상이 그 전형적인 예이다.

이 천명사상에서는 덕德이 중요하다. 어떤 왕이 덕이 있다는 말은 그 왕이 하늘을 더 많이 닮고 있다는 것, 하늘에 더 가까이 가 있다는

---

12) 권력(power)과 권위(authority)는 다르다. 권력은 어떤 실질적 힘을 내포하는 것이고, 권위는 타인들의 자발적 인정으로 성립하는 것이다. 권력과는 달리 매력에 입각해 형성되는 것이 권위이다. 일상 언어에서는 '권위주의'라는 말이 권력의 추구와 거의 같은 의미로 사용되고 있지만, 개념적으로 구분해야 한다. 그래서 한국사회의 문제는 권위적인 사회라는 데에 있는 것이 아니라, 차라리 진정한 의미에서의 권위가 부재한다는 사실에 있다고 해야 할 것이다.

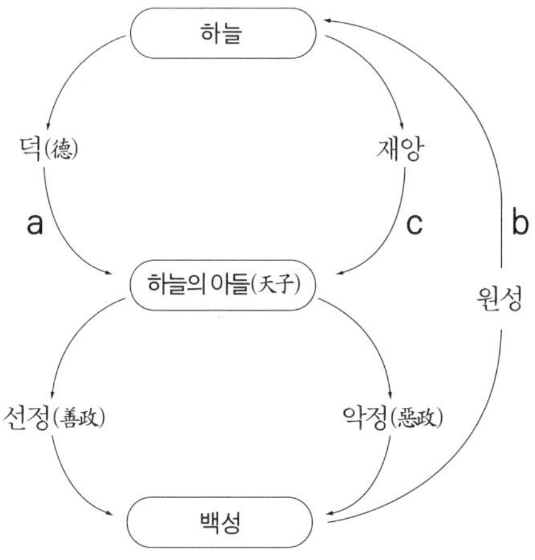

것에 대한 증거이다(그림 3-a). 모래에 금이 얼마나 더 많이 섞여 있는가, 떡에 팥이 얼마나 더 많이 들어가 있는가를 따지는 것과 같다. 왕이 덕이 없다는 것은 하늘의 뜻을 거역했다는 것을 의미한다. 그럴 경우 백성의 원성怨聲이 자자하게 되고 그 원성은 하늘로 올라간다(그림 3-b). 그럴 경우 하늘이 노해 갖가지 재앙을 내린다. 그것이 왕이 덕이 없다는 사실에 대한 구체적인 증거이다(그림 3-c). 그때 왕을 갈아야 하는 것이다[易姓革命].[13] 서구의 전통적인 왕권 신수설神授說도 같은 구조를 띠고 있다.

---

13) 이런 구도는 주(周)가 은(殷)을 정복하면서 후자의 신인 제(帝)를 전자의 신인 천(天)으로 대체하면서 형성되었다. 이후 특히 유가의 사상가들에 의해 다듬어졌다.

그러나 엄밀히 말해 근대 정치학 또한 이런 초월적인 구도를 벗어나지는 못했다. 근대 정치학에서 가장 중요한 개념은 '계약'이다. 계약 역시 어떤 초월적 존재를 내세우는 과정이다. 다만 그 초월적 존재를 개인들=주체들 사이의 '계약'을 통해 세운다는 점은 중요하다. 초월이 내려온다기보다는 사람들이 초월을 밀어 올린다고 해야 할 것이다. 전자의 경우 지상이 천상을 재현/모방하고자 하지만, 후자의 경우 천상이 지상을 대변한다고 해야 할 것이다. 그러나 재현, 표상, 모방, 대변/대의는 모두 'representation'이다. 중요한 것은 어떻게 이 'representation'의 논리 자체를 극복할 수 있는가이며, 이것이 현대 정치의 핵심 과제라 할 것이다.

이렇게 정치의 영역이든 예술의 영역이든 거기에는 내가 '가치-존재론'이라고 부르는 논리 구조가 깔려 있다. 현대란 다름 아닌 이 가치-존재론이 와해된 시대이다. 그래서 인류의 문명 전체를 이해하는 데 플라톤적 가치-존재론과 그에 대조적인 '시뮬라크르의 존재론', '사건의 존재론'을 비교해 사유하는 것이 중요하다.[14]

---

14) 플라톤주의적 입장에서 시뮬라크르의 존재론과 대결하고 있는 저작들로는 다음을 보라. Jean-François Mattéi, *L'Etranger et le simulacre*, PUF, 1983. Alain Badiou, *L'Être et l'Événement*, Seuil, 1988. Barbara Cassin, *Nos Grecs et leurs modernes*, Seuil, 1992. 마테이의 저작은 『소피스테스』편을 논하고 있으며, 플라톤과 현대 철학자들(특히 들뢰즈와 데리다)을 대결시키고 있는 수작이다. 바디우는, 르네 톰의 경우처럼, 현대적인 형태의 플라톤주의를 시도하고 있다(들뢰즈와 바디우의 비교연구는 매우 흥미로운 주제가 될 것이다). 카생이 편집한 책은 현대 사유와 대결하는 플라톤주의자들의 글을 모아놓은 것이다.

§3. 스토아학파와 시뮬라크르

후기구조주의자들이 플라톤에 대립시켜 자신들의 철학사적 바탕으로 삼은 것은 소피스트들과 헬레니즘 시대의 철학자들이다. 푸코는 소피스트들에게 관심이 많았고, 들뢰즈는 스토아학파와 에피쿠로스학파를 현대화하려 했고, 또 세르는 에피쿠로스학파의 자연철학을 현대적 형태로 재구성하기도 했다. 플라톤과 아리스토텔레스라는 '주류'에 대립했던 '비주류' 철학자들이 오히려 현대에 이르러 새롭게 각광받고 있는 것이다. 이 중 내가 집중적으로 다루려는 것은 스토아철학이다. 나 자신 스토아철학에 깊은 공감을 가지고 있고, 또 뒤에서는 이 철학을 선불교와 연계시켜 다루고자 하기 때문이다.

　스토아 철학자들에게 '실체'란 다름 아닌 '물체들'sômata이다. 거시적으로는 물체들이고, 미시적으로는 입자들이다. '리보솜' 등을 비롯한 화학물질들에서 '~솜'이라는 말을 자주 볼 수 있는데, 바로 'sôma'에서 유래한 표현이다. 또, 서구어에서는 '물체'와 '신체'가 명확히 구분되지 않았기 때문에, 그리고 특히 스토아 철학자들은 세계를 일원적으로 파악하려는 경향이 강했기에, 이 말은 신체를 뜻하기도 했다. 스토아학파는 이 'sôma'를 근원적인 것(실체)으로 본다는 점에서 유물론 철학이고(뒤에서 논하겠지만, '유물론'에는 매우 여러 가지 형태가 있으며, 스토아적 유물론은 근대의 '기계론적 유물론'은 물론 '변증법적 유물론'과도 판이하다. '자연주의'라는 말이 더 적절할 수도 있다), 실체를 늘 운동하는 것으로 이해한다는 점에서 생성의 철학이다. 때문에 물질, 생성 위에 비물질적이고 불변인 형상들을 놓는 플라톤의

형상철학과 대립한다.[15]

　주의해서 볼 것은 스토아학파 역시 물질적인 것과 비물질적인 것을 나누지 않는 것은 아니라는 사실이다. 플라톤의 사유에서와 마찬가지로 스토아학파의 철학 역시 물질과 비물질이라는 이분법을 포함한다. 그러나 스토아적 이분법은 플라톤적 이분법을 역전시킨 이분법이다. 플라톤에서는 물질적인 것, 더 정확히 말해 가변적인 것은 덧없는 것이고 가치 없는 것이다. 이 차원을 넘어 이성으로 파악되는 형상들이야말로 불변의 이상적인 존재들이다. 이에 비해 스토아학파에서는 거꾸로 물질이야말로 실재/실체이다. 형상철학에서는 형상의 터인(그래서 이차적인 실체라 할 수 있을) 질료가 유물론에서는 그 자체 실체가 된다. 아리스토텔레스에게 'hypokeimenon'은 궁극적 실체가 아니다. 그것은 일차적 실체인 형상이 자리 잡는 (이차적 실체로서의) 터이다. 아리스토텔레스는 질료와 형상을 실체의 자격이 있는 것으로 보았지만(더불어 개체와 보편자도 실체의 자격을 지닌다), 질료는 그 자체로서는 인식될 수 없다는 점에서 형상이 최종적인 실체의 자격을 가지게 된다. 플라톤·아리스토텔레스의 형상철학과 스토아학파의 유물론은 이렇게 대비된다. 하나의 종이컵이 있을 때, 형상철학으로 보면 이것은 컵이라는 형상이 종이라는 질료에 구현된 것이다. 그

---

15) 그러나 조심할 것은 스토아학파의 물질은 원자론에서의 원자들 같은 완벽하게 탈색(脫色)된 존재들이 아니라 (흔히 유물론 철학이 反유물론 철학들에서 제거하려고 하는) 형이상학적 성격을 띤 물질이라는 점이다. 스토아 자연철학에서의 물질은 데모크리토스나 에피쿠로스가 생각한 원자와는 판이하며, '영기'(靈氣=pneuma), '섭리'(providentia), '종자적 이성들'(logoi spermatikoi) 같은 개념들과 연계된다는 점에서, (일반적인 의미에서의) 유물론에서 제시하는 물질과는 상당히 다른 무엇이다.

러나 스토아학파에게는 종이라는 물질이 실체이며, 컵의 형상이란 이 물질이 현재 띠고 있는 양태(들의 총합)일 뿐이다.

그러나 스토아학파의 빼어남은 그것이 유물론적 철학이면서도, 다른 한편으로는 단순한 유물론이 아니라는 점에 있다. 그렇다면 스토아학파에서 '비물체적인 것들'asômata이란 무엇인가? 비물체적인 것들이란 곧 공허, 장소, 시간 그리고 'lekton' 즉 언어로만 표현 가능한 것 네 가지이다. 스토아학파에서 이 네 가지를 뺀 모든 것은 물체이다.

우선 공허와 장소를 보자. 하나의 탁자는 물체적인 것이다. 그런데 탁자가 있는 자리, 그것은 비물체적인 것이다. 장소도 물체적인 것이라면 장소와 탁자가 겹쳐 있을 수가 없겠기에 말이다. 그러면 공허와 장소는 왜 구분되는가? 스토아학파의 세계관에 따르면, 우주는 물체들의 집합이고 그 안에 불을 담고 있다. 이들의 불은 좁은 의미에서의 불이라기보다는 지금 식으로 말해 근본 '에네르기' 같은 것이라 하겠다. 그래서 스토아학파에게 물질이란 데카르트나 갈릴레오가 말한 '관성'을 가진 죽은 물질이 아니라 타오르는 거대한 불길과도 같은 무엇으로 이해되었다. 말하자면 우주는 살아 있는 생명체와도 같은 것으로 이해된 것이다. 그런데 우주는 한번 활활 타올랐다가 그 극한에 가면 다시 오그라든다. 그리고 반대의 극한에 이르면 다시 팽창한다. "일합일벽위지도"一闔一闢謂之道, "반자도지동"反者道之同인 것이다. 현대 우주론으로 말한다면 "oscillating universe"이다. 이런 생각을 '영겁회귀'永劫回歸라 부른다(니체의 '영원회귀'와는 구분된다). 우주가 마치 호흡을 하듯이 팽창했다가 다시 오그라드는 것이 영겁회귀이다. 그런데 우주가 팽창하려면 그 바깥에 빈 공간이 있어야 한다. 그 빈 공간이 바로 공허이다. 결과적으로 장소와 공허가 구분된다. 요컨대 물체에 의해 한계지어진 공허가 장소라 할 수 있다.

다음에 시간이 있다. 시간도 비-물체적인 것이다. 시간 개념은 대단히 복잡해서 지금 여기에서는 다루기 어렵고 나중에 따로 다룰 것이다.[16]

그 다음, 우리의 맥락에서 특히 중요한 것은 "언어로만 표현되는 것"이다. 이것이 무엇일까? 바로 우리가 논하고 있는 사건이다. 영희가 대학생이 된 사건, 이 사건 자체는 비-물체적인 것이다. 순간적인 것이다. 그렇다면 무엇을 가지고 그 사건을 확인할 수 있을까? 사건은 언어로 표현되는 것이고, 바로 합격통지서에, 영희의 일기에,…… 그 사건이 보존되어 있다. 들뢰즈는 이것을 두고서 언표가 사건을 "표현한다"고 말한다. 세계는 (베르그송적 의미에서의) 지속이며, 만일 언어가 존재하지 않는다면 사건들——엄밀히 말해 이런 표현을 쓸 수 없다. 이미 사건'들'이라고 분절하고 있기에——의 연속적 흐름만이 존재한다. 언어가 그 흐름을 분절함으로써 비로소 명료한 의미에서의 사건이 생겨난다. 사건은 물체(의 운동)에 **부대하고/삽입되고,**[17] 언어에

---

16) 2부, 11강을 보라. 그리고 다음을 보라. Victor Goldschmidt, *Le système stoïcien et l'idée de temps*, 4 éd., Vrin, 2000. '비-물체적인 것'에 대해서는 다음을 보라. Émile Bréhier, *La théorie des "Incorporels" dans l'ancien stoïcisme*, 9 éd., Vrin, 1997.

17) '부대'하는 경우와 '삽입'되는 경우는 매우 다르다. 사건이 비-물체적인 것으로서 물체에 부대한다고 할 때, 이는 사과와 칼의 물체적 운동에 '자르다'라는 비-물체적 사건이 부대함을 뜻한다. 그러나 사건이 비-물체적인 것으로서 물체에 삽입된다고 할 때, 이는 종이와 영희의 물체적 운동에 '합격하다'라는 사건이 삽입됨을 뜻한다. 전자의 경우, 비-물체적인 것은 물체적인 것 없이는 생각될 수 없는, 말 그대로 '부대'(附帶)하는 존재이다. 그러나 후자의 경우, 비-물체적인 것은 독자의 존재론적 위상을 함축하면서 물체들

의해 **표현된다**. 언어의 표현을 통해서 사건들이 분절된다. 다소 막연한 개념인 '생성'이 보다 분절적인 개념인 '사건'으로 변환되려면 언어를 통한 이런 분절이 필수적이며, 이는 자연철학적 뉘앙스의 생성존재론에서 역사와 문화의 사건철학으로 이행하기 위한 핵심적인 매듭이라고 할 수 있다.

언어는 사건을 경험하지 않은 사람들에게 그 사건을 전달해 주기도 한다. 어떤 타자가 홈런을 쳤을 때, 홈런 그 자체의 시간은 잠깐이다. 그 홈런은 경기장에 가서 그 순간을 함께한 사람들에게만 확인된다. 그렇다면 경기장에서 그 홈런을 체험하지 않은 사람들에게는 어떻게 그것이 '존재'할 수 있을까? 바로 언어를 통해서 존재할 수 있다. 사람들은 신문 기사를 보고서 홈런의 존재를 안다. 그러나 이 앎은 간접적이다. 사건이란 그 현장에서 그것을 체험한 사람들에게만 생생한 기억으로 남는다. 보다 개인적인 사건들은 더욱 그렇다. 누군가가 어떤 특정한 순간에 의미심장한 표정을 지었을 때, 그 표정은 그와 마주 대했던 사람에 의해서만 체험된다. 그 사건은 예컨대 그 체험한 사람의 일기장에만 남게 된다. 어쨌든 사건이란 비-물체적인 것으로서, 특히 '언어로 표현되는 것'이다. 이 대목은 스토아철학의 가장 독창적인 공헌에 속할 것이다.

스토아학파에서 실재는 물체들이고 사건은 물체들의 표면에서

의 운동 사이에 삽입된다. 그리고 그런 삽입을 통해 물체들의 운동을 분절시키고, 그 분절을 통해서 사건, 의미, 역사, 문화가 이루어지는 것이다. 이는 사건의 철학을 속류 유물론으로 해석하면 곤란하다는 사실을 뜻한다.

발생하는 효과이다. 이런 스토아적 존재론에서 가장 흥미로운 점은 '표면'의 개념이다. 축구에서 '골'은 선수들의 몸, 공, 골대에서, 즉 물체들의 표면에서 발생한다. 한 사람의 표정은 그의 얼굴, 그의 머리의 표면에서 나타난다. "나폴레옹이 황제가 되었다"는 사건은 나폴레옹의 머리와 왕관이라는 물체의 표면에서 성립한다. 스토아철학은 플라톤에 의해 '피상적'인 차원으로서 간주되었던 '표면적'인 차원에 중요한 존재론적 위상을 부여한 최초의 철학이다(따라서 이들에게 'superficial'이라는 형용어는 '피상적인' 것이 아니라 '표면적인' 것이다). 스토아학파에게 사건이란 '표면효과'라 할 수 있다. 비-물체적인 것들은 물체적인 것들의 표면효과이다. 플라톤에서 비-물체적인 것들이란 물체적인 것들 **저편**의 실재이다. 대조적으로 스토아학파에게 비-물체적인 것들이란 물체적인 것들 **이편**의 표면이다. 지금 우리가 살고 있는 이 현실, 이 세상, 우리가 겪는 사건들은 플라톤에게는 형상의 그림자이지만 스토아학파에게는 물체들의 운동이 빚어내는 표면효과들이다.

　　스토아학파는 사건/시뮬라크르에 독특한 위상을 부여함으로써 자연철학과 형이상학(비-물체적인 것의 연구)의 관계를 전복시킨다. 물체적인 것을 다루는 학문은 자연철학이다. 플라톤에게는 이 자연철학을 넘어서 본질의 세계를 다루는 것이 형이상학이다(그에게는 이 말이 없었지만). 말 그대로 'meta-physica'이다. 스토아학파의 경우는 이와 반대이다. 물질을 다루는 것이 자연철학이라면, 스토아학파에서는 이 자연철학이 곧 제1 철학이다. 그리고 비-물체적인 것들에 대한 학문이 있다면, 그것은 물질 너머의 무엇을 찾는 것이 아니라 물질의 표면효과들로서의 사건들을 다루는 담론이다. 그래서 스토아학파의 형이상학은 'métaphysique'가 아니라 'phantasmaphysique'라 할 수 있다. 물체의 표면에서 발생하는 사건들을 다루는 것이 곧 '시뮬라크르학'(사건의 존재론)이다.

그러나 표면과 사건의 의미에 대한 이런 스토아적 발견에서 더 나아가, 사건의 보다 독자적인 위상, 물체적 운동에서 부대하는 존재로서의 사건만이 아니라 물체적 운동에 삽입되어 그 운동을 사건, 의미의 차원으로 전환시키는 존재로서의 사건을 함께 사유해야 한다. 고전적인 방식으로 말해, 물체에서 사건으로서의 '유물론적' 사유와 나란히 사건에서 물체로의 (적절치 않은 용어이지만) '관념론적' 사유가 이루어져야 하는 것이다. 이렇게 (단지 '부대하는' 것이 아니라) '삽입되는' 한에서의 사건은 정신, 문화, 사회의 차원으로부터 나와 물체의 차원으로 나아간다. 달리 말한다면 사건(과 의미)이란 물체, 자연, 사물들의 차원과 정신, 사회, 문화의 차원 사이에서 성립하며, 두 차원을 쌍방향적으로 매개한다고 할 수 있다.

사건이란 물체들의 단순한 부대물이 아니라 독자의 차원을 가진다는 사실은 반복의 현상을 통해서도 확인된다. 내년 봄이 되면 많은 학생들이 또 입시를 볼 것이다. 어떤 학생들은 합격통지서를 받아 들고서 기뻐할 것이고, 또 어떤 학생들은 받지 못해서 낙담할 것이다. '합격하다', '낙방하다'라는 사건이 어떤 특정한 시점이 되면 숱하게 많은 수험생들에게서 반복된다. 이런 반복이 수험생들의 신체라든가 하는 물리적 차원의 부대효과가 아님은 물론이다. 그것은 어떤 독자적인 질서/차원을 암시한다. 합격이라는 사건은 도대체 어디에 있다가 봄만 되면 한 번씩 나타나는 것일까? 홈런은 누군가가 홈런을 칠 때 나타났다가, 어디론가 사라졌다가, 그 다음 날 또 어디에선가 다른 누군가에 의해 나타난다. 합격이라든가 홈런 같은 사건들은 단지 물체의 운동에 따라 나타나는 부대효과가 아니다. 그것은 자체의 질서/차원에 입각해 물체들의 운동 속에 삽입되면서 **반복된다**. 사건의 시간은 지속의 시간처럼 이어지는 것이 아니라, 현존과 부재의 불연속적인 갈마듦을 통해서 성립한다. 물체가 **지속된다면**, 사건은 **반복된다**.

사건의 이 독자적인 차원은 어떤 차원일까? 물론 우리는 그것을 직접적으로 확인할 수는 없다. 물체들로서 존재하는 것을 서술하기 위해 우리는 'exister' 동사를 사용할 수 있다. '실존한다'고 할 수 있다. 실존한다는 것은 '구체적'으로 존재한다는 것이고, 구체적으로 존재한다는 것은 시간, 공간, 물질을 갖춘 '체'體로서 존재한다는 것이다. 그러나 사건들로서 존재하는 것을 서술하기 위해서는 'subsister' 또는 'insister'를 사용할 수 있을 것이다. '존속한다' 또는 '내속한다'고 할 수 있다. 스콜라 철학자들이나 라이프니츠 등은 구체적 개별자들이 아닌 존재들 즉 실존하지 않는 존재들(보편자들, 모나드의 빈위들 등등)을 논할 때 이 동사들을 사용했다. 사건에 대해서도 이것들을 사용할 수 있을 것이다. 물체에 부대하는 사건들은 발생하지 않을 때에도 존속/내속하고 있으며, 언어로 표현되는 사건들은 언표되지 않을 때에도 존속/내속한다.

존속한다는 것은 사건들이 현실화되지 않고 있을 때에도 (존재하지 않는 것이 아니라) 존재한다는 것을 뜻한다. '홈런을 치다', '합격 통지서를 받다', '시위에 참여하다', …… 라는 사건들은 타자가 홈런을 치지 않고 있을 때에도, 영희가 합격통지서를 받고 있지 않을 때에도, 광화문에서 시위가 열리지 않고 있을 때에도,…… '존재'한다. 그렇지 않을 경우, 예컨대 야구경기장에서는 '홈런'이라는 것이 세계에 아예 존재하지 않다가 갑자기 생겨나는 일이 몇 번씩이나 반복된다는 기이한 결론이 나오기 때문이다. 바로 이런 이유 때문에, 앞에서 논한 별도의 질서/차원을 생각할 필요가 생겨난다. '홈런', '합격', '시위', '결혼식', '전시',…… 같은 사건들이 현실화되어 나타나는 차원 ── 이런 사건들이 바로 우리 눈앞에서 벌어지게 되는 차원 ── 과 현실성actuality으로서 나타나고 있지는 않지만 '존속'/'내속'하고 있는 차원을 구분해야 할 필요가 생겨난다. 후자의 차원을 잠재성virtuality의 차원이라고 할 수 있으며, 현실성과 잠재성으로 사건의 철학의 양상론을 해명하는 것이 중요한 한 화두가 된다.[18]

들뢰즈가 즐겨 말했듯이, 잠재성은 현실성이 아니지만 그렇다고 실재성이 아닌 것은 아니다. 현실적으로 존재하는 것은 아니지만 실재하지 않는 것은 아니다. '합격'이나 '역전', '시위',…… 등의 사건들은 그것들이 실존하지/현존하지 않을 때에도 존속한다. 이 잠재성 개념은 라이프니츠에서 연원하며, 한편으로는 베르그송을 거쳐 들뢰즈 등 후기구조주의 사유의 원천이 되었고 다른 한편으로는 러셀, 쿠투

---

18) 들뢰즈를 비롯해 전통적인 의미에서의 존재론자들에 의한 '잠재성' 개념, 그리고 루이스 등 현대 논리철학자들에 의해 개발된 '가능세계'론, 그리고 컴퓨터 기술과 더불어 도래한 '가상세계', '시뮬레이션' 및 보드리야르의 '시뮬라시옹'론, 한 가지 덧붙인다면 정신분석학자들(특히 라캉과 지젝)에 의해 논의되고 있는 '환상' 개념 등을 비교해 분석하는 것이 현대 존재론의 핵심 과제들 중 하나라 할 수 있다.

라를 거쳐 현대 가능세계론의 원천이 되었다(따로 전개된 이 두 계열의 사유를 통합적으로 이해하는 것이 21세기 사유의 핵심 과제들 중 하나이다). 우리의 맥락에서, 사건들이란 바로 잠재성의 차원에 존속한다고 생각해 볼 수 있다. 현실상(특정한 시간, 공간, 물질에 구현되어) 존재하는 사건들에 비해, 이런 사건들을 **순수사건들**이라 부를 수 있을 것이다.[19] 이 잠재적 사건이 현실 속에 구현되고 또 명제 속에 담기게 될 경우, 그것이 '현실화'된다고 말힐 수 있다.

들뢰즈에 따르면, 순수사건의 차원은 문법적으로 '부정법'의 차원이다. 어제 장종훈이 홈런을 쳤다, 지금 치고 있다, 내일 칠 것이다……. 이런 사건들은 '홈런을 치다'라는 순수사건이 현실화된 것이다. 다시 말해 현실화된 사건은 어제 쳤다, 지금 치고 있다, 쳐도 된다,…… 등으로 서술되지만, 홈런이라는 사건 자체, 순수사건으로서의 홈런은 '홈런을 치다'라는 부정법으로밖에는 표현할 수 없다(이 문제는 후에 크로노스와 아이온의 문제와 연결된다). 순수사건의 차원은 바로 부정법의 차원이다. 현실화된 사건이 아니라 사건 자체, 부정법의 사건이 잠재적 사건이다.

---

19) 한 가지 조심할 것은 잠재성 개념의 두 맥락이다. 지금의 잠재성은 물질과 문화의 접면, 사건들이 '존속'/'내속'하는 차원, 들뢰즈가 말하는 '형이상학적 표면'에 존재한다. 이 차원은 현실화되기 이전의 탈-물질적(idéal) 차원을 형성한다. 그러나 잠재성은 또한 보다 포괄적으로(물질, 강도를 배제하지 않으면서) 생명, 역능을 뜻할 수 있다. 들뢰즈의 경우, 전자는 『의미의 논리』에서의 잠재성이며 후자는 『차이와 반복』에서의 잠재성이다. 후자가 세계의 심층을 보다 포괄적으로 다룬다면, 전자는 우리 삶의 표면(사건들이 존속하다가 현실화되는 면)에 초점을 맞춘다. 전자가 세계의 두께 속에서 벌어지는 모든 사건들을 다룬다면, 후자는 자연과 문화 사이의 접면, 삶의 표면에서 발생하는 사건들을 다룬다고 할 수 있다.

$$* * *$$

Q 사건에는 예상할 수 있는 것이 있고 예상할 수 없는 것이 있지 않겠습니까?

A 물론 예상 가능한 사건이 있고 불가능한 사건이 있죠. 그것은 사건의 계열화와 관계됩니다. 우리가 예상하는 사건들은 우리 삶에서 반복되는 사건들(사실 모든 사건들은 반복되지만), 더 정확히는 반복되어 전형적인 방식으로 계열화되는 사건들입니다. 예컨대 비가 오는 사건과 땅이 젖는 사건은 반복해서 계열화되어 나타나며, 그래서 우리는 "비가 오면 땅이 젖는다"고 말할 수 있습니다. 예상할 수 없는 사건은 이런 반복적인 계열화를 벗어나는 사건이겠죠.

뒤에서 논하겠지만, 이 문제는 라이프니츠의 이해에 관련됩니다. 라이프니츠는 어떤 한 인간이 살아가면서 겪을 모든 사건들(라이프니츠 자신은 '빈위들'을 동사적인 방식보다는 전통적인 명사적이고 형용사적인 방식으로 이해했지만)은 이미 그 사람의 모나드 속에 다 들어 있다고 합니다. 즉, '잠재적으로' 들어 있는 것이죠(따라서 라이프니츠에서는 잠재성이 확고한 결정론적 방식으로 이해되고 있다는 점에 주목합시다). 카이사르가 루비콘 강을 건너는 사건은 이미 카이사르의 '완전개념' 속에 들어 있다는 겁니다. 인생이란 그렇게 한 모나드 안에 주름 잡혀 있던 사건들이 펼쳐지는 것이라고 할 수 있겠죠. 방금 논한 우리의 맥락으로 보면, 잠재적 빈위들이 현실화된다고 할 수 있습니다('접힘'과 '펼쳐짐'의 논리에 주목).

그래서 라이프니츠는 우리가 예측 불가능하다고 곧 우연적이라고 생각하는 그런 성질(정확히는 'attribut' 즉 '빈위')도 사실은 모두 정해져 있는 것이라고 합니다. 다만 우리는 그런 사건들을 "명료하게" 인식할 수 없을 뿐입니다. 마치 우리가 수의 연속체에서 정수 나아가 유리수만을 명료하게 알 수 있고 무리수는 명료하게 알 수 없는 것과도 같죠. 그래서 우리 삶에서 어느 정도 예측 가능한 것도 있고 그렇지 않은 것도 있습니다. 그러나 신의 눈으로 본다면 한 모나드의 내재적 빈위들(/사건들)만이 아니라 그가 맺을 관계까지도 그 모나드 속에 이미 내재해 있는 것이죠(라이프니츠에게는 관계도 빈위의 한 측면입니다). 그러나 이것은 라이프니츠의 신학적 구도를 전제했을 때의 이야기입니다. 내재적 구도를 취하면 논의가 달라집니다. 잠재성과 현실성의 관계를 이렇게 단순한 결정론의 구도, 접힘과 펼쳐짐의 구도에 입각해 보는 생각을 벗어나야 하는 것이죠.

Q 사건의 반복에 대해 말씀하셨는데, 완벽하게 같은 사건이 있을 수 있습니까?

A 물론 현실화된 사건들은 조금씩 다릅니다. 완벽하게 같은 사건들은 없죠. 같은 홈런이라 해도 공이 날아가는 모양새, 소리의 크기, 관중의 함성 소리…… 등이 모두 다르죠. 그러나 '홈런'이라는 사건 자체는 반복되는 것입니다. 미세한 차이들 때문에 홈런이 아닌 것은 아니죠. 사건 자체(순수사건)는 비-물체적인 것입니다. 그러나 사건의 현실화/구현[20]

---

20) '구현'이라는 말은 서구의 초월철학을 특징짓는 말들 중 하나이다. 형상은 질료에 '구현'된다. 그러나 우리의 맥락에서는 이런 초월철학적 구도는 거부된다. 순수사건들은 형이상학적 표면──사건들이 부대하고 삽입되는 표면──에서 존속하다가 현실화된다. 달리 말해, 사건의 철학은 생성과 존재를 조화시킨다고도 할 수 있다. 순수사건들은 말하자면 사건-이데아들이라고 할 수 있으며, 생성과 존재를 통합하고 있다고 볼 수 있다.

은 물질적 터전에서 이루어집니다. 그렇기 때문에 미세한 차이들이 존재하는 것이죠.

Q '물질'이라는 것이 우리 감각으로 지각 가능한 것만을 의미하나요?

A 아닙니다. 스토아학파가 말하는 물질이란 오히려 매우 추상적이고 심층적인 존재입니다. 흔히 물질이라고 하면 매우 실증적이고 구체적인 것을 생각하죠. 하지만 사실 우리가 확인하는 것은 물질의 현상이지 물질 자체는 아니죠. 물질이란 우리가 볼 수 없는 것입니다. 얼핏 '물질'이란 뭔가 매우 구체적이고 실증적인 것으로 느껴지지만 사실 그렇지 않습니다. '이데아'만큼이나 '물질' 또한 하나의 존재론적 가설이죠. 우리가 직접 대면하는 것은 물질보다는 오히려 물체들입니다. 그러나 스토아학파에서 물질과 물체가 질적으로 구분되지는 않습니다. 다만 차원scale이 다를 뿐이죠. 물질은 아주 작은 물체이고 물체는 아주 큰 물질일 뿐입니다. 결론적으로, 그 크기에 따라 물질은 지각되기도 하고 지각되지 않기도 합니다. 그리고 중요한 차이 하나는 물질들은 미세하기에 'flux'를 이루지만 물체들은 크기 때문에 안정적인 덩어리를 형성한다는 점입니다.

Q "사건들이 표면으로 기어오른다"는 표현을 본 적이 있는데 무슨 뜻입니까?

A 사건들에 대해서는 '솟아오른다'는 표현이 더 적절합니다. "기어오른다"는 표현은 'phantasma'에 대해 보다 적절하게 쓸 수 있는 표현인데요. 플라톤은 시뮬라크르들을 추방해 지하 방에다가 가두어 두려 했습니다(이 주제는 『소피스테스』편에서 집중적으로 다루어지죠). 마치 사회

가 범죄자들을 잡아서 어두운 골방에 가두어 두는 것과 같습니다. 그러나 스토아학파는 이것들을 표면효과들로서 파악합니다. 그것은 마치 갇혀 있던 시뮬라크르들이 물체들의 표면으로 기어올라 오는 것과 같죠.

Q 표면효과라는 개념이 함축하는 인과론과 종래의 인과론은 어떻게 다릅니까?

A 당구의 예를 들어 봅시다. 우리가 흔히 원인-결과를 말할 때 물체와 물체 사이의 원인을 많이 이야기하죠. 즉, A 공이 B 공을 치면 A가 원인이고 B가 결과가 됩니다. 더 정확히 말해, A 공의 운동이 원인이고 B 공의 운동이 결과이죠. 그런데 스토아학파에서는 이를 독특하게 생각합니다. 모든 물체가 원인이고 모든 표면효과가 결과라는 것이죠. 물체 차원에서의 모든 운동은 다 상호적입니다. 이것들 사이에서는 원인-결과 관계가 성립하지 않습니다. 다만 능동-수동의 관계가 성립할 뿐이죠. 스토아학파에서는 물체가 원인이고 비-물체적인 것 즉 사건이 결과입니다. 그러니까 공 A가 공 B를 때려 움직이게 만들었을 때, A가 원인이고 B가 결과인 것이 아니라 A와 B가 모두 원인이고(다만 A는 능동적 원인이고 B는 수동적 원인입니다) 딱! 소리라든가 공이 부딪칠 때 나는 열이라든가 하는 것들이 결과인 것입니다. 그러나 다른 한편, 사건과 사건 사이의 인과도 생각할 수 있습니다. 당구에서 역전이 일어나고 그 결과 승부가 바뀌면 역전이 승부의 원인이죠. 그래서 한편으로는 물질과 사건 사이의 인과를, 다른 한편으로는 사건들 사이의 인과를 생각할 필요가 있습니다.

Q 사건이 '순간적'이라는 것과 '존속한다'는 것이 어떻게 양립할 수 있습니까?

A 순수사건이란 지속을 통해 측정되는 시간 즉 '크로노스'의 시간에 속하지 않습니다. 순수사건은 크로노스와는 다른 시간 즉 '아이온'의 차원, 부정법의 차원에 존재합니다. 순수사건이란 잠재적으로 존재하다가 물체의 표면에서 하나의 효과로서 나타나는 것입니다. 그렇게 물질과 관계 맺게 될 때 사건은 크로노스의 시간 속에 있게 됩니다. 즉, 크로노스의 시간은 물질성의 시간이고 아이온의 시간은 비-물질성의 시간입니다. 사건은 '아이온'의 시간 속에서 존속하다가 '크로노스'의 시간 속에서 순간적으로 실존하게 되는 것이죠. '순간적'이라는 말을 쓰기는 했지만, 물론 사건의 실존에는 일정한 시간 지속이 필요하죠. 아무리 짧아도 시간 지속이 필요하고, 또 그 지속이 길 수도 있습니다. 역전, 합격 등은 순간적이고, 결혼식, 강의 등은 비교적 길고, 시위, 전시 등은 상당히 길 수도 있죠. 내가 '순간적'이라 한 것은 사건의 특성을 강조하다 쓴 표현이니 오해 없으시기 바랍니다.

Q 제가 생각하기에는 위에서 말한 네 가지 외에도 수많은 '비물체적인 것들'이 있을 것 같은데요.

A 한 가지 조심할 것은 스토아학파에게 '물체'란 우리가 생각하는 것과는 달리, 예컨대 '덕'德조차도 물체적인 것이라는 사실입니다. 우리가 비-물체적이라고 생각하는 수많은 것들이 우리 사고의 결과이거니와, 스토아학파에서는 생각한다는 것 자체가 물질의 운동이기 때문이죠. 물질과 비-물질이라는 이분법적 사고에 익숙한 우리에게는 묘하게 느껴질 수 있습니다. 이 점을 염두에 두어야 합니다.

Q 스토아학파에서 '열외 존재'란 무엇을 뜻합니까? 그 의미가 잘 들어오지 않아요.

A 플라톤에게 '실체'란 우리가 눈으로 보는 사물들이 아니라 그 사물들의 본질입니다. 현실적으로 존재하는 사물들은 진정한 의미에서 '존재하는' 것들이 아닙니다. 때문에 철학은 진정으로 존재하지 않는 것들로부터 진정으로 존재하는 것들 즉 확고한 자율성에 입각해 존재하는 것들을 분리해내는 작업인 것이죠. 현실적 개체들은 물질성을 띠고 있고, 때문에 현실적 개체들에 구현되어 있는 형상은 그 자체로서 존재하지 못합니다. 때문에 물질성을 제거한 본질을 찾는 것이 플라톤 사유의 목표라 할 수 있습니다(이런 이분법이 후기에 가서는 많이 완화됩니다만).

그러나 아리스토텔레스는 형상과 질료가 결합해 있는 현실의 사물들을 실체로서 승격시킵니다. 이것들이 바로 '참으로 존재하는 것들'이라는 것이죠. 그리고 모든 사물을 형상과 질료의 비율에 따라 위계적으로 분류합니다. 아리스토텔레스는 규정 가능한 것만이 인식 가능하고 인식 가능한 것만이 실재한다는 플라톤의 요구와 우리에게 현실적으로 '주어진' 것이 실재라는 그의 신념을 조화시키고자 했습니다.

아리스토텔레스에게 질료는 형상과 더불어 실체ousia를 구성하지만, 질료가 진정한 의미에서의 실체는 아닙니다. 질료는 그 자체로서는 인식 불가능한 것이기 때문이죠. 때문에 아리스토텔레스는 개체tode ti를 실체로 보던 입장에서 (질료를 제외시킨) 형상을 실체로 보는 입장으로 나아갑니다. 아리스토텔레스에게 'hypokeimenon'은 실체가 아닙니다 (더 정확히는, 이차적인 실체이죠). 진정한 실체는 형상eidos이죠. 하지만 스토아학파는 'hypokeimenon'이야말로 실체라고 생각합니다(그래서 아리스토텔레스에서의 '질료'와 스토아학파에서의 '물질'은 내용이 다릅니다. 따라서 형상을 전제하지 않는 'matter'를 '질료'로 번역하는 것은 적절치 않죠). 그렇게 함으로써 '실체'라는 말을 둘러싼 복잡한 논의들을 잘라 버리게 되는 것이죠. 실체는 일정한 규정성들to idiôs poion을 띤 물질들입니다(이 규정성들은 물질의 양태들이며, 그 자체 물체적인 것들일 뿐입니다. 독립적인 존재들이 아닙니다). 이제 스토아학파에게 형상이란 물질이 특정한 시점에 띠게 되는 양태일 뿐입니다.

이 실체 즉 구체적 개체들은 죽어 있는 물질이 아니라 그 스스로에 관련해(존재방식) 그리고 그것을 둘러싼 것들에 관련해(관계 맺음의 방식) '행동하는'pôs echei 존재들입니다. 물체들은 늘 능동/수동의 상황에 놓이는 것이죠.

물론 '비-물체적인 것들'이 존재합니다. 그래서 세계 전체는 물체적인 것들과 비-물체적인 것들을 아우르는 것이죠. 스토아학파는 이 전체를 가리키기 위해서 아리스토텔레스의 'ti esti'(영어로는 'the what is')에서 'esti'를 떼어 버린 'ti' 즉 'aliquid'를 사용합니다('esti'라는 말을 쓰면 비-물체적인 것들에게 존재에 관련된 말을 사용해야 한다는 부담이 생기기 때문이죠). 즉, 이 '무엇'은 물체적인 것과 비-물체적인 것을 포괄하기 위해서 사용된 것입니다. 그래서 비-물체적인 것들은 비존재non-being로 단정되기보다는 '열외 존재'extra-being로 규정될 수 있을 것입니다.

Q 사건이 잠재적으로 존재한다는 것은 스토아학파 식으로 말하면 '편재偏在한다'고 볼 수 있는 것입니까?

A 그것은 사건 개념을 공간 속에 넣어서 생각하는 것입니다. '편재한다'

라는 표현은 보통 공간적인 맥락에서 사용되는 표현이죠. 여기저기 있는 것이 편재하는 것인데, 사건이라는 개념은 잠재적인 존재이지 물리적인 존재가 아니기 때문에 기본적으로 공간에 구속받지 않는다는 것을 생각해야 합니다. 하지만 잠재적 사건들이 현실화될 때는 항상 어떤 장소에서 발생하죠. 또, 같은 사건이 여러 곳에서 발생할 수 있습니다. 이 점에서 현실적 사건들은 '편재한다'고 할 수 있습니다. 지금 이 순간 지구촌 곳곳에서 신자유주의에 저항하는 시위들이 열리고 있는 것을 생각하면 되겠죠. 요컨대 순수사건들이 '잠재한다'면, 현실화된 사건들은 '편재한다'고 할 수 있습니다.

Q 어떤 물리적 사건이 일어났을 때, 소리가 나거나 열이 나는 것은 화학반응 법칙이나 물리적 운동법칙으로 설명이 가능하지 않습니까? 그것들이 꼭 사건인 것은 아닌 것 같은데요?

A 물리적 사건은 순수사건의 구현이라고 할 수 있습니다. 물리적 사건은 물리적으로 설명한다는 것과 그것을 잠재적 사건들에 관련시켜 이해한다는 것은 성격이 다른 작업이라 해야 하겠죠. 경험적인 차원에서 발생한 사건을 설명하는 방식에는 여러 가지가 있을 수 있습니다. 예컨대 어떤 물리적 사건을 물리적으로 설명하는 맥락과 그것을 의미에 연결시켜 사회적-문화적 차원에서 설명하는 것은 다르겠죠. 누군가가 독약을 먹고 죽었을 때, 의사가 그 사인死因을 물리적으로 설명하는 것과 사회학자가 사회적 맥락에서 설명하는 것은 다른 성격의 설명이라 해야겠죠. 지금 우리가 하는 작업은 이런 구체적인 설명들이 아니라 그런 설명들의 선험적인 근거, 존재론적 바탕을 논하는 것입니다.

3강_사건과 의미

이미 의미에 대해 언급했거니와, 이제 본격적으로 의미라는 것에 대해 이야기해 보자. 사건과 의미의 관계를 규명하는 것이 이번 강의의 핵심적인 문제들 중 하나이다. 우선 들뢰즈의 의미론을 다룬 후, (『담론의 공간』[1]에서 다룬 바 있는) 푸코의 의미론을 재음미하면서 그 함축을 새롭게 끄집어낼 것이다.

'의미'라는 것은 우리 삶을 이해하는 데 대단히 중요한 개념이다. 우리의 모든 가치라든가 문화, 언어, 사상 같은 것들이 암암리에 전제하는 것이 바로 이 의미 개념이라고 할 수 있다. 의미는 인간이 단순한 동물에서 문화적 존재로 넘어가는 경계선상에 있는 존재이다. 말을 바꾼다면, 인간은 의미를 가짐으로써 자연적 차원, 동물적 차원에 머무는 데 그치지 않고 문화의 차원, 정신의 차원을 가지게 되는 것으로 볼 수 있다. 또, 인식론적 맥락에서 보면 인간과학이 결코 자연과학

---

1) 이정우, 『객관적 선험철학 시론』(저작집 1권, 그린비, 2011)의 1부를 보라.

으로 환원될 수 없으며 되어서도 안 되는 이유가 이 점에 있다고 할 수 있다. 그렇기 때문에 의미는 모든 문화의 선험적 조건이라고 말할 수 있다. 특정한 문화의 조건이 아니라, 인간으로 하여금 자연 이상의 존재가 될 수 있게 해주는 조건,[2] 즉 **모든** 문화의 보편적인 선험적 조건이 바로 의미이다. 철학적 의미론은 이런 맥락에서의 의미 개념을 다룬다.

의미란 우리가 삶에서 너무나 당연한 것으로 전제하는 무엇이다. 그러나 그 의미가 도대체 무엇인가 하고 물으면, 그것은 만만찮은 물음이 된다. 여기에서 논의할 의미론은 언어학에서 말하는 의미론은 아니다(물론 상당히 밀접한 관련성이 있지만). 우리가 다룰 것은 구체적인 의미론이라기보다는 '의미란 무엇인가?'라는 물음에 대한 대답이다.

의미의 의미에 관련해 등장한 대표적인 입장들은 대략 세 가지 큰 종류로 나뉜다. 하나는 실증주의적 입장에 기반하는 '지시 이론'이고, 다른 하나는 현상학적 입장에 기반하는 '현시 이론'이고, 마지막은 구조주의적 입장에 기반하는 '기호작용의 이론', 기호학석 의미론이다. 들뢰즈는 이 세 가지가 모두 일정한 한계를 가진다고 보고 제4의 입장을 제시한다. 이 제4의 입장은 다른 세 입장들과 나란히 병치되는 또 하나의 입장이 아니다. 그 세 가지 입장을 동시에 근거 지어 주

---

2) 그러나 이 '이상'은 초월적 차원을 전제하는 것이 아니며, 또 자연과 인간의 날카로운 불연속을 말하는 것도 아니다. 현대의 사유는 내재적인 사유이다. 그러나 인간을 자연에 서투르게 포섭시켜 버린다면 결과는 조잡한 유물론이 될 것이다.

는 입장이다. 그리고 기존의 세 입장들은 바로 이 제4의 입장에서 전개되어 나오는 각각의 '경우'가 된다. 바슐라르는 과학의 발전을 '포괄'의 개념을 통해 설명했다. 리만 기하학은 에우클레이데스(유클리드) 기하학을 포괄하면서 그 이상을 말해 주고 있으며, 아인슈타인 물리학은 뉴턴 물리학을 포괄하면서 그 이상을 말해 주고 있으며, 통계역학은 열역학을 포괄하면서 그 이상을 말해 준다.[3] 이 점에서 들뢰즈의 입장이 이전의 세 입장을 포괄한다고 말할 수 있다. 세 가지 의미론과 들뢰즈의 대안, 그리고 푸코의 문화 이론을 각각 살펴보자.

§1. 세 가지 의미론

우선 논의할 대표적인 의미론은 실증주의적 의미론으로서 흔히 '지시 이론'이라고 불리는 의미론이다. 이 의미론은 의미란 '지시'를 통해서 드러난다고 본다. 'designation', 'indication'(방브니스트가 주로 쓰는 용어이다) 같은 말들을 쓰며, 각각 '지시', '지칭'으로 번역할 수 있다. 또 'reference'라는 말도 자주 쓰인다(영미 학계에서 주로 사용하는 용어이다).

　이 생각에 따르면, 의미란 하나의 말이 특정한 대상을 지시할 때

---

3) 수학의 경우를 제외한다면(에우클레이데스 기하학의 곡률은 리만 기하학의 한 '경우'이고, 뉴턴 방정식은 아인슈타인 방정식의 한 '경우'이며, 열역학의 법칙은 이상기체방정식의 한 '경우'이다), 완벽한 포괄은 거의 존재하지 않는다. 아인슈타인이 뉴턴을 포괄하는 것도 어떤 측면(수학적 공식들)에서이며, 또 다른 측면(예컨대 시공간의 개념)에서는 서로 다를 뿐 하나가 다른 하나를 전적으로 포괄한다고 말하기 힘들다. 이 때문에 바슐라르는 과학사의 '불연속'과 어떤 측면에서의 '포괄'을 동시에 말한 것이다.

성립한다. 이것이 지시 이론의 핵심이다. 다시 말해 기호는 결코 자체 충족적인 차원, 닫힌 차원에 갇힌 존재가 아니라 그 바깥의 무엇인가를 지시할 때 의미를 가지게 된다는 것이다. 그래서 자연히 지시대상 referent을 가지지 않는 말, 무엇을 가리키는지 알 수 없는 말은 무의미한 말이 된다는 결론이 따라 나온다. 이 점에서 이 의미론은 실증주의 인식론과 연계된다.

이 이론은 얼핏 보면 대단히 상식적이고 당연한 생각인 것 같지만 그렇게 간단한 문제는 아니다. 이 문제를 둘러싼 여러 논의들이 존재한다. 물론 일단 하나의 말이 하나의 대상을 지시하는 것을, "금강산"이라는 말은 북한에 있는 금강산을 지시한다고 생각하면 간단하게 이해된다.[4] 실제 어린 아기가 말을 배우는 것을 보면 그 가장 기본적인 방식은 지시에 의한 것이다. "엄마, 저거 뭐야?" 하고 손가락으로 가리키면서 물으면, 엄마가 "저건 '강아지'야" 하고 대답한다.

그런데 예를 들어 '물'이라는 말이 지칭하는 대상이 무엇인가 하고 물으면, 벌써 문제가 간단하지 않다. 물은 뚜렷한 경계가 없는 존재인데, 경계가 없는 것을 어떻게 일일이 지시할 수 있을까. 아니면 이 세상에 존재하는 물의 모든 집합을 지시하는 것일까. 아니면 일정한 용기에 담겨 있는 물만 지시할 수 있는 것일까. 또 어떤 사람들(과학주

---

4) 지시 이론은 진리론에서의 상응론과 같은 논리 구조를 가진다. 예컨대 타르스키는 진리 개념을 "'눈은 희다'는 눈이 흴 때 그리고 오직 그때에만 참이다"라는 말로 언표했다. 인용 부호(' ')가 붙은 명제와 붙지 않은 사태의 일치(correspondence)에서 (진리를 본 것이 아니라) 진리 개념을 본 것이다. 의미론과 지시론은 대개 같이 가거니와, 지시/상응 이론도 의미론과 진리론에서 동시에 성립한다.

의를 견지하는 사람들)은 '물'이라는 말은 'H_2O'를 가리킨다고 말하겠지만, 이 경우에도 물의 '화학식'이 'H_2O'이지 '물' 자체가 과연 'H_2O'인가 하는 의문이 생긴다. 더 나아가 "민주주의"라는 말은 무엇을 지시하는가? 민주 투사, 민주주의를 실천하는 장소(예컨대 선거를 치르는 장소), 민주주의를 논하는 책 등은 지시할 수 있다. 그렇지만 "민주주의" 자체는 도대체 무엇을 지시하는가? 쉽지 않은 문제이다. 예술철학에서 제기되는 문제로 "예술이란 무엇인가?"라는 문제가 있다. 예술가, 예술작품, 관객 등등은 지시 가능하지만, "예술" 자체는 무엇을 지시하는가? 쉽지 않은 문제이다.

이 어려움이 우리에게 시사해 주는 것은 바로 지시작용은 개체화/개별화individuation를 전제한다는 사실이다. 지시작용은 무엇인가를 개별화하는 작업, 다시 말해 지시대상을 마름질하는 작업을 전제한다. "이 말이 지시하는 대상은 바로 이것이다"라는 것이 지시작용의 논리적 구조이고, 여기에서 '이것'이 정확히 개별화되어야만 이 언표가 성립하는 것이다. 때로 이런 지시작용은 단순한 경험적 지시작용을 넘어 한 대상의 핵심을 지시하기 위해 작동하기도 한다. 이는 곧 '정의'의 문제이다. "민주주의란 무엇인가?"라는 물음은 "민주주의의 정의는 무엇인가?"를 뜻할 수도 있다. 이때에도 역시 개별화는 중요하다. 'definition'에서의 'finis'는 울타리를 치는 것, 경계선을 긋는 것을 뜻하며, 이 또한 한 대상의 본질이 정확히 개별화됨을 함축한다. 한 대상이 타자들과의 관련하에서가 아니라 그 자체로서 무엇인가를, 즉 그 본질이 어떻게 개별화될 수 있는가를 묻고 있는 것이다. 요컨대 지시작용은 개별화를 전제한다.

그런데 개별화는 간단한 문제가 아니다. 하나하나의 개별화도 간단한 문제가 아니며, 여러 가지 개별화들의 체계화, 즉 분절선들의 체계화는 더욱 복잡한 문제들을 야기시킨다. 푸코는 『말과 사물』의 도입부에서 보르헤스가 이야기하는 중국의 백과사전을 인용한다. 그 백과사전은 서구인들에게 익숙해 있는 사물 분류, 생물학적 계통학taxonomie을 비롯한 분류의 각종 체계, 이른바 "합리적인" 분류체계와는 너무나도 판이한 백과사전이다. 푸코는 사물에 대한 기이한 **존재론적 분절**ontological articulation 앞에서 "철학적 웃음"——구체적으로는 "존재론적 웃음"이라 해야 하겠다——을 터뜨렸고 이 웃음으로부터 이 저작을 시작하게 되었다고 말한다. 문화들에 따라, 시대에 따라 사물들을 분절해 보는 방식이 얼마나 판이할 수 있는가를 깨달으면서, 그 특유의 회의주의적-상대주의적 논의들을 펼치게 된다. 이는 다소 극적인 예가 되겠지만, 개별화의 문제는 상당히 복잡하고 또 예민하기까지 한——개별화나 분류는 그 자체가 가치판단이고 정치적 성격을 띠는 경우가 많기에(푸코의 핵심적인 문제의식인 '구분/구별'이라든가 '배제', 또 부르디외의 '구별 짓기'를 상기)——문제라고 하겠다.

지시작용의 어려움을 보여 주는 또 하나의 예를 생각해 보자. 한 외국인이 이 칠판을 가리키면서 어떤 단어를 말한 경우를 상상해 보자. 우리는 그 사람이 이 칠판 전체를 가리키는 것인지, 아니면 칠판과 그 위의 글자 사이의 관계를 가리키는 것인지, 이 칠판 위에 쓰여 있는 화학식을 가리키는 것인지,…… 알 수 없을 것이다. 세계를 분류할 때 우리는 성질에 입각해 분류할 수도, 관계에 입각해 분류할 수도, 공간적 분절에 입각해 분류할 수도,…… 있다. 어쨌든 어떤 특정한 분절들

이 전제되어야 지시관계가 성립한다. 그러면 이 외국인은 어떤 분절
체계를 가지고서 칠판을 가리키고 있는 것일까? 만일 눈이 없고 다만
열만 감지할 수 있는 능력을 가진 외계인의 경우라면, 그는 이 칠판의
어떤 부위들 사이의 열적 차이를 가리키고 있을지도 모를 일이다.

그러나 지시대상이 분명하게 고정된다고 해도 문제는 또 있다.
'칠판'과 '네모나다'가 무엇을 가리키는지 분명해졌다고 하자. '칠판'
은 공간적으로 구획된 이 전체[칠판]를 가리키고, '네모나다'는 그 윤
곽선의 형태만을 따로 추상해서 가리킨다는 사실이 분명해졌다고 하
자. 그렇지만 "칠판은 네모나다"에서 이 '은'은 도대체 무엇을 가리키
고 있는 것일까? 쉽지 않은 문제이다(이에 대해 대개 이 '은'은 네모난
모양이 칠판에 '귀속됨'을 가리킨다고 말한다. 어떤 개별화된 존재가 아
니라 그것들 사이의 '관계'를 지시한다는 것이다). 더 나아가 '그리고',
'또는' 같은 말들, 또 '~라면, 그러면 ~' 같은 구절들 ─ '논리적 연결
사들'logical connectives이라 부른다 ─ 은 정확히 무엇을 가리키는 것
일까? 간단치 않은 문제이다.

의미를 이런 식으로 바라보는 입장은 기본적으로 어떤 관심사를
암암리에 깔고 있을까? 바로 세계에 대한 인식이라는 관심을 깔고 있
다. 세계를 인식하고 싶다는 관심. 지시 이론이 어떤 담론체계들에서
주로 전제되는가를 유심히 보면, 바로 과학적인 담론, 넓게 말해 '지
식'이라는 담론에서 전제된다. 과학자들, 지식을 추구하는 사람들은
자신들이 하는 말이 자신의 감정이나 신념을 표명하는 것이 아니라
어디까지나 **객관적인** 대상에 관한 것이라고 생각한다. 과학/지식에 관
련된 여러 인식론적 입장들이 있지만, 이것이 기본적인 입장이라고

할 수 있다. 핵심은 '객관성'에 있다. 어떤 언표가 '객관적'이라는 것은 그 언표가 언어적 차원 바깥의 그 무엇을 가리킨다는 것을 전제하기 때문이다.

이들이 추구하는 언어적 차원은 '명제'의 차원이다. 지시작용을 하지 않는 언어는 과학적 담론의 바깥에, 즉 반드시 명제로 구성되어야 하는 담론의 바깥에 놓인다. 이 지시 이론은 현대에 이르러 나온 것이 아니라 아주 오래된 이론이다. 이 이론의 비교적 명료한 형태는 아리스토텔레스에서 찾아볼 수 있다. 그는 언어와 사물은 이질동형적異質同形的=isomorphic이라는 전제하에서 논의를 전개했다. 현대식으로 말하자면, 언어와 사물은 다른 존재이지만 '구조적인 상응', '구조적 유비'를 보인다는 것이다. 고전 시대의 담론도 이런 사유 구조의 전형을 보여 준다. 고전 시대의 담론들은 우리 마음과 언어가 이 세상을 거울처럼 반영할 수 있다는 전제하에서 사유를 전개했다(『말과 사물』의 3장을 참조). 다시 말해, 있는 그대로를 즉 실재를(고전 시대는 사물의 내부가 아닌 표면을 추구했다는 점에서 오히려 '현실'이라는 표현이 나을 것 같다) 거울처럼 반영하는 것이 고전 시대 학문들의 가장 중요한 목표였다. 현대식으로 말해, 사물의 표면과 기호체계와 관념들의 체계가 사상寫像=mapping 관계를 맺는 것이다. 그래서 푸코는 고전 시대의 에피스테메를 'représentation' 즉 표상/재현으로 규정한다(사실 이 개념은 서구 철학사 전체를 꿰는 에피스테메라 할 수 있다). 표상/재현이란 말 그대로 세계(의 표면)와 기호체계와 관념체계가 서로 거울-이미지를 형성하는 것을 뜻한다. 현대에 이르러 등장한 이론으로는 비트겐슈타인의 '그림 이론' 같은 것을 들 수 있다. 언어란 세계의 그림이라는 것이고, 이 조건을 충족시키는 것은 과학적 언어라는 것이다. 그래서 그림의 역할을 하지 못하는 언어는 "말할 수 없는 것"의 영역으로 밀려난다.

이런 맥락에서 알 수 있듯이, 이 지시 이론은 기본적으로 세계에 대한 객관적 인식이라는 관심을 가지고 있고 따라서 과학적 탐구를 밑받침하는 언어철학이라고 할 수 있다. 언어의 가장 궁극적인 목표는 '세계의 거울'이 되는 것이고, 따라서 언어적 행위의 가장 궁극적인 목표는 '표상'인 것이다.

그런데 조금 더 들어가 보면, 이런 입장에도 두 가지 다른 형태가 있다. 지시 이론이 실증주의적 언어철학이라고 했지만, 사실 합리주의도 지시 이론을 전제한다. 그러나 그 층위는 다르다. 실증주의는 의미나 진리란 우리가 만들어내는 것이 아니라 우리에게 '주어지는 것'에 근거해야 한다고 본다. 우리가 흔히 말하는 'data'('datum'의 복수)라는 말은 라틴어로서 '주어진 것들'을 뜻한다. 우리가 자의적으로 만들어내는 것이 아니라 객관세계가 우리로 하여금 그렇게 볼 수밖에 없도록 던져 주는 것, 그것이 'data'이다. 콩트가 말한 '실증적인 것'이다. 실증주의는 곧 이 'positivité'에 기반하는 인식론이다.[5] 실증주의는 곧 우리의 감각기관들을 통해 확인할 수 있는 것이라는 생각이다.

---

5) 주목할 점은 'positivité' 개념이 콩트와 멘 드 비랑에서 반대 방향으로 갈라진다는 점이다. 콩트에서 실증성이란 **외적으로** 주어진 것을 말한다. 흔히 말하는 '데이터'이다. 그러나 멘 드 비랑에게 실증성이란 바로 의식에 주어진 것, 내면에 주어진 것(베르그송적 뉘앙스에서의 '직접적 소여所與들'), 내적 체험을 말한다. 고독, 긴장감, 사랑, 분노, 경멸감, 불안,⋯⋯ 등이 바로 **내적으로** 주어지는 것들이다. 어떤 면에서 19세기 이래 서구 철학은 바로 이 두 종류의 실증성을 둘러싸고 전개되었다고도 할 수 있다.

아리스토텔레스, 경험주의, 실증주의, 현상학, 현상론,…… 등이, 물론 구체적으로 들어가면 큰 차이들을 보이지만, 대체적으로 이렇게 경험과 실증을 중시하는 사유체계들이다.

그러나 똑같이 '객관성'을 추구한다 해도 합리주의는 반대의 방향으로 간다. 합리주의에 따르면, 정말 참된 인식은 오히려 우리에게 주어지는 감각적 자료들을 벗어남으로써, 즉 '인식론적 단절'(바슐라르)을 이룸으로써 가능하나. 플라돈, 데카르트, 바슐라르드로 내려오는 합리주의의 전통이 이런 입장이다. 합리주의 입장에서 보면 우리가 경험하는 것, 실증적인 것이야말로 오히려 '주관적인 것'이다. 간단한 예로 잠자리가 보는 '현상'과 인간이 보는 '현상'이 전혀 다를 터인데, 인간이 보는 이 현상이 세계의 객관적 모습이라는 근거가 어디에 있는가? 그래서 인간이 보는 '지금의 이 현상'이 객관적이라는 생각이야말로 오히려 인간중심적이고 주관적인 것이라는 말이다. 예컨대 우리가 전혀 다르다고 생각하는 빨간색과 파란색이 물리학자가 볼 때에는 결국 빛의 파동에서의 수학적 차이에 불과하다. 그래서 진정한 과학이란 경험으로부터 나오는 것이 아니라 오히려 경험을 넘어서는 데에서 성립한다(물론 과학은 다시 실험을 통해 이론을 검증한다. 그렇다면 우리가 신체로 하는 경험과 기계로 하는 경험은 어떤 관계가 있는가라는 복잡한 문제가 발생한다). 이것이 합리주의 인식론이고, 때로는 형이상학의 형태를 띠는 인식론이다.

요컨대 같은 지시 이론, 표상 중심의 이론이라 해도 실증주의적 입장과 합리주의적 입장은 상당히 다른 입장이다. 그러나 한 가지 분명한 것은 지시 이론은 한 언어의 의미를 그 언어가 (현상이든 본질이든) 무엇인가를 올바로 즉 객관적으로 지시했을 때 성립하는 것으로 본다는 점이다. 적어도 그것이 '객관적인' 의미인 것으로 본다.

들뢰즈는 중요한 지적을 한다. 사건은 지시될 수 없다는 것이다. 사건은 지시의 대상이 아니다. 왜 그럴까? 표상이라는 행위는 기본적으로 세 가지를 전제한다. 첫째, 대상의 동일성. 내가 책상을 바라보고 있을 때 그것이 매 순간 변한다면, 나는 그 대상을 지시할 수 없을 것이다. 엄밀히 말해 '그' 대상이라고, '그' 책상이라고 말할 수조차 없게 된다. 일종의 카오스 상태라 할 수 있다. 두 사람이 일주일에 한 번씩 만난다고 할 때, 둘 중 하나가 또는 둘 모두가 매주 크게 변한다면 서로를 어떻게 확인할 수 있겠는가? 'identify'는 'identity'를 전제한다. 표상이란 대상의 동일성을 전제하는 것이다. 동시에 표상은 주체의 동일성을 전제한다. 대상이 가만히 있다 하더라도 인식하는 주체가 변한다면 표상이 성립하지 않는다. 내가 일주일 뒤에 여기에 다시 왔을 때 내 지각의 구조가 바뀌어 있다면, 나는 여러분들을 알아보지re-cognize 못할 것이다. 그래서 표상 행위는 주체의 동일성을 전제한다.

그러나 마지막으로 또 하나 전제되어야 할 것이 있다. 바로 대상과 주체를 동시에 담고 있는 장場의 동일성이다. 이 교실의 책상도 일주일 전의 그 책상이고 우리도 일주일 전의 우리라 해도, 이 공간(교실)이 일주일 동안에 에우클레이데스 공간구조에서 보야이Bolyai 공간구조로 바뀌었다고, 또 다음 주에는 프랙탈 공간구조로 바뀐다고 한다면, 그때마다 우리는 책상을 다르게 표상할 것이다. 그럴 때 안정된 표상은 성립되지 않는다. 시간적 맥락에서도 마찬가지이다. 내 의식의 시간과 책상의 시간을 포괄하는 보편적인 시간 구조가 마구 바뀐다면, 책상에 대한 표상도 혼란스러워질 것이다. "나는 어제 호떡을 먹을 것이다"라는 표현도 성립할 것이다. 흔히 말하듯이 우주가 시공간 연속체라면, 모든 표상은 이 연속체의 안정성을 전제한다고 해야 한다.

요컨대 모든 안정된 표상은 이 세 가지 동일성, 즉 대상의 동일성, 주체의 동일성, 주객이 그에 속해 있는 장의 동일성을 전제한다. 그래서 지시 이론은 생성의 의미를 포착하지 못한다. A가 B가 될 때, A는 포착할 수 있고 B도 포착할 수 있으나, A가 B로 되는 생성 자체는 지시할 수가 없다. 한 나뭇잎의 푸른 상태 또는 붉은 상태는 지시할 수 있지만, 푸른 색깔에서 붉은 색깔로 되는 운동 그 자체는 지시할 수 없는 것이다. 사건이란 기본적으로 지시할 수 없는 무엇이다. 그렇기 때문에 전통적인 사유는 운동을 적절히 사유할 수가 없었다. 전통적인 의미에서 사유의 기본적인 목적은 곧 이 세계의 본질이나 법칙을 드러내는 것이었다. 그런데 그렇게 하려면 그 대상이 무엇이든지 일단 그것이 동일성을 유지해야 한다. 주체가 변하는 경우나 장이 변하는 경우도 마찬가지이다.

그래서 고전적인 철학들에서 가장 어려운 것으로 간주되어 온 것이 시간이다. 공간은 비교적 다루기 쉽다. 우리는 사물을 공간화함으로써 그 사물을 지배할 수 있고 장악할 수 있다. 그러나 시간을 거꾸로 돌려서 사건들을 일렬횡대로 세우지 않는 한 일정한 시간 동안의 변화를 한꺼번에 포착할 수는 없다. 시간이 흐르면 사물은 변하고, 우리가 눈앞에서 다시 그 변화를 표상하는 것은 불가능하게 된다. 어떤 방법이 있을까? 여러 가지 기억 장치들을 사용하면 된다. 가장 원초적인 장치인 우리의 기억력에 의존하든, 그림, 글, 사진, 녹음테이프, 영상 등을 이용하든 기억을 해놓는다. 그리고 그렇게 기억된 내용을 공간 안에 재생해 병치시키는 것이다. 이런 작업들 중 하나가 '그래프'라는 것이다. 인간이 사물을 공간화하는 가장 정교한 장치들 중 하나가 그래프이다. 그래프를 그릴 경우 본래 시간적으로 전개되었던 사건들이 우리 눈앞의 공간에 한꺼번에 펼쳐진다. 우리가 체험할 때에는 시간에 따라 흘러가 버리는 변화들이 그래프상에는 다시 한꺼번에 나란히 서게 되고, 우리는 한눈에 그것을 본다.[6] 물리학 책이나 경제학 책을 펴 보면 알겠지만, 그런 책들이 온통 그래프로 가득 차 있다는 것을 확인할 수 있다. 결국 세계의 운동을 공간화하는 것이 '과학적 사고'의 핵심이다. 물리학 논문들이나 경제학 논문들에 숱하게 등장하는 '그래프들'이야말로 **표상하는 존재로서의 인간**을 두드러지게 보여 준다.

그러나 시간은 이와 달리 생성, 변화이고 나아가 창조를 함축한다. 지금 말한 그래프 그리기 작업은 지시 이론을 전제하지 않으면 불가능한 것이고, 그래서 지시 이론에 근거할 수밖에 없는 그래프 작업은 시간에 일정 정도의 폭력을 가할 수밖에 없다. 요컨대 엄밀히 말해 사건이란 지시의 대상이 아니다. 사건은 동일성을 내포하지 않는 것이며, 개별화할 수 없는 것이다. 그것은 지시의 대상이 될 수 없다. 그

---

6) 이것을 베르그송을 따라 '동시적 병치'라 할 수 있다. '병치'(竝置=juxtaposition)는 동시성을 전제한다. 시간의 흐름 속에서는 병치가 불가능하며, 동시성을 통해 시간이 고정되었을 때에만 사물들이 나란히 놓이는 병치가 가능하기 때문이다. 때문에 베르그송은 과학의 핵심적인 원리들 중 하나가 '동시성'(simultanéité)에 있다고 보았고, 상대성 이론이 이 점을 잘 보여 준다고 생각한다. 베르그송이 '시간의 공간화'에 대한 비판으로부터 스스로의 사유를 시작하는 것은 이러한 맥락에서이다.

래서 지시 이론은 사건을 포용할 수 있는 이론이 아니다.

물론 이미 일어난 사건은 지시할 수 있다. 그것이 언어의 힘이고 언어는 이 힘을 통해서 예컨대 역사 서술의 도구가 될 수 있다. 그러나 이 지시는 추후적인 지시이고 사실상 계열화이다. 이미 일어난 사건들을 계열화하고 그 어디에선가 분절할 때 어떤 '하나의' 사건이 성립한다. 이 경우 하나의 사건을 가리키는 말(예컨대 동학혁명)은 이미 일어나 사물들과 사람들을 변화시킨 "그" 사건을 지시하지만, 그 지시는 더 이상 우리가 앞에 있는 사물을 지시할 때와 같은 지시는 아니며 사건의 효과들에 대한 추후적인 지시에 불과하다.

두번째 의미론은 현상학에 기반한 의미론이다. 현상학적 의미론은 지시 이론과 성격이 다른 의미론이다. 예컨대 '물'이라는 말의 의미가 물 자체에 있을까? 이 자연적 대상 자체가 의미인가? 아니면 "물"과 물의 지시 관계가 의미인가? 현상학은 '물'이라는 말의 의미가 물이라는 것 또는 '물'과 물의 관계라는 것은 만족스럽지 못한 생각이라고 본다. 물론 지시작용이 의미 형성의 기본적인 요소임에는 틀림없지만, 그것이 의미라는 존재를 보다 적절하게 보여 주지는 못한다는 생각인 것이다. 의미란 사물이나 관계가 아니라 그 사물, 관계가 뜻하는 그 무엇이다. 그런데 이 '뜻함'이라는 것이 인간의 의식이나 주체(또는 영혼, 정신, 마음)라는, 뜻함이라는 것을 성립하게 해주는 어떤 존재를 전제하지 않고서 성립할 수 있을까? 이렇게 이 존재를 의식으로 보고 의미를 의식과 상관적인 것으로 보는 입장이 현상학적 입장이다. 의미라는 것은 어떤 사물, 대상, 관계가 아니라 인간이 그것들에게서 읽어내는 그 무엇이다. 다시 말해, 의미라는 것은 주체와 상관없는 객관적인 대상이 아니라 반드시 이 '주체'가 세계에서 읽어내는 무엇이라는 생각이다.

이렇게 보면 현상학은 서구의 전통적인 학문 개념과 정면으로 충돌한다. 전통적인 학문 개념에 따르면, 진리를 발견하려면 주관성을 벗어나 어떤 '객관적' 진리에 다가서야 한다. 따라서 학문을 하려면 가능한 한 주관성을 제거하는 것이 필수적이다. 그러나 현상학에 따르면 의미란 반드시 주체 상관적이고, 대상과 주체가 맞물려 있는 차원에서만 성립한다. 경험/체험의 차원에서만 의미라는 것이 의미가 있다는 것이다. 현상학이 왜 'Phänomenologie'일까를 생각해 보자. 전통적인 생각에 따르면 '현상'이란 의미가 없는 것이었다. 현상을 넘어서서 본질을 발견해야, 아니면 칸트처럼 현상이 주체의 범주에 의해 구성되어야 의미가 있는 것이었다. 그러나 현상학에 따르면 바로 현상現象 자체가 곧 어떤 의미를 함축한다. 우리에게 **드러나는** 의미를 탐구하는 것이 '현상-학'이다. 그래서 현상학적 사유는 과학적 사유와 대립한다.

과학이란 주체와 객체가 서로 얽혀 있는 현상의 차원 또는 체험의 차원으로부터 주관적인 것, 주체의 차원을 사상捨象하는 작업을 기초로 한다. 그런 과정이 바슐라르가 말하는 '인식론적 단절'이다. 주관성을 버리고 객관성을 찾는 것이 과학이다. 그렇지만 현상학은 주관과 객관이 맞물려 있는 경험의 차원에서 의미를 찾아내는 담론이다. 예컨대 물의 경우 과학에서의 물은 컵의 물이나, 화장실의 수돗물이나, 한강의 강물이나, 동해의 바닷물이나 다 일정한 화학적 본질을 통해서 이해된다. 하지만 우리는 대개 호수의 물을 보면 낭만을 느끼지만 화장실의 물에서는 그런 느낌을 가지기 힘들다. 또, 같은 바닷물이라 해도 동해의 바닷물과 서해의 바닷물은 느낌이 상당히 다르다. 이와 같이 체험의 차원에서 물은 다양한 의미로서 드러난다. 항상 주관과 객관이 만나는 차원에서 의미가 형성된다. 이 점에서 두 사유는 뚜렷이 대비된다.

물론 후설 전기의 선험적 현상학과 후기의 생활세계적 현상학 및 메를로-퐁티의 '살의 현상학'은 다르다. 전자는 의미를 탈물질적 본질의 차원으로 해석하지만, 후자는 신체를 통해서, '전前반성적 코기토'를 통해서 형성되는 차원으로 해석한다. 후설에게서 의미란 (경험적 의식에 대비되는) 노에시스(=순수 사유작용)와 맞물려 드러나는 노에마(=순수하게 사유된 것)이지만,[7] 메를로-퐁티에게 의미란 탈물질화된 순수 존재가 아니라 물질성과 정신성이 분명하게 분화하기 이전 차원, 살의 차원에서 맹아로서 이미 존재하는 것이다. 그것이 나중에 정신과 언어의 차원으로 추상되고 명료화된다. 그러나 기본적으로 현상학은 모든 의미가 주체에 의해 포착되고 구성되는 것으로 본다(물론 이때의 구성이 칸트에게서만큼 주체중심적이지는 않다). 현상학적 의미론은 일단 의미가 대상 자체 또는 말과 사물의 관계가 아니라 대상에게서 주체가 읽어내는 그 무엇이라는 생각, 의미란 '사물'이 아니라는 생각을 제시했다는 점에서 의의를 가진다.

---

7) 이 점에서 방금 예를 든 물의 느낌이라는 의미는 후설 전기 철학에 대해서는 좋은 예가 아니다. 후설에게서 의미란 경험적 차원에서 발생하는 주관적 느낌이 아니라 선험적 차원에서 발생하는 본질-의미이기 때문이다. 그러나 다른 곳에서 논한 바 있거니와, 후설의 이런 입장은 설득력을 가지기가 힘들다.

물론 현상학을 통해서 현상의 '본질'을 파악하고 그 본질이 과학이 말하는 본질보다 더 참된 본질이라고 하는 후설의 생각은 유지되기 힘들다. 그런 생각은 다분히 주관적이고 인간중심적인 생각이다.[8] 그러나 후기 현상학은 이와는 다른 맥락에서, 즉 우리의 일상적 삶을 이해하는 데 중요한 개념틀을 제시해 준다. 우리는 일상적 삶에서 호수의 물을 보면서 여러 가지 느낌을 가질 뿐 'H_2O'를 생각하지는 않는다. 또 귀여운 아기를 보면서 누가 아기가 몇 개의 세포로 이루어졌다느니, 어떤 호르몬 작용으로 움직인다느니 생각하겠는가. 대부분의 자연과학자들도 평소에는 그렇게 생각하지 않을 것이고, 전통적인 형이상학적 범주들을 동원해서 생각하는 사람들 역시 드물 것이다. 요컨대 우리는 일상을 살아갈 때 현상학적으로 살아가지 자연과학적으로 또는 형이상학적으로 살아가지 않는다. 본질의 차원은 과학자들이나 철학자들의 관심사이지 일상인의 관심사는 아니다. 학자들은 본질의 추구에 집착하는 와중에서 자신이 늘 살아가고 있는 그 차원을 망각해 버리는 것이다. 현상학은 이 일상의 세계, '생활세계'를 되찾고자 한다.

---

8) 후설의 주체주의와 과학적 객관주의는 서로 대립하는 듯이 보이지만 그 근본에서는 동일한 오류를 범하고 있다. 존재의 어떤 면(面)일 뿐인 것을 실재화(實在化)하는 오류이다. 특정한 개별 과학의 성과를 함부로 일반화하면서 철학연(哲學然)하는 담론들——사이비 존재론들——도 실재화의 오류를 범하고 있기는 마찬가지인 것이다. 일정한 개념, 원리, 논리, 방법, 선택,…… 등을 전제할 수밖에 없는 한 모든 인식들은 근본적으로 **상대적이다**. 진정한 객관성은 그 상대적인 **존재면(存在面)**들 사이에서 **분명한 관계들을 발견해냄으로써** 조금씩 다가설 수 있는 지평이다. 그러나 사실 그런 관계를 발견하는 경우는 매우 드물다. 한편으로 상대주의적 신중함을 유지하면서도 다른 한편으로 '세계의 모든 얼굴'에 다가서려 노력하는 것이 진정한 사유인의 미덕이다.

이 생활세계 현상학은 현대 사상의 매우 큰 공헌들 중 하나에 속한다. 그러나 이 현세계現世界를 '실재'로 강변할 때 또다시 존재론적 오류가 도래한다. 우리에게 현세계가 소중하다면 그것은 이 차원이 학문적으로/객관적으로 더 참되기 때문이 아니라 어디까지나 우리에게는, 우리의 현실적 삶이 중요하기 때문이다. 우리의 인생은 주관적인 것이지 객관적인 것이 아니고, 우리는 편견과 감정과 주관을 가지고서 살아간다. 이 점에서 현상학이 결국 실존주의로 흘러간 것은 어느 정도 필연적인 것이었다 하겠다. 후기 현상학자들은 '대상의 구성'이라는 초기 인식론의 탐구와 인간의 욕망, 신념 등에 대한 탐구가 결합된 담론들을 펼치게 된다.

들뢰즈는 이렇게 주체가 자신의 의식을 통해서 대상을 구성함으로써 스스로의 욕망이나 신념을 드러내는 과정을 'manifestation'이라 부른다. 이 말은 주체의 '현시작용'이라 번역할 수 있다. 조심할 것은 일반적으로는 이런 행위를 '표현'이라 부른다는 점이다. 그러나 들뢰즈는 이 '표현'이라는 말은 자신의 의미론을 위해 남겨 놓고, 현상학에 대해서는 '현시작용'이라는 말을 쓴다. 그런데 그에 따르면, 이 현상학적 입장도 사건을 제대로 이해시켜 주지 못한다. 현상학이란 대상과 주체의 맞물림에서 출발하며, 주체에 의한 의미-본질의 구성이라는 틀을 제시한다. 그러나 사건이란 주체에 의해 구성되는 것도 아니고 일종의 본질도 아니다. 그것은 말 그대로 세계 내로의 **생성/나타남 그 자체**이다. 주체에 의해 의미가 구성되는 것이나 본질로서의 의미가 포착되는 것은 그후의 문제이다.[9]

들뢰즈는 주체가 의미를 구성하는 것은 아니라고 본다. 의미 구성 자체를 부정하는 것은 아니다. 그 과정 이전의(시간적 이전이 아니라 존재론적 이전) 차원에 주목하는 것이다. 그것은 바로 주체 이전에 존재하는 잠재적 사건들의 장이다. 이 장은 뒤에서 논할 '전개체적-비인칭적 장'이다. 물론 말년의 메를로-퐁티는 현상학적 장이 아니라 그 장 아래에서 그 장을 떠받치고 있는 더 근원적인=존재론적인 장으로 내려간다. 거기에서 주객 분리 이전의 살의 차원, 주름의 차원, '표현'의 차원을 발견한다. 이 점에서 메를로-퐁티는 현상학을 넘어 존재론으로 나아간다. 그러나 메를로-퐁티가 발견한 그 장은 여전히 주체가 녹아 있는, 주객을 함께 융합하고 있는 장이다. 즉, 메를로-퐁티의 존재론에는 여전히 주체가 녹아 있다. '살'이라는 표현이 이 점을 시사한다. 그러나 들뢰즈에게 주체는 전개체적-비인칭적 장 이후의 문제이다.[10]

요컨대 의미란 주체 이전에 존재하는 장에서 일차적으로 성립한다. 그리고 그 장과 관련해서 주체가 성립한다. 이 점에서 들뢰즈는 현

---

9) 메를로-퐁티의 의미론은 얼핏 들뢰즈의 그것과 상통하는 듯이 보이기도 한다. 그러나 이 점에 관해서는 푸코의 언급을 참조하는 것이 좋을 듯하다. "『의미의 논리』는 『지각의 현상학』에서 가장 멀리 떨어져 있는 저작이라고 할 수 있다. 『지각의 현상학』에서 신체-유기체는 원초적인 의미작용들의 그물을 통해 세계와 연결된다. 그리고 이 원초적 의미작용들은 사물들에 대한 지각으로부터 발생한다. 그러나 들뢰즈에게 의미작용들은 물체들의 투과 불가능하고[두께가 없으므로] 비-물체적인 표면에서 발생하는 환각(phantasme=simulacre)으로부터 발생한다. 그리고 위상학적이기도 하고 [아르토의 말처럼] 잔혹하기도 한 이런 과정을 통해서, 스스로를 중심에 위치한 유기체로서 오인하면서 자신의 외곽(바깥 테두리)에 사물들의 점차 멀어지는 거리들을 분배하는 무엇[메를로-퐁티적인 주체]인가가 형성된다."(「철학 극장」)

10) 물론 들뢰즈의 장은 단적인 탈-주체적 장이 아니라 생명의 장이기에, 주체의 장과 단절적이라고는 할 수 없다. (현대 생명과학과 연계해서) 생명의 장을 충분히 이해하고서 다시 주체의 장으로 올라온다면, 들뢰즈와 메를로-퐁티를 연결시킬 가능성도 존재한다.

상학적 의미론이 사건 차원까지 내려가지 못한 의미론이라고 보는 것이다. 그런데 전개체적-비인칭적 장 개념을 통해서 의미를 파악한 것은 구조주의이다(물론 구조주의와 들뢰즈 각각의 경우 이 장의 성격은 판이하지만. 전자는 순수 수학적 구조인 반면, 후자의 경우는 생명의 장이다). 그래서 이제 우리는 구조주의 의미론으로 가 보아야 한다.

주체철학의 의미론을 비판하고 나온 입장이 바로 구조주의 의미론이다. 구조주의 의미론이 현상학을 비판하는 이유에는 여러 가지가 있다. 그러나 가장 핵심적인 것은 주체의 모든 생각이나 느낌이나 행위가 주체 이전에 존재하는 장, 주체에 앞서 존재하는 구조 안에서 이루어진다는 생각이다. 개체는 장에 의해 지배를 받는다는 것이다. 개체와 주체=인칭 사이에 존재하는 장 개념을 제시한 것이 구조주의의 성과이다. 근대 철학은 세계(대상, 사물,……)와 주체(영혼, 의식, 마음,……)의 이분법 구도를 전제하고서 진행되었다. 구조주의는 제3의 차원을 발견했다. 말하는 주체와 말을 넘어 랑그를, 밥 먹는 주체와 밥을 넘어 식사법을, 담론의 주체와 담론의 대상을 넘어 담론화의 양태, '사유문법'을,…… 발견한 것이다. 이 제3의 차원이 '체계'(소쉬르), '구조'(레비-스트로스, 알튀세르), '상징계'(라캉), '에피스테메'(푸코), '아비투스'(부르디외),…… 등으로 표현된다. 이런 개념들이 모두 장 개념의 변종들이라고 할 수 있다. 주체와 대상은 바로 이 보이지 않는, 무의식적인 장을 통과해서 관계를 맺는다. '구조주의적 사유양식'은 그 포괄하는 범위가 매우 넓고 또 모호하지만, 가장 근본적인 성격은 사물과 주체 이전의 제3의 차원인 어떤 **장**을 사유한다는 점에 있다.

예컨대 우리가 밥을 먹을 때 밥 먹는 규칙성은 이미 주어져 있다.

우리는 자기도 모르게 즉 무의식적으로 그 규칙에 따라 밥을 먹는다. 예컨대 동북아 식사법은 "한 상 가득 차려 내오는" 공시적 식사법이지만, 서구 식사법은 '에피타이저'부터 '디저트'까지 순서대로 나오는 통시적 식사법이다. 또 똑같은 사과와 똑같은 주체라 해도, 그 대상과 주체가 경제학 시간에, 생물학 시간에, 미술 시간에,…… 맺는 관계는 다르다. 생물학 시간에 사과를 "검다"고 하면 혼이 나겠지만, 미술 시간에 검게 그리면 칭찬을 받을 수도 있다. 왜일까? 주체와 대상은 그대로이지만, 그 사이에 존재하는 제3의 차원 즉 에피스테메가 바뀌기 때문이다. x가 1, 2, 3,……일 때 y는 2, 5, 10,……과 같이 변하는 수학적 상황이 있을 때, 특정한 x와 y가 있기 이전에 이미 '$y = x^2 + 1$'이라는 어떤 구조가 존재한다고 할 수 있다. 주체는 이렇게 주체 이전에 존재하는 어떤 객관적인 장의 지배를 받는다는 것, 인간/주체는 그 장의 한 위치, 한 자리를 차지하는 존재라는 것, 그래서 우리가 주체에 부여하는 것들이 사실은 그 위치, 자리의 효과일 뿐이라는 것이 구조주의 사유의 기본이다.

그렇다면 구조란 구체적으로 무엇일까. 구조란 일정한 요소들(사물들이 아니라 논리적 요소들, 또는 위치들=자리들)로 구성된 장이다. 예컨대 세 부족의 토템이 각각 존재하고 그것들이 일정한 관계를 형성한다면, 그것이 하나의 구조가 된다. 이 경우에는 세 개의 요소가 구조를 형성하고 있다. 그렇다면 의미란 무엇인가. 의미란 그 구조를 이루고 있는 요소들 사이의 '관계들'을 통해서 형성된다. 요소들 사이의 조합 방식이 의미를 낳는다. 바꾸어 말하면, 요소들 사이의 '차이들'이 형성하는 관계, 또 요소들의 '계열화'가 생산하는 것의 의미이다. 세

부족의 토템이 각각 곰, 거북, 독수리라고 할 때,[11] 곰 자체에, 거북 자체에, 독수리 자체에 의미가 있는 것이 아니다. 곰을 토템으로 하는 부족이라고 해서 미련한 것이 아니다. 거북과 곰, 곰과 독수리, 독수리와 거북 사이에 형성되는 추상적 관계가 구조이며, 그것이 곧 의미의 토대인 것이다. 각 토템의 의미는 그 토템 자체에 내장되어 있는 것이 아니라(우리는 흔히 의미라는 것이 어떤 사물이나 말에 '들어 있다'고 생각하곤 한다), 비로 각 토템이 전체 구조에서 차지하는 위치=자리에서 발생한다. 좀더 복잡한 경우에는 여러 요소들의 계열화, 더 나아가 여러 계열들이 형성하는 장이 의미를 만들어낸다. 이런 관계들의 체계를 통해 생겨나는 것이 의미이다.

그래서 내재적 의미란 존재하지 않는다. 지금 이 책상은 갈색이고, 딱딱하고, 나무로 되어 있고, 촉감이 매끄럽고, 교실의 맨 앞줄에 있다. 이런 것들이 이 책상의 '성질들'이다. 그러나 마지막의 성질은 다른 성질들과 그 성격이 다르다. 그 책상을 교실의 맨 뒷줄로 옮겼을 때, 다른 성질들은 변하지 않지만 마지막 성질은 변하기 때문이다. 다른 성질들은 책상의 내재적 성질들이지만, 마지막 성실은 책상의 구조적 성질이다. 구조주의에서 중요한 것이 한 사물/요소의 실질적 성질들이 아니라 '위치', '자리'인 것은 이 때문이다. 요소들은 장 전체에서 그것들이 차지하는 위치에 따라 의미를 가지게 된다. 단순한 예로, '중령'이라는 말에는 내재적 의미가 없다(예컨대 그가 남자일 수도 있고 여자일 수도 있으며, 진정으로 용감한 군인일 수도 있고 겉으로 그런

---

11) 이 예는 레비-스트로스, 『야생의 사고』(안정남 옮김, 한길사, 1996), 131쪽 이하에 나온다.

척만 하는 군인일 수도 있다). '중령'이라는 말은 '소령'과 '대령' 사이에
존재한다는 사실에 의해 의미를 부여받는 것이다.

소쉬르는 이런 성격을 '차이'라는 개념으로 포착한다. 구조주의
와 관련된 저작들을 읽어 보면 "차이들의 놀이"jeu des différences라든
가 "변별화"différentiation 같은 말들을 자주 만날 수 있다.[12] 이 말들이

---

12) '타자'(l'autre)라는 말도 그렇거니와, '차이'라는 말은 현대 사유에서 매우 다채롭게 사용
되고 있기 때문에 주의를 요한다. 구조주의와 들뢰즈의 차이만을 지적하자(지금 이 문장
에서의 '차이'는 A와 B라는 두 **동일성들** 사이의 차이를 말한다. 이 용법이 가장 일반적인 용법
이거니와, 현대 사상은 이런 의미에서의 차이 개념을 넘어서고자 한다). 구조주의에서의 '차
이'는 한 '체계'(소쉬르는 '구조'보다는 이 말을 많이 사용했다)를 구성하는 요소들 사이에
서의 차이들을 뜻한다. 좀더 추상적인 예로서 레비-스트로스가 말하는 '구조'(또는 '일람
표')를 구성하는 논리적 '소'(素)들 사이에서의 차이들을 뜻한다. 이 여러 차이들이 구성
하는 '관계들의 체계' 그리고 이 체계의 작동을 '차이들의 놀이'라 한다(여기서 "놀이"란
축구나 배구 등을 연상하면 좋다. 누군가가 축구공, 배구공을 가만히 들고 있으면 놀이가 성립
하지 않는다. 공이 사람들 사이를 돌아다녀야, 즉 요소들 사이사이에서 **차이를 만들면서 돌아다**
녀야 '놀이'가 성립한다). 그리고 이런 차이들이 행하는 기능을 '변별적'(辨別的)이라 한다.
들뢰즈는 체계의 논리가 아니라 계열(série)의 논리를 구사한다. 따라서 들뢰즈가 그리
는 선험적 지평은 일정한 체계/구조가 아니라 계열들의 얼기설기한 장(=디아그람)이다
(그리고 '요소들' 중에서 특별한 요소들을 가리키는 '특이성들'이라는 개념이 도입된다). 그래
서 들뢰즈의 '차이'는 (요소들 사이의 차이라는 의미만이 아니라) 일정한 전체(열린 전체)
에 어떤 새로운 요소가 도래하면서 생기는 차이이다. 다시 말해, 들뢰즈의 '차이'는 **연속**
적 변이(continuous variation)가 새로운 다질성(heterogeneity)을 만들어내는, 새로운
창조를 도래시키는 과정에서 발생하는 근본적 차이이다. 이는 베르그송의 '지속' 개념을
이어받은 것으로 볼 수 있다. 따라서 구조주의에서 '변별적'으로 번역되는 'differential'
이라는 말의 뉘앙스도 달라진다. 둘 또는 여럿 사이에서의 차이의 기능이나 체계 내에서
의 차이들의 기능을 뜻하기보다는 새로운 **차이들이 생성하는** 것을 뜻하는 것이다. 이 말
의 수학적 의미 즉 '미분적'(微分的)이라는 의미가 들뢰즈 사유에서 매우 중요한 역할을
하는 것은 이런 맥락에서이다. 새롭게 도래하는, 그리고 계속 도래되는 차이는 바로 무
한소미분에서의 '*dx*'에 다름 아니기 때문이다(따라서 구조주의의 수학이 '일반 대수학'이
라면, 들뢰즈의 수학은 베르그송에서와 마찬가지로 무한소미분이다). 그래서 들뢰즈에게서
'differential'이라는 말은 대개 '미분적'의 의미로 사용되며, (수학적 뉘앙스보다) 좀더 포
괄적인 용어를 쓴다면 '차이생성적' 또는 간단히 '차생적'(差生的)으로 번역할 수 있다.

함축하듯이, '의미'는 a, b, c, d,…… 각각에 있는 것이 아니라 그것들의 관계, 차이, 조합, 계열화 등을 통해 이루어진다. 그래서 의미는 주체가 만들어내는 것이 아니다. 오히려 주체는 이미 존재하는 일정한 구조 내의 어느 자리/위치에 있느냐에 의해 의미를 부여받게 된다. 레비-스트로스가 말했듯이, "의미는 언제나 그것들 자체로서는 의미를 가지지 않는 요소들의 조합으로부터 생겨나는 것"이다.[13]

그런데 들뢰즈가 보기에 이런 식의 의미론은 순환론에 빠진다. A가 뭐냐고 물으면 B, C, D,……와의 차이로 설명하고, B가 뭐냐고 물으면 A, C, D,……와의 차이로 설명하면서 계속 빙빙 돌게 되는 것이다. 기호와 기호가 서로를 맞물면서 순환하게 된다. 그래서 기호들의 체계를 벗어나지 못하게 된다. 하지만 의미라는 것이 언어적 차원에서만 성립한다는 것은 받아들이기 힘든 생각이 아닐까? 의미란 사물, 주체, 기호 삼자 사이의 역동적 관계에서 나오는 것이지, 어떻게 기호 자체가, 더 정확히 말해 기호들 사이의 차이들의 놀이가 의미의 유일한 근원이 될 수 있겠는가? 이런 순환적 구조로써는 진정한 의미에서의 사건의 생성/솟아오름은 사유할 수가 없다. 이 점에서 구조주의 의미

---

13) 바둑에서 이 논리의 형상화를 볼 수 있다. 상기에는 말 하나하나의 의미=기능이 정해져 있다. '馬', '象',…… 등은 그것들이 갈 수 있는 길을 내포하고 있다. 장기판에는 눈에 보이지는 않지만 일정한 홈들이 파여 있다. 그러나 바둑알 하나하나에는 아무런 의미도 없다. 그것들은 바둑판에 놓이는 위치/자리에 의해서만 의미를 획득하며, 또 다른 알들과의 차이 ── 차이들의 계열화와 계열들의 디아그람 ── 를 형성함으로써만 의미를 획득한다. 정치적으로 말해, 장기가 위계화된, 실체화된 자리들의 체계 ── 성리학에서의 분(分) ── 와 그 고정된 기능을 통해 움직인다면, 바둑은 익명의 다중들의 연대를 통해 움직인다.

론 역시 한계를 가진다.

결국 의미가 오로지 기호들만의 차원에서 성립하는 것이 아니라 기호들 '바깥'의 그 무엇인가를 요구한다고 인정할 수밖에 없다. 그러나 구조주의는 주체와 대상을 모두 기호들의 체계로 흡수해 이해하는 사유이고, 따라서 결국 기호만이 남게 된다. 이른바 범(汎)언어주의, 범기호주의에 빠지게 되는 것이다.[14] 그래서 리쾨르는 구조주의를 비판하면서 두 가지를 다시 찾아야 한다고 말한다. 하나는 "누가?"라는 물음이고, 또 하나는 "무엇?"이라는 물음이다. 구조주의는 세계와 주체를 기호체계로 다 흡수해 버리며, 그래서 납작한, 수평적인 장 속으로 모든 것을 환원시키는 사유라는 것이다. 이런 기호중심주의 —— 더 정

---

14) 이런 생각에 기반해 문화에 대한 사유를 극단으로 몰고 가는 한 예로 다음을 보라. 마루야마 게이자부로, 『존재와 언어』, 고동호 옮김, 민음사, 2002. 이른바 "포스트모더니즘"은 대체적으로 기호중심주의의 형태를 띤다. 이에 반해 들뢰즈 등의 철학자들은 유물론적(더 적절히 말해 실재론적) 사유를 전개함으로써 이 사조와 대립하며, 더 넓게 말해 현대 사상의 '언어적 전회' 전반에 대항한다.

기호들의 체계 즉 '상징적인 것' 아래에서 '실재적인 것'(le réel)을 찾아낸 것은 후기구조주의 일반의 성과라 할 수 있다. 이 실재적인 것 즉 "세계"는 상징적인 것을 넘어서는 초월적인 그 무엇이 아니다. 그것은 상징계가 포획하려는 바로 그것이다. 그러나 다시 찾은 세계는 더 이상 상징계에 의해 포획되기 이전의 세계는 아니다. 오히려 그 세계는 상징계의 작동이 장애에 부딪힐 때 드러나는 잠재성이다. 상징계에 구멍을 내거나 그것을 찢거나 하는 등 그 작동에 문제를 일으키는 것, 그것은 상징계의 포획의 한계 아래에 존재하는 잠재성이다. 이 잠재성이 예컨대 라캉적인 욕동의 차원인지 반대로 들뢰즈·가타리적인 욕망의 차원인지 등등은 그 다음 문제이다(조심할 것은 들뢰즈·가타리의 욕망에 대응하는 것은 라캉의 욕망이 아니라 욕동이라는 점이다). 이 차원을 상징계와 단적으로 구분되는 것으로 파악하는 것은 그것을 칸트의 물자체처럼 생각하는 것이다. 그러한 실재적인 것(라캉의 '실재계', 푸코의 '신체적 실천', 들뢰즈의 '잠재적인 것' 등등)은 상징적인 것과 맞물려 있으며 상징적인 것을 변화시키는 실질적 힘으로서 존재한다. '실재적인 것'이 존재론적 함축만이 아니라 윤리-정치적 함축을 띠게 되는 것은 이 때문이다.

확히 말해 기표중심주의(지금까지 설명한 방식으로 작동하는 기호가 '기표'이다) ——를 벗어나려면 기호 바깥, 언어 바깥에의 '지시'가 있어야 하는 것이다.

그런데 이렇게 이야기하고 보니까 우리가 논의의 고리를 한 바퀴 빙 돈 결과가 된다. 지시작용의 한계를 지적하면서 현시작용으로 갔고, 현시작용의 한계를 지적하면서 기호작용으로 갔으나, 결국 기호작용의 한계를 지적하면서 지시작용으로 돌아오게 된 것이다. 그래서 세 가지 의미론이 순환의 고리를 형성하게 된다. 그렇다면 도대체 의미를 어디에서 찾아야 하는가? 그것은 이 세 차원 이전의 제4의 차원이다. 이 차원은 어떤 차원일까?

§2. 언표로 표현되는 순수사건

의미란 사건과 결부시켜 이해해야 할 무엇이다. 왜인가? 우리가 행하는 모든 문화적 활동은 의미를 전제한다. 의미를 전제함으로써 우리의 행위는 물리적 변화가 아니라 문화적 활동이 된다. 누가 칠판에 '금강산'이라고 썼을 때, 의미를 전제하지 않으면 이 '금강산'은 녹색의 나무판때기에 흰 분필 가루가 묻어 있는 것일 뿐이다. 의미를 전제하지 않는다면, 길거리의 정지 신호등은 그저 빨간빛을 내는 유리일 뿐이다. 의미라는 것을 전제할 때 문화가 성립한다. 즉, 의미는 모든 문화의 **선험적 조건**transcendental condition이다. 그렇다면 의미는 문화의 가장 아래 층위, 아니 더 정확히 말해 문화로부터 문화 이전의 차원으로 내려가는 바로 그 **경계선에 존재하는 것**이어야 하지 않을까?

　반대 방향으로 말해서, 문화란 인간이 자연으로부터 벗어나면서 시작되는 것이다. 그리고 그 벗어남이 이루어지는 지평이 문화의 선험적 조건이다. 그렇다면 의미란 바로 자연으로부터 문화로 넘어가는 바로 그 경계선/지평에 존재하는 것이라고 할 수 있지 않을까. 우리는 지금 반대 방향에서 같은 이야기를 한 것이다. 의미란 바로 자연과 문화가 접하는 바로 그 접면接面, 그 표면에서 발생하는 것이다. 들뢰즈는 이 표면을 '형이상학적 표면'이라고 부른다. 그런데 이 형이상학적 표면에서 발생하는 것이 무엇인가? 지금까지 논해 왔듯이 바로 사건이다. 그렇다면 이제 왜 사건이 의미와 연관되는지 알 수 있다.

　그러면 들뢰즈는 의미 개념을 어떻게 정식화하는가. 결론부터 말하고 나서 그것을 설명하는 방식을 취하자. 의미란 **명제로 표현되는 순수사건**이다. 이 말을 이해하면 들뢰즈의 의미론을 이해할 수 있다.

　이 정의에서 우선 '사건' 개념을 보자. 들뢰즈에게 의미란 표면효과로서의 사건이다. 더 정확히 말해, 사건과 동시에 그것에 붙어서 발생하는/현실화되는 무엇이다. 의미란 사물들이 운동할 때 그 표면에서 발생하는 하나의 효과이다. 즉, 일종의 부대물attribut이다. 조심할 것은 원래 'attribut'라는 말이 꼭 이런 용법으로 사용되는 것은 아니라는 점이다. 이 말은 라이프니츠에서는 '빈위'라는 뜻으로, 스피노자에서는 '속성'이라는 뜻으로 사용된다. 모나드의 요소들이 빈위들이거니와 이 빈위들을 사건들로 해석할 때 라이프니츠와 들뢰즈가 만나게 되고, 또 실체의 측면들이 속성들이거니와 이 속성들을 동시적으로 표현되는 것으로 볼 때 스피노자와 들뢰즈가 만나게 된다.[15] 그러나 여기에서는 이 말을 스토아적 맥락에서 이해할 필요가 있다. 즉, 물체들=

실체들에 부대하는 '비물체적인 것'이 바로 사건/부대물인 것이다.

나폴레옹의 머리에 왕관이 얹히는 경우를 생각해 보자. 이것은 우선 물체적 운동이다. 왕관이라는 금속과 나폴레옹의 머리가 서로 닿는 것은 물체적 운동, 공간적 운동이다. 그런데 이 운동의 표면에서 의미가 발생한다. 이 표면이란 방금 말한 존재의 차원에서 의미의 차원으로 넘어가는 그 표면이다. 그 물질적 운동의 표면, 이 표면에서 발생하는 부대물이 바로 의미인 것이다. 그래서 우리는 나폴레옹의 머리에 왕관이 닿는 그 순간의 **사건**을 가지고 곧 "나폴레옹이 황제가 되었다"라든가 "유럽의 정치적 질서가 재편되었다"고 말한다. 바로 그런 **의미**가 발생한 것이다. 사건이 발생할 때 의미 역시 발생한다. 사건이 바로 의미이다(그러나 다음 강의에서 이야기하겠지만, 사건과 의미가 즉각적으로 같은 것은 아니다). 더 정확히 말해, 사건-의미 **이중체**가 발생하는 것이다.

어떤 반정부 인사가 공사판 아래를 지나가다가 건물 위에서 떨어

---

15) 스피노자에게서 물질의 차원(res extensa)과 정신의 차원(res cogitans)은 동시적으로 표현된다(『에티카』, II, prop. 7). 물론 모든 속성들이 동시에 표현되며, 따라서 스피노자는 유물론이나 유심론과는 달리 '物'과 '心'을 실체가 아닌 속성-실체들로 보는 것이다. 들뢰즈에게서 물질의 운동은 사건을 발생시키고 사건은 의미를 동반한다. 더 정확히 말해, 사건이 문화의 차원으로 발생할 때 의미가 동반된다. 사건이 의미를 발생시키는 것이 아니다. 사건이 형이상학적 표면에서 발생함으로써 의미가 성립하는 것이다. 이렇게 보면, 들뢰즈의 구도는 스피노자와 미묘하게 다르면서도 기본적으로는 일치한다. 들뢰즈에게 'attribut'는 물질적 변화에 함께 동반되는 사건-의미의 차원인 것이다. 따라서 들뢰즈는 단순한 유물론자가 아니며, 'attribut'는 그 자체의 독자적 차원을 형성한다. 더 나아가, 그는 'attribut'의 차원이 물질의 변화에 동반될 뿐만 아니라 때로는 물질적 운동에 삽입됨으로써 '비물체적 변환'을 일으킨다는 점을 강조하기도 한다.

<그림 4> 언표와 물체 사이에 위치하는 의미-사건

진 벽돌에 어깨를 맞았다고 하자. 이것은 일단 물리적 운동이다. 벽돌이라는 물체의 입자들과 이 사람의 세포들이 부딪친 물리적 운동이다. 하지만 그 사건과 더불어 바로 거기에서 "반정부 인사 A씨가 피격당했다", "시민 항쟁의 새로운 불씨가 마련되었다", "불온한 세력들이 사회 불안을 야기하고 있다" 등등의 의미가 발생한다. 바로 이렇게 사건과 의미는 함께 발생한다. 그것은 바로 사건이 자연과 문화가 만나는 접면에서 발생하는 것이기 때문이다. 그래서 의미라는 것은 기호들의 놀이도 아니고, 주체에 의해 구성되는 것도 아니고, 그렇다고 지시대상이나 지시 그 자체도 아니다. 이 세계가 운동하면서 배출하는 사건과 더불어 발생하며, 바로 그 발생을 통해 문화의 가능성을 탄생시키는 그런 두 얼굴을 가진 존재가 의미이다(그림 4).

그렇다고 들뢰즈가 지시 이론이나 현시 이론, 기호 이론을 부정하는 것은 아니다. 들뢰즈는 기존의 세 이론을 부정하기보다는 더 근원적인 차원을 발견해 그것으로써 세 이론의 한계를 '비판'하면서 동시에 '정초'해 주려 하는 것이다. 마치 통계역학이 열역학을 부정하는 것이 아니라 보다 근본적인 차원에서 비판적으로 정초해 주는 것과 같다. 이런 작업을 바슐라르는 '포괄하기'enveloppement라고 부른다. 들뢰즈가 구사하는 철학함의 방식은 늘 이전 이론들 전체를 아우르면서 넘어설 수 있는 보다 넓고 깊은 차원을 발견하는 것이다. 들뢰즈의 저작들 전체가 그런 성격을 띠고 있다고 볼 수 있다.

그런데 사건이 곧 의미라는 생각은 우리를 당혹스럽게 만들 수도 있다. 사실 하나의 단독적인 사건은 무의미이자 의미이다. 그 단독으로는 무의미이지만, 형이상학적 표면 즉 잠재적 사건-의미들의 장에 편입된 한에서는 잠재적 의미이다. 사건 그 자체는 자연적 생성이지만, 그 자연적 생성이 형이상학적 표면에서 발생한 한에서 의미로서 생성한다. 달리 말해, 사건은 물체의 운동에 부대하지만s'attribuer à —— 'attribut'라는 말은 이 숙어와 연관된다 —— 발생하는 동시에 형이상학적 표면의 한 요소로서 존재한다. 그리고 그런 한에서 의미이다. 반정부 인사가 당한 사건 자체는 무의미이지만, 그 사건이 형이상학적 표면(잠재적 사건-의미들의 장)에서 일어나는 한에서, 나아가 문화세계 즉 이미 조직되어 있는 사건-의미들의 장에 편입되는 한에서는 의미인 것이다.[16] 이 문제는 다음 강의에서 '계열화'를 논하면서 분

---

16) 이것은 표면과 심층의 관계를 생각해 보면 보다 분명해진다. 우리는 한 사람의 표면에서 사건들을 보며, 그 몸 안에서 발생하는 사건들은 보지 못한다. 그러나 그 사람의 몸 안에서도 무한한 사건들이 발생하고 있다. 만일 어떤 생물학자가 독창적인 기구를 사용해 한 사람의 몸을 들여다본다면, 그때까지 '심층'에 속했던 즉 '물질'의 차원이었던 층위가 이제 표면으로 화한다. 그리고 그 표면에서 생물학자에게 관찰되는 사건들은 이제 또 다른 의미의 장(생물학적 이론의 장)으로 편입되어 이해와 해석의 대상이 된다. 다시 말해, 표면과 심층은 절대적으로 구분되는 것이 아니라 인식주체에 관련해 상대적이다(표면을 절대화한 데에 현상학의 오류가 있다. 그 표면 —— 우리의 현실 —— 이 분명 우리의 삶에서 특권적인 차원이라는 것은 사실이지만). 앞에서(1강, 각주 6) '무한 오성'을 언급한 것도 이런 맥

명해질 것이다.

다음으로 "명제로"라는 말을 생각해 보자('명제'라는 말이 부적절한 측면이 있어 이하 '언표'를 사용한다). 의미라는 존재는 두 얼굴을 가지고 있다. 의미는 한편으로 물질적 변화의 효과, 사건에 부대하는 존재이지만, 또 한편으로는 그 사건을 기호화한 언표 안에 들어 있게 된다. 다시 말해서, 나폴레옹의 머리에 왕관이 얹힐 때 의미가 발생하지만 그 의미는 또한 "나폴레옹이 황제가 되었다"라는 이 언표 안에 존재하기도 한다. 요컨대 어떤 사건이 벌어지고 그 사건이 언표되었을 때, 의미는 이 사건과 더불어 존재함과 동시에 또 그 사건을 언급하는 언표 안에도 존재한다. 그래서 우리는 흔히 "그 사건의 의미가 무엇이냐?"라고도 물어보지만, (그 사건에 대해 언표하고 있는) "그 말의 의미가 무엇이냐?"라고도 물어본다. 의미란 사건과 더불어 발생하지만, 동시에 언어로 포착되어 기호화함으로써 언표 안에 존재하게 되는 무엇이다(그래서 스토아학파는 비-물체적인 것을 "언어로만 표현되는 것"이라고 했다).

그런데 일어나는 사건과 언표 속에 들어간 사건은 다를 것이다. 철수의 죽음이라는, 특정한 시공간에 구현된 사건과 그것이 "~가 죽었다"라고 언표되었을 때의 사건은 다르다. 다시 말해, "의미가 언표

락에서이다. 따라서 무의미와 의미는 언제나 붙어 있다. 사건(무의미이자 의미)이 의미가 있느냐 없느냐는 그것이 어느 층위에서 발생하느냐의 문제일 뿐인 것이다. 들뢰즈의 사유에서 의미의 층위가 거대한 **무의미의 층위**(그러나 사실상 **잠재적인 무한한 의미**)에 떠다니는 것은 이 때문이다. 무의미와 의미는 이전 사유들의 생각에서처럼 모순이 아니다. 의미는 무의미에서 마름질된다. 무의미는 텅 빈 것, 공허, 무가 아니다. 오히려 잠재적 의미로 차 있는 장인 것이다.

안에 들어 있다"고 말할 때 정확히 말해 의미가 언표 안에 어떻게 존재하는 것일까? '죽다'라는 사건은 무수한 경우들로 구현되며, 지금까지 무수한 사람들이 죽어 왔다. 관우가 죽었을 때도 '죽다'라는 사건-의미가 발생했고, 장비가 죽었을 때도 '죽다'라는 사건-의미가 발생했다. 그러면 그 '죽다'라는 사건-의미는 어떻게 존재하는가? 다시 말해, 사건-의미의 존재론적 위상은 정확히 무엇인가? 앞에서도 말했지만, 그런 존재방식을 가리키기 위해 들뢰즈는 'subsister'(또는 'insister')라는 용어를 쓴다. 실존하는exister 것이 아니라 존속/내속함을 가리킨다. 무엇으로서 존속/내속하는가? '논리적 가능성'logical possibility으로서, 더 정확히 말해 '잠재성'virtuality으로서 존재한다.[17] '죽다'라는 의미는 잠재적으로 존재하고, 모든 인간은 예외 없이 그 '죽다'라는 사건을 한 번씩 구현하게 되는 것이다. 그렇게 구현되었을 때 '~가 죽었다'라는 언표가 그 사건-의미를 포착하게 된다. 요컨대 사건-의미는 물질성을 동반할 때 '실존'하지만, 잠재성의 차원에서는 또는 언표의 차원에서는 '존속/내속'하는 것이다.

---

17) 가능성은 인간이 실재하지 않는 것을 상상할 때 성립하며, 잠재성은 실재하지만 현실적이지 않은 것에서 성립한다. 물론 가능성으로서 상상한 것이 실재화되기도 하지만, 그것은 그 가능성이 잠재성으로서 이미 존속할 때에만 성립한다. 새가 되는 상상이 비행기로서 실재화한 것은 비행기를 만들 수 있는 잠재성의 현실화를 전제하고서 정립한다. 그리고 자연발생적인 현실화가 아닌 경우, 즉 가능성을 매개해서 잠재성을 현실화시키는 경우는 바로 인간에게서 성립한다. 가능성의 실재화(realization)는 잠재성을 통과해서 성립한다고 할 수 있다. 들뢰즈는 가능성의 이 적극적 측면을 과소평가하는 경향이 있다(네그리와 하트는 그들의 『제국』에서 가능성의 역할을 '상향 조정'하고 있다). 이 문제는 베르그송-들뢰즈의 '잠재성의 철학'과 현대 가능세계론의 '가능성의 철학'을 통합하는 작업과 연계되며, 이 통합 작업이야말로 21세기 존재론의 최대 과제들 중 하나가 될 것이다.

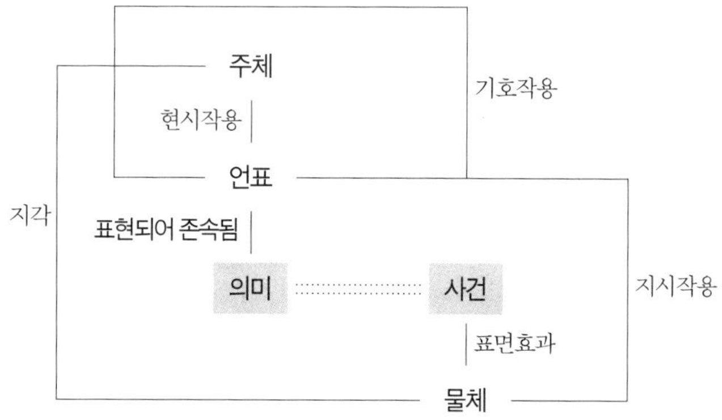

〈그림 5〉 지시작용, 현시작용, 기호작용으로 포착되지 않는 의미-사건

이런 과정 전체를 바로 앞에서 언급했던 "언표로 표현되는 순수 사건"이라는 구절로 요약할 수 있다. 이제 "표현되는"이라는 부분을 음미할 필요가 있다. 의미는 순수사건이며 언표를 통해서 "표현되는" 무엇이다. '표현'이란 사건이 물체 차원과 문화 차원의 접면에서 무의미이자 동시에 의미로서 발생하는 과정, 순수사건이 특정한 사건에 구현되고 언표로 포착되어 존속/내속하게 되는 과정 전체를 가리킨다(그림 5). 그래서 들뢰즈의 의미론은 기호의 의미만을 뜻하는 것이 아니라 언어적 차원이 존재의 차원으로 넘어가는(반대 방향에서 이야기해도 마찬가지이다) 바로 그 경계면에서의 사건-의미를 뜻한다. 이 표현의 작용 위에서 비로소 지시작용, 현시작용, 기호작용이 가능한 것이다. 대상의 지시로서의 의미나 주체의 현시로서의 의미나 기호들의 놀이로서의 의미는 표현이라는 일차적인 과정 위에서 성립하는 이

차적인 과정들인 것이다.[18] 의미는 물질성에 맞닿아 이해되며, 이런 맥락에서 들뢰즈의 사유를 '실재론적'이라고 할 수 있는 것이다.

§3. 언표의 이론

이제 지금까지의 논의를 염두에 두고 (『객관적 선험철학 시론』에서 다룬 바 있는)[19] 푸코의 언표 이론을 다시 생각해 보자. 푸코의 언표론과 들뢰즈의 사건론 사이에는 많은 연관성이 존재한다. 푸코의 『지식의 고고학』은 1968년에, 들뢰즈의 『차이와 반복』과 『의미의 논리』는 각각 1968, 69년에 나왔다. 모두 '구조주의의 극복'이라는 맥락에서 등장했으며, 이후 후기구조주의 사유의 초석이 된 저작들이다. 라캉의 『에크리』는 1966년에, 데리다의 『목소리와 현상』, 『글쓰기와 차이』, 『그라마톨로지에 관하여』는 1967년에 각각 출간되었다. 1960년대 후반에 후기구조주의적 담론들의 철학적 기반이 마련되었다고 할 수 있다.

푸코에 따르면, 언표란 명제나 문장이나 담화행위 이전의 무엇이

---

18) 보드리야르는 구조주의와는 또 다른 의미에서 기호들의 놀이를 사유했다. 보드리야르에게 현대는 '시뮬라시옹'의 시대이다. 시뮬라크르는 원본을 벗어 던져버리고, 기호는 시시내상의 실재를 전제하지 않게 되며, 기표는 기의와의 소쉬르적 관계를 벗어난다. 지도가 영토에 선행하는 "시뮬라크르의 자전"이 발생한 것이다(장 보드리야르, 『시뮬라시옹』, 하태환 옮김, 민음사, 2001). 보드리야르의 이런 생각과 들뢰즈의 사유는 대립적이다. 들뢰즈는 의미를 사물들/실체들에 접지(接地)시키고 있기 때문이다. 들뢰즈의 시뮬라크르와 보드리야르의 시뮬라크르는 이 점에서 다르다(들뢰즈의 시뮬라크르들은 사건들이지만, 보드리야르의 시뮬라크르들은 인공물들이다). 들뢰즈의 사유는 모든 형태의 텍스트주의, 범언어주의, 기표주의, 포스트모더니즘,…… 등과 성격을 달리한다.
19) 이정우, 『객관적 선험철학 시론』(저작집 1권), 그린비, 2011, 1부 1장.

다. 언표란 물질적 차원, 존재의 차원에서 기호들이 생겨나는 그 순간에 발생한다. 그리고 그 언표들에 일정한 규정성들이 부여되면서 문장이라든가 명제라든가 담화행위 등이 생겨난다. 그래서 언표란 이 세 종류의 언어적 양태보다도 더 근원적인 것이며, 언표의 차원이 이 세 차원을 동시에 정초해 준다고 할 수 있다. 들뢰즈가 지시작용, 현시작용, 기호작용이라는 개념들을 가지고서 하는 논의를 푸코는 명제, 문장, 담화행위라는 개념들을 가지고서 하고 있다.

언표 개념을 명료화하기 위해 푸코가 든 유명한 예를 상기해 보자. 타자기가 있다. 이것은 사물이다. 그런데 이 타자기 자판으로 'A, Z, E, R, T'를 쳤다고 하자. 이 기호들은 무의미하다. 이런 기호들에 일정한 규정성들이(예컨대 문장의 경우에는 문법이) 가해져야 의미가 성립하게 된다. 'A, Z, E, R, T'가 발생한 순간은 사물의 차원에서 기호의 차원으로 넘어가는 순간이다. 타자기라는 사물의 차원에서 기호의 차원으로, 의미의 차원으로 넘어가는 경계인 것이다. 그런데 아직은 의미가 없다. 하지만 바로 그렇기 때문에 이것이 언표의 좋은 예가 된다. 여기에 문법이라는 규칙이 들어가서 조직화되면 문장이 되고, 담화라는 담론화 양태가 가해지면 담화행위가 되는 것이고, 또 그것이 진위판단이 가능한 언어가 되면 명제가 된다. 다시 말해, 언표는 단독으로 보면 무의미하지만 조직화된 장에 편입된 형태에서 보면 의미이다. 들뢰즈에게서와 마찬가지로 푸코에게서도 언표란 곧 사건인 것이다. 사건이자 동시에 의미이다. 논의의 구도가 매우 유사함을 확인할 수 있다.

들뢰즈와 푸코는 이런 논의를 통해서 무엇을 말하고자 하는 것일까? 그것은 곧 이미 일정하게 조직화된 담론들의 아래를 파고 내려가 언어의 가장 아래 층위가 사물, 세계, 존재, 자연과 만나는 부분을 보자는 것이다. 바로 탈기호주의적 발상이다. 언표라는 것은 마치 음악에서의 소리와 같은 것이다. 전통적인 음악들을 들으면, 상당히 많은 규정성들이 가해진 소리라는 것을 알 수 있다. 그런 규정성들 바깥의 소리들은 '음악'이라는 범주에서 제외되었다. 그러나 낭만주의 음악에 이르면 이런 규칙들이 많이 와해된다. 예컨대 멘델스존의 바이올린 협주곡에서는 1악장과 2악장의 분절이 사라지고, 드뷔시의 〈바다〉 같은 작품에서는 전통적인 음악 구성이 상당 부분 와해된다. 무조無調음악은 전통 음악의 기본 원리인 '조'調 개념 자체를 무너뜨림으로써 이런 흐름을 더욱 진전시켰다. 나아가 메시앙, 불레즈, 케이지 등에 이르면 음악의 개념 자체가 흔들리게 된다. 현대 음악의 역사는 규정성이 매우 많은 소리로부터 점차 밑바닥으로 내려와 소리 그 자체로 이행해 왔다. 지금 우리의 맥락에서 본다면 바로 사건, 언표인 것이다.

전통적인 인식론·언어철학은 기본적으로 규칙성이 많이 들어간 언어만 다루어 왔다. 과학 같은 담론은 상당히 많은 조건을 채워야 '과학'으로서 성립한다. 아무 담론이나 과학이 되는 것은 아니다. 더 내려가면 (푸코의 전문 용어로서의) '지식'savoir의 영역이 나오는데, 이는 과학에 비해서 다소 느슨한 규정들을 통해 성립한다. 그러나 '지식'도 일정한 조건을 갖추어야 한다. 이런 식으로 계속 내려갈 경우, 결국 우리는 푸코가 말하는 언표까지 내려간다. 다시 말해서, 문장이나 명제 등으로 조직화되기 이전의 가능성의 장, 질료(물론 논리적 질료) 상태의 장, 바로 그것이 언표-장이다. 학문의 역사를 살펴보면, 지금까지 규칙성이 많이 부과된 담론들에만 초점을 맞추어 왔음을 확인할 수 있다. 이제 지금까지 논한 들뢰즈와 푸코의 선험철학을 통해서, 세계에서 막 솟아난 이 원초적 차원, 즉 언표, 사건-의미의 차원에까지 시선을 넓힐 수 있는 여건이 마련되었다고, 의미를 바라보는 눈이 비약적으로 넓어졌다고 할 수 있다.

결국 들뢰즈와 푸코는 구조주의의 범언어주의, 범기호주의를 벗어나는 매우 유사한 형태의 의미론을 제출하고 있는 것이고, 이런 선험철학에 기반해 푸코는 계보학으로, 들뢰즈는 (가타리와 함께) 리좀학으로 사유의 영역을 넓혀 가게 된다. 이런 지적 여정을 정확히 이해하기 위해서는 지금까지 논한 사건론과 의미론을 분명하게 이해해야 한다.

§4. 현대 사유의 길

지금까지 논한 들뢰즈와 푸코의 사건론, 의미론이 어떤 의의를 띠는지 음미해 보자. 아울러 미셸 세르와 르네 톰을 포함해 우리가 '후기구조주의'라고 부를 수 있을 사유가 제시하는 근본적인 성과가 무엇인가를 짚어 보자.[20] 흔히 대중적으로 논할 때는 들뢰즈와 가타리의 욕망, 탈주,…… 등이나 푸코의 광기, 감옥, 성,…… 등과 같은 주제들을 논하나, 이런 구체적 대상들 아래로 더 내려가 이들의 사유를 떠받치고 있는 근본 뿌리, 논리적인 핵이 무엇인가를 볼 필요가 있다. 오늘 강의에서 한 이야기들은 바로 이 대목을 짚어 준 것이며, 언표-장, 형이상학적 표면 같은 (여섯번째 강의에서 논할) '객관적 선험의 장'을 드러낸 것이다.

어떤 사유든 과거 사상의 비판이라는 측면과 그 자체의 긍정적인 작업이라는 두 얼굴을 동시에 띤다. 후기구조주의 사유 역시 한편으로는 주체의 죽음을 논하는 사유이지만(이때의 "죽음"을 단순하게 이해하면 곤란하다. 칸트 이래의 '선험적 주체'의 죽음을 뜻한다), 다른 한편으로는 바로 언표-장, 형이상학적 표면, 객관적 선험의 탄생을 논하는 사유이다. 어떤 면에서는 즉 주체에 집착하지 않는다는 측면에서는, 근대 이전의 고전적 사유들의 정향을 다시 찾는 측면도 있다. 더나아가 이 장을 논하는 과정에서 현대 사유는 수학(위상학, 급변론, 무한소미분 등), 자연과학(복잡계 이론, 분자생물학, 프랙탈 이론 등), 인간과학(언어학, 정신분석학, 인류학 등) 같은 구체적이고 실증적인 담론들과의 광범위한 대화를 통해서 진행되었다. 여기에서 일일이 논하지는 못하지만, 현대 철학에는 극히 다양한 맥락이 중첩되어 있고 따라서 그 맥락들에 대한 폭넓은 이해가 선행되어야 한다. 현대 사유, 특히

---

20) 세르의 사유는 다양한 담론들이 극히 이질적인 것들로 보임에도 문화 전체가 성립하는 어떤 공간 속에 공존하고 있으며 또 서로 복잡한 관계를 맺고 있음을 보여 준다. 그리고 무수한 담론들 사이에서의 소통, 개입, 번역, 분배, 가로지르기 등을 다채로운 작업들을 통해 그려 나간다. 이 공간은 곧 내가 말하는 '담론의 공간', '객관적 선험'에 다름 아니다. 이 점에서 한 사람은 강한 정치 지향적 사유를 다른 한 사람은 인식론/과학철학적 지향을 띠고 있지만, 푸코의 사유와 세르의 사유는 매우 밀접하게 연관되어 있다. 톰의 경우 푸코와는 작업의 성격이나 맥락이 다르지만(톰의 사유는 피아제처럼 보편 언어의 구성을 통해서 통일과학을 추구했다는 점에서 구조주의적 성격이 강하다. 세르와 비교된다), 그의 급변론이 후기구조주의 사유에서 매우 중요한 특이성 개념의 이해(5강)를 제시했다는 점에서 우리 논의에 연결된다. 그리고 여기에서 다루지는 않았지만, 구조와 주체를 화해시키고자 했던 부르디외의 사유 역시 전형적인 후기구조주의적 사유라고 할 수 있다.

후기구조주의 사유는 기존의 철학을 공부하던 방식으로는 접근하기 힘든 성격을 띠고 있다. 학문의 세계 전체를 가로지르면서 사유해야 하는 것이다.

어쨌든 사건-의미가 파열하는 장, 객관적 선험(영어로는 'the objective transcendental'로 번역할 수 있을 것이다)의 발견이 현대 사유의 기본적인 성과들 중 하나이다. 이런 토대를 가지고서 사유할 경우, 이제 담론 연구의 패러다임이 근본적으로 바뀐다. 이를 세 가지로 나누어 생각해 보자.

우선 인간이 행하는 모든 담론적 행위들이 서로 아무런 연관성도 없는 것이 아니라 궁극적으로 이 언표-장, 형이상학적 표면, 객관적 선험 위에서 발생한다는 점이다. 즉, 모든 담론적 행위들은 이 가능성의 장이 조직화되는 상이한 방식들인 것이다. 그래서 우리는 언표-장이라는 보편적인 공간 위에서 각종 담론화의 양태들을 연구할 수 있다. 다시 말해, 인간이 행하는 모든 담론적 행위들은 어떤 공통의 선험적 기반 위에서 이루어진다는 것이다. 그래서 이제 경계선이 무너진다. 문학이니 역사니 하는 구별, 문과 학문이니 이과 학문이니 하는 구별들이 무너지는 것이다. 물론 오해하면 곤란하다. 그 차이들이 다 무화된다는 것은 아니다. 또 무화되어서도 안 된다. 중요한 것은 1) 그것들의 공통의 기반이 드러남으로써 각각의 사이에서의 차이들을 보다 **보편적인 지평**으로 아울러 사유할 수 있게 된 것이며, 2) 그 보편성 위에서 기존의 분절과는 다른 **새로운 분절**들이 가능해진 것이다. 세르에게서 두드러지게 나타나듯이, 인류의 담론적 행위들을 근본적인 차원에서 조망해 바라볼 수 있는 논리적 기반이 마련되었다고 할 수 있다. 이것은 한편으로 우리가 일정하게 구획된 기존의 전공체계를 벗어나 사유할 수 있고, 다른 한편으로 대학을 비롯한 기존의 교육체계를 넘어서 사유할 수 있는 인식론적 기반이 마련되었음을 뜻한다.

　두번째 의미로서 이제 우리는 고도로 조직화된 담론들만이 아니라 사건을 통해 막 언표로서 발생한 것들로부터 고도로 담론화된 것들에 이르기까지 담론의 공간 전체를 다루게 된 것을 들 수 있다. 따라서 가프카의 작품들로부터 민화나 영화 등에 이르기까지, 베토벤의 음악으로부터 유행가까지,…… 문화의 공간 전체를 다룰 수 있는 인식론적 장을 마련했다고 할 수 있다. 물론 단순히 선정적인 대중문화 연구로서가 아니라 언표-장 전체를 이해하기 위한 진지한 목적에서 말이다. 푸코는 주로 '지식'을 다루었다. 정신병리학, 형법학, 범죄학, 정신분석학, 임상의학, 인구학, 위생학, 법의학,…… 등을 다루었다. 이는 매우 독특한 형태의 과학사 연구로서, 사유의 역사에 커다란 혁명을 가져왔다고 평가될 수 있다. 우리는 여기에서 더 내려가 아까 말했듯이 모든 담론을 총체적인 안목에서 다룰 수 있다.[21] 푸코는 19세기에 발생한 새로운 담론화 양태들, 그리고 그 담론화 양태들이 함축하는 계보학적인 의미를 탐구했다. 이제 우리는 20세기를 탐구하기 위해서 신문, 만화, TV, 오디오, 스포츠, 패션,…… 등을 연구할 필요가 있

---

21) 여기에서 '총체적'이라 함은 말할 필요도 없이 담론의 공간 전체에 대한 일원적인 해명을 뜻하는 것은 아니다. 세르의 작업이 보여 주었듯이, 담론의 공간은 개별 담론들 및 그것들 사이의 관계들에 대한 다양한 연구를 통해 조금씩 메워질 수 있기 때문이다. 그러나 이런 구체적인 연구들이 방향을 잡고서 진행되기 위해서도 담론의 공간이라는 개념이 전제되어야 한다.

다. 이런 담론화 양태들을 단순한 흥밋거리나 자본주의 기술문명에 영합하기 위해서가 아니라 문화에 대한 총체적 이해와 현대 사회에 대한 비판적 사유를 위해서 연구할 수 있는 것이다. 20세기에 대한 이런 이해의 바탕 위에서 21세기를 위한 철학도 마련할 수 있을 것이다.[22]

이 점에서 푸코와 세르의 시각은 이중의 의의를 담지한다고 볼 수 있다. 이들의 사유는 한편으로 담론 연구의 영역을 **다원화/복수화**시키고 있으면서도, 다른 한편으로 그 다양한 담론들의 **공통**의 **선험적 기반**을 마련해 주고 있기 때문이다. 한편으로 좁은 '인식론'을 역동적이고 다원적인 '담론학'으로 바꾸어 놓았으면서도, 다른 한편으로 "모든 문화의 근원적인 가능조건"을 제시한 것(새로운 형태의 선험철학을 제시한 것), 이것이 이들이 남긴 빼어난 공헌이라 할 수 있다.

지금까지 문화 연구를 수평적으로 또 수직적으로 역동화하는 것에 대해 말했는데, 마지막으로 중요한 것이 하나 남아 있다. 가장 궁극적인 탐구, 즉 존재론적 탐구이다. 우리는 들뢰즈를 통해서 자연의 세계와 문화의 세계를 어떻게 이어 가야 할 것인가에 관련해 중요한 암시를 받게 된다. 현대의 학문은 이원론적이다. 자연과학과 인문과학

---

22) 우리가 몸, 이미지, 감성, 하위문화,…… 등에 주목하고자 한다면, 그것은 세계와 인간, 문화를 보다 넓은 안목에서 바라보기 위해서이지 영혼(마음, 정신), 실재, 이성, 고급문화,…… 등을 부정하기 때문은 물론 아니다. 흔히 이야기되는 것, 즉 전자는 '억압'되어 왔고 후자가 동일자로서 군림해 왔다는 생각은 사실에 맞지 않는다. 오히려 역사, 특히 20세기의 역사는 전자가 득세(得勢)해 온 역사라 해야 할 것이다. 이 세상에 자기 몸, 감성보다 영혼, 이성을 더 소중히 생각하는 존재가 얼마나 될 것인가? 이미지의 표면을 넘어 실재를 찾기 위해 애쓰는 사람들이 얼마나 될 것인가? 오락보다 예술을 선호하는 사람들이 또 얼마나 될 것인가? "몸이 마음에 억압되어 왔기에,……", "이성이 군림해 왔기에,……" 운운하는 이야기들은 시대에 영합하는 이야기들일 뿐이다.

으로 양분되어 있다. 그러나 우리의 삶을 그 반쪽이 아니라 총체적으로 사유하려면 자연과 문화가 어떻게 접속되어 있는가를 보아야 한다. 그것은 대단히 어려운 문제이다. 그런데 우리는 들뢰즈의 사유를 통해서 자연과 문화 사이에 하나의 층, 하나의 면이 있다는 것을 알게 된 것이다. 내가 이전 저작들에서 칸트의 주관적 선험과 비교해서 '객관적 선험'이라 불렀던 차원은 들뢰즈의 사유에서 나타나는 바로 이 면에 해당한다고 볼 수 있을 것이다. 이 면을 탐구하는 것이 바로 객관적 선험철학, 즉 근대적인 인식론적 선험철학이 아니라 존재론적 선험철학인 것이다.

* * *

Q 의미와 사건 사이에는 그 나름대로 간격이 있지 않을까요?

A 이미 말씀드렸습니다만, 매우 미묘한 문제죠. 사건을 단독으로 그 자체만 보면 무의미합니다. 물체적 운동의 부대물일 뿐이니까요. 하지만 사건이 솟아오를 때에는 늘 어떤 장 위로 솟아오릅니다. 바로 언표-장, 담론의 공간이죠. 그 언표-장의 특정한 위치에 자리 잡은 한에서의 사건이 곧 의미가 되는 것이죠. 그러니까 후기구조주의 사유에서 무의미와 의미는 대립하는 것이 아닙니다. 동전의 양면이죠. 의미의 다른 얼굴이 무의미이고, 또 무의미의 다른 얼굴이 의미인 것입니다.

Q 의미 없는 사건은 없다고 할 수 있습니까?

A 의미 없는 사건이란 아직 계열화되지 않은 사건입니다. 하지만 현실적

으로는 이런 사건이 존재할 수 없죠. 사건이 발생하는 그 순간 이미 그
것은 한 언표-장에서 여러 가지 방식으로 계열화되는 것이니까요. 다
만 논리적으로 아직 계열화되지 않은 사건, 잠재적 사건을 말할 수는
있습니다. 핵심은 '의미 없는 사건'이 아니라 '아직 일정한 의미로 계열
화되지 않은 사건'입니다.

4강 _ 계열화

사건들이란 계열화됨으로써 의미를 띠게 된다는 말을 했다. 오늘은 이 주제를 다루어 보자.

사건이라는 존재의 특징은 두 얼굴을 가지고 있다는 점이다. 하나는 표면효과(=무의미)라는 얼굴이고 다른 하나는 의미라는 얼굴이다. 한편으로 사건은 물질적 운동의 표면효과이다. '태어나다'라는 사건을 생각해 보자. 어린 아기가 태어나는 것은 일정한 생물학적 과정이다. 오랫동안 이루어진 생물학적 변화의 표면효과이다. 그러나 다른 한편으로 '태어나다'라는 것은 하나의 의미이다. 그것은 '삶의 시작', '~의 아들/딸',…… 등에 관련되는 의미를 띤다. 사건이란 한편으로 물질적 운동의 표면효과이지만, 동시에 다른 사건들과 연계됨으로써 하나의 의미로 화한다.

한 가지 구분해야 할 점이 있다. 자연적 변화의 결과로서 발생하는 '태어났다', '태어나고 있다' 등의 생물학적인 변화가 존재할 뿐 아니라, 이 변화가 일어나기 이전에 존재하는 '태어나다'라는 순수사건이 존재한다. 이번 강의에서는 계열화에 대해서 다룰 것이며, 5강에서는 '중요한 사건' 즉 특이성에 대해서 그리고 6강에서는 이 순수사건 (의 장)을 다룰 것이다.

§1. 계열화

일반적으로 사건이란 물체들에 있어 어떤 변화가 일어났을 때 수반되는 것이다. 이 점에서 사건은 기본적으로 물질에 종속된다고 할 수 있다.[1] 스토아학파를 논할 때 언급했듯이, 물체가 원인이고 사건이 결과 또는 효과이다. 다른 한편으로 사건은 또한 의미이기도 하다. 나폴레옹의 머리에 왕관이라는 금속이 얹혔을 때 "나폴레옹이 황제가 되었다" 또는 "유럽의 정치적 질서가 바뀌었다"라는 의미가 생성하게 되기 때문이다.

이렇게 사건은 한편으로 물질의 표면효과이기도 하지만 다른 한편으로 의미이기도 하다. 그런 점에서 두 얼굴을 가지고 있다고 할 수

---

1) 스토아적 유물론을 취할 경우 '물질'이라 할 수 있고, 이 경우 사건-의미는 물질적 운동의 부대효과가 된다. 그러나 스피노자적 입장을 취할 경우, 근본적인 것은 '실체'이고 물질적 운동과 사건-의미는 동시발생적이라 해야 한다.

앞에서도 언급했듯이, '표면'은 인식주체에게 상대적이다. 따라서 실체/물질의 차원은 표면 배후의 지평으로서 존재하지만, 그 관계는 표면이 바뀌면 따라서 바뀐다. 이렇게 생각해 보면, 실체/물질 역시 사건들의 총체라고 할 수 있다. 이미지로 말한다면, 이미지는 물질의 표면에서 발생하지만 사실상 물질 역시 무한한 이미지들의 주름인 것이다. 다만 표면에서의 사건은 '사건'이고, 표면 배후의 '무한한 사건들'은 물질/실체라고 할 수 있다. 그러나 물질/실체가 사건들로 완전히 환원되는가는 하나의 아포리아로 남는다. 물질/실체 안에 사건들이 내포되어 있다고 볼 수도 있다.

있다. 이 사실이 왜 중요한가를 음미해 보아야 할 것이다. 사실 이에 대해서는 이미 말했다. 사건을 사유한다는 것은 물질적 차원과 정신적 차원, 자연의 차원과 문화의 차원이 접촉하는 **경계면**이 무엇인가를 밝히는 작업이다. 물질은 물질대로 문화는 문화대로 따로 다루는 것이 아니라, 그 경계면을 밝힘으로써 자연과 문화를 동시에 포괄적으로 사유할 수 있는 논리적 기반을 마련하는 것이다. 이것은 환원주의도 아니고 그렇다고 이원론도 아니다. 의미를 자연으로 환원시키는 것도 아니고, 자연을 배제한 채 문화의 세계만을 다루는 것도 아니다. 현대 사상 일반이 자연에 관한 사상과 문화에 관한 사상으로 양분되어 있다는 것을 감안할 때, 이 논의 구도가 가지는 의미가 보다 분명히 드러난다.

그런데 왜 똑같은 하나의 사건이 한편으로는 무의미에 불과한 표면효과이고 다른 한편으로는 의미일까? 그것은 하나의 사건을 고립적으로 생각하느냐 다른 사건들과 계열화해서 생각하느냐의 차이이다. 사건이란 고립적으로 고려되었을 때에는 하나의 단순한 표면효과이다. 나폴레옹의 머리에 왕관이 얹히는 것은 그것 자체만 고려했을 때에는 그저 물리적 변화의 결과일 뿐이다. 그것이 일정한 의미를 띠게 되는 것은 일정한 상황에서이고, 상황이 달라지면 의미도 달라진다. 예컨대 나폴레옹이 방에서 황제가 되기 전에 한번 써 봤을 수도 있었을 터이다. 그렇지만 대관식에서 여러 사람들이 모인 자리에서 왕관이 씌워져야지 "나폴레옹이 황제가 되었다"는 의미가 성립하게 된다. 이 세상에서 발생하는 모든 사건은 반드시 어떤 사건-계열 내에 자리 잡음으로써만 의미로 화하는 것이고, 그것 자체로서 고립되어서는 의미가 없다. 현대 사상이 발굴해낸 핵심 개념들 중 하나가 '계열'이라는 개념이다. 기존의 대표적인 존재론인 개체주의, 원자론, 유기체론, 형상 이론, 지속 이론 등과는 구분되는 계열학의 탄생이 현대의 중요한 한 존재론적 성과라고 할 수 있다(역사적으로는 라이프니츠와 쿠르노에게서 연원한다). 현대 사유는 점의 사유(원자론 등), 면의 사유(유기체론 등), 흐름의 사유(지속 이론 등),…… 등과 구분되는 線線의 사유를 발전시켜 온 것이다.

앞에서 들었던 예(3강, §2)를 다시 한번 생각해 보자. 어떤 반정부 인사가 공사 중인 한 건물 아래를 지나가고 있었다. 위에서 벽돌이 떨어졌다. 그런데 다행히 머리에 맞지 않고 어깨에 맞아 병원에 들려갔다. 우리는 이 사건을 단순한 표면효과로 볼 수도 있고 특정한 의미로 볼 수도 있다. 표면효과로 볼 경우, 이 사건은 반정부 인사의 어깨를 이루고 있는 뼈, 살과 벽돌이라는 물체의 부딪침이다. 하나의 물리적 사건이다. 그러나 의미로 볼 경우, 이 사건은 "반정부 인사가 누군가에 의해 피격을 당했다"는 의미를 띤 사건이 된다.

그래서 사건이란 무의미이자 의미이다. 단순한 물리적 표면효과라는 점에서는 아무 의미가 없는 것이지만, 동시에 다른 사건들과 계열화됨으로써 의미가 되는 것이다. 예를 들어 그 사건이 그 반정부 인사가 한 달 전에 했던 연설, 즉 합법성이 없는 대통령을 강하게 비판했던 연설이라는 사건과 계열화될 때 또 (한 달 후에 발생한) 시민항쟁이라는 사건과 계열화될 때, 어떤 특정한 의미를 띠게 된다. 요컨대 사건이란 한편으로 자연적 과정의 일부이지만, 다른 한편으로 다른 사건들과 계열화됨으로써 하나의 의미가 되는 것이다.

여기에서 유심히 볼 것은 '의미'가 생성하는 방식이다. 어떤 하나의 사건이 그 자체로서는 무의미하지만 계열화됨으로써 의미를 가진다는 것은 한 사건 뒤에는(아래에는) 어떤 특별한 의미도 없다는 것을 말해 준다. 그런 점에서 이 의미론은 해석학적 의미론과는 전혀 다르다. 해석학은 어떤 사건, 텍스트 뒤에는 늘 '숨겨진 의미'가 있다고 본다. 그 숨겨진 의미를 읽어내는 것이 해석학이다. 그러나 계열학적 의미론에서 한 사건의 의미는 그것과 이웃하는 사건들 사이의 계열화를 통해서 성립한다. 한 사건 뒤에는 어떤 숨겨진 의미도 없다. 다만 그 사건의 앞과 뒤로(물론 이때의 '뒤'는 해석학적 맥락에서의 '뒤'와는 다른 의미이다) 어떤 사건들이 계열화되느냐가 그 사건의 의미를 결정하는 것이다. 여기에서 우리는 해석학적 의미론과 계열학적 의미론의 차이가 선명하게 드러남을 볼 수 있다. 푸코에게서 볼 수 있듯이, 계열학적 의미론이 해석학을 강력하게 비판하는 이유가 바로 이 점에 있다.[2]

그런데 여기에서 생각해 볼 점이 있다. 사건들의 계열화를 일종의 자연적 과정으로 이해하는 것은 정치적으로 매우 소박한 생각이라는 점이다. 구조주의 사유의 한계는 이 점에 있다. 사건들을 어떻게 계열화해 의미를 읽어낼 것인가는 늘 '논쟁거리'가 되기 마련이다. 앞에서 들었던 예를 생각해 보자. 여당은 그 사건이 "우연한" 사건이라고 우길 것이다. 여기에서 "우연한"은 원인이 없다는 뜻이 아니라 **의도**가 없다는 뜻이다. 자신들이 한 짓이 아니라는 뜻이다. 건물 위에 정보부의 공작원이 없었다는 이야기이다. 그러나 야당은 그때 건물 위에

---

2) 푸코, 『지식의 고고학』, 이정우 옮김, 민음사, 1994, 171쪽 이하를 보라.

서는 정부가 파견한 공작원이 벽돌을 들고 있었다는 증거를 잡아내려고 노력할 것이다. 여기에서 우리는 묘한 결과를 만나게 된다. 구조주의자들이 이야기하는 것처럼 사건들 뒤에는 분명 어떤 의미도 없다고 하자. 그렇다면 도대체 왜 우리는 늘 사건을 '해석'하려고 하는 것일까? 답은 간단하다. 이 해석의 행위는 사건 뒤에서 무엇인가를 발견하려고 하는 것이 아니다. 그것은 바로 그 사건에 연루된 사람들, 집단들의 '욕망과 권력의 놀이'(푸코)를 둘러싸고서 벌어진다. 의미는 사건 뒤에 있는 것이 아니라 바로 우리의 문화, 삶, 정치 속에 있다. 의미는 단순히 표상이나 표현에 관계되는 존재만은 아니다. 그것은 기본적으로 욕망과 권력에 관계된다. 그리고 욕망과 권력은 바로 이렇게 사건들의 계열화 ── 의미 ── 를 둘러싸고 벌어지는 드라마인 것이다.

그래서 우리는 스토아학파처럼 의미를 물질의 부대효과로서만 볼 수는 없다(물론 스토아학파도 의미를 자체로서 추상해 논리학-언어철학을 발전시켰으나, 자연철학에 비해서는 이차적인 의미를 띤다). 거꾸로 의미가 먼저 구성되어 그에 상관적으로 물질적 변형 ── 많은 경우 '비-물질적' 변형 ──이 일어나기도 한다. 일방향적인 유물론적 의미론은 인간의 자의성이 배제된 채 순수하게 이론적으로 구성된 경우이다. 그러나 우리의 실제 삶이 스토아학파의 이론에서처럼 유물론적-자연주의적으로 이루어지는 것은 아니다. 주체, 역사, 문화의 비중이 더 크다고 해야 할 것이다. 우리의 삶은 자연적 터전 위에서 이루어지지만 우리가 "인생"이라 부르는 것은 어디까지나 그 위에서 이루어지는 사건들을 지칭한다. 주체나 문화의 역할을 보다 적극적으로 잡아내는 의미론이 요청되는 것은 이 때문이다.

그렇다고 의미라는 것이 전적으로 자의적인 것이라고는 할 수 없다. 모든 사건은 바로 물질과 맞닿아 발생하기에 말이다. 그래서 재판에서 늘 중요한 것이 물증物證이다. 심증이 있고 물증이 있다. 심증은 바로 사건들의 개연적인 계열화(수사관이 머릿속에서 구성해 보는 계열화)이지만, 그 계열화가 맞는가의 여부는 물질적 현실의 토대 위에서 찾아야 한다. 요컨대 모든 의미는 물질과 연관되는 객관성과 문화·권력과 연관되는 주관성을 동시에 함축하고 있는 것이다.

그래서 어떤 상해傷害 사건이나 살인 사건이 발생하면 항상 등장하는 두 사람이 있다. 물론 많은 사람들이 오겠지만, 심각한 사건이 벌어지면 늘 등장하는 두 사람은 바로 의사와 경찰이다. 왜 항상 의사와 경찰이 올까? 한번 생각해 볼 필요가 있다. 김동인의 『감자』에서는 여자 주인공이 중국인에게 농락당하고 결국 그에게 죽는 이야기가 펼쳐진다. 마지막에는 결국 남편이 아내의 죽음을 돈 몇 푼에 팔아넘기는 슬픈 장면으로 끝난다. 그런데 그때도 역시 의사와 경찰이 등장한다. 당사자들인 중국인과 주인공의 남편, 그리고 의사[韓方醫]와 경찰[巡査]이 그들이다(소설의 마지막 장면에서 순사는 등장하지 않지만, 살인 사건의 조작이므로 당연히 순사가 연루되었다고 보아야 할 것이다). 바로 의사는 한 사건의 **물질적 원인**을 찾는 사람이고, 경찰은 **계열적 의미**를 찾는 사람이기 때문이다. 『감자』의 경우는 순사의 계열화에 한방의의 검시 결과가 개입해서 그 계열화를 굴절시키는 경우라 할 것이다. 반대로 어떤 형사가 진짜 시체를 거짓 시체로 바꾸어서 의사에게 검시를 부탁한다면, 이 경우는 의사의 계열화에 형사가 개입한 경우가 된다. 어느 경우든 욕망과 권력의 놀이를 잘 보여 준다.

사건이란 항상 두 얼굴을 가진다고 했다. 물리적인 얼굴과 의미론적인 얼굴이 있다. 어떤 사건이 벌어졌을 때 의사는 그 물리적인 얼굴, 즉 이 사람이 어떤 물리적/생리적 인과를 통해서 살해당했는가를 본다. 반면 형사는 그 사건을 둘러싼 전후좌우 사건들의 배치를 생각한다. 사건의 '원인'(물리적인 원인)과 '준-원인'(다른 사건들)을 찾는 것이다. 들뢰즈는 이런 인과 구조를 '이중 인과'라 부른다.

푸코의 저작들을 읽어 보면 의학과 법학에 대한 이야기가 주를 이룬다. 이것은 매우 흥미로운 사실이다. 왜 푸코는 의학적 실천과 사법적 실천에 중점을 두고서 사유했는가? 지금 우리가 논하고 있는 맥락과 정확히 연결된다. 의학과 법학이야말로 바로 인간세人間世에서의 욕망과 권력의 놀이에 가장 밀도 깊게 연관된 담론이기 때문이다. 심각한 사건이 벌어졌을 때 사람들의 운명을 좌우하는 것은 결국 의사의 말과 사법 관련자들(판검사 및 변호사)의 말이다. 아울러 왜 자식을 대학에 보내려는 부모들이 그토록 의대와 법대를 선호하는가도 우리의 맥락에서 보면 뚜렷이 이해된다. 바로 어떤 집안이 한 사회에서 권력을 쥐게 되는 가장 핵심적인 코스가 의사가 되는 것과 판검사/변호사가 되는 것이기 때문이다. 푸코는 특히 말년에 법의학法醫學에 지대한 관심을 보였는데, 그것은 법의학이라는 담론이 바로 의학적 질서와 사법적 질서가 교차하는 곳에 존재하는 담론이기 때문이다. 어떤 면에서 지금 우리의 논의는 푸코의 작업에 존재론적 기초를 주는 것이라고도 할 수 있다.

그런데 이런 생각을 해보자. 19세기 전까지는 어떤 사건이 벌어지면 항상 등장하는 사람들이 경찰과 의사였다. 그런데 현대에 들어

오면 항상 등장하는 사람이 하나 더 늘어난다. 누구일까? 바로 기자다. 사건이 벌어지는 곳에는 늘 기자가 등장한다. 이것이 무엇을 뜻할까? 첫째, 현대는 모든 사건들이 낱낱이 기록되고 보존되고 전파되는 '정보'의 시대라는 것이다. 정보 기기들의 발달과 장치들의 발달은 이런 현실을 더욱더 가속화시키고 있다. 둘째, 사건들의 계열화에는 의사의 눈길과 형사의 눈길 이외에 또 하나의 눈길, 즉 기자의 눈길이 더 늘어났다는 것이다. 오늘날 많은 사람들은 사건의 '전말'을 기자가 한 요약을 통해서 접하게 된다. 셋째, 오늘날 의료적 권력과 사법적 권력 이외에 또 하나의 권력 즉 언론적/담론적 권력이 탄생했음을 뜻한다(그러고 보니 요즈음 신문방송학과가 의대나 법대 못지않게 인기 아닌가). 이제 모든 사건들은 사진으로 찍히고 또 기자에 의해 판단된다. 그리고 기사가 사건의 해석에 큰 영향력을 행사한다. 때로 이 권력들은 계열화를 놓고서 미묘한 힘겨루기를 벌이기도 하는 것이다.

지난 시간 강의 말미에 푸코 철학의 보완에 대해 말하면서, 푸코는 19세기의 '지식들'을 다루었지만 우리는 20세기의 대중문화와 대중매체를 다루어야 한다고 했다. 지난 강의에서는 주로 이론적인 측면에서 언급했지만, 이제 이 말의 또 다른 측면 즉 정치적 측면을 이해할 수 있을 것이다. 우리는 이제 (19세기에 본격적으로 형성된) 의료적 사법과 사법적 권력만이 아니라 (20세기에 본격적으로 형성된) 대중문화의 권력을 다루어야 한다는 것이다. 대중매체/대중문화의 눈길이 대중에게 어떤 영향을 미치고 인간의 정체성을 어떻게 바꾸어놓는지, 대중매체와 대중문화가 어떻게 자본주의(와 최근의 신자유주의)에 봉사하는지를 파악해야만, 우리는 20세기를 보다 잘 이해할 수 있을 것이다. 특히 남이 만들어 놓은 20세기를 갑작스럽게 강요당하고 주입받았던 우리에게 이러한 작업은 더욱 절실하다.[3] 우리는 푸코의 사유를 시간적으로는 20세기의 역사로, 공간적/대상적으로는 대중문화와 대중매체로 확장해야 하는 것이다.

§2. 우발점으로로서의 사건

사건이란 말하자면 솟아오르는 것이다. 우리 눈에 보이지 않게 진행되던 물리적 변화가 우리 눈앞에, 문화의 세계로 솟아오르는 것이다. 그런데 사건은 공허에로 솟아오르는 것이 아니라 이미 존재하는 의미의 장 속으로 솟아오른다. 사건이 솟아오르는 것은 이미 복잡하게 계열화되고 기호화되고 코드화된 의미의 장으로인 것이다. 사건은 이미 형성되어 있는 수많은 사건-계열들의 장, 의미-계열들의 장, 즉 '현실' 속의 어떤 자리, 어떤 '위치'에로 솟아오르는 것이다.

구조주의와 비교해 보면 대조가 된다. 구조주의에서의 '위치'/'자리'는 말 그대로 한 구조 내의 정적인, 고정된 위치/자리이다(역으로 말해 구조는 이런 위치/자리들의 총체를 뜻한다). 하지만 후기구조주의

---

3) 이것은 지역학의 문제와도 관련된다. 20세기의 대중매체와 대중문화는 그 상당수가 미국 문화의 산물이다. 따라서 미국 문화가 현대 대중의 형성에 어떤 영향을 미쳤는가, 문화의 저질화와 대중의 의식의 타락을 어떻게 조장했는가, 그리고 미국 이외의 문화들은 어떻게 미국 문화에 동화되어 왔는가 등을 파악할 필요가 있는 것이다. 특히 미국 문화의 절대적인 영향 아래에 있는 한국 문화를 분석하는 것, 한국인의 정서와 생각에 깃들어 있는 미국적 요소들을 파악하는 것, 현대의 대중의 속성을 정확히 파악하는 것은 윤리학 및 정치 철학적으로도 매우 중요한 작업이다.

에서의 위치/자리란 자연/존재로부터 솟아오른 하나의 사건에 연관되어 파악된다. 그렇기 때문에 구조 내에서 이미 일정한 의미를 부여받은 자리가 아니라 (그 구조의 입장에서 볼 때) 순수한 생성, 우발적인 발생을 통해 생겨난 사건이다(역으로 이제 '구조'는 '디아그람'으로 대체된다). 이 교실에서 갑자기 수업을 끝내는 종소리가 울렸다고 하자. 존재론적인 안목에서는 이것도 분명히 하나의 사건이다. 그런데 이 종소리가 예정된 시간에 울렸을 때라면 누구의 주목도 끌지 않는다. 그러나 똑같은 종소리가 35분에 울렸다면 누구나 이상하다고 생각할 것이다. 즉, 모든 사건들은 이미 코드화된 어떤 삶의 질서, 이미 계열화된 사건들 그 어디에선가 솟아오른다는 것이다. 그런 점에서 모든 사건(특히 기존의 코드를 깨는 사건)은 '우발점'le point aléatoire이다. 모든 사건들은 일정한 의미-장 안으로 솟아오르는 우발점이다. 바둑은 이런 구도를 드러내 주는 좋은 예이다.

이 우발점을 '빈칸'이라고도 부를 수 있다. 그리고 사건이란 빈칸에서 발생한다고 할 수 있다. 예컨대 바둑판에는 빈칸들이 존재한다. 그 빈칸에 알이 놓임으로써 사건이 솟아오르는 것이다(물론 현실세계는 바둑판처럼 꽉 찬 빈칸들은 아니다). 이 빈칸 하나하나는 의미의 결여를 나타내지 않는다. 오히려 역설적으로 **의미의 과잉**을 함축하고 있다. 빈칸은 의미의 부재가 아니라 상황에 따라 수많은 의미를 담지할 수 있는 그런 자리인 것이다. 후기구조주의는 어떤 형태로든 이런 자리, 이런 빈칸이라는 개념을 내포하고 있다. 보다 현실적인 예로서, 세 가지 사건-계열의 경우를 보자. '아침에 일어났다'(a) — '지하철을 탔다'(b) — '지하철을 내려 버스를 탔다'(c) — '학교에 갔다'(d) — '수업

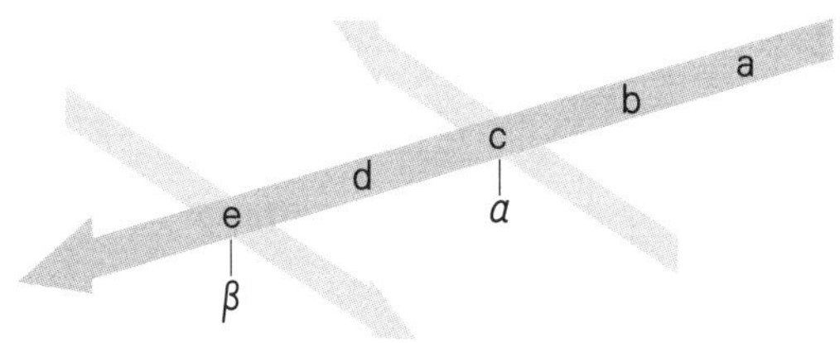

을 들었다'(e)라는 하나의 사건-계열이 흘러가는 과정에서 하나의 우발점이, 예컨대 여기에서(그림 6-α) 생겨날 수 있다. "버스를 탔을 때 옛 친구를 만났다." 우발점으로서의 사건이다. 또 예컨대 "수업을 듣던 중 그 클래스에 시골에서 함께 놀던 옛 친구가 있음을 발견했다", 이 또한 우발점으로서의 한 사건(그림 6-β)이다. "옛 친구를 만나다"라는 우발점이 이렇게 사건 계열들 사이를 돌아다닌다고 할 수 있다.[4]

사건이 여기저기에서 벌어진다면, 사건이 벌어지기 이전에는 이런 점들이 일종의 빈칸을 형성했다고 할 수 있다. 사건이 벌어질 수 있는 장소로서의 빈칸이 있다고 할 수 있다. 앞에서 사건의 반복에 대해 논했거니와, 사건이 여기저기에서 생겨난다는 것은 거꾸로 말하면 빈칸 즉 사건-장소가 여기저기 자리를 옮겨 다닌다고 할 수 있다. 공학

---

4) 그림은 쿠르노의 인과론을 상기시킨다. 쿠르노 인과론의 매력은 결정론과 비결정론을 함께 이해할 수 있도록 해준다는 점에 있다. Antoine A. Cournot, *Essai sur les fondements de nos connaissances*, Bibliobazaar, 2009.

에서 사용하는 '전공'電空이라는 개념이 있다. n개의 위치로 구성된 격자에서, n-1개의 전자電子들은 모두 각자의 위치에 자리 잡고 있는데 n_k의 위치만 비어 있는 경우를 생각해 보자. 그런데 다음 순간에는 n_k의 위치가 메워지고 이번에는 n_m의 자리만 비워진다. 이런 과정은 계속된다. 만일 우리가 이 과정을 액면 그대로 서술하려 한다면, "처음에는 n_1, n_2, n_3,……, (n_k),……, n_n에 전자들이 있었고(괄호 안의 자리는 비어 있음), 다음에는 ……" 하고 복잡하게 말할 수밖에 없을 것이다. 하지만 마치 '폭풍의 눈'에 대해 말하듯이, 이 빈칸을 '전공'이라는 어떤 '것'으로 생각해(그것은 분명 '無'이지만, 우리는 그것의 분명한 개별성을 '이-것'='haecceitas'로서 취할 수 있다) 하나의 존재entity로서 다룰 수 있다. 그래서 "전공이 n_k에서 n_m으로, 다시 n_x로, 그리고 다시……"라고 간단히 말할 수 있게 된다.

에드거 앨런 포의 「도둑맞은 편지」라는 단편 소설도 우리의 개념에 시사를 준다. 라캉이 자신의 분석 대상으로 삼으면서 더욱 유명해진 소설이다. 복잡한 이야기이지만 간단히 정리하면 다음과 같다. 왕비가 편지를 받는다. 내용이 무엇인지는 끝내 나오지 않지만(이 사실이 중요하다. 편지는 기의를 드러내지 않고 끝내 기표로서만 작동한다) 무엇인가 매우 중요한 편지이다. 왕이 들어오자 당황한 왕비는 일부러 허술하게 편지를 방치한다. 그러나 함께 동반해 들어온 장관은 눈치 빠르게 편지를 가로챈다. 장관은 편지를 빌미로 권력을 행사한다. 왕비는 경찰을 보내 편지를 찾지만 실패한다. 장관은 왕비가 했던 그대로 편지를 허술하게 "숨긴다". 경찰은 갖은 수단을 다 쓰지만 끝내 실패한다. 경시청감의 부탁을 받은 뒤팽은 장관 집에 가서 교묘한 수

단을 써서 편지를 가로챘다.

라캉은 이 이야기를 매우 흥미진진하게 분석하는데, 여기에서는 우발점 개념에 초점을 맞추어서 보자. 이때 편지라는 존재는 하나의 사건을 담지하는 빈칸의 역할을 한다. 편지의 내용이 무엇인지는 이 이야기에 끝내 나오지 않는다. 다만 편지가 어디에 있느냐에 따라 왕비-왕-장관의 계열, 뒤팽-경찰-장관의 계열이 재조직되는 것이다.[5] 모든 구조는 이런 빈칸을 내포하고 있다. 앞에서 후기구조주의의 한 특징은 구조주의를 '역동화'시킨 데 있다는 말을 했다. 이 역동화의 과정에 필수적인 한 요소가 바로 이 빈칸, 우발점의 개념이다. 구조주의는 매우 규칙적인 구조를 제시하지만 후기구조주의는 사건의 존재론을 바탕으로 한다. 이것은 무엇을 뜻할까? 구조라는 것이 레비-스트로스가 말한 것처럼 영원의 하늘 아래 존재하는 그런 법칙이 아니라는 것이다. 앞에서(3강, §1) 구조주의적 의미 이론이 사건의 사유에 관련해 일정한 한계를 가진다고 했던 것도 이런 맥락에서 재음미해 볼 수 있다. 구조의 여기저기에서는 사건이 생겨난다. 마치 빈칸이 옮겨다니면서 그때그때마다 구조 전체를 변환시키는 것과 같다. 그래서 후기구조주의를 역동적 사유로 만들어 주는 핵심들 중 하나가 바로 이 빈칸 개념에 있다.[6]

---

5) 라캉은 여기에서 상호주관적 반복 구조에서의 '자리바꿈'(déplacement)에 주목한다. 왕비-왕-장관 계열과 장관-경시청감-뒤팽의 계열에서 장관의 자리는 특히 중요하다. 마치 삼단논법에서의 매개념처럼, 장관은 첫번째 계열과 두번째 계열에 모두 등장하며 두번째 계열에서는 전치(轉置)된 역할을 맡는다. 결국 "이들의 자리바꿈은 삼각구도에서 순수기표(도둑맞은 편지)가 차지하게 된 자리에 의해 결정된다."(Lacan, *Ecrits*, Seuil, 1966/ 1999, p. 16)

　　후기구조주의 사유들은 여러 영역들에서 이 빈칸의 존재를 발견해냈다. 사실은 레비-스트로스 자신이 이런 요소를 발견했다. '포틀라치'라는 것이 있다. 레비-스트로스에 따르면 미개사회를 떠받치는 가장 기본적인 구조는 바로 '교환'이다. 미개사회는 교환의 체계인 것이다. 특히 여자와 재물과 언어가 교환된다. 이 교환의 메커니즘이 미개사회의 '평형'을 유지시킨다. 그러나 마르셀 모스의 관찰에 따르면 이 평형이 깨지는 경우가 있다. 그것은 포틀라치 즉 선물에서 발생한다. 선물은 꼭 재물만을 의미하는 것이 아니라 명예나 권력과도 관련 있다. 결국 비평형적인 교환이 발견된 것이다. 이 사실은 레비-스트로스의 구조주의 체계에 대한 중대한 도전을 의미했다. 그러나 레비-스트로스는 이런 포틀라치를 그의 합리주의 체계에 억지로 구겨 넣었다. 그로써 그것을 "떠다니는 기표"라 부르게 된다. 기표들의 체계가 바로 구조이거니와, 포틀라치라는 이 기표는 어느 곳에 자리를 잡지 못하고 "떠다닌다"는 것이다. 레비-스트로스는 '구조'에 대한 믿음에 집착한 나머지 이 사실을 사실 자체로서 받아들이지 못했다. 그래서 구조주의를 무너뜨릴 불씨를 레비-스트로스의 구조 개념 자체가 안고 있었던 것이다. 모든 구조는 빈칸이라는 요소를 함축하고 그 빈칸이 구

---

6) 이 빈칸은 무(無)이다. 그러나 구조 전체 즉 존재를 가능하게 하고 일정하게 모양 짓는 것은 바로 이 무이다. 이 사유는 일찍이 역학(易學)의 중요한 한 원리로 작동한 바 있다. 우리는 왕필의 다음 언급에서 이 논리의 한 원형을 찾을 수 있다. "저 적은 것은 많은 것이 귀히 여기는 바요 과(寡)는 중(衆)이 귀향하는(혹은 존숭하는) 곳이다. 한 괘에 양효가 다섯이고 음효가 하나이면 음 하나가 그 주(主)가 되고, 음효가 다섯이고 양효가 하나이면 양 하나가 주가 된다. 저 음이 구하는 바는 양이고 양이 구하는 바는 음이다. 양이 하나일 뿐이라면 다섯 음이 어찌 함께 돌아가지 않을 것이며, 음이 진실로 외짝이라면 다섯 양이 어

조를 역동화시키는 것이다.

결국 우발점으로서의 사건은 하나의 표면효과이지만, 그것은 이미 존재하는 계열들의 장 안에 자리 잡음으로써 의미로 화한다. 그리고 그 자체는 기존의 사건-의미 계열들의 전반적 구조를 바꾸어놓는다. 나아가 그런 우발점의 운동이 빈칸으로서 구조를 돌아다님으로써 구조는 매우 역동적인 무엇으로 화하게 되는 것이다. 이 우발점의 존재가 구조주의→후기구조주의 사유계열을 매우 흥미로운 무엇으로 만들어 주었다.

§3. 선험적 계열학

사건들은 계열화됨으로써 의미를 가진다고 했다. 그러면 그 의미란 과연 어떤 것인지를 생각해 보자. 지난번 강의에서 의미를 논했지만, 오늘 말하는 의미는 그 근원적 의미 이후의 의미, 즉 이미 일정한 장 안에 편입되어 계열화된 의미를 말한다.

우리는 구조주의 아래로 내려가 사건으로서의 의미를 밝혀냈지만, 그 사건이 일단 일정한 장 안에 편입된 단계에서는 그 장의 역할을 고려해야 한다. 한마디로, 계열화되어 형성되는 의미는 곧 '변별적' 의미이다. 'différentiel'이라는 말을 쓰는데, 수학적으로 번역하면 '미분적'微分的 의미라고 할 수 있다. 우선 수학에서 'différentiel'의 의미가

찌 같이 따르지 않을 것인가? 그러므로 음효가 비록 천하나 한 괘의 주가 되는 것은 그 적은 곳에 처했기 때문이다."(왕필,『주역 왕필주』, 임채우 옮김, 길, 1998, 621쪽)

무엇인지 보자.

수학적인 맥락에서 우리는 세 종류의 관계를 살펴볼 수 있다. 우선 "2+3=5"와 같은 관계가 있고, 이것은 '현실적인' 관계라고 할 수 있다. 각 항들은 이미 현실적으로 규정되어 있다. 드러나 있는, 숨어 있는 것이라곤 없는 현실적 관계이다. 다음으로 "$x^2+y^2=r^2$"과 같은 관계가 있고, 이런 관계를 우리는 '상상적인' 관계라고 할 수 있다. 우리는 그때그때마다 매 경우 각 항을 상상한다. x^2과 y^2을 채워 나가는 것이다. 세번째 관계로는 "$xdx+ydy=0$"과 같은 경우가 있고, 이것은 곧 '미분적' 관계이다. 수학적으로는 미분적 관계이고, 언어학적으로는 변별적 관계이다. 일반화해서는 '차생적'差生的 관계라고 할 수 있다. "2+3=5"의 경우에는 모든 것이 드러나 있고, "$x^2+y^2=r^2$"의 경우에는 매 경우 상상이 필요하다. 그러나 "$xdx+ydy=0$" 같은 경우에 x와 y는 항상 $\frac{dy}{dx}$라는 상관관계에 입각해 변화한다. 이것이 미분적 관계이다. x도 변하고 y도 변하면서 서로 상관적으로 변화하는 것이다. 이 식은 "$\frac{dy}{dx}=-\frac{x}{y}$"라고 바꿔 쓸 수 있는데, 이렇게 쓰고 보면 사태가 보다 분명하게 보일 것이다. 우발점이 어디에서 솟아오르고 어떻게 움직이는가에 따라서 그 장 전체가 변한다는 것이다. 그런 관계가 차생적인 관계이다.[7]

---

7) 이 수식에서 중요한 것은 그것들 자체로서는 미규정적인 항들(dx, dy)이 서로 관계를 맺음으로써 일정한 규정된 관계($-\frac{x}{y}$)로 화한다는 사실이다. 이 내용은 들뢰즈의 『차이와 반복』 4장에서 자세하게 논의된다(「보론 1」을 보라). 한 가지 짚어 볼 것은 'différentiel'은 (구조주의에서처럼) 떨어져 있는 항들 사이에서의 '변별적' 관계(차이들을 통해서 생성하는 관계)를 뜻하는 데 그치지 않고, 라이프니츠-베르그송-해석학적 맥락을 띤다는 사실이다. 앞에서 들뢰즈의 '차이'를 간단히 설명했거니와(3강), 들뢰즈의 차이는 연속적 운

계열 개념이 함축하는 또 하나의 중요한 성격은 그것이 '선형적'이라는 점이다. 염색체가 선형적이라는 사실은 잘 알려져 있다(염색체는 엄청나게 긴 고분자 구조로 되어 있으며, 이것은 염색체가 선형적이라는 것을 뜻한다). 선형 구조에 있어 모든 요소들은 옴짝달싹할 수 없다. 선형적이기 때문에 움직일 수가 없는 것이다. 이럴 경우 그 계열 안 요소들의 의미를 결정하는 것은 무엇일까? 바로 그 요소가 계열에서 차지하고 있는 위치, 순서이다. 그러나 더 중요한 것이 있다. 현대 사상의 주요 용어로 편입된 말들 중 하나인 'voisinage' 즉 '이웃관계'이다. 계열은 선형적이기 때문에 각 요소들의 의미를 결정하는 것은 바로 그것이 어느 항 옆에 위치하느냐 하는 점이다. 양방향을 생각한다면 양옆의 항들에 의해 결정된다. '사이관계' 즉 (조어造語를 한다면) 'betweenness'이다. 선형적인 구조란 즉 이웃관계, 더 정확히는 사이관계에 의해 지배되는 구조를 뜻한다.

그러나 이런 계열들이 얼기설기 '디아그람', '장'을 형성할 때, 요소들의 위치와 의미는 훨씬 복잡해지며, 또 거기에 우발점이 가미되어 이해될 때 훨씬 역동적이게 된다. 하나의 요소는 특이점 —— 예컨대 두 계열의 교차점 —— 에 위치하게 됨으로써 중층적 의미를 가질 수도 있고, 또 우발점의 출현으로 인해 의미의 변화를 겪을 수도 있다. 후기 구조주의에 이르러 계열들의 장은 (구조주의에서처럼) 바둑판처럼 배

동 및 그 운동이 빚어내는 창조와 관련된다. 이 점에서 라이프니츠-베르그송-해석학을 잇고 있다. 그러나 그는 이미 푸앵카레, 로트만, 르네 톰 등의 '특이성 이론'을 겪은 인물이며, 이런 맥락에서 베르그송적 지속철학을 벗어나는 측면도 내포한다. 이런 성격이 잘 드러나는 대목들 중 하나가 '지속의 철학'에서 '사건의 철학'으로의 이행이다.

열된 '다이어그램'이 아니라 (유기적 통일성을 전제하지 않는) '디아그램'으로 변모했고, 거기에 특히 우발점 개념이 등장함으로써 디아그램 자체가 생성하는 장으로 이해되기에 이른다. 들뢰즈는 구조주의적인(사실상 후기구조주의적인) 사유를 일컬어 '선험적 위상학'이라 부른다. 여기에서 '위상학'이라는 표현은 후기구조주의의 '장' 개념이 거리적métrique이기보다 위상학적topologique이기 때문이다.[8]

후기구조주의는 어떤 의미에서 '선험적' 위상학일까? 그것은 이 담론이 우리의 모든 생각, 말, 몸짓이 그 위에서 이루어지는 장을 다루기 때문이다. 결국 후기구조주의란 이 장을 구성하는 계열들의 꺾어짐, 교차, 끊어짐, 이어짐, 수렴, 발산,…… 등을 연구하는 담론이라고 할 수 있다. 그러나 들뢰즈의 경우 (라이프니츠-베르그송과 연계되는) 미분적 사유 또한 핵심을 차지하며, 결국 들뢰즈의 존재론은 (수학적 은유를 쓴다면) 해석학과 위상수학이 통합된 사유라 할 수 있겠다(그 핵심이 특이성 이론이다). 수학적 은유를 떠나서, 들뢰즈를 포함해서 이런 사상들 일반을 '계열학'이라 부를 수 있을 것이다. 그렇다면 우리는 후기구조주의적 사유를 **선험적 계열학**으로 특징지을 수 있을 것이다. 계열학이란 한 계열의 그리고 **계열들** 사이의 **차생(적 관계)**을 다루는 담론이며, 선험적 계열학이란 우리의 삶을 떠받치고 있는 장의 계열학적 구조를 드러내는 작업을 뜻한다고 정의할 수 있을 것이다.

---

8) "거리"와 "메트릭"을 혼동하지 말아야 한다. "위상적인"의 반대말로서의 "메트릭"은 일상적 의미에서의 "거리"와 관련된다. 그러나 리만에서 들뢰즈·가타리에 이르기까지의 다양체론에 등장하는 "거리" 개념은 오히려 비메트릭적 개념이다. 이 문제에 관련해 다음을 보라. Delanda, *Intensive Science and Virtual Philosophy*, Continuum, 2002, Ch. 1.

잠깐 덧붙이는 말로서, 철학사와 수학사의 관계를 짚어 볼 필요
가 있다. 플라톤으로 대변되는 고대 사유는 에우클레이데스(유클리
드) 기하학에 대한 메타이론이다. 에우클레이데스 기하학을 모델로
학문을 세우고, 기하학이 지니고 있는 '형태'라는 조건 즉 공간이라는
조건을 넘어서면서 '형상=이데아'라는 개념이 성립한다. 다음으로 라
이프니츠로부터 베르그송으로 이어지는 근대 철학은 무한소미분, 더
일반적으로 말해 해석학과 상관적으로 발전한다. 데카르트의 해석기
하학으로부터 현대 해석학에 이르기까지의 수학사적 과정은 곧 고대
기하학이 간과했던 연속성과 무한, 운동과 시간, 극한('극한으로의 이
행') 등을 개념화했다고 할 수 있고, 이 연장선상에서 베르그송의 사유
가 세워졌다. 베르그송이 자신의 사유를 "질적 미적분"이라고 부른 것
은 이런 담론사적 맥락을 띠고 있다. 그리고 구조주의로 대변되는 현
대 사유는 다름 아닌 현대 수학의 핵심인 위상학과 대응한다. 이 위상
학의 연장선상에서 급변론을 세운 사람이 르네 톰이다. 급변론은 불
연속의 수학화를 실현시킨 담론이고, 또 특이성 개념을 수학적으로
명료화한 담론이다. 후기구조주의 사유에 매우 중요한 공헌을 한 담
론이다. 현대 사유에는 무한소미분, 위상학, 급변론 등과 같은 수학적
배경이 복합적으로 깔려 있다.

결국 고대 철학과 에우클레이데스 기하학, 근대 철학과 무한소미
분/해석학, 현대 철학과 위상학/급변론이라는 대응관계가 이어진다
고 할 수 있다. 세부적으로 들어가면 간단치 않은 대목들이 많지만, 철
학사와 수학사는 늘 나란히 진행되었음을 확인할 수 있다.

§4. 연접, 통접, 이접

이제 계열화에 대한 논의에서 매우 중요한 개념들인 연접連接=connex-ion, 통접統接=conjonction, 이접離接=disjonction에 대해 이야기해 보자.

이 개념들은 본래 논리학에서 자주 사용하는 개념들이지만(이 경우 '합언'合言, '연언'連言, '선언'選言으로 번역된다), 여기에서는 들뢰즈와 가타리의 맥락에서 논의된다. 들뢰즈는 이 개념들을 『의미의 논리』에서는 논리학-존재론적 맥락에서 사용하고, 가타리와의 공저인 『안티 오이디푸스』에서는 실천철학적인 맥락에서 사용한다. 우리의 맥락에서는 연접, 통접, 이접으로 번역하는 것이 좋을 것 같다.

들뢰즈는 계열화에 대해 '종합'이라는 말을 사용한다. 이때의 '종합'은 칸트의 종합과 대비되는 용어이다. 칸트에서의 종합이란 의식이 그것에 주어지는 '감각적 잡다' 또는 '인식론적 질료'에 자신의 형식을 부여하는 과정을 말한다. 그러나 들뢰즈에게서 종합이란 의식 이전에 행해지는, 사건들이 계열화되어 의미가 형성되는 과정을 뜻한다. 의식의 구성이 행해지는 것은 그 다음이다. 이 점에서 들뢰즈의 '종합' 개념은 근대 인식론의 개념이 아니라 현대 존재론의 개념이다.

연접, 통접, 이접은 각각 '연접적 종합', '통접적 종합', '이접적 종합'이라고 할 수 있다. 연접적 종합은 우리말로 하면 '이어짐'이다. 여러 계열들이 이어져 하나의 계열로 통합되는 것을 말한다. 『의미의 논리』에는 (루이스 캐럴에게서 연원하는) "Your Royal Highness"가 "y'reince"로 축약되는 예가 나온다. 사회-역사의 맥락에서 연접은 '생산'이다. 『안티오이디푸스』의 도입부는 생산으로서의 연접을 논하고 있다. 연접이란 논리학적으로는 일정한 요소들이 '그리고'를 통해서 이어지는 것을 말하고, 사회–역사철학적으로는 "기계들"—'신체들'이라는 표현이 더 좋을 것 같다—의 접속을 뜻한다.

들뢰즈와 가타리의 자연철학은 흐름flux과 기계라는 두 가지 개념으로 이루어진다. 우주는 기본적으로 물질의 흐름이고, 개체화된 물질 즉 물체가 "기계"이다. 그래서 들뢰즈와 가타리가 쓰는 '기계'라는 용어는 스토아학파의 'sôma'임을 짐작할 수 있다. 흐름이 한 기계에 의해 끊어지고, 또 그 기계에서 흐름이 유출되어 가다가 다시 다른 기계에 의해 끊어진다(그러나 근원적으로 보면 기계들 또한 흐름이 조직된 것들이다). 그 과정에서 접속을 통해 무엇인가가 산출되는 것이 생산의 과정이다. 아기가 어머니의 젖을 빠는 것도 입–기계와 젖가슴–기계 사이에서 젖이 흐르는 것으로 본다. 그리고 이 과정을 가능케 하는 것은 근원적 실체로서의 욕망이다(이때의 욕망은 심리적 존재가 아니라 오히려 '생명', '氣'에 가깝다). 언뜻 보기에 조잡한 서술로 보이지만, 가타리가 그전에 행했던 작업들 그리고 들뢰즈 철학의 배경을 이루는 스토아철학을 염두에 두고 읽는다면 보다 용이하게 이해된다. 요컨대 "욕망하는 기계들"의 연접적 종합이 생산의 과정이고, 이 생산이 "욕망하는 생산"이다.[9]

이접적 종합의 경우는 사건들이 이접적 관계를 맺는 경우이다. 이접에는 두 가지 경우, 즉 배제적인 이접과 포함적인 이접이 있다. 배제적 이접은 '또는'의 관계를 말하고, 포함적 이접은 '~이든 ~이든'의 관계를 말한다. 『의미의 논리』에서는 'slithy/slictueux', 'mimsy/chétriste' 등의 예가 나온다. 이것이 사회–역사의 맥락으로 넘어갈 때면 '분배'의 과정으로 변환된다(들뢰즈와 가타리는 '등기'라는 표현도 쓰고 있다). 분배는 분배할 전체를 전제하며, 들뢰즈와 가타리는 이를 (아르토에서 유래하는) 'corps sans organes'라는 말로 부른다. '기관 없는 신체' 또는 '탈기관체'라 번역할 수 있다. 스피노자의 실체에 대응한다. 미개사회의 탈기관체가 토지이고, 군주제 사회의 탈기관체가 군주의 신체라면, 자본주의 사회의 경우는 자본이다. 군주제 사회에서 군주의 비중이 과연 그렇게 컸는지, 또 군주제 사회의 탈기관체가 오히려 토지가 아니었는지 검토해 보아야 할 것 같다. 어쨌든 들뢰즈·가타리 사유는 기본적으로 이 탈기관체라는 잠재성과 구체적인 배치들이라는 현실성 사이에서 이루어진다고 볼 수 있다.

세번째 계열화 방식은 통접적 종합이다. 통접이란 '만일 ~라면, 그러면 ~'이라는 형식을 가진다. 어떤 전제들로부터 결론이 유도되는 형식이다. 『의미의 논리』에서는 'l'Azzigoom-Pudding'이라는 예가 나온다. 시장에 가서 마늘, 고기, 빵, 야채, 된장,…… 같은 재료들을 사 와서 요리를 만드는 경우가 하나의 예가 될 것이다. 재료들이 전제들이 되고 요리가 결론으로 유도되는 것이다. 이 점에서 통접은 곧 '소비'와 연관된다. 이 통접적 종합은 주체의 문제와 연관된다. 주체란 주

---

9) 들뢰즈·가타리에게 "욕망은 기계이며, 기계들의 종합, 기계적 배치이다. 이 모두가 욕망하는 기계들이다."(Deleuze et Guattari, *L'Anti-Oedipe*, Minuit, 1972, p. 352) "욕망이 기계"라는 표현은 다소 부정확한 표현이다. 차라리 욕망은 기계적으로 작동한다고, 또는 기계들은 욕망을 표현한다고 해야 할 것이다. 욕망 자체는 비가시적인 어떤 실재이다. 그 구체적 작동은 기계적 배치를 통해서 이루어진다. 이 점에서 모든 기계들은 욕망하는 기계들이다. 『천의 고원』에서는 "욕망의 기계적 배치"라는 표현이 등장하는데, 이 표현이 보다 정확한 표현이라 할 수 있다.

어진 것들을 가로지르면서 고유한 '종합'을 행하는 존재이기 때문이다. 그러나 이것이 순수 능동적인 과정은 아니다. 거기에는 (『차이와 반복』의 2장에서 다루어진) '수동적 종합'의 계기가 작동한다.[10]

여기에서는 간단히 개념 규정만을 말했지만, 연접, 통접, 이접의 개념은 들뢰즈의 주요 저작들을 관류하면서 매우 중요한 역할을 맡는다. 이 개념들이 계열학의 기초를 형성한다고 하겠다.

* * *

Q 계열화 말씀을 하셨는데, 그 계열화라는 것이 자의적이라면 객관성이나 진리는 의미가 없게 되나요?

A 대단히 흥미롭고 또 중요한 문제죠. 살인 사건이 벌어지면 반드시 의사와 경찰(과 기자)이 옵니다. 이들은 죽음의 신체적·행위적 인과를 추론합니다. 그러나 이들의 의견이 반드시 일치하는 것은 아니죠. 의사들은 사인死因을 놓고서 논쟁을 벌이고, 경찰들은 누가 죽였는가를 놓고서 논쟁을 벌입니다. 이렇게 논쟁을 벌인다는 것은 일단 사건들 사이의 '진짜' 계열화가 존재한다는 것을 함축합니다. 그렇지 않다면 논쟁을 벌일 이유가 없죠. 이는 사건이란 관념의 차원에서만 성립하는 것이 아

---

10) 수동적 종합은 칸트의 "감성/직관에서의 각지의 종합", "구상력에서의 재생의 종합", "개념에서의 재인의 종합"이라는 능동적 종합의 한계를 돌파하기 위한 사유이다. 들뢰즈는 첫번째 종합에 대해서는 강도(intensité)의 역할을 통해서, 두번째 종합에 대해서는 "sens commun" 개념에 대한 비판을 통해서, 세번째 종합에 대해서는 선험적 주체 개념에 대한 비판을 통해서 응답한다. 다음을 보라. 키스 포크너, 『들뢰즈와 시간의 세 가지 종합』, 한정헌 옮김, 그린비, 2008.

니라 물질과의 상관성에 따라 이루어지기 때문입니다. 그래서 우리가 '심증'이라는 말과 '물증'이라는 말을 구분하는 것이죠.

심증이란 무엇일까요? 바로 우리가 머릿속에서 구성해 보는 계열화를 말합니다. 그러나 심증만 가지고서는 안 되죠. 확실한 물증이 있어야 그 계열화가 증명되는 것 아닙니까? 분명 관념적 구성 바깥의 '진짜' 계열이 존재한다고 보아야 합니다. 물론 그 '객관적' 계열이 하나가 아닐 수는 있겠죠. 알튀세르가 러시아혁명을 논하면서 '중층결정' surdétermination에 대해 논한 것은 잘 알려져 있죠? 계열들이 여럿 있을 수 있는 것이죠. 그러나 어쨌든 진짜 계열은 존재한다고 보아야 합니다.

그런데 사실 이것은 순수 인식론적 맥락에서의 이야기이고, 실제 인간사회를 보면 계열화는 상당 부분 주관적입니다. 우선 이미 벌어진 사건들이 아니라 앞으로 벌어질 사건들에 관련해 그렇죠. 예컨대 사람들은 '교육 개혁의 방향'이라는 말을 씁니다. 이것은 앞으로 발생할 교육 관련의 사건들을 어떻게 계열화할 것인가의 문제입니다. 사람들은 이 계열화를 가지고서 논쟁을 합니다. 그런데 이 논쟁의 상당 부분이 결국 이해利害를 깔고 있는 것이죠. 인간이 행하는 거의 대부분의 논쟁은 사실 이해타산을 깔고 있는 논쟁입니다. 진정으로 순수한 논쟁은 드물죠. 또, 정부나 기업에서는 끊임없이 무엇인가를 조작하죠. 이 조작이라는 것은 결국 사건들을 자의적으로 계열화해서 이득을 보려는 수작입니다. 과거나 현재의 사건들의 경우에도 마찬가지죠. 만일 반정부 인사가 공작원의 벽돌에 맞아 죽었다면 여당은 우연한 사고로 계열화하려 할 터인데, 이런 것이 바로 조작 또는 공작인 것이죠.

때로 인간사에서는 어느 것이 진실인지 영원히 알 수 없게 되어 버리는 경우도 많습니다. 아니, 정치를 비롯한 상당수의 인간사에서 대개 충분한 진실은 드러나지 않죠. 계열화란 순수 인식적 관점에서 이루어지기보다는 늘 인간의 이해타산에 의해 왜곡됩니다. 그러나 현실이 이렇다 해도 순수한 학문적 관심에서의 계열화도 물론 가능하고, 따라서 우리가 추구할 계열화는 '욕망과 권력의 놀이'를 벗어나 객관적 진리를 보려는 계열화가 되어야 할 것입니다.

Q 구조주의 사유에서는 주체란 단지 한 구조 내의 함수값에 불과하다고 하셨는데요. 후기구조주의의 경우, 만일 의미라는 것이 사건들이 계열화되어야 성립한다고 한다면 그때 그 계열화는 주체가 하는 것 아닌가요? 주체가 개입해야 계열화가 되는 것 아닐까요?

A 근대 철학에서는 대체적으로 의미란 주체가 만들어내는 것이라고 보죠. 이런 전통은 현상학에까지 내려옵니다. 하지만 구조주의는 그런 형태의 의미를 '상상적인' 의미라고 부릅니다. 상상적인 의미란 주관적인 의미죠(조심할 것은 이때의 'imaginary'가 '자의적인'을 뜻하지는 않는다는 점입니다. '이미지적인'이라는 뜻입니다). 그리고 이런 상상적인 의미가 만들어지는 이유는 바로 각 개인이 가진 '의식'이라는 존재 때문입니다. 의식이란 마치 거울과 같아서 의식이 하나 있을 때마다 상상적인 의미가 하나 만들어지는 것이죠. 철수의 '이미지'는 친구들 각각에 있어 모두 다른 것입니다. 하지만 구조주의가 발견한 것은 '상징적인' 의미입니다. 이때의 '상징적인'이라는 말은 흔히 사용되는 뜻으로 쓴 말이 아니라 바로 구조를 가리키는 말입니다. 그래서 구조주의에서는 주체가 의미를 만들어낸다는 생각을 일종의 환상으로 봅니다. 그러나 후

기구조주의에 들어서면 구조주의가 자연적 '법칙'이라고 보았던 상당수의 구조들이 '인위적 코드'로 이해됩니다. 그러면서 주체의 역할이 새로운 방식으로 논의되기 시작합니다. 라캉, 푸코, 부르디외, 들뢰즈, 바디우,…… 등이 대표적이죠. 중요한 것은 우리가 서 있는 담론사적 지점은 주체 해체의 시대가 아니라 새로운 주체들의 시대라는 점이죠.

Q 사건들이 선형적으로 계열화된다고 말씀하셨는데, 그렇지 않은 경우도 있지 않을까요?

A 기본적으로는 선형적이죠. 요소들이 이어지는 것은 '이어진다'는 말 자체가 함축하듯이 우선은 선형적인 방식이니까요. 하지만 대부분의 경우 하나의 계열만 있는 것은 아니죠. 여러 계열들이 있고 이 계열들이 하나의 장을 구성하는데, 이 장의 모양새로는 여러 가지가 가능합니다. 그리고 계열들 사이에 교차, 수렴, 발산, 이어짐과 끊어짐 등이 발생하면서 매우 역동적인 변화가 발생합니다. 아까 우리가 계열학을 언급했는데, 바로 여러 계열들이 이렇게 가변적인 관계를 맺으면서 얽히는 구조와 과정을 연구하는 작업을 말하는 것이죠.

Q 사건들이 선형적으로 계열화될 때 그 요소들은 위치를 통해서, 이웃관계를 통해서 의미를 가지게 된다고 말씀하셨는데요, 그러면 요소들이 원형을 그리면서 계열화될 경우는 어떻게 되나요?

A 글쎄요. 원형을 그리는 경우라면 어떤 경우가 있을까요? 우리 현실에서는 생각하기 힘들겠죠. 사건들이란 시간에 따라 발생하니까요. 이런 경우를 생각할 수 있을 것 같네요. 내가 길을 걸어가고 있는데 어디에서

본 듯한 한 노인이 나에게 다가오는 겁니다. 그리고 나에게 인사를 하는 거예요. 그래서 "노인장 뉘신지요?" 하고 물으니까, 그분이 내게 "내가 바로 자넬세" 하고 말하는 겁니다. 그 사람이 바로 먼 훗날의 나 자신이라는 것이죠. 이런 경우는 사건들의 계열화가 원형을 그리는 경우겠죠. 하지만 이것은 현실적인 이야기는 아닙니다.

Q 의미가 계열화에 의해 형성된다고 했는데요. 그 계열화라는 것은 우연적인 것인가요? 이웃관계 같은 것이 필연적인 어떤 것이 될 수 있나요?

A 그런 맥락에서 우발점 개념이 중요한 역할을 합니다. 우발점이란 이미 형성된 계열들의 격자/장 어디에선가 발생하는 사건이죠. 그런데 그 사건이 어디에서 발생하는가에 따라 그 장 전체의 조직화가 달라집니다. 축구 경기를 떠올리면 될 것 같아요. 축구 경기장에는 여러 선수들이 계열화되어 있죠? 예컨대 흔히 '수비 포메이션'이라는 말을 합니다. 그런데 공이 떠 있다가 어딘가에 떨어지면 그것이 하나의 우발점이 됩니다. 공이 어디에 떨어지느냐에 따라 선수들의 움직임이 달라지죠. 계열화된 장 전체가 다시 재조직됩니다. 이 점에서 우발점이 중요한 역할을 합니다. 축구장을 우리의 삶 자체로 생각하고, 선수들의 계열화를 기존에 코드화되어 있는 구조로 생각하면 되겠죠. 그러나 모든 사건들이 무조건 우연적인 것은 아닙니다. 사건들의 상투적인 반복도 많으니까요 (그럴 때 보통은 그것들을 '사건'이라고 부르지는 않지만).

Q 계열화에는 시간이 개입할 것 같은데, 시간에 대해서는 어떻게 이해해야 하나요?

A 시간을 생각할 때 가장 기본적인 두 입장은 시간을 내면적인 무엇으로

보는가 아니면 우리가 조작할 수 있는 외적인 무엇으로 보는가 하는 것이죠. 베르그송과 아인슈타인의 논쟁이 이런 문제를 둘러싸고 벌어졌습니다. 또 외적으로 보는 경우에도 두 가지 입장이 대립하는데, 하나는 절대 시간을 인정하는 입장이고 다른 하나는 시간을 사건의 부대물로 보는 입장입니다. 17세기에 있었던 라이프니츠와 클라크의 논쟁이 이런 문제를 둘러싸고 벌어졌습니다.

우리의 맥락에서 생각해 보면, 시간이라는 절대적 바탕이 있고 그 안에서 사건들이 벌어진다고 생각할 수도 있고 아니면 사건들이 벌어질 때 거기에 붙는 일종의 지수가 시간이라고도 볼 수 있어요. 만일 절대적 시간을 염두에 둔다면, 사건에서의 시간이란 바로 그 사건이 벌어진 연대年代죠. 이것이 절대적 시간 지표입니다. 그렇지 않고 시간을 사건의 부대물로 보면, 절대 시간은 무의미하고 계열학적 시간만이 문제가 됩니다. 즉, 순서만이 문제가 되죠. 그런데 계열들이 복잡한 위상 구조를 이루고 있기 때문에, 이럴 경우 그 시간론도 상당히 복잡해집니다.

Q 사건이란 물질의 운동을 통해서 발생하는 '표면효과' 아닙니까? 그리고 사건들은 계열화된다고 하셨는데요. 물질 자체가 어떤 법칙성을 띠고 있는 것 아닙니까? 물질은 우리가 흔히 물리법칙이라고 부르는 그런 법칙의 지배를 받는데요, 그러면 사건이라는 것은 항상 물리법칙의 결과라고 할 수 있나요?

A 물리법칙은 물질이 내포하는 무한한 운동의 한 계기를 드러낼 뿐입니다. 특정한 물리법칙으로부터 사건들을 직접 연역하는 것은 무리입니다. 물리학 법칙은 어떤 특정한 수학과 실험을 사용하기 때문에, 물질 전체 ── 무한한 사건들의 총체라고도 볼 수 있는 ── 를 파악한다기보

다는 그 전체의 어떤 특정한 면plan을 파악한다고 할 수 있습니다. 그래서 그 면에 대한 파악으로부터 사건들 일반이 연역될 수 있다고 말하는 것은 곤란하죠. 어떤 사람이 상대성 이론을 완벽하게 알았다 해서 내일 어떤 일이 벌어질지 —— 주가가 어떻게 변할지, 영희가 철수의 청혼을 받아들일지, 영수가 당구 게임에서 이길지 —— 어떻게 예측하겠습니까? 어디까지나 그 이론이 겨냥하는 면에 관련해서 예측할 수 있겠죠. 물리학이라는 개별 과학이 말하는 '물질'과 지금 우리가 말하는 존재론적 지평에서의 '물질'은 같은 개념이 아닙니다.

5강_특이성

지금까지 사건과 의미 그리고 계열화에 대해 이야기했다. 오늘 이야기할 것은 특이성이다. 이 특이성 개념은 후기구조주의를 이해하는 데 매우 중요한 개념이다. 계열만큼이나 중요한 개념이고, 또 계열과 늘 같이 가는 개념이다. 오늘은 이 개념에 대해 알아보자.

§1. 특이성

후기구조주의 계열의 저작들을 읽을 때면 'singulier', 'singularité' 같은 말들을 자주 접하게 된다. 본래 'singulier'는 '단일한'을 뜻한다. 논리학에서 판단의 양量을 가리키는 말로서, '특정한/특수한'spécifique/particulier 및 '보편적인'universel과 쌍을 이룬다. 연관되는 말로서 '특수한'과 '일반적인'의 쌍이 있다. 전자가 하나/여럿/모두의 쌍이라면, 후자는 일부의/대부분의 쌍이다. 모두 판단의 양에 관련된다.

　근대 철학에 들어와서는 'singulier'라는 말에 또 다른 의미가 부여된다. 이 경우에는 '단독의', '독특한', '고유의',…… 등으로 번역할 수 있다. 이는 판단의 양보다는 비결정성에 관련된다. 법칙적인, 보편적인, 본질적인, 필연적인,…… 것들을 추구해 온 것이 서구 형이상학의 역사라면, 키르케고르 등 일부 근대 철학자들은 이런 본질주의를 거부하고 (특히 한 개인의) 단독적인, 독특한, 고유한 면모를 부각시켰다. 이 경우의 '하나'는 등질적인 양적 관계의 한 요소로서의 하나가 아니라 다른 것들로 환원되지 않는, 보편적/법칙적/필연적 존재로 흡수되지 않는 고유한 어떤 것을 가리킨다.

이에 비해서 이번 시간에 이야기할 'singulier' 또는 'singularité' ─점의 맥락을 띨 때에는 '특이점'point singulier ─는 '특이한', '특이성'으로 번역할 수 있다. 이 경우는 앞의 두 경우와는 또 다른 맥락을 함축한다. '특이한'은 '보편적인'/'일반적인'의 반대말이 아니라 '보통의' 또는 '규칙적인'의 반대말이다. 보편성이나 일반성의 반대말로서의 단일성은 단순한 양적인 의미만을 함축하는 데 반해, 보통이나 규칙성의 반대말로서의 특이성은 어떤 질적인 의미를 함축하고 있다. 이 점에서 위의 두 의미 중 뒤의 의미에 보다 가깝다. 그러나 우리가 논의하게 될 사유계열은 또 다른 사유계열에 속하며, 기본적으로 수학 ─해석학, 미분방정식으로부터 위상수학, 급변론으로 이어지는 계열 ─과 연관된다.[1]

---

1) '특이성 이론'은 앙리 푸앵카레에 의해 개발되었으며, 알베르 로트만, 르네 톰, 질베르 시몽동, 질 들뢰즈,…… 등에 의해 발전되어 왔다. 이하에서 전개되는 논의는 르네 톰의 급변론을 참조하되, 특이성 이론에 대한 직접적인 논의라기보다는 그것을 우리의 맥락에 맞게 비교적 자유롭게 응용한 것이다.

<그림 7> 일상생활에서의 특이점들

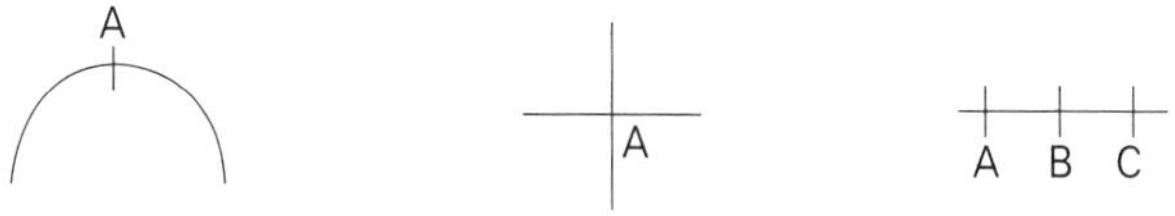

특이성에 관련된 일상적인 예를 들어 보자. 언덕 같은 것이 특이성의 좋은 예이다(그림 7-a). 올라가다가 언덕이 있고 거기에서(A) 다시 내려간다. 내려가는 부분과 올라가는 부분이 있고, 그 언덕/꼭대기가 특이점이다. 마루의 예를 들었으나, 골의 예를 들 수도 있을 것이다. 또 다른 예로는 교차로를 들 수 있다. 이렇게(그림 7-b) 갈 때, 교차로(A)는 두 길 모두에 해당한다. 다른 점들에서는 꺾어지는 것이 불가능하고 이 지점에서만 가능하다. 또 하나의 예를 든다면 정거장을 들 수 있다(그림 7-c). 버스가 가다가 서고 또 가다가 선다. 계속 가는 곳이 보통의/규칙적인 점들이고 서는 곳들(A, B, C,……)이 특이점들이다. 지하철의 환승역들도 특이점의 좋은 예이다. 이 예들에서 볼 수 있듯이, 특이점/특이성 개념을 다소 느슨하게 사용할 경우 우리 생활의 도처에서 확인할 수 있다.

이제 수학적 예를 들어 보자. 하나의 삼각형이 있다면(그림 8-a), 바로 이 꼭짓점들(A, B, C)이 특이점들이다. 이 꼭짓점 이외의 점들은 보통의/규칙적인 점들이다. 시간을 도입해 생각할 경우, 여기에서(A) 시작해 쭉 가다가 여기에서(B) 뭔가 달라진다. 이 점에서 "무슨 일인가가 일어났다"고 할 수 있다.[2] 여기가 특이점이다. 또 입체의 경우도

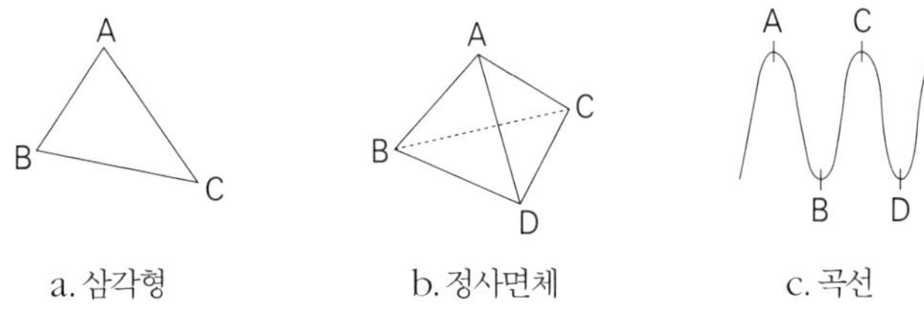

마찬가지이다. 이런 구조가 있다면(그림 8-b), 여기 이 튀어나온 부분의 끝점들(A, B, C, D), 이 점들이 특이점들이다. 또 오목한 경우를 생각한다면, 그 오목한 모서리들도 특이점들일 것이다. 곡선의 경우(그림 8-c), 이런 모양이 있다면 특이점이 이렇게 네 군데(A, B, C, D)가 있을 것이다. 이런 경우들이 특이점 개념을 잘 보여 준다.

수학적으로 특이점이란 무엇을 말할까? 우리는 수학적 특이점을 해석학적 맥락에서 규정할 수 있다. 어떤 점이 특이점이라는 것은 그 점의 미분 계수가 0이라는 것을 의미한다. 이렇게 그렸을 때(그림 9-a), 이 점들(A, B, C, D)이 특이점들이다. 그리고 2차 도함수를 염두

---

2) "무슨 일인가가 일어났다"라는 표현은 바로 사건 개념과 통한다. 사건이란 도래하는 것, 발생하는 것, 나타나는 것(ce qui arrive)이기 때문이다. 'arriver' 동사가 특이성, 사건의 뉘앙스를 정확히 전달해 준다. 라이프니츠의 모나드를 구성하는 빈위들 하나하나도 곧 그 모나드에게 '일어나는 일'이다. 이 점에서 라이프니츠의 사유가 특이성 이론, 사건론과 연결되며, 이 문제는 또한 (라이프니츠 자신이 창시했던) 무한소미분과도 밀접한 관련을 가진다. 다만 탈-물질적 차원을 우선시하는 라이프니츠가 모나드를 실체로 보고 그후에 물질이라는 요소를 도입한다면, 현대 철학은 물질/실체의 차원을 먼저 전제하고 그 표면에서의 사건을 사유한다는 점이 반대이다. 이 경우 'attribut'는 '부대물'의 뉘앙스를 띠게 된다. 둘을 동등하게 볼 때 스피노자적 구도가 성립한다.

〈그림 9〉 여러 점/선의 특이성들

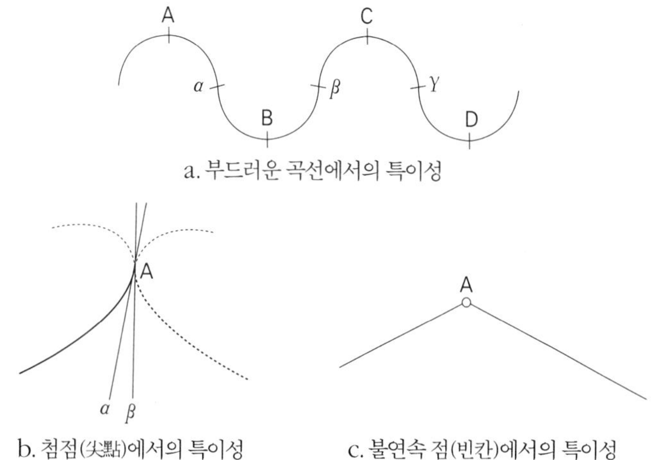

에 두었을 때에는 a, β, γ도 특이점들이다. 또는 미분 계수가 하나가 아니게 되는 점도 특이점이다. 예컨대 이런 경우는 어떤가?(그림 9-b) 이 경우 이 점(A)에서 미분 계수가 두 개다. 그림으로 하면 미분 계수가 이쪽으로[왼쪽] 가는 것은 이렇게 될 것이고(a), 이리로[오른쪽] 가는 것은 이렇게 된다(β). 또 이런 구조의 경우(그림 9-c), 이 점(A)은 아예 미분 불가능하다. 이런 점도 특이점으로 간주할 수 있다. 요컨대 해석학적으로는 미분 계수가 0이거나(또는 부호가 바뀌거나), 둘 이상이거나, 아니면 아예 없는 경우들이 특이점을 형성한다.[3]

---

3) 보다 본격적인 논의로는 다음을 보라. René Thom, *Stabilité structurelle et morphogénèse*, Interéditions, 1972.

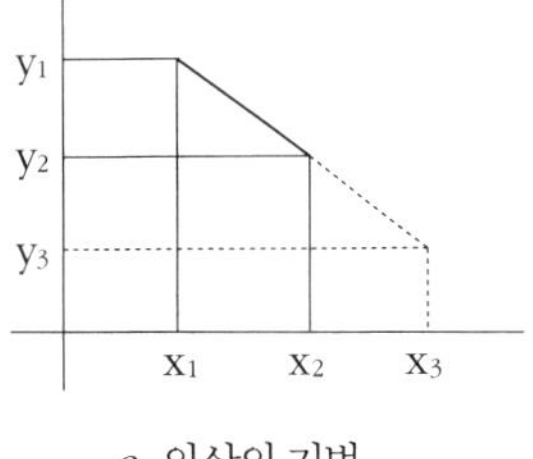

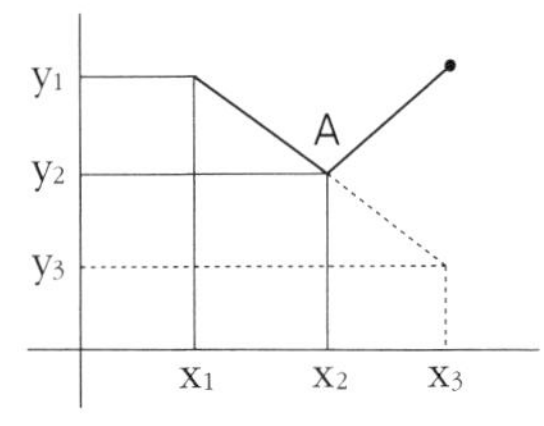

a. 외삽의 기법   b. 외삽 불가능한 점으로서의 특이점

특이점 개념은 외삽外揷=extrapolation의 개념을 가지고서도 정의할 수 있다. 외삽이란 어느 순간까지의 흐름에 미루어 아직 나타나지 않은, 또는 나타나게 만들 수 없는 부분을 예측하는 기법이다. 어떤 연구를 했고 그 결과를 그래프로 나타낸 경우를 생각해 보자. 조사의 한계 때문에 그래프상의 x_1에서 시작해 조사했고, 그때 y의 값이 〈그림 10-a〉처럼 나타났다. 그러나 시간이 없어 또는 기술상의 난점으로 x_2 이상은 조사할 수 없었다. 그러나 알고 싶은 것은 x_3에서의 y이다. 이 경우, x_2까지의 그래프의 흐름을 외삽해 x_3에서의 y값을 유추해내는 것이다. 안쪽으로(x_1 이하) 연장시켜 볼 때는 내삽內揷이라고 한다.

이 외삽 기법은 물론 불완전한 방법이다. 그러나 '발견의 방법'으로서는 매우 유용하다. 그런데 특이점이란 다름 아닌 더 이상 외삽이 안 되는 점이다(그림 10-b). 더 정확히 말해, 외삽이 실패하게 되는 점이다. 그때까지의 흐름을 아무리 잘 파악했다 해도 지금 이 지점(A)에서 실제의 흐름이 갑자기 꺾어지는 경우라면 외삽이 소용없게 되어버린다. 지금 여기까지(A) 왔으므로 여기서(x_3)는 이 정도(y_3)가 될 것으로 추정할 수 있으나, 사실은 전혀 그렇지가 않다. 외삽/내삽이 더 이상 안 되는 이런 점이 특이점이다.

그러면 우리 논의를 좀더 추상적인 수준으로 옮겨 보자. 사유한다는 것은 결국 **구체와 추상** 사이를 왔다 갔다 하는 **왕복운동**이다. 구체적인 층위에 집착할 경우 세계에 대한 즉물적 이해에 그친다. 경험적인 것들을 확인하는 것 이상은 얻지 못한다. 인간이 이룩한 위대한 지적 업적들은 대부분 추상적 사유의 결과들이다. 반면 추상적인 차원에만 머물 경우 개념들만 남발하게 될 뿐 이 세계와의 직접적인 대화가 이루어지지 않는다. 그래서 추상적인 것들에는 생명력이 없다. 진정한 사유란 극히 구체적인 것들(감성적 언표들)로부터 극히 추상적인 것들(존재론적 원리들)에 이르기까지의 그 사이를 왕복운동하는 것이다. 살아 있는 '현실'과 근원적인 '실재' 사이에 존재하는 공간 전부를 보려 하는 것이 '사유'이다.[4]

그러니 이제 우리 논의를 추상 쪽으로 더 끌고 가 보자. 물에는 몇 개의 특이점이 있을까? 지금까지 공간적인, 구상적인 예들을 들었는데, 이제 보다 추상적인 수준에서 그리고 시간이라는 변수를 넣어 생각해 보자. 잘 생각해 보면, 물에는 두 개의 특이점이 있다고 할 수 있다. 물이 얼음으로 변하는 점 그리고 물이 수증기로 변하는 점, 이 두 점이 특이점이다. 논의의 층위를 다시 바꾸어 보자. 야구에서 타자가

---

4) 존재론이 결국 '리얼리티'를 찾는 작업이라고 할 때, 'reality'라는 서구어가 우리말의 '현실'과 '실재'로 나뉘어 번역된다는 점은 시사적이다. 결국 **현실**은 펼쳐진 실재이고 실재는 접혀 있는 현실일 뿐이다. 그 접힘과 펼쳐짐 전체를 긍정하고 사유하는 것이 중요하다.

공을 치려고 준비하고 있다. 거기에 몇 개의 특이점이 있을까? 아웃 당하는 경우, 삼진 당하는 경우, 홈런 치는 경우, 안타 치는 경우, 파울 나는 경우,……, 이런 특이점들이 존재한다고 생각해 볼 수 있을 것이다. 물론 보통의/규칙적인 경우들을 어떻게 설정하느냐에 따라 달라질 것이다. 단적인 예로, 경기가 열리는 것 자체를 보통의 경우로 상정한다면 비가 내려 경기가 중단되는 경우가 특이점이 될 것이다.[5]

지금까지 주로 직관적인 예를 들었지만, 이제 '특이성'을 좀더 개념적으로 정의해 보자. 특이성/특이점을 좀더 정확하게 정의하는 것은 이웃관계 개념을 사용함으로써 가능하다. 특이점이란 결국 다른 점들 사이에서 성립했던 것과 다른, 즉 보통 점들에서와는 다른 형태의 이웃관계가 나타나는 점이다. 어떤 한 공간에서 일정한 점을 잡았을 때, 그 점의 충분히 작은 주변에서 아무런 일도 벌어지지 않았을 경우 그 점은 보통의 점이다. 반면 무슨 일인가가 벌어졌을 때 그 점은 특이점이다(왜 "충분히 작다"는 수식어가 들어갈까? 주변을 아주 크게 잡으면, 특이성을 밝혀내는 규준으로서 제대로 기능하지 못하기 때문이다). 그림으로 보면(그림 11), 여기에(A) 충분히 작은 구역을 잡았을 때 이웃관계에는 아무런 변화가 없다. 그렇지만 여기에(B) 또는 여기에 (C) 잡을 경우, 이 구역들에서는 이웃관계가 달라진다. 이런 점들이 특

---

5) 맥락을 달리할 경우, 한 개인이 특이점이 될 수 있다. 사회는 일정한 규칙성에 따라 조직되는 집단들로 구성되며, 이 집단들, 규칙들은 (들뢰즈와 가타리의 용어로) '몰적'(molaire) 존재들을 형성한다. 이 몰적 존재양식 속에 함몰되는 한에서의 개인의 존재양식은 곧 보통의 존재양식이다. 그 몰적 존재양식을 비켜가는 개인은 '분자적'(moléculaire)으로 존재한다. 이런 의미에서 한 개인이 특이점으로서 존재할 수 있다.

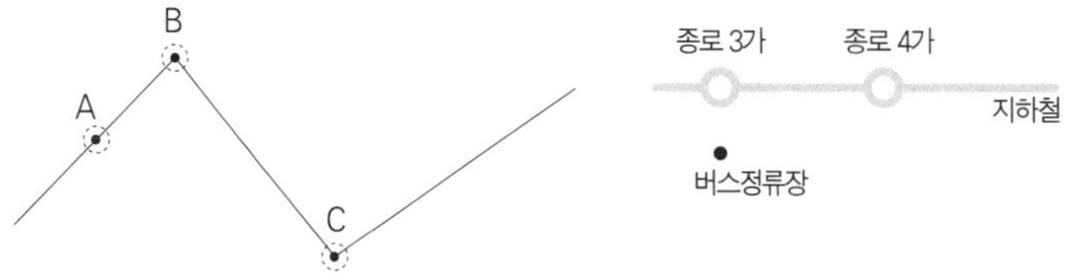

〈그림 11〉 이웃관계를 통한 특이점의 규정

이점들이다. 이웃관계에서 어떤 커다란 변화가 일어날 때, 우리는 그런 점들을 특이점이라고 볼 수 있다.

여기에서 이웃관계는 '근접성'과는 다르다. 근접성이란 거리적인 métrique 개념이다. 그러나 특이성 개념은 (느슨한 의미에서) 위상학적인 개념이다. 예컨대 종로 3가의 지하철역과 버스 정류장 사이는 거리적으로 종로 3가 지하철역과 4가 지하철역 사이보다 짧다. 하지만 지하철역과 버스 정류장은 위상학적으로 불연속이다. 3가에서 4가는 멀지만 차를 갈아타지 않아도 되고, 3가 지하철역과 버스 정류장은 가깝지만 차를 갈아타야 하는 것이다. 지금 우리가 논의하고 있는 맥락은 거리적인 것이 아니라 위상학/급변론의 맥락이다. 급변론적인 이웃관계와 거리적인 근접성은 다른 개념이다.

우리 논의의 줄거리에서 약간 벗어나지만, 우리는 이런 개념-틀을 가지고 카오스 개념을 새롭게 규정할 수 있다. 카오스를 어떻게 정의할 수 있을까? 예컨대 어떤 공간과 시간에서 다음과 같은 관계(그림 12-a)가 성립한다면, 여기에는 네 개의 특이점이 있다고 할 수 있다.

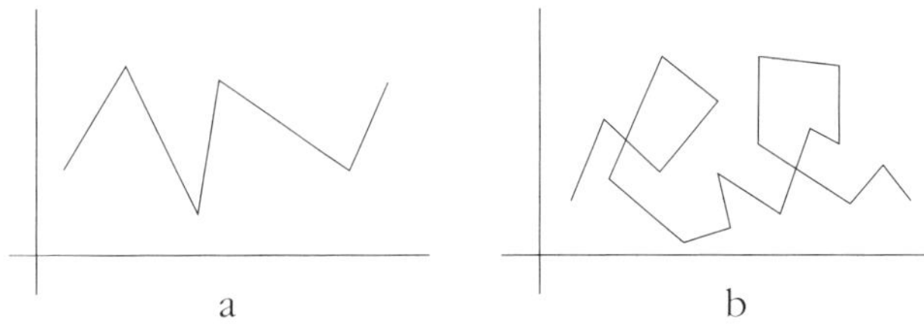

〈그림 12〉 이웃관계에 의한 카오스의 이해

이것은 이 시공간에서 네 번의 큰 사건이 벌어진다는 것, 네 번의 꺾어짐이 존재한다는 것을 말한다. 하지만 만약에 어떤 시공간이 이렇게 될 경우(그림 12-b) 이 경우에는 특이점이 훨씬 많아질 것이다. 이 경우에는 많은 꺾어짐들과 사건들, 변화가 존재하게 될 것이다. 그렇다면 카오스란 한 시공간의 거의 모든 경우가 다 특이점일 때, 한 시공간의 거의 모든 경우에 카타스트로프가 발생할 때 성립한다고 할 수 있지 않을까? 우리는 카오스 개념도 이렇게 이웃관계를 통해서 정의할 수 있다.[6]

그리고 특이성이라는 개념을 정의하기 위해 또 하나의 개념이 필요하다. 그것은 곧 '뻗어감'prolongement이라는 개념이다. '이어감'이

---

6) 지금 설명의 편의상 '꺾어짐'을 공간적으로 이해했지만, 특이점 하나하나가 "무슨 일인가가 벌어지는" 점, 질적 변화가 일어나는 점이라면, 카오스 상태는 질적 규정이 없는 상태라기보다 오히려 무수히 많은 경우가 아닐까? 그렇다면 질서란 이런 다질성(heterogeneity)으로부터 일정한 등질성(homogeneity)이 분화되어 나온 것이 아닐까? 그리고 이런 분화는 항상 어떤 일정한 시공간을 가능조건으로 해서 성립할 것이다.

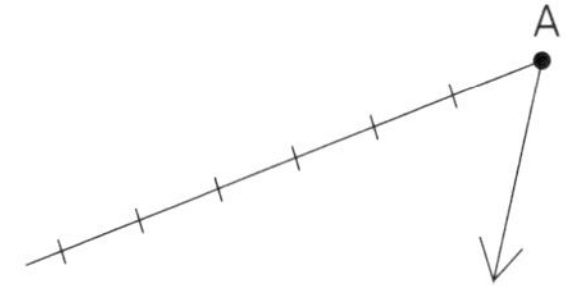

라고도 할 수 있다. 이 뻗어감 또는 이어감이라는 것이 반드시 있어야 특이성을 확인할 수 있다. 보통의 것과 특이한 것, 연속적인 것과 불연속적인 것은 상보적 개념이다. 연속성이 없으면 불연속을 이해할 수 없다. 연속성이 존재하기에 그 위에서 불연속을 확인할 수 있다. 다시 말해, 이렇게 쭉쭉 뻗어나가 보아야 여기에서(그림 13의 A) 더 이상 뻗어감이 성립하지 않는다는 것을 알 수 있는 것이다. 아울러 카오스 상태란 어디에서나 급변이 발생하기에 뻗어감이 성립하지 않는 상태라고도 규정할 수 있다(다시 말해, 뻗어감이란 곧 일정한 질서의 성립을 함축한다). 뻗어감은 등질성을 전제한다는 사실을 음미하자. 여기에서 알 수 있는 것은 특이성이란 개념은 반드시 계열 개념과 같이 간다는 것이다. 계열이란 개념이 있어야 특이성 개념도 의미가 있는 것이고, 한 계열에 특이성들이 있을 때 그 계열이 어떤 질적인 복수성을 담을 수 있다. 앞 강의에서 "계열들의 꺾어짐, 교차, 이어짐, 끊어짐, 수렴과 발산을 연구하는" 계열학에 대해 이야기했거니와, 지금까지의 논의에서 계열 개념과 특이성 개념의 관계를 확인할 수 있다.

§2. 특이성과 사건

그런데 여기에서 흥미진진하게 다가오는 것은 특이성과 사건의 관계이다. 지금까지 쭉 이야기해 온 것은 특이성이라는 개념의 규정이었지만, 이제 이 개념이 지금까지의 우리 논의와 어떤 관계가 있는지를 보아야겠다. 지금까지는 특이성 개념을 주로 공간적으로 규정해 왔지만, 이제 여기에 운동 개념을 집어넣어 생각해 보자.

운동 개념을 집어넣어 생각해 보면, 특이성이란 바로 사건이다. 보통의 사건들과 구별되는 시점, 즉 무슨 일인가가 일어나는 시점이 특이점이다(물론 거듭 말하거니와 변화가 있다/없다는 것은 상대적이다. "오늘 하루 아무 변화가 없었다"고 말하는 경우에도 미시적으로는 수많은 변화가 있었다. 논의의 층위를 어디로 잡느냐에 따라 달라진다). 다시 말해, 시간을 쪼개면서 즉 시간을 과거와 미래로 분할하면서 발생하는 것이 곧 사건이다. 시간이 수평적으로 쭉 가다가 어느 순간에 수직적으로 솟아오를 때, 여기에 사건이 존재한다(이 사실은 베르그송과 바슐라르의 대립을 이해하는 데에도 매우 중요하다). 요컨대 어느 시점에서 과거와 미래를 가르면서 솟아오르는 것이 곧 사건이다. 과거와 미래를 분할하면서 시간에서의 특이성을 구현하는 것이 사건인 것이다.

여기에서 다시 시간과 공간 모두를 넘어 이야기한다면, 특이성이란 바로 순수사건이다. 산책을 하는 것은 하나의 사건이다. 그런데 산책이라는 것이 한두 번 일어나는 것은 아니다. 여러 장소에서, 또 여러 시간에 반복된다. 10년 전 인사동에서도 산책이라는 것이 발생했고, 어제 삼청동에서도 발생했다. 이것들이 모두 사건이다. 그리고 지금 지구상 곳곳에서 '산책'이라는 것이 이루어지고 있을 것이다. 하지만 '산책을 하다'라는 사건 자체는 하나이다. 즉, 부정법의 사건, 순수사건은 하나이다. 바로 이 부정법의 사건 하나하나가 특이성이다. 다시 말해, 이 세상에서 벌어지고 있는 모든 사건들은 특이성의 구현인 것이다.

순수사건 자체는 논리적인 존재이다. 그것은 일종의 이데아, 그러나 (플라톤의 이데아와는 정확히 대칭되는) 사건-이데아이다. 그런데 논리적인 것만 가지고서는 사건이 성립하지 않는다. 왜 그럴까? 논리적인 것은 이 세계에서 발생하는 것이 아니기 때문이다. 논리적인 것이 우리가 눈으로 보고 귀로 들을 수 있는 것으로서 발생하기 위해서는 물질이 있어야 한다.[7] 그래서 우리가 맞닥뜨리는 사건들은 한편으로(스토아 식으로 말해) 물체적 운동의 부대 현상이지만, 다른 한편으로(라이프니츠 식으로 말해) 특이성이라는 논리적 구조의 구현인 것이다.

여기에서 미묘한 문제가 발생한다. 스토아 식으로 보면, 어디까지나 물질이 실체이고 사건은 부대물이다. '순수사건' 같은 것은 없다. 반대로 라이프니츠 식으로 보면 순수사건(빈위)이 먼저 있고 이 사건이 물질에 구현되는 것이다. 이렇게 되면 사실상 플라톤적 사유에 매

---

7) 물질을 무한한 사건들의 총체로 규정할 수도 있지만 그렇게 생각할 경우에도 물질성 자체가 완전히 증발될 수 있는가라는 물음은 열린 채로 남는다. 그리고 물질성에 상응하는 인식주체의 지각이라는 차원까지 완전히 사상된다면, 우주는 논리적 존재일 뿐 살아 있는 존재가 될 수 없을 것이다. 사건이 있는 그곳에 언제나 그 물질적 바탕도 동원된다고 해야 할 것이다. 결국 물질성과 사건(순수사건)은 늘 함께 존재하며, 우주의 근본 힘은 이 두 얼굴로 존재한다고 해야 하리라.

우 근접한다('구현'이라는 말 자체가 그리스적-헤브라이적 개념이다).
물론 이것은 뒤집어진 플라톤주의이다. 플라톤에게서 시뮬라크르였
던 것이 사건과 순수사건으로 재再사유되고 있기에 말이다. 유물론을
견지하면서 어떻게 논리적인 것, 수학적인 것을 사유할 것인가, 여기
에 현대 철학의 한 아포리아가 있다.

시위가 펼쳐지고 있는 광화문을 생각해 보자. 사람들은 촛불, 플
래카드, 깃발,……을 보러 가는 것이 아니라 촛불이 타는 것, 플래카드
가 걸리는 것, 깃발이 나부끼는 것,……을 보러 가는 것이다. 다시 말
해 사건들을 보고 또 행하기 위해 가는 것이다. 그런데 여기에서 바로
그 운동 하나하나, 사건 하나하나의 **부정법적 차원**이 바로 순수사건으
로서의 특이성이다. 그래서 특이성은 형상과 형상 사이에서 빠져나
가 버리는 운동성, 바로 그것을 포착하고 있는 것이다. A, B, C, D,……
라는 사물들이 있을 때, 플라톤의 형상은 곧 이것들에 또는 이것들의
성질들에 각각 대응하지만, 특이성은 바로 A에서 B로, B에서 C로, C
에서 D로 가는 운동, 사건에 대응한다. 여기에서 이 특이성(지금은 순
수사건)의 '존재'가 문제된다. 순수사건이란 어찌 보면 그 자체 일종
의 이데아로 이해할 수 있다. 마치 사물, 성질의 이데아를 보충해 주는
'사건의 이데아'와도 같이. 이 사실은 물질적인 것과 논리적/수학적인
것을, 생성과 존재를, '氣'와 '理'를 화해시키는 한 매듭을 형성한다.

니체처럼 반反플라톤주의를 그냥 밀어붙이는 데 그친다면, 우리
는 생성, 운동만을 강조하는 방향, 그래서 우주에 대한 합리적 이해를
포기하는 방향으로 나아갈 수도 있다. 그럴 경우 극단적인 탈합리주
의에 도달하게 된다. 그러나 후기구조주의(로 통칭되곤 하는 최근의 여

러 사상들)는 사건을 사유하되 니체적인 방향으로 가지 않고 이성 개념을 통해 보다 합리적인 이해를 꾀한다(그 가장 단적인 경우는 알랭 바디우이다). 그것은 곧 구현된 사건들의 부정법적 양태로서 특이성들을 생각하고, 또 뒤에 논의하겠지만 이 특이성들의 장 — 이 개념이 바로 고전적인 형태의 '구조' 개념을 대체한다 — 에 대한 이론으로 나아간다는 것을 뜻한다.

이 점에서 후기구조주의에서는 차이 못지않게 반복이, 운동성 못지않게 구조가 강조된다(니체 자신에게서까지도 이런 측면을 발견할 수 있다).[8] 만일 우주에서 모든 사건이 오로지 단 한 번씩만 발생한다면, 순수사건으로서의 특이성이라는 개념은 의미를 상실할 것이다. 그러나 중요한 것은 사건들이 반복된다는 점이다. 야구 선수가 공을 치는 것도 반복되고, 우리의 이런 강의도 반복되고, 결혼식도 반복되고, 취직, 선거, 혁명, 죽음도 반복된다. 그렇기 때문에 우리는 개개 사건들을 넘어서 부정법으로서의 특이성을 생각할 수 있다.

후기구조주의 사유에 대한 (특히 한국에서의) 전형적인 오해는 그것을 (철저한 합리주의적 담론인) 구조주의에서 출발해 이해하기보다는 처음부터 니체주의나 포스트모더니즘으로 이해했다는 사실이다. 오늘날(20세기 후반)의 철학은 인간의 문화조차도 수학화하려는 극단

---

8) 만일 "후기구조주의"와 "포스트모더니즘"을 다소 거칠게 구분한다면, 이 지점이 중요한 변별점이다. 후기구조주의(라캉, 알튀세르, 푸코, 들뢰즈, 세르, 부르디외 등)가 어디까지나 구조주의라는 합리적 사유 양태를 계승한 사조로서 장(場) 개념과 사건 개념을 화해시키고자 했다면, 포스트모더니즘(데리다, 리오타르, 보드리야르 등)은 이런 합리주의를 철저하게 벗어나고자 했다고 할 수 있다.

적인 합리주의에서 출발한 것이지 니체적 탈합리주의에서 출발한 것이 아니다. 구조주의의 한계를 탈피해 나가는 과정에서 니체, 베르그송의 탈합리주의가 재도입되었다고 해야 할 것이다. 아울러 현대 철학의 다소 맹목적인 반(反)플라톤주의에 대해서도 거리를 둘 필요가 있다. 오늘날 구불구불한 해안조차도 프랙탈 수학으로 파악되고 있다. 세계의 수학적 구조가 끝없이 넓은 지평으로 확대되면서 밝혀지고 있는 것이다. 형상철학은, 그것이 함축하는 초월철학적 그림자만 제거한다면, 지금도 여전히 핵심적인 사유 요소인 것이다. 덮어놓고 공간적-수학적-논리적 사유를 비판하는 것은 현대 철학에 대한 다소간 피상적인 눈길에서 비롯된다. 내가 르네 톰을 중시하고 우리의 논의에 그를 포함시킨 것도 이런 맥락에서이다.

물론 후기구조주의는 경험을 중시하는 사유이다. 푸코가 말하는 'positivité',[9] 들뢰즈가 말하는 사건 등이 모두 경험적인 성격을 띠고 있다. 그러나 진정한 사유는 경험에서 단절되어서도 안 되지만 경험에 머물러서도 안 된다. 중요한 것은 경험의 확장이다. 후기구조주의가 사건의 개념을 통해 경험적인 차원을 중시하는 성격을 드러내면서도 특이성들의 장이라는 개념을 통해 경험을 넘어서는 것은 이 때문이다.

---

9) 푸코의 "positivité"는 콩트의 그것과 다르다. 푸코의 실증성은 콩트적 의미에서의 'sense-data'가 아니라 과학 나아가 과목들보다도 더 아래에 존재하는 담론 구성체들을 뜻한다. 즉, 언표-장(言表場) 위에서 대상, 주체, 개념, 전략의 최초 모양새를 잡아내는 담론적 행위를 통해서 형성된 것들을 말한다. 과학들, 지식들, 과목들보다 더 하위의 층위를 형성하는 이 실증성의 층위를 잡아내고 분석한 것이 푸코의 핵심적인 철학사적 공헌이다.

경험은 항상 어디에서 일어나는가? 경험은 시공간 속에서, 그리고 물질이라는 터 위에서 일어난다. 경험은 우리 몸의 차원에서 발생한다. 경험이란 우선은 눈으로 보고, 귀로 듣고, 손으로 만지고,…… 하는 것이다. 그래서 경험이란 구체적인 것, 체體를 갖춘 차원에서 발생하는 것이다. 개라는 개념에는 신체가 없지만 뽀삐에게는 신체가 있다. 민주주의에는 신체가 없지만 민주열사에게는 신체가 있다. 경험은 구具-체적이다. 그런데 우리가 경험론에만 머문다면 그것은 경험을 단순히 서술하는 것 이상은 될 수 없다. 단지 경험에서 발생하는 어떤 규칙적인 것을 정리하는 것뿐이다. 그래서 우리가 특이성이라고 하는 개념을 생각한다는 것은 곧 개별적인 경험을 넘어서 우리 경험을 가능하게 하는 어떤 구조를 파악할 수 있다는 것을 말한다. 다시 말해, 개별적이고 우발적인 것을 넘어서 보다 구조적인 그 무엇을 파악할 수 있다는 것이다.

물론 특이성을 파악했다고 해서 우리가 이 세상을 충분히 이해한 것은 아니다. 추상적인 논리적 뼈대를 이해한 것뿐이다. 물이 그것과 수증기 사이에서의 특이성과 얼음 사이에서의 특이성, 이 두 개의 특이성을 가진다는 사실을 알았다고 해서, 물이 정확히 몇 도에서 수증기/얼음으로 변하는가, 얼마의 시간이 걸릴 것인가,…… 하는 것을 안 것은 아니다. 야구 선수가 공을 치기 전에 우리는 그 경험을 미리 지배하는 특이성들의 체계를 안다. 가장 핵심적으로 말해, 그 선수는 안타를 치거나 아웃을 당할 것이다. 요컨대 경험이 그 안에서 일어날 수밖에 없는 어떤 논리적 장logical field이 존재하는 것이다. 그렇지만 우리는 안타가 된 공이 어디에 떨어질지, 공이 몇 초 동안 떠 있을지 모른다. 그런 구체적인 부분을 일일이 추적할 수는 없다. 그러나 특이성의 구조를 파악함으로써 우리는 이 우주의 생성/변화의 기본적인 뼈대를 알 수 있다. 세계를 움직이고 있는 특이성들의 전全 체계를 파악할 수 있다면, 세계가 움직여 가는 그 가능성의 뼈대는 파악한 셈이다. 우리의 경험을 가능케 하는 이 논리적 장, 가능성의 장, 특이성들의 체계를 나는 '객관적 선험'이라 부른다. 왜 "객관적" 선험인가. 칸트는 우리의 경험을 가능케 하는 조건을 '선험적' 조건이라고 불렀다. 특이성들의 장이 '객관적' 선험인 것은 그것이 우리의 경험을 가능케 해주되 우리 의식의 구조가 아니라 **세계의 논리적 구조**logical structure of the world이기 때문이다(물론 보다 넓은 맥락에서는 반드시 시간적-역사적 맥락이 가미되어야 한다).

이 객관적 선험의 개념은 근대의 주체철학과 현대 철학 사이를 가르는 결정적인 규준들 중 하나라 할 수 있을 것이다. **주관적 선험에서 객관적 선험으로.** 이 개념은 푸코, 세르, 톰, 들뢰즈 등의 사유를 매개해 성립했다. 들뢰즈는 자연과 문화가 맞닿는 경계선에서의 형이상학적 표면을, 푸코와 세르는 그 표면으로부터 각종 담론들이 형성되고 변환되는 방식을, 그리고 르네 톰은 이 장의 계열학적 구조를 서술할 수 있는 수학적 언어를 제공해 주었다. 객관적 선험철학은 우리 경험의 세부 사항을 알려주는 것이 아니라 우리 경험을 가능하게 하는 구조를 보여 준다. 그리고 바로 그 구조가 계열학적-급변론적 틀로 되어 있기에 계열, 이웃관계, 특이성 같은 개념들을 정교화하는 것이 중요하다.

칸트의 경우 우리의 감각기관들이 세계의 표면에서 현상을 받아들인다고 한다. 더 엄밀히 말해, 현상이라는 층위 자체가 우리 감성의 구조와 맞물려 성립한다. 그리고 그 인식론적 질료를 감성의 시공간적 형식이 조직하고, 다시 이것을 오성의 범주가 조직한다. 따라서 칸트에게는 경험 자체의 구조는 없다. 경험이 경험으로서 성립하는 것은 주체에 기인한다. 주체의 틀이 경험을 성립시킨다. 이것이 인식론 중심주의인 근대 주체철학의 구도이다. 현대의 존재론은 이런 구도를 넘어서면서 성립했다.

객관적 선험이란 경험 자체를 조직해 주는 논리적 구조이고, 그렇기 때문에 주체는 바로 이 객관적 선험이 조직해 주는 틀 내에서만 경험할 수 있다. 그리고 그렇기 때문에, 주체가 경험을 구성하는 것이 아니라 경험이(경험의 논리적 구조가) 주체를 가능하게 한다. 그래서 객관적 선험은 전前개체적이고 비非인칭적인 장이다. 비-인칭적 장이란 인칭적 존재가 성립하기 이전의 장이고, 인칭은 이 장 위에서 형성된다. 나아가 개체의 경우도 마찬가지이다. 선험적 주체 이전에 존재하며 주체가 그 안에 자리잡음으로써 주체로서 성립하게 되는 이 장이 바로 객관적 선험의 장이다.

§3. 특이성과 문제

다음 이야기로 넘어가자. 이 '특이성들의 체계'système des singularités는 '문제'problème의 구조를 가진다. 이 '문제' 개념에 대해 이야기해 보자. 이 말은 그리스어 'problêma'에서 유래한다. 우리말로 하자면 '앞에 던져져 있는 것'을 뜻한다. 버스가 산길을 올라가고 있는데 커다란 바위가 길에 떨어져 있다. 이런 경우가 하나의 '문제'를 구성한다. 마을에 도둑이 출몰해 두렵다. 이 또한 하나의 문제이다. 우리 앞에 놓여 있는 '통일'이라는 과제, 이 또한 하나의 문제이다. 나/우리의 의지에 관계없이 객관세계로부터 솟아오르는 것, 가로놓이는 것, 던져지는 것이 문제이다. 우리는 이런 문제들을 해결해 가면서 살아간다. 인생이란 문제 해결의 연속인 것이다.[10] 문제는 곧 대상이기도 하다. 그리스어 'problêma'의 라틴어 번역어가 'ob-jectum'이다(프랑스어 동사 'jeter'를 상기하면 되겠다). 그래서 '문제'라는 그리스어의 라틴어 번역어가 곧 '대상'이다. 내 앞에 놓인 문제가 곧 내가 다루어야 할 대상이기 때문이다(그러나 아래에서 보겠지만, 문제는 주체가 그 안에서 서게 되는 장이다. 대상은 주체가 자기 앞에서 표상하는 즉 독일어가 함축하듯이 불러-세우는vor-stellen 것이라는 점에서 뉘앙스가 다르다).

이제 특이성의 체계가 문제를 형성한다는 생각을 음미해 보자. 수학적 예를 들어 보자. $x^3 - x = f(x)$라는 방정식에는 두 개의 특이점이 존재한다. 이 '문제' 안에는 두 개의 특이점이 들어 있는 것이다. 그림을 통해(그림 14), 다른 점들은 보통의 점들이지만 $x = A, B$ 이 두 점

---

10) 넓게 보면 문제 개념은 진화와도 관련된다. 생명체의 진화란 결국 주어진 문제에 대해 제기된 해(解)들의 자연도태에 의해서 진행된다고 할 수 있기 때문이다. 여기에서 모든 생명체들에 공통되는 문제가 주어진다기보다는 차라리 주어진 문제가 무엇인가에 대한 파악 자체가, 즉 '문제-화'(problématisation)가 중요하다고 해야 할 것이다. 문제화하는 능력 및 그것에 해를 낼 수 있는 능력이 진화의 과정을 관통해 왔다고 할 수 있다. 이 점에서 사유, 철학, 이론도 넓은 안목에서 보자면 결국 인간이 삶(의 어떤 부분이 아니라 모든 중요한 측면들을 포괄하는 가장 넓은 의미에서의 삶)을 어떻게 문제화하느냐의 문제라고 할 수 있다. 현실적인 지평에서의 대안 이전에 문제의 파악 자체가 사유의 과제인 것이다.

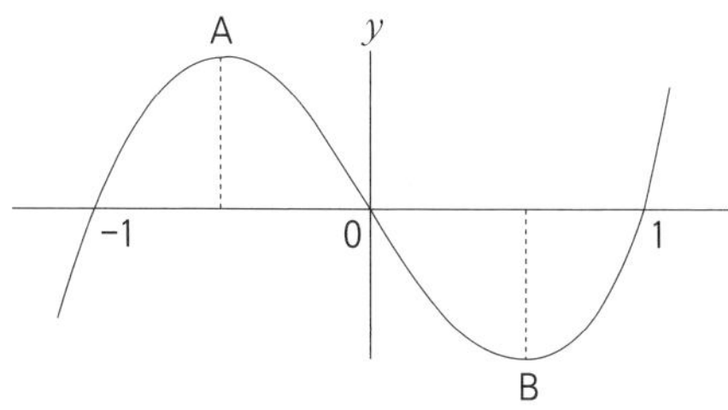

에서는 특이점이 존재한다는 것을 알 수 있다(변곡점까지 포함시키면 0도 포함된다). 그리고 이 그림 전체가 하나의 문제이다. 결국 특이점들의 체계는 하나의 문제이다. 여기에서 우리는 특이점이란 해의 개념과 통하고 특이점들의 체계가 문제와 통한다는 사실을 알게 된다.

이 생각을 보다 현실적인 차원으로 옮겨 생각해 보자. A와 B 두 팀이 경기를 하고 있다. 그런데 누가 이길 것인가? 이것이 문제이고, 여기에는 두 개의 특이점이 있다. A가 이기는 경우와 B가 이기는 경우. 그래서 우리는 특이점=해가 두 개라는 것을 알 수 있다. 또 세 갈래 길의 예를 든다면, 우리는 세 개의 특이점을 가진 문제 앞에 놓여 있다, 더 정확히는 그 속에 들어 있다고 할 수 있다. 우리의 삶이란 문제의 연속이다. 산다는 것은 늘 문제에 부딪친다는 것이고, 그것에 대해 어떤 해결책을 마련하느냐에 따라 우리의 삶은 계속 굴절을 겪는다. 대학을 졸업한 학생들의 경우, 취직을 할 것인가, 대학원에 갈 것인가, 결혼을 할 것인가,…… 등의 특이점=해들로 구성된 문제에 들어가게 된다. "문제에 부딪친다"는 것은 우리가 일정한 수의 특이점들로 구성된 논리적 체계, 문제-장 속으로 들어간다는 것을 뜻한다(이것이

"내/우리 앞에 던져져 있는 것"이라는 말의 보다 고차적인 의미이다). 이 체계가 바로 **문제**이고, **특이성들의 체계**이며, 또 우리가 앞에서 논한 **객관적 선험**이다. 우리는 세계의 구조를 여러 가지 방식으로, 물리학적으로, 경제학적으로, 심리학적으로,…… 말할 수 있지만, 또한 세계의 구조를 논리학-존재론적으로 즉 특이성들로 구성된 문제-장으로 볼 수 있는 것이다.

객관적 선험을 이해하는 것은 존재론적 맥락에서만이 아니라 윤리학적 맥락에서도 중요한 의의를 가진다. 우리는 앞에서 세계의 논리적 뼈대에 관한 이야기를 했다. 결국 세계는 하나의 거대한 문제이다. 달리 말해 특이성들의 거대한 체계이다. 우리의 맥락에서 세계를 인식한다는 것은 바로 세계라는 하나의 거대한 문제-장을 파악하는 것이다(물론 "하나의" 문제-장이라고 간단히 말하기는 힘들 것이다). 그러나 동시에 세계는 물질적 존재이며, 따라서 세계는 거대한 문제인 동시에 또한 거대한 물질이기도 하다. 문제를 '인식한다'는 것은 물질성의 차원 즉 현상을 넘어 특이성들의 체계를 파악한다는 것이고, 역으로 삶의 현실에서 경험하고 '행위한다'는 것은 물질성의 차원에서 특정한 해를 산다는 것을 말한다(따라서 문제에 대한 지성적 이해는 인생의 반쪽일 뿐이다. 나머지 반쪽은 감각/감성, 강도, 이미지, 감정, 행위/실천,……의 차원이다. 이는 또 다른 논의를 요구한다. 그리고 충분한 존재론은 지성적 인식[세계의 논리적 구조]과 신체적 실천[역사, 타인, 윤리,……] 양자의 결합에서만 가능하다고 하겠다. 지금의 논의는 앞의 전반부를 다루고 있다고 생각해야 한다).

문제-장의 어디엔가 자리를 잡는 것을 우리는 흔히 '선택'이라고 표현한다. 그런데 우리는 그 선택의 결과가 어떻게 될지는 만족스럽게 알 수가 없다. 결혼을 하는 것, 취직을 하는 것, 대학원에 가는 것, …… 등에서 어떤 것이 좋을지 쉽게 알 수 없다. 왜 알 수 없을까? 특이점이란 오로지 추상적인 논리적 존재이고, 그 논리적 존재가 우리 삶에서 행과 불행으로 구체화되어 나타나려면 실제 경험이라는 또 다른 요인이 필요하기 때문이다. 흔히 말하듯이 "몸으로 부딪쳐 봐야" 아는 것이다(수학적으로 비유해서, 우리는 $x^2 - 1 = 0$이라는 문제가 두 개의 특이점을 가진다는 것을 알지만 1과 −1 중 어느 것이 정답인지를 알려면 **구체적 조건**[예컨대 $x > 0$]이 주어져야 한다). 또 하나, 특이점들의 체계는 단적으로 완성되어 고정되어 있는 것이 아니기 때문이다. 우리가 논하는(푸코, 세르, 들뢰즈, 톰 등을 지적 배경으로 삼고 있는) 특이점들의 체계는 자연과학적 법칙들과도 다르지만 또한 구조주의적 체계와도 다르다. 방금 쉽게 설명하기 위해 간단한 수학적 예를 들었지만, 실제의 특이점들의 체계는 극히 복잡할 뿐 아니라 더 중요하게는 그 안에 변화를 내장하고 있다고 보아야 한다. 아주 간단한 예로, 두 개의 특이점을 내포하던 어떤 계가 세 개의 특이점을 가진 것으로 변화할 수도 있는 것이다. 이런 맥락에서 삶의 근본적인 비결정성이 이해된다.

그리스의 델피 신전에는 그리스인들의 생각을 대변해 주는 격언들이 씌어 있었다고 한다. "너 자신을 알라", "무엇이든 지나치지 않게" 등 여러 가지 글들이 있는데, 그 중에서 "주어진 것을 선용善用하라"to paron eu poiein는 말이 있다. 미셸 푸코의 만년의 저작 『쾌락의 선용』은 바로 위의 격언과 관련되는 그리스 문화를 다루고 있다. 'Souci de soi'(자기 돌보기)라든가 'technologie de soi'(자기 만들기) 같은 주제들도 그리스 문화를 전제하고 있는 개념들이다. 이 "주어진 것을 선용하라"라는 격언은 시대를 초월해서 빛나는 황금률일 것이다. 누군가가 인간으로 태어났다는 것, 한국에서 태어났다는 것, 20세기에 태어났다는 것, ~한 신체를 가지고서, ~한 집안에서 태어났다는 것 등등이 모두 우리에게 '주어진 것들'이다. 그러나 인간은 이 주어진 것들을 '선용'함으로써 스스로를 돌보고 만들어 갈 수 있다. 그래야만 인간은 노예가 아닌 자유인으로 살 수 있다.

이번에는 동북아 사상사에 입각해 우리 논의를 짚어 보자. 성리학 체계는 기본적으로 결정론적 체계라고 할 수 있다. 주자朱子의 생각에 따르면, 사람은 각각의 성性을 다 타고난다고 한다. 사람이 가질 수 있는 질적 특성들, 이것을 '품'品이라고 한다. 그래서 '성품'性品이 되고, 또 '품격'品格 같은 말과도 연관된다. 이 말에는 성리학적인 뉘앙스가 짙게 배어 있다 하겠다. 주자는 인간이 이 성품을 다 타고난다고 본 것이다. 주자는 특이성들의 놀이를 역동적으로 파악하지 못하고, 그 현실화[解]의 체계들 중 하나를 절대화했다고 할 수 있다. 그래서 다산 정약용은 이런 결정론을 강하게 논박한다. 만일 요와 순이 본래 성인으로 태어났다면 우리가 왜 요순을 존경해야 한단 말인가. 원래 성인으로 결정된 것일 뿐인데 존경할 이유가 어디에 있는가. 마찬가지로 (악랄한 도적으로 유명한) 도척도 그가 악랄할 수밖에 없도록 태어났다면 혐오할 까닭이 어디에 있겠는가. 인간으로서의 약점들이 있는데도 성실하게 노력해 성인들이 되었기에 존경하는 것이고, 인간으로서의 가능성들이 있는데도 전락에 전락을 거듭해 악랄하게 되었기에 혐오하는 것이다. 다산은 주자적인 결정론에서 전통 사회의 모순을 떠받친 핵심적인 철학적 원리를 읽어냈던 것이다.

이런 대비는 실존주의와 구조주의를 어떻게 비교하고 또 나아가서는 통합할 것인가의 문제와도 관련된다. 20세기의 여러 사상들 중에서도 실존주의와 구조주의는 인간의 문제, 결정론과 자유의 문제를 놓고서 대립한 대표적인 두 사조이다. 실존주의는 주체, 의지, 결단, 책임, 선택, 행위, 노력, 신체, 내면 등에 대한 통찰을 보여 준다. 이에 비해 구조주의는 '바깥의 사유'를 제시함으로써 인간의 행위가 그 위에서 이루어지는, 그리고 인간의 행위를 근저에서 지배하는 구조/장을 드러냄으로써 실존주의의 소박함을 논박하려 했다. 주체성과 자유의 철학인 실존주의와 객관성과 결정론의 사유인 구조주의의 대립은 현대 철학의 심장부에 위치한다.

주체성의 철학은 자칫 자기 스스로에 대한 착각으로 빠진다. 자연과학, 사회과학 등이 이룩한 객관세계에 대한 탐구 성과들을 소화해내지 못한 철학들이 대개 이런 함정으로 빠진다. 자신을 지배하고 있는 객체성을 깨닫지 못하고 스스로가 스스로를 주관적으로 규정하는 것이다. 인간은 "자유롭다"고 강변함으로써, 결정론적 사유에 대해 심정적인 반감을 드러냄으로써 우리가 자유롭게 되는 것이 아니다. 술 취한 사람은 자신이 술에 취하지 않았다고 강변한다. 우리를 결정하고 있는, 우리를 자유롭지 못하게 만들고 있는 원인을 밝혀냈을 때, 그런 결정성을 뚜렷이 인식하고 그 위에서 삶을 설계했을 때 인간은 그만큼 더 자유로워지는 것이다. 인간의 자유에 공헌하는 것은 역설적으로 자유의 철학이 아니라 결정론적 철학이다.

반대로 극단적인 객체성의 철학은 인간의 특수성, 내면적 고뇌,

세계로부터 떨어져 있는 거리를 무시하게 된다. 스스로가 만들어낸 범주에 스스로를 옭아매는 셈인 것이다. 예컨대 "세계는 원자들의 집합이다. 그러므로 인간도 원자들의 집합이다"라고 생각할 경우, 그 '원자들의 집합'이라는 것을 생각해낸 것이 인간이라는 것, 그리고 그런 생각은 역사 속에서 늘 변해 왔다는 것을 망각하게 되는 것이다. 이 점은 특이성들의 사유에서조차도 마찬가지이다. 특이성들의 파악 자체도 역사적/시간적으로 행해야 한다(이미 지적했듯이, 베르그송의 '창조적 진화'를 염두에 둔다면 구조 자체가 변한다고 보아야 한다. '세계' 그 자체가 발견을 기다리는 땅 속의 보물처럼 이미 결정되어 있는 것이 아니다. 계속 생성하고 있다). '주체'를 비판하기 위해 '구조'를 실체화하면 이제 구조 자체가 초월적 존재로 군림하게 된다. 이는 전통 형이상학의 오류를 답습하는 것에 불과하다.

요컨대 인간의 자기 이해는 자기에 대한 착각에 입각한 자아도취여서도 곤란하고, 또 자기에 대한 망각에 입각한 자기 폄하여서도 곤란하다. 인간의 삶이란 주체성과 객체성의 영원한 갈등과 화해인 것이다. 그 사이에서 균형을 잡는 것, '주어진 것'과 '선용'을 조화시키는 것이 중요하다. 잠재적 장, 구조, 객관성을 결한 채 주체의 의지나 노력만을 강조하는 입장은 자칫 비현실적인 생각에 빠지기 쉽다. 우리는 특이성들의 장, 잠재성의 차원, 문제의 논리적 구조 안에서 살아갈 수밖에 없다. 그래서 구조를 파악하는 것은 중요하다. 그러나 적어도 그 구조 위에서 어떤 해, 어떤 갈래가 현실화되는가는 우리의 노력과 행위에 상관적인 것이다. 특이성들의 체계와 물질적 차원이 함께 사건을 만든다고 했는데, 인간의 경우 마음을 통해 세계를 인식해야 할 뿐만 아니라 그 구조에서 특정한 갈래를 현실화하기 위해서는 몸으로 행위해야 한다. 이성으로 구조를 파악하지만, 의지와 신체로 행위함으로써 특정 갈래를 현실화할 수 있는 것이다. 이것은 곧 구조주의와 실존주의, 이론과 실천, 이성의 사유와 의지의 사유의 통합이기도 하다. 요컨대 우리는 장과 주체를 동시에 사유해야 하는 것이다.

§4. 잠재성과 분화

이제 '잠재성'과 '분화'에 대해서 이야기해 보자. 물이 두 개의 특이점을 내포하고 있다는 것을 말했다. 지금 물이 얼고 있다고 생각해 보자. 이때 하나의 특이점이 현실화되고 있다고 할 수 있다. 그렇다면 물이 수증기가 되는 특이점은 어디에 있을까? 지금 물이 얼고 있다고 해서 물이 수증기가 되는 특이점이 존재하지 않는다고는 말할 수 없다. 그렇게 말한다면 왜 물이 어는 것과 수증기로 되는 것이 세계 안에서 그렇게 무수히 반복되겠는가? 특이점이라는 것이 존재하지 않다가 물이 얼거나 증발하는 그 순간에 이 우주에서 생겨나고 또 소멸되었다가 다시 생겨난다는 것은 이해하기 힘든 생각이다. "딱 소리가 나다"라는 특이점이 야구 선수가 딱 칠 바로 그때 이 우주에서 생겨났다가, 치고 나면 소멸되었다가, 또 누군가가 칠 때 다시 생겨난다?

특이점이란 그것이 현실화되는 경우든 안 되는 경우든 늘 부정법의 형태로 존재하는 게 아닐까? '실존'하는 것과는 다른 방식으로 말이다. 앞에서는 '존속/내속'이라는 용어를 썼다. 물이 내포하고 있는 두 개의 특이점은 물이 지금 얼음이 되는 경우든 수증기가 되는 경우든, 또 그 어느 경우도 아니든 늘 존속하고 있다. 야구 선수가 공을 치기 전에 이미 아웃되거나, 안타가 되거나,…… 하는 특이점들이 존재한다. 바로 이런 존재양식이 '잠재적인' 존재양식이다.

잠재성virtualité은 가능성possibilité과 다르다. 가능성은 아주 넓은 의미로 사용된다. 물이 아래에서 위로 올라갈 수도 있고, 다리가 세 개 달린 개구리가 안드로메다 저편에 살고 있을 수도 있다. 다 가능하다. 가능성이란 무한히 넓은 개념이고, 우리 상상력의 외연과 일치한다. 그러나 잠재성이란 이미 규정되어 있는 가능성이다. 야구 선수가 공을 치기 전에 그 잠재적 경우들이 이미 규정되어 있고, 또 물이라는 액체는 어디까지나 그 안에 두 개의 특이점을 잠재적으로 내포하고 있는 것이다. 잠재성이란 현실적인actuel 것은 아니지만 어디까지나 실재하는réel 것이다(그러나 잠재성을 고착적으로/실체화해 생각하지 않도록 조심해야 한다는 점을 여러 번 언급했다). 그래서 가능성은 실현/실재화되지만se réaliser 잠재성은 현실화된다s'actualiser. 가능성은 실재하지 않는 것이 실재하게 되는 것에 관련되지만, 잠재성은 본래 실재인, 다만 현실적이지 않았던 것이 현실화되는 것에 관련된다. 그러나 잠재성의 의미는 라이프니츠, 베르그송, 들뢰즈 등에게서 조금씩 다르게 나타난다는 점을 염두에 두자. 논리적 차원 또는 형이상학적 차원 또는 선험적 차원에서의 잠재성이 표면효과로서 나타날 때, 우리는 그 잠재성이 '분화'分化되었다고 할 수 있다. $x^2 - 1 = 0$, 이 문제 안에는 A, B 두 개의 특이점이 잠재적으로 존재한다. 우리가 이것을 풀었을 때, "x는 0보다 크다"라는 조건이 주어지면 A라는 해가 현실화된다. A와 B 중에서 하나가 현실화되는 것이다. 이 문제 안에는 두 개의 특이점이 잠재성으로서 존재했던 것이고, 일정한 조건 아래에서 그 중 하나가 현실화되었다고 할 수 있다.

'분화'différenciation라 할 때, 여기에서 'c'에 주목해야 한다. 이것은 'différentiation'(변별화, 차이화)에서의 't'가 'c'로 바뀐 것이다. 특이성들의 체계는 차이화되어 있다. 차이들의 체계로 되어 있다. 다시 말해, 이웃관계를 통해서 계열화되어 있다. 이것은 구조주의적 용어로는 '변별화', 보다 일반적인/존재론적인 용어로는 '차이화'이나. 나아가 (베르그송–들뢰즈에게는 더 중요한) 새로운 차이의 도래까지 뜻할 경우 '차이생성/차생差生'이라고 할 수 있다. '차이화'의 경우 잠재성의 영역이 결정되어 있는 것으로 오해될 수 있기 때문에, 시몽동이 강조했듯이 **잠재성의 영역 자체가 생성과 창조를 함축**한다는 점을 분명히 하고 있는 '차이생성'의 개념을 쓰는 것이 나을 것이다.[11] 그래서 이미 차이화되어 있는 또는 차생하는 특이성들의 체계로부터 특정한 특이성이, 더 정확히 말해 특이성들의 계열이 분화한다고 말할 수 있다. 들뢰즈는 이런 구도를 시몽동을 따라 'différen$\frac{c}{t}$iation'이라고 쓰고 있다. 차이화되어 있는, 차생하는 특이성들의 체계가 분화하는 과정을 한꺼번에 표현하기 위해서 이렇게 쓴 것이다.[12]

---

11) 이 점에 대한 본격적인 논의로는 「보론 1」을 보라.

12) "différentiation"과 "différenciation"의 문제가 자세하게 전개되는 곳은 『차이와 반복』, 4장(특히 2절)이다. 잠재성의 차원을 탐구하는 것은 (칸트적 의미에서의) 이념의 차원을 탐구하는 것이고 이 탐구는 미규정성, 규정 가능성, 규정성의 이상이라는 3단계를 통해서 수행된다. 첫째 단계는 잠재성의 차원에서 미규정성의 성격을 띠는 dx 등을 잡아낸다(dx는 물론 대표로서 하나만 쓴 것이고 실제로는 무한한 무한소들이 문제가 된다). 이 dx는 미규정의 존재이지만 또한 규정 가능성을 품고 있는 존재이다. 둘째 단계는 미규

＊ ＊ ＊

Q 라이프니츠와 베르그송, 구조주의에 있어 잠재성 개념의 차이를 설명해 주시겠습니까?

A 라이프니츠가 한 말 중에 흥미로운 것이 있습니다. 이 세상의 모든 일은 다 이유가 있다는 것이 일반적인 생각인데, 이것이 어떤 실체(=모나드)가 특정한 사건을 겪는 것은 그 실체 안에 바로 그 사건이 들어 있기 때문임을 뜻한다는 겁니다. 카이사르라는 모나드 안에는 카이사르가 태어나서 죽을 때까지 겪을 모든 사건들이 이미 다 들어 있다는 것이죠. 예컨대 카이사르가 루비콘 강을 건넌 것도 다른 모나드들과의 우연한 관계에 의해서가 아니라 "루비콘 강을 건너다"라는 사건이 카이사르라는 모나드 안에 들어 있었기 때문입니다.

라이프니츠는 사건이라는 말을 쓰지는 않았습니다. 라이프니츠는

정의 dx, dy 등등의 규정 가능성이 실제 규정 가능한 것으로서 존재하게 되는 단계이다. 이 단계에서 무한소들은 상호 규정의 관계($\frac{dy}{dx}$)에 들어간다. 자체로서는 미규정의 요소들("발생적 요소들")이 관계를 맺음으로써 일정하게 규정된 존재들로 화한다. 셋째 단계에서는 이 상호 규정의 관계들이 누층적으로 적분된다. 이 대목에서 "puissance"라는 말은 "역능"을 뜻하기도 하고 수학적으로는 "거듭제곱"을 뜻하기도 한다. 우리 몸은 d(심장), d(허파), …… 등의 상호 규정의 체계로서 성립한다. 그러나 허파는 다시 d(허파꽈리1), d(허파꽈리2), ……의 상호 규정의 체계로서 성립한다. 마찬가지로 이런 구도는 극미에서 극대에 이르기까지의 "puissance"로서 성립한다. 이 누층적 과정 끝에서 비로소 우리의 현실성이 성립한다. "배가 고프다"라는 한 현실성은 우리 몸에서 진행된 무한한 누층적 과정들의 결과로서 성립하는 것이다. 이 과정은 "분화"의 과정이다. 들뢰즈는 "차이생성"과 "분화"의 이 이중적인 과정을 살로몬 마이몬, 외네 브롱스키, 장 보르다-드물랭의 사유를 활용해서 인상 깊게 전개하고 있다. 이 대목은 『에티카』 2부에서 전개된 물체론을 정교화해낸 것이라고도 볼 수 있으며, 또 기학(氣學)의 현대적 해명에도 상당한 시사를 던져 준다고 할 수 있다.

'attribut'와 'prédicat'라는 말을 썼는데 흔히 '빈위'賓位, '술어'라고 번역합니다. 그런데 빈위가 모나드 안에 어떻게 들어 있을까요? 잠재적으로 들어 있습니다. 잠재적으로 들어 있다가 현실화되는 것이죠. 그래서 라이프니츠에게서의 잠재성이란 아직 실현되지 않은 채 **모나드 안에 접혀 있는 빈위들**(또는 그러한 양상)을 가리킵니다.

베르그송의 경우는 다릅니다. 베르그송은 생명이라는 근본 에네르기 속에 나중에 분화될 수 있는 복수성이 들이 있다고 합니다. 그 복수성의 양태가 잠재적이죠. 라이프니츠에게 빈위들은 이미 구체적으로 결정되어 있지만, 베르그송의 경우에는 잠재적 복수성(이것이 펼쳐지는 것이 바로 진화 과정이죠)이 결정되어 들어 있는 것이 아니라 근원적인 생명력에 '경향들'로서만 들어 있는 것입니다.[13] 달리 말한다면 그 복수성은 하나하나가 불연속적으로 구분되어 들어 있는 것이 아니라(이는 외적 복수성이죠) 상호 침투하면서 들어 있는 것입니다(내적 복수성 즉 다양체). 또 이 복수성은 수적 복수성(다수성)이 아니라 질적 복수성이고, 이 질적 복수성의 상호 침투에 의한 '질적 다양체'가 바로 베르그송적 의미에서의 잠재성입니다. 요컨대 베르그송의 잠재성이란 한 사물의 **내적인 경향들**(질적 복수성)의 다양체인 것이죠.

---

13) 베르그송에게서 "이것은 무엇인가?"에 대한 대답은 논리적-공간적으로 주어질 수 있는 것이 아니라 경험적-시간적으로 주어질 수 있다. 한 사물의 본질 ──여전히 이 용어를 쓴다면──은 어떤 원인과의 관계를 공간적으로 해명함으로써가 아니라 그것의 경향들이 어떻게 표현되는가를 파악함으로써 드러난다. 한 사물의 그-사물-임은 이미 결정되어 있는 원인적 관계의 결과로서가 아니라 그것이 잠재적으로 어떤 경향(들)을 내장하고 있으며 그것(들)이 현실 속에서 어떤 방식으로 표현되어 가느냐에 따라 이해되어야 하는 것이다.

그리고 라이프니츠의 결정론적이고 신학적인 체계와는 달리, 베르그송에게서 이 경향들이 구체적으로 어떻게 펼쳐질지는 미리 말할 수 없습니다. 그러한 펼쳐짐은 철저히 우발성contingence에 의해 지배되기 때문이죠. 이 우발성에는 (예컨대 다윈의 진화론에서 볼 수 있는 것과 같은) 외적 우발성(환경)만이 아니라 잠재성 자체가 내포하는 우발성도 포함됩니다. 후자가 더 본질적이죠. 이 내적 우발성이란 한 사물의 표현 —— 방금 이야기했던 '분화' —— 에 반드시 동반되는 차이생성에서 유래합니다. 이 차이생성을 베르그송은 '약동'élan이라고 부르는 것입니다. 그래서 이 약동을 전제하지 않을 경우 진화를 이해하는 것은 어렵다고 보는 것이고, 진화는 반드시 '창조적' 진화라는 겁니다.

구조주의의 잠재성 개념은, 물론 누구를 놓고서 이야기하느냐에 따라 달라지지만(거듭 말한다면, "후기구조주의" 같은 어떤 '사조'는 없습니다. "후기구조주의"란 "구조주의 이후에 나온 여러 사상가들의 사상"을 줄인 편의상의 말에 불과합니다. 구조주의조차도 간단히 말하기는 힘듭니다), 바로 구조 개념이 잠재성입니다. 한 문화의 가능성의 조건으로서 기능하는 **구조**, 그것이 곧 잠재성이죠. 레비-스트로스가 연구했던 식사법의 구조, 신화의 구조, 예술의 구조,…… 등이 곧 그 문화의 잠재성입니다.

우리가 이번 학기에 논하고 있는 '사건의 철학'은 바로 이 구조주의적 잠재성을 계승해서 극복하고자 하는 한 시도로서도 볼 수 있습니다. 지금까지 시뮬라크르/사건, 의미, 계열화, 특이성 등을 통해서 논의를 진행했고(이 논의는 다음 강의인 '객관적 선험'에서 일단 완결됩니다), 이 논의 전체가 사건의 철학이 함축하는 잠재성 개념 —— 가장 핵심적으로는 특이성들의 디아그람(과 그것의 생성) ──이라고 할 수 있습니다. 여기에는 라이프니츠의 잠재성, 베르그송의 잠재성, 후기구조주의적인 잠재성(푸코, 세르, 들뢰즈, 톰 등의 잠재성)이 모두 참조되고 있습니다만, 다소 도식적으로 말하는 것이 허용된다면 1) 라이프니츠적인 계열학과 2) 베르그송적인 생성존재론과 3) 구조주의적인 문화철학이 '지양'되어 있다고 할까요?

Q 특이성들이 체계를 이루어 객관적 선험을 형성하고, 그것이 곧 형이상학의 대상이라고 하셨는데요. 지금까지 야구 경기에서의 특이성의 체계를 예로 많이 드셨는데, 다른 형태의 특이성 체계도 무수히 많을 것 같습니다. 그렇다면 여러 개별적인 경우들을 담론화한 경우들을 넘어서서 형이상학적인 체계라고 할 만한 그런 특이성 이론이 있다면 어떤 것일까요? 우주 전체를 지배하는 특이성의 체계가 일정하게 있는 것인지, 아니면 단지 무한히 열린 특이성들의 체계만이 있는 것인지요.

A 경험을 통해 나아갈 수밖에 없는 우리로서는 단정하기 힘든 문제죠. 인식론적으로 말해, 일단 특이성 이론은 기본적으로 열려 있는 것으로 보아야 합니다. 경험과 과학적 성과들 전체를 아우르면서 조금씩 나아가야 할 작업이죠. 다만 그러한 작업을 계속하는 것 자체가 지금까지 우리가 아는 것을 넘어서는 보다 큰 특이성들의 체계가 존재하리라는 것을 암암리에 전제하고 있기는 합니다. 그런 전제가 없다면 더 이상 탐구할 이유가 없겠죠.

그리고 '우주'라는 말을 쓰셨는데, 철학에서는 '세계'라는 말이 더 적절합니다. '우주'라는 말은 물리학 또는 천문학이라는 개별 과학들에 적합한 표현이고, 외연적으로는 거대하지만 내용적으로는('세계'의 갖

가지 차원들을 염두에 둘 때에는) 꼭 그렇지는 않습니다. 철학은 개별 과학들이 대상으로 삼는 어떤 존재들이 아니라 그런 대상들 전체를 아우르는 '세계'를 문제 삼는 담론입니다.

Q 인간이 특이성들의 장 안에서 결정되는 것이라면, 우리 인생에서 벌어지는 일들에 대해 슬퍼할 것도 기뻐할 것도 없겠군요.

A 세상에서 벌어지는 일들은 특이성들의 놀이가 현실화된 것이라고 할 수 있습니다. 그러나 추상적 틀이 이미 결정되어 있다고 해서 구체적 경우들이 무의미한 것은 아니죠. 야구 경기를 할 때, 우리는 경기를 하기 전에 이미 둘 중 한 팀이 이기리라는 것(아니면 비기리라는 것, 특수한 경우 예컨대 비가 올 때는 취소되리라는 것,……)을 압니다. 그렇다고 야구 경기가 흥미를 상실하지는 않죠. 논리적 구조를 이미 뻔히 알지만, 두 팀 중 누가 승리하느냐는 여전히 흥미로운 문제입니다. 나아가 일정한 틀 안에서 벌어질 수 있는 구체적인 차이들이 무수히 많습니다. 한편으로 물질적인 측면에서 유래하는 세세한 차이들(예컨대 선수들 한 사람 한 사람의 표정들)도 있고, 다른 한편으로 사람들의 마음이 모두 미세하게 다르기 때문이기도 하죠. 후자의 경우, 앞에서 우리가 논한 구조주의와 실존주의의 관계와도 관련됩니다. 구조주의는 외적인 구조를 보여 주지만, 실존주의는 그 안에서의 개개인들의 몸과 마음을 보여 줍니다. 구조주의가 야구의 논리적 구조를 탐구한다면, 실존주의는 야구를 하는/보는 사람들의 몸과 마음을 탐구합니다. 앞에서 구조주의적 객체성 철학과 실존주의적 주체성 철학이 반드시 양립 불가능한 것이 아니라고 했던 것을 다시 한번 음미해 보시기 바랍니다.

Q 특이성들은 세계 안에 내재되어 있는 것입니까?

A 그렇습니다. 이때 내재되어 있다는 것은 공간적으로 속에 들어 있다는 뜻이 아니고, 세계가 특정한 방식으로 존재할 수 있는 수많은 논리적 경우들이 있고, 그 경우들이 초월적 존재들은 아니라는 의미입니다. 그러나 '초월적'이라는 말을 약하게 사용한다면 세계를 초월해 있다고도 할 수 있습니다. 이렇게 말할 경우의 '세계'는 가시적인 세계를 뜻하는 것이고, 따라서 특이성들이 '초월적'이라고 말한다면 이때의 '초월적'이란 경험적 차원이 아니라 잠재적 차원을 형성한다는 뜻이죠. 요컨대 특이성들은 '초월적'transcendent 존재가 아니라 '선험적'transcendental 존재입니다.

Q 특이성이 사건이라면 시점時點의 문제가 궁금합니다. 사건들에서의 시간을 어떻게 규정해야 하는지, 또 그 규정에 인간이 개입되는 것인지 궁금합니다.

A 특이성 자체에는 시간이 들어가지 않습니다. 특이성은 순수사건이기 때문이죠. 특이성이란 앞에서 부정법이라는 표현을 썼듯이 특정한 시간 지표를 넘어서는 것입니다. 특이성이 물질적으로 구체화된 것이 사건이고(들뢰즈는 때로 '사건'을 '순수사건'의 뜻으로 쓰고, 현실적 사건을 'accident'라 쓰기도 합니다), 이때 사건은 언제 일어났거나 일어날 것이거나 일어나고 있는 것이 됨으로써 시간 지표를 가지게 됩니다(그러나 여러 번 이야기했던 베르그송적 가정을 가지고 들어간다면, 근본적으로는 특이성들의 체계 그 자체가 생성한다고 보아야 합니다). 그리고 특이성은 인간이 개입한다기보다는 발견하는 것이죠.

Q 특이성이 사건이고 문제라고 할 때, 사건이 문제라는 것은 이해가 가는데 특이성
이라는 개념이 왜 필요한지 모르겠습니다.

A 사건의 본질, 사건의 부정법 형태가 특이성이고, 특이성들을 그 해들로
서 포함하는 잠재적 장이 문제입니다. 특이성이란 곧 "무슨 일인가가
일어난다"고 할 때의 그 각각의 사건들, 더 정확히는 순수사건들을 가
리키고, 그러한 순수사건들이 하나의 장을 이룰 때 문제가 성립합니다.
더 자세히 말해, 특이성들은 계열화됨으로써 일정한 순수사건-계열을
형성하고, 이 계열들이 모여 디아그람을 형성합니다. 이 디아그람 즉 장
場이 곧 문제이죠. 이 '문제'를 파악하는 것이 현대 선험철학의 핵심입
니다.

6강_객관적 선험

지금까지 '사건의 존재론'의 철학사적 뿌리(1, 2강), 그리고 의미, 계열, 특이성 같은 핵심 개념들(4, 5강)을 살펴보았다. 오늘 강의에서는 이제 이 내용들을 모두 종합하면서 우리 논의의 최종적인(이론적인 면에서) 그림이라 할 **객관적 선험철학**에 대해 이야기해 보자.

내가 처음으로 낸 책은 푸코 연구서였고, 거기에서 '담론학'을 제시했었다. 그때 이미 객관적 선험에 대해 이야기한 바 있으며, 이번 학기 강의는 사실 이 담론학을 새롭게 존재론적으로 정초하려는 작업 이외의 것이 아니다. 『가로지르기』(저작집 1권 『객관적 선험철학』의 2부)에서는 담론학을 행하는 방식들에 대해 논했고, 『인간의 얼굴』(저작집 3권 『전통, 근대, 탈근대』)에서는 이 논리적-개념적 논의들에 역사의 지평을 가미하고자 했었다. 이제 이번에 강의하는 '사건의 철학'은 이 논의의 흐름에 다시 존재론적 맥락을 가미하는 것이라고 할 수 있다.[1] 라이프니츠에서 들뢰즈 등으로 가로질러 가면서 논의를 전개해 보자.

§1. 객관적 선험의 장

객관적 선험철학은 현상학 등 칸트 이래의 선험철학보다는 오히려 칸트 이전의 형이상학과 친연성을 가진다. 특히 우리에게 스피노자와 라이프니츠는 매우 중요하다.[2] 라이프니츠는 얼핏 낡은 나아가 황당하기까지 한 형이상학자라는 이미지를 가지고 있지만, 그의 사유는 잘 들여다보면 볼수록 길어 올릴 것들이 끝없이 솟아나오는 상자와도 같다. 라이프니츠의 철학은 사유의 보물 상자이다(우리는 다음 학기부터 몇 학기 강좌를 라이프니츠에 할애할 것이다). 우리 철학사의 시계는 거꾸로 간다: 칸트에서 라이프니츠로.

우선 논의할 것은 보통 '빈위'라고 번역되는 'attribut'라는 개념이다. 빈위란 한 실체(모나드)에게 일어나는 일들 하나하나를 가리킨다. "루비콘 강을 건너다"라는 것은 카이사르에게 일어나는 일이고,

---

1) 이 강의 뒤에 이루어진 라이프니츠 관련 강의들(그 결과는 『접힘과 펼쳐짐』, 『주름, 갈래, 울림』으로 출간되었으며, 이 저작들은 합본되어 ― '접힘과 펼쳐짐'이라는 제목으로 ― 저작집의 네번째 권으로 간행될 예정이다)은 주로 자연철학 또는 과학기술의 맥락에서 객관적 선험을 다루었다. 이로써 '객관적 선험철학'에 대한 탐구는 일단락되었다고 할 수 있다.

2) 스피노자와 라이프니츠는 20세기에 들어와 르네상스를 맞이하게 된다. 일반적인 철학사적 연구를 넘어, 이 두 사람은 20세기 후반 (특히 프랑스의) 철학의 전개에 심대한 영향을 끼쳤다. 라캉과 스피노자의 친연성은 잘 알려져 있다. 알튀세르, 발리바르, 마슈레는 스피노자적 철학을 전개했다. 푸코의 『말과 사물』은 라이프니츠에 대한 이해 없이는 독해하기 어렵고, 말년의 푸코는 스피노자와 친연성을 보인다. 세르는 라이프니츠 연구로부터 사유를 시작했다. 들뢰즈는 전반기에는 스피노자의 영향을, 후반기에는 라이프니츠의 영향을 두드러지게 보인다. 이 철학자들에게 영향을 준 철학사가인 마르샬 게루 역시 스피노자와 라이프니츠 연구에 몰두했다. 그래서 후기구조주의는 스피노자, 라이프니츠와 나란히 연구되어야 한다. 현상학과 구조주의의 대결은 데카르트-칸트 vs. 스피노자-라이프니츠의 대결이기도 하다.

카이사르-모나드의 한 빈위이다. 라이프니츠가 말하는 빈위를 지금 우리의 맥락에서 해석한다면 무엇이 될까? 바로 사건이다.

그러나 라이프니츠의 이 빈위는 개체**로부터** 나오는 것이 아니다. 사건이 개체에게서 일어나는 것이다. 개체가 사건을 만드는 것이 아니라 사건이 개체에게서 일어나는 것이다. 이것은 아리스토텔레스적 '실체'의 철학과도 또 칸트적 '주체'의 철학과도 다른 구도이다. 철수나 영희가 죽은 것이 아니라 '죽다'라는 순수사건이 철수나 영희에게서 현실화되는 것이다. 그래서 라이프니츠에게서는 사건들이 개체에 복속되는 것이 아니라 무한에 가까운 사건들이 존재하고 이것들 중 특정한 사건들이 모임으로써, 더 정확히 말해 계열화됨으로써 하나의 개체가 성립한다. 그러나 우리는 (신학적 구도하에서 논의를 전개하는 라이프니츠와는 달리) 사건들의 잠재적인 장은 바로 객관적 선험이고 이 객관적 선험으로부터 개체가 성립한다고 보아야 한다.

그래서 한 개체는 그 안에 수많은 빈위들을 가지고 있다. 다만 잠재적으로 가지고 있다. 잠재적이라는 말의 두 가지 맥락을 이해해야 한다. 개체화 이전의 사건들이 '존속'한다면subsister 개체를 구성하고 있는 사건들은 '내속'한다고insister 할 수 있다(이 경우 'insister'는 라이프니츠 용법으로 쓰였다). 그러니까 내게 앞으로 닥치는 모든 일들은 내 안에 잠재적으로 들어 있다고 할 수 있다. 이것이 라이프니츠적 의미에서의 '내속'inhérence이다. 은유적으로 말하면 "주름 잡혀 있다"고 할 수 있다. 하나의 개체는 바로 그것에 내속되어 있는 모든 빈위들/사건들의 집합이다. 이 빈위들의 집합을 그 개체의 'notion' 즉 '완전개념'이라고 할 수 있다. 카이사르의 완전개념은 카이사르 안에 들어 있는 수많은 빈위들, 카이사르가 실현할 수많은 사건들의 집합이다.

이는 매우 독창적인 생각이다. 개념이란 원래 개체에게서는 성립하지 않는 말이기 때문이다. 개체에게는 쓸 수 없는 말이다. 인간의 개념, 개의 개념은 있어도 뽀삐의 개념, 소크라테스의 개념이라는 것은 없다. 어떤 개념에 '~성性'이라는 말이 붙을 수 있다. 그래서 인간성, 견성犬性이라는 말은 성립해도, 뽀삐성, 소크라테스성이라는 말은 성립하지 않는다. 그러나 라이프니츠에게는 개체의 개념이라는 발상이 있다. 뽀삐, 바둑이, 멍멍이,…… 위에 개라는 개념이 존재하는 것이 아니라, 뽀삐는 뽀삐의 완전개념을, 바둑이는 바둑이의 완전개념을, 멍멍이는 멍멍이의 완전개념을 가지는 것이다. 그리고 이 완전개념들은 공간적으로만 병치되어 있는 것이 아니라 일정한 순서로 계열화되어 있다. 그래서 한 개체의 삶이란 이 주름 잡혀 있던 계열이 펼쳐지는 과정이다. 그래서 제갈량은 유비를 만나고, 적벽을 불태우고, 백제성에서 유비와 이별하고, ……, 오장원에서 죽은 것이다. 요컨대 하나의 개체가 성립하려면 빈위들의 연속체가 정의되어야 한다. 그리고 하나의 '세계'가 성립하려면 이런 연속체들이 일정하게 조직되어야 한다.

히브리 신화를 보면, 이브가 뱀의 유혹에 빠져 무화과를 먹는 장면이 나온다. 이브는 아담에게 무화과를 권하고 결국 아담이 같이 벌을 받게 된다. 아담은 노동을 해야 하고 이브는 해산의 고통을 겪어야 한다. 그런데 바로 이런 '세계'가 성립하려면 어떤 전제가 있어야 할까? "뱀이 유혹하다", "이브가 아담에게 무화과를 권하다", "이브가 무화과를 따먹다", ……와 같은 특이성들이 일정하게 수렴해야 한다. "카이사르가 이집트를 정복했다", "클레오파트라의 유혹을 받았다", "결혼해서 로마로 갔다", "안토니우스가 클레오파트라를 사랑했다", "안토니우스-클레오파트라가 옥타비아누스와 싸웠다",…… 이렇게 카이사르, 클레오파트라, 안토니우스, 옥타비아누스라는 연속체들이 일정 지점들에서 수렴함으로써 우리가 역사를 통해 알고 있는 그런 '세계'가 가능했던 것이다.

그리고 이런 큰 특이점들의 중간에는 다시 무한한 사건들이 이어진다. 클레오파트라가 카이사르를 유혹하는 데에노 여러 단세가 있있을 것이다. 또 로마 공화국의 내전은 파르살루스 전투(카이사르 vs. 폼페이우스), 필리피 전투(브루투스-카이우스 vs. 안토니우스-옥타비아누스), 악티움 해전(안토니우스-클레오파트라 vs. 옥타비아누스)을 비롯한 여러 전투들을 내포하고 있고, 다시 각 전투들은 그 안에 (승패를 가르는 데 결정적 변수가 되었던) 여러 특이점들을 내포하고 있다. 이렇게 보면 특이점들은 '실수의 연속성'에서처럼 궁극적으로는 연속성을 형성한다고 보아야 하리라.

그런데 이브가 무화과를 권했을 때 아담이 그것을 거부했다면, 또 어떤 역사학자의 표현처럼 "클레오파트라의 코가 조금이라도 낮았다면",…… 계열들의 다른 조직화가 이루어졌을 것이다. 다시 말해, 어떤 다른 세계가 이루어졌을 것이다. 놀라운 것은 라이프니츠는 바로 그런 세계들이 "있다"고 말한다는 사실이다. 유비가 방천화극을 휘두르고, 조조가 백제성에서 비운의 최후를 맞이하고, 주유가 제갈량을 패퇴시키는 그런 세계들도 있다는 것이다. 다만 지금 이 세계는 아니다. 라이프니츠는 그런 세계들을 '가능세계들'이라고 부른다. 무한한 가능세계들이 있는 것이다.

이렇게 사건들의 각종 계열들은 기본적으로 모두 가능하다. 그렇지만 중요한 것은 이 계열들이 모두 동시에 가능하지는 않다는 점이다. 유비가 백제성에서 죽는 것과 조조가 그곳에서 죽는 것은 모두 가능하다. 다만 **함께** 가능하지 않을 뿐이다. 또 유비가 백제성에서 죽는 것과 제갈량이 촉을 치는 것은 함께 가능하지만, 관우가 화용도에서 조조를 놓아주는 것과 유비가 육손의 600리 진영을 불태우는 것은 함께 가능하지 않다. 라이프니츠는 이 함께-가능함을 '공가능성' compossibilité이라고 부른다. 1998년에 이 대학에서 강의하는 이정우와 같은 시각 다른 대학에서 강의를 듣는 여러분은 모두 가능하다. 그렇지만 여러분들이 여기에서 강의를 듣는 것과 내가 강의하는 것만이 함께 가능하다. 만일 이정우라는 모나드와 여러분 각각의 모나드가 수렴하지 않는다면, 그러니까 우리의 만남이 동시에 가능하지 않다면 이 강의는 성립하지 않는다.

그래서 라이프니츠에게서는 개체 이전에 순수사건들/빈위들이, 그리고 이것들의 수렴과 발산의 무한에 가까운 가능한 조합이 존재한다. 우리는 바로 이 가능성의 장을 '객관적 선험'이라 할 수 있다. 개체들 및 다른 존재들entities 나아가 세계들worlds은 바로 이 객관적 선험의 장 위에서 성립한다. 이 맥락에서 '선험적 계열학'도 다시 이해할 수 있다. 바로 이 순수사건들/빈위들의 장의 구조 및 생성, 즉 이 계열들의 이어짐과 끊어짐, 이웃관계, 평행과 교차,…… 등을 연구하는 것이 '선험적 계열학'인 것이다. 그리고 어떤 특정한 선험적 계열학에 입각해 특정한 세계가 성립할 수 있는 것이다. 순수사건들/특이성들의 계열이 모여 일정한 장을 형성할 때 하나의 '세계'가 이루어진다고 할 수 있다(물론 이는 사태의 반쪽이다. 그림이 완성되려면 여기에 물질/기 氣에 대한 논의가 추가되어야 한다).

공가능성 개념을 발전시키는 데 라이프니츠는 신학적 구도를 사용한다. 어떤 면에서는 창조를 설명하기 위해 공가능성 개념이 필요했다고도 할 수 있다. 그런데 만일 라이프니츠의 철학에서 신을 접어 둔다면 어떤 일이 벌어질까? 어떤 사건이 어떤 사건과 공가능하고, 어떤 계열이 어떤 계열과 수렴하는 이유가 신에 있지 않고 다른 곳에 있게 될 것이다. 결과적으로 특이성들이 꼭 이 세계에서처럼 이렇게 배열될 이유가 없게 된다. 라이프니츠에서는 신이 지금 이 세계가 가장 좋은 세계라고 판단해 이렇게 만든 것으로 이해되지만, 이제 이런 초월적 원인을 제거하고 본다면 세계는 물질-특이성들의 장이고 유희인 것이다. 만일 신을 인정하지 않는다면, 이 세계는 물질-특이성들이 우발적으로 배열되는 것에 불과하다. 물론 이는 가능성의 공간에서 본 세계이다. 신을 동원하지 않더라도, 그 가능성의 공간 즉 객관적 선험에서 왜 지금의 세계가 현실화되었는가에 대한 다른 설명을 찾을 수 있을 것이다.

객관적 선험의 성격을 둘러싼 이런 논의와 더불어 또 그 외연에 관련해 구분해야 할 점이 있다. 방금 이야기한 가능성의 공간이란 단지 '상상의 산물'이라고 생각하고, 객관적 선험을 (상상적인 것들까지 포괄하는) 가능세계들이 아니라 (어디까지나 실재적 차원인) 잠재성에 국한해 이해할 수도 있는 것이다. 이럴 경우 객관적 선험의 넓은 의미는 가능세계들 전체를 포괄하는 차원이지만, 좁은 의미는 (상상적인 경우들은 배제한) 잠재성의 차원을 가리키는 개념이 된다(형이상학자인 라이프니츠가 전자의 경우라면, 어디까지나 경험주의자인 들뢰즈는 후자의 경우이다). 우리는 객관적 선험의 1차적 의미(잠재성)와 보다 넓은 의미(가능세계들까지 포함한 경우)를 구분해서 이해할 수 있다.

다음으로는 라이프니츠의 구도에서 주체(또는 인칭)가 어떻게 형성되는지를 보자. 주체/인칭은 여러 가능세계에 공통된 무엇을 생각함으로써 성립한다. 예컨대 우리가 아는 관우라는 존재는 여러 가능세계에 공통적으로 나타난다. 물론 미세한 차이들도 있다. 예컨대 다른 모든 점은 우리가 아는 관우와 같은데 청룡언월도가 아닌 방천화극을 사용하는 관우 또는 장팔사모를 사용하는 관우가 있을 수 있다. 또 어떤 세계에서는 다른 모든 점은 같은데 다만 수염이 짧은 관우, 아니면 수염이 못생겨서 "추염공"醜髯公이라 불린 관우도 있을 것이다. 그래서 우리가 이렇게 조금씩 다른 관우를 관우-x라고 표시할 수 있다. 라이프니츠는 "모호한 아담"이라는 표현을 쓰며, 따라서 우리는 이런 관우를 "모호한 관우"라고 부를 수 있다. 이 관우-x가 "관우"라 불리는 주체/인칭이라고 할 수 있다.

그러나 이보다 더 흥미로운 설명은 '관점'의 개념을 통한 설명이다. 우선 라이프니츠의 '미세지각'petite perception이 중요하다. 라이프니츠는 의식적 지각과 무의식적 지각을 구분한다. 예를 들어 바닷물 소리를 듣는다고 생각해 보자. 우리는 평균적인 바닷물 소리 전체를 듣고 있다고 생각한다. 하지만 라이프니츠는 사실상 우리가 바닷물 한 알 한 알의 소리를 모두 듣는다고 말한다. 다만 그 하나하나를 모두 의식적으로 지각하지는 못한다고 본다. 마치 밤길을 가면서 탐조등을 비추면, 내 눈에는 불빛이 비치는 부분만 보이지만 사실은 나와 그 숲 전체가 관계를 맺고 있는 것과 같다. 무수한 미세지각들 중에서 일정한 영역만이 우리의 의식에 포착된다.

흥미로운 것은 그렇게 명료하게 포착되는 부분이 모나드마다 다다르다는 사실이다. 이 각각 다른 지각의 구조를 라이프니츠는 '관점'이라고 부른다. 아쿠타가와 류노스케의 『라쇼몽』羅生門이라는 소설이 있다. 이 소설에서는 하나의 사건을 그 사건에 연루된 각자의 관점에서 재구성한다. 그로써 진실의 해명 불가능성이라는 상대주의적 결론을 이끌어내고 있다. 라이프니츠는 이런 식의 관점 개념과는 다른 관점 개념을 제시한다. 상이한 관점 이전에 무한한 지각의 장이 있고, 그 장 위에서 여러 관점들이 형성된다는 생각이다. 라이프니츠에게는 바로 이 관점이 인칭/주체를 형성한다. 요컨대 객관적 선험이 먼저 존재하는 것이고, 그 특이성들 중 일정 부분이 하나의 개체를 형성하고, 그 특이성들이 특정한 관점을 형성함으로써 주체가 된다. 주체가 관점을 형성하는 것이 아니라 관점이 주체를 형성한다. 칸트적인 생각과는 상반된다는 점을 알 수 있다.

§2. 정적 발생과 동적 발생

객관적 선험을 그 구조에 있어서만 해명할 경우 그것은 정적인 그림에 그친다. 그 그림으로 하여금 생성케 하고 현실과 관계 맺게 해야 한다. 이는 잠재성으로부터 현실성으로의 이행을 밝히는 일이다. 이 작업은 현대 철학, 특히 들뢰즈 철학의 심장부에 놓여 있으며, 매우 많은 논의를 필요로 한다. 여기에서는 지금의 맥락에 관련되는 대목만 다소 거칠게 소개할 수밖에 없다(좀더 상세한 논의로는 「보론 1」을 참조하라).

우선 '발생'genèse 개념부터 생각해 보자. 들뢰즈에 따르면, '발생'이라는 말은 두 가지 맥락에서 이해될 수 있다. 의미라는 것은 자연과 문화의 접면에서 발생하는 것이고, 이 의미에 입각해 지시작용, 현시작용, 기표작용이 이루어진다고 했다. 이렇게 의미가 생겨나는 과정이 바로 '발생'이거니와, 이 경우를 특히 '정적靜的 발생'이라고 부른다. 보다 심층으로 내려가서 생각해 보면, 물질의 운동으로부터 의미가 생겨난다. 이것은 '동적動的 발생'이다. 이 정적 발생과 동적 발생은 의미 발생의 핵심적인 두 층위를 말한다. 여기에서 '정적', '동적'이라는 말은 물론 멈추어 있다/움직인다 같은 뜻이나 조용하다/시끄럽다 같은 뜻과는 무관하다. 정역학/동역학의 구분과 같은 식의 구분이다.

간단히 말해서, 정적 발생이란 의미의 발생을 논리적-존재론적으로 보는 것이고, 동적 발생이란 자연철학적 관점에서 보는 것이다. 야구를 연구할 때, 정적 발생은 일단 물질의 차원은 보류하고 야구라는 경기의 논리적 구조에 초점을 맞춘다. 물론 '논리적 구조'라고 해서 고정된 어떤 고착된 틀을 떠올리면 곤란하다. 여기에서의 '구조'란 우리가 지금까지 논해 온 '장'에 다름 아니다. 정적 발생도 어디까지나 '발생'이라는 점을 잊으면 곤란하다. 정적 발생은 야구 선수들, 관중들, 방망이, 글러브,…… 등의 물질적 차원은 접어두고, 그 경기를 특이성들의 장(치다, 달리다, 함성을 지르다, 아웃되다,……)과 그 생성을 통해 다룬다. 특이성들의 계열화, 그리고 이렇게 계열화된 의미가 개체들과 관련해서의 지시작용, 인칭들과 관련해서의 현시작용, 집합들과 관련해서의 기표작용과 맺는 관계를 다룬다.

이에 비해 동적 발생은 '형이상학적 표면'을 따로 떼어 논리학-존재론적으로 다루는 것이 아니라 물질의 차원으로부터 이 형이상학적 표면 자체가 어떻게 생성하는가를 다룬다. 운동장, 사람들의 신체, 방망이, 글러브,…… 등의 물질적/신체적 운동이 어떤 과정을 거쳐 사건들을 발생시키고, 그 결과 형이상학적 표면을 만들어내는가를 다룬다. 신체/물질과 사건의 인과관계를 다루는 것이다. 『차이와 반복』에서는 심층에서 표층으로의 이행 전반이 다루어지고, 『의미의 논리』에서는 이 문제를 의미의 맥락에서 고찰하고 있다.

들뢰즈가 논의하는 이 정적 발생과 동적 발생은 결국 우리가 영위하는 모든 문화의 선험적 조건이다. 이 과정이 존재해야 그후의 모든 문화적/담론적 행위가 가능하기 때문이다. 의미가 없이는 언어가 있을 수 없고, 언어가 없이는 문화라는 것이 있을 수가 없다. 따라서 정적 발생과 동적 발생을 다루는 것은 바로 현대적 형태의 선험철학, 즉 객관적 선험을 다루는 것이다. 결국 세 층위가 존재한다. 물질/실체의 층위, 물질과 문화의 접면 즉 형이상학적 표면, 이 표면 위에서 각종 문화가 형성되고 변화되는 과정. 그래서 물질/실체의 층위를 다루는 자연철학, 사건의 면/장을 다루는 선험철학(객관적 선험의 철학), 그리고 문화 일반의 가능조건을 다루는 문화철학/담론학이 가능하다.[3] 우리가 지금까지 논해 온 층위는 자연의 표면이자 문화의 최-심층인 객관적 선험의 차원이다.

이런 맥락에서 스토아-들뢰즈의 '이중 인과'의 개념을 음미해 보자. 사건의 발생과 의미의 형성에는 두 종류의 인과관계가 있다. 하나는 물질이 사건의 원인이 되는 경우이고, 다른 하나는 사건이 다른 사건의 원인이 되는 경우이다. 「감자」에서 주인공이 죽은 물리적 원인은 일차적 '원인'이지만, 또 당시의 여러 사건들 사이에서 성립하는 인과는 '준-원인'이다. 따라서 사건이란 두 얼굴을 가진다. 하나의 얼굴은 물질적 운동의 '효과'라는 얼굴이고, 다른 한 얼굴은 계열화의 한 요소로서의 얼굴이다. 전자를 다루는 것이 동적 발생이고, 후자를 다루는 것이 정적 발생이다. 여기에서는 정적 발생에 대해서만 이야기해 보자(사실 지금까지 이야기해 온 것 전체가 정적 발생이다).

사건이란 한편으로는 효과이지만 다른 한편으로는 생산적인 힘이다. 어떤 반정부 인사가 벽돌에 맞았을 때, 그것은 물리적 운동의 한 효과이다. 그것은 이미 엎질러진 물, 즉 '되돌릴 수 없는 것'이고, 따라서 다른 것에 아무런 영향을 미칠 수 없는 존재이다. 단지 하나의 결과일 뿐이다. 하지만 다른 한편으로 하나의 사건은 다른 사건들과 계열화됨으로써 준-원인으로서 작용한다. 반정부 인사의 부상은 물리적으로는 돌이킬 수 없는 하나의 효과에 불과하지만, 사회적으로는 거대한 혁명의 불씨가 될 수 있는 것이다. 그래서 사건이란 효과로서는 아무런 잠재력이 없지만 준-원인으로서는 다른 사건들에 의미를 주며,

---

3) 하나의 층위를 더 설정할 수도 있다. 물질 너머에 탈-물질적인 무엇인가가 있다고 생각할 경우, 그것을 다루는 것이 전통적인 의미에서의 형이상학이다. 또 지금의 '세계' 이외의 다른 상상적인 세계들을 다루는 '가능세계론'도 또 한 형태의 형이상학이다. 이럴 경우 가능한/상상적인 차원들까지 포함하는 형이상학, 현재 세계의 물질적 조건을 다루는 자연철학, 사건의 면/장을 다루는 선험철학, 그리고 인간세계/문화세계의 가능근거를 다루는 문화철학으로 4분할 수도 있다(객관적 선험철학과 문화철학을 굳이 구분하지 않는 경우도 생각해 볼 수 있다).

또 다른 사건들과 더불어 각종 계열을 만듦으로써 다양한 형태의 의미를 조직하는 생산적 힘 또는 활동성을 가지게 된다. 이 활동성을 바탕으로 해서 기표작용, 지시작용, 현시작용이 성립하며, 그 위에서 문화가 건설된다. 그래서 이 과정은 우리 삶을 이해하는 데 빛을 던져 준다.

여기에서 하나 짚고 넘어갈 것이 있다. "후기구조주의"에 속하는 여러 사람들의 철학은 얼핏 보기에 자연주의 또는 유물론처럼 보이지만 사실은 그렇지 않다는 점이다. 이것은 '자연/인간 위상학'[人物性同異論]이라 부를 수 있을 문제와 관련된다. 이 말은 자연과 인간을 연속적으로 보느냐 불연속적으로 보느냐의 문제를 가리킨다. 지금까지의 모든 굵직한 철학들이 어떤 방식으로든 이 문제를 다루어 왔다. 이런 생각은 일상생활에서도 많이 나타난다. 내가 과연 이 세계로부터 불연속적인 존재인가 아니면 연속적인 존재인가, 내가 욕망과 충동의 존재인가 이성과 절제의 존재인가. 물론 양자택일의 문제라기보다도 둘은 어떻게 관계 짓는가가 문제일 것이다. 인간과 자연을 그 궁극에서는 연속선상에서 보는 것이 자연주의이다. 인간의 모든 말, 행위, 문화는 자연과 동떨어진 것이 아니라는 것, 모든 것이 자연으로부터 왔고 따라서 자연으로부터 설명할 수 있다는 것이다. 특히 진화론이 나온 이후에 자연주의는 큰 설득력을 가지게 되었다.

그런데 자연주의가 가지는 단점은 인간의 모든 고급한 행위들조차도 자연적인 차원으로 환원시킨다는 점에 있다. 그래서 대개 조잡한 유물론, 속류 유물론으로 떨어지곤 한다. 프로이트의 예술철학 같은 것이 전형적인 예이다. 예컨대 다빈치를 정신분석학적으로 설명했는데, 일면적인 설명은 되지만 예술 고유의 차원을 설명하는 데 이르러서는 한계를 노출한다. 또 생물학적 환원주의, 예컨대 사회생물학 같은 담론이 그렇다. 역시 인간의 다양한 측면들을 생물학적 차원으로 환원시킬 뿐, 그 차원들의 고유한 면모들은 소거되어 버린다. 환원주의는 어떤 차원/영역의 고유함을 소거한 채 거기에 다른 차원/영역을 투사하는 것 이외의 것이 아니다. 결국 자연주의는 인간과 자연의 연속성은 잘 설명해 주는 반면 불연속성과 차이는 잘 설명하지 못한다. 반대로 인간과 자연을 아예 분리해 버리는 설명, 또는 (자연주의적 환원주의와는 반대로) 자연을 문화/사회의 차원으로 흡수시켜 논하는 설명은 세계를 총체적으로 이해하는 데 실패하거나, 또 다른 형태의 환원주의(사회학주의, 경제학주의, 언어학주의,…… 등)에 빠져 버린다. 바람직한 것은 개별 차원/영역들을 그것들 자체로서 개별 과학적으로 연구하면서, 그런 개별 연구들을 토대로 신중하게 철학적 종합을 꾀하는 일일 것이다. 세계 전체를 신중하게(깊은 철학적 반성을 거쳐) 모색해 나가는 방법일 것이다.

후기구조주의 사유가 가진 하나의 매력은 문화와 자연 사이에 존재하는 제3의 층, 즉 자연에 **뿌리 두고 있지만** 그러나 자연으로 완전히 **환원되지는 않는** 그런 차원을 드러낸 점에 있다. 그리고 이 점이 (일종의 문화과학적 환원주의인) 구조주의의 극복이라는 과제에 대한 한 응답이라고도 할 수 있다. 물질의 층위와 문화의 층위 중간에 또 하나의 층위, 장, 차원이 있다는 것이다. 들뢰즈가 말하는 '형이상학적 표면'이다. 이 표면을 상정해서 문화를 설명함으로써, 자연과 인간의 연속성과 동시에 불연속성을 해명해 주고 있는 것이다. 이 점은 자연과 문화 사이의 인과관계의 문제라고도 할 수 있으며, 자연주의적인 인과(자연이 문화의 원인)나 문화주의적인 인과(문화가 자연의 원인) ── 마르크스주의는 문화보다 '하부구조'를 원인으로 놓는다는 점에서 '유물론'적이지만 그 하부구조가 자연이 아니라 경제라는 점에서 '탈-유물론'적이기도 한 독자적인 면모를 띤다 ── 등 두 층위 사이에 인과관계를 설정하려는 시도들을 벗어나 그 관계를 일종의 접합('어셈블리지')으로 보고 있는 것이다. 이번 학기 우리 강의는 바로 그 접합면을 다루고 있는 것이다.

첫날 강의에서 "후기구조주의"라 편의상 통칭되는 사유들이 구조주의 사유를 어떤 면에서 넘어섰는가에 대해 말한 바 있다(1강, §4). 지금의 맥락에서 다시 짚어 볼 수 있을 것이다. 이미 말했지만, 그 중 하나는 구조 개념을 역동화했다는 점이다. 레비-스트로스의 경우에서처럼 이 구조가 일종의 바둑판 같은 것으로 이해되기보다는, 계열들의 복잡한 망('디아그람')으로 또 우발점이 돌아다니는 장으로 규정되기 시작했다. 그리고 방금 말했듯이, 구조주의는 장만 이야기했지 그 장 아래의 자연에 대해서는 논의하지 않았다. 들뢰즈를 비롯해 구조주의 이후의 몇몇 철학자들은 자연철학, 형이상학을 도입함으로써 구조만이 아니라 자연과 구조의 관계를 설명해 주었다는 점이다. 이 두 가지가 후기구조주의 사유들의 성과들 중 기본적인 것이다. 시간과 사물이 재도입된 것이다. 물론 여기에 라캉 이후에 전개된 주체론이나 푸코 등의 정치철학 등 다른 성과들도 덧붙여져야 할 것이다.

1강에서 후기구조주의가 구조주의에 결여되었던 신체, 욕망, 권력, 카오스, 불연속, 우연, 차이,…… 등을 도입했다고 했다. 여기에서 신체, 카오스 같은 것들은 후기구조주의가 자연철학, 형이상학을 다시 도입했음을 함축하고, 불연속, 우연 등은 시간론의 재도입을 함축한다. 욕망, 권력 등은 정치철학적 요소들에 해당한다. 물론 차이(더 정확히는 차이생성) 개념 등 모든 측면에 골고루 개입되는 개념도 있고, 또 후기구조주의 전체가 일종의 주체론이라고도 볼 수 있다. 이번에 논하고 있는 '사건의 철학'도 이런 전반적인 사상사적 변화를 음미하면서 사유해야 한다.

다시 본래의 줄거리로 돌아오자. 들뢰즈는 정적 발생과 동적 발생이라는 두 가지 발생을 말했다고 했다. 정적 발생은 객관적 선험 즉 '형이상학적 표면'의 구조를 다루는 것이고 또 어떻게 개체(지시작용의 상관자)와 인칭(현시작용의 상관자)과 개념(기표작용의 상관자)이 발생하는가 하는 문제를 다루는 부분인 데 비해서, 동적 발생은 자연으로부터 어떻게 의미가 발생하는가 하는 것을 다루는 부분이다. 하지만 정적 발생에도 두 가지 층위가 있다. 방금 지시작용은 지시대상(개체)을, 현시작용은 현시되는 인칭을, 기호작용은 개념(집합)을 상관자로 가진다고 했다. 여기에서 우선 대상/개체, 인칭, 개념체계가 어떻게 발생하느냐의 문제, 이 문제를 다루는 것이 '존재론적 정적 발생'이다. 그리고 언어적 차원에서 지시작용, 현시작용, 기호작용이 어떻게 이루어지느냐가 논리학적 '정적 발생'이다.

야구장이라는 곳을 특이성들이 현실화되는 장으로 볼 때, 특이성들(순수사건들)이 어떻게 계열화되어 개체와 인칭, 나아가 집합이 형성되는가를 다루는 것이 '존재론적 정적 발생'이다. 방금(앞 절) 이야기했던 라이프니츠의 객관적 선험이 바로 이 '존재론적 정적 발생'의 핵심적인 토대가 된다. '논리학적 정적 발생'은 이 형이상학적 표면이 언어와 관련 맺는 과정을 다룬다. 다시 말해, 의미가 일단 성립한 후에 (물론 시간적 의미에서의 후는 아니다) 지시작용, 현시작용, 기호작용이 성립하는 과정을 다룬다. 그래서 '논리학적'이라는 수식어가 붙는다. 요컨대 존재론적 정적 발생은 '세계'라는 것(물질은 일단 접어 두고 그 구조만 생각한 세계)이 어떻게 발생하는가를 다루고, 논리학적 정적 발생은 이 세계와 언어의 관계를 다룬다. 다시 말해, 존재론적 정적 발생은 물질과 문화의 접면에서 어떻게 개체와 인칭과 개관체계가 발생하느냐를 다루고 논리학적 정적 발생은 이것들과 상관적으로 어떻게 지시, 현시, 기호작용이 발생하느냐를 다룬다. 앞에서는 주로 '논리학적 정적 발생'을 다루어 왔고, 오늘은 '존재론적 정적 발생'을 라이프니츠를 통해서 알아보았다(개념/집합의 발생은 충분히 다루지 못했는데, 이 문제는 별도의 논의를 필요로 한다). 이 정적 발생에 대한 논의가 바로 '객관적 선험철학'에 다름 아닌 것이다.

§3. 선험철학의 두 형태

칸트의 선험적 주체의 철학은 주체가 자신의 경험을 **구성해냄으로써** 단순한 지각으로서의 경험을 의미와 인식으로 변환시킨다고 생각한다. 주체의 그러한 자발성에 입각해 자유와 역사의 테마가 펼쳐진다. 그러나 우리는 지금 반대의 사유를 하고 있다. 주체 이전에 존재하는 장 위에서 어떻게 주체가 성립하는가를 문제 삼고 있는 것이다. 주체는 설명해 주는 것이 아니라 설명되어야 할 것이다. 그래서 우리의 선험철학을 객관적 선험철학이라고 부를 수 있다. 우리가 '주관적 선험철학'이라고 부를 수 있을 기존의 선험철학은 칸트와 후설에 의해 대표된다. 이 점에서 우리의 작업은 칸트 철학 및 현상학과는 다른 방식의 선험철학을 추구하는 것이다.

칸트의 철학에서 의미는 어떻게 발생하는가? 모든 문화/담론의 가장 근본적이라 할 수 있는 의미가 칸트에게서는 어떤 위상을 차지하는가? 칸트의 인식론에 있어 우리 신체를 통해 이루어지는 경험은 그 자체로서는 아무 의미도 없는 인식질료들의 더미이다. 그저 질료일 뿐이다. 이 질료가 형상으로서의 의식을 통과해야지 인식과 의미가 성립한다(칸트는 질료형상설을 잇고 있지만, 그에게서 질료와 형상=형식은 존재론적 의미에서가 아니라 인식론적 의미에서 사용된다). 칸트나 후기구조주의적 사유들이나 물질적 차원과 정신적 차원 사이에 어떤 망을 설정해 이해하는 것은 같다. 그러나 그 망의 위치와 성격이 다르다. 칸트의 경우 엄밀하게 말해 신체적 경험은 아직 '경험'이 아니다. 생리적 운동일 뿐이다. 신체적 운동이 '경험'이 되는 것은 선험적 조건에 의해서 조건 지어질 때이다. 그래서 칸트는 인식질료[所與] 즉 데이터를 'Mannigfaltigkeit'라고 부른다. 흔히 '잡다'雜多라고 번역한다. 이 잡다는 대상세계와 우리 몸이 접촉해서 생겨나는 모든 인식질료들을 말한다. 이것이 우리에게 하나의 의미로서, 무엇인가로서 변환되려면 어떤 과정을 거쳐야 하는가. 우리 의식의 구조에 입각해 이 잡다가 정리되어야 한다. 그것이 '종합'이다.

이런 종합은 두 단계에 걸쳐 이루어지는데, 우선 잡다는 '감성의 아프리오리한 형식'인 시공간에 의해 종합될 때 정리된 경험이 될 수 있다. 이것은 우리 의식이 대상을 어떻게 수용하는가 하는 것에 관련된다. 한마디로 말해서 우리가 세계를 지각할 때 우리의 의식 구조에는 이미 그 지각의 조건, 즉 시공간 좌표가 내재해 있다는 것이다. 그래서 이것을 감성의 아프리오리한 형식이라고 할 수 있다.

그 다음에(시간적 의미는 아니다) '오성의 아프리오리한 형식'인 범주가 온다. 사과와 딸기를 지각하는 것은 내 눈이지만, "사과보다 딸기가 더 작다"라고 판단하는 것은 내 정신이다. 그런데 우리 의식 구조 안에 '크다/작다'라는 비교의 범주가 없다면, 우리는 사과와 딸기를 보아도 무엇이 더 크고 무엇이 더 작은지 알 수가 없다. 비가 오는 것과 땅이 젖는 것을 눈으로 보아도 우리 의식 구조 안에 원인과 결과라는 인과因果의 범주가 없다면 우리는 "비가 왔기 때문에 땅이 젖었다"고 판단할 수 없을 것이다. 요컨대 인식질료는 감성의 형식과 오성의 형식이라는 이 두 가지 망을 통과해야만 인식으로서 성립하게 된다.

하지만 이런 과정이 가능하려면 어떤 전제가 있어야 할까? 감성과 오성이 정합적整合的으로 기능해야 할 것이다. 감성은 감성대로 오성은 오성대로 작용한다면, 인식이 성립할 수 없다. 그리고 더 나아가 (감성능력과 오성능력을 매개해 주는) 구상력構想力 등을 포함해서 인간이 가지고 있는 여러 인식 능력들이 서로 일치해야 한다. 여기서 '일치'란 이 능력들이 톱니바퀴들이 정확히 맞물려 돌아가듯이 이어지면서 작동해야 한다는 뜻이다. 이것을 흔히 'concordia facultatum' 즉 '능력들의 일치'라고 부른다. 이런 일치가 보장되지 않으면 인식이 제대로 성립할 수 없다. 그런데 인식 능력들을 궁극적으로 일치시킴으로써 인식을 가능하게 해주는 것, 톱니바퀴들을 조율해서 통일적으로 움직이게 만드는 중심, 이 '인식의 최종 근거'가 바로 '선험적 주체'이다.[4]

　서구의 전통 인식론의 대전제는 대상의 동일성과 인식주체의 동일성 그리고 이들의 일치라는 생각이다. 전통 철학과 칸트 철학의 차이는 전자가 '존재와 사유의 일치'라는 대전제에 입각해 전개된 데 반해 후자는 이 일치를 부정한다는 점이다. 벨라스케스의 「시녀들」을 보면 옆의 창문에서 빛이 흘러 들어와 주체와 대상을 동시에 비추어 준다. 그 빛을 존재와 사유를 꿰어 주는 빛이라 본다면, 이제 칸트에 이르러 이 빛, 무한의 빛이 꺼진다고 할 수 있다(이로부터 '유한성'의 테마가 전개된다. 이 주제는 푸코의 『말과 사물』에서 정치하게 분석되었다). 칸트는 인간의 이성(좁은 의미의 이성 즉 사변이성)과 대상의 본질/실재 사이에 존재했던 끈을 잘라 버렸던 것이다. 그래서 이제 인식주체가 인식질료를 일방적으로 "구성한다"는 칸트적 생각이 성립한다. 본질과의 **일치**가 아니라 현상의 **구성**이 인식의 핵심이다. 그래서 칸트에게 동일성이 있다면, 그것은 어디까지나 주체의 동일성이다. 선험적 주체의 동일성에 무게중심 전체가 걸린다. 이런 맥락에서 능력들 간의 일치나 공통감각이 중요한 역할을 하게 된다.

　후설의 경우 세계 자체의 규정성이 보다 큰 비중을 띤다. 의미의

---

4) 들뢰즈는 칸트 사유의 이런 점을 'sens commun'이라는 개념을 통해 분석한다. 이 말은 보통 '공통감각'이라고 번역하지만, 'sens'가 꼭 감각만을 뜻하는 것은 아니고 보다 넓은 의미로 사용된다는 점에 주의해야 한다. 'sens'를 방향으로 보면 'sens commun'은 일방통행, 공통 도로가 된다. 즉, 여러 능력들이 한 방향으로 일치해서 달려간다는 뉘앙스를 띠게 된다. 'sens'를 의미로 보면 'sens commun'은 공통 의미가 된다. 능력들에 공통되는 의미 또는 능력들이 공통으로 만들어내는 의미 등으로 해석할 수 있다. 들뢰즈는 서구 철학사를 'sens commun'(과 'bon sens') 개념에 입각해 일관되게 해명하고 그 한계를 돌파하고자 한다(『차이와 반복』, 3장).

형성이 칸트에서처럼 주체의 일방적인 구성이라는 성격을 띠는 것이 아니라(물론 칸트에서도 경험의 성립 없이는 인식이 없다) 세계와 의식의 보다 복잡한 관계가 존재한다. 칸트에서 '경험'은 상세하게 다루어지지 않는다. 경험의 조건들이 상세하게 다루어진다. 기본적으로 인식질료가 아니라 인식의 형식이 논의 대상인 것이다. 의식 외부의 세계는 단지 인식주체에게 부딪쳐 오는 어떤 것이고, 그것이 무엇인지는 어디까지나 (그것의 현상이) 인식주체의 구성을 통과했을 때 말할 수 있게 된다. 이에 비해 후설의 현상학은 '경험'을 상세하게 다룬다. 경험이 바로 세계와 주체 사이에 존재하는 층위이기 때문이다. 현상학이란 결국 경험을 분석/서술하는 것이다.[5]

현상학에서 우리의 경험에 나타나는 것은 '외관'外觀이 아니다. 본질을 전제하는 한에서의 외관이 아니다. 전통 형이상학은 우리에게 나타나는 외관과 그 너머의 본질을 갈랐다. 그러나 후설은 본질의 측면은 거부한다. 하지만 후설에게서 흥미로운 점은 경험 자체가 이중의 구조로 파악된다는 점이다. 현상 자체가 두 측면으로 입체화된다. 다시 말해 우리의 경험적 자아에 의해 포착되는 단순한 경험의 층위

---

5) 그러나 현상학도 결국은 의식 내재적 철학이다. '대상'도 결국 의식의 지평 안으로 들어온 한에서 대상으로서 이해되기 때문이다. 얼핏 보는 바와 달리 후설 현상학은 칸트의 사유보다 더 의식 내재적이다. 칸트에게서는 외부 세계가 그 자체로서는 다루어지지 않지만 엄연히 실재하며 또 물자체로서 의식 바깥에 존재하지만, 후설에게서는 일견 인식질료의 독립성이 강조되는 듯이 보이지만 결국 노에마 자체도 의식의 지평 안에서 구성되는 것이기 때문이다. 단적으로 말해서, 칸트의 경우 의식이 없이도 세계는 존재하지만 후설의 경우 의식이 없다면 세계 자체도 존재하지 않는다. 물론 '생활세계적 현상학'의 맥락에서는 이런 의식 내재성이 극복된다.

가 있고, '선험적 자아'에 의해 포착되는 경험의 진짜 알맹이가 있다. 이 경험의 알맹이가 노에마이고 그 노에마를 포착하는 의식이 곧 노에시스이다. 결국 각 경험들 자체의 본질 —— 고중세의 존재론적 본질이 아니라 인식론적 본질 즉 '의미본질' ——이 있다는 생각이다. 경험 너머의 본질이 아니라 경험의 본질이다. 현상 자체가 본질을 머금고 있다고 보는 점에서 칸트와 다르다. 현상 자체가 본질을 내포하고 있으며, 바로 이 점에서 'Phänomeno-logie' 즉 '현상現象-학學'이다(전통적인 개념으로 보면, 이 용어 자체가 모순을 내포한다. 현상과 학문 즉 본질의 탐구는 대립하는 것이었기에). 이 경험의 본질, 그것이 바로 노에마이고 의미이다.

그렇다고 노에마와 노에시스에 상식적 맥락에서의 객체와 주체를 대응시키면 곤란하다. 후설에게는 의식 상관적이지 않은 객체 자체는 없다. 경험이 모든 것이다. 노에마도 경험에서 찾아내는 것이지만 결국 의식 상관적이고 관념적인 그 무엇이다. 선험적 자아가 없이는 노에마를, 나아가 경험조차도 상상할 수 없다. 후설의 사유 역시 그 궁극에 있어 '선험적 주체'의 사유인 것이다.

그러나 우리가 이번에 다룬 선험은 경험을 **구성하는** 주체라는 조건이 아니라 주체가 그 안에서 **구성되는** 장이라는 조건이다. 푸코 식으로 말해서, 주체가 그 안에서 자리를 잡는 위치들의 장이다. 언표-장 성립의 네 가지 조건들 중 하나는 바로 주체가 그 안에서 자리를 잡는 장의 존재이다. 주체는 기본적으로 공간론적인 기반 위에서 파악된다. 주체 이전에 주체를 가능하게 하는 장이 존재한다. 구조주의가 풍미하던 시절이면서도 또한 '68 혁명' 이후의 허무감을 담고 있는 영화인 〈파리에서의 마지막 탱고〉의 흥미로운 한 장면을 생각해 보자. 주인공 남자는 자신의 '이름'을 계속 숨기려 한다. 그래서 주인공 소녀는 그에게 "Who you are?"라고 묻는다. 그러나 (h 발음을 내지 않는) 프랑스 여성인 그의 물음은 "Où you are?"가 되어 버린다. "당신은 누구?"라는 물음이 "당신은 어디에서?"가 되어 버리는 이 장면은 구조주의적 발상을 암시하고 있다. '누가'는 '어디에서'로, 주체는 장소로 전환된다. 객관적 선험은 주체 이전에 존재하면서 주체를 조건 짓는 장인 것이다.

사실 주체가(인류 전체로서의 주체이든 더 작은 단위로서의 주체이든) 인식, 의미, 역사의 가능근거라는 생각은, 푸코에 따르면, 서구 근대 철학 특유의 '발명품'이다. 'personne' 즉 인칭(또는 인격체)은 그것과 비교도 할 수 없는 더 넓은 세계 속에 존재하며, 이미 주어진 다양한 조건들의 장 위에서 탄생한다. 이는 구조주의 과학들(언어학, 인류학, 정신분석학, 사회학 등등)에 의해 상세하게 해명되었다. 때문에 현대 사유는 이전처럼 주체에 대한 신념에서가 아니라 주체 이전의 객관적 선험에서 출발한다. 이것은 주체를 '부정'하는 것과는 아무 상관이 없다. 오히려 주체를 더 정확히 이해하려 하는 것이다. 인간이 스스로를 오해할 때 그로부터 모든 비극이 생산되기에 말이다. 예컨대 A가 주체가 되면 A의 타자는 그 주체의 **대상으로 전락**할 수밖에 없다. 주체 개념에는 애초에 이런 폭력이 잉태되어 있고, 우리는 근대 문명의 도처에서 이 폭력의 현실화를 목도해 왔다. 구조주의가 근대적 주체를 비판하는 것은 이론적 맥락에서만이 아니라 이런 윤리적 맥락에서도 이해되어야 한다.

그러나 현대 철학은 이런 (구조주의에 의한) 근대적 주체 즉 선험적 주체의 해체로 귀착한 것이 아니라 그로부터 출발했다고 할 수 있다. 즉, 현대 철학의 주요 관심사는 주체의 해체가 아니라 오히려 구조주의(에 의한 선험적 주체의 해체) 이후의 새로운 주체에 대한 모색이다. 우리가 이번 학기에 논하고 있는 '사건의 철학'은, 철학사적인 맥락에서 본다면, 이렇게 선험적 주체로부터 객관적 선험으로의 이행에서 출발해 새로운 주체와 윤리의 문제로 나아가는 접점에서 이루어진다고 할 수 있다. 또, **주체와 윤리**의 문제를 보다 넓은 관점에서 완성하려면 다시 **생명**의 개념이 보완되어야 한다. 객관적 선험의 '이편'으로 와서 주체와 윤리의 문제를 논하는 것과 동시에 그것의 '저편'으로 가서 생명의 문제를 논하는 것이 필요하다(그리고 물론 이 전체를 아우르기 위해 추상적인 존재론——특히 양상론——이 필요하다). 우리의 논의는 한편으로는 실천철학에 의해 다른 한편으로는 자연철학에 의해 보완되어야 하며, 이번 학기 강의는 정확히 그 접면을 논하고 있다고 생각하면 좋을 것이다. 다음 시간에는 우선 실천철학으로 나아가는 실마리를 잡을 것이며, 다음 학기 강의에 그것을 보완해 나갈 것이다.

＊　＊　＊

Q 노에시스와 노에마가 일치하는 것을 주객이 일치하는 것으로 볼 수 있나요?

A 그렇습니다. 그렇게 일치하는 경우는 나의 순수자아와 내 경험 속에서 드러나는 사물의 본질이 일치할 때이죠. 이 '일치'라는 말이 도대체 무슨 뜻인지는 간단하지 않습니다만. 어쨌든 이런 일치를 후설은

'originär'와 'adequat'라는 말로 설명합니다. 우리말로는 흔히 각각 '본원적'本原的, '충전적'充塡的이라고 번역하죠. 이런 경험이 있다는 것을 인정하는 것과 인정하지 않는 것은 큰 차이가 있죠. 그런 경험이 있다는 것을 인정하면, 인간은 세계의 본질을, 더 정확히 말해 경험의 본질을 알 수 있다는 결론이 나옵니다. 그런데 만일 그것이 불가능하다고 본다면, 인간이란 결국 상황이나 기분, 선입견, 시대 등등에 따라 세계를 보기 마련이라는 결론이 나오죠. 그럴 경우 실존주의 같은 탈-합리주의 철학이 성립합니다. 철학사 전체를 보면 대부분의 현대 철학자들은 전자보다는 후자의 길을 걷게 됩니다.

Q 현상학에서 말하는 '객관'이라는 것이 순수 객관은 아니군요. 어디까지나 경험의 진정한 차원으로서의 객관인 것 같은데요.

A 그렇죠. 현상학에서는 경험 너머의 그 무엇은 없어요. 경험의 본래적 차원이 있을 뿐이죠. 노에시스에 의해 구성된 경험의 진짜 모습이 곧 노에마라고 할 수 있습니다. 그러니까 노에마라는 것도 결국 관념적인 그 무엇이라고 할 수 있는 것이죠. 후설에게서는 경험 바깥에 무엇이 있나라는 물음은 제기되지 않습니다. 극단적으로 말하면, 의식이라는 것이 없으면 세계도 없습니다. 유식唯識의 입장과도 비교되죠.

Q 그러면 관념론이라고 할 수 있는 건가요?

A 물론입니다. 다만 '관념론'이라는 말이 워낙 다의적이어서 이 말만 가지고 후설의 현상학을 특징짓기는 어렵습니다. 하지만 일단은 관념론의 부류에 들어가죠.

Q 가능세계와 지금 이 세계의 관계는 어떻게 되나요?

A 공가능성으로 이루어진 수많은 세계들이 존재합니다. 그 세계들 중 하나가 지금 우리의 세계죠. 그렇다면 신이 그 많은 가능세계들 중에서 왜 지금의 이 세계를 현실화했을까? 그것은 신이 최적화optimization의 방식을 통해 이 세계를 선택했기 때문입니다. 그런데 이 최적화라는 것이 반드시 가치평가적인 의미에서 최적화는 아닙니다. 논리적인 의미에서의 최적화죠. 복수성과 간명성을 최적最適으로 고려한 세계인 것이죠. 'multiplicity'와 'simplicity'라는 서로 모순된 조건들이 최적으로 조합된 세계가 이 세계라는 것입니다.

그런데 리스본에서 엄청난 지진이 일어났을 때 볼테르가 라이프니츠의 낙천주의를 비판하잖아요? 볼테르가 보기에, 라이프니츠 식으로 생각한다면 신이란 참으로 잔인한 존재가 아니겠느냐는 것이죠. 최선의 세계가 이 정도면 더 못한 세계는 도대체 어떤 세계냐는 것입니다. 하지만 이런 비판은 그다지 날카로운 비판은 아닙니다. 형이상학을 겨냥해서 비판을 제기해야 하는데 단순히 경험적인 현상들만 가지고서 비난하는 것이니까요. 최적이라는 것이 꼭 우리의 감정에 최적이라는 것은 아니에요.

그런데 만일 가능세계들이 별도의 세계를 형성하는 것이 아니라 이 세계 자체가 수많은 가능세계들로 이루어져 있다고 생각하면 어떻게 될까요? 이 세계가 입체적으로 수많은 차원들을 가지는 경우죠. 이럴 경우 우리는 '내재적 가능세계론'을 구성해야 할 것입니다. 앞으로 이런 방향으로 생각을 진행시켜 볼 필요가 있습니다.

Q 개체가 빈위들을 가짐으로써 완전개념이 성립한다고 하셨는데요. 하지만 그 빈위들이 사건들로서 다 드러난 다음에 그 개체가 그런 빈위들을 가지고 있었노라고 말할 수 있는 것 아닌가요? 완전개념이라는 것은 아프리오리하게 알 수 있는 것이 아니라 경험적으로 알 수 있는 것 아닌가요?

A 우선 혼동하면 안 될 것은 개체와 모나드는 다르다는 사실입니다. 개체는 모나드에 물질이 부가된 것이죠. 다시 말해 물질에 구현된 모나드가 개체입니다. 모나드는 개체 자체가 아니라 개체의 본질, 말하자면 그 설계도죠.

질문에 답한다면, 아마 그것이 상식에 부합하는 생각일 겁니다. 경험주의 인식론을 취한다면 그렇게 보아야 합니다. 하지만 라이프니츠 쪽에서 말한다면, 지금의 논의는 그가 빈위들의 완전개념을 어떻게 '발견'했는가를 논하고 있는 것이 아니라 그렇게 발견한 후 그 '제1 원리'에서 출발해 논하고 있는 것입니다. "우리에게 가까운" 쪽으로부터가 아니라 "원리에서 가까운" 쪽으로부터 논하고 있는 것이죠.

문제는 그가 발견한 제1 원리, 출발점에 동의하느냐 하는 점인데, 라이프니츠는 "모든 분석명제가 참일 뿐 아니라, 모든 참된 명제는 분석적이다"라는 원리에서 출발합니다. 물론 이것이 라이프니츠의 '제1 원리'인가 하는 점은 논쟁거리가 될 수 있습니다. 미셸 세르는 라이프니츠의 철학에는 데카르트의 철학과는 달리 단 하나의 제1 원리란 존재하지 않으며, 따라서 그의 철학체계에 들어가는 입구는 매우 여러 가지임을 지적합니다. 어쨌든 위의 명제는 가장 핵심적인 실마리들 중 하나입니다. 이를 바꾸어 말하면, 모든 실체/주어 안에는 그 실체가 겪을 모든 사건들/술어들이 내속되어 있는 것이죠. 그러니까 주어를 분석하면 술어들이 나오고, 그래서 모든 참된 명제는 분석적입니다.

칸트는 이런 생각을 비판하죠. 그래서 분석명제와 종합명제를 날카롭게 나누지 않습니까? 종합명제는 경험을 통해서 형성되는 명제죠. 라이프니츠는 형이상학자로서 모든 참된 명제는 분석적이라는 말을 하지만, 칸트는 비판철학자로서 분석명제를 제외한 모든 명제는 참이 되기 위해서는 경험에 의존해야 한다고 봅니다. 그런데 경험이란 시공간 속에서 이루어지죠? 그래서 칸트는 라이프니츠와는 상이한 시공간론을 전개합니다. 그리고 인간은 경험을 통해서만 세계를 인식할 수 있고 또 경험은 무한에 근접할 수 없기 때문에, 칸트에 이르러 유한과 무한을 이어 주던 빛은 꺼지고 인간의 유한성이 뚜렷이 부각됩니다. 그러면서 주체 개념도 새로이 규정되고, 그후 다양한 형태의 주체철학들이 전개되는 것이죠. 라이프니츠의 객관적 선험이 칸트의 주관적 선험으로 이행한 것입니다.

지금 우리의 작업은 다시 '칸트에서 라이프니츠로'의 길을 걷고 있는 것이죠. 물론 라이프니츠를 그저 액면 그대로 복구시킨다거나 하는 것은 아닙니다. 과거의 어떤 철학도 액면 그대로 복구되고 그 진리가가 현대에도 그대로 주장되는 것은 곤란합니다. 그것은 철학이 아니라 종교적 믿음에 가까운 것이죠. 라이프니츠에게로 복구하는 것이 아니라 라이프니츠에게서 출발하는 것입니다. 모든 철학적 인물들은 '~에게로'의 귀착점이 아니라 '~로부터'의 출발점이어야 하는 것입니다.

Q 라이프니츠가 완전개념을 규정한 것은 어떤 과정을 통해서인가요? 그러한 개념 규정 자체가 경험을 통해서 얻게 된 것입니까?

A 라이프니츠가 자신의 형이상학을 구축한 것이 어떤 근거에서인가는 논쟁의 여지가 많은 문제입니다. 루이 쿠투라 같은 사람은 그의 모든 사유가 논리학에 기반한다고 봅니다. 라이프니츠에 대한 현대의 논리학적 연구들은 이 쿠투라 테제에서 출발하죠. 하지만 어찌 보면 그의 자연철학의 연장선상에서 보는 것이 옳을 것 같기도 하고, 또 그의 신학적 배경에서 보아야 할 것 같기도 합니다. 또 라이프니츠 자신은 스스로 (그 자신이 그 발명자인) 무한소미분과의 연관성을 고백하기도 합니다. 방금 언급했듯이, 라이프니츠 철학에는 들어가는 문이 여럿 있는 것이죠. 논리학, 자연철학, 신학, 수학 등 다양한 실마리들이 있습니다.

사실 '경험'이라는 말 자체가 문제입니다. '경험'이라는 말을 아주 좁게 사용하면 즉 영국 경험론자들처럼 지각/인상에 국한한다면, '완전개념'이 경험적일 리는 없죠. 보이지도 들리지도 않으니까요. 하지만 '경험'을 이렇게 좁은 의미로 사용한다면, 인류가 이룩한 거의 모든 위대한 사유들은 비-경험적이라 해야 할 것입니다. 경험이라는 말을 보다 폭넓게 사용할 필요가 있습니다(그럴 경우 '경험론과 합리론'이라는 이분법도 많이 약화됩니다). 라이프니츠의 경우에도 '완전개념'이라는 개념은 단적인 경험을 통해서가 아니라 그가 한 많은 경험들(자연철학적 경험들, 외교관으로서의 경험들, 수학자로서의 경험들, 신학자로서의 경험들,…… 등)이 응축되는 어떤 지점에서 탄생했다고 해야 할 겁니다.

Q 형이상학에 상상력도 포함되는 것입니까?

A 물론이죠. 형이상학에서 가장 중요한 것이 상상력입니다. 기존의 인식 성과들을 근거로 그 너머를 상상하는 것이 형이상학이죠. 그리고 상상

적인 차원(가능성의 차원)에서 잠재적인 차원으로 귀환하면서 과학이 성립하고, 다시 현실적인 차원으로 귀환하면서(더 정확히 말해, 출발점과는 또 다른 현실성을 만들어내면서) 윤리학이 성립한다고 할 수 있습니다. 이 전체 구도를 잡아 가는 것이 존재론이고요. 이번 학기에 우리가 하는 작업은 가능성과 잠재성의 경계선을 다루고 있다고도 할 수 있습니다.

Q 'sens commun'이라는 것이 도식론Schematismus과도 상관 있는 것입니까?

A 좋은 질문입니다. 앞에서 말했지만, 능력들의 일치에서도 특히 핵심적인 것이 감성과 오성의 일치입니다. 칸트에게 감성론이 있다는 것은 중요한 사실이에요. 칸트 이전의 합리주의에서는 논리학만 있으면 되지 감성론은 필요 없습니다. 있다면 부정적인 방식으로 있었죠. 감성적인 것은 진리에 도달하기 위해서는 제거해야 할 무엇이니까요. 라이프니츠가 "모든 참된 명제는 분석명제"라는 유명한 테제를 제시한 반면, 칸트는 종합명제를 내세웁니다. 여기에서 종합이라는 것은 경험을 통한 인식을 말하는 것입니다. 그래서 감성론이 필요한 것이죠.

그런데 이때 발생하는 문제가 감성과 오성의 관계예요. 바로 이 두 능력을 이어 주는 것이 도식론입니다. 내 눈이 동그란 접시를 보는 것과 내 오성이 "저 접시는 동그랗다"라고 판단하는 것 사이의 관계죠. 칸트는 이들 사이에서의 일치가 가능하려면 한편으로 감성적이기도 하고 다른 한편으로 오성적이기도 한 제3자가 있어서 이 둘 사이에 다리를 놓아야 한다고 생각합니다. 이것이 도식론의 출발점이죠. 물론 공통감각의 궁극적 가능조건은 선험적 주체입니다. 이것을 잊으면 안 됩니다.

Q "모든 참된 명제는 분석적이다"라는 말에 대해 더 설명해 주시겠습니까?

A 이 명제는 독특한 명제죠. 이 명제를 거꾸로 뒤집어 보세요. "모든 분석 명제는 참이다"가 되죠? 바로 이것이 동일률 아닙니까? 동일률은 $A = A$를 말하죠. 그런데 동일률은 상호 교환을 뜻하기도 하고 포함을 뜻하기도 해요. "무송은 무송이다" 같은 명제가 상호 교환의 명제죠. 주어와 술어를 교환해도 되는 명제입니다. 또 "총각은 결혼하지 않은 남자이다" 같은 명제는 포함의 명제죠. 술어가 주어 안에 이미 포함되어 있는 명제죠. 이런 명제들을 가리켜 우리는 '분석명제'라고 불러요. 분석명제는 참입니다. 왜냐하면 논리적 필연에 입각해 있는 명제이니까요. 그런데 모든 참된 명제가 분석명제는 아니죠? "무송이 맨손으로 호랑이를 때려잡았다"나 "반금련이 왕파, 서문경과 공모해 남편을 독살했다"와 같은 명제는 '종합명제'죠. 무송이라는 주어에 "맨손으로 호랑이를 때려잡다"라는 술어가 포함되어 있는 것은 아니죠. 실제 무송이 그런 일을 했을 때 이 명제가 성립하는 것 아닙니까? 그런데 놀랍게도 라이프니츠는 "모든 분석명제는 참이다"라고 말한 것이 아니라 "모든 참된 명제는 분석적이다"라고 말한 것입니다. 이 생각이 무엇을 함축하고 있을까요?

분석명제라는 것은 주어 안에 술어들이 포함되어 있는 명제라고 했죠? 그러니까 모든 참된 명제가 분석적이라는 것은 참되게 서술된 모든 술어들이 주어 안에 있다는 것을 뜻합니다. 그래서 "맨손으로 호랑이를 때려잡다"라는 사건은 무송이라는 주어 안에 이미 함축되어 있었던 것이고, "남편을 독살하다"라는 사건은 반금련 안에 이미 함축되어 있었던 것이죠. 논리학적으로 말하면 모든 주어 안에는 술어들이 함축되어 있는 것이고, 존재론적으로 말하면 하나의 실체=모나드 안에는 그 실체가 겪을 사건들이 접혀 있는 것이죠. 프랑스어 'impliqué'라는 말을 잘 음미해 보세요('pli'는 주름을 뜻합니다). 그래서 우리는 아하! 그래서 무송이 호랑이를 때려잡았군, 무송 안에는 "호랑이를 때려잡다"라는 사건이 이미 들어 있었던 것이군 하고 말할 수 있는 겁니다. 그래서 라이프니츠는 이 원리를 '충족이유율'充足理由律이라고 불러요. 무송이 호랑이를 때려잡았던 데에는 충분한 이유가 있었던 것이죠.

Q 그러면 필요조건은 뭔가요?

A 호랑이를 때려잡았을 때의 여러 상황들, 인과적 조건들이죠. 이것들이 필요조건들이고, 무송 자체에 그런 운명이 새겨져 있었던 것은 그 일의 충분한 이유예요.

Q 그럼 완전개념하고 충족이유율은 서로 통하는 개념들이라고 할 수 있습니까?

A 물론이죠. 한 실체 안에 내속되어 있는 사건들의 총체가 완전개념이고, 이 완전개념이 곧 그 실체가 이러저러한 일을 겪게 되는 충분한 이유죠.

Q 그런데 경험을 하지 않은 상태에서 어떻게 그것을 단정할 수 있죠?

A 그 이야기는 조금 전에 했습니다. 보충 설명을 하면(앞에서 언급한 "여러 문들" 중 수학적 문을 이야기하면), 라이프니츠가 이 원리를 제시한 것은 무한소미분과도 밀접한 관련이 있어요. 라이프니츠는 무한소미분을 발명하는 과정에서 충족이유율을 얻었다고 할 수 있습니다. 우리는 어떤 모나드에 있어 예측 가능한 것과 불가능한 것이 있다고 생각하죠? 예측 가능한 것이 바로 분석적인 것이죠. 이 예측 가능한 것을 수에

서는 유리수까지라고 볼 수 있습니다. 반면, 예측 불가능한 것은 경험해 봐야 아는 것, 그러니까 종합적인 것이라고 할 수 있습니다. 그러나 라이프니츠에 따르면 종합적인 것도 결국 분석 가능한 것입니다. 다만 종합적인 것은 무리수에 해당하죠. 우리는 무리수를 충분히 알 수 없어요. 무한히 분석해 봐야 하기 때문이죠.

그런데 지금 무한히 "분석해 봐야"라고 했죠? 그러니까 라이프니츠의 무리수는 "무한히" 분석해야 할 대상이지만 어디까지나 '분석'의 대상인 것이죠. 우리가 종합명제라고 부르는 경우도 결국 분석명제가 아닌 것이 아니라 다만 "무한히 분석해야" 할 명제인 것입니다. 우리는 실제 무송이 호랑이를 때려잡을 것이라는 사실을 예측할 수 없어요. 경험을 해봐야 아는 것이죠. 하지만 무한히 분석해야 해서 그렇지 이 경우도 어디까지나 분석적인 경우라는 것이죠. 원칙적으로 분석 가능한 것이죠. 다만 무한 분석은 신에게서만 가능합니다. 그래서 우리의 실제 삶에서 이런 명제는 종합명제로 다루어지는 것이죠.

Q 앞에서 나온 '빈위'하고 '술어'는 같은 것인가요?

A 그 문제는 복잡합니다. 원래 빈위라는 말은 'être'(be) 동사로 연결되는 술어를 뜻하죠. 예컨대 "André est petit(is small)"에서 'petit'는 빈위입니다. 'être' 동사로 연결되어 있죠? 그렇지만 "André court(runs)"라고 하면, 이때의 'court'는 술어죠. 그런데 입장에 따라서는 술어를 빈위로 환원시키려는 경향도 있어요. 그렇게 되면 "André est courant(is running)"이라고 해야 하겠죠. 거꾸로 빈위를 술어로 환원시키려는 경우는 어떨까요? 억지로 'petiter'(smallize)라는 동사를 만든다면,

"André petite(smallizes)" 정도가 될까요? 이 문제를 둘러싸고 많은 논의가 있어 왔습니다.

Q '불공가능하다'는 것과 '모순되다'라는 것은 같은 것입니까?

A 아하! 다르죠. 모순된다는 것은 양립 불가능하다는 것입니다. 화용도에서 조조를 놓아 준 관우와 사로잡은 관우는 모순된 개념이죠. 둘은 양립 불가능합니다. 하나가 가능하려면 다른 하나는 가능하지 않죠. 그런데 공가능성의 맥락에서는 두 관우가 모두 가능해요. 다만 조조를 사로잡은 관우는 우리가 살고 있는 이 세계의(또는 위의 이야기가 허구라면, 『삼국연의』라는 허구세계의) 다른 사건들과 공가능하지 않을 뿐이에요. 그러니까 '죄를 짓지 않은 아담'은 분명 가능하지만, 이 세계의 다른 사건들과 함께 가능하지는 않은 거죠. 그래서 모순 개념과 불공가능 개념은 달라요.

Q 보통 근대성의 출발점을 데카르트의 "코기토"에서 잡는데요, 칸트의 '선험적 주체'와는 어떻게 다른가요?

A 우선 근대성의 출발에 대해 말해 봅시다. 근대성의 문턱을 꼭 코기토 개념에서부터 잡을 수 있는 것은 아닙니다. 논의의 맥락, 그러니까 '계열'을 분명히 해야죠. 계열을 무엇으로 잡느냐에 따라 근세 물리학의 탄생, 민주사회 또는 대중사회의 도래, 자본주의의 성립, 문학/예술에서의 재현 개념의 붕괴를 비롯해 여러 가지를 근대성의 문턱으로 볼 수 있습니다. 코기토를 제시할 수 있는 것은 인식론적 맥락에서죠.

　그런데 인식론적 맥락에서도 코기토가 근대성의 문턱인가는 생각해 볼 문제입니다. 인식론적 맥락에서 전통과 근대를 가르는 경계는 무엇일까요? 사람에 따라 다양한 대답들이 나오겠지만, 나는 서구 인식론을 관류해 온 '존재와 사유의 일치'라는 대전제가 무너졌을 때로 봅니다. 이렇게 볼 경우 근대성의 출발점은 데카르트보다는 흄과 칸트라고 해야 합니다. 고전 시대의 사유는 기본적으로 방금 말한 전제를 깔고 전개되었거든요. 우리가 'res cogitans'와 'res extensa'를 대비시킬 때, 'cogitans'와 'extensa'의 차이를 주로 언급하죠. 그러나 둘 다 'res'라는 점에 주목할 필요가 있어요. 이것은 데카르트의 사유가 기본적으로 전통 형이상학의 테두리 내에서 이루어지고 있다는 점을 함축합니다. 이것이 흄, 칸트, 멘 드 비랑 등에 의해 논박 당합니다. 흄, 칸트, 멘 드 비랑 등에게 인간은 더 이상 'res'가 아니죠. 그래서 흄, 칸트, 멘 드 비랑 정도가 되어야 인식론적 맥락에서의 본격적인 근대가 시작된다고 할 수 있습니다.

Q 특이점들의 계열화를 통해 세계가 형성된다는 것에 대해 조금 더 설명해 주시겠습니까?

A 우리는 철수가 있고 철수의 '학교에 가다', '밥을 먹다', '영희를 만나다' 등등의 사건들이 있다고 보죠? 그런데 라이프니츠의 경우는 거꾸로 생각해야 합니다. 가능한 모든 사건들의 총체가 미리 존재하는 겁니다. 적어도 논리적으로 먼저 존재하죠. 신학적으로 말하면, 신의 오성 속에 들어 있는 겁니다. 그리고 이런 특이점들이 계열화됨으로써 한 개체가 성립하는 것이죠. '클레오파트라와 사랑에 빠지다', '브루투스에게 죽다', …… 등의 사건들이 계열화되면 카이사르라는 개체가 성립하는 것이

죠. 그런데 완전개념은 공간적 개념이에요. 이런 사건들이 집합을 이룬다는 것까지만 말하는 것이죠. 그런데 이 사건들이 일정한 **순서로** 계열화되어야 합니다. 이로써 시간 개념이 도입됩니다(베르그송 관점에서 보면 진정한 시간이 아니겠지만). '악티움 해전에서 패하다'라는 사건이 '클레오파트라와 사랑에 빠지다' 앞에 오면, 우리가 아는 그 안토니우스가 성립하지 않죠. 역으로 말해, 이렇게 순서가 바뀌면 다른 가능세계에서의 안토니우스가 됩니다. 결국 가능세계란 계열의 문제이죠. 계열화에서 특히 그 순서/이웃관계가 핵심입니다. 요컨대 특이점들의 완전개념과 계열화를 통해 개체가 이루어지는 것입니다. 완벽한 결정론이죠. 그러나 이런 근대 결정론에서 벗어나는 것이 중요합니다.

Q 객관적 선험철학에서 세르와 톰이 기여한 부분은 어떤 것입니까?

A 우리가 지난번 강의에서 특이성 이론을 논했죠? 바로 이 특이성 이론을 수학적인 형태로 제시한 사람이 톰이지요. 그 이전의 앙리 푸앵카레와 알베르 로트만도 중요합니다. 그러나 톰의 맥락과 우리의 맥락이 다소 다르기 때문에, 톰에 기반하되 내 식으로 개념들이나 논의의 구도를 만들어 '계열학'으로 제시했습니다. 계열학의 구성에 톰의 급변론이 매우 중요한 토대가 된 것입니다.

　굳이 도식적으로 말하면, 푸코는 언표 이론에 입각한 언어철학을 제시해서 모든 문화의 선험적 조건을 제시했고, 들뢰즈는 이 조건을 형이상학적인 맥락에서 보다 넓게 해석해 '형이상학적 표면'으로서 제시한 것입니다. 그리고 간접적으로이지만 이 장/표면의 위상학적 구조를 이해하는 데 도움을 준 인물이 톰입니다. 마지막으로 세르는 이 장/표면 위에서 이루어지는 각종 담론들, 즉 자연과학, 철학, 인간과학, 문학, …… 등이 어떻게 각각 상이한 형성 원리에 입각해 이루어지며, 그러면서도 어떻게 이 객관적 선험이라는 보편적 지평 위에서 존립하는가를 보여 주었습니다.

7강_무-의미와 역-설

오늘 이야기할 주제는 무-의미와 역-설이다. 무-의미와 역-설은 지금 까지 우리가 이야기해 온 '객관적 선험'이라는 사유의 끝이자, 새로운 논의의 출발점을 이룬다. 다시 말해, 무-의미와 역-설에 대한 논의를 통해 우리는 존재론에서 실천철학으로 넘어가는 것이다. 우리가 지금 까지 진행시켜 온 각각의 개념에 대한 논의, 즉 사건, 의미, 계열화, 특 이성, 객관적 선험에 대한 논의가 실천철학으로 넘어가면 결국 욕망 과 코드에 대한 논의, 궁극적으로는 **생명, 주체, 윤리**의 문제가 된다. 그 러나 오늘 강의에서는 다만 그 개념적 실마리들만 이야기할 수 있다.

§1. 의미와 무-의미

우선 무-의미에 대해 이야기하기 위해서 의미를 먼저 논해야 할 것 같 다. 의미를 프랑스어로 'sens'(영어의 'sense'에 해당)라고 한다. 그런 데 이 'sens'라는 말은 세 가지 뜻을 동시에 가지고 있다. 우리말에는 이 세 가지 의미를 다 담을 수 있는 말이 없다. 그래서 번역하기가 상당히 까다롭다.

보통 'sens'라는 말을 '의미'라는 뜻으로 사용하지만, 이 말은 일상 언어에서 '방향'이라는 뜻으로 많이 쓰인다. 우리의 맥락에서 방향이라는 것은 곧 계열화의 문제와 직결된다. 우리 몸으로 말하면, 내 몸이 어디로 가느냐 하는 것이 방향일 것이다. 내 몸의 차원이 아니라 어떤 추상적·정신적인 차원에서 말한다면, 여기에서 말하는 방향이란 사건들의 계열화에 관련된다. 어떤 방향으로 계열화되느냐와 관련된다. 예를 들어 형사들은 어떤 범죄에 관련해 주변의 여러 가지 사건들을 어떤 식으로 계열화할 것인가를 놓고서 고민한다. '수사 방향'을 어디로 잡을 것인가를 고민하는 것이다. 또 교육 행정가들은 우리 교육의 중요한 요소들을 어떤 식으로 계열화할 것인가를 논의한다. 우리는 이런 것을 가리켜 교육 개혁의 '방향'이라고 부른다. 방향이란 계열화와 통하는 개념이다. 그리고 우리 전통 사유로 볼 때에는 '道' 개념과 통한다.

'sens'라는 말의 두번째 뜻은 감각기관이다. 우리 몸의 감각기관들이 'senses'이고 그 작용은 'sensation'이다. 감각기관은 또한 주체의 문제와 연관되며, 인식주체와 관련된 문제를 야기한다. 감각기관이 없는 인식주체는 있을 수 없기 때문이다. 콩디야크의 입상立像을 상기할 필요가 있다. 콩디야크는 인간에게 처음에는 아무 감각도 없다가 하나씩 생기는 상황을 가정하고서 사고실험을 전개했다. 하나의 '입상'을 세워 놓고서 만일 이 입상이 감각기관을 하나씩 가지게 된다면 어떤 일이 벌어질까를 논한 것이다. 무척 흥미로운 생각이다. 이때의 기관들 하나하나가 'sens'에 속한다. 그리고 이 'sens'들의 일치가 확보되어야지 주체가 성립한다.

하지만 사용하기에 따라서는 'sens'라는 말을 더 넓게 사용할 수도 있다. 감각 기관만이 아니라 인식주체가 가지고 있는 여러 인식 능력들을 가리킬 수 있다. 꼭 감각 기관만이 아니라 상상력 등 다른 능력들을 포함하는 더 넓은 의미에서의 인식 능력들을 가리킬 수 있는 것이다. 이럴 때 'sens'는 일종의 힘을 가리킨다. 이전 강의에 나왔던 '구상력'Einbildungskraft이나 '판단력'Urteilskraft 같은 말들에서 'Kraft'는 힘을 뜻한다. 인식주체의 인식 '능력들'인 것이다. 이런 능력을 가리키기 위해 'sens'라는 말을 사용하는 것은 일상 어법과는 맞지 않는 것이지만, 들뢰즈에서 예를 볼 수 있듯이 이런 용어법도 가능하다. 그래서 'sens commun'과 'bon sens'가 매우 중요한 역할을 하게 된다.

그 다음 'sens'라는 말의 마지막 뜻은 물론 의미이다. 의미라는 것은 사물과 언어 사이에 존재한다. 의미는 사건이자 특이점이고, 사물과 언어의 경계선 위에서 두 얼굴을 드러내는 이중체이다. 이 뜻과 두 번째의 뜻 즉 감각/인식능력이라는 뜻을 잘 연결시켜 볼 필요가 있다. 또, 의미란 일단은 사물과 언어 사이에서 발생하는 존재이지만, 또한 계열화를 통해서 형성된다. 그런데 계열화란 방향 즉 'sens'의 첫번째 의미와 통한다. 나아가 계열화란 세계에서 발생하는 사건들을 적절히 모아 의미를 구성하는 주체의 능력을 떠나서는 생각할 수 없다. 그래서 결국 의미는 사건들의 방향 및 그것들을 계열화하는 주체의 인식 능력과 뗄 수 없는 관계에 놓인다. 그래서 세 가지 의미에서의 'sens'가 유기적으로 구조화되어 있는 것이다.

그러면 이제 'sens'와 대비되는 'non-sens'를 보기로 하자. 우리가 세계를 바라볼 때 기본적으로 가지고 들어가는 대비들 중 하나가 '의미가 있다/없다'는 것이다. 그러나 푸코나 들뢰즈 같은 현대 철학자들에게 (일반적 의미에서의) 무의미란 없다. 모든 것에는 의미가 있다. 다시 말해서 이 사람들이 말하는 의미는 우리가 일상생활에서 의미가 있다/없다고 나누기 이전의 차원에서 성립한다. 'x²−1 = 0'이라는 구조가 있다. 세계에는 일정한 조건(에컨대 x>0)이 주어져 있고, 그 때문에 1만이 답이 된다. 1이 의미이고 −1이 무의미이다. 그러나 현대 철학이 탐구하는 층위는 1과 −1이 공존하는 차원이다. 현대 철학은 1인가 −1인가라는 물음이 아니라 앞의 방정식 자체 즉 '문제'를 찾는다. 그것은 곧 잠재성의 차원이기도 하다. 지금 맥락에서는 특정한 방향이 아니라 양방향(또는 다방향)이 동시에 긍정되는 층위이다. 이 층위가 'non-sens'의 층위이다.

그래서 의미와 무의미가 형식논리적으로 대립하는 것이 아니다. 무-의미는 의미가 없는 것이 아니라 오히려 너무 많은 것이다. 예컨대 들뢰즈의 무-의미는 형식논리학의 무의미나 카뮈적인 무의미와는 전혀 다른 무-의미가 된다. 푸코가 『지식의 고고학』에서 논한 언표-장 또한 이런 성격을 띤다. 우리는 이미 무엇이 의미인가에 대한 암묵적인 통념을 가지고서 살아간다. 그러나 그 통념/의미 아래에는 무-의미 즉 무한한 의미의 장이 요동치고 있다. 우리는 1만이 의미라고 생각하지만, 그 아래에는 1과 −1이 공존하는 '무-의미' = 무한히-많은-의미의 장이 놓여 있다. 그리고 그 위에서 1이라는 통념적 의미가 마름질되어 나오는 것이다(물론 이 예는 극단적으로 단순화된 경우이다).

우리가 말하는 의미-무의미는 물체적 운동의 표면효과이다. 다시 말해서 무의미는 사건이다. 사건은 무의미이자 동시에 의미이다. 두 얼굴을 가지고 있는 것이다. 사건이란 한편으로 물체의 표면효과로서 그 자체만을 추상해 보았을 때는 무의미이다. 그러나 다른 한편으로 사건이란 늘 어떤 문화공간으로 솟아오르는 것이고, 솟아오르는 그 순간 이미 일정한 계열들의 장을 형성하는 문화공간의 특정한 위치에 자리를 잡게 됨으로써 의미를 가지게 된다. 그래서 의미와 무의미는 손바닥의 양쪽 같다고 할 수 있다. 손바닥과 손등의 경계선상에서 의미가 있다/없다로 갈라진다. 그러나 사실 여기에서 무의미는 의미가 '없는' 것이라기보다는 오히려 매우 많은 의미를 '잠재적으로' 가지고 있는 것이다. 이 잠재적 의미들 중 하나가 현실화된 것이 어떤 특정한 의미인 것이다. 그리고 이 현실화에서 핵심적으로 중요한 것이 바로 계열화인 것이다.

우리가 지금까지 논해 온 객관적 선험의 장은 바로 무-의미의 장 또는 잠재적 의미들의 장이다. 그리고 이 장은 별도의 그 어디엔가 존재하기보다는 의미의 바로 아래에, 해에 대한 문제의 관계로서 존재한다고 해야 할 것이다. 이 점에서 의미와 무의미는 단순히 대립하는 것이 아니다. 그래서 실존주의에서 말하는 무의미와 (후기)구조주의에서 말하는 무의미는 상당히 다르다.

실존주의에서 말하는 무의미란 사르트르적인 '허무'를 의미하거나 카뮈적인 '부조리'를 의미한다. 사르트르가 말하는 허무는 'néant'이 아니다. 그것은 존재론적인 의미에서의 없음이 아니다. 그것은 'rien' 즉 아무-것도-아님이다. 가치론적 무인 것이다. 실존주의의 무의미는 도대체 꼭 존재해야 할 어떤 필연성도 없는 절대적 우발성을 뜻한다. 그것이 로캉탱이 마로니에 뿌리를 보고서 느꼈던 구토의 근원이라고 할 수 있다. 또 카뮈에게서 나타나는 무의미는 부조리를 뜻한다. 『이방인』에 나오는 'être de trop'라는 말, 내가 가끔 하는 말로 하면 '우주의 혹'이 이를 잘 말해 준다. 우주는 꽉 차 있다. 물리적으로 진공이 없다는 뜻이 아니라 '대상과 주체 사이의 거리'라는 의미에서의 거리란 존재하지 않는다는 뜻이다. 모든 사물이 인과관계에 따라 치밀한 그물을 이룬다고 할 수 있다. 고등 동물에 와서 세계로부터-거리-둠이 어느 정도 이루어지지만, 그것도 본능의 테두리 내에서 성립한다. 그러나 인간은 자신과 우주를 떨어뜨려 놓고서 본다. 우주 전체를 사유의 대상으로 삼는다. 세계와 자신을 떨어뜨려 거리를 두고서 보는 것이다. 이 거리가 인간을 우주의 혹으로 만든다. 카뮈 사상의 핵심 문제들 중 하나가 이 거리를 메우는 문제이다. 그것이 사르트르와의 차이이기도 하다.

실존주의자들의 현실 진단은 인간에게 뚜렷한 '존재 이유'가 없다는 것, 인간은 철저히 우발적 존재라는 것이다. 그 현실에 대한 대처는 각 사상가들마다 다르다. 이 점에서 실존주의적 무의미는 존재와 대립하는 무rien, 의미와 대립하는 무의미, 조리와 대립하는 부조리이다. 그러나 (후기)구조주의가 말하는 무-의미는 의미와 대립하는 것이 아니다. 한마디로 해서 **무-의미는 의미의 안감**이라고 말할 수 있다. 무-의미의 풍요로운 장 위에서 의미가 마름질되며, 이 점에서 실존주의적인 공허/부조리와는 판이한 뉘앙스를 띤다.

여기에서 하나의 문제가 떠오른다. 도대체 이 무-의미의 장은 어디에서 유래하는 것일까? 사실 세계의 유래 ——시간적 의미일 수도 있고 논리적 의미일 수도 있거니와——는 인간으로서는 영원히 풀기 힘든 근본 난문들=아포리아들 중 하나이다. 그러나 일단 경험적 탐구가 가능한 한도 내에서 말해 본다면, 그것을 생명=기氣라고 볼 수 있을 것이다. 무-의미의 장, 객관적 선험을 라이프니츠는 신학적-형이상학적으로 정초하지만, 좀더 경험적 입장을 취할 경우, 이 장 역시 하늘에서 뚝 떨어졌다기보다는 생명=기 —— 앞에서의 '물질' 개념도 그렇듯이 여기에서의 '생명' 개념 역시 물리학이나 생물학이 다루는 대상이라는 좁은 의미가 아닌 보다 넓은 존재론적 의미로서 사용된다——의 운동의 과정에서 이해되어야 할 것이다. 하나의 예로서 '하늘을 날다'라는 특이성=순수사건은 생명의 역사에서 조류鳥類가 탄생하기 전에는 존재하지 않았던 것이다. 베르그송의 말처럼, 어떤 근본적 새로움 nouveauté이 탄생할 때 그 탄생의 **가능성 자체도** 함께 탄생했다고 보아야 하리라.

따라서 앞에서도 언급했듯이, 객관적 선험의 이편으로 와서 우리 삶의 면면들을 이해하는 것과 나란히 그 저편으로 가서 생명=기의 차원까지도 포괄해 이해할 때 비로소 포괄적인 존재론이 가능할 것이다. 이 과제는 생명과학을 매개로 한 **생명**의 철학이라 할 수 있다.

§2. 독사와 파라-독사

이제 역-설에 대한 이야기로 넘어가 보자. 역설은 'paradoxa'의 번역어이다. 여기에서 'doxa'라는 말은 플라톤 철학에 자주 나오는 말이다. 참된 인식이 아니라 사회에 떠돌아다니는 의견, 통념 등을 말한다. 'para'는 'parallel'(평행선)이라는 말에도 나오듯이, 나란히 나아간다는 뜻이다. 두 의견이 나란히 제기되었고, 한쪽 말을 들으면 그런 것 같고 다른 쪽의 말을 들으면 또 그런 것 같다. 유명한 '제논의 역설'에서 눈으로 보면 아킬레우스가 거북을 따라잡는 것이 맞고 제논의 논리를 따라가면 따라잡지 못하는 것이 맞다. 두 의견이 평행을 달린다. 평행을 달리는 이 의견들을 계속 교치시기면시 제3의 자원 높은 인식을 이끌어내는 것이 바로 플라톤의 변증법이다. '아곤'(경기)이 어느 한쪽이 이김으로써 승부가 나는 경우라면, 역설은 승부 없이 계속 평행을 달리는 것이고, 변증법은 둘 모두를 극복하는 차원으로의 상승을 추구한다.

독사와 파라-독사의 문제를 현대적인 맥락에서 새롭게 생각해보자. 이는 곧 계열화를 통한 의미생성의 문제와 연관된다. 사회에서 벌어지는 수많은 일들, 사건들이 있다. 그리고 그러한 사건들이 계열화되는 방식은 수없이 많다. 상이한 여러 계열화가 있을 수 있다. 그런데 여러 가지 계열화들 중 한 사회를 지배하는 일정한 계열화가 있다. 어디에선가 이런 우스갯소리를 들은 적이 있다. 한 거지가 깡통을 발로 툭툭 차면서 가고 있었다. 근처에 있던 경찰이 이 거지를 수상쩍은 눈초리로 바라보다가 "이봐, 당신 지금 뭐 하는 거야!" 하고 으름장을 놓지 않았겠는가. 그랬더니 거지가 뭐라고 했을까? "아저씨, 나 지금 이사 가는 거예요!" 경찰은 거지의 행동을 자기 식으로 자의적으로 계열화했던 것이다. 모든 시대, 모든 사회에는 사건들을 계열화하는 평균적인 방식이 존재한다. 농촌 사회에서 비가 오는 것은 농사일과 관계되지만, 공해가 심해지기 이전의 도시에서는 낭만적으로 계열화되었다. 비의 의미가 전혀 다르다. 그런데 한 사회, 한 시대에 일반적으로 통용되는 계열화 방식들의 **평균적인** 총체, 이를 '독사'라고 생각해 보자. 이 독사를 사람들은 통념, 이데올로기, 코드, 상식,…… 등으로 부르기도 한다.

이 독사 개념을 방금 말한 'sens' 개념과 연관시켜 이해할 필요가 있다. 'sens'가 방향이라면 독사란 한 사회에서 일반적으로 통용되는 방향, 또는 사람들이 옳다고 생각하는 방향이다. 다시 말해서, 한 사회에서 어떤 사건들이 발생할 때, 그 사회가 그것들을 일정하게 계열화하는 평균적인 방식이 존재한다는 것이다. 우리는 이런 것을 '공통의 방향/의미'sens commun 또는 '옳은 방향/의미'bon sens라고 한다. 우리는 흔히 이 말들을 '상식'과 '양식'으로 번역한다. 그런데 이 말들은 바로 지금 이야기한 것 같은 논리를 밑에 깔고 있다.

이에 비해 'non-sens'와 'para-doxa'는 바로 이 상식과 양식을 전복시키는 것을 뜻한다. 그러나 단순히 반대 방향/의미로 가는 것은 아니다. 그럴 경우 구조가 그대로 유지되고 마이너스만 취한 것이 되기에 말이다. 이런 경우는 지금까지 우리가 예시를 위해 들었던 극단적으로 간략한 경우 '$x^2 - 1 = 0$' 같은 경우에만 해당한다. 이 경우는 1의 전복은 -1밖에 없기에 말이다. 그러나 이런 경우는 예시를 쉽게 하기 위한 것일 뿐이고, 실제 현실은 이와는 전혀 다른 무엇이다.[1] 독사를 넘어 파라-독사로 가는 것은 '문제화'problématization 과정을 통과한다. 이는 곧 지금의 현실성을 그 하나의 해(解)로서 가지는 잠재성을 발견하는 것과 같다. 앞에서는 무-의미를 다소 막연히/일반적으로 무한한 의미들의 장으로 이야기했지만, 보다 구체적으로 말한다면 이는 곧 무한한 해를 가진 단 하나의 문제-장 이외의 것이 아니다. 물론 이는 하나의 형이상학적 상상의 대상으로서만 존재한다고 해야겠지만. 'para-doxa'란 바로 이 무-의미의 장을 드러냄으로써 현존하는 의미의 장을 전복시키는 작업이다.

　'bon sens'와 'sens commun'을 굳이 구분한다면, 좋은 의미가 존재론적 함축이 강하다면 공통 의미는 인식론적인 함축이 강하다. 그래서 좋은 의미는 좋은 '방향'이라 할 수 있고, 공통 의미는 공통 '감각'이라 할 수 있다. 좋은 방향/의미가 무엇인가는 각각의 주관적인 계열화에 상당 부분 의존한다. 그렇지만 우리는 객관적인 어떤 좋은 방향/의미가 있다고 암암리에 전제한다. 그렇지 않다면 이리 가야 한다, 아니 저리 가야 한다고 논쟁할 필요가 없을 것이다. 이런 논쟁에 있어 한 사회, 한 시대의 평균적인 답이 'bon sens'인 것이다. 그래서 평균적인 'bon sens'는 한 사회와 시대를 지배하는 평균적인 존재론적-가치론적 신념이라고 할 수 있다. 'sens commun'은 6강에서도 언급했지만(§3) 공통감각 즉 오감의 일치를 뜻한다. 더 확장된 의미로는 칸트에게서 잘 나타나듯이 구상력을 비롯한 다른 인식 능력들까지 포함시켜 '능력들 간의 일치'를 뜻하기도 한다. 뒤에서 발자국 소리는 점차

---

1) 사실 이 예에서처럼 해가 둘밖에 없는 경우도 그에 상응하는 세계가 그렇게 간단한 것은 아니다. 축구 경기를 문제의 차원에서 생각할 때 그 구조는 간단하다. A팀이 이기거나 B팀이 이길 것이다. 하지만 이 이유 때문에 경기장에 가지 않는 사람은 없을 것이다. 문제들 안에는 다시 작은 문제들이 중첩되어 있고, 문제 자체는 간단해도 그 안에서의 계열화가 수없이 많을 수 있으며, 또 물질적 차원에서의 미세한 다양성이 존재하기 때문이다.

멀어지는데 냄새는 자꾸 가까워진다면 무척 혼란스러울 것이다. 이것은 감각들 사이의 문제이지만, 칸트에서 더 핵심적인 것은 감성과 오성의 일치라고 했다. 그래서 도식론이 중요하다. 도식론이 바로 감성과 오성이 접합되는 부분을 다루기 때문이다. 이전에도 말했지만, 인식이 성립하려면 대상의 동일성, 주체의 동일성, 그리고 대상과 주체의 일치가 보장되어야 한다. 그래서 'bon sens'와 'sens commun'은 전통 사유를 밑받침해 온 중요한 토대라고 할 수 있다.

이에 반해서 사건의 철학이 추구하는 것은 파라-독사의 사유이다. 존재론적으로는 다양한 방향/의미를 추구하는 사유이고, 인식론적으로는 세계를 구성하는 주체가 아닌 객관적 선험을 가로지르는 주체의 사유이다. 파라-독사는 특이점에서 성립한다. 0°C에서 얼기도 하고 녹기도 하는 물, 내려갈 수도 있고 올라갈 수도 있는 고갯마루,…… 등이 특이점의 성격을 잘 보여 준다. 파라-독사의 사유하는 주체는 올라가는 길과 내려가는 길의 어느 하나를 정답으로서 고착화시키기보다는 그 잠재적 장을 인식하고 그때그때의 맥락에 따라 현실화를 행하는 주체이다. 이는 들뢰즈의 표현으로 '이접적 종합'synthèse disjonctive이라고 할 수 있다. 이접이란 종합에 반하는 것이지만 역설적인 의미에서의 종합이다. 파라-독사의 주체는 이런 이접적 종합을 행하는 주체이며, 달리 말해 하나의 해에 고착되기보다는 '문제'를 읽어내고서 여러 해들을 맥락에 맞게 추구하는 주체이다. 두 가지가 동시에 중요하다. 1) 하나의 해에 고착되기보다 그 해를 하나의 해로서 포함하는 문제를 문화-화하기. 2) 현황에 대한 객관적 판단에 입각해 그 중 하나의 해를 현실화하기. 전자가 결여될 때 삶의 한 갈래만을 고

집하게 되고, 후자가 결여될 때 오락가락하는 기회주의가가 된다.

지금까지 줄곧 논해 왔지만, 특이성이란 곧 부정법의 차원이다. 부정법의 차원이란 긍정과 부정, 과거와 현재, 미래, 능동과 수동,…… 등이 분화되지 않은 차원이다. 우리의 현실적 삶은 이 잠재적 차원의 한 갈래가 현실화되어 있는 차원이다. 그러나 일정한 형태로 이미 코드화되어 있는 우리 삶이 전부가 아니다. 그렇게 생각하는 것은 마치 바다 위에 떠 있는 배(일정한 방향으로 가는 배) 위에 있으면서도 바다를 보지 못하는 사람들이 배 자체가 삶의 전부라고 생각하는 것과 같다. 동일성만 볼 뿐 그 아래에 흐르고 있는 차이생성을 보지 못하고 있는 것이다. 그러나 우리의 눈길을 보다 역동적이고 복수적인 바다로 돌려 보자. 이렇게 눈길을 돌릴 수 있게 해주는 근원적인 힘이 곧 욕망이고, 그래서 세계사는 욕망이라는 잠재성과 그것을 어떤 한 현실성으로 화하게 하는 코드를 통해서 이해될 수 있다. 이때의 욕망은 어떤 개인의 심리적 요소를 가리키지 않는다. 그것은 멀리로는 스피노자의 'potentia', 니체의 'Macht', 베르그송의 'vie'를 잇고 있는 존재론적 개념으로 이해되어야 한다. 우리말로 하면 기氣가 가장 근접하는 개념이 될 것이다.

다음으로 파라-독사 개념의 사회학적-역사학적 함축을 생각해 보자. 사회학적으로 보면 좋은 방향이란 바로 그 사회의 통념이다. 그리고 윤리학적으로 보면 그 사회의 가치관이다. 파라-독사의 사유란 이런 통념, 상식에 단지 거꾸로 가는 것이 아니라, 그러한 통념, 상식을 그 한 갈래로 하는 잠재성의 장 전체를 보려는 노력이며, 파라-독사의 실천이란 그 여러 갈래들 중에서 상황에 가장 적합한 갈래를 현실화하려는 노력이다. 이는 통념, 상식이 꼭 하나가 아닐 때에도 마찬가지이다. 예컨대 '좌파와 우파'라는 도식은 객관적 선험의 장을 두 대립자로 정리했을 때 나오는 개념쌍이라 할 것이다. 이런 개념쌍 아래의 장 전체를 볼 필요가 있고, 새로운 실천적인 실험들을 모색할 필요가 있다.

사건들을 계열화하는 여러 가지 방식들이 있지만, 어떤 사회, 어떤 시대든 그 사회, 시대에 통용되는 계열화가 있게 마련이다. 이렇게 기존에 구성된 계열화를 '코드'라고 부를 수 있다. 카오스의 바다가 있고 그 위에 여러 섬들이 떠 있다. 그 섬 하나하나가 바로 코드이다. 더 정확히 말해, 그 섬 하나하나의 구조──대부분 만들어진 것이지만 대부분의 사람들이 주어진 것으로서 받아들이는 틀──이다. 그러면 지금의 맥락에서 바다는 무엇일까? 자연철학적 맥락에서는 카오스라고 했지만, 사회-역사적으로는 욕망이라 할 수 있다. 코드의 밑바탕에는 그 코드를 언제라도 전복시킬 수 있는 욕망이 흐르고 있는 것이다. 상투적인 계열화, 상-식과 양-식, 독사 같은 것들은 결국 이 욕망을 일정한 형태로 길들이는 것들이다. 코드는 욕망을 길들이는 틀이다. 결국 이론철학에서 독사와 파라-독사에 관한 논의는 실천철학으로 갈 때 코드와 욕망에 대한 논의로 변환된다고 할 수 있다. 또, 이는 궁극적으로는 생명과 주체의 문제이다. 내부에 생명의 불꽃을 가진 주체가 주어진 코드에 대해 어떤 태도를 취하고 어떤 실천을 하느냐가 핵심이기 때문이다. 아니, 더 정확히 말해 주체란 바로 그런 실천을 통해서만 어떤 구체적인 주체가 된다.

구조주의 극복의 한 단초가 힘이라 했거니와, 이 힘을 개념화하는 방식은 다양하게 나타났다. 푸코에게서는 권력으로, 들뢰즈·가타리에게서는 욕망으로,…… 나타났거니와, 권력과 욕망은 차이가 있다. 푸코는 권력을 이미 형성된, 어디엔가 집중해 있는 무엇으로 보기보다는 우리 삶 구석구석을 돌아다니는, 삶에 모세혈관처럼 퍼져 있는 미세한 '지배의 전략들'로서 파악한다. 우리 몸 안에 이미 권력이 들어 있다고 할 수 있겠다. 하지만 이것은 좋은 용어법은 아닌 듯하다. 우리 삶 구석구서을 돌아다니고 우리 몸 안에서까지 흐르고 있는 것은 권력이기보다는 욕망이 아닐까. 권력은 이 욕망이 어떤 식으로든 구체화되는 한 방식이라고 해야 할 것이다. 물론 권력도 일종의 힘이다. 길들이고 지배하려는 힘이다. 하지만 길들이는 힘이 있다면 거기에는 길들여지는 힘이 있을 것이다. 길들여지는 실체, 그 바탕이 욕망이며, 권력은 그 욕망의 한 형태라 할 것이다. 1970년대에는 경찰이 청소년들을 머리 기른다고 잡았는데, 머리 기르는 청소년들을 관류하는 것도 욕망이지만 그것을 통제하려는 정부의 행위도 욕망이다. 단, 전자가 욕망 자체라면(이 욕망에 대한 가치론적 판단은 그 다음 문제이다) 후자는 일차적 욕망이 아니라 이차적 욕망 즉 다른 욕망을 길들이려는 욕망이다. 이런 성격의 욕망이 권력이라 하겠다.

　현대 사회는 일차적인 의미에서의 욕망이 복권된 사회라 할 것이다. 과거의 대다수의 사회들에는 어떤 일정한 독사가 존재했고 또 그것이 대개 위계적인 형태를 이루었다. 더 정확히 말해, 독사가 다소 일방적으로 규정되어 그것을 기준으로 세계를 피라미드 구조로 위계화하곤 했던 것이다. 서구 사회의 경우 가장 위에는 물론 신이 존재한다. 2강에서 말했지만, 모든 것들은 바로 이 신에 얼마나 가까이 있는가에 의해, 그 거리에 의해 평가된다. 그렇다면 인간은 신 이외의 모든 것에 대해 우월한 존재이다. 왜 그럴까? 기독교 문헌들이 말하고 있듯이, 신이 "자신의 형상을 따라" 인간을 만들었기 때문이다. 그래서 인간은 두번째의 자리를 차지한다. 사상사를 다루는 저작들에서 흔히 중세의 신중심주의와 근대의 인간중심주의가 대립했다고 말하지만, 사실 근대적인 인간중심주의는 중세적 신중심주의의 연장선상에서 성립했다고도 할 수 있다. 신을 첫번째로 올리고 **그것을 근거로** 자신을 두번째의 자리에 위치시킨 것이다. 마치 권력자가 황제를 '옹립'擁立시키고 자신이 권력을 잡는 것과도 같다. 그리고 이런 독사는 사실상 지배계급이 만들어낸 독사이고, 신으로부터 멀리 떨어져 있는 평민들이나 천민들의 욕망은 길들여져야 했다. 현대는 이런 구조에 큰 변화가 온, 역사에서 유래가 없는 시대라 하겠다. 이는 곧 주체를 새롭게 사유해야 할 상황이기도 하다.

사건의 철학은 이런 피라미드 구조와 달리, 독사 이전의 파라-독사의 세계, 좋은 방향이 정해져 있지 않은 차원을 사유한다. 이는 잠재적 차원을 인식하고 그로써 다른 독사를 현실화하려는 사유이며, 이런 과정에는 끝이 없다고 해야 할 것이다. 우리 삶에서 일어나는 사건들을 통념과는 다른 방식으로 계열화하기, 현실성의 아래에서 점선들로 그려져 있는 잠재성의 차원을 읽어내기, 그렇게 새롭게 읽어낸 어떤 계열화를 현실에 실선으로 실현시키기, 이런 행위들이 사건의 철학, 그리고 이 철학을 전제하는 주체, 현실과 실재를 오가는 주체의 행위들이라 할 것이다. 이는 곧 현실의 아래에서 **생명**의 광대한 역능을 품고서 다시 현실로 올라와 실천하는 **창조적 주체**라 할 것이다.

§3. 탈주와 회귀 사이에서

생명과 주체에 대한 존재론적 이해가 이루어진 후에는 윤리와 정치의 문제가 다루어져야 한다. 현대 윤리와 정치의 핵심적인 문제-틀은 '전통과 근대 그리고 탈근대'일 것이다. 현대의 사조, 예컨대 포스트모더니즘은 전통을 여지없이 비판한다. 하지만 역사의 단절 위에서 어떤 의미 있는 실천철학이 구성될 수 있을지는 의문이다. 역사와의 끝없는 대화를 통해서 '풍요로운 반복'을 이루어 갈 때 진정한 의미에서의 탈주도 가능하지 않을까? 마찬가지로 액면 그대로의 복귀나 정체停滯 또한 반反역사적이기는 마찬가지이다. 현실과의 새로운 마주침을 통해서 환골탈태해야만 과거로 회귀해 보는 시도도 의미를 가질 수 있지 않을까? **탈주와 회귀** 사이를 끝없이 오가면서 사유하고 실천함으로써만 맹목적 탈주와 맹목적 회귀라는 양극을 극복할 수 있을 것이다.

'새로움'의 추구가 근대 사유를 나아가 현대 사유를 추동해 왔고, 근현대 사유를 매력적인 것으로 만들어 왔지만, 현대 사회에서 '새로움'은 자본주의적 상품문명과 기술문명을 추동하는 원동력이기도 하다. 따라서 새로움에 대한 무조건적인 추구는 그 맥락을 분명히 하지 않는다면 이런 시대적 흐름에 빨려 들어갈 수도 있다.[2] 이것이 우리가

---

2) "시뮬라크르의 복권" 역시 이 점을 염두에 두고서 추구해야 한다. 시뮬라크르는 한편으로 보드리야르 식의 "시뮬라시옹"과 혼동되면서 엉뚱한 맥락으로 흘렀고(하나의 말을 그것에 대한 **즉물적인 인상**을 통해 받아들이고, 그 즉물적 인상으로부터 **엉뚱한 결론/평가**를 "추론해"내는 것이 모든 개념적 오해의 근본 메커니즘이다), 다른 한편으로 대중문화를 통한 속화와 희화화를 통해 우스꽝스럽게 일그러졌다(현대 사회/문화의 근본 메커니즘은 **속화와 희화화**임을 이전의 저작에서 강조한 바 있다).

역사의 연속성을 끝없이 재사유해야 하고, 전통을 늘 풍요롭게 반복하면서 탈근대를 추구해야 하는 핵심적인 이유이다. 마찬가지로 맥락이 없는 전통 복구는 매우 위험할 수 있다. 1980년대에 전두환 정권이 '국풍'國風이라는 것을 일으켰다. 민족주의와 파시즘이 결합된 대표적인 사례이다. 내가 '전통'이라고 부르는 것은 우리 민족의 전통이 아니라 인류의 문화 전통 전체를 말한다. 전통은 항상 현대적인 맥락에서 새롭게 창조적으로 반복되어야 하는 것이다.

역사에서의 불연속은 한국 사상사(와 한국 사상사 연구)에서도 두드러지게 나타난다. 오늘날 최근의 사상들을 공부하는 학생들은 바로 10년 전 선배들이 그토록 열심히 공부했던 변증법에는 거의 무지하다. 또 그 시대의 사람들 역시 그 이전의 한국 현대 사상가들이 무엇을 고민했는지 거의 무지한 채 마르크스주의에만 매달렸다. 또 그 이전의 사람들은 전통을 송두리째 부정하면서 오로지 서구화-근대화에만 매달렸다. 역사가 토막토막으로 잘려 각 시대가 따로 존재했던 셈이다. 이전의 역사와 사상사를 충분히 이해하고 그 위에서 자신의 시대와 자신의 사유를 전개하기보다는 시대와 시대가 별도의 '세계'를 형성하면서 계속 대체되어 나갈 뿐인 것이다. 근대화가 성리학을 대체하고, 다시 마르크스주의가 근대화를 대체하고, 다시 "포스트모더니즘"이 마르크스주의를 대체하고,……, 이 다음에 무엇이 올지 모르겠지만, 이런 식의 대체가 아니라 이전의 것에 이후의 것이 융합되고 또 보다 넓고 깊게 성숙해 가는 그런 사상사가 전개되어야 하지 않을까.

물론 이런 대체에는 분명 이유들이 존재한다. 하나의 해解가 다른 해를 대체해 온 것은 이전의 해가 더 이상 변화한 현실을 담지하지 못하게 되었기 때문이다. 성리학 시대, 근대성의 시대, 변증법의 시대, 오늘날의 시대 등등이 모두 사유의 '문제'가 각 시대의 상황 속에서 어떤 특정한 해로서 현실화된 것이기 때문이다. 그러나 문제점은 이런 해들이 그것들을 해들로서 포함하는 '문제-장'에 대한 좀더 넓고 깊은 사유로 융해되지 못한 채 파편화되어 왔다는 점이다. 파라-독사의 세계를 보고서 우리 시대에 걸맞은 독사를 창출해내려면, 이런 해들을 해들로서 포함하는 '문제-틀' 전체를 보려고 노력해야 한다. 그것이 진정 '사유하는 것'이라 할 것이다. 한 시대가 어떤 한 'sens' 또는 몇 개의 'sens'들을 통해서 그 시대를 이끌어 가는 것은 당연하지만, 그런 과정에서 나타났던 'sens'들을 역사적 지평에서 포용하지 못한다면, 각 시대는 그저 토막 난 폐쇄공간에서 살아가다가 시간이 되면 다른 폐쇄공간으로 대체되는 과정의 연속=계기繼起 이외에는 어떤 것도 남지 않기 때문이다.

파라-독사의 윤리는 새로운 주체 개념(과 더 나아가 생명 개념)과 맞물려 있다. 철학적 사유는 언젠가는 자기 이해, "인간이란 무엇인가?"에 대한 대답, 삶의 방향에 대한 대안의 문제에 부딪치게 된다. 그러나 자기 이해에 도달하려면 우선 자기 바깥을 정확히 인식해야 한다. 객관성에 대한 인식이 결여된 자기 이해는 자기 오해로, 자기에 대한 환상으로 빠지기 때문이다. 주체성에 집착할 때 인간은 객관성에 대한 인식을 결여한 채 스스로에 대한 오해와 환상을 쌓아 가게 된다. 반대로 객관성에 집착할 경우 인간은 스스로로부터 소외된다. 인간은 자기가 발견한 지식에, 그 지식이 결국 자기 자신의 산물임을 망각한 채, 스스로를 집어넣어 용해시켜 버린다. 세계에 대한 인식으로부터 직접적으로=무매개적으로 인간에 대한 개념을 연역해낼 때 조잡한 인간 이해가 나온다. 사유는 자기에서 출발해 객관으로 나아가고 다시 자기에게로 돌아오는 원환을 그릴 때 객체와 주체라는 양극단을 벗어나게 된다. 그리고 이 과정은 중단 없는 영원한 과정인 것이다.

인간이라는 존재에게 가장 중요한 물음들 중 하나는 "어떤 인간이 뛰어난 인간인가?"라는 물음이며, 이 물음은 "어떤 행위가 옳은/좋은 행위인가?", "어떻게 사는 것이 행복한 것인가?"라는 물음이다. 위계적으로 단단한 독사에 의해 지배되는 세계에서는 이런 물음들에 대한 '모범답안'이 존재한다. 그리고 그러한 기준에 따라 다양한 '주체'들이 형성된다. 주체란 막연하게 주어지는 것이 아니라 이런 과정을 통해 형성된다. 이런 사회에서 한 사물의 의미와 가치는 그 사물에 붙은 이름과 그 사물이 피라미드 구조에서 차지하는 자리에 의해 결정된다. 사회에서의 **이름**은 곧 **자리**를 뜻한다. 사회란 이름-자리들의 체계이며, 이 체계 내에서 사람들은 하나의 기표로 화한다. 우리는 한 인간을 만나는 것이 아니라 하나의 기표를 만난다. 피라미드에서의 의미/방향이 모든 가치를 결정한다. 그리고 이런 체제를 거부하는 사람은 그 체제에 의해 압살壓殺당한다.

그러나 파라-독사의 철학에 있어 가장 뛰어난 주체는 바로 그런 자리-이름의 체제를 벗어나는 주체, 그런 체제의 격자를 가로지르는 주체이다. 격자를 가로지른다는 것은 물론 그렇게 낭만적인 무엇이 아니다. 거기에는 갈등과 투쟁, 고통이 따르기 마련이다. 그래서 가로지르기는 두 계기를, 즉 **소요**逍遙의 계기와 **투쟁**의 계기를 포함한다. 소요와 투쟁은 삶의 두 초점을 형성한다. 소요 때문에 투쟁의 정신을 상실하거나 투쟁 때문에 소요의 정신을 상실할 때, 결과는 탈-정치적 퇴폐이거나 아니면 증오/원한이다. 사랑이 밑받침될 때 투쟁도 의미가 있는 것이고, 투쟁이 밑받침될 때 소요도 기쁜 것이다. 소요 없는 투쟁은 원한에 불과하고, 투쟁 없는 소요는 퇴폐에 불과하다. 사회의 격자를 소요하듯이 가로지르면서 투쟁하고 또 그 투쟁을 소요로 여길 줄 알아야 가로지르는 주체가 될 수 있다. 이때 삶이란 진정 윤리적인 것이 될 수 있는 것이다. 소요는 윤리를 따뜻하게 해주고, 투쟁은 윤리를 날카롭게 해준다. 시 한 편을 감상해 보자.

<table>
<tr><td>두 언저리에 떨어지지 않고</td><td>不落二邊去</td></tr>
<tr><td>나아가 발붙일 수 없는 곳에 이르니,</td><td>到無着脚處</td></tr>
<tr><td>이름-자리 없는 한 사람 홀연히 만나면</td><td>忽逢無位人</td></tr>
<tr><td>바로 그것이 너의 본모습.</td><td>正是本來汝[3]</td></tr>
</table>

여기에 등장하는 '무위인'無位人이라는 개념 —— 임제의현臨濟義玄에게서 유래한 말 —— 은 우리가 평생에 걸쳐 발전시켜 나가야 할 개념이다. 여기에서 위位란 바로 이름-자리이며, 무위인이란 이 이름-자리의 체계를 가로지르면서 새로운 삶의 방식 —— 탈주와 회귀 사이를 오가는 사유와 실천 —— 을 실험하는 주체이다. 지금까지 내가 '가로지르기'라 불렀던 생각을 이제 무위인의 사상으로서 전개해 나가야 할 것이다. 무위인이란 영원히 젊은이로서 살아가는 그런 주체인 것이다.

---

3) 효봉학눌(曉峰學訥)의 게송(偈頌).

* * *

Q 한 사회의 가치를 결정하는 것이 단지 인간 바깥의 어떤 구조인 것만은 아닌 것 같아요. 그런 가치를 결정하는 주체들이 있을 것 같은데요.

A 전통 사회에서 가치의 척도는 세계 바깥에 있었습니다. 신 등과 같은 초월적인 존재죠. 동북아의 경우는 그렇게 초월적이지는 않지만, 가치의 기준이라는 점에서는 평가의 대상이 되는 존재들의 바깥에 있다고 보아야 합니다. 그렇지만 이런 초월적인 존재의 **담지자**는 세계 내에 존재합니다. 초월적인 차원과 현실세계를 이어주는 중간적 존재가 있기 마련이죠. 그것이 넓은 의미에서의 귀족계층입니다. 왕, 사제, 귀족 등이죠. 이들은 세계 내적인 존재들이지만 세계 바깥의 초월적 존재를 담지합니다. 그런 근거로 자신들의 가치를 정당화하죠. 요컨대 평가의 '근거'는 초월적 존재이지만, 그 '주체'는 내재적인 어떤 집단이죠.

근대 이후의 사회란 이런 구도가 무너진 곳입니다. 더 이상 초월의 담지자는 없죠(현실적으로는 지금도 있지만 말입니다). 가치는 세계 내적인 것이 됩니다. 인간세를 넘어서 보편적 기준을 제공해 주는 존재는 없죠. 그렇다면 누가 가치를 결정할까요? 바로 대중입니다. 물론 힘이 있는 집단(그것이 정치적 힘이든, 경제적 힘이든, 아니면 다른 어떤 힘이든)이 가치를 주도하죠. 그러나 그것을 궁극적으로 인정하는 것은 대중입니다. 대중의 **평균적** 판단이 모든 것을 결정합니다. 그래서 현대의 지식인이란 바로 이 대중의 평균적 판단과의 관련하에서 언급됩니다. 대중을 이해하는 것이 현대 사회를 이해하는 지름길이죠.

Q 파라-독사의 세계로 간다는 것이 흔히 말하는 '전복'을 의미합니까?

A 그렇습니다. 독사를 전복시키는 것, 코드를 전복시키는 것이죠. 그러나 그 전복의 내용은 맥락에 따라 다릅니다. 자본주의 사회의 전복은 사회주의 운동이지만 사회주의 사회에서는 자본주의 하자는 것이 전복입니다. 물론 이미 지적했었지만, 문제-장이 단 두 개의 해로 구성되어 있지는 않고 그래서 전복이라는 것이 그저 +를 −로 바꾸는 것은 아니죠. 그렇게 간단하게 생각하는 것은 곤란합니다. '전복'이란 현실성에서 출발해 잠재성을 거친 후 다시 돌아와 새로운 현실성을 구축해 가는 운동, 새로운 배치를 만들어 가는 운동이라고 해야 할 것입니다.

Q 한 사회, 한 시대에 일정한 코드가 있다고 하지만, 그 코드라는 것이 꼭 모든 사람들이 긍정하는 것은 아니지 않습니까?

A 핵심적인 질문을 해주셨네요. 그것이 문제죠. 하나의 사회는 여러 분절 체계들로 되어 있습니다. 다양한 계급이 있고, 남성과 여성, 기성세대와 젊은 세대, 또 다양한 계界들이 있죠. 이 다양한 부분들은 이해利害관계가 상충됩니다. 거기에서 끊임없는 갈등이 생겨납니다. 그런데 한 사회의 코드라는 것은 이런 각 부분들의 가치와 이해관계가 합리적으로 조정되어 그 평균적인 공감대를 이끌어내 형성되는 것이 아닙니다.

근대 이후 많은 사회사상들이 '계약'이라는 개념에 기반해 그들의 논리를 전개했고 최근에는 존 롤스 같은 사람도 그런 경우인데, 이 '계약'의 개념은 설사 그것이 어디까지나 이론적인 조작개념이라는 점을 감안한다 해도 사회 현실을 근본적으로 왜곡시키는 개념입니다. 실제 사회는 각 부분들이 가지고 있는 힘에 의해 결정됩니다. 힘이 있는 부분이 다른 부분들을 지배하는 것이죠. 그런데 그 힘이라는 것도 어떤 분절체계에서 생각하느냐에 따라 복잡하게 변합니다. 현대 사회가 부르주아 계급과 프롤레타리아 계급 같은 이원 구조로 간단하게 처리하기에는 너무나 복잡한 사회이기 때문이죠.

구조주의는 코드 개념을 본체적인 개념으로서 제시했지만, 사실상 그것은 **현상적인** 개념이에요. 안정되어 보이는 하나의 집이 사실상 각 벽돌이나 기와, 주춧돌,…… 등의 복잡한 역학 관계를 숨기고 있듯이, 표면적으로 일정하게 평균화되어 보이는 코드도 그 밑바닥을 보면 그 안에 각종 상이한 욕망들의 갈등을 은폐하고 있는 것입니다. 우리는 수많은 욕망의 계열들이 부딪쳐 형성되는, 표면에 드러나 있는 결과를 코드라고 생각하는 것이죠. 그래서 현상적 서술의 차원에서는 코드가 중요하지만, 심층적 설명의 차원에서는 수많은 욕망들의 역학 관계를 파헤쳐야 하는 것이죠. 욕망을 현상으로 보면서 그 본질로서 구조를 제시하는가, 오히려 구조야말로 현상적인 것이며 그 실체는 욕망이라고 생각하는가, 이 두 대조적인 사유를 음미해 볼 필요가 있습니다.

Q 철학이라는 담론이 정확히 어디까지이고, 학문의 세계에서 철학이 차지하는 위상이 어디까지인가요?

A 그것은 정답이 없는 문제입니다. 왜냐하면 철학이 무엇인가 하는 것을 규정하는 것, 철학의 외연을 긋는 것 자체가 사회와 시대에 따라 변해 왔기 때문이죠. 철학이 무엇인가? 문학이 무엇인가? 사회학이 무엇인가? 등의 질문에 대해 일정하게 형성되어 있는 대답이 바로 그 사회, 그 시대의 독사라고 할 수 있어요. 바로 이름-자리의 체계죠. 학문의 세계

역시 이름-자리의 체계로 되어 있습니다. 그리고 그런 분절들 아래에는 순수한 학문적 맥락만 있는 것이 아니라 무수한 정치적, 경제적, 심리적,…… 맥락이 숨어 있는 것입니다.

하지만 왜 꼭 그렇게 분절해야 하는가, 다른 분절들도 있지 않을까 하고 생각하면, 이는 파라-독사의 길로 들어서는 것이죠. 파라-독사로 들어가는 실마리는 **왜 꼭 그렇게 나누어야 하는가?** 라는 물음을 던지는 것, 즉 '존재론적 분절'ontological articulation에 대한 의문을 던지는 것에서 시작됩니다. 분류에 대한 존재론적 회의로부터 파라-독사의 추구가 시작됩니다.[4] 지금 우리가 익숙하게 알고 있는 학문 분절체계는 가능한 수많은 체계들 중 하나일 뿐입니다. 꼭 그렇게 분절하라는 법은 없어요. 우리는 이미 그어져 있는 학문 분절체계를 가로지르면서 얼마든지 새로운 사유를 할 수 있는 것입니다. 그러나 사회는 새로운 분절을 쉽게 용인하지 않죠. 이미 그어져 있는 선택지들 중에서 하나를 선택하기를 강요합니다. 그리고 제도화되어 있는 학문의 세계, 대학의 세계야말로 이런 이름-자리의 체계를 선명하게 보여 줍니다.

여러분들은 이런 분절체계에 너무 사로잡히지 말기를 바랍니다. 그것은 **스스로가 스스로를 구속하는** 것이죠. 말하자면 자기가 자기의 감옥

---

4) 이 분절의 문제는 푸코 사유의 출발점이기도 하다. 광인과 정상인의 분절, 죄인과 정상인의 구별을 비롯해 사회의 모든 곳에 보이지 않는 그물처럼 드리워져 있고 그래서 우리 삶을 보이지 않게 조작하는 분절체계를 비판적으로 폭로하는 작업이 푸코 사유의 핵심적인 한 측면을 형성하고 있다. 푸코 사유의 요람은 "나눔"(division)의 문제이다. 그리고 이 나눔이 배제의 근거, 나아가 감금의 근거가 된다는 점에서, 푸코 사유에서 존재론/인식론과 정치철학은 분리되지 않는다. 분류하는 것과 배제/감금하는 것은 밀접하게 엮여 있는 것이다.

을 만드는 것입니다. 자기가 자기를 "나는 ~이다"라고 고정시킬 필요가 없는 것입니다. 만일 누군가가 시간에 대해 관심이 많다면, 그는 상대성 이론을 공부할 수도 있고, 베르그송이나 조이스의 책을 읽을 수도 있고, 시계를 뜯어 볼 수도 있고, 노동법에 명시된 시간의 준수를 위해 투쟁할 수도 있습니다. 물리학, 철학, 문학, 공학, 운동,……이라는 분절 체계를 가로지르면서 '시간론'이라는 별도의 분절을 추구할 수 있는 것이죠. 물론 결코 쉽지는 않은 일이지만 말입니다. 스피노자는 "모든 고귀한 것은 어렵고 또 드물다"고 했습니다. 그럼에도 이런 길을 추구하는 주체, 그것이 진정한 주체입니다. 그리고 그러한 행위야말로 기존의 억압적인 코드에 저항하는 진정으로 윤리적인 행위인 것이죠.

여러분들이 내 강의를 들어 얻는 것이 있다면, 이렇게 자유롭게 사유하는 것뿐입니다. 여러분들이 자유롭게 그리고 순수하게 무엇인가를 창조할 수 있는 힘을 기르는 데 이 강의가 도움이 되었으면 합니다.

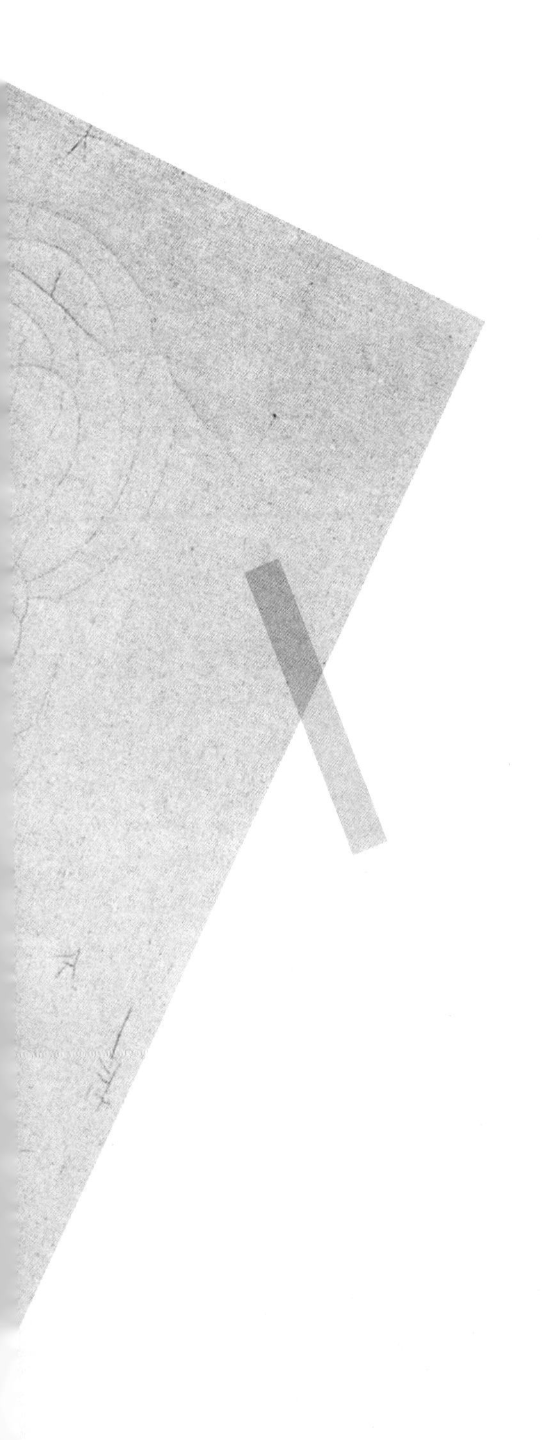

2부 삶, 죽음, 운명

시뮬라크르의 문제에 이어 이제 스토아철학과 선불교를 비교하면서 사건의 철학(윤리학)을 공부하려고 한다. 이번 학기에는 주로 '소요의 길'을 논할 것이다. '투쟁의 길'에 대해서는 별도의 강의를 마련코자 한다.

지난 학기 강의와 이번 강의는 성격이 다소 다르다. 지난 학기 강의는 주로 '사건의 철학'의 추상적이고 논리적인 뼈대를 이야기했지만, 이번 학기에는 거기에 구체적인 내용들, 여러 가지 다양한 이야기들을 보충해 넣으려 한다. 그 내용들이란 주로 스토아철학이며, 거기에 선불교가 가미되어 논의될 것이다.

우선 '철학적 정향'의 문제를 다룬다. '형이상학적 표면', '객관적 선험'의 개념에 철학사적 배경을 부여한다. 스토아철학, 후기구조주의, 선불교를 잇는 사유의 정향을 확보하는 작업이다. 다음에는 이전 강의와 이 강의를 잇는 매개 고리로서 사건 개념을 다룬다. 이전 강의에서는 이 개념을 그 존재론적 뼈대에서 다루었으나 이번에는 스토아적-선불교적 맥락에서 다룬다. 10강에서는 논의의 지평을 확대해서 운명의 문제를 다룬다. 우리 논의를 삶, 죽음, 운명에 대한 성찰로 확대시키는 작업이다. 그리고 11강에서는 우리의 논의를 보다 명료히 하기 위해서 시간론을 첨가한다. 마지막 12강에서는 실천철학적 결론으로서 긍정의 철학을 제시한다.

삶, 죽음, 운명을 어떻게 긍정하고 나아가 사랑할 것인가를 생각해 보자.

8강 _ 표면

우선 첫번째 논의로서 **철학적 정향**philosophical orientation의 문제에 대해서 이야기해 보자. 사유, 철학, 사상을 어떤 방식으로 추구할 것인가 하는 문제이다. 어떻게 철학할 것인가? 철학하는 기본 태도, 기본 방식을 어떤 식으로 취할 것인가? 곧 '오리엔테이션'의 문제이다.

§1. 사건의 존재론

1부의 논의를 전반적으로 정리해 보고 앞으로 나아가는 것이 좋을 듯하다. '사건의 존재론'의 기본 뼈대를 다시 음미해 보자.

우리는 "세계"라는 말을 쓴다. 이때 우리는 이 "세계"라는 것을 명사와 형용사 중심으로 볼 수도 있고 또 동사 중심으로 볼 수도 있다. 우리는 "세계"라고 할 때 흔히 머리에 지구나 다른 별들, 나무, 꽃, 사람,…… 등을 떠올린다. 또는 사람의 얼굴 모습이나 별빛, 꽃의 색깔,…… 등을 떠올린다. 이렇게 떠올리는 세계는 바로 명사와 형용사를 중심으로 생각한 세계이다. 그런데 꽃이 피어나는 것, 지구가 도는 것, 나무가 자라는 것, 사람이 걸어가는 것, 눈이 오는 것,…… 등을 떠올린다면, 이는 "세계"를 동사 중심으로 생각하는 것이다. 바로 이렇게 동사 중심으로 세계를 생각할 때 우리는 세계를 사건들의 총체로 보고 있다고 할 수 있다. 다시 말해 "thing"이 아니라 "event"로 보는 것이다. 이 사건이라는 존재를 어떻게 이해할 것인가. 이것이 우리 논의의 핵심 대상이다.

담론사적 맥락을 짚어 보면, 서구 사상의 기본 흐름은 사건의 사유가 아니라 사물의 사유였다고 할 수 있다. 명사와 형용사를 중심으로 하는 사유이지, 동사를 중심으로 하는 사유가 아니었다. 그렇다면 명사와 형용사라는 언어적 관점이 존재론적으로는 무엇에 대응하는가? 명사와 형용사는 전통 존재론이 말하는 실체와 성질에 대응한다. 아리스토텔레스 이래 서구 전통 존재론이 실체와 성질이라는 도식으로 세계를 보았다는 것은 언어적으로는 곧 명사와 형용사 중심으로 사유했음을 뜻한다. 그래서 상투적인 철학책을 읽으면 늘 나오는 예가 "여기에 나무가 있다고 해보자. 그런데 나무는 나에게 푸른 색, 울퉁불퉁한 표면, 둥근 잎사귀, 독특한 냄새,…… 등으로 나타난다" 같은 예이다. 이런 식의 예를 드는 것 자체가 바로 명사와 형용사 중심으로, 존재론적으로는 실체와 성질 중심으로 세계를 보는 것이다. 서구 존재론의 기본 줄거리는 이런 논리 구조를 띠고서 내려왔다고 볼 수 있다.

그런데 이 사물들 중의 사물, 실체들 중의 실체, 가장 참된 사물, 진정으로 존재하는 것이 무엇인가? 이런 물음이 그 다음 물음이다. 이런 물음에 대한 대답으로 철학자들은 '제일 실체'라든가 본질, 형상, 신,…… 등을 제시해 왔다. 바로 이 제일 실체, 본질, 형상, 신,…… 등을 찾는 것이 서구 형이상학의 기본 줄거리를 형성해 왔다. 그리고 이와 대조적으로 사건이라는 것은 대체적으로 외관 또는 현상 또는 가상,…… 등으로 불려 왔으며, 종종 가짜, 헛된 것,…… 등으로 폄하되어 왔던 것이다.

그러나 19세기 이래 서구 철학의 흐름에서 중대한 변화가 나타난다. 물론 이런 변화는 여러 가지 맥락에서 발생하거니와, 현재 우리 맥락에서 핵심적인 것은 서구 형이상학의 굵직한 흐름을 이루어 왔던 전통 존재론에 대립해서 니체라든가 베르그송, 화이트헤드, 하이데거 같은 철학자들이 존재보다 오히려 생성을 더 중시하는 사유를 펼쳤다는 점이다. 이런 흐름은 과학사에서는 진화론, 열역학, 양자역학, 복잡계 이론 등의 전개와 상응한다.

그런데 19세기 이래 서구 형이상학의 흐름이 생성 중심의 사유였다고 한다면, 왜 지금 이 시점에서 굳이 다시 그 식상한 주제를 반복하는가? 이런 물음이 제기될 수 있다. 그것은 바로 20세기 중엽에 이런 생성철학의 흐름을 정면으로 논박한 새로운 합리주의 철학, 20세기의 플라톤주의라 할 만한 사유가 등장했기 때문이다. 이른바 "후기구조주의"의 철학은 바로 이 새로운 플라톤주의에 대한 대응으로서, 더 정확히는 그것을 생성철학과 통합하려는 시도로서 등장했다고 할 수 있다. 이 새로운 플라톤주의란 다름 아닌 구조주의이다. 물론 구조주의를 플라톤주의라 규정할 때, 여러 가지 논쟁거리가 생길 수 있다. 고대 철학의 형상, 근대 과학의 법칙, 그리고 구조주의가 말하는 구조 사이에는 큰 차이가 있기에 말이다. 이 차이는 자체로서 매우 흥미로운 문제이지만, 지금 맥락에서는 접어 두기로 하자. 형상이든 법칙이든 구조이든, 이런 개념들은 모두 존재 중심의 개념들이다. 그래서 서구 학문사를 거시적으로 볼 경우, 구조주의는 현대적 의미에서의 플라톤주의라 할 수 있다. 이 구조주의 사유는 19세기 이래 서구 형이상학의 주된 흐름이 된 반합리주의에 대한 대응으로서 등장했다. 다시 말해 니체, 베르그송과 구조주의의 전선戰線이 형성된 것이다.

그래서 후기구조주의[1]의 철학사적 위상은 구조주의를 흡수하면서도 새로운 형태의 생성철학을 시도한 것으로 생각할 수 있다. 그러나 만일 후기구조주의가 단지 구조주의에 맞서 생성의 철학을 부활시켰을 뿐이라면, 그것은 그다지 흥미로운 것이 아니다. 담론사의 지루한 반복에 불과하기에. 그럴 경우 후기구조주의는 단지 19세기 이래 니체, 베르그송, 화이트헤드 등으로 이어져 온 형이상학의 흐름을 다시 부활시킨 것일 뿐이게 된다. 그러나 후기구조주의 철학은 현대 형이상학의 흐름을 한 단계 더 발전시켜 나간 사유로 평가할 수 있다. 그렇다면 이 사유의 담론사적 공헌은 무엇인가? 그것은 생성, 운동, 변

---

1) "후기구조주의" ── 이런 일반화가 가능하다면 ──는 대체적으로 말해 라캉 이후의 프랑스 사상(의 한 계열)을 가리키거니와, 이 흐름에서 두 가지 계열을 다시 구분할 필요가 있다. 그 하나는 라캉, 알튀세르, 푸코, 들뢰즈, 바디우,…… 등의 **실재론적 계열**이며 다른 하나는 보드리야르, 데리다, 리오타르,…… 등의 **반실재론적 계열**이다. 이른바 "포스트모더니즘"은 후자의 계열과 통한다고 할 수 있다. 슬라보예 지젝은 그의 『이데올로기라는 숭고한 대상』(이수련 옮김, 인간사랑, 2002)에서 라캉을 제외한 모든 철학자들을 "후기구조주의자들"이라 부르는 오류를 범하고 있다. 내가 "후기구조주의"라는 용어를 쓸 때는 전자의 실재론적 계열을 가리킨다.

화를 사유한 데 있는 것이 아니라 사건을 사유한 데 있다. 후기구조주의는 사건을 사유하되 그것을 구조주의의 성과 위에서 다룬다. 반면 포스트모더니즘은 단적인 반실재론의 입장에서 출발한 담론이다. 그래서 후기구조주의와 포스트모더니즘은 간단히 동일시될 수 없는 두 흐름이라고 할 수 있다. 이런 차이에 세심하게 주목하지 않음으로써 1990년대 한국의 사상계도 상당한 혼동을 내포하게 되었다고 할 수 있나.

결국, 다소 도식적으로 말한다면, 오늘날의 사유는 베르그송적인 생성의 사유와 구조주의적인 플라톤적 사유를 하나로 융해시키고 있다고 할 수 있다. 다시 말해, 오늘날의 사유는 한편으로는 사건을 사유함으로써 구조주의를 역동화力動化시켰다고 할 수 있고, 다른 한편으로는 반대로 사건이라는 것을 단지 순수한 생성, 그야말로 한번 나타났다가 사라지는 변화, 운동으로서가 아니라 그 자체가 일정한 구조를 띠고 있는 것으로서 파악함으로서 합리화合理化시켰다고 할 수 있다. 구조에 운동성을 부여했으며, 역으로 말해 사건을 막연한 생성이 아니라 의미로서 파악했던 것이다. 말하자면 후기구조주의는 구조주의를 매개한 새로운 생성철학——사건의 철학——이라 할 수 있다.

사건을 단지 생성, 변화, 운동으로만 파악하기보다 구조주의적인 틀을 매개로 해서 달리 사유하는 것이 중요하다. 이것은 정확히 무슨 뜻인가? 지금 우리의 강의를 생각해 보자. 강의가 진행되다가 두세 시간이 지나면 끝날 것이다. 그러면 우리는 집으로 돌아갈 것이다. 그러면 도대체 그 '강의'라는 사건은 어떤 존재일까? 우리가 집에 가도 이 책상은 그대로 남아 있을 것이고, 나도 여러분들도 그대로일 것이다.

또 여기에서 강의가 있었다고 해서 여러분 머리카락이 갑자기 길어진다거나 여자가 남자로 변한다든가 하는 일도 없을 것이다. 그렇지만 강의가 끝나면 강의라는 사건은 없어진다. 어디론가 사라지는 것이다. 강의가 진행되고 있는 지금 이 시간 동안만 강의는 존재한다. 바로 이런 것이 사건이다. 그래서 이 사건이라는 존재는 좀체 실재성을 부여받지 못했다고 할 수 있다.

현대에 들어와서야 이 사건이라는 존재가 새로운 존재론적 위상을 부여받기 시작했지만, 생성존재론으로만 가면 자칫 **얼굴이 없는** 막연하고 추상적인 사유로 갈 수 있다. 사실 '생성'이라고 하지만, 이것은 우리에게 뭔가가 흐르는 막연한 어떤 이미지나 느낌 이상의 아무 것도 주지 못한다. 무엇인가가 어떤 형태로든 규정된 것, 공간화된 것, 고정된 것으로서 파악되어야지 우리에게 뚜렷이 이해되기 때문이다. 생성은 이런 존재들 사이에서 또는 근저에서 구체적 얼굴을 띠게 된다. 공간 없는 시간, 규정성 없는 생성은 막연한 그 무엇이다. 어떤 존재든 어느 정도까지는 공간적으로 파악되어야 우리에게 구체적인 어떤 얼굴로서 다가오는 법이다. 그런데 사건은 생성과 달리 그 자체가 이미 어떤 분절, 구분, 마디, 차이를 함축한다. 생성은 연속적인 아페이론의 성격을 띠지만, 사건은 일정한 마디를 띤다고 할 수 있다.[2] 게다가 현대 사상은 사건이라는 것을 일정한 논리와 구조를 가진 것으로 파악한다. 이것은 곧 오늘날의 사유가 사건을 사유하되 그것을 구조주의의 성과 위에서 사유함을 뜻한다.

그러면 사건이라는 것을 순수하게 생성의 차원에서 사유하는 데 그치지 않는다는 것, 어디까지나 구조주의 이후의 지평에서 사유한다는 것은 정확히 무엇을 뜻하는가? 그것은 바로 사건이라는 존재를 의미의 문제와 연결시켜 파악한다는 것을 뜻한다. 만일 사건이라는 것이 시간 속에서 발생했다가 사라지는 순수한 생성, 순수한 변화라고 한다면, 거기에는 의미라는 것이 개입할 여지가 없다. 의미의 차원은 존재하지 않을 것이다. 후기구조주의 사유의 핵심적인 통찰은 사건을 사유하되 그것을 의미라는 범주와 연계시킨다는 점(거꾸로 말해, 의미를 논하되 기존의 의미론들과는 달리 그것을 사건과 연계시켜 다룬다는 점)에 있다. 사건을 사유하되 순수 생성의 관점에서가 아니라 구조주의적으로 사유한다는 것은 바로 이 점을 말한다. 그러므로 사건을 구조주의적으로 사유한다는 것은 그것을 어떤 일정한 장場 개념을 매개해 사유한다는 것이다.

사건이라는 것이 그저 허망하게 나타났다가 사라지는 것이 아니라 어떤 구조 안에서, 어떤 장 안에서 일정한 의미를 가지고서 발생한다고 했다. 이제 다음으로, 그 의미, 그 장을 어떻게 파악할 것이냐 하는 문제가 발생한다. 바로 이 장을 파악하기 위해서 계열화라든가 특

---

2) 이전의 생성 개념들, 예컨대 니체의 생성, 베르그송의 지속, 화이트헤드의 과정 등도 매듭이 결여된 막연한 흐름이라고 말할 수는 없다. 니체에게 '생성'(Werden)이란 힘에의 의지를 통해서 성립한다. 힘과 힘의 관계를 통한 생성으로서 파악된다. 베르그송에게 '지속'(durée)은 자체의 '리듬'을 내포하고 있으며, 예컨대 생명의 경우 다양한 '경향들'을 내포하고 있는 것으로 파악된다. 이 때문에 '분화'(différenciation)가 성립하게 된다. 화이트헤드의 '과정'(process)의 경우 이 역시 경험이라는 다소 막연한 개념보다는 '합생'(合生=concrescence)이라는 정교한 개념을 통해서 재규정되고 있다. 아울러 화이트헤드에게서는 사건론이 보다 본격적인 형태로 등장한다. 따라서 생성존재론과 사건존재론 사이에 단적인 단절이 있는 것은 아니다. 그러나 여기에서 논의되는 사건철학은 구조주의를 거친 이후의 사건철학이다.

이성이라든가 또 잠재성, 분화, 문제,…… 등을 논한 것이다. 바로 이런 개념들이 의미의 논리, 사건의 논리를 파악하기 위한 개념장치들이다. 사건/무의미는 계열화됨으로써 구체적 의미를 갖는다든가, 또 사건 하나하나는 일종의 특이점이라든가,…… 하는 이야기들은 모두 이런 맥락에서 나온 것이다.

사건은 일종의 생성이면서도 또한 반복되는 존재이다. 생성이지만 아리스토텔레스가 분류했던 변화와 생성소멸의 어느 한쪽에도, 또 운동의 세 범주(위치이동, 질적 변화, 양의 증감) 그 어디에도 속하지 않는 독특한 존재이다. 사건은, 예컨대 '역전'이라는 사건은 반복된다. 이 반복되는 사건, 순수사건이 하나의 특이성을 구성한다. 이 점이 사건을 사유할 때 매우 중요한 부분이다.

후기구조주의 사유는 고대의 플라톤주의에 대항해 사건의 사유를 세우려 했으며, 근대의 주체철학에 대항해 장을 사유하고자 했다. 후기구조주의 사유가 사건을 사유하되 일정한 장 위에서 사유하려 했다는 것은 이런 철학사적 배경을 띤다. 후기구조주의가 주체철학에 대립해 장을 사유하려 한다고 했는데, 이런 맥락에서 우리는 그 사유를 '객관적 선험철학'으로 파악했다. 이 객관적 선험은 개체나 인칭에 앞서서 존재하는 어떤 장, 바로 그 위에서 개체와 인칭이 마름질되는 장이다. 후기구조주의 사유란 다름 아닌 이 객관적 선험을 다루는 사유이다. 레비-스트로스, 라캉, 알튀세르 등의 '구조', '상징계', 푸코의 '에피스테메', 들뢰즈의 '형이상학적 표면', 들뢰즈와 가타리의 '배치', '다양체', 부르디외의 '사회적 장',…… 등은 결국 이 객관적 선험의 여러 변형태라고 볼 수 있다.

야구 선수가 타석에 들어와 안타를 쳤다. 우리는 야구 선수가 먼저 있고, 그 사람이 안타를 쳤기 때문에 안타라는 것이 존재한다고 생각한다. 그러나 거꾸로 볼 수도 있다. 야구 선수가 어떤 동작을 하기 전에 이미 가능한 일정한 경우들이 존재한다고 볼 수 있지 않을까? 안타를 치다, 파울을 치다, 홈런의 치다,…… 등의 몇 가지 가능성들이 선재先在한다는 것이다. 따라서 야구 선수가 타석에 들어설 때 그 야구 선수가 누구든(그 개인이 누구든, 그의 의식/인칭이 어떤 형태를 띠든) 이미 그 개인이 그 안에서 행동할 수밖에 없고 그의 의식/인칭이 그 구조를 따를 수밖에 없는 어떤 논리적 장, 논리적 구조가 먼저 존재한다고, 그리고 그 개인과 인칭은 그 논리적 장의 어느 한 경우를 실현할 뿐이라고 말할 수 있다. 이것이 (현상학으로 대변되는) 주체철학적인 양식에 대비되는 (구조주의로 대변되는) 객관적 선험의 사유양식이라고 할 수 있다.

물론 지금 든 예는 다소 극단적인 예이다. 후기구조주의는 본래 형태의 구조주의로부터 다양한 방식으로 벗어난다. 하지만 최근의 사유를 단순히 반反구조주의로 이해하거나 해체주의, 포스트모더니즘, 니체주의 등으로만 이해하는 것은 피상적인 관점이다. 현대 사유의 저변에는 구조주의의 성과가 녹아 들어가 있기 때문이다.

본래 형태의 구조주의는 정적이고 반주체주의적인 성격을 띠고 있기에, 자연히 정치적으로는 보수적인 함축을 띤다. "만들어진" 것으로 볼 수도 있는 것을 단적으로 '주어진' 것으로 보는 것은 이미 정치적인 것의 제거를 함축하기 때문이다. 반면 후기구조주의 사유 ── 물론 이미 말했듯이 이 말이 어떤 하나의 사조를 가리키는 것은 아니다——는 객관적 선험 위에서 전개되면서도 동시에 역동적이고 실천적인 성격을 띤다. 그 핵심은 바로 사건 개념에 있음을 보았다. 그렇다면 사건의 존재론으로부터 역사나 사회를 바라보는 보다 실천적이고 동적인 사상으로 나아가는 그 논리적 매듭은 무엇일까? 그것은 곧 역설과 무의미이다. 이미 계열화되어 있는, 이미 구조화되어 있는 장이 '상-식/공통감각', '양-식/일방향', 결국 '통념'(독사)의 장이라면 이 장을 전복시키는 것이 곧 무의미와 역설이다.

그래서 객관적 선험으로서의 장은 곧 잠재성들의 장이다. 그런데 우리가 사는 삶은 늘 이 객관적 선험의 장, 잠재성의 장이 일정한 방향/의미로 조직된 사회이다. 일정한 통념=독사에 의해 지배되는 사회, 일정한 '코드'가 지배하는 사회이다. 예컨대 우리가 사는 사회는 여자가 머리를 기르고 남자가 깎는 사회이다. 그러나 원래의 잠재성의 장에서는 남자들이 머리를 기르고 여자들이 깎는 그런 세계가 있다. 우리가 살고 있는 이 현실세계는 그 객관적 선험의 장에 존재하는 갖가지 계열화들 중에서 하나의 계열화가 현실화된 세계이다. 'sens'라는 말은 의미를 뜻하는 동시에 방향을 뜻한다. 이 방향을 우리는 '계열'로 해석할 수 있고, 동북아 식으로 말하면 도道로 해석할 수 있다. 이런 계열화의 총체를 코드/독사라고 부를 수 있다. 그런데 'non-sens'는 이 'sens'를 넘어서는 것이다. 그리고 한 사회의 의견, 통념, 규율, 법, 관습 등을 넘어서는 것이 '파라-독사'이다.

그러면 바로 이런 전복의 힘, 일정하게 코드화되어 있는 계열화를 넘어서 다른 계열화를 꿈꿀 수 있는 어떤 힘이 있을 것 아닌가? 단지 공간적-구조적 개념에 머무는 것이 아니라 이제 힘이라는 범주가 요청된다. 구조주의를 벗어나는 핵심적인 계기들 중 하나이다. 이 힘을 들뢰즈는 욕망으로, 푸코는 권력으로, 세르는 카오스로 파악한다.

§2. 스토아 철학자들

후기구조주의자들은 헬레니즘 시대의 철학자들에 대해 호의를 보일 때가 많다. 들뢰즈의 사유에서 스토아학파는 큰 비중을 차지한다(특히 『의미의 논리』). 세르는 에피쿠로스학파의 자연철학을 현대적으로 해석한 바 있다(『물리학의 탄생』). 푸코는 소피스트들에 대해 적지 않은 공감을 표현한 바 있다. 이외에도 헬레니즘 시대의 철학자들은 오늘날의 철학에 많은 영감을 주고 있다.

우리의 강의에서도 스토아철학은 큰 비중을 차지하는데, 다름 아니라 스토아철학이야말로 '사건의 철학'을 창시한 학파이기 때문이다. '사건'에 독자적인 존재론적 위상을 부여했고, 또 깊은 윤리적 함의를 부여한 최초의 학파가 스토아학파이다. 앞에서(2강) 스토아철학을 플라톤과 대비시켜 논했거니와, 여기에서는 좀더 철학사적인 내용으로 가서 이야기해 보자.

스토아철학은 대략 B.C. 300년경에서 A.D. 200년 정도까지 꽃피고 그후로도 서구 지성사에 지대한 영향을 끼쳐 온 사조이다. 대략 그리스가 멸망했던 즈음에서 로마가 멸망에 접어들게 되는 시기까지 전성기를 누렸다고 할 수 있다. 중세 이후로도 기독교 다음으로 큰 비중을 차지했고, 르네상스 시대부터는 다시 근대적 형태로 부활했으며, 현대에 이르러서도 들뢰즈 등을 통해서 새로운 뉘앙스를 부여받고 있다. 서구 철학의 대표적인 형태들 중 하나라 하겠다.

스토아학파의 시조인 키티움의 제논은 소아시아에 있던 키티움으로부터 아테네로 옮겨 와 살았다. 이때 아테네는 정치적으로 이미 멸망했지만 문화적으로는 여전히 지중해세계의 중심이었고(더 이상 유일한 중심은 아니었지만), 그래서 다른 지방에서 태어난 사람들도 학문을 하기 위해서는 모두 아테네로 몰려들었다. 대부분의 스토아 철학자들도 마찬가지이다. 당시의 대부분의 학파들은 그리스 철학의 '에피고넨들'이었으나(아리스토텔레스를 이은 뤼케이온, 플라톤을 이은 아카데메이아, 소크라테스를 이은 '소小소크라테스주의자들', 소피스트들을 이은 회의주의자들, 원자론을 이은 에피쿠로스주의자들 등), 스토아철학은 그 중 가장 독창적인 철학체계였다고 할 수 있다. 제논도 처음에는 플라톤주의자였고, 또 퀴니코스학파[犬儒學派]에도 많이 경도되었다. 그러다가 플라톤주의에 회의를 느껴, 플라톤에 대립하는 새로운 학파를 창설하게 된다.[3] 잘 알려져 있듯이, 제논은 그림이 죽 걸려 있는 주랑柱廊에서 강의했기 때문에 '스토아' 즉 주랑의 학파라 불리게 된다.

아테네 사람들은 제논을 대단히 존경하고 사랑했다고 한다. 그의

---

3) 헬레니즘 시대의 철학들은 전반적으로 반(反)플라톤적이었다. 에피쿠로스학파는 유물론이었고, 스토아철학도 유물론적 철학이었으며, 회의주의자들은 플라톤주의를 독단주의로 치부했다. 퀴니코스학파 등은 기존의 철학적 탐구 자체를 아예 파기해 버렸다. 플라톤은 A.D. 3세기에 플로티노스에 의해 부활되었으며, A.D. 4세기 이후 기독교사상의 맥락에서 다시 서구 사유의 중심에 위치하게 된다. 그러나 그렇게 부활한 플라톤은 매우 종교화되고 독단화된 플라톤에 불과했다. 플라톤이 그 본연의 모습에 입각해 다시 제대로 읽히기 시작한 것은 사실 19세기나 되어서였다.

이름이 널리 알려져 마케도니아 왕도 때때로 강의를 들으러 왔다고 전해진다. 죽을 때는 자살로 생을 마감하는데, 어느 날 돌에 발이 걸려 넘어져 발가락이 부러졌는데 그것을 대지로 돌아가야 한다는 징표로 받아들였다고 한다. 흔히 유교나 기독교의 영향을 받아 자살을 비난하지만, 스토아철학으로 보면 자살은 그 자체가 자신의 운명을 받아들이는 하나의 철학적인 행위이다. 우주가 불이라면 모든 존재들은 불티이며, 자살이란 불티기 불로 돌아가듯이 자연으로 돌아가는 것뿐이다. 잠시 떨어져 나왔던 전체와 다시 합일하는 행위인 것이다. 제논역시 돌아갈 때가 되었다고 생각해 기꺼이 생을 마감한 것이다. 아테네인들은 제논이 자살했을 때 성대한 장례식을 치러 주었다고 한다.[4]

제논은 철학을 세 분과로 나눈다. 자연철학physica, 논리학logica, 윤리학ethica이 그것이다. 논리학은 오늘날 '인식론', '언어철학'이라 불리는 분야도 포괄한다. 제논에 따르면, 인식은 어디까지나 감각적인 표상에서 유래한다. 플라톤이나 아리스토텔레스의 형상철학에 따르면, 진정한 인식은 우리의 감각을 버리고 형상/본질을 파악할 때 성립한다. 감각이란 우리를 속이는 것, 제거되어야 할 것이다. 그러나 제논은 진정한 인식은 감각에 기반해야 한다고 말한다. 그래서 스토아의 인식론을 '감각주의'라 부르기도 한다. 스토아학파의 인식론은 기본적으로 경험주의적 인식론이다. 그러나 스토아학파의 인식론은 소

---

4) 스토아적 죽음으로 유명한 것은 소(少)카토의 죽음이다. 카이사르에 맞섰던 인물이자 성실성의 화신과도 같았던 카토는 카이사르와의 전쟁에 패하자 미련 없이 목숨을 끊는다. 카토는 어느 날 저녁 친구들과 플라톤의 『파이돈』과 스토아철학에 대해 대화를 나눈 후 스스로 죽음을 맞이했다.

피스트들의 인식론과도 구분된다. 플라톤/아리스토텔레스의 본질주의와 소피스트적 회의주의 사이에서 중용의 입장을 취했다고 할 수 있다. 스토아학파에 따르면, 우리의 감각적인 표상에는 주관적인 표상도 있고 객관적인 표상도 있다. 소피스트들처럼 각각의 주관성, 상대성을 근거로 해서 극단적인 상대주의로 가는 것도 아니고, 플라톤이나 아리스토텔레스처럼 감각적 인식을 폄하하는 입장으로 가는 것도 아니다.

제논은 확실한 표상, 객관적인 표상을 '포착적 표상'phantasia kataléptikê이라고 부른다. 'phantasia'는 표상이다. '판타지'라는 지금의 뜻과는 전혀 다르다(이 말을 '판타지'라는 뉘앙스로 쓴 사람은 플라톤이다). 'kataléptikê'는 'katalambanein'에서 온 말로서, '꽉 붙잡다'를 뜻한다. 독일어 'greifen'과 비교가 된다. 또 우리말의 '파악'把握하다라는 말이 연상된다. 물론 제논의 경우는 개념의 수준이 아니라 표상의 수준이다. 인식주체는 표상이 포착적 표상일 때 그 표상을 수용한다. 객관적 표상으로 승인하는 것이다. 이 수용을 'synkatathesis'라고 부른다. 그래서 인식은 표상과 수용을 기초로 해서 성립하는 것이다. 플라톤주의와 소피스트주의의 양극단으로 가지 않고, 비교적 건전한 형태의 경험주의를 취한다고 볼 수 있다.

또 자연철학에서도 제논은 플라톤주의와 대립한다. 플라톤과 아리스토텔레스에게 질료 자체는 궁극적 실체가 아니다. 궁극적 실체는 형상이다. 다만 형상은 일정한 터에 자리 잡음으로써만 현실적인 사물들로 구현될 수 있고, 그래서 질료를 필요로 한다. 때문에 플라톤주의에서 질료란 늘 형상의 상관자로서 파악된다. 이에 반해 스토아학파는 세계의 가장 궁극적인 존재는 'sômata'라고 말한다. 맥락에 따라 '물질'로 번역할 수도 있고 또 '물체'로 번역할 수도 있다. 이 점에서 스토아철학은 유물론에 속한다(그러나 에피쿠로스학파의 원자론적 유물론과는 그 성격이 크게 다르다. 오히려 동북아의 기氣 일원론에 상당히 가깝다).

제논에 따르면, 우주는 타오르는 불이다. 헤라클레이토스의 영향을 반영하고 있다. 한번 거대하게 불다올렸다가('ekyrösis'라고 한다) 다시 잦아드는 과정이 반복된다. 이른바 '영겁회귀'라고 불리는 매우 역동적인 세계관이다. 그렇다고 이 세계가 질서가 없는 곳은 아니다. 제논은 플라톤이나 아리스토텔레스보다도 오히려 더 극단적인 결정론자이다. 왜냐하면 그는 이 불을 또한 '로고스'로 파악하기 때문이다. 얼핏 들으면 불이라는 말과 로고스라는 말이 잘 어울리지 않는다. 그러나 우리 식으로 말해 제논이 말하는 불을 기氣로 해석하고 로고스를 이법理法으로 해석해 이 기 자체가 이법을 내포한다고 보면 이해할 수 있다. 우주의 모든 사물은 이 불-로고스의 조각들이다. 인간의 영혼도 마찬가지이다. 스토아철학은 완벽하게 결정론적이고 일원론적인 형태를 띤다.

윤리학에서는 특히 우리 자신을 열정, 분노, 편견, 불안,…… 등으로부터 해방시키는 데 역점을 둔다. 철학적인 삶을 산다는 것은 곧 무의미한 열정으로부터 해방되어 잔잔하고 평화로운 삶을 산다는 것을 의미한다. 'pathos'를 초연하게 극복한 'apatheia'의 경지이다. 이 점에서 도가나 불가와 통한다. 다른 한편으로, 스토아철학은 강인하고 불굴의 용기를 갖춘 영웅들의 철학이기도 하다. 우리 삶에 몰아닥치는 갖가지 사건들을 초연하고 용기 있게 대처하는 로마적인 철학이기도 하다. 그래서 스토아적 금욕주의가 즉물적인 의미에서의 "조용한" 철학을 말하는 것은 전혀 아니다. 오히려 스토아 철학자들은 대개 격정적인 삶을 산 사람들이었다. 끊임없이 자기를 휘두르는 무의미한 열정으로부터 해방되어 진정한 자기의 주인공이 되기 위해서는('autarkeia'라 부른다) 다른 한편으로 불굴의 용기가 필요한 것이다. 또 제논은 이 우주에 있는 모든 사물들, 사람들이 궁극에는 모두 무차별적이라는 생각을 편다. 이런 생각은 이른바 '사해동포주의'로 이어진다. 요컨대 스토아철학은 초연한 삶을 추구하되 그 초연한 삶을 가로막는 장애물들과 용기 있게 싸우기도 하는 철학이다.

이렇게 제논에 의해 스토아철학이 성립하고 이제 제논을 이어받아 그 생각을 발전시키려는 사람들이 속속 등장하게 된다. 이 학파의 2대조는 클레안테스이다. B.C. 331~232년까지 살았고, 역시 소아시아 출신으로서 아테네에서 활동했다. 이론적인 사람이기보다는 덕성으로 칭송받은 사람이다. 이 사람은 권투 선수이기도 하다. 어찌나 기골이 장대했던지 "제2의 헤라클레스"라고 불렸다. 아마 철학자들 중에서 권투 선수로 유명한 사람은 이 사람이 유일하지 않나 싶다. 이 사람은 평생을 청빈하게 살았고, 전해 오는 이야기로는 결국 99세에 굶어 죽었다고 한다. 자신의 철학에 충실하게 살았고 또 죽었다고 하겠다. 그후에 등장한 크뤼시포스(B.C. 280~200)는 처음에는 플라톤주의자였다가 나중에 스토아철학자로 변신한다. 때문에 스토아철학의 약점도 잘 알고 있었고, 결국 플라톤주의에서 배운 지식을 토대로 스토아 인식론을 정교화한다. 이 사람은 스토아철학을 처음으로 수준 높은

이론적 체계로 다듬어낸 인물이다. 크뤼시포스를 통해서 스토아철학
은 플라톤 철학, 아리스토텔레스 철학과 더불어 고대세계에 있어 세
번째의 위대한 철학체계를 형성할 수 있었다.

　스토아철학은 두 국면으로 나뉜다. 그리스적 국면과 로마적 국면
이 그것이다. 스토아철학은 그리스 국면에서 그 철학적 구도를 완성
했으며, 로마적 국면에서는 보다 현실적인 형태로 바뀐다. 공화정 말
기에 활동한 키케로와 제정 초기에 활동한 세네카가 로마적 스토아철
학의 기본 성격을 잘 보여 준다. 공화정의 이상주의를 외치면서 스토
아적 윤리학을 전개했던 키케로, 제정 시대의 비극을 극화劇化하면서
인생의 운명을 반추했던 세네카에게서 스토아철학은 '생의 기예'ars
vitae로 변모하기에 이른다. 제정 말기에 등장한 에픽테토스와 마르쿠
스 아우렐리우스의 저작들에서는 매우 강렬한 비애감悲哀感이 깃들어
있으나, 이들 역시 스토아 철학자들답게 때로는 초연한 해학과 익살
로(에픽테토스) 또 때로는 비장감 어린 굳센 의지로(마르쿠스 아우렐
리우스) 삶을 헤쳐 나가려는 모습을 보여 준다.[5]

---

5) 그리스의 스토아철학에 대해서는 다음을 보라. *The Hellenistic Philosophers*, 2 vols.,
ed. and trans. A. A. Long & D. N. Sedley, Cambridge Univ. Press, 1987, 로마 스
도아 철학사들의 관련 저작들은 여럿 번역되어 있다. 키케로에 관련해서는 안토니 에버
릿, 『로마의 전설 키케로』(김복미 옮김, 서해문집, 2003); 『키케로의 의무론』(허승일 옮김,
서광사, 1989); 『최고선악론』(김창성 옮김, 서광사, 1999); 『노년에 관하여/ 우정에 관하여』
(천병희 옮김, 숲, 2005); 『국가론』(김창성 옮김, 한길사, 2007), 『법률론』(성염 옮김, 한길사,
2007)을 보라. 세네카에 관련해서는 『산다는 것과 죽는다는 것』(장경룡 옮김, 혜원출판사,
1999); 『영혼의 치료자, 세네카』(이경직 옮김, 동녘, 2001); 『세네카 희곡선』(최현 옮김, 범
우사, 2001); 『인생이 왜 짧은가』(천병희 옮김, 숲, 2005)를 보라. 에픽테토스에 관련해서는
『불확실한 세상을 사는 확실한 지혜』(샤론 르벨 엮음, 정영목 옮김, 까치, 1999); 『신의 친구

스토아 철학자들은 이론가들이기보다는 삶의 철학자들이었다. 플라톤과 아리스토텔레스에 버금가는 장대한 체계를 세우지는 못했지만, 삶과 보다 밀착된 사유를 전개한 사람들이었다. 이들 중에는 불굴의 용기로 파란만장한 삶을 산 사람들이 많다. 이는 어떤 의미를 함축하는가? 이는 곧 사건을 어떻게 살 것인가의 문제이다. 스토아철학은 사건의 존재론이기도 하지만 또 동시에 사건의 윤리학이기도 하다.(아쉽게도 사건의 정치학은 다소 빈곤하고, 이 대목이 앞으로 우리가 발전시켜 나갈 대목이다) 스토아 철학자들은 "너 자신을 알라"고 하기보다는 "너 자신의 사건을 살아라"고 말한다. 우리 논의의 핵심은 자신의 사건을 산다는 데에 있다. 이는 '철학함'에 대한 또 다른 개념화를 함축한다.

§3. 익살의 철학

철학함의 유형들에 대해서 생각해 보자. 들뢰즈에 따르면,[6] 고대 철학의 유형에는 세 가지가 있었다고 한다. 높이/상층의 철학과 깊이/심층의 철학, 그리고 이 둘 모두에 대립하는 표면의 철학. 높이/상층을 추구하는 철학은 플라톤주의에 의해 대변되고, 깊이/심층을 추구하는 철학은 소크라테스 이전의 자연철학자들에 의해 대변된다. 그리고 표

에픽테토스와의 대화』(아리아노스 엮음, 강분석 옮김, 사람과책, 2001); 『엥케이리디온』(김재홍 옮김, 까치, 2003)을, 마르쿠스 아우렐리우스에 관련해서는 『명상록』(천병희 옮김, 숲, 2005)을 보라.

6) 들뢰즈, 『의미의 논리』, 이정우 옮김, 한길사, 1999, 19계열.

면을 추구하는 철학은 바로 스토아철학에 의해 대변된다. 들뢰즈는 스토아철학을 플라톤주의와 자연철학에 동시에 대립시켜 '표면의 사유'로서 해석한다. 이것은 곧 '철학적 정향'의 문제이다. 철학을 어떻게 할 것인가의 문제이다.

높이의 철학은 기본적으로 탈-물질적인 무엇을 추구한다. 물질적인 삶, 흙에 기반한 우리의 삶을 부정적인 것으로 보고 그 물질을 떨어 버린 무엇을 찾아가는 철학이다. 그런데 물질적인 것은 우리의 감각에 와 닿는 것이다. 그래서 물질을 떨어 버린다는 것은 우리의 감각으로부터 벗어나 비감각적인 무엇을 찾아가는 과정이기도 하다. 그래서 이 철학은 물질적이지 않은 '탈-물질적인'ideal 것을 찾는다. 조심할 것은 이때의 'ideal'을 '관념적'으로 번역해서 '의식적인 것'/'주체적인 것'과 혼동하면 안 된다. 이때의 'ideal'은 존재론적으로 비-물질적인 것을 뜻한다. 그래서 이런 맥락에서의 'idealism'을 '관념론'으로 번역하는 것은 오역이다. 1980년대에 회자되었던 "유물론과 관념론"이라는 구도는 고대 철학과 근대 철학의 차이를 묻어 버리는 구도였다고 할 수 있다. 고대의 'idealism'은 형상철학 또는 이상주의인 것이다. 형상철학이란 물질 이전의, 물질을 떨어 버린 형상을 추구하는 철학, 비-물질적인 것, 탈-물질적인 것의 철학이다.

이런 입장의 대변자는 언급했듯이 플라톤이다. 하지만 플라톤은 우리가 자주 언급했으므로 (근세에 플라톤주의를 부활시킨) 데카르트를 이야기해 보자. 데카르트의 『성찰』은 인식론적으로 회의할 수 없는 것, 확실한 것, 제1 원리를 찾아간다. 그래서 가장 의심스러운 것부터 시작해서 점차 의심의 여지가 없는 것을 찾아가는 오뒤세우스적 여정을 그리고 있다. 그렇다면 가장 의심스러운 것은 무엇인가? 바로 감각적인 것이다. 이 감각적인 것에서 출발해 점차 탈-감각적인 것을 찾아간다. 바로 이 과정이 높이/상층의 철학을 전형적으로 보여 준다. 칸트, 헤겔, 후설 등의 사유도 바로 이런 성격을 띤다. 이런 사유들의 공통점은 경험적·감각적·물질적·일상적 삶의 체험으로부터 어떻게 벗어나 탈-물질적인 것을 발견할 것인가 하는 문제의식을 가지고 있다는 것이다. 이 무엇이 곧 고대 철학에서는 형상, 본질, 실재, 신 등으로 나타났고, 근대 철학에서는 코기토, 선험적 자아, 정신Geist, 순수의식 등으로 나타났다고 할 수 있다. 이런 사유가 바로 높이/상층의 사유이다. 서구 철학사의 주류를 형성해 온 것이 바로 이 사유-계열이다.

그래서 탈-물질화의 철학은 날개를 필요로 한다. 날개를 달아야지 이 물질적인 세상으로부터 벗어나 날아 올라갈 수가 있기에 말이다. 사람에게는 항상 물질적인 세계를 벗어나 비-물질적인 경지를 찾고 싶은 욕망이 있다. 날개를 달고 싶은 욕망. 거꾸로 말하면, 이 세상은 날개를 잃어버린 세상이 되겠다. 그래서 인간은 '날개 잃은 천사'[墮落天使]로서 표상된다. 플라톤의 『파이돈』이라든가 『파이드로스』, 『향연』 등의 대화편들은 이런 생각의 원형적 이미지들을 보여 주고 있으며, 이 이미지들은 후에 기독교화되기에 이르고 또 현대에 이르러 대중문화의 이미지들로 자리 잡게 된다. 이런 유의 철학이 추구하는 신이 있다면 그는 곧 아폴론이다. 천상에서 학문과 기예를 관장하는 신, 태양의 신이다. 높이/상층을 추구하는 것은 곧 아폴론과 같이 되고 싶은 욕망이다.

이와 대비되는 깊이/심층의 철학은 곧 자연철학이다. 이 입장에 따르면, 물질적인 것이야말로 근원적인 것이다. 탈-물질적인 것은 물질적 운동의 부대효과에 불과하다. 소크라테스 이전의 자연철학자들이 대표적이고, 그후로는 에피쿠로스학파, 근세 유물론,…… 등이 등장한다. 현대에 이르면 특히 진화론의 발달이 이 자연주의에 강력한 밑받침을 제공했다. 이 자연주의 철학은 형상철학과는 반대의 방향으로 나아간다. 현실로부터 날아오르는 것이 아니라 밑으로 파 내려간다. 우리가 살고 있는 이 현실을 벗어나 탈-물질적인 것을 찾이기는 것이 아니라, 오히려 현실의 바탕이 곧 물질이라고 보고 그 심층으로 내려간다. 물질의 본성을 찾아야 현실도 이해된다고 보는 것이다. 요즈음 유행하는 생물학적 환원주의는 이런 생각의 현대적 버전이라고 할 수 있다.

지금 우리가 수업을 하고 있다. 이것은 지금의 현실이다. 높이/상층의 철학은 이 강의에 관련되는 물질적 요소들을 떨어 버리려 한다. 이 교실을 이루는 재료들, 우리의 살과 피와 뼈, 내 입에서 나오는 음파,…… 등을 솎아내고, 이 강의를 어떤 탈-물질적인 본질을 통해 이해한다. 그래서 우리의 지금 행위는 '강의'라는 이데아를 통해서 이해된다. 물질적인 요소들은 부차적이다. 자연주의 철학은 이와 반대이다. 지금 벌어지고 있는 이 강의라는 사건은 이 교실, 여러분과 나를 이루고 있는 물질들의 운동의 결과인 것이다. 그리고 탈-물질적인 것들은 물질적인 것들에서 파생되는 부대효과일 뿐이다.

그래서 이 사람들에게는 날개가 아니라 망치가 필요하다. 망치로 땅을 파는 것이다. 사물들의 심층을 파내어 거기에서 물질을 발견한다. 사실인지 모르지만, 엠페도클레스는 화산의 분화구로 뛰어내려

생을 장엄하게 마감했다는 이야기가 있다(횔덜린은 이 사건을 시로 형상화한 바 있다). 이 사건은 자연주의 철학의 성격을 잘 드러낸 일화로서 해석된다. 이 자연주의 철학은 아폴론의 철학이 아니라 디오뉘소스의 철학이다. 디오뉘소스 축제는 잘 알려져 있다. 광란의 축제인 디오뉘소스 축제의 절정은 바로 '카니발' 즉 식인食人 축제이다. 그리스 역사를 보면 '광란의 여인들'이 나온다. 그 여인들은 아이들을 도망가게 만들어서는 쫓아가서 산 채로 뜯어먹는다. 우리에게는 극히 잔혹하게 생각되지만, 이 사람들은 식인이 결국 먹는 사람의 질료와 먹히는 사람의 질료가 섞이는 것일 뿐이라고 본 것이다. 이런 이유로 이들은 근친상간이라든가 식인축제라든가 현대인이 물리적으로 금기시하는 일들을 자행했다고 볼 수 있다. 물론 이는 매우 극단적인 경우가 되겠지만, 자연주의 철학(현대식으로 말해 자연과학적 환원주의)에서는 의미라든가 가치 등은 폄하된다고 할 수 있다. 결국 물질적 운동의 부대효과일 뿐이기 때문이다. 결국 탈-물질화의 철학은 물질적인 현실을 벗어나 '정신적 삶'을 누리려는 철학이고, 반대로 자연주의 철학은 현실을 지배하는 가치들을 부정하고 물질의 운동을 궁극적인 것으로 보는 입장이다.

이 입장들에 비해 들뢰즈는 스토아철학을 우리가 살고 있는 이 표면, 삶의 표면, 현실을 중시하는 철학으로 해석한다. 일반적인 철학사에서는 흔히 스토아철학을 유물론, 더 정확히는 자연주의 철학으로 이해한다. 그러나 들뢰즈는 스토아철학에서 자연주의만이 아니라 그것을 넘어서는 측면도 함께 읽어낸다. 즉, 자연주의적인 심층만이 아니라 표층을 즉 '사건의 철학'을 읽어낸다. 그렇다면 스토아철학의 현실의 철학, 표면의 철학은 무엇인가? 우리가 살고 있는 현세계現世界는 물질적 차원으로 환원되는 세계도 아니고(왜냐하면 우리의 세계는 물질의 세계가 아니라 정신, 의미, 가치, 역사, 문화,……의 세계이기에), 또 탈-물질적인 세계도 아니다(우리 모두는 신체를 가지고서 살아가기에). 굳이 말한다면, 물질적 차원과 탈-물질적 차원이 맞닿아 있는 차원이다. 이를 더 분명히 말한다면, 우리가 살아가고 있는 현세계는 바로 **사건들로** 기득 친 세계라는 것이다. 우리의 삶은 물실보노 관념으로도 환원시킬 수 없는 세계, 바로 사건들로 채워져 있는 세계이다.

우리 수업을 플라톤 식으로 생각하면 수업의 형상이 존재하고(물론 이 형상은 다른 수많은 형상들과의 '결합'=koinônia으로 되어 있다) 지금 이 사건은 그 수업의 형상이 우리의 몸과 집기들 등에 '구현'되어 있는 것이다. 반대로 자연주의 철학에 입각할 경우, 여기에서 벌어지는 사건들은 물질적 운동들(우리 뇌, 신체의 운동, 집기의 물리적 운동 등)의 부대효과일 뿐이다. 단적인 유물론에 입각할 경우, 강의의 내용조차도 내 몸의 세포, 입에서 나오는 음파, 여러분의 귀 등이 엮어내는 결과일 뿐이다. 물론 스토아학파도 기본적으로는 이런 자연주의적 입장을 취한다. 그러나 들뢰즈는 자연주의/유물론이 스토아학파의 전부가 아니라고 본다. 표면의 차원을 그 자체로서 고려하는 측면을 담고 있다는 것이다. 이렇게 볼 경우, 지금 수업이라는 이 사건은 어떤 형상을 구현하고 있는 것도 아니고 물질적 운동들의 결과인 것만도 아니다. 우리는 이 사건을 사건 그 자체로서 이해해야 하는 것이다. 상층으로 올라가거나 심층으로 파 내려가는 것이 아니라 지금 이 대지 위에서, 현실 위에서 사유해야 하는 것이다.

그렇다면 수업이라는 사건을 자체로서 고려한다는 것은 무엇을 뜻할까? 그것은 이 사건이 단지 현상의 반대편에 있는 시뮬라크르 즉 헛된 것도 아니고 또 단지 물질적 운동의 부대효과이기만 한 것도 아니라는 것을 뜻한다. 이 사건은 그 자체로서 하나의 의미(잠재적 의미)이다. 다시 말해 사건과 의미는 동시에 성립한다. 그리고 이 사건/의미는 초월적인 것의 '구현'도 물질적인 것의 '부대효과'도 아닌, 사건들/의미들의 장場이라는 별도의 어떤 장에서 특정한 자리/위치를 점하는 존재인 것이다. 그리고 한 사건/의미는 이 장을 구성하는 계열들의 논리에 따라 구체화된다고 할 수 있다. 우리는 사건들/의미들이 복잡하게 계열화된 이 면面——유기적인 전체가 아니라 개별적인 계열들이 얼기설기 모여 형성하는 '디아그람'으로서의 장('다이어그램'이 아니다. '다이어그램'은 매끈하게 정리된 면이기에)——에서 사유해야 하는 것이다.

이 표면은 '면'이라는 말 자체가 함축하듯이 하나의 '장'이다. 하나의 구조이다. 사건들·의미들이 다양한 방식으로 계열화되고, 또 때로는 그 계열화를 둘러싸고 욕망과 권력의 드라마가 펼쳐지는 장이다. 면의 철학이란 바로 이 장을 사유하려는 철학을 말한다. 앞에서 현대 철학은 사건과 구조를 동시에 사유한다고, 즉 사건을 사유하되 장 안에서 사유하고 장을 사유하되 (정적 구조가 아니라) 사건들로 가득 찬 장을 사유한다고 했거니와, 이 대목에서 이 점이 보다 분명해진 것을 알 수 있다. 이는 곧 베르그송과 구조주의를 통합하는 작업이라고도 할 수 있으며, 스토아철학은 그 한 촉매재가 된다고 볼 수 있다.

상승의 철학에 날개가 필요하고 하강의 철학에 망치가 필요하다면, 이 현실의 철학에는 무엇이 필요할까? 방망이가 필요하다. 그래서 스토아학파의 강의에서는 제자가 "스승이시여, 도덕이란 무엇입니까?" 하고 플라톤적으로 물어보면, 스승이 방망이를 들고 있다가 제자를 탁 친다. 그러면 제자는 "아차! 내가 잘못 물어봤구나!" 하고 깨닫게 된다. 방망이로 치는 것은 그 자체가 하나의 사건이다. 제자의 계열화를 순간적으로 단절시키고 사유의 불꽃을 일으켜 새로운 계열화를 찾아가도록 만드는 사건인 것이다. 기차를 전철轉轍시키는 것과도 같다. 방망이는 위로 날아가기 위한 날개나 아래로 파 내려가기 위한 망치에 대비된다. 그것은 표면을 가로지르다가 굴절하고 또다시 가로지르면서 이정표들을 새긴다. 사건을 통한 순간적인 깨달음이다. 그리고 스토아학파의 신은 아폴론이나 디오뉘소스가 아니라 헤라클레스이다. 헤라클레스는 천상의 아폴론도 아니고 지하의 디오뉘소스도 아니다. 천상에 갔다가도 다시 내려오고 지하에 내려갔다가도 다시 올라온다. 삶 속에 스며든 영웅이다.

그리고 스토아학파는 정신적 삶을 추구하는 철학도, 또 삶을 물질적 운동으로 환원시키는 철학도 아니다. 그것은 삶의 표면에서 끊임없이 '일탈'을 추구하는 철학이다. 이 일탈이란 다름 아니라 지난 강의에서 논의했던 역설과 무의미를 뜻한다. 내가 즐겨 쓰는 말로는 '가로지르기'이다. 일탈, 역설, 무의미, 가로지르기, 그리고 무위, 탈주,…… 이 모두가 사실은 유사한 생각을 표현하고 있다. 올라거거나 내려가기보다는 현실의 면面 위에서 계속 움직이는 사유와 삶, 즉 격자화된 세계, 삶의 코드들, 진부한 계열화들을 극복하고 생명과 창조의 사유와 삶을 추구하는 것을 뜻한다.

지금까지 한 이야기를 이제 언어적인 맥락에서 다시 한번 짚어
보자. 플라톤주의는 언어를 끊임없이 추상화시키는 작업이다. 말하자
면 언어 속에 묻어 있는 피와 땀을 털어내고 순수 본질을 포착하는 언
어로서 추상화시키는 작업이다. 피와 땀을 닦아내고 표백시키는 작업
이다. 철수나 영희가 아니라 인간을, 뽀삐, 멍멍이, 바둑이가 아니라 개
를 찾는 언어이다. 또 인간이 아니라 동물, 동물이 아니라 유기체,……
이런 식으로 삶에 밀착해 있는 언어로부터 보다 추상적인 언어로 옮
겨 간다. 이것을 이전에 논했던 의미론에 비추어 보면 어떤 작용에 해
당할까? 플라톤주의는 기호작용을 통해 추상 개념을 실체화하는 작
업이다. 물질적 차원에서 '구-체-화'具-體-化되어 있는 것들로부터
조금씩 순수 개념들로 상승하는 사유이다. 이것은 집합론과도 관련된
다. 뽀삐, 멍멍이, 바둑이,……는 '개의 집합'이다. 그리고 이 집합의 본
질은 곧 개의 형상이다. 달리 말해, 개의 형상에 입각해 '개의 집합'이
라는 개념이 성립한다. 집합론의 창시자인 칸토어가 열성적인 플라톤
주의자였던 것은 당연한 것이라 해야 할 것이다.[7]

반면에 자연철학적인 입장에서는 탈-물질적인 의미란 없다. 있
어도 물질적 운동의 부대효과일 뿐이다. 예컨대 우리의 생각의 의미
도 뇌의 작용의 결과이고 우리의 감정의 의미도 호르몬작용의 결과
일 뿐이다. 한 사람이 타인에게 하는 말도 자연주의적 시각에서 보면

---

7) 플라톤주의를 집합론과 연계시켜 논하고 있는 대표적인 인물은 알랭 바디우이다. 다음을
보라. Alain Badiou, *L'Être et l'Événement*, Seuil, 1988. 베르그송주의자인 들뢰즈와
플라톤주의자인 바디우를 비교하는 것은 우리 시대 존재론의 흥미로운 주제이다. 또 이
것은 '서구 존재론사'에 대한 소은 박홍규의 빼어난 작업을 잇는 것이기도 하다.

궁극적으로는 음파이다. 말하는 사람의 입에서 나와 듣는 사람의 귀에 들어가는 음파이다. 그런데 말하는 사람의 말의 의미가 과연 음파로 환원될 수 있을까? 그렇지는 않다. 상당히 무리한 생각이다. 플라톤적 언어가 기호작용에 입각한 추상화라면 자연철학적 언어는 모든 의미를 물질적 차원으로 환원시키는 지시작용적 언어이다(더 정확히 말해 지시의 거리 자체가 사라지고 언어가 물질로 흡수되어 버리는 경우이다). 둘 모두 의미의 본성을 파악하는 데 무리가 있다(현시작용은 근대적 맥락에서의 논의이기 때문에 생략한다).

그런데 스토아학파가 추구하는 언어는 바로 이 지상地上에서 사건과 더불어 태어나는 언어이다. 물질로 내려가기보다는(언어적 차원을 물리적 차원으로 환원시키기보다는) 물질의 표면에서 발생하는 사건/의미를 (말하자면 떠내어) 포착하는 언어, 하늘로 올라가기보다는(개별적 언어들을 보편언어로 추상해 가기보다는) 삶의 현장에서 발생하는 사건/의미(경험에 접지接地된 언어)를 추구하는 것이 스토아적 의미론이다.

들뢰즈는 이렇게 세 종류의 철학적 정향을 논하고 있다. 그런데 문제를 이렇게 달리 생각해 볼 수도 있을 듯하다. 높이의 추구와 깊이의 추구가 따로 존재하는 것이 아니다. 왜냐하면 물질을 움직이는 이법 자체는 물질적인 것이 아니기 때문이다. 거꾸로 말하면, 탈-물질적인 존재는 물질을 관통해서만 우리에게 드러날 수 있다. 물질을 움직이는 법칙은 비-물질적인 존재이다. 자연과학이 발달하면 할수록 역설적으로 그것은 점점 탈-물질화된다. 물질을 깊이 파 들어갈수록 우리가 상식적으로 생각하는 물질 즉 책상, 빵, 나무,…… 같은 덩어리들이 아니라 탈-물질적인 무엇이 발견된다. 현대의 자연과학 서적들은 텐서방정식, 미분방정식,…… 등으로 차 있다. 그리고 극미의 입자들은 우리가 흔히 사용하는 감각적 성질들을 서술하는 언어로는 서술 불가능한 무엇으로서 드러난다. 반대로 높이의 철학에서 말하는 존재들은 늘 물질에 구현됨으로써만 우리에게 드러나고, 또 역으로 말해 우리는 늘 물질을 관통해 들어감으로써만 이 존재들을 발견할 수 있는 것이다. 스토아학파에서 불이 곧 로고스로 파악되는 것도 이런 맥락에서 이해할 수 있다.

우리 식으로 말하면, 기의 차원과 리의 차원을 분리해 생각할 수 없다는 것이다. 기 일원론은 궁극적으로 존재하는 것은 기밖에 없다고 생각한다. 위에서 논했던 정향으로 생각하면 자연주의에 해당한다. 그렇지만 만약 기만 존재한다면, 그 기의 운동법칙, 조직화 원리는 어떻게 이해해야 하는가? 이런 문제가 생긴다. 일원론을 고수한다면 이법이 기 안에 이미 들어 있다고 말해야 할 것이다. 이런 생각은 매력적인 생각이지만 종종 무리가 따른다. 역으로 리만을 말해서는 지금 우리가 사는 이 세계와 리의 개념이 직접적으로 연계가 되지 않는다. 그래서 기를 끌어들일 수밖에 없다.

그래서 차라리 우리는 높이와 깊이를 **동시**에 함축하는 '보이지 않는 것'과 우리의 현실 즉 '보이는 것' 사이에서 취하는 태도들에 따라 철학적 정향들을 논해야 할 것이다. 높이, 깊이, 표면의 구분보다는 보이지 않는 것과 보이는 것의 구분이 있고(높이와 깊이는 이 보이지 않는 차원을 더 분절해서 설명할 때의 구분일 것이다), 이 이분법의 구체적 형태에 여러 종류가 있는 것이다. 사유의 역사란 결국 보이는 것과 보이지 않는 것의 역사이다.

상층과 심층의 구분은 이론적인 차원에서만이 아니라 삶의 태도에 있어서 특히 중요하다. 삶의 유형에 있어 구분할 수 있는 것이다. 우선 물질적인 것들을 혐오하는 유형이다. 먹고 마시는 것, 신체적 관계, 남-녀 사이의 성행위,…… 등과 같은 물질적인 것, 쾌락적인 것을 멀리하고 탈-물질적인 것을 추구하는 인간형이다. 반대로 물질적인 인간에게는 먹고 마시고, 해변에 가서 춤추고, 성적 쾌락을 추구하는 등이야말로 어디까지나 육체적 존재로서의 인간이 느낄 수 있는 행복이다. 이는 신체적 쾌락을 추구하는 인간형이다. 전자의 인간이 신체를 혐오하고 배타적으로 정신적 가치를 추구한다면, 후자의 인간은 몸에다가 최상의 가치를 부여하며 정신적 가치를 부정한다. 두 유형 모두 일종의 환원주의자들이며 또 인간의 어느 반쪽 측면을 배타적으로 선호하는 유형이다.

그렇다면 스토아적인 삶, 현실의 삶이란 무엇을 말할까? 현실에서 벗어나 탈-물질적 경지를 추구하는 것도 아니고 물질적 삶에 경도되는 것도 아닌, 바로 우리 삶에서 발생하는 사건들과 더불어 사는 사람, 사건들의 의미와 더불어 사는 사람이다. 자신의 사건을 사는 것이 핵심이다. 중요한 것은 올라가는 것도 내려가는 것도 아니다. 현실의 면 위에서 계열화하고, 때로 다른 계열로 갈아타고, 때로는 다른 계열과 합일하고,…… 하면서 사건들의 선線을 살아가는 것이다. 사건과 더불어, 의미와 더불어 사는 것이 바로 (천상이나 지하가 아닌) 지상의 삶, 스토아적 삶이다.

세 유형의 철학함은 이런 실천적인 맥락에서 이해될 수 있을 것이다. 그래서 들뢰즈는 철학함에 있어 소크라테스적 에이로네이아(아이러니)와 스토아적 익살을 대비시킨다. 소크라테스적 에이로네이아가 '무지의 지'를 토대로 해서 본질의 세계로 상승해 가는 기법이라면(하지만 플라톤화된 소크라테스와 역사적 소크라테스는 구분해야 할 것이다), 스토아적 익살은 방망이와 더불어 사건/의미의 운동을 만들어 나가는 기법이다. 스토아적 사유는 바로 이 익살의 사유이다.

§4. 선(禪) 입문

이제 스토아철학, 후기구조주의의 논의들을 선불교와 연계시켜 이해해 볼 필요가 있다. 여기에서는 그 몇몇 단초들만 잡아내 보자.

우선 구분해야 할 것은 실재론적 경향의 불교(특히 아비달마불교)와 선불교이다. 이 구분은 앞에서 'métaphysique'와 'phantasma-physique'를 구분했던 것과 관련된다.

불교(초기 불교)는 기본적으로 나[我]를 식識의 응어리[執]로 본다.[8] 그래서 아집我執이라는 말은 윤리학적 개념 이전에 존재론적 개념이다. 앞에서 사건의 존재론을 요약할 때 개체와 인칭보다 객관적인 선험의 장이 먼저 존재하고, 개체와 인칭은 그 객관적 선험의 장이

---

8) 잘 알려져 있듯이, 아비달마불교는 오온(五蘊), 십이처(十二處), 십팔계(十八界) 등의 분석을 통해서 제법분별(諸法分別)을 설함으로써 원자론적 방식(말하자면 경험주의적 원자론)으로 자아를 해체한다(바수반두, 『아비달마구사론』, 권오민 역주, 동국역경원, 2002). 오온은 색(色), 수(受), 상(想), 행(行), 식(識)이며, (대략적인 상응일 뿐이지만) 색은 대상에, 식은 주체에, 그리고 수, 상, 행은 그 사이의 지각, 인식, 행동/행위에 해당한다. 다섯 가지가 경험을 구성하는 요소들이며, 여기에서는 일단 식으로 대변했다.

일정한 방식으로 마름질될 때 형성되는 것이라고 했다. 이런 입장은 그 기본 정향에 있어 불교와 맥락을 같이한다. 개체의 실체성을 부정한다는 점에서 그렇다. '식'識을 라이프니츠 식으로 말하면 무엇에 해당할까? 바로 사건들의 집합에 해당한다. 라이프니츠의 용어에 충실하게는, 사건들의 집합보다는 빈위들attributs의 집합에 해당한다고 할 수 있다(사건은 현대적인 해석이고 라이프니츠는 아직 '주어-술어' 구조를 탈피하지 못했다). 물론 늘 그렇듯이, 구체적인 비교에 들어가면 식과 빈위들의 집합을 그렇게 쉽게 동일시하기는 힘들다. 그러나 상응시켜 볼 가치는 있을 듯하다.[9] 라이프니츠에서도 빈위들은 개체 이전에 존재하는 것들이다.

그렇다면 우리가 아집을 버리고 무아無我의 길로 간다는 것은 라이프니츠 식으로 무엇을 말할까? 해탈解脫이라는 말에서, 해解는 푸는 것을 뜻한다. 해탈이란 풀어 버림으로써 벗어나는 것이다. 나를 이루고 있는 '식'들의 '집'을 다 풀어헤치면 나는 존재하지 않는다. 그렇게 함으로써 내가 나 스스로에 대해 가지는 집착으로부터 벗어날 수 있

---

9) 말할 필요도 없이 라이프니츠와 불교——여기에서는 주로 아비달마불교(와 유식학)를 염두에 두고 있다——의 핵심적인 차이는 라이프니츠의 빈위들이 신의 오성 속에서 마치 플라톤의 이데아들처럼 존재하는 데 비해 불교에서의 법들(이나 식들)은 경험의 과정을 분석함으로써 얻어진 것들이라는 점에 있다. 나아가 (논쟁의 여지가 많지만) 라이프니츠의 실재론적 사유와 불교의 유심론적 사유 사이에도 메우기 어려운 간극이 있다. 그러나 제법실유(諸法實有)나 유식무경(唯識無境)을 논하는 아비달마나 유식의 경우와 하나의 모나드를 빈위들의 집합으로 보는 라이프니츠 사이에는 적지 않은 비교 가능성이 존재한다. 나아가 일정한 비약이 개입하기는 하지만 오늘날 "비트" 개념을 기초로 하는 컴퓨터 문명과의 비교도 흥미로운 주제가 될 것이다. 일차적으로는 법, 식, 빈위들, 사건들, 비트들 등의 존재론적 위상을 해명해야 할 것이다.

다. 라이프니츠 식으로 말해, 이 해탈이란 바로 나를 구성하고 있는 빈위들을 특이성들의 차원으로 돌려보내는 것이다.[10] '나'라고 하는 계열화의 상대성과 일시성을 깨닫고 오히려 특이성들의 차원과 합일하는 것이다.

여기에서 어려운 문제가 발생한다. 특이성들의 차원에서 다시 조직화되어 개체가 생겨날 때, 지금의 나를 이루고 있는 이 계열화가 반복되어 나타날지 아니면 이 계열화는 유일하고 일회적인 것인지 하는 문제이다. 이것은 불교에서는 '윤회'輪廻의 문제로 나타나며, 니체-들뢰즈에게서는 영원회귀론으로 나타난다. 매우 형이상학적인 문제이다.

어쨌든 불교는 우리 현실을 구성하는 빈위들의 계열화를 실체화하려는 경향과 우리가 각종 계열화에 부여하는 선악, 미추, 쾌/불쾌 등의 가치체계를 벗어나려고 한다. 아공법유我空法有의 입장을 취하던 아비달마불교가 붓다의 본지를 벗어났다고 본 대승불교는 이제 아공법

---

10) 그러나 이 돌려보내는 곳은 궁극적으로 다르다. 유신론적인 라이프니츠와 무신론적인 (붓다는 막칼리 고살라나 자이나교의 숙명론, 유물론자들의 우발론과 더불어 창조론도 비판한 바 있다. 『중아함 도경』/『증지부 니까야』, III, 61을 보라) 불교는 다른 길을 간다. 라이프니츠에서 특이성들의 하늘은 결국 신의 오성이기 때문이다. 또 하나, ("我空法有"를 거친 이후의) 불교에서 객관세계의 성격은 공(空)으로서 제시되고 논의의 초점은 내면의 연기(緣起)에 맞추어지지만(더 정확히 말해, 내면이 연기를 통해 해체되지만) 라이프니츠의 빈위들은 그 자체로서 존재하고 또 모나드로 계열화되기 전에는 정적(靜的)으로 존재한다. 또 식과 빈위가 개체 이전에 존재하는 존재소(存在素)들이라는 공통점이 있으나, 라이프니츠에서 일정한 빈위들의 집합체(=모나드)가 '완전개념'으로서의 본질을 가지는 실체인 반면 불교에서의 식들은 연기의 운동 속에서 자성(自性)을 가지지 않는 비실체들이다.

공我空法空으로 나아간다. 이는 '일체개공'一切皆空의 입장이다. 그러나 공空은 절대무를 뜻하지 않는다. 그것은 "néant"이 아니라 "rien"이라고 할 수 있다. 특이성들의 존재 자체를 부정하는 것이 아니라 그 특정한 계열화를 실체화하는 것, 그리고 각 계열화에 수많은 인간적 가치판단들을 부여하는 것을 부정하는 것이다. 결국 '공'은 없음을 뜻하는 것이 아니라 아무-것도-아님을 뜻한다. 여기에서 아무-것도-아님은 한편으로 개체의 실체성을 부정하는 존재론적 맥락을 띠고, 다른 한편으로 그런 실체성에 집착하는 마음을 미망迷妄으로 보는 가치론적 맥락을 띤다.[11]

그러나 불교는 자연주의는 아니다. 왜냐하면 궁극적인 것이 물질은 아니기 때문이다. 법, 식은 물질과 다르다. 물질은 유식불교 식으로 말해 '식'이 어떤 물질적인 것으로 오해된 것이다. 진정한 존재들은 우리가 살고 있는 이 물질의 시간을 지배하는 크로노스의 시간에 있지 않다. 아이온의 시간(11강)에 있는 것이다. 이 아이온의 차원으로 해탈해 들어가려는 것이 불교이다. 그러나 공사상空思想에 이르면 이제 이 특이성들의 하늘까지도 해체되기에 이른다.

인도불교의 이런 흐름과 다른 또 하나의 길을 마련한 것이 선불교이다. 선불교는 인도의 불교처럼 사변적 존재론으로 치닫는 사유가 아니다. 의미론으로 말하면, 선불교는 기표작용을 추구하지 않는다. 선불교는 언어라는 존재를 '갈등'葛藤 즉 칡넝쿨이라고 부른다. 말이라

---

11) 반야사상(동국역경원 역경위원회 엮음, 『대반야바라밀다경』, 동국역경원, 1987)과 중론(나가르주나, 『중론』, 박인성 옮김, 주민출판사, 2001)이 대표적이다.

는 것은 끝없이 얽히는 것이고, 그래서 우리가 철학 공부를 하다 보면 칡넝쿨에 얽히는 경우가 많다. 논리가 자꾸 얽히고설키고 해서 어느 순간에는 절망적인 상황에 부딪힌다. 그럴 때면 이 모든 논리적 칡넝쿨을 태워 버리고 언어가 아닌 어떤 방식으로 해결하고픈 욕망을 느낀다. 선불교는 이렇게 언어를 초월한 깨달음을 추구한다(그러나 '갈등'葛藤이라는 말은 때로는 방편으로서의 언어, 나아가 '공안'公案을 지칭하기도 한다. 이럴 경우에는 단적으로 파기해야 할 것이 아니라 깨달음으로 나아가는 과정에서 사용할 수밖에 없는 것이라는 보다 긍정적인 뉘앙스를 띠게 된다).

인도의 불교는 극히 복잡한 사유체계이다. 인도만큼 논리학이나 인식론이 발달한 문화는 찾아보기 힘들다. 인도어 자체가(매우 많은 언어들이 존재하지만) 분석적이고 조합적인 언어이다. 산스크리트어는 수학적인 면이 있는 언어이다. 수학적인 언어에서 분석적인 사유가 탄생한다. 인도에 유명한 수학자들이 많은 것도 이 점과 무관하지 않을 것이다. 그래서 인도인들의 사유체계는 서구 철학에 비교될 정도로 매우 정교하다. 그러나 선불교는 그런 복잡하고 분석적인 인식을 구축하지 않는다. 존재론을 추구하기보다는 삶 그 자체의 현장에서 깨달음을 얻으려 한다.[12] 기표작용을 통해서 이루어지는 논리적인 분석은 갈등에 불과하다. 그래서 선불교는 모든 칡넝쿨을 불에 태워 버리고 스토아학파처럼 생활 속에서의 깨달음을 추구한다. 그래서 선은 서구적-인도적 합리주의보다는 동북아적 직관주의에 훨씬 어울리며, 그렇기 때문에 동북아에서 태어났다고도 할 수 있다.

선불교는 "불립문자"不立文字의 입장을 취한다. 언어를 넘어선 깨달음을 추구한다. 언어를 사용하는 경우에도 매우 함축적인 화두話頭, 공안公案 등을 사용하며, 간결하고 철학적인 시詩를 사용한다. 그래서 주옥 같은 게송偈頌들이 많이 남아 있다. 선의 역사에는 원칙적으로 경전이라는 것이 없다. 선의 역사에서 내려오는 것은 경전이 아니라 '이야기'이다. 『벽암록』碧巖錄이나 『무문관』無門關을 비롯해 선승禪僧들의 삶을 생생하게 그린 이야기들이 내려온다. 이런 책들에 등장하는 선문답禪問答은 소크라테스적 이야기가 아니라 스토아적 익살을 보여준다. 개별적인 경우들에서 출발해 점차 보편적이고 영원한 것으로 상승하는 것이 아니라, 사건들(여기에서는 사유 차원에서의 사건들도 포함된다)의 계열화에 역설과 무의미를 도입함으로써 새로운 깨달음으로 가는 길을 여는 것이다.

플라톤의 대화편들을 보면 소크라테스는 예컨대 "정의란 무엇인가?" 또 "용기란 무엇인가?", "아름다움이란 무엇인가?" 등의 물음을 던진다. 그러면 대화 상대자는 예컨대 "정의는 빌린 물건을 돌려주는 것이다", "용기는 싸움터에서 도망치지 않는 것이다", "아름다움이

---

12) 조심할 것은 반야사상 이후 인도의 철학은 실재론적 경향의 힌두교와 생기론적 경향의 불교가 줄곧 대결을 벌이면서 천 년의 세월을 이어 가게 된다는 점이다. 인도 불교가 반드시 분석적이기만 한 것은 아니다. 그러나 생기론 자체도 분석적 사유를 매개로 성립한다는 점에서(『중론』을 생각해 보라) 이런 특성화가 가능하다. 그리고 또 한편, 선불교적인 방식도 중국에서 상당 기간 존재론적 연구가 진행된 이후에 나왔다는 사실이다. 천태종과 화엄종을 비롯한 각종 교(敎)를 거치고서야 선(禪)이 등장할 수 있었다. 선불교적 태도는 이론적인 탐구의 끝에서 나타난 것이지 처음부터 등장한 것은 아니다. 분석적 사유의 초월은 **분석적 사유의 끝에서만** 가능하다. 분석적 사유 자체가 전제되지 않은 상태에서 분석을 초월하는 사유를 말할 때, (한국 사회 도처에서 볼 수 있는) 온갖 형태의 사이비 담론들과 행위들이 쏟아져 나오게 된다.

란 유용한 것이다" 등등으로 대답한다. 그러면 소크라테스는 "내가 물어본 것은 용기 하나하나의 예가 아니라 용기 자체라네" 하고 답한다. 소크라테스는 무지를 가장함으로써 상대방으로 하여금 깨닫게 만든다. 그것이 소크라테스의 아이러니('에이로네이아')이다. 소크라테스는 이 아이러니를 통해 차츰 형상의 차원으로 올라간다(물론 이것은 플라톤이 재구성한 소크라테스의 모습이다. 소크라테스 자신은 플라톤에 비해 덜 형이상학적이며 더 윤리적이다. 그리고 절대적 인식에 대해 진정으로 회의했을지도 모른다). 하지만 선불교는 이와 달리 진행된다. 제자가 그런 식으로 갈 경우 선의 스승은 스토아학파에서처럼 그를 방망이로 때린다. 이것을 방棒이라고 한다(방은 특히 덕산선감德山宣鑑의 이름과 결부되어 있다). 선불교와 스토아철학은 방망이와 익살의 철학인 것이다.

당말唐末에 임제의현臨濟義玄이라는 사람이 있었다. 임제의현은 "부처를 만나면 부처를 죽여라"[奉佛殺佛]고 했다 한다. 이미 코드화되어 있는 관점에서 본다면 놀라운 말이라 하겠다. 또 "당신이 무위진인無位眞人이라는 말을 자주 하는데, 무위진인이란 도대체 무엇입니까?"라 묻자 "말라비틀어진 똥덩어리(똥막대기)"[乾屎]라고 말했다. 스토아적 익살의 대표적인 예이다.

임제의현이 처음 대오大悟했을 때의 유명한 이야기를 한번 보자.[13] 임제는 황벽희운黃蘗希運 아래에서 3년 동안 조용히 도를 닦고 있었는데, 어느 날 선배 선승이 "자네 스승님께 가서 도대체 불법의 대

---

13) 『임제어록』(정성본 역주, 한국선문화연구원, 2003), 307쪽 이하를 참조.

의가 무엇인지 한번 물어보지 않겠나?" 하고 떠보았다. 임제가 황벽 스님께 가서 여쭤 보았으나 황벽은 그를 몽둥이로 한 대 후려칠 뿐이었다. 그런데도 선배 선승은 다시 부추겼고, 임제는 또다시 갔다가 얻어맞기만 했다. 결국 이런 과정이 세 번이나 되풀이되자[三度發問 三度被打], 임제는 화가 나서 황벽을 떠나려고 한다. 그러나 선배 선승은 평소 임제의 재능을 눈여겨보았기에 그리한 것이고, 황벽 스님께도 그렇게 귀띔해 놓는다.

인사하러 온 임제에게 황벽은 그냥 떠나지 말고 고안대우高安大愚라는 분을 한번 만나보라고 그를 보낸다. 임제는 대우 스님을 찾아가 자초지종을 말했고, 그러자 고안대우는 이렇게 임제를 깨우친다. "황벽은 할머니가 손자 돌보는 심정으로[老婆(心)] 자네를 깨우치려 했는데, 그래 자네는 나에게 와서 잘못이 있느니 없느니 하고 따지느냐?" 이때 임제는 크게 깨달았다[大悟]. 그리고 이렇게 중얼거렸다. "아! 원래 황벽의 불법에는 구질구질한 구석이 없었다[無多子]." 그러자 고안대우는 "야, 이 오줌싸개 녀석아! 조금 전에는 잘못이 있니 없니 따지더니 이제 뭐라고? 황벽이 어째? 네가 지금 뭘 깨달았다고 까부느냐? 한번 말해 봐! 빨리 말해 보라니까!" 하고 윽박질렀다. 그러자 임제는 고안대우의 갈비뼈를 세 번이나 후려쳤다. 그래서 대우는 "아이고! 네놈의 스승은 황벽이다. 내가 아니다!" 하고 외쳤고, 임제는 황벽에게 돌아오게 된다.

돌아온 임제에게 황벽은 말한다. "네 놈은 왜 쓸데없이 오락가락하고 있느냐? 언제까지 그러고 있을 거냐?" 임제는 이 말에 "오로지 손자 돌보는 할머니 같은 스승님의 따스한 손길이 그리울 뿐입니다"

라고 답한다. 임제가 고안대우와의 일을 고하자 황벽은 말한다. "그 늙은이, 언제 한번 데려와서 한방 먹여야겠군!" 그러자 임제는 "뭐 그럴 것 있습니까, 지금 바로 먹이지요!" 하면서 손바닥을 쳤다. 이를 보고 황벽은 "이 미친놈이 호랑이 수염을 당기는구나!" 하며 외쳤고, 그에 임제는 큰 고함을 쳤다. 훗날 임제의 장기로 알려지게 되는 그 유명한 '임제할'臨濟喝이다.

이 이야기에는 선불교 특유의 분위기가 모두 들어 있다. 진리를 갈구하는 선사들의 기행, 스승과 제자의 인간적인 사랑, 갑작스럽게 찾아오는 섬광과도 같은 깨달음, 쉽게 이해되지 않는 화두, 선문답, 공안, 갑자기 한 대 얻어맞는 듯한 익살 같은 것들이다.

이렇게 선불교의 역사는 경전들의 복잡한 논리체계의 역사가 아니라 살아 있는 인간들의 생생한 체험의 역사, 익살과 일탈의 역사이다. 그래서 선불교에서 이어져 내려온 것은 경전이 아니라 마음의 불빛이다. '전등록'傳燈錄인 것이다. 한 외로운 개인의 처절한 깨달음의 역사, "고독한 빛"solitary light의 역사이다.[14]

＊ ＊ ＊

Q 마음[心]과 기氣와 물질matière의 관계는 어떻게 생각해야 합니까?

A 상이한 철학 전통의 개념들을 비교하는 것은 상당히 어렵고 그래서 여러 각도에서 이야기할 수 있습니다. 만약 유물론적인 입장을 취한다

---

14) 존 C. H. 우, 『선의 황금시대』, 김연수 옮김, 한문화, 2006.

면, 마음이란 내 몸을 구성하고 있는 입자와 본성상 다를 바 없는 일종의 입자예요. 다만 마음을 구성하는 입자들에 다른 점이 있다면, 다른 입자들보다 극히 미세하다는 점이죠. 스토아학파나 에피쿠로스학파의 생각이 그렇죠. 동북아 전통의 경우, 기 일원론이 이에 해당합니다. 이 경우 모든 것은 기로서 이해되고, 마음의 기와 다른 종류의 기들의 차이는 기에서의 청탁淸濁을 가지고서 설명됩니다. 이런 경우들에서는 마음과 몸이 단지 다른 종류의 물질/기로 되어 있을 뿐, 근본 차이는 없습니다.

반면 유물론적 입장을 취하지 않을 경우, 몸과 마음은 질적으로 다른 존재로 이해됩니다. 극단적인 형태는 플라톤에게서 볼 수 있죠. 플라톤에 따르면, 인간의 영혼은 이데아의 차원에 있었는데 몸으로 추락하는 바람에 지금의 영혼이 된 것이죠. 그래서 플라톤은 신체는 영혼의 감옥이라고 하잖아요? 이런 형태의 날카로운 이분법은 데카르트에게서도 볼 수 있습니다. 그러나 스피노자는 몸과 마음의 구분 이전의 실체를 상정하고, 몸과 마음을 이 실체의 속성(더 정확히 말해 속성의 한 부분)으로 파악합니다. 그후로도 몸과 마음의 관계에 대한 각종 논리들이 등장합니다.

성리학의 전통에서는 몸과 마음이 양분된다기보다는 몸과 마음을 모두 기로 보고, 이것들과 별도의 차원을 설정합니다. 그 결과 성性과 심心이 구별되죠. 심은 다른 기氣와는 달라도 어디까지나 기이지만, 성은 리理로 파악됩니다. 성性은 도덕심의 바탕이 됩니다. 결국 동북아 전통에서는 기(일반적인 의미에서의 기), 심, 성 이 세 가지가 구분되죠. 유기체로서의 인간, 마음을 가진 인간, 초월적인 도덕을 지향하는 인간이라는 세 차원이 구분됩니다. 그러나 성을 이렇게 형이상학적 실체로 보는 입장에 대한 여러 반론들도 제기됩니다. 결국 '존재론적 분절'의 문제죠.

Q 그렇다면 성性의 문제를 정精, 기氣, 신神과 관련지을 땐 어떻습니까? 성性이 신神에 해당하나요?

A 그건 아니죠. 정이나 신 개념은 본래 한의학 용어라고 할 수 있습니다. 그리고 정이나 신은 기의 하위 범주죠. 정은 우리가 흔히 '정기'精氣라는 말을 쓰거니와 서구어의 'essence'에 해당합니다. 형이상학에서의 '본질'이 아니라 정수精髓라는 뜻이죠. 서양 사람들은 기름을 'essence'라고 하잖아요? 우리 몸의 에네르기 중에서 가장 농축된 에네르기죠. 음기입니다. 반면 신은 양기죠. 활동하는 기입니다. 그 중에서도 특히 묘妙하게 운행하는 기를 뜻하기도 합니다. '신묘'神妙하다고 하죠? 서구어의 'Deus'가 '신'神으로 번역된 것도 이런 맥락이죠. '귀신'鬼神이라는 말을 생각하면 될 듯합니다. 성하고는 다른 맥락이죠.

Q 들뢰즈는 표면의 철학만 긍정하고, 심층의 철학은 부정하는 것인가요?

A 그렇지는 않습니다. 지금 우리 맥락에서는 주로 표면을 말했지만, 보다 포괄적인 사유체계가 되려면 자연에 대한 이론이 있어야 합니다. 들뢰즈는 심층의 차원을 부정하지 않습니다. 오히려 중요한 탐구 영역으로 보죠. 『의미의 논리』가 표면에 집중한다면, 『차이와 반복』은 심층에 집중하고 있습니다. 게다가 들뢰즈는 말년에 "자연철학에 몰두하고 싶다"는 희망을 피력했다고도 합니다. 사실 일반적인 철학사에서는 스토

아철학을 자연주의로 분류합니다. 그런데 들뢰즈는 유독 스토아학파에 포함되어 있는 이 표면의 논리를 독특하게 끄집어내어 발전시키고 있는 것이죠. 그러나 포괄적인 사유로 나아가기 위해서는 'physica' 부분을 보완해야 하는 것이죠. 들뢰즈는 이 작업을 충분히 개진하지는 못했습니다. 다만 『스피노자와 표현의 문제』, 『주름』, 『철학이란 무엇인가?』 등에 여러 실마리들이 들어 있습니다.

9강_사건

지난 학기에 '사건의 존재론'을 그 이론적이고 추상적인 측면 ——선험철학적인 측면 ——에서 살펴보았거니와, 이제 여기에서는 사건의 개념을 그 실천적인 측면에서 다루어 보자. 이는 스토아 철학과 선불교에서 사건이란 과연 어떤 의미를 띠는가를 짚어 보는 작업이기도 하다. 사건의 존재론이 어떻게 사건의 윤리학 ——여기에서는 주로 소요의 길을 논할 것이지만 ——에 연결되는가를 (지난 시간의 '표면'에 대한 논의도 상기하면서) 잘 음미해 보자.

§1. 자연과 인간

스토아학파는 철학의 분야를 자연철학, 논리학, 윤리학 세 가지로 나눴다. 그래서 스토아학파의 현자들은 주머니에 달걀을 가지고 다녔다고 한다. 제자가 "스승이시여, 철학이란 무엇입니까?" 하고 물어보면, 현자는 달걀을 꺼낸 다음 막대기로 그것을 친다. 그렇게 해서 달걀을

깬다. 그러고는 노른자위가 자연철학이고, 껍질이 논리학이며, 껍질과 노른자위 사이의 흰자위가 윤리학이라고 설명한다. 철학의 구도를 달 걀을 가지고서 비유한 것이다.

왜 이런 비유를 하는가? 노른자위는 심층의 차원, 즉 물질의 차원 을 다루는 자연철학이다. 껍질은 이 물질의 차원 바깥에 있는 의미, 기 호, 즉 비-물질적인/비-물체적인 차원을 다루는 논리학이다. 그러면 인간의 행위를 다루는 윤리학은 어디에 위치하는가? 바로 물질의 차 원과 의미/언어의 차원 사이에 위치한다. 우리의 행위는 자연/신체와 의미/언어의 차원 그 사이에 위치한다. 그래서 'physica'가 아래/심층 에 위치하고, 'logica'가 표면에 위치하며, 그 중간에 'ethica'가 자리 잡게 된다. 스토아 철학은 이런 구도하에서 전개된다.

이런 구도에서 우리가 눈여겨볼 것은 이론과 실천의 관계이다. 우리가 사상 또는 철학, 아니면 사유,…… 등, 무엇이라 부르든 이런 행위들이 하는 작업은 기본적으로 이론적인 면과 실천적인 면 두 가 지가 있다. 세계와 인간을 해명하는 이론적인 면이 있고, 실존적 삶, 도 덕, 사회적 정의를 다루는 실천적인 면이 있다. 그런데 늘 이 두 작업 의 관계가 문제가 된다. 인식과 행위, 이론과 실천 사이의 관계가 문제 시되는 것이다. 인식/이론과 행위/실천의 관계를 어떤 식으로 설정할 것인가.

예컨대 플라톤과 아리스토텔레스를 보자. 플라톤의 경우는 오늘 날 우리가 흔히 과학의 대상이라고 생각하지 않는 그런 가치론적 존 재들에 어떤 본질=이데아가 있다고 말한다. 현대인들은 그렇게 생각 하지 않는다. 현대인들은 물질적 사물을 다루는 자연과학 같은 경우는 객관적이고 확실한 인식을 주지만 인간적인 가치가 들어가는 대상들의 경우는 주관적이고 때로는 자의적인arbitrary 판단만을 준다고 생각한다. 하지만 플라톤에게서는 그렇지 않다. 정의의 이데아, 행복의 이데아, 선善의 이데아 같은 이데아들이 존재한다. 그래서 가치론적인 것이 존재론적인 토대를 가진다. 따라서 어떤 이상적 가치의 파라데이그마(패러다임)가 있고, 우리는 그 본本을 따름으로써 우리 삶을 이끌어 나갈 수 있게 된다. 요컨대 플라톤에게서는 가치론적인 것들이 객관적이고 본질적이고 영원한 형상을 가지는 것으로 이해되며, 그런 존재론에 바탕해서 윤리학과 정치학이 서게 된다.

아리스토텔레스의 경우는 다르다. 아리스토텔레스의 경우는 현대인들의 생각과 비슷하다. 과학적 인식과 윤리·정치의 문제 사이에는 간극이 있다고 본다. '모더니티'를 규정하는 방식은 무수히 많지만, 그 중 하나는 '정치적인 것'의 자율성이다. 형이상학과 정치학/윤리학의 분리인 것이다. 마키아벨리, 오규 소라이荻生徂徠 등에게서 이런 분리가 뚜렷이 확인된다. 이런 구분은 아리스토텔레스에게서 이미 나타난다. 그러나 아리스토텔레스는 가치 문제에 관련해 현대인들만큼 회의적이지는 않다. 현대인들은 워낙 불확실성의 시대를 살고 있기 때문에, 인식에 관련된 것에 대해서까지 매우 회의적이다. 아리스토텔레스는 이론적인 인식에 관한 한 확실한 지식이 가능하지만, 윤리를 비롯한 가치론적인 것들에 관해서는 확실한 지식을 얻을 수 없다고 보았다. 다만 많은 경험과 토론과 반성 등을 통해서 어느 정도 개연적인 지식에 도달할 수 있다고 본다. 요컨대 아리스토텔레스는 플라톤처럼 가치론적인 지식의 확실성을 긍정하지는 않지만, 그렇다고 상대적이고 회의적인 입장으로 나아간 것은 아니다.

이에 비해 자연주의는 가치론적인 것의 고유한 차원을 부정하는 입장이다. 우리가 가치론적인 것이라고 생각하는 것들은 궁극적으로는 자연적인 사실들에 뿌리박고 있는 것이라는 생각이다. 이런 생각은 인문주의人文主義와 충돌을 일으킨다. 자연주의는 인간과 자연이 연속적이라고 보며, 따라서 가치론적인 것들도 자연으로 환원시켜 이해한다. 반면 인문주의는 자연과 인간이 불연속적이라고 보며, 인간의 문제는 자연과는 구분되는 별도의 차원에서 논의되어야 한다고 본다. 나아가 자연에 대한 인식 그 자체도 인간적인-역사적인 지평에서 이해되어야 한다고 말하기도 한다. 이는 철학사를 관통하면서 내려온 가장 중요한 논쟁들 중 하나이다.

동북아 사상사에서도 자연주의와 인문주의는 미묘한 논쟁들을 야기시켰다. 『맹자』「고자」편을 보면, 맹자와 고자가 인仁이라는 개념을 전혀 다른 눈으로 보는 대목이 나온다. 맹자는 인 개념을 초월적인 그 무엇으로 정의하기를 원한다. 반면 고자는 인이라는 것은 단지 애욕愛慾일 뿐이라고 말한다. 맥락에 따라서는 동정同情이라고도 할 수 있겠다. 루소라든가 흄 같은 사람들도 'pity=pitié'라는 말을 쓴다. 인이란 이렇게 인간의 자연적 성향에 뿌리를 둔 무엇일 뿐, 자연과 불연속적인 것이 아니라는 주장이다. 조선 사상사에서 중요한 역할을 한 사단칠정론四端七情論이 이 문제를 이어받고 있다. '인의예지'라는 사단과 '희로애구(/락)애오욕'이라는 칠정의 관계 설정이 문제이다. 여기에서 단端이라고 한 것은 성性이고, 정情이라고 한 것은 자연적 성향이다. 결국 성이라는 차원을 인정하느냐의 문제이다.[1] 자연주의자들은 성이라는 본질적 차원은 없다, 정이 발달해서 인 같은 가치가 생길 뿐이라고 말한다. 또 심미적인 차원도 마찬가지이다. 심미적인 것도 자연과 분리된 별개의 차원에 속하는 것이 아니라 우리의 생물학적인 일정한 경향에 뿌리를 두고 있다는 생각이다.

특히 진화론이 나온 이후에 이 자연주의적인 생각은 큰 설득력을 얻게 된다. 물론 진화론이 자연주의를 일방적으로 밑받침하는 것은 아니다. 진화론에도 여러 형태가 있기 때문이다. 어쨌든 진화론이 나온 이후 목적론과 기계론을 둘러싸고 벌어진 형이상학적 논쟁은 바로 이런 문제를 다루고 있다. 이 세계를 자연주의적으로, 기계론적으로 볼 것이냐, 아니면 목적론적으로, 초월적으로 볼 것이냐 라는 어려운 문제가 등장한다. 그리고 인간이 우주 진화의 한 산물이라면, 삶에 어떤 초월적 근거도 없다면, 윤리와 정의의 근거를 어디에 두어야 하느냐의 문제가 발생한다. 현대 사상의 핵심적인 문제들 중 하나이다.

하지만 자연주의를 날카롭게 비판하는 입장도 있다. 인식/사실의 차원과 행위/평가의 차원은 전혀 다른 차원이라는 말이다. 이것은 흔히 'is'의 차원과 'ought to'의 차원 사이의 문제로 제기된다. 'is'와 'ought to'는 별개의 문제라는 생각이다. 달리 말해서, 이 둘 사이에는 불연속이 존재한다는 생각이다. 그런데 자연주의자들은 'is'의 차원과 'ought to'의 차원을 혼동해서 마치 'ought to'가 'is'로부터 유래한다는 듯이 말한다는 것이다. 현대의 윤리학자인 무어는 이런 생각을 '자연주의적 오류'naturalistic fallacy라고 불렀다.

---

1) 이 문제는 이정우, 『전통, 근대, 탈근대』(저작집 3권, 그린비, 2011)에서 다루었다.

　이렇게 이론과 실천을 둘러싼 논의들은 복잡하다. 결국 이것은 인간이라는 존재가 자연과 연속적인가 불연속적인가의 문제를 둘러싸고 벌어지는 논의들이다. 간단히 '자연-인간 위상학'이라고 부를 수 있을 것이다. 살인 사건이 났을 때 유물론이나 자연주의적인 입장을 취하는 사람이라면 그 사건을 죽인 사람과 죽은 사람의 물질적 변화 과정으로 완벽하게 환원시켜 이해하고자 할 것이다. 그래야 우리가 그 사태를 정확하게 판단할 수 있다고 믿는 것이다. 하지만 그런 환원주의를 가지고 있지 않은 사람들은 물질의 차원에 대해서 알아야 이 사건을 이해한다고 생각하지 않는다. 대부분의 사람들은 물질의 차원을 괄호에 넣고서 오히려 의미의 차원을 분석하고자 할 것이다. 사람들은 누가 죽었나, 어떤 이유로 죽었나, 어떻게 죽었나 등등에 관심이 있지 살인 사건을 둘러싼 물리적 변화에는 관심을 두지 않는다. 다시 말해, 우리 삶의 **현실**은 사건들로 차 있기 때문에 사람들은 이중 인과에서 준-원인들 즉 사건-원인들에 관심을 가진다. 이에 비해 물리적 원인에 관심을 가지는 사람들이 곧 자연주의자들이다.

　『금병매』의 첫 이야기는 반금련에 관한 이야기이다. 반금련이 서문경과 왕파의 꼬임에 빠져 남편을 독살한다. 그때 대부분의 사람들은 그 독이 무대의 세포에 어떻게 들어가서 미토콘드리아를 어떻게 손상시켰는지, 적혈구를 어떻게 파괴했는지에 관심을 두지 않는다. 사물의 심층보다는 사건과 의미의 차원에서 생각한다. 반금련이 나쁘다, 아니다 팔자가 기구해서 그럴 뿐이다,…… 등으로 생각한다. 물론 물질적 차원을 떠난 이해도 불가능하다. 무송이 형의 독살을 밝혀낸 것은 무대의 사체를 검시했던 의사를 통해 검게 탄 뼈를 얻어냈기 때문이었다. 그래서, 이전 강의에서도 말했었지만, 살인 사건이 터지면 의사와 형사(와 기자)가 온다. 의사는 물질 차원에서의 변화를, 형사는 의미 차원에서의 변화(그리고 기자는 '사회적 이슈'로서의 변화)를 추적하는 것이다. 결국 물질의 차원과 의미의 차원이 맞붙어 있는 차원을 잘 들여다보는 것이 중요하다. 물질적 근거와 물질로 환원되지 않는 의미를 동시에 보아야 하는 것이다.

현대 사상의 가장 큰 문제점들 중 하나는 주로 언어만을 가지고서 논한다는 점이다. 텍스트에만 몰두하고 세계 자체를 소홀히 한다는 점이다. 이것은 자연과학과 인문학의 괴리와도 관련된다. 자연을 아는 사람은 인간에 관심이 없고, 인간에 관심이 있는 사람은 자연에 관심이 없다. 이것은 근대 이후에 특히 그렇다. 그래서 어떤 면에서는 고대의 사유들이 훨씬 매력이 있다. 고대의 사유들은 아직 '분과화'가 이루어지기 이전에 세계를 총체적으로 사유한 철학들이다. 그래서 공부를 하면 할수록 오히려 전근대적인 사유들에 매력을 느끼게 되는 것 같다. 물론 이런 사상들은 현대적 관점에서 보면 허술하기 짝이 없기도 하다. 지금의 고도화한 과학적 지식들에 비하면 매우 소박하다. 그러나 진정한 의미에서의 '사유'는 오히려 고대 사상들에서 볼 수 있다고 본다. 물질과 의미의 차원을 동시에 사유하면서 총체적이고도 역동적인 사유를 전개할 필요가 있는 것이다. 세계와 단절되어 관념이나 언어, 기호의 차원에 갇혔던 현대 사유를 다시 세계에 대한 구체적인 이해에 통합할 필요가 있다. 물론 속류 유물론이나 자연주의로 가지 않는다는 전제하에서.

§2. 자연 인식과 삶

다음으로 인식과 삶에 대해 논해 보자. 스토아학파는 기본적으로 자연주의를 주장한 학파라 할 수 있다. 자연에 대한 인식이 우위에 선다. 그래서 스토아학파에서 윤리학은 자연철학에 종속된다. "자연에 따라 살라"homologoumenôs zhên tê physei는 것이 스토아학파의 기본 입장이다. 이 점에서 스토아의 사유는 유가보다는 노가에 가깝다. 요컨대 올바르게 살기 위해서는 올바른 인식이 있어야 한다는 생각이다. 올바른 인식 위에서 올바른 행위가 가능하다. 법학에서도 스토아학파를 자연법의 시조로 본다. 왜 그런가. 자연법이라는 것은 무엇인가? 인간이 자연으로부터 불연속적으로 존재한다면 자연법이란 의미가 없다. 법이란 인간이 만드는 것이 된다. 그러나 스토아학파에서는 법도 자연을 따라야 하는 것이고, 그래서 자연법사상이 대두하게 된다. 스토아 철학에서 퓌지스와 노모스는 연속적이다.

　그런데 이것이 묘한 문제를 야기한다. 지식이 많다는 것과 올바로 산다는 것이 과연 이렇게 확고한 관계를 맺고 있을까? 머리가 좋지만 악한 인간, 공부는 많이 하지 않았지만 선한 인간을 경험적으로 확인할 수 있지 않은가? 이런 의문이 생겨난다. 하지만 조심할 것은 스토아학파가 추구한 인식이 어떤 인식인가 하는 것이다. 그것은 영어 잘하고 수학 잘하는 것이 아니다. 자연 전체에 대한 인식, 자연 전체에서 인간이 차지하는 위치에 대한 인식,…… 이런 근원적 인식을 말한다. 이런 인식에 기반해야 삶을 잘 영위할 수 있다는 것이다. 행위를 올바르게 하려면 올바른 인식이 토대가 되어야 하는 것은 분명하지만, 이때의 인식이란 단순한 지식이 아니라 어디까지나 행위의 토대가 될 수 있는 철학적 인식을 말하는 것이다. 그래서 어떤 각도에서 보면 거꾸로 자연철학이 윤리학에 종속되어 있다고도 볼 수 있다.

키케로의 유명한 말이 있다. "철학은 삶의 기예이다."philosophia est ars vitae 철학은 순수한 인식이 아니라 '삶의 기예'이다. 여기에서 조심할 것은 'ars'라는 말이다. 이 말은 그리스어의 'technê'에 해당한다. 오늘날에는 이 말에 해당하는 말이 없다. 'art'와 'technology'가 구분되기 때문이다. 이 말은 기술과 예술의 구분이 발생하기 이전의 말이다. "인생은 짧고 예술은 길다"도 오역이다. 여기에서 히포크라테스가 'ars'라 한 것은 '의술'醫術을 뜻하는 것이기 때문이다. 그래서 'technê=ars'를 '기예'技藝라 번역한다. 철학은 순수과학이 아니라 '삶의 기예'라는 것을 키케로는 말하고 있다. 삶의 기술이자 예술이다. 여기에서 길게 이야기할 수는 없지만, 나는 이 '기예'라는 개념을 현대적으로 부활시킬 필요가 있다고 생각하고 있다. 삶을 떠난 과학, 자본의 노예가 된 냉혹한 기술, 지나치게 주관화된 예술이 아니라 '기예'의 정신을 되살릴 필요가 있다는 것이다.

결국 스토아학파에게서 우리의 행위는 인식에 기반해야 하지만 인식은 또한 행위를 전제하고서 성립한다. 때문에 스토아 철학자들은 플라톤과 아리스토텔레스처럼 거대한 개념체계를 구축하지는 못했지만, 어떤 면에서는 삶에 더욱 밀착된 구체적으로 생생한 사유를 했다고 볼 수 있다.

그러면 자연을 인식한다는 것은 무엇을 의미하는가? 자연을 인식한다는 것은 곧 '원인들의 통일성'을 인식한다는 것을 말한다. '원인들의 그물'nexus causarum, '물체들을 묶고 있는 총체적 끈'nexus totalis naturae 같은 말을 쓴다. 여기에서 원인들이란 다름 아닌 물체들이다. 결과는 물체들의 운동으로부터 생겨나는 사건들이다. 물체가 원인이고 사건이 결과이다. 스토아 철학자들에게 세계란 일차적으로 거대한 질서를 형성하는 물체들의 집합체("systêma ex ouranou kai gês kai tôn en toutois physêon")이다. 여기에 '비-물체적인 것들'이 덧붙여진다.

그래서 스토아적 견지에서 보면, 인간이 삶의 표면에서 느끼는 의미나 가치는 물질적 운동의 결과일 뿐이다. 궁극적인 원인의 차원, 물질적인 차원에서 보면 슬플 것도 없고 기쁠 것도 없는 것, 그저 물체의 운동이 빚어낸 부대효과일 뿐이다. 교통 사고를 당했을 때, 사건의 수준에서는 매우 고통스럽다. 하지만 원인의 차원에서는 단지 자동차의 입자들과 내 몸의 입자들이 부딪쳐 공간적 위치가 달라진 것뿐이다. 바로 이런 생각이 스토아주의를 '금욕주의'로 이끌었다고 할 수 있다.

장자도 이런 식의 생각을 한다. 장자의 처가 죽었을 때, 장자는 두 다리를 쭉 뻗고 앉아서 분盆을 두드리며 노래를 불렀다고 한다. 친구인 혜자가 놀라서 책망하자, 장자는 "기가 변하여 형체가 생긴 것이고 생명이 생겨난 것이다. 그것이 이제 다시 변화하여 죽음으로 간 것뿐이다. 이것이 춘하추동 네 계절의 변화와 무엇이 다르겠는가"(氣變而有形 形變而有生. 今又變而之死. 是相與爲春秋冬夏四時行也)라 했다고 한다. 물론 장자는 스토아적 유물론에 그치지 않고 도道의 개념으로 나아간다. 우리가 삶의 표면에서 슬퍼하고 기뻐하는 것이 도의 차원에서는 무의미한 것이다. 우리가 삶에서 그토록 집착하는 차이들이 도의 견지에서는 무차이인 것이다. 사형당하기 직전의 뫼르소가 "난생 처음으로 나는 부드러운 무차이indifférence에로 내 마음을 열었다"고 한 대목을 음미해 보자.

그래서 우리는 스토아 철학의 '낙천주의'를 이해할 수 있다. 결과가 악惡이라 해도, 그것은 인간에게 악일 뿐 자연 자체가 악은 아니다. 자연은 완벽한 질서일 뿐이다. 이 질서에 대한 믿음이 '낙천'樂天의 근거를 이룬다. 그래서 현자는 이 자연의 질서를 파악하고 그것에 몸을 맡기는 것이다. 스토아학파의 이상은 '현자'sage가 되는 것이다. 현자는 곧 자신의 주관성이 아니라 자연의 객관성에 따라 살 수 있는 사람이다. 장자는 스토아적 현자의 모습에 매우 가깝다.

그런데 이때는 먼 고대라는 사실을 잊으면 안 된다. 지금과는 상당히 다른 시대를 상상해야 한다. 오늘날에는 50억 년 전의 우주의 상태를 짐작하고, 물에 있어 산소 입자에 붙은 두 수소 입자 사이의 각도를 측정하기도 한다. 그러나 고대에 인간이 세계에 대해 가졌던 인식은 극히 빈약했다. 고대에 지금의 과학을 대신했던 것이 무엇일까. 바로 점占이다. 과학적 예측의 소박한 형태가 바로 점이다. 어떤 면에서 미아리의 점쟁이나 카이스트의 과학자나 추구하는 것은 같다. 우주에 어떤 법칙성이 있다고 전제하고, 그 법칙을 잡아내어 미래를 예측하고자 하는 것이다. 다만 그 방법이 다르다(물론 이것은 이미 기술에 종속되어 있는 과학을 염두에 둔 이야기이다. 순수 과학의 목표는 예측이 아니기 때문이다). 스토아학파의 과학은 순수 과학적인 측면도 있지만, 동시에 예측을 위한 인식이라는 측면도 있다. 스토아학파의 과학은 점이라고 하기에는 좀 심하고 '예견' 정도라고 할까? 'divinatio'라는 말을 쓴다. 일종의 신성한 인식이라고 할 수 있다. 과학, 점, 예견이 각 각 뉘앙스가 다른데, 여기에 종교적인 뉘앙스가 들어가면 '예언'이 된 다. 예언자들은 신의 섭리를 미리 알아서, 엄밀하게 말하면 신에게 계 시를 받아서 다른 사람들에게 전달해 주는 사람들이다. 그래서 예언 도 점, 예견과 유사한 역할을 한다. 모두가 전前과학적 시대에 세계 인 식을 담지했던 담론들이다.

『주역』 같은 저작에는 이런 여러 요소들이 함께 들어 있다. 「계사 전」에서 "그 말[言]에 관심 있는 사람은 풀이[辭]를 중시하고, 그 움직임 [動]에 관심 있는 사람은 변화[變]를 중시하고, 그 만듦/다룸[製器]에 관 심 있는 사람은 형상[象]을 중시하고, 그 미리―봄[卜]에 관심 있는 사람 은 그 점占을 숭상한다"는 말이 나온다. 풀이는 인문학적인 내용을 뜻 하고, 현상과 법칙성은 과학·기술적 측면을 말한다. 그리고 점은 주술 적인 측면을 뜻한다. 스토아학파적인 관심과 가장 가까운 것은 변화 이다. 'divinatio'란 바로 세계의 변화를 파악하고자 하는 열망이다.

물론 세계의 변화는 한눈에 들어오지 않는다. 하지만 변화를 파 악할 수 있게 해주는 어떤 실마리가 있다. 그 실마리가 바로 사건이다. 중요한 것은 사건을 해석하는 것이다. 이 점에서 사건은 기호이다. 세 계를 인식한다는 것은 이 기호를 해석하는 것이다. 그런데 이 기호 해 석을 해석학에서 말하는 해석과 혼동하면 안 된다. 해석학에서 어떤 상징을 해석한다는 것은 곧 '숨겨진 의미'를 드러내고자 함이다. 하지 만 스토아적 맥락에서 해석이란 계열화하는 것이다. 다시 말해, 사건 들을 관계 지음으로써 세계의 구조를 파악하려는 것이다. 그래서 이 경우 해석이란 오늘날로 말하면 순수 과학적 의미에서의 인과 파악을 말한다.

'divinatio'는 물론 시간과 관련된다. 사건-기호는 현재에 주어지지 않는가. 그리고 예견이란 이 현재가 포함되어 있는 보다 큰 인과 그물을 포착함으로써 과거와 미래를 보는 것이다. 하지만 이런 'divinatio'의 꿈은 좌절된다. 인간이 세계 전체를 완전히 포착한다면, 우리는 현재에 있으면서도 과거와 미래를 우리 눈앞에 펼칠 수 있다. 이것이 가능한 것은 신에게서이다. 우리가 과거와 미래로 보는 것을 신은 현재에서 본다. 그래서 'divinatio'이다.

§3. 섭리, 운명, 인과[2]

예언이든 예측이든 점이든 아니면 다른 무엇이든 간에 우리가 보는 것이 인과인 것만은 아니다. 우리가 겪는 사건들에는 어떤 '목적'이 있다고 할 수 있다. 또는 이유라고도 할 수 있다. 해가 동쪽에서 떠서 서쪽으로 지는 것은 한편으로는 인과적 과정이지만, 다른 한편으로는 우주의 어떤 목적/이유를 반영하는 것이다. 이런 생각에는 우주가 신의 선한 뜻에 의해 지배를 받고 있다는 생각이 함축되어 있다. 이런 뉘앙스가 들어가면 다분히 종교적인 색깔이 가미된다. 고대의 사유는 어떤 형태로든 종교적인 측면이 포함된다. 물론 여기에서 말하는 종교는 반드시 제도화된 종교를 말하는 것은 아니다. 우주의 신성한 성

---

2) 이하에서 서술하는 스토아 철학을 이해하기 위해서는 다음 저작을 읽는 것이 좋다. Victor Goldschmidt, *Le système stoïcien et l'idée du temps*, Vrin, 1953/2000.

격을 인정하는 것을 말한다. 이 신성한 성격을 '섭리'providentia라고 한다. 스토아학파는 유물론 철학이지만 일체의 신성을 거부하는 유물론과는 성격이 다르다. 초월성을 거부하지만, 내재적 세계 즉 이 세계 자체가 신성하다고 본다. 그래서 흔히 스토아주의를 '범신론'이라고 부른다. 우주 자체가 신이 된다.

인과와 이유/목적의 관계에 관련해 스토아학파의 생각에는 독특한 점이 있다. 대부분의 사유체계는 우주의 섭리적인 면과 순수 과학적인 법칙성을 대립시킨다.

우선 아리스토텔레스의 경우는 인과와 목적이 병치된다. 작은 도토리가 커서 상수리나무가 되고 그것이 다시 도토리를 낳는 과정을 생각해 보자. 만일 목적, 이유, 섭리 등을 동원하지 않고 생각한다면, 우리는 이런 생물학적 과정을 자연과학적으로 연구할 수 있을 것이다. 이때 아리스토텔레스는 '운동인'이라는 용어를 사용한다. 상수리나무와 도토리 사이의 관계를 해명해 주는 것이 운동인이다. 그러나 이런 과학적 설명이 전적인 만족감을 주는 것은 아니다. 도대체 "왜" 우주가 그런 법칙에 따라 움직이는가라는 물음이 다시 제기된다. "왜pourquoi?"라는 물음은 "무엇을 위해서pour-quoi?"라는 물음이기도 하다. 이런 물음에 대해서는 운동인은 대답을 주지 않는다. 그래서 '목적인'에 호소하게 된다. 그래서 아리스토텔레스는 운동인과 목적인을 동시에 인정한다.

그러나 근대 과학이 등장하면서 아리스토텔레스는 강하게 비판받는다. 근대 과학자들이 아리스토텔레스를 비판할 때 특히 그 초점이 된 것이 바로 목적인이다. 목적인이란 인간 중심적인 생각이고, 그런 생각을 우주에 투영할 수 없다는 것이다(그러나 근세 철학자들이 공격한 아리스토텔레스는 사실상 상당 부분 스콜라 철학자들이 왜곡시킨 아리스토텔레스였다는 점을 염두에 두어야 한다). 그러나 따지고 보면 서구 과학자들이 목적인을 완전히 버린 것은 아니다. 사물의 구체적인 설명에서는 목적인을 버리지만, 우주의 궁극적 원리로서의 신을 버리지는 않는다. 물체의 움직임은 인과적으로 설명하지만, 우주의 궁극적 존재 이유나 근본 원리들에 부딪칠 때는 신에 호소할 수밖에 없었던 것이다. 신을 끌어들이지 않을 경우에는, 그런 문제들을 과학 바깥의 문제들로 밀쳐놓을 수밖에 없게 된다. 결국 과학은 이런 문제들을 피해 가는 것이지 해결하는 것은 아니다. 목적, 이유, 섭리의 문제는 여전히 남게 된다.

스토아학파는 우주를 지배하는 순수 물리적 인과를 'fatum'이라고 부른다. 지금의 'fate' 즉 운명이다. 그래서 스토아적인 '운명' 개념은 오늘날 우리가 이 말을 사용하는 방식과는 상당히 다르게 사용되었음을 알 수 있다. 우리에게 운명이라는 말은 이런 뉘앙스로 다가오지 않는다. 스토아적인 운명을 우리는 오히려 법칙이라고 부른다. 또는 운명이라는 말보다 차라리 '필연'이라는 말을 사용한다. 다시 말해서 우리는 운명, 섭리 같은 말들과 법칙, 인과 같은 말들을 대립시킨다. 그래서 법칙에 관련해서는 자연과학적 맥락을 떠올리고, 운명에 관련해서는 오히려 문학적 분위기를 떠올린다. 그러나 스토아학파에게는 물체적 운동이 가장 근원적이고, 이 운동을 지배하는 우주 법칙이 바로 운명이다. 그래서 누군가가 번개에 맞아 죽은 것이 운명이 아니고(그것은 부대효과이다), 번개의 물체적 운동, 그 사람의 신체적 변화 등 그 운동을 지배하는 인과가 운명이다. 그래서 스토아학파에게서 '인과'라는 말은 지금 우리가 생각하는 것과는 비교도 되지 않을 정도로 무거운 함축을 띤다. 우리에게는 번개가 친 것 자체는 필연/법칙일 뿐이다. 그리고 그 번개에 하필이면 맞은 것이 운명이다. 그러나 스토아학파에게는 번개가 친 것이 운명이다. 그리고 그 번개에 맞은 것은 사건(부대효과)이다. 물론 이 부대효과도 운명의 한 부분이다. 때문에 스토아학파에서는 자연법칙과 인간의 주관이 따로 사유되는 것이 아니다. 'fatum'에 포괄되어 사유된다. 오늘날의 이분법적 사유와 다르다.

흥미로운 것은 스토아학파가 운명과 섭리를 동일시한다는 점이다. 그래서 '섭리적 운명'이라는 말을 쓴다. 순전히 물체적인 인과(와 그 효과)를 뜻하는 'fatum'과 'providentia'를 동일시한 것이다. 그래서 스토아학파에서는 운동인과 목적인이 하나가 된다. 이 둘이 병치되는 것도 아니고, 하나가 다른 하나를 배척하는 것도 아니고, 목적인을 학문 외적인 문제로 제쳐 놓는 것도 아니다. 그 둘을 동일시한다. 매우 독특한 생각이다. 좀더 정확히 말해, 스토아학파에서는 목적인이 운동인에 동반된다. 운동인과 목적인이 대립하는 것이 아니라, 우주의 일정한 인과에 따라 운동하는 것, 장엄한 질서를 이루는 것 자체가 동시에 섭리이다. 지구가 태양을 돌 때 인과란 지구와 태양 사이에 성립하는 관계이다. 초월적 사유는 이 관계를 지배하는 존재를 따로 설정하고, 과학은 이 문제를 제쳐 놓는다. 그러나 스토아학파에서는 지구가 태양을 도는 것은 하나의 인과적 운동인 동시에 우주=신의 장엄한 섭리이다. 법칙·인과와 섭리·목적·이유가 일치한다.

시간을 개입시켜 생각해 보면 더 실감날 것이다. 현대 우주론이 말하는 것처럼, 대폭발이 일어나 우주가 형성되고 무수한 시간이 지나면서 생명체가 생겨나고, 공룡의 시대가 오고, 인간이 태어나고,…… 하는 과정이 계속되었다고 해보자. 그리고 자신의 눈앞에 이 거대한 진화의 과정이 부채가 펼쳐지듯이 쫙 펼쳐진다고 생각해 보자. 그럴 때 이 운동이 펼쳐지는 메커니즘은 운동인이지만, 그 장엄한 파노라마는 또한 섭리이기도 하다. 그래서 스토아학파에서는 별도의 신의 의미는 없다. 왜? 이 우주 전체, 우주의 펼쳐짐 전체가 신이기 때문에. 스토아학파에서 우주 **바깥**에는(물론 공간적 의미는 아니다) 아무것도 없다. 우주가 신이기 때문이다.

그렇다면 인간에 대한 이해도 달라진다. 인간은 신성한 존재의 피조물도 아니고, 신성과 거리가 먼 고독한 존재도 아니다. 우주는 신이고 우리는 우주의 조각들이다. 다시 말해, 우리 안에도 신성神性이 들어 있다. 우리가 곧 신의 한 파편이다. 아니 우주의 모든 것이 신이다. 다만 신과 개체들의 차이는 전체와 부분의 차이일 뿐이다. 이런 비유를 생각해 볼 수 있을 것 같다. 우주가 거대한 불이라면, 우주의 모든 개체들은 불티들이라고 말이다. 불이 일어나면 불티가 톡톡 튀어오른다. 그 불티들이 바로 우주의 개별적인 존재들이다. 우리들은 모두 불티들인 것이다. 그러니까 우주의 개체들 사이에 그다지 큰 불연속이 있는 것이 아니다. 우리는 모두 불에서 나와 불로 돌아간다고 할 수 있다. 우주와 내가 다른 것이 아니다. 고향을 잃어버렸다고 슬퍼할 것은 없다. 이 세계 전체가 우리 모두의 고향이기에. 다만 이 사실을 깨닫지 못하기 때문에 서로 아귀다툼하는 것일 뿐이다. '세계'가 비관적인 것이 아니라 세계의 신성을 깨닫지 못하는 사람들의 '세상'이 비관적인 것이다. 이런 사유를 우리는 또한 '내재성'immanence의 사유라고 부를 수 있다. '초월성'의 사유와 대비되는 사유이다. 스토아학파에서는 초월적인 것은 존재하지 않는다.

그 결과 스토아학파에서는 설명하는 것과 정당화하는 것이 분리되지 않는다. 설명한다는 것은 우주의 인과를 밝혀내는 것이고, 정당화한다는 것은 우주의 섭리, 신의 위대함을 보여 주는 것이다. 스토아학파에서는 이 두 행위가 하나이다. 사건을 해석하는 것은 원인을 설명하는 것인 동시에 목적을 드러내는 것이다. 이것을 잘 음미해 볼 필요가 있다. 운동인과 목적인을 대비시키는 사유, 초월적 존재와 피조물을 대비시키는 사유에서는, 세계를 과학적으로 설명하는 것과 섭리를 정당화하는 것은 전혀 다른 문제이다. 설명하는 것은 과학자가 할 일이고, 정당화하는 것은 사제가 할 일이다. 그러나 스토아학파에서는 이런 분리가 없다. 과학과 종교가 일치한다. 더 정확히 말한다면, 그런 식의 구분 자체가 해소된다고 해야 할 것이다.

앞에서 인식과 실천을 연계시키기 위해서는 "사건을 해석하는 것"이 매우 중요하다고 했다. 이제 이 생각을 다시 음미해 보자. 하나의 사건을 해석한다는 것은 결국 그 사건을 섭리적 운명으로부터 펼쳐지는 사건들의 계열에 복속시키는 것을 뜻한다. 즉, 부분을 전체 속에 안착安着시키는 것이다. 그럴 때 우리는 그 사건이 어쩔 수 없는 것임을 깨닫고서, 한탄하거나 원망하는 마음을 거둘 수가 있다. 이런 작업의 궁극적 이상은 우주의 모든 사건들을 '공현존'coprésence의 상태로 읽는 것이다. 과거와 미래가 한눈에 펼쳐지는 경우이다. 인간이 이런 경지에 다다르면 그때 그는 신이 될 것이다. 물론 불가능하다. 그러나 가능한 한 사건을 잘 해석해서 우주 전체의 운동에 편입시킨다면, 우리는 우주와의 합일合―에 보다 가까이 갈 수 있다고 할 수 있다.

여기에서 눈여겨볼 것은 스토아학파는 완벽한 결정론을 취하고 있다는 사실이다. 우주는 완벽한 질서를 이룬다. 이 점에서 플라톤이나 아리스토텔레스와는 다르다. 이들에게서는 'ananchê', 'tychê', 'endechomenon' 등의 개념들이 등장한다. 그러나 스토아학파는 완벽한 결정론을 주장했던 학파이다. 훗날의 스피노자가 말했듯이 "우연이란 무지의 도피처이다". 중세 철학과 근대 철학도 그렇다. 반면 현대 철학은 근대적 결정론을 비판하면서 성립했다. 이때 다시 '우연'의 문제가 등장하게 된다. 우연의 문제를 어떻게 취급할 것인가는 세계 이해에 매우 중요하다.

스토아학파에서 세계는 완벽하게 결정되어 있지만 인간은 그 결정성을 전부 인식할 수가 없다. 따라서 인간은 우주의 섭리도 완전히는 알 수 없다. 우리의 희망과 욕망을 좌절시키는 사건들이 많기에 말이다. 우주의 섭리라고 해석하기에는 도저히 납득하기 힘든 경우들이 많이 존재한다. 이럴 때 우리는 체념諦念할 수밖에 없다. 섭리를 무리하게 해석하려 해서는 안 된다는 것이다. 결국 사건을 완벽하게 해석한다는 것은 사건이라는 하나의 단일성을 우주 법칙 전체의 한 매듭으로서 파악하는 것을 뜻한다. 그런 인식이 불가능하다 할 때 중요한 것은 인식의 불가능성을 도덕의 가능성으로 전환시키는 것이다. 그래서 도덕의 문제는 결국 이 세상에서 우리가 겪는 하나하나의 사건들을 우주 법칙의 한 현실화로서 받아들이는 것을 뜻하게 된다. 물론 우주 법칙의 완벽한 파악은 불가능하다. 그래서 중요한 것은 한 사건의

"지금 여기에서"hic et nunc의 현실화이다. 우리에게 중요한 것은 일단 현재이다. 그리고 내가 할 수 있는 가장 긍정적인 일은 그 사건과, 그 사건의 의미와 합일하는 것이다. 법칙을 파악하는 데에는 한계가 있기 때문에, 그 모자란 부분에서는 인식을 포기하고 그 사건에 자신을 던져야 하는 것이다. 그렇게 함으로써 우주 전체와 화해할 수 있다. 이것을 우리는 "일어날 일에 합치하는 것"coopérer à ce qui arrivera이라고 말할 수 있다.

에픽테토스는 이런 말을 한다. "인간이 미래를 미리 볼 수 있다면, 그는 병과 죽음과 재난에 스스로를 합일시킬 것이다. 왜냐하면 그는 보편적 질서가 그에게 이러한 일을 부과했다는 것을 깨닫기 때문이다." 만일 우주가 완벽하게 결정되어 있다면, 'fatum'에 의해 움직인다면, 내게 일어날 모든 일들은 애초에 일어나게 되어 있었기에 일어난 것이다. 내가 피하고자 한다고 해서 피할 수 있는 것이 아니다. 내가 피하고자 한다 해도 그 피하고자 함, 그리고 그 결과 자체까지도 결국 운명이다. 그렇다면 내게 일어난 일에 대해 한탄할 이유가 없다. 인간은 모두 운명/섭리의 운반자인 것이다. 우리는 모두 운명/섭리의 수행자/실행자agent이다. 우리는 예견을 선용함으로써 그리고 예견하지 못하는 부분에는 우리 자신을 던짐으로써 운명의 수행자/실행자가 되는 것이다. 이것이 스토아학파가 사건에 대해서 취하는 가장 기본적인 태도이다. 상당히 숙명론적인 생각이라고 할 수 있다. 이미 자연으로부터 상당 부분 떨어져 나온 우리에게는 사실 지나친 숙명론으로 보이고 또 자기 부정으로 보이기도 한다.

인간의 삶이란 어떤 근본적인 거리에 의해 특징지어진다. 이 거리란 바로 우주/세계와 인간 사이의 거리이다. 인간은 한편으로는 자연의 일부이고 자연과 연속적인 존재이지만, 다른 한편으로 자연을 사유의 대상으로 삼는, 세계를 거리를 두고서 바라보는, 자신의 정신세계에 표상해서re-present 인식하는 특이한 존재이기도 하다. 그렇기 때문에 사르트르는 즉자卽自=en soi와 대자對自=pour soi를 나눈다. 자체적으로 존재할 뿐인 즉자와 사물'에 대對해서', 나아가 자기 자신'에 대해서' 존재할 수 있는 대자를 나눈 것이다. 의미가 없는 즉자와 의미를 가지는 대자가 구분된다. 스토아의 경우는 반대이다. 우주 자체가 섭리이고 인간은 그 조각일 뿐이다. 그래서 스토아적 이상은 주체성과 자유를 사유의 중심에 놓는 사르트르와는 반대로, 어떻게 우주와 나의 거리 —— 일종의 착각으로서의 거리 —— 를 없앨 수 있느냐 하는 데 두어진다. 실존주의를 논하면서 "인간은 우주의 혹"이라는 말을 한 적이 있다. 그러나 스토아학파는 이 혹을 없애려고 한다. 원을 다시 동그랗게 만들고자 하는 것이다.

이런 의미에서 스토아적 운명론은 그리스 문학사 초기의 운명관과 유사하다. 그리스 문학의 가장 큰 주제가 운명이라고 할 수 있다. 호메로스에서 시작해 드라마 작가들에 이르기까지 그리스 문학 전체를 지배한 것은 운명의 테마였다. 그러나 주목할 점은 그리스 문학사가 전개되면서 인간이 운명으로부터 조금씩 벗어나는 과정이 전개된다는 사실이다. 그리스 드라마의 역사를 통해 인간이 운명으로부터 자율성을 획득해 나가는 과정을 흥미진진하게 지켜볼 수 있다. 그러나 이 자율성이 물론 근대적인 자율성은 아니다. 다만 운명에 완전히 순종하는 태도로부터 운명과 화해하는 태도로 바뀌는 것이다.

호메로스의 서사시를 보면 영웅들이 등장한다. 실제 역사에서는 '바실레우스'라 불린, 왕이라기보다는 차라리 지방의 유력자들 —— 우리로 말하면 호족豪族들 —— 이다. 어쨌든 문학적으로 말하면 "영웅들"이다. 그런데 호메로스의 서사시가 즐겨 다루는 주제가 바로 이 영웅들의 '용기'andreia이다. 그리스적 맥락에서 용기란 무엇인가? 그것은 자신에게 닥쳐올 운명을 피하거나 두려워하는 것이 아니라, 그 운명을 떳떳하게 받아들이는 것이다. 헥토르는 자신이 아킬레우스를 이길 수 없다는 것을 안다. 그 아내는 멀리 도망가서 따로 살자고 애원한다. 그래도 헥토르는 아킬레우스를 맞아 싸우고 결국 죽는다. 아킬레우스의 경우도 마찬가지이다. 이런 것이 그리스적인 의미에서의 용기이다. 상고 시대 귀족-전사들의 핵심 가치라 하겠다. 내가 겪는 모든 일을 우주의 섭리이자 운명으로서 받아들이는 것, 오히려 내가 운명에 다가서는 것, 이것이 용기이다. 그것이 바로 'amor fati' 즉 운명을 사랑하는 것이다. 스토아학파의 사유는 운명애運命愛를 그 핵심 사상으로 한다.

다음으로 중요한 것은 스토아학파에서는 우주의 섭리와 운명이 동일시되기 때문에 가능성이라는 양상modality이 없다는 점이다. 오로지 현실성이 있을 뿐이다. 이 점에서 아리스토텔레스와 대립한다. 아리스토텔레스에게 어린아이는 아직 완전한 의미에서의 인간이 아니다. 어른이 되어야 인간이다. 어린아이는 인간이 될 수 있는 가능태이다. 그래서 완전한 것은 '완성태'에서만 드러난다. 따라서 현재는 늘 불완전하다. 완전한 것은 미래에 있다. 현재는 미래의 목적에 복속된다. 따라서 한 존재가 무엇인지는 그 존재 자체에 입각해 이해되는 것이 아니라 그것을 주재하는 목적에 비추어서만 비로소 이해된다고 할 수 있다. 근대 과학의 인과와 완전히 반대이다. 근대적 인과에서는 현재는 늘 과거를 통해서 이해되기에 말이다. 과거에 A(원인)라는 일이 있었기 때문에 현재 B(결과)라는 일이 발생한다는 것이다. 우리는 오늘날 이런 인과론에 익숙해 있다. 그러나 아리스토텔레스에게 한 사물의 존재 이유는 바로 미래에, 목적에 있다. 그래서 아리스토텔레스에게는 가능성의 개념이 매우 중요하다. 그런데 스토아학파에서는 현재가 그 자체로서 완전한 것이다. 매 순간의 현재는 우주적 인과의 한 매듭일 뿐이다. 복속된다면 우주 전체의 인과-섭리에 복속될 뿐, 어떤 미래의 목적에 복속되는 것은 아니다. 어떤 사건도 그 무엇인가를 위해서 존재하는 것은 아니다. 다만 우주의 인과/섭리가 그렇기 때문에 존재할 뿐이다. 그래서 스토아 철학에서 가능성의 개념은 큰 위상을 부여받지 못한다. 현재가 중요한 것이다.

결국 스토아 철학에서는 물체들만이 진정한 '원인'이다. 목적이나 형상이 동원될 필요가 없다. 목적은 인과 그 자체에 동반된다. 그래서 개체들의 전체가 신이고, 따라서 궁극의 실행자는 '실행하는 로고스'라고 할 수 있다. 스토아 철학은 '활동성'의 철학이다. 방금 현재의 중요성을 말했지만, 현재 자체도 수학적 방정식이나 논리적 방식으로 규정되기보다는 활동성에 입각해서 규정된다. 지난 강의에서 공허와 장소의 차이를 말했거니와, 물체가 공허 안에서 장소를 분절한다. 마찬가지로 행위는 무한한 시간 속에서 현재들의 외연을 분절한다. 산보하는 행위가 산보의 현재를 규정하는 것이다. 결국 스토아 철학은 참으로 간명한 철학이다. 최소한의 개념들 외에 불필요한 개념들을 모두 제거하는 매끈한 철학이다. 역사적으로 보면, 헬레니즘 시대의 "인생철학"의 분위기에서 오히려 번잡하다고 비난을 받았지만 말이다.

그런데 현재와 활동성을 중시하는 이런 생각은 실천철학에서도 중요한 함축을 띤다. 아리스토텔레스의 경우에는 실천철학에서도 목적론적인 사유가 동원된다. 왜 공부하느냐? 뭔가 알기 위해서다. 왜 알려고 하는가? 알면 좋기 때문이다. 왜 알면 좋은가? …… 이런 식의 목적론적 사유가 펼쳐진다. 그런데 모든 작은 목적들이 그리 향하는 큰 목적이 있다. 이런 목적을 궁극 목적 또는 목적 자체라고 부른다. 그것은 곧 행복이다. 좀 거칠게 정리했지만, 어쨌든 아리스토텔레스에서 삶의 기본 정향은 목적에 있다. 미래에 있는 것이다. 하지만 스토아학파는 목적을 인정하지 않기 때문에, 중요한 것은 현재에 충실한 것이다. 현재에 의미가 있다. 스토아학파에게는 현재에 발생하는 사건을 어떻게 품안으로 끌어안을 수 있는가, 어떻게 그 현재를 우주 전체의 한 매듭으로서 받아들이고 자신을 그것에 합일시키느냐가 중요하다.[3]

아리스토텔레스에게 궁극 원인은 궁극 목적이고, 이 궁극 목적은 신이다. 그리고 신은 운동하지 않는다. 신을 바라보면서 그리로 가려고 하는 존재들이 운동하는 것이다. 사실 고대 사유에서 궁극적 원인은 늘 부동의 존재로 파악되곤 했다. 궁극 원인 자체가 움직인다는 것

---

3) 여기에서 'divinatio'와 현재에의 충실은 모순되는가? 라는 문제가 발생한다. 'divinatio'는 우주의 운명=이법을 인식하고자 하는 것이며, 그런 인식이 가능하다면 인간은 자신의 운명을 완벽하게 인식할 것이다. 그것이 불가능할 때, 현재를 어떤 경우이든 이미 운명에 새겨져 있었던 상황으로서 받아들이는 것이 중요하게 된다. 이렇게 해석할 경우, 'divinatio'는 일종의 희망사항이라 할 수 있고 현재에의 충실은 일종의 차선책이라고 할 수 있다.

은 불합리한 것으로 이해되었다. "우주는 운동하지만 우주를 운동하게 만드는 근본 원인 자체는 운동하지 않는다"는 것, 이것이 그리스적 생각이다. 그러나 스토아학파는 내재성의 사유라고 했다. 스토아학파에서는 우주 자체가 신이고, 개별적인 운동들은 전체적 운동의 국면들일 뿐이다. 궁극 원인(신=우주)이 운동한다는 이야기가 된다. 이렇게 운동하는 원인causa quae facit을 상정하는 것이 그 당시 사람들에게는 기이하게 생각되었던 것 같다.

만일 인간이 우주의 인과를 총체적으로 인식한다면 기다림, 후회, 절망, 희망,…… 이런 것들이 의미가 있을까? 우주의 운명/섭리를 완벽하게 이해해서 그 변화가 우리 눈앞에 펼쳐져 있다면, 기다림이라든가 후회라든가 절망, 희망이 아무런 의미가 없을 것이다. 이것이 스토아적 경지이다. 그러나 우리 인생은 그렇지 않다. 우리 삶은 늘 이런 감정들로 가득 차 있다. 그런데 우주에 대한 형이상학적 판단을 중지하고 우리가 삶에서 체험하는 차원만을 순수하게 서술하는 입장이 있다. 바로 현상학이다. 그래서 이 문제에 대한 현상학자들과 스토아학파의 태도는 현저하게 다르다. 예컨대 죽음을 바라보는 시선도 전혀 다르다. 하이데거의 『존재와 시간』이 전개하는 죽음론과 스토아적 죽음 개념을 비교해 보라. 현상학적 입장에서 보면 우리 삶은 기대와 기다림, 후회, 절망…… 등의 감정들로 가득 차 있지만, 스토아적 입장에서 보면 이런 것들은 우주를 인식하고 그에 합일하지 못하기 때문에 생기는 감정들이다. 현상학은 인간의 주관적 상황을 서술하는 철학이지만, 스토아철학은 우주에 대한 객관적 인식을 토대로 하는 철학이다.

지금까지 한 이야기를 정리해 보자. 우선 스토아학파에서 올바른 행위는 우주에 대한 올바른 인식을 전제한다고 했다. 그래서 이런 갈망이 스토아학파에서는 자연철학이나 'divinatio'로 나타난다고 했다. 그런데 자연 인식에는 두 가지 측면이 있다고 했다. 섭리라는 면이 있고 운명이라는 면이 있다. 스토아학파에서는 이 두 가지가 궁극적으로 다른 것이 아니라고 했다. 운명이 섭리를 동반한다. 나아가 운명은 어떤 초월적인 설명 원리에 기반하는 것이 아니라고 했다. 이 세계 자체가 신이고, 이 세계를 채우고 있는 수많은 물체들을 일성하게 엮어 돌아가게 하는 법칙 전체가 운명이다. 그렇기 때문에 사건에 대해 우리가 취할 수 있는 것은 바로 우리 스스로가 우주 전체의 한 조각, 한 파편임을 깨닫고 그 사건에 우리 자신을 합일시키는 것이다. 마치 불꽃이 타오를 때 솟아올랐다가 다시 가라앉는 불티 같은 것이 우리 삶이다. 그것을 깨닫지 못하기 때문에 우주와 합일하지 못하는 것이다.

결국 스토아 철학은 인간과 세계를 엄밀하게 따로 떼어서 보는 근대적인 사유와도 다르고, 또 삶 자체를 가득 채우고 있는 경험의 의미들을 서술하는 현상학과도 매우 다른 유형의 사유라고 할 수 있다. 그리고 어떤 면에서는 오히려 동북아적인 사유와 통하는 바가 많다고도 할 수 있을 것 같다.

§4. 당신의 사건을 살아라

사건을 우주의 매듭으로서 파악해 그 사건과 합일하는 것이 스토아적 가치관이라고 했다. 하지만 우주의 완전한 파악이 불가능하다면, 차선의 방법은 우리 삶에서 발생하는 사건들을 우선 그 자체로서 파악하는 것이다. 여기에서 우리가 이 세계에서 발생하는 사건들을 어떤 식으로 인식하느냐의 문제가 제기된다. 인식론(스토아적 개념으로는 논리학)의 문제이다. 이것은 곧 사건을 어떻게 표상하느냐의 문제이다. 사건이란 기본적으로 '솟아오르는' 것이다. 그것은 인간이 주관적으로 만들어내는 것이 아니다. 세계에서 객관적으로 솟아오르는 것이다. 객관세계에서 솟아오르는 사건을 인식 주관이 포착하는 과정이 표상이다. 스토아 용법으로 이 표상은 'phantasia'이다. 오늘날의 용법과도 또 플라톤적 용법과도 다르다.

'phantasia'란 객관세계에서 물체의 운동을 통해 발생하는 사건이 우리의 인식 주관, 구체적으로는 우리의 영혼에 들어오는 과정이다. 스토아학파는 인식을 플라톤이나 아리스토텔레스와는 반대로 감각에서 출발해 이해한다. 모든 인식은 감각에서 출발한다. 플라톤이나 (상대적으로 경험주의적인) 아리스토텔레스의 경우, 우리가 이 세계의 참된 모습을 발견하려면 감각적인 것을 넘어서야 한다. 다섯 개의 공깃돌이 있을 때, 우리는 거기에서 '다섯'이라는 수를 발견한다. 하지만 엄밀히 말해서 다섯이라는 수는 내가 볼 수도 들을 수도 없는 무엇이다. 그럼에도 우리는 다섯을 발견한다. 그런데 우리가 공깃돌에서 다섯이라는 본질을 보려면 그것들에서 크기, 모양, 색깔, 맛, 향기,⋯⋯ 등의 감각적 성질들을 빼야 한다. 그리고서 사물의 비감각적인 면을 이해했을 때 그 형상을 이해하게 된다. 공깃돌의 여러 감각적 성질들을 뺐을 때 '5'라는 비감각적인 존재를 파악할 수 있게 된다. 스토아학파는 이와 다른 인식론을 전개한다. 모든 인식은 감각에서 출발한다고 보는 것이다. 계몽시대의 용어를 쓴다면 '감각주의'이다.

　　그러나 당장 문제가 생긴다. 이미 소피스트들과 소크라테스/플라톤의 논쟁이 있었지만, 감각에서 출발할 경우 어떤 객관적이고 보편적인 인식도 가져오지 못한다는 것이 플라톤의 입장이다. 어떤 상황에서 한 사람은 춥다고 느낄 테고 다른 한 사람은 그렇지 않을 것이다. 그럴 때 누구의 감각이 참인지, 실재에 가까운지 말할 수 없다. 그렇기 때문에 소피스트들은 결국 회의주의와 상대주의로 간다. 반면 플라톤은 감각을 솎아내고 이성적으로 세상을 보아야 실재를 볼 수 있다고 말한다. 이에 비해 스토아학파는 감각에서 출발하되 감각으로부터의 인식에서 인식 주관에 의해 왜곡되는 측면과 그렇지 않은 측면을 구분하고자 한다. 스토아학파에서는 상대적이고 주관적인 것에 그치지 않는 표상이 존재한다. 그런 표상을 지난 강의에서도 언급했듯이 'phantasia kataléptiké'(포착적 표상)라고 한다. 이 포착적 표상이란 어떤 사물을 표상했을 때 우리 영혼이 그 사물을 사물 자체에 입각해서 표상한 경우이다. 이것은 곧 우리 영혼이 'phantasia'를 왜곡된 이미지가 아니라 대상 자체에 입각해서 표상했음이 승인되는 경우이다. 이 경우 감각적 표상은 우리 영혼에 '각인'된다. 이 각인되는 표상, 우리 영혼이 각인으로서 받아들이는 표상이 포착적 표상이다.

　　그래서 스토아학파는 소피스트들과도 플라톤과도 다르다. 소피스트들은 포착적 표상을 인정하지 않기 때문에 회의주의, 상대주의로 빠져 버렸고, 반대로 플라톤은 감각을 전적으로 불신했기 때문에 각인되는 감각적 표상도 있다는 사실을 보지 못했다. 스토아학파는 전적으로 주관적인 감각 표상과 사물 자체를 반영하는 감각 표상을 구분함으로써 훨씬 유연한 인식론으로 간다(표상=지각을 둘러싼 이런 논의는 훗날 영국 경험론자들에 의해 정교화된다).

이런 식의 생각은 중요한 전제를 함축한다. 표상과 수용 사이에는 자연이 보장하는 어떤 끈이 있다는 생각이다. 객관과 주관을 이어 주는 끈, 그래서 주관의 인식을 객관적인 그 무엇으로 만들어 주는 끈, 세계와 영혼을 이어 주는 자연의 끈이 있다는 것이다. 이것을 'principia naturalis'(자연의 원리)라고 할 수 있다. 스토아학파는 이 끈을 인정하는 입장을 취하고 있다. 영혼이 우주 전체의 한 조각일 뿐이라는 사실을 기억한다면, 어렵지 않게 이해할 수 있는 대목이다. 여기에서 우리는 스토아 철학이 아무리 플라톤과 대척점에 있는 철학이라 해도 보다 심층적인 전제를 공유하고 있음을 간파할 수 있다(사실 진정으로 대척점에 있는 철학은 에피쿠로스의 철학이다). 나는 서구 '전통' 철학의 핵심을 '존재와 사유의 일치'라는 테제로 본다. 이른바 '자연의 빛'lumen naturae이다. 따라서 서구에 있어 전통 철학과의 단절은 유물론의 등장에 있는 것이 아니라 바로 이 테제와의 단절에 있다. 형상철학이든 유물론이든 사실상 같은 근본 전제 위에 서 있다. 이 전제가 무너졌을 때 (철학적 맥락에서의) '모더니티'가 성립하게 된다.

이런 단절을 분명하게 보여 주고 있는 인물들은 데이비드 흄과 칸트이다. 단절을 보여 준 것이 흄이고, 단절을 전제하고서 새로운 철학을 보여 준 것이 칸트이다. 칸트는 인간에게 확실한(필연적이고 보편적인) 인식이 존재하긴 하지만 그것은 대상의 실재(물자체)가 나에게 있는 그대로 표상되는 것이 아니라 인식주체가 표상된 인식 질료들을 구성함으로써 성립한다고 본다(엄밀히 말해 '대상' 자체가 인식주체에 의해 구성됨으로써 성립한다). 그래서 '반영'이나 '각인'이라고 할 수 없다. 주체의 구성이다. 이 때문에 표상의 의미 자체가 바뀐다. 본래 're-presentation' 즉 대상이 인식주체에게 '다시' 나타남을 뜻하던 표상이 'Vor-stellung' 즉 대상이 주체 '앞에' 불려 옴을 뜻하게 된다. 주체는 대상을 '자기 앞에' 불러 와 구성한다. 칸트의 이 구성 개념만큼 근대적인 사유를 잘 드러내 보이는 개념도 드물다. '근대성'을 핵심적으로 드러내는 개념이다. 이제 '빛'의 의미도 바뀐다. 전통 사유에서 빛은 자연의 빛이자 무한의 빛, 즉 인간과 세계를 이어 주고 그들을 관통하는 빛이었다. 그러나 이제 **인간-주체가 광원**光源이 된다. 빛은 주체로부터 온다. 따라서 인식도 대상과 주체의 일치가 아니라 주체의 빛이 비추임이 된다. 주체의 빛이 비추는 만큼 인식, 의미, 역사, 자유가 가능하다. 그 바깥은 알 수 없는 차원으로 남으며, 따라서 인간은 '유한한' 존재라는 생각이 서구 사유를 지배하게 된다.

이 구성이라는 개념이 헤겔을 통해('노동' 개념을 통해) 보다 탈-주관적인 형태로 변환되지만, 사실 근본적으로는 변한 것이 없다. 아니 사실상 헤겔은 칸트보다 더 주관적인 사유를 구사한다(앞에서도 언급했지만, '주관적'은 '자의적'을 뜻하지 않는다). "실체는 주체"라는 입장이 견지되며, 주체의 빛이 세계의 끝까지 도달한다. 주체의 빛이 곧 무한의 빛이 된다. 이제 인간은 거의 신적인 존재로 화한다. 유한성의 테마를 핵심으로 하는 칸트의 사유보다 더 주체철학적인 사유인 것이다. 하지만 헤겔의 사유는 노동 개념을 통해서 주-객 사이에 존재하는 역동적 활동성을 드러낸 점에 철학사적 공헌이 있다고 할 수 있고, 이것이 마르크스로 이어진다. 하지만, 다른 곳에서 여러 번 말했듯이, 마르크스 역시 서구 근대성의 전통을 완전히 벗어난 사람은 아니다. 어

쟀든 주체중심주의가 서구 근대성을 특징짓고 있다.[4]

여기에서 '표상'과 '표현'을 구분할 필요가 있다. 사건은 '지시할 수 없는 것'이다. 다시 말해, 대상과 주체의 '일치'라는 테마를 통해서는 이해하기 힘든 것이 사건이다. 때문에 사건은 표상을 통해 이해될 수 없다. 의미란 바로 표현을 통해 발생하기 때문이다. 눈이 내리는 것을 볼 때, 단지 눈이 내리는 그 운동이 하나의 'phantasia'로서 내 영혼에 각인되는 것만은 아니다(엄밀히 말해 눈의 운동은 각인되지만, 눈이 내리는 사건 자체는 각인되지 않는다. 탈-물질적인 것이기에 각인이 불가능하다). 눈이 내릴 때, 그 사건과 더불어 무엇인가가 동시에 발생한다. 바로 의미가 발생한다. 예컨대 우리는 첫눈이 내리면 과거의 아름다웠던 추억을 생각한다(물론 의미는 우리의 이 주관적/인칭적 차원 이전에 존재한다). 내 눈에 들어오는 것은 한편으로는 물리적 운동의 결과 즉 사건이지만, 동시에 거기에 의미가 발생한다. 이런 맥락에서 우리는 사건과 순수사건을 구분할 필요가 있다. 물질적 운동과 거기에서 물질의 차원을 뺀 의미 자체를 구분해야 하는 것이다. "눈이 오다"라는 의미, 특이성이 바로 순수사건이다. 그래서 운동이 표상될 수 있다고 전제한다 해도, 표상과 표현을 구분할 수 있다. 표상되는 것은 물

---

4) 후설의 철학(특히 그의 '선험적 관념론')도 이런 맥락에서 철학사적으로 위치 지을 수 있다. 후설은 '현상'학을 제시했다는 점에서 칸트 이후의 주체철학적 사유를 구사한다. '현상'이란 결국 '인간'에게 나타난 것이기 때문이다. 그러나 후설은 현상'학'을 제시했다는 점에서 현상 자체의 본질, 현상의 로고스를 인정한다. 이 점에서 인식주체가 대상을 '구성'해내는 칸트와 구분된다. 후설은 노에마와 노에시스의 **일치**를 말함으로써 존재와 사유의 일치라는 (칸트 이래에 끊어진) 끈을 다시금 복원시키고 있다. 그러나 이제 후설에서의 일치는 실재와 영혼의 일치가 아니라 현상의 노에마와 인식주체=노에시스의 일치이다.

체적 운동이지만, 거기에서는 동시에 의미=순수사건이 표현되고 있는 것이다. 우주와 합일한다는 것은 바로 이 의미와 합일함을 뜻한다. 다시 말해, 순수사건과 합일하는 것이 우주와 합일하는 것이다. 우리는 죽음을 논할 때(10강, §2) 다시 이 생각을 만날 것이다.

스토아학파에서 사건과 합일한다는 것은 바로 표상을 선용善用함을 뜻한다. 표상의 선용이 스토아 실천철학에서 핵심적인 내용이다. 앞에서 인식과 실천에 관해서 한 이야기를 상기하면 될 것이다. 표상을 선용한다는 것은 결국 표상에서 표현을 읽어내고 그 사건/의미와 자신을 합일시키는 것이다. 우주의 의미와 자기 주관의 의미 사이에 있는 거리를 제거하는 것이다. 인간은 자신의 주관을, 세계와의 일정한 거리를 매개시켜 세계와 관계 맺는다. 사건과의 합일이란 바로 그 거리의 제거를 뜻한다. 사건의 의미를 파악하고 그 의미를 우주 전체의 한 매듭으로 읽어냄으로써, 나 스스로를 그 사건과 동일시하는 것이 바로 표상을 선용하는 것이다. 's'identifier à'라는 표현이 있다. 스스로를 ~에 동일시하는 것이다. 사건과 합일한다는 것은 바로 스스로를 그 사건에 동일시하는 것이다. 스스로를 그 사건의 장소/자리에 놓는 것이다. 이것은 곧 스스로를 준-원인과 동일시하는 것이다. 지난 강의에서 '이중 인과'에 대해 이야기하면서 준-원인에 대해 이야기했고, 또 '우발점'에 대해서도 이야기했다. 결국 스스로를 준-원인에 동일시한다는 것은 우발점에 자리 잡는 것이다. 그것이 사건을 받아들이는 것, 나아가서 원하는 것이다. 이것을 "사건들을 그것들이 일어나는 그대로 원하라"라고 요약할 수 있다.

크뤼시포스는 이런 말을 한다. "덕에 따라 산다는 것은 자연적으

로 발생하는 사물들에 대한 경험에 따라 사는 것이다." 그래서 스토아
학파에 속하는 철학자들의 삶을 보면 매우 강인하고 용감하다. 강직
하고 실천적이며 또 불굴의 용기를 가진 사람들이다. 관념의 세계에
만 빠져 거대한 개념체계를 구축하지만 실제 삶에서는 소시민에 불
과한 근대 지식인들, 이른바 "창백한 인텔리"라는 상像과는 전혀 다르
다. 지난번 강의에서도 지식인 상에 대해서 말한 적이 있지만, 이제 우
리는 이런 창백한 인텔리 상에서 스토아적인 지식인으로 바뀌어야
할 것이다. 선불교의 대표적인 인물들도 그렇다. 선불교의 역사에서
도 우리는 스토아적 인물들을 많이 발견할 수 있다. 선불교의 경지 역
시 우주의 의미와 자기 주관의 의미 사이에 존재하는 거리를 제거하
는 것이다. 중요한 것은 스스로가 연기緣起 법칙의 한 국면임을 깨닫는
것, 인생사에서 발생하는 사건들에 스스로를 동일시[合一]하는 것이다.

　　달마조사達磨祖師의 강론 중에서 전해 내려오는 것으로『약변대
승입도사행』略辯大乘入道四行이 있다. 여기에서 '보원행'報怨行 즉 증오를
갚는 법이라는 항목이 나온다.

　　　수도자가 고통과 시련에 빠질 때, 그는 스스로에게 이렇게 말해야 한
　　다. 지나간 헤아릴 수 없이 많은 시간劫=kalpa에 나는 본질적인 것을 버
　　리고 우연적인 것을 쫓았다. 인생이라는 파도에 흔들리면서 수많은 증
　　오, 악의, 악행을 저질렀다. 그러니 지금 이 고통이 어찌 이 세상에서의
　　과오 때문이겠는가. 다만 전생의 업의 결과일 뿐. …… 그러니 누구를
　　증오할 것인가. 다만 나 스스로 이 쓴 열매를 감내하리라.

이는 앞에서 인용한 에픽테토스의 생각과 같은 경지이다. 요컨대 우리가 지금 겪고 있는 모든 일은 'fatum'의 한 매듭으로서 발생하는 일이라는 것이다. 이 사실을 깨닫지 못하기 때문에 한탄하고 증오하게 된다. 사건에 스스로를 동일시하는 것, 사건과 합일하는 것, 자신의 사건을 사는 것이 중요하다.

10강 _ 운명

지난 시간에 운명에 대해 여러 번 언급했는데, 오늘은 이 운명=
'fatum'을 본격적으로 논해 보자. 운명 개념은 스토아 사유의 중핵에
위치해 있는 개념이다. 이 개념을 현대적 맥락에서 재음미해 보자.

§1. 'fatum'과 사건의 두 얼굴

'fatum'이라는 말은 스토아학파에서 자주 등장하는 말로서 현대어의
'fate'에 해당한다. 그리스어의 'heimarmenê'에 대응하는 말이라고 할
수 있다. 이 'fatum'이라는 말은 '말하다'를 뜻하는 'fari'에서 온 말이
다. 'fari'의 과거분사이고, 그래서 '말해진 것'을 뜻한다.

.이때 '말해진 것'이라는 개념은 우리가 일상사에서 가볍게 이야
기하는 뜻에서의 '말해진 것'이 아니다. 이때의 '말해진 것'은 인간 바
깥의 그 어디에서인가 말해진 것을 뜻한다. 어떤 신성한 말이다. 유
대-기독교의 『구약』을 보면 "태초에 말씀이 있었다"라는 구절이 나온

다. 'fatum'이란 이런 맥락에서의 '말씀'을 말한다. 이 세계에 관련해 궁극적으로 '~하다' 또는 '~하라'고 말해진 것이다. 또, 그리스 문화에서의 '신탁'을 예로 들 수 있다. 델피의 신전에 내려오는 신탁神託이란 신의 말씀이다. 우리 인간으로서는 거역할 수 없는 말이다. 이런 의미에서의 'fatum'이란 인간 개개인이 선택한 것이 아니고 각자에게 바깥에서 주어진 것, 내려온 것을 뜻한다. 오늘날 우리가 '운명'運命이라는 말을 쓸 때에는 '운'運에 강조점이 두이진다. 그러나 고대의 경우 이 말을 쓸 때에는 '명'命에 강조점이 두어진다. 물론 지금도 고대적인 생각의 그림자는 상당 부분 남아 있으며, 특히 한국 사회에서는 이른바 '운명철학'이니 '성명性命철학'이니 또는 '명리학'命理學이니 하는 담론들이나 '철학관' 같은 장소들이 무수히 널려 있다. 첨단의 문화와 주술의 문화가 공존하고 있는 것이다.

운명은 또한 '천명'天命이라고도 한다. 이 개념은 특히 『서경』에 등장한다. 이 책을 보면 어떤 정치가가 다른 나라를 토벌하러 갈 때 이른바 '대의명분'을 내세운다. 예컨대 주周가 은殷을 치면서 내세운 명분名分 등이 기록되어 있다. 자신이 그 나라를 토벌하는 것은 자기 개인의 의지나 결단에 의해서가 아니라 하늘의 명에 의한 것이라는 점을 역설한다. 그래서 그 토벌은 인간 주체로부터 나오는 것이 아니라 하늘의 뜻에 따르는 어쩔 수 없는 것임을 뜻하게 된다. 또 '명'이라는 개념의 원초적 의미는 생명이다. 문화는 인간이 만들어 나가는 것이지만, 생명은 하늘이 주는 것이다. 그 가장 기본적인 의미는 수명이다. 미세한 차이가 있지만, 이렇게 명이라는 개념은 'fatum'에 대응한다. 많은 전통 사상들이 명/운명에 대해서 논의를 해왔거니와, 근대 이후에 와서 이 개념들의 상당 부분이 빛이 바랬다. 왜냐하면 주체 중심의 사상이 등장하고 인간이 세계의 주인이 되면서 운명이라든가 천명 같은 말들은 더 이상 과거에 가졌던 무게를 가질 수 없게 되었기 때문이다. 그러나 근원적으로 생각해 보면, 과거나 지금이나 유한한 인간에게는 운명이라는 개념은 역시 피할 수 없는 것으로 다가온다.

키케로 같은 사람은 운명을 "ordines seriesque causarum" 즉 "원인들의 질서/순서이자 계열"이라고 정의했다. 사실 그리스어 'heimarmenê'의 유래인 'meiromai'는 '분배하다'를 뜻했는데, 스토아주의자들은 'eimos'에서 유래한 것으로 잘못 알고서 이어짐, 계열로 해석했다. 키케로의 정의도 이런 맥락에서 제기된 것이다. 어쨌든 운명이란, 마치 직물이 씨줄과 날줄로 정교하게 짜여 있듯이, 이 세계에서 벌어지는 모든 일은 정교하고 빡빡한 직조물처럼 조직되어 있다는 생각을 담고 있다(운명의 여신들이 직물을 짜는 여인들로 표상되고 있음을 상기). 그래서 우리 삶을 채우는 각각의 사건들이 그 직물의 어디에 속하는가를 깨닫는 것이 중요하다. 이런 인식에의 열망이 우리가 지난 시간에 이야기했던 'divinatio'로 이어지는 것이다. 또 이런 식의 결정론을 우리는 '숙명론'이라고도 한다.

그런데 이런 숙명론을 반대하는 사람들도 많다. 카르네아데스라든가 알렉산드로스 아프로디시아스 같은 사람들이 이런 사람들이다. 쌍둥이의 예를 들 수 있다. 숙명론적인 생각을 가진 사람들이 제시하는 중요한 메커니즘들 중 하나가 바로 우리가 말하는 사주팔자四柱八字이다. 언제 태어났는가를 말한다. 서양의 경우 태어난 날이나 월이나 해에 상응하는 별과 깊은 관계가 있다. 저 사람은 스콜피온 별자리의 운명을 타고났기에 이러이러한 때에 죽은 것이라는 식으로 이야기한다. 하지만 쌍둥이를 봐라. 같은 해 같은 날에 태어났는데, 왜 다른 인생을 걸어가느냐. 또 집단적인 죽음의 예도 있다. 죽은 사람들은 모두 다른 운명을 타고났는데, 특정한 역사적인 상황에서 모두 같이 죽었다. 이것을 어떻게 이해해야 하느냐. 또 한 예로는 지금으로 말하면 '늑대인간'이다. 일정한 사주를 타고 태어났지만, 원시적인 환경에 내던져진 사람은 전혀 다른 길을 걸어긴다는 것이다. 예선부터 숙명론을 주장하는 사람들과 반대하는 사람들 사이에는 늘 이런 식의 논쟁이 있어 왔다.[1]

이미 지적했지만(9강, §3), 스토아학파가 말하는 운명은 플라톤이 말하는 '아낭케'ananchê와는 다르다는 점이다. 아낭케라는 말은 여러 가지 맥락에서 사용되는 말인데, 여기에서는 특히 플라톤의 우주발생설을 염두에 두어야 한다. 이 아낭케를 흔히 '필연'으로 번역하기 때문에 오해가 생긴다. 필연이란 근대에 이르러 논리적 필연성 또는 우주의 법칙이라는 의미로 사용되기 때문이다. 우주 법칙으로서의 필연은 바로 스토아적 운명이다. 그러나 플라톤의 아낭케는 오히려 이런 필

---

1) 오늘날 이런 논쟁은 생물학석 지식을 눌러싸고서 벌어지고 있다. 유전자 결정론이나 사회생물학 등은 생물학적 지식을 근거로 결정론적 사유를 펼치고 있다. 숙명론과 결정론은 전자가 주술적-형이상학적 사유이고 후자가 과학적 사유라는 차이가 있음에도 삶에 관련된 귀결은 같다. 전자가 숙명의 근거를 외부적인 주재자(主宰者)에서 찾는다면, 후자는 한 존재 내부에 그 존재의 실체를 상정하는 생각이다. 어느 쪽이든 한 존재가 외부와 부딪치면서 겪게 되는 **우발적**(contingent) **경험**들을 배제시키고 있다. 만일 우발적 경험들까지도 결정론적으로 보려 한다면 라이프니츠 식의 신학적 구도를 끌어와야 한다. 모두 무리한 생각들이다.

연=운명에서 벗어나는 무엇이다. 물론 흔히 사용되는 의미에서의 운명과 스토아적 운명도 또한 다르다. 우리에게 필연은 순수한 객관적 법칙성이지만 운명은 인간적인 그 무엇(물론 필연을 기반으로 하는)으로 이해되기 때문이다. 아낭케, 필연, 운명의 미묘한 관계를 조심스럽게 이해할 필요가 있다.

플라톤은 『티마이오스』에서 세 가지 근본 존재들을 가정했다. 첫 번째 존재들인 형상들은 한 단계 구체화됨으로써 '파라데이그마' 즉 본本의 역할을 한다. 우주는 이 파라데이그마를 '본'떠서 만들어진 것이다. 다른 하나는 '물질-공간'matter-space이라 번역할 수 있을 '코라'chôra가 등장한다. 이것은 생성의 모태, 터전이라고 할 수 있다. 마지막으로 파라데이그마를 보고서 코라를 빚음으로써 우주를 만든 '조물주'가 있다. 파라데이그마는 설계도, 코라는 재료, 조물주는 장인이다. 그런데 파라데이그마에 따라야 할 코라가 그것에 완벽하게 복종하지를 않는다. 이 점에서 플라톤의 데미우르고스는 히브리신과는 다르다. 히브리의 신 야훼는, 적어도 훗날의 정식화에 따르면, 무에서 우주를 창조했다고 한다. 데미우르고스는 '이성'nous을 통해서 코라를 '설득'한다. 그러나 코라는 이성의 설득에 어느 한계까지만 굴복하고 더 이상은 설득되지 않는다.[2] 그래서 세계는 우선은 '코스모스'이지만, 이 질서는 완벽하지 않다. 그래서 지진, 해일, 병,…… 등이 존재하며,

---

2) 데리다는 이 코라 개념을 적극적으로 해석함으로써 중요한 결론들을 이끌어내었다. 다음을 보라. Jacques Derrida, "La pharmacie de Platon", *La Dissémination*, Seuil, 1972.

자연과학적으로도 비결정성이 발견되곤 한다('불확정성의 원리'를 발견한 하이젠베르크가 『티마이오스』에 매료되었다는 사실은 유명하다). 세계의 바로 이런 측면이 플라톤적 의미에서의 '아낭케'이다. 이것을 '필연'이라 번역한다면, 그때의 의미는 현대적인 의미에서의 필연이 아니라 '어쩔 수 없는 것'이라는 뜻이다. 조물주조차도 어쩔 수 없는 코라의 본성이라는 의미이다.

스토아학파가 말하는 운명은 플라톤적 의미에서의 아낭케와 반대의 의미이다. 아낭케가 우주의 결정성을 파괴하는 미세한 떨림이라면, 운명이란 완벽한 결정론적 질서이기 때문이다. 그런데 앞에서 말한 'heimarmenê'가 'necessitas'(오늘날의 'necessity')로 번역된다. 이렇게 되면서 의미의 변화가 일어난다. 로마인들이 그리스인들을 오해했다고 할 수 있다. 그리스어의 '아낭케'와 '헤이마르메네'는 인간 중심의 질서를 전제한 상태에서 거기에 맞지 않는 것으로 드러나는 무엇(어쩔 수 없는 것)을 뜻하지만, 라틴어의 '파툼'과 '네케시타스'는 우주의 완벽한 이법, 법칙을 말한다. 요컨대 '파툼'과 '아낭케'는 '어쩔 수 없는 것'이라는 의미를 공유하지만, 그 맥락이 전혀 다르다. 전자가 완벽한 질서여서 우리로서는 어쩔 수 없는 것이라면, 후자는 (인간이 모방해야 할) 우주의 완벽한 질서를 깨트리는 것으로서의 어쩔 수 없는 것이다.

그러나 다시 복잡한 것은 운명이라는 말의 스토아적 용법도 오늘날 우리 어감에는 잘 맞지 않는 면이 있다는 것이다. 오늘날 '운명'이라고 하면 자연/하늘의 조화로운 질서를 뜻하기보다는 그로부터 좀 벗어난 이해하기 힘든 하늘의 뜻이라는 뉘앙스를 띤다(전통적인 사유에서는 '사명'使命과 '운명'運命이 구분되었다). 다시 말해, 운명이라는 말은 순수한 자연 법칙적인 맥락보다는 어떤 가치론적인 맥락에서 사용되곤 한다. 결국 아낭케, 운명, 필연 이 세 가지가 지금은 모두 의미를 달리한다. 필연은 우주의 완벽한 법칙성, 아낭케는 그로부터의 일탈, 운명은 인간 중심적으로 생각했을 때 이해할 수 없는 하늘의 뜻이 된다.[3] 결국 스토아적 'fatum'은 우주의 완벽한 질서이자 인간이 거기에 따라 살아야 할 질서이기도 하다.[4]

스토아 철학에서는 또한 'confatalia'라는 개념도 등장한다. 원래 이 말은 크뤼시포스가 고립된 주장과 총체로서 연결된 주장의 구분을 강조하기 위해 도입한 개념이다. 우주는 복잡하고 정밀하게 얽혀 있는 총체이기 때문에 운명은 늘 총체적으로 존재한다. 스토아학파에 따르면, 운명이란 합리적인 자연이라는 총체의 법칙인 것이다.[5] 이 경우 신이 부여한 운運의 개념과 자연 법칙의 개념이 동일시된다. 앞에

---

3) "하늘"이라는 전통적인 개념을 거둬내고 볼 때, 운명이란 객관적 필연이 주관적 의미를 띨 때 성립한다고 할 수 있다. 누군가가 번개에 맞은 것은 어떤 특별한 이유도 없는 필연일 뿐이다. 그러나 그 필연이 적용되는 대상이 그 사람이 된 사실 자체는 우연이다. 그리고 이 **객관적 필연**과 **주관적 우연**이 **겹친 상황**이 그 주관에게는 운명으로서 이해된다.

4) 라이프니츠는『변신론』에서 여러 종류의 'fatum'을 구분하기도 한다. 인과의 가치를 인정하지 않는 'fatum mohametanum' 즉 이슬람세계의 운명 개념, 인과 개념을 포함하는 'fatum stoicum', 그리고 신성한 목적의 관점에서 운동인을 인정하는 'fatum christanium' 즉 기독교적 운명.

5) 이 "공운명"(共運命 = confatalia) 개념과 라이프니츠의 "공가능성"(compossibilité) 개념을 비교해 볼 필요가 있다. 양자 모두 사물들 사이의 맞물림, 공통의 변화를 함축하며 또 필연의 뉘앙스를 띠지만, 라이프니츠의 공가능성이 목적론을 함축하는 개념이라면 스토아의 공운명은 목적론을 함축하지 않는다. 제작적 세계관과 유물론의 차이가 이 두 개념에서 분명하게 드러난다.

서 말한 섭리와 인과의 동일시이다. 결국 현자의 자유란 그에게 의존하는 것과 의존하지 않는 것을 구분하고, 표상들을 선용善用하는 데 있다. 표상의 선용이란 결국 단일한 사건들이 어떻게 자연의 합리성을 표현하는가를 이해하는 것이다. 그렇게 함으로써 사건과, 나아가 우주와 합일하는 것이다.

그런데 이 운명이란 우리 각자가 원해서 발생하는 것은 아니다. 사건들은 우리가 원해서 발생하는 것이 아니라 우리 바깥에서 우리에게 솟아오르는, 일어나는arrive 것이라고 할 수 있다. 그런데 무슨 일인가가 나한테 닥쳐올 때 그 사건은 두 가지 얼굴을 가지고 다가온다. 하나는 논리적인 얼굴이고, 다른 하나는 물질적인 측면 즉 우리 신체와 관계되는 얼굴이다. 논리적인 사건이란 다름 아닌 '순수사건'이다. 구분이 필요 없을 때에는 '사건'으로, 특별히 특이성으로서의 사건을 가리킬 때는 '순수사건'으로 부르는 것이 좋겠다.

예컨대 브루투스가 카이사르를 원로원에서 죽인 일을 생각해 보자. 이 사건에는 두 가지 측면이 있다. 'A가 B를 죽였다'라는 논리적 사건이 있다. 그런데 우주에서 발생하는 모든 살인 사건들은 이 구조를 반복하는 것이다. 'A가 홈런을 쳤다'라는 경우도 마찬가지이다. 다만 그 A에 들어가는 사람만 다르다. 클레오파트라와 안토니우스가 사랑했다, 로미오와 줄리엣이 사랑했다, 성춘향과 이몽룡이 사랑했다,…… 등은 모두 'A가 B를 사랑했다'라는 논리적 사건을 반복하고 있는 것이다. 우주에는 무한의 사건들이 있지만, 사실 수많은 사건들이 동일한 논리적 사건을 반복하고 있다. 이렇게 생각해 보면, 세계란 논리적 구조logical structure를 그 뼈대로 하고 있다고도 볼 수 있다. 구조주의란 바로 이런 세계의 논리적 구도를 파악하는 것에 다름 아니다("세계의"라는 말이 중요하다. 구조주의는 단지 논리학인 것이 아니라 어디까지나 세계의 논리적 구조, 즉 세계의 '논리적인 내용'을 다루는 담론이다).

우주적인 관점에서 보면 A, B,…… 등에 무엇이 들어가는지는 이차적인 문제이다. 핵심적인 것은 영원히 반복되는 논리적 사건들이다. 하지만 각 개인에게는 그렇지 않다. 'A가 몰매를 맞다'는 우주의 논리적 사건이고, A에 누가 들어가든 그 논리적 구조, 우주적 사건은 동일하다. 그러나 실제 A에 들어가는 사람에게는 끔찍한 사건이다. 각 개인에게는 누군가를 죽이는 경우와 자신이 누군가에 의해 죽는 경우는 천지 차이이다. 좀더 사소한 예로서, 홈런도 마찬가지이다. 내가 홈런을 치는 것과 남에게 홈런을 맞는 것은 정반대이다. 이 점에서 우주적 사건과 개인적인 사건은 그 의미를 달리한다. 그런데 누가 들어가든 같은 경우들도 있다. 예컨대 사랑의 경우가 그렇다. 'A와 B가 사랑하다'에는 A와 B에 누가 들어가든 결과는 같다. 그래서 사랑은 큰 가치를 부여받으며, 사람들은 늘 사랑을 노래한다.

요컨대 모든 사건은 두 측면을 동시에 드러낸다. 하나는 논리적 측면이고 다른 하나는 인칭적personal 측면이라고 할 수 있다. 하나는 우주의 운명이고 다른 하나는 개인의 운명이다. 두 경우의 운명이 뉘앙스를 상당히 달리한다. 논리적 사건은 우주의 엄연한 이법이지만, 인칭적 사건은 한 주체의 고통과 행복에 관련된다. 전자의 운명은 스토아적 의미에서의 'fatum'이고, 후자의 운명은 우리가 흔히 말하는 개인적인 운명destiny이다. 이것은 반복의 문제와도 관련된다. 'A와 B

가 사랑하다'라는 논리적 구조는 계속 반복되지만, 로미오와 줄리엣이 사랑하는 것과 성춘향과 이몽룡이 사랑하는 것은 여러모로 다르다. 또 이는 부정법으로서의 사건과 현실적 사건의 관계와도 같다. 'A와 B가 사랑하다'는 부정법의 존재 양식이지만, 그 구체적 실현은 시간, 공간, 인칭, 상황,…… 등에 따라 달라지는 것이다.

　　사실 대부분의 사람들에게 순수사건은 큰 관심사가 아니다. 특별히 형이상학적 정신을 가진 사람이 아닌 일반인은 당연히 인칭적 사건에 관심을 둔다. 하나의 사건이 나에게 무엇을 의미하느냐를 생각한다. 이 점에서 사람들은 인칭적으로 살아간다고 할 수 있다. 그렇다면 스토아적 현자는 어떤 사람일까? 현자는 사건을 인칭적 관점에서가 아니라 우주적 관점에서 이해하고, 논리적 사건과 인칭적 사건 사이에 존재하는 거리를 무화시키는 사람이다. 자신의 행불행을 마치 남의 행불행인 것처럼 관조하는 사람이다. 자自와 타他의 경계를 뛰어넘어 스스로를 객체화해 우주적 관점에서 바라보는 경지이다. 자신과 우주를 떼어서 감성적으로 보기보다는 우주와 일치시켜서 있는 그대로의 실상을 볼 수 있는 사람이 스토아적 현자이다. 이른바 '초연超然한 삶'이다. 그러나 이 말의 일상적 의미와 스토아적 의미는 다르다. 스토아적 초연함이란 세상 바깥으로 나와 세상과 거리를 두는 은자적隱者的 초연함이 아니라, 실제 세상에서 벌어지는 사건들과 더불어 살면서 그것들에 초연한 것을 뜻하는 것이기 때문이다. 예컨대 정치판에서 살면서도, 온갖 피곤하고 위험한 일을 겪으면서도 초연한 것이 진정 스토아적으로 초연한 것이다. 이 점에서 불교적 초연함과 스토아적 초연함은 상당히 다른 것이라고 보아야 한다.

현대 문학자들 중에도 이런 스토아적 태도에 아주 가까운 사람들이 있다. 들뢰즈는 조 부스케를 이런 인물로 이해한다. 부스케는 "내 상처는 나 이전에 존재했으며, 나는 그것을 구현하려고 태어났다." 내가 겪을 사건으로서의 상처는 나 이전에 'fatum'의 한 매듭으로서 존재했으며, 나는 그 사건의 수행자라는 것이다. 매우 스토아적인 생각이다.[6] 앞에서 인용했던 달마조사의 말을 생각나게 한다. 라이프니츠 식으로 말해, 사건은 우리에 의해 발생하는 것이 아니라 우리에게서 발생한다고 할 수 있을 것이다. 이는 숙명론으로 보이지만, 그러나 오해하면 곤란하다. 스토아적 숙명론은 오히려 사건을 피하지 않고 맞이하는 것, 용기 있게 사건에 부딪치면서 살아가는 것, 그러나 그 사건이 자신에게 가져다주는 고통과 불행을 담담하게 맞이할 수 있는 것을 의미한다. 사건을 피하는 것도 아니고, 사건에 한탄하는 것도 아니다. 사건을 맞이하면서, 겪으면서 그것에 초연한 것이다.

따라서 만일 우리가 스토아학파를 탈세간적脫世間的이라거나, 정적주의靜寂主義라거나, 일상적 의미에서의 '금욕적'이라고 비판한다면, 그것은 비판의 초점을 잘못 잡은 것이다. 스토아학파에 대한 의미 있

---

6) "사건이 우리에게 만들어 주는 이 의지에 도달하는 것, 우리에게서 생산되는 것의 준원인 즉 담지자(l'Opérateur)가 되는 것. 표면들과 안감들을 생산하는 것(이 표면들과 안감들에서 사건은 일반적인 것과 특수한 것, 집단적인 것과 사적인 것을 넘어 반사되며, 비물체적인 상태에 놓이며, 그것[사건]이 자체로 비인칭적이고 전개체적인 것으로 소유하는 빛나는 중성을 우리에게서 드러낸다), 요컨대 세계 시민이 되는 것. [……] 사건은 발생하는 것에 있어 우리에게 신호하고 우리를 기다리는 순수 표현된 것이다. [……] 그 고유한 사건들의 아들/딸이 되는 것. 그리고 그렇게 함으로써 다시 태어나는 것. 탄생을 다시 이룩하는 것."(들뢰즈, 『의미의 논리』, 이정우 옮김, 한길사, 1999, 260~261쪽)

는 비판은 'fatum' 개념이 함축하는 결정론에 맞추어져야 한다. 오늘 날의 입장에서 볼 때, 스토아적 결정론은 간단하게 받아들일 수 있는 것이 아니기 때문이다. 이런 결정론은 줄곧 영향을 끼친다. 스피노자 는 "우연이란 무지의 도피처"라 했고, 라이프니츠는 우리가 '실존'이 라고 부르는 것도 본질로 환원시킨다. 다시 말해, 개체'의' 본질을 말 한다. 극히 미세한 사건들도 결정되어 있다는 것이다. 다만 그 사건을 파악하려면 무한힌 분석이 필요한데, 인간에게는 그것이 불가능하나 는 것이다. 그런데 과연 그렇게 미세한 부분들까지 결정되어 있을까.

스토아학파의 생각에 따르면, 운명이란 절대적인 것이다. 완벽한 결정론이다. 그런데, 논리적 사건과 인칭적 사건을 구분했거니와, 스 토아학파의 운명이 순수사건의 총체인지 미세한 인칭적 사건들도 포 함하는 것인지는 불분명하다. 인칭적 사건들이 일종의 환상에 불과한 것인지, 인칭적 사건들의 세부 사항들도 운명의 설계도 안에 이미 규 정되어 있는 것인지 하는 문제이다. 결국 이것은 세계에 대한 거시적 이고 논리적인 해명이 미시적이고 물질적인 해명까지 완전히 흡수하 기는 힘들다는 사실에 관련된다. 어찌 보면 앞에서 말한 플라톤의 도 식을 재음미하게 된다고도 할 수 있을 것 같다. 우주의 법칙으로 완전 히 흡수되지 않는 개체들의 그 무엇, 나는 이것을 '살'이라고 생각해 봤다. 각 개체의 살, 그것은 그 무엇으로도 환원 불가능한 어떤 차원을 띠고 있는 것이 아닐까? 그 차원이 우주의 눈으로 보면 아무리 하찮은 것이라고 해도 말이다.

§2. 운명의 얼굴들: 죽음, 균열, 몰락

그런데 운명은 우리에게 울림, 떨림과 더불어 다가온다. 논리적 사건이 인칭적 사건으로 변환되는 그 경계선, 그 막膜에서의 울림, 떨림이 일어난다. 앞으로 이 울림, 떨림의 개념을 정교화해 볼 필요가 있다. 그런데 아주 큰 운명, 견디기 힘든 운명 앞에 서면 우리의 가장 인칭적인 측면이 떨린다. 이른바 "살이 떨린다". 바로 이렇게 우리의 살-떨림과 더불어 다가오는 사건들, 인간이 자기 운명에 맞닥뜨려 "아, 이것이 내 운명이구나!" 하고 생각하게 되는 대부분의 것들은 고통스러운 것들이다. 병, 이별, 배신, 폭력,…… 같은 것들 말이다. 물론 행복한 운명도 있다. 연인들은 "우리 만남은 우연이 아니야"라고 노래한다. 하지만 대부분의 경우 우리가 운명을 생각하게 되는 것은 우리에게 **불쑥 찾아오는** 불행한 사건들 때문이다. 그런 사건들 중에서도 가장 절대적인 것, 그러면서도 보편적이기 때문에 또한 누구나 예상하고 있는 것, 그런 것이 바로 죽음이다.

죽음이라는 것은 논리적 사건과 인칭적 사건의 관계에서 매우 특이한 자리를 차지한다. 죽음이란 가장 보편적이고 절대적인 사건이다. 죽음만큼 우리가 확실하게 예측할 수 있는 것은 없다. 또 생명이 있는 한 늘 죽음은 있고, 따라서 죽음이야말로 영원히 반복되는 순수사건의 대표적인 예이다. 그런데 반대로 죽음은 또한 각각의 개인에게 절대적 의미에서 인칭적인 사건이기도 하다. 나의 죽음만큼 절대적으로 인칭적인 사건이 어디에 있겠는가. 자신의 죽음을 생각할 때 "살이 떨린다". 그래서 죽음은 가장 대표적인 논리적 사건이자 동시에 가장 대표적인 인칭적 사건이라는 특이한 위상을 띠고 있다. 그래서 죽음을 사유하는 것은 이론적으로 중요하고 또 실존적으로 절실한 작업이다.

모리스 블랑쇼는 아마도 죽음이라는 주제를 가장 집요하게 사유한 사람들 중 한 사람일 것이다. 블랑쇼가 말하는 죽음은 단지 우리가 하나의 자연 현상으로서 접하는 죽음이 아니라 세계의 가장 궁극적인 형이상학적 기반으로서의 죽음이다. 그래서 블랑쇼가 죽음이라는 것에 포함시키는 영역은 상당히 넓다. 블랑쇼가 한평생 추구한 것들 중 하나가 바로 '한계 경험'이다. 극한의 경험, 경계의 경험이다. 우리의 삶은 어느 정도 일정한 테두리 안에서 이루어진다. 그 테두리 안에서 살아야 안정적이고 편안하다. 이 세계는 우리에게 익숙한 세계이다. 그래서 그 익숙한 세계 바깥으로 나가려면 두렵다. 일정한 테두리(극한) 바깥으로 나갈 때 우리는 늘 두려움을 느낀다. 그래서 옛날 사람들은 배를 타고 멀리 나가면 바다 저 끝에는 낭떠러지가 있다고 믿었다. 실증적인 지식이라기보다는 지금 말한 두려움의 투영이라 해야 할 것이다. 그래서 인간은 일상생활을 벗어나려고 하면서도 결국 일상생활이라는 중심으로 돌아온다. 스펜서는 "인간은 삶이 두려워 사회를 만들었고 죽음이 두려워 종교를 만들었다"고 했는데, 정곡을 찌르고 있는 말이다. 그런데 블랑쇼는 거꾸로 안락하지 않은 것, 우리를 불편하게 하고 두렵게 하는 어두운 바깥을 한평생 사유했다. 극한 바깥으로 나가려 했던 것이다.

이 한계의 경험을 우리는 오뒤세우스 이야기에서도 볼 수 있다. 오뒤세우스는 트로이 전쟁이 끝난 후 고향인 이타카로 돌아가려고 했으나 포세이돈의 노여움을 사 수십 년 동안 바다를 떠돌게 된다. 그러면서 여러 이야기를 남겼는데, 그 중 하나가 세이렌 자매 이야기이다. 이 자매의 노랫소리를 들으면 선원들이 미쳐서 결국 암초에 부딪쳐 파선 당한다는 이야기이다. 소리라는 것의 힘은 참으로 크다. 무협지에서도 소리로 사람을 죽이는 이야기가 자주 나오는데, 반드시 과장이라고만은 할 수 없을 것 같다. 세이렌 자매와 맞닥뜨렸을 때 다른 선원들은 모두 귀를 막는다. 그런데 오뒤세우스는 자기 몸을 돛대에 묶게 한 후 그 노랫소리를 듣는다. 바로 한계의 경험, 바깥의 소리를 듣는 것이다.[7] 살아서는 들을 수 없는 바로 그 비밀의 소리를 듣고 싶었던 것이다. 불랑쇼는 바로 문학의 오뒤세우스이다.

매우 전위적인 현대 음악을 들을 때 이런 차원을 어느 정도 느낄 수 있는 것 같다. 고전적인 음악들을 들으면 매우 감미롭고 편하다. 귀족들이 식사하면서 들었다고 하는 「디베르티멘토」 같은 음악이 그렇다. 그러나 급진적인 현대 음악을 들으면 이 세상의 음악이 아니라 저 세상의 음악 같다. 마치 귀신들이 모여서 떠드는 것 같다. 특히 한밤중에 이런 음악을 들으면 때로 오싹한 기분을 느낀다. 소리는 시각과는 달리 외적이기보다 내적이다. 들뢰즈와 가타리는 『천의 고원』에서 음악을 혁명과 연계시킨다. "색깔로는 민중을 움직일 수 없다"고 말한다. 과거에 시위에 참여할 때면 「님을 위한 행진곡」을 비롯한 '운동가'

---

7) 이것은 이른바 '숭고미'와도 관련된다. 세이렌의 소리는 인간에게 덮칠 듯이 다가오는 두렵고 무한한, 거대한 그 무엇이다. 때문에 그에 접했을 때 사람들은 죽음을 맞이하게 된다. 달리 말해, 그 소리는 삶의 '저편'에서 들려오는 소리이기 때문에 그 소리를 들은 사람들을 '저편'으로 데려간다. 영리한 오뒤세우스의 경우는 안전장치를 하고서 그 소리를 듣는다. 안전만 보장된다면 극한적인 경험을 하고 싶은 인간의 욕망을 잘 그려 주고 있다.

들을 수없이 부르곤 했다. 소리가 없이 과연 혁명이 가능했을까 하는 생각이 든다. 물론 이런 소리는 낮의 소리, 현실의 소리이다. 오뒤세우스가 들었던 소리나 밤에 듣는 현대 음악과는 다르다. 낮의 소리와 밤의 소리, 삶의 소리와 죽음의 소리가 다르다.

어쨌든 우리가 살고 있는 일상적 중심의 세계는 밝은 세계, 돈과 권력 같은 현실적 가치들이 지배하는 세계, 상투화된 담론들이 지배하는 세계, 신부하지만 편안한 세계이다. 그래서 이 세계에 살고 있는 사람들이 한계 경험을 찾는 사람들을 볼 때면 좀 기이하고 독특한 사람들로 보기 마련이다. 반대로 이 사람들의 입장에서 일반인들을 보면 이 중심에서 일상을 살아가는 사람들은 기만과 진부함으로 가득 찬 현실을 아무 생각 없이 살아가는 사람들이다.

푸코는 이런 사람들의 사유를 가리켜 '바깥의 사유'la pensée du dehors라고 말한다. 푸코는 『말과 사물』의 9장에서 서구 근대 사유를 특징짓는 세 가지 테마를 논했거니와, 그 중 하나가 바로 'le cogito et l'impensée'이다. 이 'l'impensée'를 우리는 '비-사유'라고 부를 수 있다. 여기에서의 코기토는 데카르트의 코기토라기보다는 19세기적인 의미에서의 사유 주체이다. 데카르트의 코기토는 무한과 통했다. 그러나 칸트 이래 무한의 빛은 꺼지고 사유 주체는 세계의 일정 측면만 비출 수 있는 빛이 된다. 그 너머는 어둠의 영역이다. 칸트 이후의 형이상학자들은 '유한성'을 넘어 칸트가 어둠으로 남겨 놓은 이 영역에 다가서고자 했다고 할 수 있다. 코기토의 빛이 비추이지 않는 어두운 곳으로의 여행, 이것이 현대 사상이다. 그래서 현대 사상은 그토록 난해하다.

그런데 이 바깥의 세계는 또한 불이不二의 세계이다. 둘이 아닌 세계, 차별과 구분이 없는 세계, 모든 형태의 규정과 변별이 부정되는 세계. 이 점에서 선불교가 추구하는 세계와 통한다. 선불교를 보면 부정의 개념이 큰 역할을 한다. 『대승기신론』 같은 책을 보면 모든 것이 부정되는 불이의 논리가 펼쳐진다. "있는 그대로의 자성自性은 모양[매우 넓은 의미]을 갖춘 것도 아니고 모양이 없는 것도 아니며, 모양을 갖추지 못한 것도 아니고 갖추지 못하지 않은 것도 아니며, 모양이 있는 동시에 없기도 한 것도 아니다. 하나의 모양도 아니고 상이한 모양도 아니며, 하나의 모양이 아닌 것도 아니고 상이한 모양이 아닌 것도 아니며, 하나인 동시에 상이하기도 한 모양도 아니다."(眞如自性非有相非無相. 非非有相非非無相非有無俱相. 非一相非異相非非一相非非異相非一異俱相) 불교가 추구하는 세계는 이런 '불이'의 세계이다.[8] 그러나 우리가 살고 있는 이 세계는 차등의 세계이다. 가난한 사람이 있으면 부자가 있고, 성격이 거친 사람이 있으면 얌전한 사람이 있고, 잘생긴 사람이 있는가 하면 못생긴 사람도 있다. 차별의 세계, 변별의 세계이다.

불이의 세계는 무차이의 세계, 중성의 세계이다. 이 세계는 언어적으로는 어떤 세계일까? 바로 부정법의 세계이다. '죽였다'와 '죽임을 당했다', '사랑했다'와 '사랑할 것이다', 이런 식으로 현실화되지 않은 세계가 곧 불이의 세계이다. 따라서 이 세계는 표현 불가능하다. 표

---

8) 원효는 이 구절에 대해서 "네 구절이 비록 복잡하지만, 그 핵심은 두 가지이다. 즉 있음/없음[有無]과 같음/다름[一異]이 그것이다. 이 두 가지, 네 구절이 모든 망집(妄執)을 다 말해 주고 있으니, 이 두 가지로써 진정한 공(空)을 다 드러내 주고 있는 것"(『大乘起信論疏』)이라고 말하고 있으며, 이 불교적 입장을 다른 철학학파들[外道]의 입장과 비교하고 있다.

현한다는 것은 이미 차별을 도입하는 것이기에 말이다.

　이런 맥락에서 두 가지 죽음을 구분할 수 있다. 현재의 죽음이 있고 영원의 죽음이 있다. 영원의 죽음은 순수사건으로서의 죽음이다. 인칭과 관계없이 우주에서 영원히 반복되는 죽음이다. 형이상학적 죽음이라고도 할 수 있겠다. 장자가 아내의 죽음에 직면했을 때 분盆을 두드리고 있었다는 이야기를 했는데, 장자는 죽음을 우주의 시선에서 바라봄으로써 그렇게 할 수 있었던 것이다. 때문에 영원의 죽음은 기쁨과 슬픔을 초월한다. 다만 스스로를 우주적 섭리에 동일시할 뿐이다. 이와 대조적으로 인칭적인 죽음, 현재의 죽음은 두려움과 슬픔으로 다가온다. 일상을 살아가는 사람에게 죽음은 슬픈 것이다. 특히 자기가 사랑하는 사람의 죽음이 그렇다. 또 자신의 죽음은 항상 두려운 것으로 느껴진다. 이런 죽음은 현상학적 죽음이라고 부를 수도 있다. 형이상학적 경지로 가지 않고 삶 안에서의 체험에 입각해 볼 때, 우리의 죽음은 **현상학적인 죽음**이다.

　순수사건으로서의 죽음, 스토아적인 죽음은 **형이상학적인 죽음**이다. 현상학적인 것은 안에서 바깥을 보는 것이고, 형이상학적인 죽음은 거꾸로 바깥에서 안을 보는 것이다. 달리 말해, 내 안에 들어온 삶의 관점에서 죽음을 보는 것이 현상학의 눈길이고 거꾸로 삶 안에 포함된 나의 입장에서 죽음을 보는 것이 형이상학적 눈길이다. 전자의 입장에서 보면, 한 인간에게 '자기'란 모든 것이다. 내가 아무리 고통을 당해도 남이 그것을 대신해 줄 수 없고, 어머니의 고통이나 죽음이 서러워도 내가 그것을 대신할 수는 없기 때문이다. '살'이 다르기 때문이다. 그러나 거꾸로 생각해 보면, 우주의 관점에서 내가 무슨 큰 의미를 가질 수 있겠는가? 하나의 불티일 뿐이다. 그래서 자기 스스로를 그 불 전체에 동일시할 경우 죽음은 결국 고향을 찾아가는 것일 뿐이다. 그리고 나와 다른 존재들 사이에는 별다른 차이가 없다. 우리는 모두 우주의 거대한 불의 한 불티들일 뿐이다. 논리적/형이상학적 죽음과 인칭적/현상학적 죽음 사이의 거리를 지우려 하는 것이 스토아 철학이다.

여기에서 검토해 볼 만한 문제는 자살自殺이다. 자살은 얼핏 우주의 섭리를 거역하는 것이라고 볼 수 있다. 형이상학적 죽음은 이 우주에 새겨진 하나의 입법이고, 개인의 죽음이란 그 입법의 실현이다. 그래서 한 주체/인칭이 자기 스스로 목숨을 끊는다는 것은 이 입법을 어기는 것이다. 고전적인 소설들을 보면, 염라대왕이 너 이러이러할 때 죽어라 하고 큰 책에다 써 놓는다. 그런데 이걸 지키지 않고 제멋대로 죽으면 지옥에서 벌을 받게 된다. 또 유대교, 기독교, 이슬람교 같은 일신교 사상들에서도 자살은 신에 대한 모독으로 본다. 그래서 고전적인 사상들의 대부분은 자살을 긍정적으로 보지 않는다. 하늘의 뜻을 어기는 것이기 때문이다.

그러나 자살이야말로 한 인간이 자기 삶에서 취할 수 있는 가장 적극적인 결단이다. 내 인생의 모든 것을 나 아닌 다른 것이 지배한다 하더라도, 나에게는 마지막 하나 남은 것이 있다. 그것은 바로 내가 자살할 수 있는 권리이다. 그래서 인간의 자유가 가장 극한적으로 드러나는 경우가 바로 자살이다. 인간의 숭고한 자유를 소중히 여기는 사람에게는 자살을 금하는 것이야말로 인간의 최후의 보루를 앗아가는 것이다. 때문에 스토아 철학에서는 비겁하게 행위하거나 비굴하게 살기보다 자살을 선택하는 것은 용기 있는 일이고 고귀한 영혼의 증거이다. 이것은 어떤 면에서는 로마적인 가치이기도 하다. 자살이란 인칭적 죽음과 형이상학적 죽음 사이의 거리를 무화시키는 행위이다. 'A가 죽다'라는 비인칭적 죽음에 스스로를 대입시키는 형이상학적 행위인 것이다.

들뢰즈는 자살을 블랑쇼 식으로 정의한다. "자살이란 죽음의 두 얼굴을 일치시키려는 의지, 가장 인칭적인 행위에 의해 비인칭적인 죽음을 확장하려는 의지"이다. 죽음을 미루기보다 오히려 앞당김으로써 자신에게 부여된 자유를 선택하는 것이다. 운명아, 네가 그렇게 머뭇거린다면 차라리 내가 먼저 너에게 가리라.

또 하나 우리의 삶에서 발생하는 고통스러운 사건은 몰락이다. 어떤 형태의 몰락이든 몰락은 비참하다. 몰락을 한평생의 주제로 묘사한 대표적인 인물은 에밀 졸라이다. 졸라는 19세기에 발달한 유전학, 생리학 등 자연과학을 토대로 한 가계家系의 몰락을 처절하게 묘사한다. 이 사람이 쓴 여러 소설들을 통틀어서 '루공-마카르 총서'라 부른다. 주인공 여성이 루공이라는 사람과 또 그후에는 마카르라는 사람과 결혼했으나, 주인공도 또 두 남편도 모두 유전적 결함을 가지고 있었다. 내부에 이미 금이 가 있었던 것이다. 그리고 그 결함이 대대손손 이어지면서 현실로서 드러나는 이야기이다. 때문에 이야기들이 모두 어둡고 비참하다. 『목로주점』, 『나나』, 『수인』獸人,…… 모두가 그렇다. 병, 알코올 중독, 살인,……으로 점철된다. 졸라의 문학을 '자연주의'라고 부르는 것은 그것이 인간의 삶이 자연과 절연되어 문화 속에서 이루어지는 듯 보이지만 그 내부에는 이미 생물학적 잠재성(더 구

체적으로는 유전적 경향)이 깃들어 있음을 전제하고 있기 때문이다. 인
간의 삶이란 결국 그 유전적 경향의 발현인 것이다. 이런 맥락에서 '자
연주의'라 한다. 루소적인 의미에서의 자연주의와는 전혀 다른 자연
주의이다.[9]

　　이것은 루공과 마카르의 유전자 속에 들어 있던 균열, 즉 심층 속
에 존재하는 운명으로서의 균열이 표층으로 드러나는 과정이다. 한 가
계, 한 집안에 잠재적으로 들어 있던 균열 구조가 각 개인에게서 조금
씩 드러나면서 결국 몰락의 길로 치닫는 과정을 그리고 있는 것이다.
문제는 이 균열이 처음에는 드러나지 않는다는 사실이다. 균열이 미리
드러나 있으면 거기에 대처할 수 있지만, 이 경우는 마치 아파트 지하
의 보이지 않는 곳에서 금이 생기고 그 금이 조금씩 커지는 것과도 같
다. 그래서 결국 아파트가 와르르 무너지게 된다. 우리 운명에 새겨진
균열은 우리도 모르는 사이에 자꾸 잠식해 들어와 어느 순간에 표면
에 솟아오른다. 그때 우리는 무너지게 된다. 피츠제럴드의 경우도 마
찬가지이다. 『위대한 개츠비』의 남녀가 있다. 행복할 수 있는 모든 조
건을 다 갖추고 있다. 잘 생기고 돈도 많고 건강하고, 또 재주도 많다.
그런데 어느 순간부터 삐걱거리면서 걷잡을 수 없이 몰락해 버린다.

---

9) 모파상의 『여자의 일생』의 주인공은 루소의 자연주의를 신봉하는 아버지의 뜻에 따라 '자
연' 속에서 길러졌고 그 결과 '세상'을 거의 모르는 여주인공이다. 이 경우 자연은 순수하
고 아름다운 무엇이며, 세상은 더럽고 추한 무엇이다. 이 점에서 졸라의 경우와 흥미롭게
대비된다. 루소에게서 세상과 자연은 불연속적이다. 그러나 졸라의 경우 세상의 더러움
은 이미 생물학적으로 정초되어 있다. 졸라의 소설은 유전(遺傳)이라는 19세기 생물학의
성과와 떼어서는 생각할 수 없다. 특히 바이스만의 생물학은 매우 중요한 역할을 했다. 이
점에 관련해 다음을 보라. Keith Ansell Pearson, *Germinal Life*, Routledge, 1999.

  그런데 이런 상황은 사실 그리스 드라마들이 이미 빼어나게 다룬 상황이다. 그리스 드라마의 주인공들은 (그리스세계 최대의 바실레우스인) 뮈케네의 아가멤논을 비롯해 대개 남부럽지 않은 사람들이다. 아리스토텔레스의 말처럼, 그런 사람들이 불행을 당해야 관객은 카타르시스를 느낀다. 아가멤논이 트로이 원정에서 돌아오자 그 아내인 클뤼타임네스트라가 정부情夫인 아이기스토스와 짜고서 목욕탕에서 목 졸라 죽인 것이다. 부와 권력을 한 손에 쥐었던 사람이 졸지에 변을 당한 것이다. 그래서 우리는 클뤼타임네스트라와 아이기스토스를 비난하게 된다. 그러나 역사를 거슬러 올라가 보면 문제가 또 달라진다. 클뤼타임네스트라와 아이기스토스의 가계는 아가멤논 가계에 비참하게 당했고, 결국 이퓌게네이아의 희생이 계기가 되어 이들은 힘을 합해 조상의 원수를 갚는 것이다. 그리고 이야기는 더 거슬러 올라간다. 이렇게 비극의 씨앗은 저 먼 과거에 뿌려져 있었다. 그것이 후대에 와서 발아하는 것이다. 그리스 드라마는 이렇게 끝없이 이어지는 균열과 원한怨恨과 몰락의 이야기를 그리고 있다.

  졸라의 작품들은 비극의 씨앗이 상당히 추상화되어 있다는 점에서 그리스 비극과 차이를 보인다. 추상화되어 있다기보다는 자연화되어naturalized 있다. 그리스 드라마에서는 비극의 씨앗이 가시적인 사건들로 구성되어 있지만, 졸라의 비극에서는 보이지 않는 즉 생물학적 차원에 숨겨져 있는 균열이 나중에 현실화된다. 다시 말해, 그리스 비극이 역사적이라면 졸라의 비극은 생물학적이다. 그리스 비극은 역사 속에서 가시적으로 나타났던 사건들 때문에 벌어진다면, 졸라의 비극은 인간으로서는 도저히 알 길 없는 생물학적 심층 속에 비극의

씨앗이 뿌려져 있다.[10]

그런데 이 균열이라는 것을 구상적으로 이해할 수도 있고 추상적으로 이해할 수도 있다. 균열이란 '금'이다. 이 금을 비가시적인-논리적인 맥락에서 이해한다면 '계열'로 해석할 수 있다. 그리스 드라마에서는 원한에 사무치는 사건들이 복잡하게 계열화된다. 그리고 여러 계열들의 교차점에서 또 다른 비극이 일어난다. 졸라에게서 이 금은 유전학적인 계열화라고 볼 수 있다. 유전자들 사이에서의 계열화이다. 이것이 가시화되면 실제 인생에 금이 가게 된다. 그래서 사람들은 "아! 내 인생에 금이 갔어"라고 한탄한다. 이것을 또 철로에서 전철轉轍되는 것과 비교할 수도 있을 것 같다. 철로라는 것은 가시적인 형태의 계열들이다. 그 철로를 살아가는 인생은 비가시적인 형태의 계열들을 머금고 있다. 그래서 내부적인 금, 논리적인 금, 심층적이고 비가시적인 금이 현실화되면 실제 우리의 삶은 전철되어 다른 철로로 들어선다. 인생은 기차를 타고 가는 여행이고, 끝없는 전철을 통해서 운명의 길을 걸어가는 과정이다. 그래서 이것을 '인생 행로行路'라 할 것이다.

우리는 논리적 균열과 현실적 균열 사이의 차이를 소리라는 개념을 통해 해명해 볼 수 있다. 논리적 균열에서는 소리가 나지 않는다.

---

10) 이 문제는 현대 사회와 연계시켜 생각해 볼 수 있다. 졸라의 시대에 일반인들이 인간의 유전적 결함을 비롯한 생물학적 상황을 인식하기는 힘들었다. 그러나 오늘날 한 인간의 생물학적 지표들은 상세하게 정보화된다. 결혼을 앞둔 남녀가 '건강기록부'를 교환하는 것은 이미 낡은 것이 되었다. 미래의 사회는, 영화 〈가타카〉가 잘 보여 주었듯이, 한 인간의 균열=운명을 유전자 검사를 통해서 미리 예측할 것이다. 미래의 사회에서 루공이나 마카르 같은 사람과 결혼해 자식을 낳을 일은 거의 없을 것이다. '인생' 자체가 푸코가 말한 의학적 권력에 의해 관리될 것이다. 그런 사회에서의 '운명'이란 과연 무엇일까?

고요하지만 비극이 잉태되어 있다. 그러나 그 논리적 균열이 현실화되면 소리가 난다. 어떤 형태로든 소리가 난다. 순수사건들의 세계, 특이성들의 하늘에는 소리가 없다. 적막하다. 죽음의 세계에는 소리가 없다. 그러나 우리가 그 안에서 웃고 우는 이 세계는 소리가 있는 세계이다. 그래서 카이사르의 운명 자체에는 소리가 없지만, 브루투스가 카이사르를 찔렀을 때는 비명 소리, 사람들이 놀라는 소리, 군사들이 달려오는 소리,…… 등이 난다. '홈런을 치다'라는 순수사건에는 소리가 없지만, "장종훈이 홈런을 쳤다"라는 현실적 사건에는 딱! 소리, 함성 소리 등 무수한 소리가 난다.

죽음의 경우에서도 마찬가지이다. 논리적 죽음에는 소리가 없다. 적막한 특이성들의 세계이다. 그러나 인간사회에서 발생하는, 사건으로서의 죽음에는 늘 소리가 동반된다. 그것이 바로 '곡소리'이다. 또 무덤 파는 일꾼들이 부르는 노랫소리도 그렇다. 그런데 이 소리는 참 묘한 소리이다. 나는 할아버지께서 돌아가셨을 때 처음 그 소리를 들었다. 일꾼들이 땅을 파놓고 관을 묻는다. 그리고 흙을 밟는다. 흙을 밟으면서 노래를 부른다. 그때 그 노랫소리가 어찌나 인상 깊던지 한동안 마음속에서 떠나지 않았다. "인제 가면 언제 오나~ 허이허이~ 허이허이~" 그 노랫소리는 곡소리와는 또 달랐다. 곡소리는 현세現世의 소리이다. 앞으로 살아갈 날이 많은 사람들의 소리이다. 그러나 일꾼들의 소리는 이 세상과 저 세상의 사이, 그 경계선상에서 울려 퍼지는 소리 같았다. 노래는 이승에서 불리지만, 그 소리는 마치 저승에서 올라오는(아니면 저승으로 내려가는) 소리 같았던 것이다. 인칭적 죽음이 우주적 죽음으로 이행해 가는 그 순간에 나는 소리가 아닐까.

§3. 행위와 깨달음

지금까지 운명, 사건, 죽음, 몰락 등을 논했거니와, 이제 우리가 자신의 운명에 어떻게 대처할 것인가의 문제를 생각해 보자. 운명을 어떻게 받아들일 것인가, 이것이 중요한 문제이다. 운명을 어떻게 사유하고 어떻게 받아들이고 나아가서는 사랑할 수 있을까. 이것이 스토아적 실천철학의 핵심적인 문제이다.

스토아 철학자들은 이런 말을 한다. "자신에게 일어난 일들을 받을 자격이 있는 사람이 되라." 우리에게 발생하는 사건들을 피할 수는 없다. 물론 어느 정도 예상할 수 있고 피할 수 있지만, 우리 삶에는 피할 수 없이 솟아오르는 사건들이 많다. 그때 우리는 그 운명을 받아들일 수밖에 없다. 그러나 운명을 받아들이는 것이 쉬운 일은 아니다. 그 받아들이는 과정에서 뛰어난 인간과 저열한 인간이 구분된다.

앞에서 헥토르 이야기를 했거니와, 헥토르는 운명을 과감하게 받아들인다. 이것을 호메로스의 작품들에서는 'hypermoron'이라고 표현한다. '운명을 넘어서는 것'이다. 여기에서 'moron'이라는 말은 '모이라'에서 온 말이다. 그래서 'hypermoron'은 "운명의 여신을 거슬러서"라는 뜻이다. 그렇다고 해서 운명을 비켜 갈 수는 없다. 운명 자체는 피할 수 없는 것이다. 운명을 넘어서는 것은 그것을 피하는 것이 아니라 오히려 피하지 않는 것이다. 운명을 피하지 않고 **떳떳하게 받아들**이는 것이 곧 'hypermoron'이다. 호메로스가 생각하는 영웅이란 바로 이렇게 자신의 운명을 달게 받는 인간이다.

지금은 다르다. 지금은 인간이 세계를 워낙 자유자재로 주무르는 시대이기에 말이다. 복제인간까지 논의되고 있는 상황이다. 하지만 여기에서 정확히 생각해야 할 것은 바로 그런 인간의 자유가 인간을 멸망시킬 수도 있다는 점이다. 다시 말해, 인간은 자기가 마음대로 하면서 잘났다고 생각하지만 결국 그런 오만이 스스로를 파멸시킬 수 있다는 것이다. 그래서 얼핏 정복했다고 생각했던 운명이 다시 튀어나온다. 결국 인간의 오만, 즉 운명을 벗어날 수 있다는 그 착각이 그를 파멸의 운명으로 몰고 간다는 역설에 부딪힌다. 그래서 운명은 말하자면 훨씬 고도의 방식으로 인간을 지배한다고도 볼 수 있다. 운명을 벗어나 인간이 잘났다고 생각하는 그 순간이 바로 운명의 심판이 시작되는 순간이기도 한 것이다. 나는 이런 역설적인 운명을 역운逆運이라고 표현한다. 역운과 관련되는 대표적인 것이 테크놀로지이다. 테크놀로지는 인간이 자신의 운명을 정복하기 위해 휘두르는 결정적인 무기이지만, 그것이 다시 더 큰 운명을 낳곤 했다. 인간의 역사는 역운의 역사이기도 하다.

그래서 운명을 떳떳하게 받아들이는 태도는 지금도 필요하다. 운명을 제대로 받아들이지 못하는 인간만이 원한을 품는다. 이런 인간은 세상에 대해서만이 아니라 자신에 대해서도 끊임없이 불평한다. 늘 투덜대면서 사는 것이다. "나는 왜 이렇게 태어났어", "내가 왜 이런 일을 당해야 해", 이렇게 자신에게 발생하는 모든 일들에 원한을 품는다. 이와 반대되는 태도는 자신에게 어떤 일이 발생하든 그 일을 떳떳하게 받아들이는 것이다. 용기 있게 운명을 직시하는 것이다. 이것을 우리는 "운명을 사랑하는 것"amor fati 즉 '운명애'運命愛라고 부를 수 있다. 위대한 인간은 운명을 사랑하는 인간이다.

하지만 이런 생각이 우리로 하여금 삶에 대해 초연할 수 있게는 해주지만, 현실세계에서의 문제들을 해결해 주지는 않는다. 한밤중에 별을 바라보면서 진정한 나를 찾아갈 때, 세상의 모든 것을 받아들이고 모두를 사랑할 것 같다. 그러나 삶의 현장에서는 끝없이 타인들과의 피곤한 관계-망 속으로 들어가야 하고 사소한 일들로 다투기도 한다. 운명이나 무차이의 세계가 위대한 경지라 해도, 살아 있는 한 우리는 차별의 세계를 벗어날 수 없다. 동양 사회에서 유가와 도가/불가가 나란히 전해 내려온 것도 그래서이다. 나아가 구조주의를 논하면서 이야기했듯이, 운명을 강조하는 사유가 현실에 소극적인, 정치적으로는 보수적인 태도가 될 수도 있다. 인간의 힘으로 바꾸어야 할 현실, 적극적으로 맞서야 할 현실을 '운명'으로서만 받아들이는 것은 그 개인의 용기일 수는 있어도 객관적으로는 그 현실을 옹호하는 결과를 낳을 수도 있기 때문이다. 때문에 중요한 것은 할 수 있는 것을 다 하면서 현실에 맞서 나가되, 도무지 어쩔 수 없는 상황은 운명으로서 받아들이는 것이다. 운명이란 처음의 말이 아니라 마지막의 말인 것이다. 선인들이 말한 "진인사 대천명"盡人事 待天命이라는 말은, '천명'이라는 말의 뉘앙스는 접어 놓는다 해도, 오늘날까지도 삶에 대한 핵심적인 조언이라 아니할 수 없다. 요컨대 아무리 초연한 세계를 동경해도 현실의 구체적인 문제들을 피해 갈 수 없으며, 또 아무리 현실 위주의 사유를 한다 해도 죽음을 비롯한 형이상학적 문제들을 벗어날 수 없다. 그래서 우리에게는 '소요'의 계기와 '투쟁'의 계기가 맞물려 있을 수밖에 없는 것이다.

　운명의 문제, 사건의 문제는 시간 개념과도 밀접한 관련이 있다.

사건들은 예상할 수 없는 경우가 많지만, 죽음의 경우처럼 예상할 수 있는 경우도 많다. 그런데 예상할 수 있는 사건은 우리에게 어떤 시간으로 나타날까? 바로 '전미래 시제'로 나타난다. "네가 돌아왔을 때, 나는 더 이상 거기에 없을 거야", 이런 표현이 전미래의 표현이다. 나를 기다리는 운명, 나에게 손짓하는 운명은 내게 바로 전미래 시제로서 존재한다. 죽음이란 인간이 겪는 전미래적 경험의 극한적인 예이다. 그런데 일반적인 죽음보다 더 극한적인 전미래적 경험도 있다. 그것이 무엇일까? 바로 사형 날짜를 받아 놓은 수인囚人의 경험이다. 인간으로 태어나 겪을 수 있는 가장 고통스러운 전미래적 경험이다. '사형 폐지론'의 철학적 근거가 여기에 있다고 할 수 있다.

사건을 피하기보다는 사건의 자식이 되라. 사건의 자식이 됨으로써 현상학적인, 인칭적인 나를 버리고 사건의 자식으로서 거듭 태어나라. 이것이 스토아적 윤리이다. 그 사건의 자식으로서. 내가 그 사건의 담지자가 되는 것이기에. 그래서 이 세계의 나는 죽지만 사건의 아들로서의 나는 태어나는 것이기에.

그런데 전미래 시제와 자신을 동일시하는 것은 바로 신에게 가까이 가는 것이다. 왜냐하면 신과 인간의 중요한 차이가 바로 시간 읽기에 있기 때문이다. 인간의 세계는 현재만 밝고 과거와 미래는 어두운 밤으로 되어 있다. 현재라는 횃불 저편은 희미할 수밖에 없다. 특히 미래는 더욱 그렇다. 그런데 신에게는 과거와 미래가 없다. 오로지 현재만이 있을 뿐이다. 중세 식으로 말해 신은 '순수 현실태'이다. 신은 우리가 과거와 미래로 보는 것을 모두 현재로 본다. 공간적으로 비유한다면, 우리가 지금 이 방 안만을 볼 수 있고 방 바깥은 볼 수 없다고 해 보자. 그러면 여기를 넘어서는 바깥은 어둡고 무서운 곳이 된다. 그런데 만일 어떤 존재는 이 바깥을 마치 우리가 이 안을 보듯이 볼 수 있다고 해보자. 그에게는 우리에게 존재하는 두려움이 없을 것이다. 인간이 두려움과 공포를 느끼는 이유들 중 하나는 결국 그가 시공간적으로 제약되어 있기 때문이다. 그러나 신에게는 우주의 모든 것이 현재로서 주어진다. 그래서 내가 인칭적 나를 버리고 사건에 합일한다는 것은 거의 신이 되는 것과 마찬가지이다. 인간의 유한성은 시간 개념과 밀접한 관련을 가지는 것이며, 신에 가까이 간다는 것은 결국 시간적 제약을 넘어서는 것이기 때문이다.

앞에서 보이지 않던 금/균열이 나중에 현실로 나타난다는 말을 했는데, 이것은 결국 미래에 새겨져 있던 운명이 시간이 흘러 현재로서 나타나는 것에 불과하다. 들뢰즈는 『의미의 논리』에서 순수사건이 현실적 사건이 되는 이 과정을 '효과화'effectuation라고 부른다. 그런데 순수사건이 인칭적 차원으로 구현되는 것이 효과화라면, 거꾸로 인칭적 차원을 벗어나 순수사건에 스스로를 동일시하는 것은 '반-효과화' contra-effectuation라고 부를 수 있다. 우리에게 주어진 운명이 우리의 역할이고, 우리가 그 역할을 할 때 우리는 배우가 된다. 이것이 "인생은 연극"이라는 말의 스토아적 의미이다. 운명이 배당한 역할에는 소리가 없다. 현실의 사건에는 소리가 동반되지만 말이다. 그래서 운명이 배당한 역할을 연기할 때, 즉 사건과 합일할 때, 우리는 무언극 배우가 된다. 운명이란 우주적 드라마이고, 우리 행위자들은 곧 배우들이다. 다만 서투른 배우가 있는가 하면 뛰어난 배우가 있을 뿐이다.

그래서 역할과 인물의 관계는 마치 미래, 과거와 현재의 관계와 같다. 우리 각자에게 주어지는 역할은 영원의 하늘 아래 새겨져 있는 하나의 각본이다. 운명은 연극의 각본이다. 그리고 그 역할의 현실화는 현재에 나타난다. 이렇게 현실로 나타난 순수사건을 우리는 순수사건의 '흔적'이라고 부를 수도 있다. 8강에서 익살에 대해 이야기했거니와, 그 익살이란 바로 이 흔적을 지워 버리는 행위이다. 흔적을 어디까지나 흔적으로서 받아들이고 순수사건에 스스로를 동일시하는 것이다. 이것이 바로 뛰어난 무언극 배우의 연기이다.

그래서 순수사건에서의 죽음은 '철수가 죽다', '영희가 죽다'라고 할 수 없고 '누군가가 죽다'라고 말해야 한다. 그러나 여기에서의 '누군가'는 현상학적인 의미에서의 '누군가'가 아니고 순수사건에서의 '누군가'이다. 그래서 마치 서양 사람들이 "비가 온다"는 것을 "il pleut", "it rains"라고 하듯이, 죽는 것도 "il meurt", "it dies"라고 표현할 수 있을 것이다.

그래서 스토아학파가 생각하는 자유는 우리가 일상적으로 생각하는 자유와 반대이다. 우리는 어떤 규제나 법칙에서 해방되어 내 마음대로 행하는 것, 내 인칭적/주관적 의지대로 행하는 것이 자유라고 생각한다. 그러나 스토아학파는 거꾸로 생각한다. 내 인칭/주관대로 사는 것이야말로 우리의 감정, 아집, 공포, 편견에 부대끼면서 사는 것이다. 자신이 자유롭게 산다고 생각하지만, 결국 진리를 보지 못하고 환상에 사로잡혀 사는 것이다. 오히려 인칭적 자신을 버리고 우주의 운명에 동화됨으로써 진정한 평화, 진정한 행복을 얻을 수 있다. 이것이 바로 'apatheia'의 경지, 즉 아집, 편견, 감각적 쾌락에 휘둘리는 'pathos' 상태를 벗어나는 경지이다. 바흐의 〈파르티타〉 같은 음악에서 이런 경지를 느낄 수 있을 듯하다.

　이런 경지는 바로 불이不二의 세계를 받아들이고 그 세계에 스스로를 동일시하는 경지이다. 우리는 이런 경지에 이르는 것을 '깨달음'이라고 한다. 이렇게 깨달은 인간이 자유인이다. 불교가 추구하는 불이의 세계, 그것은 바로 무차이의 세계이다. 우리가 살고 있는 이 세계는 차이들의 세계이다. 앞에서 죽음의 세계가 무의 세계, 무차이의 세계라 했고, 현세계는 존재의 세계, 차이의 세계라 했다. 그러나 불이의 세계는 불가적으로 이해될 수도 있지만 또한 기학적으로 이해될 수도 있다. 불가적으로 이해할 때 '무'無로 언표되지만, 기학적으로 이해할 경우 '태허'太虛(장횡거)로 이해된다. 현실세계는 태허가 분화된 '객형'客形의 세계이다. 현실세계에서 우리는 오히려 '손님'[客]이다. 죽는 것은 태허로, 고향으로 돌아가는 것이다. 이렇게 볼 경우 우리가 무로 보았던 이 차원은 사실은 존재로 보아야 한다. 나아가 죽음의 세계는 우리가 보고 있는 존재보다 더 풍요로운 존재의 세계라고 해야 한다. 이것은 달리 말하면, 우리가 흔히 무라고 부르는 세계를 오히려 무한 존재의 세계로 보는 것이다. 이 무는 없는 것이 아니라[無無] 오히려 너무 많은 것이다(7강에서의 'non-sens'를 생각해 보자). 너무 많기 때문에 어느 하나로 차별화되지 못하는 것이다. 다시 말해, 지금까지 우리는 무와 무차이를 나란히 써 왔지만, 무와 무차이는 다르다. 무차이는 무가 아니라 무한 존재이다. 우리는 불이의 세계를 이렇게 두 갈래로 생각해 볼 수 있다.

　존재가 너무 많기 때문에 특정한 존재로서 차별화되지 못하는 상태, 그런 상태를 우리는 카오스 상태라고 부를 수 있다. 그래서 우리는 카오스 개념도 일반적인 이해와는 전혀 반대로 이해할 수 있다. 카오스는 질서가 없는 것이 아니라 너무 많은 질서가 공존하는 상태이다. 질서는 무질서에서 생기는 것이 아니다. 수많은 질서들 중 어느 하나가 특정한 시공간적 상황 속에서 분화되는 것이다. 이런 맥락에서 현대 자연과학도 새롭게 조명해 볼 필요가 있다. 요컨대 무는 없다. 오로지 존재만이 있을 뿐이다. 그러나 중세 철학에서처럼 존재의 많음이 더 '탁월한' 존재로 가는 것이 아니라 오히려 카오스로 간다. 이 점에서 '존재의 많음' 같은 표현을 썼다고 해서 우리의 논의가 중세적 가치-존재론의 부활과 관련되는 것은 물론 아니다.

물론 상대적 무는 있다. 절대적 무가 없다는 뜻이다. 오목함[凹]이 있으면 볼록함[凸]이 있듯이 존재와 무는 상보적이다. 비어 있음이 있어야 차 있음도 있다. 그러나 절대적 무는 없다. 우리는 이런 생각을 **무는 존재의 안감**이라고 표현할 수 있다. 마치 바퀴 중심에 빈 공간이 있어야 바퀴가 잘 굴러가듯이, 무가 존재를 존재하게 하는 것이다. 그러나 이때의 무가 절대무는 아니다. 오히려 잠재성이라고 해야 할 것이다.

이런 식의 생각은 앞에서 언급했던 '유한성'의 문제, 서구의 19세기 사유를 정면으로 논박하는 생각이다. 19세기 서구 철학의 주요 주제들 중 하나가 '코기토와 비사유'라 했다. 그래서 서구인들은 현세계를 벗어나는 저편의 세계는 늘 비사유의 세계, 어두운 세계, 두려운 세계로 생각한다. 하지만 지금 제기한 가설에 입각하면 사태가 거꾸로 된다. 오히려 우리가 사는 이 세계는 덜 밝은[幽] 세계이다. 죽음의 세계가 오히려 더 밝은[明] 빛으로 차 있는 세계이다. 무한한 빛의 가닥들 중 하나가 바로 우리가 사는 이 현세계이다. 그러나 이 빛의 세계가 초월적 세계는 아니다. 보이지 않는 저 세계일 뿐이다. 저 세계는 어두운 세계가 아니라 바로 이 빛의 세계이다. 지금 여기보다 덜 있는 세계가 아니라 더 있는 세계이다.

그래서 죽음의 세계는 시비가 없는 세계가 아니다. 다만 어느 하나로 차별화되지 않고 서로 공존해 있는 세계이다. 잠재적 복수성이 공존하는 세계이다. 무로부터는 존재가 나올 수 없다. 사건이란 보이지 않는 차원에서 보이는 차원으로 무엇인가가 끊임없이 솟아오르는 것인데, 그 보이지 않는 세계가 무일 리는 없다. 거꾸로이다. 더 많은 존재의 세계이다. 요컨대 저 세계는 무의 세계가 아니라 더 큰 존재의 세계, 무질서의 세계가 아니라 무한 질서의 세계, 무차이의 세계가 아니라 무수한 차이들의 공존의 세계이다.

우주의 사건과 인칭적인 사건 사이의 거리를 무화시킨다는 것은 결국 이 충만한 세계로부터 떨어져 나온 스스로를 다시 그 세계로 합일시켜 가는 것이라 하겠다. 이 가설은 앞에서의 가설, 즉 순수사건의 세계를 텅 빈 논리적 세계로 보았던 생각과 대조적이지만, 우주적 사건과 인칭적 사건 사이의 관계에 대한 생각은 거의 같다. 두 경우 모두 'amor fati'에 대한 생각이며, 존재와 주체가 화해할 수 있는 두 가지 가능성인 것이다.

＊　＊　＊

Q 아까 자살에 대해서 설명해 주셨는데요. 그렇다면 안락사安樂死 문제의 경우, 자기 자신을 스스로 죽일 수 없는 사람을 다른 사람들이 도와주는 것으로 봐야 하나요?

아니면 그것도 일종의 살인이라고 봐야 하나요?

A 만일 그 환자에게 의식이 있어 자기가 안락사 당하는 것을 긍정하거나 부정할 수 있다면, 그 판단은 환자 자신에게 있겠죠. 그러나 이 경우는 죽음을 당하는 당사자가 의식이 없다는 것이 문제죠. 환자에게는 "나는 죽고 싶다"라는 의식이 없습니다. 그러니까 이 경우는 섭리에 따른 죽음도 아니고, 또 의지에 따른 죽음도 아닙니다. 다른 사람들의 논쟁거리가 된다는 점에서 사고事故로 보기도 어렵습니다.

안락사를 인정하는 경우는 인간의 동질성을 인정하는 거예요. 그러니까 "내가 그런 상황이 되면 나도 분명히 죽고 싶을 거다"라는 생각이죠. 이 점에서 안락사는 참 묘해요. 자살을 도와주는 것이거든요. 자살은 말 그대로 스스로 죽는 것인데, 그 자살을 남이 도와준다는 역설에 부딪치죠. 그러나 죽음에 대한 권리가 섭리와 본인 자신에게만 있다고 생각할 경우, 안락사는 일종의 살인이 되어 버립니다.

그렇다면 결국 누구의 결정에 따라야 할까요? 환자의 죽음을 환자 자신이 결정할 수 없는 상황이고, 타인이 그의 죽음을 결정해서도 안 됩니다. 결국 그 환자의 '타인'이라고 말하기 힘든 사람, 환자 자신은 아니지만 그와 '운명 공동체'인 사람에게 결정권이 있겠죠. 그것은 바로 가족입니다. 결국 가족의 판단에 따를 수밖에 없어요. '운동 공동체'라는 말의 스토아적 의미를 음미해 볼 필요가 있습니다.

Q 지난번에 우연을 설명하셨잖아요? 그런데 우연과 운명의 관계는 어떻게 됩니까?

A 운명과 우연 사이에는 미묘한 관계가 있어요. 예를 들어서 어떤 사람이 나무 아래 서 있는데 벼락이 떨어져서 죽었다고 합시다. 이것은 자연의

관점에서 보면 하나의 자연법칙에 따른 현상에 불과한 겁니다. 'fatum'의 한 매듭이죠. 그러나 그 일을 당한 사람에게는 우연이죠. 불행한 우연입니다. 그래서 비-인칭적 사건과 인칭적 사건은 손바닥의 양면처럼 배리적背理的입니다.

그런데 인칭적 차원에서의 우연은 사실 순수사건의 차원에서는 이미 결정되어 있는 것이죠. 스토아적으로 생각하면 운명입니다. 다만 차이가 어디에 있을까요? 우리가 우연이라고 부른 것은 우리로서는 예측 불가능한 경우에 해당합니다. 이렇게 생각할 경우에는 우연이란 철저하게 인간 주관적인 것이죠. 현대인의 생각으로는 이것이 객관적 법칙이기 때문에 운명이 아니라 그 법칙이 바로 그 사람에게 우연히 적용되었기 때문에 운명이죠. 똑같이 운명이라는 말을 쓰는데, 스토아 철학자들이 객관 중심으로 사용한다면 현대인은 주관 중심으로 사용합니다. 그런 차이가 있죠.

그러나 또 우연을 운명에 대립하는 무엇으로서 독립시켜 생각할 수 있습니다. 그 자체로서 하나의 'aitia'를 형성하는 경우죠. 플라톤의 경우가 그래요. 아까 말한 아낭케를 생각하시면 됩니다. 이성에 완전히 복속되지 않는 요소죠. 물론 이럴 경우 이성은 인간에게 선한 무엇이라는 생각이 전제됩니다. 이외에, 우주는 필연에 의해 지배되지만 그 필연이 완벽하게 연속적인 가닥을 형성하는 것이 아니라 불연속적인 여러 계열들로 되어 있다는 생각도 있습니다. 앙투안 쿠르노의 생각이죠. 이 경우 우연이란 필연적 계열들이 교차하는 지점에서 생겨납니다. 번개가 치는 것은 기상학적인 법칙에 따른 필연이고, 그 사람이 나무 밑에 간 것은 심리학적-사회학적 법칙에 따른 필연이죠. 다만 그 두 계열이 교차했기 때문에 사고가 발생한 것입니다. 이 입장도 흥미로운 입장이에요. 결정론을 견지하면서도 우연을 인정하는 입장이죠. 앞으로 우리가 발전시켜야 할 생각입니다.

어쨌든 스토아적 입장에서 보면 우연/사고는 인칭적 차원에서의 생각이고, 이 인칭적 사건이 순수사건으로부터 떨어진 거리를 제거함으로써 우리 스스로를 그 사건에 동일시할 수 있는 것입니다. 이것이 스토아적 초연함이죠.

Q 그러면 '필연'이란 운명과 거의 같은 건가요?

A 스토아적 개념으로는 그렇죠. 일반적으로 말하면, 번개가 치는 것은 필연이에요. 그리고 그 번개에 맞는 것이 운명이죠. 하지만 스토아적 개념으로는 필연이 곧 운명이잖아요? 그러니까 번개가 치는 것이 필연이자 운명이죠. 그리고 번개에 맞은 것은 그 운명의 인칭적 측면이고요. 결국 우리가 흔히 말하는 '운명'은 인칭적 차원에서의 운명이죠.

Q 자살이라는 것 자체도 하나의 숙명이 아닐까요?

A 재미있는 생각이네요. 만일 우주의 섭리가 한 인간에게 자살이라는 사건을 부여했다고 생각하면, 그럴 수 있겠네요. 'A에게 살해당하다'라는 운명/사건이 있듯이, 'A가 스스로를 죽이다'라는 운명/사건이 존재한다면 말입니다. 그렇지 않다면(우연을 인정한다면) 자살이란 운명의 사슬에 끼어든 우연일 테고요.

11강_시간

지금까지 시간에 관한 이야기는 미루어 왔는데, 이제 이번 시간에는 시간에 대해서 생각해 보기로 하자. 시간은 존재, 무한, 가능성, 개체,…… 등과 더불어 가장 난해한 존재론적 개념들 중 하나이다. 여기에서는 선불교의 시간론, 보르헤스의 시간론 등을 곁들여 스토아학파의 시간론——특히 크로노스와 아이온의 구분——을 음미해 보자.

§1. 크뤼시포스의 시간론

우선 스토아학파의 시간론이 압축적으로 담겨 있는 크뤼시포스의 시간론을 보자. 전에 말했지만, 크뤼시포스는 스토아 철학을 이론적으로 다듬은 사람이다. 그의 시간론을 읽으면 스토아적 시간론의 대강이 잡힌다.

　1) 시간이란 우리가 종종 그것을 빠름과 느림의 측도라고 부르는 점에

서도 알 수 있듯이 운동의 간격intervalle이다. 또는 그것은 세계의 운동을 따르는accompagnant 간격이다.

2) 모든 사물들이 존재하고 운동하는 것은 시간 안에서이다. 그렇지만 시간은 땅, 바다, 공허가 그렇듯이 두 가지 규정을 함축한다. 즉, 우리는 시간을 전체에 있어 규정할 수 있고, 부분들에 있어 규정할 수 있다. 공허가 그 모든 부분들에서 무한하듯이, 시간은 그 두 극단(방향)으로 무한히다. 결국 과거와 미래는 무한하다.

3) 어떤 시간도 전적으로 현재는 아니다. 연속체들의 분할은 무한히 계속되고 시간은 연속체이므로, 각각의 시간은 또한 무한 분할을 포함하기 때문이다. 그래서 어떤 시간도 엄밀하게 현재는 아니다. 하지만 사람들은 일정한 외연에 입각해 현재를 말한다.

4) 현재만이 실존한다. 과거와 미래는 존속할 뿐 결코 현존하지는 않는다. 마찬가지로 현실적인 빈위들만이 실존한다고 말할 수 있다. 예컨대 산보는 내가 산보하고 있을 때 나에 관련해 실존하지만, 내가 잠자거나 앉아 있을 때면 실존하지 않는다.

골드슈미트의 연구에 기반할 때, 크뤼시포스의 시간론을 이상과 같이 정리해 볼 수 있다. 하나씩 풀어서 이해해 보자.

1) 우선 "시간이란 운동의 간격이다"라는 말을 하고 있다. 이 말에서 일단 주목할 점은 시간이 공간 및 운동체와 상관적으로 규정된다는 점이다. 시간이라는 개념은 그것만 따로 떼어서는 알기 어렵고, 공간 및 운동체와 상관적으로 규정되어야 이해 가능하다는 뜻이다. 왜냐하면 시간만 가지고서는 빠르다, 느리다 등으로 말할 수 없기 때

문이다. 이런 식으로 말하려면 어떤 형태로든 공간 개념이 들어가야 한다. 예컨대 우리는 일정한 공간을 누가 더 먼저 주파했느냐, 역으로 말해 같은 시간 동안에 누가 더 멀리 갔느냐 하고 묻는다. 이렇게 시-공간이 연계되어야 비로소 빠름과 느림을 말할 수 있다. 그리고 빨리 가고 느리게 가는 어떤 운동 주체가 있을 것이다. 운동 주체가 있어야 공간적 위치가 정해지기에 말이다. 그래서 시간, 공간, 운동체는 서로 상관적으로 규정된다.

그 다음 말이 상당히 중요하다. "시간은 세계의 운동을 따르는 간격이다". 여기에서 "따르는"을 "부대하는"이라고 읽을 수 있다. 그래서 이 말은 "시간이란 물체적 운동의 부대효과이다"라고 바꿔 쓸 수 있다.

이 구절을 이해하기 위해서 우선 시간론의 역사를 간단하게 살펴보자. 시간에 대한 이론은 크게 나누면 두 종류가 있다. 하나는 우주론적 시간론으로서, 시간이란 우리 인간의 주관에 관계없이 객관적으로 존재한다고 믿는 입장이다. 또 다른 시간론은 시간이란 기본적으로 우리의 주관, 특히 의식에 관련되는 무엇이라고 보는 입장이다. 이 두 가지가 시간론의 큰 줄거리를 이룬다. 서구 철학사를 보면, 전통적인 시간론은 시간을 의식과 관련시키지 않았다(플로티노스 같은 미묘한 경우들도 있었지만). 우주론적 시간론이 대세를 형성했다. 아리스토텔레스의 시간론이 대표적이다. 내면적인 시간론은 아우구스티누스에 의해 제기된다. 그러나 큰 흐름은 아니다. 대체적으로 우주론적 시간론, 객관적 시간론이 전통으로서 내려온다.

근대에 와서도 마찬가지이다. 근대에 줄곧 자연과학의 발달과 나

란히 우주론적 시간이 이어진다. 그러다가 다시금 의식 중심의 시간
론이 부활한 것은 베르그송과 더불어서이다.[1] 특히 베르그송과 아인
슈타인이 만나 시간에 관한 논쟁을 벌였는데, 이 논쟁이 우주론적 시
간과 내면적 시간 ─ 더 정확히는 생명의 시간 ─ 이 충돌한 결정적
인 사건이라고 할 수 있다. 두 사람의 논쟁이 너무 초점이 달라서 알찬
성과를 거두지는 못했지만, 여러 가지 중요한 문제들을 제기한 대표
적인 논쟁이다. 이후 베르그송적인 시간론은 현상학, 하이데거, 더 직
접적으로는 화이트헤드, 들뢰즈 등으로 내려오고, 아인슈타인적 시간
론은 물리학자들, 그리고 라이헨바흐, 그륀바움 등을 통해서 내려온
다. 어쨌든 문제는 시간을 인간 바깥에 존재하는 무엇으로 보느냐, 아
니면 인간의 의식을 떠나서는 결코 존재할 수 없는 그 무엇으로 보느
냐 하는 것이다.

그런데 우주론적인 시간 자체에도 크게 나누면 두 가지 이론이
있다. 하나는 시간과 공간이 먼저 존재하고 그 안에 사물들이 존재한
다는 생각이다. 마치 시간과 공간이 사물을 담는 어떤 그릇, 일종의 용
기容器 같은 것이고, 그 안에 사물들이 들어 있다는 생각이다. 다른 입

---

1) 베르그송의 시간론이 의식을 중요한 모티브로 하고 있기는 하지만, 그가 인간의 내면에만
초점을 맞추는 것은 아니다. 베르그송의 시간론, 즉 '지속'의 시간론은 우주의 시간, 생명
의 시간이다. 그러나 베르그송에게서 의식은 생명의 연장선상에서 이해되고(베르그송의
사유는 인간의 주체성과 대상세계를 맞세우는 근대 철학의 구도와는 전적으로 다른 구도에 기
반한다), 때문에 의식이 생명과 우주를 이해하는 실마리가 된다. 베르그송의 사유는 유심
론(唯心論)이 아니라 심(心)에 대한 탐구에서 점차 객관세계 전체의 탐구로 사유 범위를
확대해 나간 사유이다. 그리고 의식과 세계를 대립시키기보다는 연속적으로 이해하기 때
문에, 그의 사유가 주관의 '투영'이나 주체철학적인 '구성'이나 유심론적인 의식의 '확장'
인 것은 아니다.

장은 반대로 진짜 존재하는 것은 사물들이고 시간과 공간은 그 사물들이 운동할 때 인간이 그 운동을 파악하는(즉 그 운동을 일정한 관계를 통해서 서술하는) 방식이라는 입장이다. 17세기에 라이프니츠와 클라크의 논쟁이 있었다. 클라크는 뉴턴의 대변자라 할 수 있어, 실제로는 뉴턴과 라이프니츠의 논쟁이라고도 할 수 있다. 뉴턴은 절대 시간, 절대 공간을 설정하고 그 안에서 사물들이 움직인다고 보았고, 라이프니츠는 시공간이란 사물들이 관계 맺는 질서일 뿐이라고 보았다. 공간이란 '공존의 질서'이고, 시간이란 '계기의 질서'라는 것이다.[2] 이 논쟁 또한 중요하다.

아주 간단하게 시간론의 역사를 보았거니와, 고대의 시간론은 대체적으로 시간 자체가 먼저 존재하는 것이 아니라 물체가 존재함으로써 생겨나는 것이 시간이라는 입장을 취했다. 스토아학파 역시 고대의 일반적인 흐름과 마찬가지로 시간을 파생적인 것으로 보았다. 2강에서 말했듯이, 스토아학파는 세계를 물체적인 것과 비-물체적인 것으로 나눈다. 그리고 비-물체적인 것에는 크게 나누어 공허, 장소, 시

---

2) 칸트는 시공간이 객관적 실재가 아니라 사물들의 관계, 틀이라고 생각한 점에서 라이프니츠를 따르고 있다. 그러나 라이프니츠와 달리 칸트의 경우 시공간은 사물들의 틀이 아니라 인간 의식이 사물을 지각하는 틀이다. 시공간은 '감성의 아프리오리한 형식'이다(다만 공간은 외적 형식이고 시간은 내적 형식이다). 그러나 칸트가 시공간의 성격으로서 제시한 내용들은 오히려 뉴턴의 그것과 매우 유사하다. 또 하나, 라이프니츠에게서 모든 참된 명제는 분석명제이다. 따라서 모든 참된 명제는 분석을 통해서 증명된다. 반면 칸트에게서는 분석명제와 종합명제가 뚜렷이 구분되며,『순수이성비판』의 주요 부분은 '감성론'과 '오성론'으로 대별된다. 이것은 달리 말하면, 라이프니츠에서는 시공간조차도 논리학적으로 이해되는 데 비해 칸트에서는 더 이상 논리의 문제가 아니라 감성/지각의 문제가 된다는 뜻이다. 서구 철학사에서 중요한 분기점을 형성한다.

간, 사건이 포함된다고 했다. 그리고 지금까지 우리는 바로 이 '사건'에 대해서 이야기해 온 것이다. 이제는 시간에 대해서 논해 보자. 스토아학파에서 '실체'는 물체적인 것이다. 이들에게 실체는 'ousia'가 아니라 'hypokeimenon'이다. 'substantia'는 '우시아'의 복합적인 의미 전체가 아니라 그 질료적 측면인 'hypokeimenon'을 번역한 말이다. 그리고 시간은 실체=물체로부터 파생되는 비-물체적인 것들 중 하나이다. 그래서 시간은 물체적 운동의 부대효과라고 밀힐 수 있다. 앞에서 자주 쓴 표현으로 '표면효과'이다. 이 점에서 스토아적 시간론은 뉴턴적 시간론과 다르다. 시간이라는 어떤 바탕이 있고 그 바탕 위에 사건이 수놓아지는 것이 아니다. 사건이 일어나지 않는다면 시간도 없다. 시간은 사건의 부대물이다.

이런 입장은 아리스토텔레스의 『자연학』에서 자세히 전개된 입장이기도 하다. 물론 깔려 있는 전제는 다르지만, 시간을 파생적인 것으로 보는 것은 두 철학체계가 마찬가지이다. 예컨대 소크라테스가 실체라면 소크라테스의 운동은 성질이다. 소크라테스가 걷는 것, 말하는 것,…… 등은 성질이다. 그런데 시간은 바로 이 운동의 성질이다. 그래서 시간이란 결국 **성질의 성질**이 되는 것이다. 소크라테스라는 실체가 있고, 그 실체의 성질들 중 하나가 '달린다'는 것이고, 그 '달린다'라는 운동의 성질들 중 하나가 '빠르다', '늦다'인 것이다. 그래서 시간은 성질의 성질, 이차적인 성질이다. 그만큼 더 파생적인 존재라는 뜻이다.

이 점에서 고대 시간론은 뉴턴적인 시간론과 다르다. 뉴턴의 '절대시간'은 사물들과 그것들의 운동 이전에 이미 그 바탕으로서 전제되고 있다. 시간론에서의 이 차이의 밑바탕에는 보다 근본적인 존재론적 배경이 깔려 있다. 근대 물리학은 운동체에 관해 별 관심이 없다. 예컨대 A라는 운동체가 있고 B라는 운동체가 있다고 할 때, 고대의 사유에서는 이 운동체가 '무엇이냐?'라는 물음이 중요하다. 이 물음에 대한 대답이 곧 그 운동체의 본질이다. 그 본질이 규정되면, 이제 그에 따라 그 운동체가 가지는 성질이 연역된다. 예컨대 한 마리의 강아지가 있을 때, 고대 과학은 "이것은 무엇인가?"라고 묻는다. 여기에 "그것은 동물이다" 또는 "그것은 네 발 달린 동물이다" 같은 대답이 나온다. 그런데 '동물'이라는 개념에는 "신진대사를 한다", "포유류의 경우 새끼를 낳는다",…… 등의 성질들이 내포되어 있으며, 따라서 그 존재는 어떤 운동을 할 것인가가 연역 가능하게 된다. A와 B의 관계도 이들 각자의 본질로부터 연역된다. 물론 본질=형상인 외에 질료인, 운동인, 목적인도 탐구된다. 고대의 과학은 '사물'thing의 과학이며, 사물의 '원인'aitia——아리스토텔레스가 말한 네 가지 원인——을 찾는 과학이다.

　　이와 대조적으로 근대 물리학에서는 사물들에 대한 물음이 없다. 나아가 질적 성질들에 대한 물음도 없다. 지구와 태양을 연구할 경우, 지구가 무엇인지, 태양이 무엇인지, 지구의 색깔이 어떤지, 거기에 어떤 사람들이 사는지,…… 이런 문제들은 물리학의 관심 바깥이다. 근대 물리학이 관심 있는 것은 지구와 태양이 떨어진 거리, 지구가 태양을 도는 속도, 그리고 지구와 태양의 질량 같은 것들이다. 그 결과 '질점'mass-point 같은 개념을 중시하게 된다. 다른 측면들은 배제하기 때문에 각 천체들을 하나의 점으로 보되 다만 일정한 질량을 가진 점으로 보는 것이다(점의 위치는 물체의 무게중심의 위치로 잡는다). 따라서 시간, 공간, 질량, 힘, 속도 같은 몇 가지 개념들만이 필요하다. 질점質點을 (데카르트가 고안한) '좌표계'에 표시하고, 그 운동을 힘 및 속도와 연관시켜 함수화한다. 이렇게 해서 도출된 공식들 중 하나가 유명한 $f = ma$이다. 달리 쓰면 $f = m\dfrac{d^2x}{dt^2}$이다. 결국 근대 물리학이란 양화quantify 가능한 몇 가지 성질에만 관심이 있고, 그 성질들 사이의 함수관계에 주목하는 과학이다.

여기에서 주목할 점은 **시간이 독립변수**라는 사실이다. 근대 물리학에서 시간은 사건으로부터 파생되는 것이 아니라, 오히려 모든 사건들이 그것을 기준으로 측정되는 바탕이다. 모든 운동은 시간에 관련해서의 운동인 것이다. 이 점에서 객관적 시간론의 근대에 이르러 시간은 매우 근본적인 위상을 부여받게 된다고 할 수 있다. 그러나 스토아학파의 경우 시간은 비-물체적인 것의 비-물체적인 것으로서 낮은 존재론적 위상을 부여받았다고 할 수 있다. 이 세계가 원인이라고 한다면 시간은 그 원인에서 파생되는(이차적으로 파생되는) 결과이고, 그것이 바로 1)에 나오는 "세계의 운동을 따르는"이라는 구절의 의미이다.

그 뒤에는 '간격'이라는 말이 나온다. 우리말을 봐도 그냥 '시'時가 아니라 '시간'時間이다. '간'間이라는 말 자체가 이미 시간이 순수 연속체가 아니라 마디들로 분절되어 있다는 뜻을 담고 있다. 사건들이 존재하는 한, 추상적이고 등질적인 시간은 상상의 산물이고 실재하는 시간은 마디로 분절된 시간이다. 크뤼시포스가 말하는 간격이란 다름 아닌 '외연'platos을 뜻한다. 우리말에 얼마얼마 '걸린다'고 할 때의 그

걸림이다. 산보의 예를 생각해 보면 쉽다. 밥을 먹고 나서 산보를 했다. 이때 시간이 있어 시간 안에서 산보가 벌어지는 것이 아니라, 산보라는 운동이 있고 그 운동의 시작과 끝에 의해서 시간 간격이 형성되는 것이다. 산보가 시작되어 끝날 때까지의 외연, 그것이 산보'의' 시간이다. 이 '의'라는 말이 산보가 일차적인 존재이고, 시간 간격은 그 파생물이라는 것을 함축하고 있다. 이런 생각은 훗날 아우구스티누스에게서도 보인다.

그런데 아리스토텔레스와 크뤼시포스 사이에는 차이가 있다. 아리스토텔레스는 시간을 운동에서 양화되는 측면, 운동에서의 수의 측면hê arithmos echei hê kinêsis으로 정의했다. 그러니까 아리스토텔레스는 수를 이야기하고, 크뤼시포스는 간격을 이야기한다. 예컨대 A라는 사람과 B라는 사람이 동시에 출발해서 멈췄는데, 그 사이에 A가 B보다 두 배 멀리 갔다고 하자. 그러면 A가 B보다 두 배 빠르다는 이야기이다. 그렇게 운동할 때 그 운동에 부대하는 '수'의 측면이 아리스토텔레스의 시간이다. 크뤼시포스는 A와 B의 운동에 걸린 시간 간격으로서 시간을 규정한다. 결국 상당히 유사하긴 하나 미묘하게 다르다. 아리스토텔레스는 수로 정의하고 크뤼시포스는 간격으로 정의한다는 점에 차이가 있다.

2) 다음으로 두번째 부분을 보자. "모든 사물들이 존재하고 운동하는 것은 시간 안에서이다."

이 문장을 보고서 상당히 혼란스럽게 느껴질 수 있다. 앞에서 시간이란 운동의 파생물이라고 했다. 그러나 이제 모든 것은 시간 안에서 움직인다고 말하고 있다. 조심할 것은 여기에서 '안'이라고 하는 것이 공간적인 의미에서의 '안'이 아니라는 사실이다. 시간이 먼저 있고, 그 안에서 운동이 발생한다는 뜻이 아니다. 운동이 발생할 때 시간도 늘 부대한다. 그렇기 때문에 운동은 시간과 나란히 간다. 늘 시간과 나란히 가기에 시간 안에서 존재하고 운동한다는 뜻이다. 이렇게 읽어야 한다.

다음 대목은 다음과 같다. "그렇지만 시간은 땅, 바다, 공허가 그렇듯이 두 가지 규정을 함축한다. 우리는 시간을 전체에 있어 규정할 수 있고, 부분들에 있어 규정할 수 있다. 공허가 그 모든 부분들에서 무한하듯이, 시간은 그 두 극단(방향)으로 무한하다. 결국 과거와 미래는 무한하다." 시간에는 부분적 시간이 있고 전체적 시간이 있다. 부분적 시간은 방금 든 예, 즉 어떤 운동이 있을 때 그 운동을 통해서 분절되는 시간이다. 그러나 이런 부분적 시간만 있는 것이 아니라 전체로서의 시간이 있다. 전체로서의 시간이 무엇인지는 구체적으로 나와 있지 않다. 나중에 마르쿠스 아우렐리우스가 그것을 아이온aiôn이라고 부르게 된다. 시간을 가리키기 위해 일반적으로 사용되었던 말은 'chronos'였다. 그러나 마르쿠스 아우렐리우스는 무한한 시간, 영원을 가리키기 위해 아이온이라는 말을 사용했다.

앞에서는 시간이 운동의 일정한 간격에 의해서 분절된다고 했다. 다시 말해, 시간은 운동으로부터 파생된다고 했다. 그런데 시간 간격이 분절된다는 말은 분절되지 않는 시간도 존재한다는 것을 암시한다. 분절되지 않는 시간, 무한한 시간, 과거와 미래로 끝없이 뻗어가는 시간이 곧 아이온이다. 그리고 이 무한의 시간이 일정하게 한계지어짐으로써limited 일정하게 제한된 시간, 분절된 시간이 형성된다. 이

때 시간을 분절하는 것은 일정하게 시작해서 끝나는 운동, 행위이다. 이 점도 중요하다. 유심히 볼 것은 스토아 시간론에서도 역시 그리스적 사유의 기본 논리가 재현되고 있다는 점이다. 그리스적 사유의 기본 패턴은 한계지어지지 않은 아페이론에 일정한 한계들('페라스'들)이 부여됨으로써 특정한 규정성이 생겨난다는 생각이다. 지금의 맥락에서도 이런 논리 구조가 재현되고 있다.

분절되지 않은 무한의 시간과 일정하게 분절된 시간의 관계는 공허와 장소의 관계와도 같다. 지난 강의에서 공허와 장소에 대해 말했다. 공허는 무한한 공간이다. 무한한 공간이 분절됨으로써 물체가 생긴다. 분절이 없는 공간이 무한한 공간인데, 분절이 가해짐으로써 장소가 된다. 여기 책상이 있거니와, 이 책상이 있음으로써 이 장소가 마름질되는 것이다. 그런데 이 장소 역시 부대효과이다. 하나의 컵이 있고 이 컵의 장소가 A라면 그것을 옮기면 장소가 B로 달라진다. 다른 모든 물체들도 마찬가지이다. 그래서 장소는 부대효과이다. 이러한 관계는 바로 무한한 시간과 한계지어진 시간의 관계와 똑같다. 무한한 시간은 아무런 분절이 없는 시간이고, 한계지어진 시간은 일정한 운동에 의해 일정 간격으로 끊어진 시간이다. 마찬가지로 무한한 공허가 물체에 의해 일정하게 분절된 것이 장소이다.

$$\frac{무한한 \ 공간 = 공허}{한계지어진 \ 공간 = 장소} = \frac{무한한 \ 시간 = 아이온}{한계지어진 \ 시간 = 일정한 \ 시간 \ 간격} = \frac{과거와 \ 미래}{현재}$$

여기에서 눈여겨 볼 것은 일차적으로 존재하는 것은 물체와 운동이며, 시간과 공간(더 정확히는 일정한 시간 간격과 장소)은 부대효과라는 것이다. 그래서 물체와 운동에 변화가 생기면, 그에 따라 시간과 공간도 달라진다. 뉴턴적 시공간론과 대조적이라 하겠다.

여기에서 크뤼시포스는 말하고 있지 않지만, 시간과 공간 사이에는 중요한 차이가 있다. 장소는 타자들을 반복적으로 허용한다. 하나의 장소에 책상이 있다가, 그것이 들어내진 그 자리에 의자가 올 수도 있다. 무한한 타자를 배제적으로 허용한다. 하지만 시간은 그렇게 되지 않는다. 시간은 타자들을 반복적으로 허용하지 않는다. 반복이 불가능하다. 물론 시간에도 반복의 측면이 있다. 그러나 공간과는 반대의 방식이다. 일정한 시간대에 무한히 많은 사물들이 동시에 운동할 수 있다. 한 시간 간격이 무한한 운동들로 동시에 채워질 수 있는 것이다. 다시 말해, 공간은 한 시간 간격에 하나의 사물만을 허용하지만 시간이 다시 이어지면서 무수한 사물들의 반복을 허용하는 반면, 시간은 한 간격 내에서 한 사물의 한 운동만을 허용하지만 같은 간격 내에서 공간적으로 다른 수많은 사물들의 운동을 동시에 허락한다. 더 압축적으로 말해, 공간은 시간적으로 배타적인 여러 사물들의 반복을 허용하고 공간은 시간적으로 배타적인 여러 운동들의 반복을 허용한다. 그래서 시간과 공간은 마치 태극기 가운데 있는 그림처럼 서로를 맞물면서 존재한다. 묘妙한 관계이다.

3) 다음 세번째 부분을 보자. "어떤 시간도 전적으로 현재는 아니다. 연속체들의 분할은 무한히 계속되고 시간은 연속체이므로, 각각의 시간은 또한 무한 분할을 포함하기 때문이다. 그래서 어떤 시간도 엄밀하게 현재는 아니다. 하지만 사람들은 일정한 외연에 입각해 현재를 말한다."

　“어떤 시간도 전적으로 현재는 아니다”에서 “전적으로”라는 말이 무슨 뜻인지 정확히 이해할 필요가 있다. 이 말은 “절대적으로”를 뜻한다고 볼 수 있다. 그래서 어떤 시간도 절대적으로 현재는 아니라는 것이다. 반대로 말해, 시간은 상대적으로만 현재일 수 있다는 뜻이 된다. “절대적 의미에서의 현재는 무엇일까? 현재라고 말하려면 시간의 어떤 일정한 외연을 끊어야 하는데, 도대체 얼마만큼 끊어서 그것을 현재로 해야 하는가?” 이런 문제가 생긴다. 이때 절대적으로 제시할 수 있는 답은 없다. 현재라고 늘 말하지만 얼마만큼이 현재일까? 1시간이 현재인가, 1분이 현재인가,…… 이런 문제가 생긴다.

　이런 상황은 우리는 무한 분할의 문제로 이끌어 간다. 현재란 우리가 임의로 정할 수는 있어도 절대적으로 규정할 수는 없는 무엇이다. 나아가 더 근본적인 문제는 시간이란 계속 흘러가기 때문에 엄밀한 의미에서 보면 그 어디에서도 자를 수가 없다는 사실이다. 어딘가를 자를 때 그 자르는 순간에 그 자르고자 했던 시점時點——편의상의 개념이다——은 지나가 버리기 때문이다. 불교에서는 ‘찰나’刹那라는 말을 쓴다. ‘찰나’라는 것은, 어떻게 계산했는지는 모르겠으나, 지금으로 말하면 75분의 1초 정도가 된다고 한다. 그러나 찰나도 얼마든지 더 나눌 수 있는 시간이다. 시간이란 원칙적으로 무한 분할이 가능한 것이다. 이렇게 생각해 보면 ‘현재’라고 하는 것은 좀 허깨비 같은 것이라는 생각이 든다. 현재란 물을 손으로 잡을 수 없듯이 포착하기 힘든 무엇이다. 그래서 결국 아직 오지 않은 미래와 이미 지나간 과거, 더 정확히는 계속 오고 있는 미래와 계속 가고 있는 과거만 있다고 하겠다. 시간을 “강물 같다”고 하는 비유는 적절한 비유이다. 현재는 없는 것이다.

그러나 지금 이 이야기는 시간을 우리 머릿속으로 옮겨 놓고서, 또 공간적으로 표상하고서 행한 조작이다. 우리 감각으로 확인하는 경험의 차원이 있고, 또 우리 머릿속으로 생각하는 차원이 있다. 따라서 위의 이야기는 사고의 차원에서 그런 것이다. 하지만 경험을 중시하면 이야기가 달라진다. '제논의 역설'에서도 경험과 사고의 관계가 문제가 된다. 여기에서도 마찬가지이다. 현재란 잡을 듯하면 달아나버리고, 다만 아직 오지 않은 미래와 이미 지나간 과거만이 있을 뿐이다. 그러나 일상적인 삶에서 우리 눈으로 현실을 바라볼 때에는 분명히 현재가 존재한다. 예컨대 하나의 축구 경기가 열린다면 경기가 시작했을 때와 끝났을 때라는 양끝이 성립하지 않는가. 또 '오늘'이라는 것도 있다. 각 맥락에서는 바로 그동안의 시간이 현재라고 할 수 있다. 앞에서 말했지만, 우리의 행위에는 일정한 분절이 있고 그 분절을 근거로 해서 현재를 말할 수 있다. 그래서 현재는 상대적으로는 존재한다고 할 수 있다.

그래서 논리적으로 추론했을 때 현재는 무無이지만, 우리의 현실적인 삶에서 현재란 의미를 가진다. 그것은 우리의 행위나 사물의 운동이 불연속을 함축하며, 그 불연속을 기준으로 해서 현재를 말할 수 있다는 것이다. 그렇다면 얼마만큼의 시간이 현재인가. 그것은 거듭 말하지만 우리의 행위, 물체의 운동에 의해 분절되는 만큼이다. 이것이 우리가 앞에서 시간을 '부대효과'라고 정의한 이유이다.

사실 우리가 흔히 사용하는 시간 분절은 물체의 운동에 기반한 분절이다. 예컨대 한 달은 바로 보름달이 졌다가 다시 떴을 때이다. 또 하루는 해가 떴다가 졌다 다시 뜨는 동안이다. 하루라는 시간이 있어 하루라는 날이 있는 것이 아니라, 하루라는 날이 있어 하루라는 시간이 존재한다는 것이다. 만일 깜깜한 방에 홀로 있다면 시간이 얼마나 가는지 알 수 없다. 다만 내 의식의 변화에 따라 형성되는 내면의 시간만이 있을 것이다. 결국 시간의 분절이란 물체의 운동을 통해서 이루어지고, 우리는 그 운동을 통해서 시간들을 구성하게 된다.

물론 이보다 훨씬 상대적인 것, 더 관례적인 것도 있다. 예컨대 한때 요란했던 밀레니엄 현상 같은 것이 그렇다. '밀레니엄'이란 것은 사실상 매우 허황된 것이다. 밀레니엄이 시작된 것에 큰 의미를 두고서 난리를 쳤지만, 따지고 보면 서양의 달력에서 성립하는 것에 불과하다. 서기西紀는 예수의 탄생을 기점으로 잡았다고 한다. 서구인들에게는 0의 개념이 없었고, 그래서 1년을 원년元年으로 잡게 된다. 이 때문에 새로운 밀레니엄이 몇 년부터냐를 둘러싸고서 논란이 일어난 것이지만, 이는 다른 문명과는 본래 아무 관계도 없는 일인 것이다. "밸런타인 데이"니 "화이트 데이"니 하는 허황된 것들 역시 서구를 추종하는 지각 없는 인간들과 자본주의의 "문화상품" 전략이 빚어낸 결과들일 뿐이다.

덧붙여 말한다면, 시간의 분절을 측정할 수 있게 해주는 현상들 중 대표적인 것은 천문학적 현상이다. 해와 달이 뜨고 지는 것, 별자리가 이동하는 것,…… 등보다 규칙적인 것은 없다. 물론 미세한 시간 측정이 요구될 때는 좀 다르다. 동위원소 같은 것을 사용한다. 그러나 일상적인 경험에서는 천문 현상이 으뜸이다. 그래서 인간이 만든 달력은 기본적으로 천문 현상을 기준으로 작성된 것이다. 그리고 콩트의

학문 분류에서도 알 수 있지만, 과학들 중에서 가장 먼저 발달한 과학
이 바로 천문학이다. 왜 그런가? 과학은 규칙적인 것, 규칙적으로 반복
되는 것을 지향하는데, 가장 규칙적인 것이 천문 현상이기 때문이다.

다시 현재에 관한 이야기로 돌아가자. 거듭 말하게 되지만 현재
라는 것은 묘하다. 지금 우리에게 현재는 이 강의가 진행되는 동안이
다. 하지만 다음 주에 강의가 계속되면 그때는 그 강의 동안이 현재
가 된다. 그리고 지난 주 강의 때는 그때가 현재였었다. 그래서 현재에
는 두 얼굴이 있다. 현재는 우리에게 절대적인 의미에서의 '지금'이라
는 얼굴이 있고, 수많은 지금'들'의 전체라는 얼굴이 있다. 과거는 언
젠가 현재'였고' 미래는 언젠가 현재가 '될 것'이다. 이것은 우리가 앞
에서 현재의 분절은 임의적이라고 했던 것을 상기하면 이해할 수 있
을 것이다. 우리에게 절대적인 의미에서의 현재는 지금 지나가고 있
는 현재이다. 흔히 하는 표현으로 그것은 '살아 있는 현재'lebendiges
Gegenwart이다.

과거와 미래는 우리에게 잠재적인 것이다. 실존하는 것이 아니라
존속하는 것이다. 그렇다면 만일 존속이라는 양태를 가지지 않는 존
재, 모든 것을 실존하는 것으로 볼 수 있는 존재, 그런 존재가 있다면
그런 존재에게 과거와 미래는 없을 것이다. 우리처럼 미래, 과거, 현재
가 나누어지지 않을 것이다. 그에게는 모든 시간이 영원한 현재이다.
그것이 신의 시간이다. 신에게는 가능태란 없다. 과거와 미래도 없다.
중세 철학자들이 흔히 했던 표현으로 신은 '순수 현실태'이다. 하지만
우리에게는 시간의 일정 부분만이 현재이고(물론 그 외연은 임의적이
다), 그 현재가 아닌 것들은 아직 오지 않은 미래이거나 이미 지나간

과거이다. 그러나 우리가 과거와 미래로 보는 것을 신은 현재로 보는 것이다.

달마 조사와 육조 혜능을 이어서 나온 대표적인 인물로 마조도일 馬祖道一이라는 인물이 있다. 마馬는 이 사람의 속성俗姓이고 거기에 조 祖를 붙인 독특한 경우이다. 마조도일은 입적하기 얼마 전에 자신의 입적일入寂日을 정확히 예언했다고 한다. 죽기 하루 전에 한 제자가 가서 기체가 어떠하시냐고 물었다. 물론 이것은 건강을 물어본 것은 아니리라. 내일 세상을 떠날 사람에게 건강을 물어보는 것은 좀 어리석다 하겠다. 아마 돌아가시기 전에 뭔가 마지막 법어法語를 내려 달라는 뜻이었을 것이다. 지금까지 그의 삶과 사상을 총 정리하는 무엇인가를 말씀해 달라는 뜻이다. 그때 마조 선사가 "일면불 월면불"日面佛 月面佛이라 했다고 한다. 유명한 선문답이다.[3]

이 말은 워낙 함축적이어서 해석이 어렵다. 고대의 문헌들은 그 당시의 맥락과 상황, 분위기 등을 알아야 해석이 가능하다. 고대 문헌으로 내려갈수록 해석이 어렵다. 게다가 고대 문헌의 상당수가 당사자가 직접 저술한 것이 아니라 그가 죽은 후에 제자들이 기억을 더듬어 기록한 것이다. 공자의 『논어』도 그렇고, 원시 불교의 경전들, 기독교의 『신약』, 플라톤의 초기 대화편들 등이 모두 그렇다. 또한 판본들에 따라서 여러 미세한 차이들이 있다. 게다가 말 자체도 대개 함축적이어서 해석이 구구하다. 스승이 죽은 후에 대개 제자들이 여러 분파로 갈라서는 것에는 이런 이유가 크다.

---

3) "擧. 馬大師不安. 院主問 和尙近日 尊候如何. 大師云 日面佛 月面佛."(『벽암록』, 제3칙)

이 말을 문자 그대로 해석하면 "낮에도 부처님 보고, 밤에도 부처님 보고"라고 할 수 있다. 이렇게 해석할 경우 "나는 한평생 오로지 부처님을 사모하면서 살았네"라는 뜻이다. 또 "일면"日面과 "월면"月面을 수식어로 해석하면 "해님 얼굴의 부처님, 달님 얼굴의 부처님"이라고도 할 수 있다. 이렇게 해석하면 "삼라만상이 불성佛性을 지니고 있으니 열심히 정진해 득도하시게" 정도의 뜻으로 볼 수 있을 듯하다. 어느 해석이든 가능하다.

그러나 또 하나 가능한 해석은 일日과 월月을 시간적 차이로 해석하는 것이다. 일을 매우 긴 시간으로, 월을 짧은 시간으로 해석하는 것이 가능하다는 이야기이다. 이렇게 해석할 경우 "일면불 월면불"은 아주 긴 시간에도 부처를 뵙고 아주 짧은 시간에도 부처를 뵙는다는 뜻으로 해석할 수 있다. 결국 이 화두의 뜻은 긴 시간과 짧은 시간 시간의 차이가 없다는 것이다. 하루를 살든 천 년을 살든 만년을 살든 어떤 차이가 있겠느냐는 뜻이다. 방금 말했듯이, 이것은 스토아적으로 말하면 신의 경지를 뜻한다. 신에게는 현재만이 있다. 사실 인간의 모든 불안이라든가, 죽음에 대한 두려움, 과거에 대한 쓰라린 회한, 나아가 그리움과 기대, 땅을 치는 후회,…… 이런 인격적 감정들은 다 시간 때문에 벌어지는 것들이 아닌가. 그러므로 시간을 초월하는 것이야말로 해탈의 경지를 말하는 것이다. 이런 해석도 가능하다.

사실 우리는 일상생활에서 시간 때문에 울고 웃는다. 스포츠 같은 경우가 대표적이다. 몇 분 차이, 몇 초 차이 때문에 승부가 갈리고 희비가 엇갈린다. 또 사회생활에서도 몇 분 늦는 바람에 낭패를 보기도 하고, 빨라서 희희낙락하기도 한다. 삶이란 이렇게 시간 때문에 울

고 웃는 것이지만, 불교는 우주적 시간을 추구하고 그렇기 때문에 속
세에서 멀어져 간다. 깨달음의 문제는 시간을 초탈하는 것과 깊은 관
계를 가지는 것이다.

4) 다음으로 마지막 부분을 보자. "현재만이 실존한다. 과거와 미
래는 존속할 뿐 결코 실존하지는 않는다. 마찬가지로 현실적인 빈위
들만이 실존한다고 말할 수 있다. 예컨대 산보는 내가 산보하고 있을
때 나에 관련해 실존하지만, 내가 잠자거나 앉아 있을 때면 실존하지
않는다." 이미 말했듯이 현재만이 '실존'하고 과거와 미래는 '존속'할
뿐이다. 앞에서 현재란 일정하게 분절되는 행위를 통해 이루어진다고
했다. 그래서 산보하고 있을 때 산보의 현재는 산보하는 사람에 대해
실존하지만, 산보를 그치면 곧 실존하지 않게 된다. '실존하다'와 '존
속하다'라는 동사적인 구별은 명사로 말하면 '현실성'과 '잠재성'의 구
분이다. 여기에서 조심할 것은 '실재'reality와 '현실'actuality의 구분이
다. 'reality'는 지금 실존하든 실존하지 않든 실제 존재한다는 뜻이고,
'actuality'는 지금 당장 현재로서 실존한다는 뜻이다. 서구어 'reality'
가 맥락에 따라서는 '현실'로도 번역되기 때문에, 이 점을 조심해야 한
다. 어쨌든 시간 개념과 양상 개념 사이의 이런 연관성을 주목할 필요
가 있다.

우리는 실존하는 것은 지각을 통해서 경험할 수 있으나 잠재적
으로 존재하는 것은 경험할 수 없다. 다만 생각할 수는 있다. 생각이
란 놀라운 것이다. 생각한다는 것은 지금 존재하지 않는 것을 머릿속
에 존재하게 할 수 있는 행위이다. 우리는 생각함으로써 현재라는 시
간을 초월해 과거와 미래를 인식한다. 이 점에서, 생각하는 한에서라

면 인간도 신적인 존재이다. 생각이 없다면 우리는 현재를 살 수밖에 없다. 그러나 우리는 아직 지각할 수 없는 미래와 이미 내 지각을 떠난 과거를 생각한다. 그렇다면 우리도 어떤 면에서는 신적인 존재인 것이다. 그렇다면 신과의 차이는 무엇일까. 신은 과거, 미래, 현재를 모두 현실로 보지만, 인간은 그렇지 못하다. 다만 끝없는 노력을 통해서 신적인 경지에 가까이 다가갈 수 있을 뿐이다.

하지만 이렇게 과거와 미래를 머릿속에 담을 수 있다는 사실이 인간에게 위대함도 주지만 고통도 준다. 인간이 이룩하는 대부분의 업적들도 이 마음의 성격에서 유래하고, 또 인간이 겪는 대부분의 마음의 갈등도 바로 이 의식 구조에서 오는 것이기 때문이다. 그래서 사람들은 흔히 "개 팔자가 상팔자"라고 말한다. 개는 예술도 못하고 철학도 못하고 혁명도 못하고 그저 밋밋하게 살지만, 그 대신에 마음의 번뇌는 없다는 것이다. 그러나 인간은 무한을 생각하고, 시간을 생각하고, 죽음을 생각하고, 지나간 일들에 대해 뼈저린 회한에 잠기고, …… 하기에 늘 마음의 번뇌가 있기 마련이다. 살아 있는 한 피할 수가 없다. 과거가 후회되고 미래가 불안하다. 이런 식의 시간론은 베르그송에 의해 새롭게 시작되었으며, 특히 하이데거를 비롯한 현상학자들에 의해 상세하게 다루어진 바 있다.

인간은 무엇을 가지고서 과거와 미래를 생각할까. 과거와 미래를 생각할 줄 안다 해도 엉터리 같은 공상만을 할 수 있다면 큰 의미가 없다. 그러나 그렇지는 않다. 인간이 시간을 확장해서 우주를 이해해 나가는 실마리가 있다. 바로 기호들이다. 이때의 기호는 단지 지시의 역할을 할 뿐인 기호가 아니다. 과거와 미래를 풀 수 있는 실마리로서의 기호이다. 그렇다고 이 기호가 해석학적인 맥락에서의 상징도 아니다. 어떤 '숨겨진 의미'는 없다. 다만 '숨겨진 인과'가 있을 뿐이다. 우리는 이 기호를 해석함으로써 우주의 운명을 일정 정도까지 알 수 있다. 그렇게 함으로써 인간은 신을 흉내 낸다고 볼 수 있다. 인간이 신에 가까이 가는 것은 '보이는 것'으로부터 '보이지 않는 것'을 읽어낼 수 있기 때문이다. 기호로부터 세계의 심층을 읽어냄으로써 우주 전체를 인식해 나갈 수 있다. 그리고 스토아 철학에서는 우주를 읽는 것이 곧 신에 가까이 가는 것이다.

물론 거듭 말하지만, 엄밀한 의미에서 실존하는 것은 현재이다. 들뢰즈가 말하듯이, 엄밀하게 말해 우리는 "상처를 입었다"été blessé가 아니라 "상처를 입고서 있다"est ayant été blessé고, "죽을 것이다"devra mourir가 아니라 "죽음 앞에 있다"est devant mourir고 말해야 한다. 엄밀하게 말해 우리에게 과거와 미래는 어디까지나 잠재성이고, 그 잠재성은 결국 우리에게 현실로 드러나는 것을 토대로 이해할 수밖에 없는 것이다. 그래서 인간은 결국 현재를 사는 존재이다. 그것이 신과의 차이이다. 그러나 인간은 사유를 통해서 잠재성의 영역을 더듬을 수 있고, 신에 가까이 갈 수 있다.

§2. 크로노스와 아이온

이제 크로노스와 아이온에 대해 말해 보자. 스토아학파의 시간론에서 크로노스와 아이온은 중요한 역할을 한다. 크로노스는 그리스 신화에 등장하는 신으로서, 일반 명사로 쓰면 시간이라는 뜻이다. 크로노스의 시간은 어떤 시간인가? 그것은 쟁여짐의 시간, 감김의 시간이라고 할 수 있다. 크로노스는 현재의 시간이다. 현재라고 하는 것은 끝없이 늘어난다. 지금도 현재고, 오늘도 현재고, 이번 달도 현재다. 앞에서 현재의 분절은 상대적이라는 말을 했는데, 현재라는 것은 마치 상자가 쟁여지듯이 쟁여진다. 일정한 외연의 현재가 다시 그보다 더 큰 외연의 현재에 주름 잡혀 쟁여진다. 그렇게 해서 성립하는 가장 큰 현재는 우주 전체의 현재이다. 그것이 크로노스라는 신이다.

크로노스의 시간은 물체의 시간이다. 물체의 운동에 부대하는 시간이 크로노스의 시간이다. 앞에서 예로 든 산보의 경우를 생각해 보면 될 것 같다. 그렇기 때문에 크로노스의 시간은 물체와 한 덩어리가 되어서 움직이는 시간이라고 할 수 있겠다. 물체가 움직이는 동안에 시간이 성립한다고 했는데, 하나의 물체가 아니라 우주 전체의 운동을 생각하면 왜 크로노스가 감김, 쟁여짐의 시간인지 알 수 있다. 그리고 지난번 강의에서 스토아 우주론을 설명하면서 우주는 활활 타올랐다가 다시 꺼지는 불이라는 이야기를 했다. 따라서 우주가 불타오르면 시간 역시 부풀어 커진다. 우주가 축소되면 그때 크로노스 역시 축소된다. 운동하는 물체들이 적어지기 때문이다. 그래서 크로노스의 시간은 물체와 합체incorporation를 이루는 시간이다. 또 현재는 물체의 운동을 통해 분절되기에 현재의 시간이기도 하다.

활활 타올랐다가 다시 잦아드는 이 순환 운동에 수반되는 시간, 그것이 바로 우주적 주기週期라고 할 수 있다. 우주적 주기는 계속해서 반복된다. 그것이 '영겁회귀'이다(니체의 영원회귀와 구분할 필요가 있다). 그런데 우주적 주기, 우주가 활활 타올랐다가 식는 과정을 지배하는 일정한 척도가 있다. 일정한 '질서'가 있다. 그래서 우리는 우주를 '코스모스'라고 한다. 이 말 자체가 질서 개념을 함축한다. '우주宇宙'라는 말도 마찬가지이다. 시공간적으로 조직된 세계라는 뜻을 함축한다. 그러나 이런 질서를 와해시키는 시간, 크로노스의 시간을 와해시키는 시간도 있다. 그것은 예컨대 병이라든가 지진, 해일,…… 같은 것들이다. 그래서 스토아 학자들은 좋은 크로노스와 나쁜 크로노스를 구분한다. 그러나 이 우주는 궁극적으로는 아름답게 질서 잡힌 것이고 조화로운 것이다. 이것이 스토아학파의 낙천주의이다.

반면에 아이온의 시간은 사건의 시간이다. 크로노스가 물체의 시간이라면 아이온은 비-물체적인 것들의 시간이다. 사건은 그때그때 순간적으로 발생한다. 그 순간적으로 발생하는 것들의 터전이 되는 시간이 아이온이다. 그래서 아이온은 효과들의 터, 그리고 부정법의 시간이라고 할 수 있겠다. 물체들이 운동하는 과정에서 발생하는 것들은 특정한 시제(그랬다, 그럴 것이다,……)로 현실화된 시간들이다. 그러나 아이온의 시간은 순수사건의 시간 또는 특이성의 시간들이다. 앞에서 특이성의 하늘/바다라는 말을 한 적이 있다. 특이성들이 모여 있는 다른 차원이 있다고 할 수 있다. 그렇다면 이 특이성들의 차원에도 시간이 있을 것 아닌가. 그 시간이 바로 아이온의 시간이다. 홈런을 '치다'의 시간이다. 그래서 들뢰즈는 아이온을 가리켜 "시간의 공허하고 순수한 형식"이라고 부른다.

그런데 이 아이온의 시간을 의미의 문제와 연결시켜 생각해 볼 필요가 있다. 말과 사물, 물체와 명제, 이들 사이에 하나의 층을 상상해 볼 필요가 있는 것이다. 의미라는 차원이 없다면, 말이나 명제도 물체 아닌가? 종이 위에 그어져 있는 물질이고 또 공기를 가르는 음파이다. 그런데 말과 사물이, 물체와 명제가 엄연히 구분된다면, 그것은 이 둘 사이에 이들을 불연속적으로 만들어 주는 어떤 경계선, 막, 차원이 존재한다는 것이다. 이때 물체적인 운동이 순수하게 물체적 운동으로 그치는 것이 아니라, 물질적이지 않은 어떤 것을 뜻하게 된다. 의미가 발생하게 되는 것이다. 이 막, 경계선이 무엇인가. 그것이 바로 물질적 차원에 구현된 시간과 구분되는 순수사건의 차원이다. 순수사건이 존재하기 때문에 의미도 존재한다. 그렇다면 이 차원의 시간은 어떤 시간일까? 바로 아이온의 시간이다. 아이온의 시간이 있기 때문에 물체적 운동은 단순한 물체적 운동으로 그치는 것이 아니라 의미의 차원으로 진입할 수 있다. 내가 지금 하고 있는 말도 일차적으로는 물체적인 것이다. 음파이다. 그러나 이 음파는 아무 의미 없는 소리가 아니라 어떤 일정한 의미를 전달하는 소리이다. 그렇다면 이 음파에는 물체적인 것 이상의 그 무엇이 들어 있다는 것이다. 그것은 바로 순수사건이고, 이 순수사건은 곧 아이온의 시간에서 성립한다.

지난 4강에서 우발점에 대해 이야기했다. 이 우발점이 존재하는 시간, 그것이 또한 아이온의 시간이라고 할 수 있다. 맥락은 다르지만 순수사건, 특이성, 우발점,…… 등이 모두 같은 맥락에서 제기되는 개념이다.[4] 우발점이 생겨남으로써 이전과 이후가 구분된다. 나폴레옹

---

4) 그러나 순수사건(잠재적 특이성)의 시간이 아이온=영원의 성격을 띤다면, **우발점(현실적 특이성)**의 시간은 카이로스=순간의 성격을 띠는 것으로 구분해 볼 수도 있을 것 같다. 이럴 경우 크로노스, 아이온, 카이로스의 3분법이 된다. 또, 순수사건이 일종의 이데아적인 성격을 띤다면 우발점은 동적으로 움직이는 점이라는 것도 중요한 차이이다.

이 황제가 되기 이전과 황제가 된 이후는 나폴레옹이 황제가 되는 그 사건, 나폴레옹의 머리에 왕관이 얹히는 그 우발점에 의해 나누어진다. 우발점이 시간을 과거와 미래로 쪼개는 것이다. 이런 두께 없는 시간이 곧 아이온이다.

이 부분이 미묘한 부분이다. 사건에서 순수사건을 구분해내고, 그 순수사건들 자체가 존재하는 별도의 차원을 설정하고, 또 이 별도의 차원의 시간을 따로 설정하는 것이다. 만약 우리가 경험을 순전히 물체적 운동으로서만 받아들인다면 거기에서 어떤 의미를 읽어내지는 못할 것이다. 그러나 우리는 어떤 사람의 표정을 보고 그것을 시각적 변화로서만이 아니라 어떤 '뜻'을 담고 있는 것으로 읽어낸다. 그 읽어낸 결과가 진실인지 아닌지는 그 다음의 문제이다. 그렇게 의미를 읽어낸다는 것은 우리가 물체적 운동의 차원과는 다른 어떤 차원에 관여한다는 것을 암시한다. 그래서 순수사건의 차원을 생각하는 것이고, 그것과 연계되어 크로노스의 시간과 구분되는 아이온의 시간이 상정된다고 할 수 있다.

우리가 경험이라는 것을 전적으로 신체적인 작용으로만 받아들인다면 의미를 이해할 수 없게 된다고 했다. 이와 연관해서 9강에서 표상과 표현을 구분했던 것을 기억하자. 의미가 비-물체적인 존재라면, 우리가 의미를 어떻게 표상할까라는 문제가 생긴다. 엄밀하게 말하면 표상할 수 없다. 먹구름을 바라볼 때, 먹구름은 물질이기 때문에 표상할 수 있다. 하지만 만일 먹구름이 가지고 있는 의미(예컨대 "오늘 소풍을 못 간다")가 비-물체적인 것이라고 한다면, 지각할 수 없는 비-물체적인 것을 우리가 어떻게 표상할 수 있느냐는 것이다. 이런 문제가 생긴다.

경험이란 시간 속에서 이루어지고, 경험의 시간은 현재의 시간이다. 그런데 그 현재가 의미를 머금고 있다면, 거기에는 크로노스의 현재가 아닌 다른 현재가 있다는 것을 암시한다. 바로 이 현재가 아이온의 현재이다. 이 현재는 우리가 경험하는 흐르는 현재가 아니다. 그 현재에 '구현된' 부정법일 뿐이다. 이 아이온의 현재가 바로 특이성의 현재이고, 이 현재가 있기 때문에 우리는 한 사건에서 의미를 읽어낼 수 있는 것이다. 그리고 그렇게 읽어낸 의미에 스스로를 동일시하는 것이 바로 스토아적 현자이다.

요컨대 스토아적 시간론은 1) 내면적 시간론이기보다는 우주적 시간론이고, 2) 시간을 절대적인 무엇으로 보기보다는 물체적 운동으로부터 파생하는 것으로 본다. 그리고 실존하는 시간과 존속하는 시간, 현재와 과거-미래, 크로노스와 아이온 등을 대비시키는 이원론적인 시간론이라고 할 수 있다. 시간론의 역사 전체에서 이런 시간론이 차지하는 위상을 검토해 보아야 하는데, 이런 작업은 뒤로 미루자. 특히 현상학적 시간론을 스토아 시간론과 비교해서 검토해 볼 필요가 있다.

§3. 시간의 미로

보르헤스는 시간에 관련해 이런 말을 했다. "시간은 헤아릴 수 없는 미래들로 끊임없이 갈라진다." 상당히 특이한 시간론이다. 스토아 시간론과 관련시켜 이 보르헤스의 시간론을 검토해 보자.

보르헤스는 수많은 분야에서 뛰어난 상상력을 발휘한 사람이다. 그의 관심사는 시로부터 수학에 이르기까지 폭넓게 걸쳐 있는데, 궁극적으로는 형이상학자라고 할 수 있을 것이다. 보르헤스의 사유는 '형이상학적 상상력'의 한 경지를 보여 준다. 그 중에서도 특히 시간론과 무한론——이는 라이프니츠가 형이상학의 가장 어려운 두 문제로서 꼽았던 문제들이기도 하며, 보르헤스의 사유는 라이프니츠에 직결된다——이 그의 사유의 중심에 있다. 시간론과 무한론이 보르헤스 사유를 꿰는 두 실이다. 또 보르헤스는 불교에 심취했으며, 특히 붓다의 본래 생각에 가장 가까운 것이 선불교였다고 본다.[5] 이 점에서도 우리 맥락에서 중요한 인물이다.

우선 "헤아릴 수 없는 미래들"이라는 구절을 보자. 우리는 흔히 미래를 하나라고 생각한다. 시간을 근본적으로 하나라고 생각한다. 그래서 시간을 표상할 때 흔히 무한한 직선으로 표상한다. 사람들이 외국어 문법 시간에 시제를 공부할 때면 흔히 직선을 그어서 이해하곤 한다. 그리고 그 직선 안에서 여러 사건들이 벌어진다고 생각한다. 이런 식의 시간 이해는 바로 뉴턴적인 시간 이해라고 할 수 있다. 용기容器로서의 시간이 먼저 있고 그 안에서 사건이 발생한다고 생각하는 입장이다.

이에 비해 사물들이 먼저 있고 시간이란 사물들의 부대효과라고 본 스토아 시간론, 또 사건들이 먼저 있고 시간이란 사건들의 '계기

---

5) 다음을 보라. 보르헤스·알리시아 후라도, 『보르헤스의 불교 강의』, 김홍근 옮김, 여시아문, 1998.

succession의 질서'라고 생각한 라이프니츠의 시간론은 뉴턴적 시간론과는 전혀 다르다. 이런 시간론과 뉴턴적 시간론의 가장 기본적인 차이는 시간의 복수성에 있다. 스토아적 또는 라이프니츠적 시간론을 취하면 시간에는 여러 시간이 있을 수 있기 때문이다. 우리는 이런 시간론을 간단히 '복수 시간론'이라고 부를 수 있을 것이다.

"헤아릴 수 없는 미래들"이라는 말은 보르헤스의 생각을 핵심적으로 드러내고 있나. 미래가 복수적으로 주어진다는 생각이다. 우리는 흔히 시간 속에서 길들이 갈라진다고 생각한다. 그러나 보르헤스에 따르면, 사건들의 계열이 시간을 형성하기 때문에 사건들의 계열이 갈라지면 시간도 갈라진다. 특히 우리 삶에서는 두 가지 선택지에 따라 길이 갈라지는 경우가 많다. 이런 것을 "쌍갈래진다/갈라친다"고 표현한다. 이 쌍갈래짐/갈라치기bifurcation 개념도 현대 사상에서 중요한 역할을 했다(수학적 맥락에서 이 개념을 상세히 다룬 사람이 르네 톰이다). 사건들의 계열이 끝없이 쌍갈래짐으로써 '헤아릴 수 없는 미래들'이 성립한다.

야구 선수가 타석에 들어설 때 그의 앞에는 하나의 시간, 하나의 미래가 있는 것이 아니다. 그 선수가 안타를 칠 경우, 홈런을 칠 경우, 아웃을 당할 경우,…… 사건들의 다른 계열들이 펼쳐질 것이다. 그 하나하나의 경우가 특정한 '세계'와 '시간'을 형성할 것 아닌가? 우리는 얼핏 '세계'라는 것을 하나로 표상한다. 막연히 하나의 세계를 상정한다. 하지만 라이프니츠 식으로 말해 세계는 사건들로 구성되고, 따라서 계열화에 따라 수많은 '세계들'이 존재한다. 그리고 또한 수많은 시간들이 존재하는 것이다. 보르헤스의 말이 이제 우리의 맥락에서 이해된다.

　이는 사실 미래에서 과거로 흐르는 시간에서도 마찬가지이다. 야구 선수가 안타를 쳤을 때, 그렇게 된 이유들은 여러 가지이다. 그 선수의 스윙 속도가 빨랐을 수도 있고, 투수의 공이 힘이 없었을 수도 있고, 가운데 들어왔을 수도 있고,…… 숱한 이유들이 있을 것이다. 알튀세르가 말한 '중층 결정'도 이런 생각에 바탕을 두고 있다. 이렇게 보면 우리는 '헤아릴 수 없는 과거들'이라고 말할 수도 있다.

　현재의 경우도 마찬가지이다. 우리는 얼핏 현재란 하나라고 생각한다. 현재란 하나이고, 그 현재에 무수한 사건들이 있다고 생각한다. 우리가 공부하고 있는 이 순간에도 어디에선가는 새 생명들이 태어나고 있을 터이고, 또 어디에선가는 여러 생명들이 세상을 뜨고 있을 것이다. 그러나 거꾸로 생각할 수도 있다. 하나의 현재 안에서 여러 사건들이 일어나는 것이 아니라, 사건들의 수많은 계열이 존재함에 따라 수많은 현재가 존재한다고 말이다. 또 이 계열들이 교차한다. 그래서 여러분들의 현재와 나의 현재가 이렇게 공존하고 있는 것이다. 이런 생각은 '동시성' 개념의 수정을 요구한다.

　이것을 우리가 6강에서 논한 '객관적 선험'과 연관시켜 보자. 결국 우리는 하나의 무한한 시간을 이어 가고 있다고 생각하지만, 사실은 무수한 시간 계열들로 짜인 미로를 걷고 있는 것이다. 그러나 이 미로는 공간적 미로가 아니라 시간적 미로이다. 그리고 사건들이 계열화될 수 있는 그만큼 시간도 존재한다. 따라서 우리가 현실화시키는 시간들은 이 무한한 시간의 한 타래일 뿐이다. 현실화된 시간 아래에는 무한한 시간의 미로가 펼쳐져 있는 것이다.

이 점에서 우리는 이 시간의 미로를 '잠재성'의 차원으로 부를 수 있다. 우리가 평소 생각하는 시간은 이 잠재성의 바다 위에 떠 있는 배 한 척일 뿐이다. 그리고 우리는 이 생각을 라이프니츠의 가능세계론과도 연관시킬 수 있다. 앞에서 라이프니츠 이야기를 하면서 사건들의 선언/발산에 의해 세계가 이루어진다는 말을 했다. 그리고 그렇게 이루어지는 하나하나의 세계들이 바로 서로 다른 시간 계열을 띠고 있는 세계들이다. 그래서 잠재성의 차원, 가능세계들, 시간의 미로는 서로 밀접하게 연관되는 개념들이라 할 수 있다.

보르헤스의 시간론을 아이온 개념과 연관시켜 보자. 아이온의 시간이란 사건의 시간이라고 했다. 사건의 시간이란 흐르는 지속의 시간이 아니라 비-물체적인 순간적인 존재의 시간이다. 그래서 사건은 시간을 과거와 미래로 분할한다고 할 수 있다. 사건은 생겨날 때마다 시간을 과거와 미래로 분할하고, 따라서 무수한 사건들은 시간을 무한히 분할한다. 이렇게 보면 앞에서 보르헤스가 "끊임없이 갈라진다"고 했던 말이 이해된다. 결국 보르헤스가 말한 시간의 미로는 특이성들의 하늘을 지배하는 시간, 아이온의 차원이라고 할 수 있다.

그런데 이 시간은 또한 무엇의 시간인가? 부정법의 시간이다. 잠재성의 시간, 부정법의 시간이다. 따라서 이 차원에서는 능동과 수동, 과거와 미래, 긍정과 부정 같은 구분들이 성립하지 않는다. 시간의 미로에서 생각하면 죽이는 사람과 죽는 사람이 날카롭게 갈라지지 않는다. 불이不二의 세계. 보르헤스는 이런 상황을 "활, 화살, 활 쏘는 사람, 과녁의 일치"라고 말한다. 그래서 보르헤스는 한 존재의 '정체성'이라는 것에 대해 깊이 회의한다. 바로 이런 생각이 보르헤스를 불교로 이

끈다. 이 문제는 우리가 다음 강의에서 다룰 '이접의 긍정적 종합'의 문제로 이어지며, 또 라이프니츠의 '관점' 개념으로 이어진다.

* * *

Q 아이온의 시간은 결국 영원의 시간인가요?

A 물론입니다. 아이온이란 물체적 운동에 하나의 특이성이 부여될 때 그 특이성의 시간이라고 생각하면 됩니다. 홈런을 치는 것을 순수한 물질적 관점에서 보면 사람 몸이 움직여서 공이 날아가는 것 아닙니까? 순수한 물체적 차원에서만 보면 그렇죠. 그러나 우리는 그 물체적 운동에서 '홈런을 치다'라는 의미를 읽어내죠. 거꾸로 말하면, '홈런을 치다'라는 순수사건이 지금 이 현실적 사건에 구현되고 있는 것이죠. 바로 이 '홈런을 치다'라는 순수사건 차원의 시간이 바로 아이온입니다.

그렇기 때문에 특이성, 순수사건의 시간은 곧 영원의 시간이죠. 현실적인 크로노스의 시간과는 구분되는 시간이죠. 하지만 동시에 아이온의 시간은 순간의 시간이기도 합니다. 들뢰즈는 『의미의 논리』에서 "생각할 수 있는 가장 짧은 시간보다 짧고, 생각할 수 있는 가장 긴 시간보다 길다"라고 표현합니다. 어떤 현실적 사건이 일어났을 때, 거기에는 시간의 지속이 있죠? 이 지속하는 시간은 물질의 시간, 크로노스의 시간이에요. 크로노스의 시간은 지속의 시간입니다. 그러나 물질을 뺀 순수사건의 시간은 순간이죠. 더 엄밀히 말해 외연이 없는 시간입니다. 공, 배트,…… 등의 물질이 없다면 '홈런을 치다'라는 사건 자체는 순간적인 겁니다. 아이온은 외연을 초월해요. 그렇기 때문에 순간인 동시에 영원입니다. 그래서 아이온에서의 사건은 부정법으로서의 사건이죠. 크로노스적인 시간 규정이 들어가지 않습니다. 아이온의 시간은 순간이자 영원의 시간이죠.

Q 그런데 크로노스의 시간도 영겁회귀의 시간이고, 영원한 시간 아닙니까?

A 아, 그건 아니에요. 크로노스의 시간이 순환적 시간이라고 했는데요. 그래서 우주가 한 바퀴 돌고 두 바퀴 돌면, 시간은 한 바퀴 돌았을 때보다 두 배 걸릴 거라고 생각하기 쉽죠. 또 한 바퀴 돌면 세 배가 걸릴 테고요. 그러나 이건 스토아적인 생각은 아닙니다. 거듭 강조하지만, 스토아학파에서 크로노스의 시간은 물체적 운동의 부대 현상입니다. 그러니까 이 시간은 우주의 생성/소멸과 나란히 가는 것이거든요. 우주가 팽창하면 물체적 운동의 외연이 늘어날 테고, 따라서 시간도 증폭됩니다. 아까 산보의 시간을 말했는데, 우주의 운동 전체의 시간을 생각하면 돼요. 그런데 우주가 다시 잦아들 때, 생각하기에는 팽창할 때도 시간이 들었듯이 잦아들 때도 역시 시간이 든다고 할 수 있죠. 하지만 그렇지 않고, 물체적 운동의 외연이 줄어들면 시간도 줄어드는 겁니다. 그러니까 지금 우리는 시간을 추상적인 어떤 것이라고 생각하죠? 그런데 아까 'incorporation'이라는 말을 썼지만, 스토아적 시간은 그 자체가 물체와 나란히 가는 겁니다. 물체가 없으면 시간도 없어요. 이 점을 잘 생각해 봐야 합니다.

12강 _ 긍정

이제 긍정의 문제를 논하면서 지금까지의 논의를 마무리해 보자. 오늘 이야기할 내용은 사건들 사이의 관계에 대한 것이다. 다시 말해 이 세상에서 발생하는 사건들을 어떻게 관계 맺어 파악할 것인가. 그리고 그 사건들을 어떻게 긍정할 것인가 하는 문제이다. 우선 이야기할 것은 모순과 불공가능성不共可能性이다. 모순이라는 말은 옛날부터 쓰였던 말이고, 불공가능성이라는 말은 라이프니츠에 의해 도입된 말이다. 이 두 개념의 차이를 음미하면서 사건들 사이의 관계에 대해서 생각해 보자.

우선 사건들 사이의 관계라고 하는 주제는 어떤 문제를 제기하는가? 스토아적 인과론을 보면 독특하다. 예컨대 A라는 물체가 B라는 물체를 쳐서 소리라든가 열 같은 효과를 냈다고 하자. 일반적인 인과론은 이 경우 A가 원인이고 B가 결과라고 생각한다. 다시 말해 물체와 물체 사이에 원인과 결과의 관계를 설정한다. 스토아적 인과론의 독특한 점은 물체의 차원 전체를 원인으로 보는 데 있다. 물체의 모든 운동이 원인이고, 이 운동이 발생시키는 비물체적 효과들이 결과인 것이다. 물체와 물체 사이에는 인과관계가 성립하지 않는다. 인과관계는 물체적인 것과 비-물체적인 것 사이에서 성립한다. 물론 물체와 물체 사이에도 일정한 관계가 있다. 그런데 스토아학파는 물체와 물체는 기본적으로 상호 작용한다고 본다. 일방적인 인과는 없다. 단지 능동과 수동의 관계가 있을 뿐이다. 앞의 예에서 A는 능동적 운동이고 B는 수동적 운동이다. 그래서 일방적인 인과관계는 없다. 인과관계는 물체 전체와 비-물체적인 것 전체 사이에서 성립한다.

앞에서 든 예를 다시 생각해 보자. 어떤 반정부 인사가 한 건물 아래를 지나가는데, 그 건물 위에서 벽돌이 떨어졌다. 그래서 그 사람이 어깨를 다쳐 실려 갔다. 이 경우 일반적으로 떨어진 물체를 원인으로 반정부 인사의 다친 어깨를 결과로 이해한다. 그러나 스토아학파의 인과론에 따르면, 물체들(벽돌과 반정부 인사의 신체)이 모두 원인이고 그 물체들의 운동을 통해서 발생하는 사건이 바로 결과이다. 요컨대 스토아 인과론에서는 물체적 운동 전체가 원인이고, 그 운동의 비-물체적 효과들이 결과이다.

사건을 그 자체로서 고려할 때 그것에는 아무런 자율성이 없다. 그야말로 물질적 운동의 순수한 결과로서만 본다면, 사건들 사이의 관계라는 개념은 별 의미가 없을 것이다. 그러나 스토아학파는 물질과 사건 사이의 인과관계도 말하지만, 동시에 사건들 사이의 관계에 대해서도 논한다. 방금 든 예를 다시 생각해 보자. 벽돌이 떨어져 반정부 인사의 어깨에 맞아 신체적 상해가 일어난 것은 일단 물질적 운동의 결과로 어떤 사건이 발생한 것이다. 그러나 우리는 사건과 사건 사이의 관계(그 반정부 인사가 며칠 전에 한 연설, 그 사건 한 달 후에 발생한 시민항쟁 등등) 또한 설정할 수 있다. 사실 자연과학자나 형이상학자가 아닌 한 대부분의 사람들은 물질-사건 관계에는 관심이 없다. 대부분의 사람들은 사건-사건 관계에만 관심이 있다. 이때 사건 또한 단지 결과이기만 한 것이 아니라 원인의 역할을 한다. 이 경우에 원인으로서의 사건은 '준-원인'이라고 부르고, 이 두 종류의 인과를 '이중 인과'라고 했다.

앞에서 이 사건들 사이의 관계를 계열화, 특이성, 객관적 선험, 문제,…… 같은 개념들을 가지고서 이론적-논리적으로만 논했는데, 이제 이 문제를 이번 강의에서 논의해 온 실천적 맥락에 위치시켜 다루어 보자.

§1. 모순과 불공가능성

여기에서 중요한 개념을 도입할 필요가 있다. '공가능성'compossibilité이라는 개념이다. 반대말은 '불공가능성'incompossibilité이다. 이 개념은 라이프니츠에게서 유래하는 개념이다. 어떤 사건들이 함께 가능할 때, 그 사건들 사이에는 공가능의 관계가 성립한다. 반대로 두 사건 각각은 가능하지만 그것들이 함께 가능하지는 않을 때, 그 사이에는 불공가능의 관계가 성립한다.

『삼국연의』를 생각해 보자. 여기에는 수많은 사건들이 등장한다. 논의 전개를 위해 이 사건들이 픽션들이 아니라 실제 사건들이라고 가정하고서 이야기하자. 이 사건들은 **함께 가능했기** 때문에 서로 관계 맺을 수 있었고, 서로 계열화됨으로써 '삼국 시대'라는 하나의 '세계'를 형성할 수 있었다. "유비가 제갈량을 찾아갔다", "제갈량이 적벽에서 조조를 패퇴시켰다", "백제성에서 유비가 비운의 최후를 마쳤다", …… 같은 사건들은 함께 가능했기 때문에 우리가 사는 바로 이 세계에서 공존할 수 있었던 것이다. '삼국 시대'라는 세계는 이렇게 공가능한 수많은 사건들이 복잡하게 계열화되어 하나의 장을 형성함으로써 이루어졌다고 할 수 있다. 달리 말해 하나의 '세계'는 무수한 사건들이 서로 '수렴'할 때 성립할 수 있다.

반대로 "유비가 제갈량을 찾아갔다"라는 사건과 "유비가 육손의 600리 진영을 불태웠다"라는 사건은 공가능하지 않다. 만일 이 두 사건이 공가능했다면, 우리가 사는 이 '세계'는 다른 어떤 세계가 되었을 것이다. 그래서 어떤 면에서는 세계가 있어서 사건들 사이의 공가능/불공가능이 성립한다기보다 사건들과 공가능/불공가능이 있어서 세계가 성립한다고도 말할 수 있다. "어떤" 세계가 존재한다는 것 자체가 공가능성의 논리를 포함하고 있다. 공가능성이라는 개념은 근본적이고 또 매력적인 개념이다. 라이프니츠 철학에서는 이 개념이 신학적으로 정초되고 있기 때문에 오늘날의 맥락에서 받아들이기는 곤란하다. 그러나 개념 자체는 매력적이고 여러 방향으로 응용 가능하다고 할 수 있다.

공가능성의 개념은 계열화의 개념과 관련된다. 더 정확히 말하면 계열들의 수렴과 발산에 관련된다. 달리 말해 공가능성은 통접과 이접에 관련된다. 우선 기본적으로 연접이 요구된다. "유비가 제갈량을 찾아갔다", "제갈량과 주유가 '화'火자가 쓰인 손바닥을 동시에 폈다",

"주유가 고육계股肉計를 썼다", "방통이 연환계連環計를 썼다",…… 등의 사건들이 연접을 이룰 때 하나의 긴 계열이 성립하며, 이 계열(과 다른 많은 계열들)이 성립해야 '적벽대전'이라는 하나의 세계가 성립한다. 계열화/연언은 한 세계의 성립에 기초적이다.

그리고 통접과 이접의 논리가 핵심적인 역할을 한다. "조조의 군사가 안개 때문에 혼란스러워하다", "황개가 볏단에 불을 붙이다", "조조가 큰 승리를 꿈꾸다", "제갈량이 칠성단에서 제사를 지내다",…… 같은 사건들이 수렴해야지 조조의 함선들이 불타는 사건이 이루어진다. 연접을 통한 계열화는 시간의 계열화이기도 하며, 계열들의 수렴/통접은 여러 시간 계열들의 수렴/통접이기도 하다(이 시간론을 정교화할 필요가 있을 것이다). 이런 수렴/통접의 가능성이 곧 공가능성이다. 어떤 특정한 세계는 바로 이 공가능성을 통한 수렴/통접을 통해 가능하다고 할 수 있다.

그러면 불공가능성은 어떻게 성립하는가? 물론 이접을 통해서 성립한다. 관우가 화용도에서 조조를 만났던 장면을 상기해 보자. 그때 두 가지의 선택지가 존재한다. 관우는 조조를 사로잡거나 "아니면" 놓아주거나 할 수 있다. 이때 두 계열은 발산한다. 두 사건은 다른 사건들과 불공가능하다. 관우가 조조를 사로잡았다면, 우리가 알고 있는 삼국지의 세계와는 다른 세계가 성립했을 것 아닌가. 그래서 라이프니츠의 말처럼 수많은 '가능세계들'이 존재할 수 있다고 해야 한다. 발산/이접의 양상이 불공가능성이고, 불공가능성을 통해서 많은 세계 '들'이 갈라진다. 또 우리는 계열을 '길'[道]이라고 할 수 있다. 계열과 도를 연관시켜 생각해 볼 수 있다. 결국 세계[天地]보다 계열화[道]가 더 근본적이다. 세계 안에서 계열화가 발생하는 경우도 사유할 수 있지만, 더 근본으로 파고들어 가 '세계'라는 개념 자체가 사건들의 계열화를 전제한다고 볼 수도 있다. 그리고 계열화에서의 불공가능을 통해서 세계'들'이 성립한다. 결국 여러분들의 인생-길과 내 인생-길이 지금 이렇게 만난 것이다. 수렴한 것이다. 바로 우리의 삶이 공가능하기 때문이다. 이렇게 보면 사람들은 지금 이 세계 안에서 서로 싸우면서 살지만, 사실상 사람들이 이 세계 안에서 공존하고 있다는 사실 자체가 놀라운 인연因緣인 것이다. 그래서 라이프니츠의 존재론으로 볼 때 우주에서 발생하는 모든 만남은 소중한 만남이다.

여기에서 개념적으로 미묘한 문제가 생긴다. 모순과 불공가능성은 어떻게 다른가 하는 것이다. 동일성과 모순의 논리는 아리스토텔레스에 의해 성립되었고, 그후 근대로 이어진다. 근대에 이르러 많은 비판을 받기도 했지만 헤겔 변증법 등에 의해 다시 정교화된다. 우리가 오늘날 논리학 시간에 배우는 내용들이 대개 동일성과 모순을 중심으로 하는 고전적인 논리학이다.

우선 분명히 할 것은 동일성과 모순의 관계는 개념들, 술어들, 집합들의 차원에서 성립한다는 사실이다. 고전적인 논리학은 동일성과 모순을 기반으로 한다. "A는 A이다"는 동일률이며, "A는 non-A가 아니다"는 모순율이다. 여기에 "A이거나 non-A이다"라는 배중률排中律이 첨가된다. A이거나 A가 아닌 것이지, A도 아니고 A가 아닌 것도 아닌 경우는 없다는 것이다. 이렇게 모순의 개념은 논리학의 심장부에 위치한다. 모순이라는 개념은 어디까지나 아리스토텔레스 존재론의 구도에서 성립한다. 실체로서의 한 주어가 있고 거기에 수많은 술어들이 붙는 구조이다. "소크라테스는 ~이다/한다"의 구조이다. 대립과 모순의 관계는 바로 이런 아리스토텔레스 존재론의 토대 위에 서 있다. 여기에서 대립관계는 정도를 허용하는 술어들 사이에서 성립하고, 모순관계는 술어 자리에 들어올 수 있는 것("소크라테스는 인간이다")과 없는 것("소크라테스는 인간이 아니다") 사이에서 성립한다.[1]

그런데 공가능과 불공가능은 이런 아리스토텔레스적인 주어-술어 관계에 입각해 성립하는 것이 아니다. 존재론적으로 말해, 실체-성질 관계에 입각해 성립하는 것이 아니다. 공가능과 불공가능은 사건과 사건 사이의 관계를 말한다. 다시 말해 "녹색이다"와 "붉은색이다" 사이에서 성립하는 것이 아니라 "녹색에서 붉은색으로 **되다**"와 "붉은색에서 녹색으로 **되다**" 사이에서 성립하는 관계이다. 또 '뛰다', '먹다', '사랑하다' 같은 사건들에서 성립하는 개념이다. 나아가 하나의 실체가 있어 성질들이 성립하는 것이 아니라 사건들에 있어 실체가 성립한다. "루비콘강을 건너다", "클레오파트라를 만나다", "안토니우스를 후계자로 삼다", "브루투스의 칼에 찔리다",…… 같은 수많은 사건들이 수렴함으로써 카이사르라는 실체가 성립한다. 사건들=빈위들의 총체가 존재하고, 일정한 사건들이 계열화되어 하나의 실체(모나드)가 성립한다. 그리고 그 계열들이 수렴해서 하나의 세계가 성립한다.

---

1) 대립은 "contrary"에 모순은 "contradictory"에 해당한다. 대립은 한 주어에 붙는 상반된 술어들 사이의 관계이다. "철수는 키가 크다"와 "철수는 키가 작다"에서 크다/작다는 대립관계이다. 그런데 대립적인 것들은 그 중간에 '정도'를 허용한다. 다시 말해 대립자들은 정도의 연속체의 양끝에서 성립한다. 반면 모순은 그 중간에 아무것도 매개하지 않는다. 모순은 '택일'의 논리에 기초한다. "소크라테스는 인간이다"와 "소크라테스는 인간이 아니다" 사이에는 아무것도 없다.

아리스토텔레스 존재론과는 전혀 다른 존재론이다.

이제 이 논의를 3강에서 논했던 의미의 문제와 연결시켜 보자. 이미 말했지만 들뢰즈는 의미론에서 지시이론, 현시이론, 기호이론을 모두 인정한다. 그는 이 입장들을 부정하려 하기보다는 한 차원 더 근본적인 의미이론을 제시하고자 하며, 이 의미 위에서 앞의 의미들이 성립한다는 것을 보여 주고자 한다. 의미라는 것이 무엇일까? 하고 물을 때, 우선 말하는 주체가 있고 말이 있고 또 그 말이 지시하는 사물이 있다고 할 수 있다. 그래서 지시이론은 기호가 사물을 지시하는 것을, 현시이론은 주체가 의미를 구성하는 것을, 기호이론은 기호들 자체의 체계를 강조한다. 그런데 들뢰즈는 이 세 작용 이전에 표현(작용)이 있다고 말한다. 이 표현의 층위가 의미의 가장 근원적인 층위라는 것이다.

들뢰즈가 말하는 표현 개념은 낭만주의 미학에서 흔히 말하는 표현 개념이 아니다. 낭만주의 미학에서의 표현 개념은 "expression"이라는 말 그대로의 의미를 뜻한다. 낭만주의에 따르면, 예술이란 인간 바깥에 있는 대상의 재현이 아니라 인간 감성의 외화外化이다. 그러나 들뢰즈가 말하는 표현은 더 넓은 의미에서의 표현이다. 인간 주관의 표현이 아니라 (스피노자적인 뉘앙스에서) 모든 종류의 실체의 표현이다. 달리 말해 물질적 실체/실재의 운동이 사건으로서 솟아오르는 것, 표출되는 것이 다 표현이다. 사건이 발생하는 과정이 바로 표현이다. 결국 표현이란 물체적인 차원으로부터 비-물체적인 차원이 발생하는 모든 과정을 가리킨다. 인간의 감성, 주관, 내면의 외화라는 뜻에서의 표현 개념과는 상당히 다르다. 그러나 스토아 유물론에서는 인간의 영혼까지도 물체이므로, 스토아주의를 전제한다면 낭만주의가 말하는 표현도 바로 이런 넓은 의미에서의 표현의 한 경우가 되겠다.

그런데 의미란 바로 이 사건의 다른 얼굴이라는 것이다. 사건이 발생할 때 의미도 같이 발생한다. 다만 아직 계열화되지 않은 측면에서의 사건이 무의미라면, 계열화된 측면에서의 사건은 의미이다. 그래서 들뢰즈에게 무의미와 의미란 대립 개념이 아니라 손바닥의 양쪽과도 같은 관계이다. 벽돌이 떨어져 반정부 인사의 어깨가 으스러진 그 사건이 곧 "반정부 인사가 피습 당했다"라는 언표의 의미이기도 한 것이다(스피노자에서 두 속성이 동시에 표현된다는 것을 상기). 여기에서 앞의 이야기와 연결시켜 보면, 전통적인 의미에서의 모순이라는 개념은 바로 들뢰즈가 말하는 의미의 상위 층위에서, 특히 기호작용의 층위에서 성립하는 개념이다. 그래서 앞에서 모순 개념은 개념들, 술어들, 집합들에서 성립한다고 했던 것이다. 그러나 불공가능성은 들뢰즈가 보다 근원적인 차원이라고 말한 층위, 바로 이 표현의 층위에서 성립하는 개념이다. 앞에서 공가능성, 불공가능성이 '사건의 층위'에서 성립한다고 말한 것은 바로 이런 맥락에서였다. 모순은 하나가 가능하면 다른 하나는 불가능한 둘 사이에서 성립한다. 불공가능성은 둘 모두가 가능하지만 함께 가능하지는 않은 경우에 성립한다. 모순은 어떤 하나의 '세계'에서 성립하지만, 불공가능성은 세계와 세계 사이에서 성립한다.

그러므로 사건들의 공가능/불공가능성이 성립하는 것은 바로 이 표현의 층위이다. 다시 말해서 표현의 층위란 물질과 문화가 맞닿아 있는 층, 사건-의미가 솟아오르는 층, 의미의 가장 원초적인 층이다.

이 층위에서 사건들 사이에 공가능과 불공가능이 이루어지고, 그 바탕 위에서 개체(지시작용의 토대)와 인칭(현시작용의 토대)과 기호(기호작용의 토대)가 성립한다. 앞에서 "루비콘 강을 건너다" 등의 사건들이 먼저 있고, 이 사건들의 수렴을 통해 카이사르(의 모나드)가 성립한다고 했다. 바로 이 사건들의 층위가 표현의 층위이고, 이 층위에서 사건들이 수렴됨으로써 카이사르라는 개체가 성립한다. 그래서 개체는 표현의 층위 이후에 성립하는 것이고, 따라서 지시작용은 표현 이후에 성립하는 것이다. 사건들이 사물들보다 앞서고, 따라서 사건들의 수렴에 의해 사물들이 형성되어야 지시작용도 가능하다. 마찬가지로 인칭이 성립한 후에 현시작용이 가능한 것이고, 기호가 성립해야지 기호작용이 가능하다. 그래서 표현은 지시, 현시, 기호작용 이전의 작용이라고 할 수 있다.

불교도 이런 맥락에서 해석할 수 있다. 앞에서 "아我는 식識의 집執"이라는 것을 말했다. 이것은 나라는 개체가 있어 삶의 모든 현상들이 벌어지는 것이 아니라 식들이 응집되어 내가 된다는 뜻이다. 그렇다면 나를 넘어선 실체는 무엇인가, 아니면 실체라는 생각 자체가 미망인가 등을 둘러싼 여러 논의들이 있다. 간단히 대별하면 경험을 구성하는 요인들의 존재를 인정하는 입장과 그것들까지 모두 공空이라 보는 입장이 있을 것이다. 전자의 경우는 라이프니츠의 생각에 수렴한다. 다만 라이프니츠에서 근원적인 것이 빈위/사건인 데 비해, 불교에서 근원적인 것은 "dharma"라는 차이가 있다(이 말에는 매우 여러 가지 뜻이 있으나 여기에서는 "존재요소들"entities이라는 매우 일반적인 의미이다). 그래서 해탈이란 말 그대로 집착을 풀어 현세의 고통으로부터 벗어남을 뜻한다. 개체, 인칭, 기호보다 사건/다르마가 먼저라는 것을 깨달아야 한다(다르마를 사건으로 보는 것에는 많은 논의가 필요하지만, 하나의 흥미로운 해석이 될 수 있다고 본다). 이 층위가 바로 '전 개체적-비인칭적 층위'이다. '무우주적 층위'라고도 할 수 있다. 여기에서 "무우주적"acosmique이라는 말은 시간, 공간, 물질의 구체적 차원 이전의 차원이라는 뜻이다. 이것은 순수사건, 특이성의 차원을 실제 사건(물질적 운동을 통해 발생하는 사건)으로부터 분리해냈을 때의 표현이다.

그래서 라이프니츠에서 불공가능성이라는 개념은 물질적/우주적 차원에서의 인과에 관련된 것도 아니고, 또 개념적 차원에서의 모순도 아니라고 할 수 있다. 물질적 인과도 논리적 모순도 아니다. 공가능과 불공가능은 바로 표현의 층위, 사건의 층위에서의 수렴과 발산을 뜻한다. 라이프니츠에서는 세계가 있기 전에 사건들이 있었고, 사건들의 수렴/발산에 의해 개체들이 성립하는 것이라고 했다. 이것은 곧 개체, 인칭, 기호가 있기 전에 그리고 이런 수준에서 성립하는 모순이 있기 전에 사건들의 층위에서 성립하는 불공가능성이 있다는 말이다.

아담을 생각해 보자. "아담이 죄를 짓다"와 "아담이 죄를 짓지 않다"는 모순이다. 모순이라는 것은 둘 중 하나는 불가능하다는 것을 뜻한다. 아담이 죄를 짓거나 짓지 않거나 어느 하나이다. 그런데 불공가능은 다르다. 불공가능의 경우, "아담이 죄를 짓다"와 "아담이 죄를 짓지 않다"는 모두 가능하다, 다만 함께 가능하지 않을 뿐이다. "아담이 죄를 짓다"도 가능하고 "아담이 죄를 짓지 않다"도 가능하다. 다만 둘이 함께 가능하지는 않다. 이것이 모순과 불공가능성의 차이이다. 모순은 하나의 세계 안에서 서로 양립 불가능한 경우들에서 성립하며, 불공가능성은 두 세계로 갈라질 수밖에 없는 경우들에서 성립한다. 불공가능성의 개념은 가능세계론의 맥락에서만 이해되는 개념인 것이다.

세계가 있고 사건들이 있는 것이 아니라 사건들이 있고 세계가 있다고 했다. 이 말을 다시 한번 음미해 볼 필요가 있다. 사건들이 공가능할 때 그 사건들은 수렴하고, 그래서 하나의 세계가 성립한다. 다시 말해 (기독교적 세계관에 입각할 경우) 우리가 사는 이 세계는 아담이 죄를 지었다는 사건과 공가능한 사건들로 이루어진 세계이다. 그렇지만 아담이 죄를 짓지 않은 세계도 있다. 그리고 그 세계는 아담이 죄를 짓지 않은 사건과 공가능한 사건들로 구성되어 있을 것이다. 그래서 사건들의 수렴과 발산에 따른 수많은 세계들이 존재한다고 해야 한다. 거듭 말하거니와, 라이프니츠는 이런 세계들을 '가능세계'들이라고 부른다. 관우가 화용도에서 조조를 사로잡은 세계, 유비가 육손의 600리 진영을 불태운 세계, 제갈량이 "기생양 하생유!"旣生亮 何生瑜를 외치면서 비운의 최후를 마치는 그런 세계, 그런 세계들이 존재하는 것이다.

요컨대 사건들 사이의 관계란 개체들, 술어들, 집합들의 차원에서 이루어지는 관계보다 근원적인 것이다. 푸코에게 언표들 사이의 관계가 명제, 문장, 담화행위에서의 관계보다 더 근원적이라는 사실과 상통한다. 따라서 사건들 사이에 성립하는 핵심적 관계는 모순관계가 아니라 공가능/불공가능의 관계이다. 사건들 사이의 수렴과 발산을 통해서 세계가 성립한다는 것을 잘 음미해 볼 필요가 있다.

§2. 이접의 긍정적 종합

들뢰즈와 라이프니츠의 차이를 짚어 보자. 라이프니츠는 가능세계들을 인정한다. 그리고 이 세계들은 건널 수 없는 강으로 가로막혀 있다. 가능세계들은 선언/이접의 관계를 이룬다. 그러나 들뢰즈는 이런 생각을 거부한다. 우리가 사는 이 세계, 바로 이 세계가 유일하게 가능한 세계이다.[2] 들뢰즈에게 '가능성'이라는 양상은 '실재성'과 대립한다. 실재에 해당하는 양상은 '잠재성'이다. 이 세계 바깥에는 그 어떤 것도 없다. 달리 말해 모든 가능세계가 이 현세계 안에 내재되어 있다. 상이한 가능세계들이 있다기보다는 지금 이 세계에 다양하고 복잡한 층위들이 있을 뿐이다. 세계"들"이라고 말할 수 있는 것은 이런 맥락에서일 뿐이다. 그러나 이 "들"은 불연속적인 여럿을 뜻하기보다는 한 세계의 여러 얼굴들, 층위들, 국면들을 가리킨다. 들뢰즈에게 세계"들"이라는 표현은 이런 맥락에서 사용될 수 있다.

이 점을 좀더 보자. 라이프니츠는 17세기 철학자로서 그의 사상에는 철학과 신학이 뒤섞여 있다. 때문에 세계 이해에 신이 중요한 설명

---

2) "'이 세계'가 반드시 현실세계, 가시적 세계, '현세계'(現世界)만을 뜻하는 것은 아니다. 보이지 않는 차원, 아직 경험하지 못한 차원이나 이미 경험한 차원 등도 포함된 세계이다. 그러나 이런 차원들은 '잠재적' 차원이지 '초월적' 차원이 아니다. 이 점에서 들뢰즈의 사유는 **내재적**(immanent) 사유이다. 인간은 경험의 지평을 끝없이 넓혀 갈 수 있으며, 잠재적 차원이 새롭게 드러날 수 있다. 이 점에서 들뢰즈는 경험주의자이지만, 그의 경험주의는 영국 경험주의 같은 좁은(경험을 '지각'에 국한시키는) 경험주의가 아니라 베르그송과 화이트헤드를 잇는 **성숙한 경험주의**이다. 이런 생각은 특히 『차이와 반복』의 머리말에 잘 나타나 있다.

원리로 등장한다. 라이프니츠의 문제는 이것이다: 왜 그 수많은 가능세계들 중에서 하필이면 바로 이 세계가 현실화되었을까? 왜 다른 세계들은 설계도로 그쳤는데, 지금 이 세계만이 물질을 부여받아 현실화된 것일까? 라이프니츠의 답은 이것이다: 그것은 바로 모든 가능세계들 중에서 지금 이 세계가 최선의 세계이기 때문이다(유대-기독교의 「창세기」에 나오는 "야훼께서 보시니 참 아름답더라"라는 구절에 대한 철학적 해석이라고도 할 수 있겠다). 이것이 라이프니츠의 낙관주의라고 할 수 있다. 라이프니츠의 철학이 18세기 이래 그다지 매력적이지 못한 사유로서 받아들여진 것은 이런 신학적-낙천주의적 성격 때문이라고 할 수 있을 것이다.

여기에서 '최적화'optimization라는 개념이 중요하다. 최적화란 여러 가지 상반된 조건들을 어느 지점에서 화해시켜 가장 좋은 결과를 만드는 과정이다. 사람들은 흔히 결혼할 때 최적화를 행한다. 건강, 성격, 집안, 외모, 경제적 능력,…… 등등 여러 "조건들"을 놓고서 어느 지점이 최적화인지를 가늠한다. 최적화는 또 경제 문제에서 중요한 역할을 한다. 투자를 할 때, 생산을 할 때,…… 여러 조건들을 수량화해 보고 그 수량화한 데이터들을 그래프로 표시하고, 그 그래프상에서 최적의 점을 찾아내는 기법은 경제학에서 자주 사용하는 기법이다. 신이 세계를 만들 때에도 여러 조건들이 있었다. 우선 실체들이 "많은" 세계가 좋은 세계이다. 이 세상에 과일이 사과 하나밖에 없다면 그건 어떤 세상일까? 꽃이라고는 개나리 하나밖에 없는 세상, 동물이라고는 개 하나밖에 없는 세상을 상상해 보면 되겠다. 그래서 사물들이 많으면 많을수록 좋다(유대-기독교에서도 "많이 낳아 번성하라!"

고 했다).[3] 그래서 미셸 세르가 강조했듯이 라이프니츠의 철학은 '복수성'multiplicité의 철학이다.

그런데 한번 생각해 보자. 무조건 많은 것만 추구하면 어떻게 될까? 동물들은 번식력이 왕성한데, 서로 잡아먹지 않는다면 이 지구가 견뎌날까? 쥐는 번식력이 엄청나다. 그러나 쥐의 천적이 있기 때문에 그 수가 일정하게 억제된다. 또 만일 코끼리가 쥐만큼 번식력이 크다고 상상해 보라. 아마 예전에 지구는 코끼리로 뒤덮였을 것이다(『어린 왕자』에 나오는 바오밥 나무 그림을 생각하면 될 것 같다). 그래서 지구가 유지되려면 동물들은 서로 잡아먹어야 한다. 그래야 세계가 다양성을 유지하면서도 동시에 망하지 않고 균형을 유지할 수 있는 것이다.[4] 다시 말해 '간명함'simplicité의 원리가 요청된다. 그런데 간명함과 복수성이 충돌을 일으킨다. 라이프니츠가 보기에 이 세계는 바로 이렇게 서로 상반되는 조건들을 신이 최적으로 조합시켜 만든 세계이다. 결국 신은 뛰어난 논리학자, 수학자인 것이다. 라이프니츠가 보기에 이 세계는 전능한 지적-도덕적-심미적 존재가 엄밀한 논리학적-수학적 법칙을 사용해서 만든 극히 합리적인 세계이다. 그리고 이런

---

3) 이런 태도는 엔트로피 법칙이 등장하기 이전에 서구를 지배한 중요한 태도였다. 세계는 무한하며 따라서 노동을 통해 무한에 가까운 재화를 얻을 수 있다는 이런 생각은 로크를 비롯한 근대 정치철학자들의 존재론적 전제였다. 이런 점에서 엔트로피 법칙은 하나의 물리 법칙을 넘어 서구인들의 세계관 자체에 심대한 방향 전화를 가져왔다고 할 수 있다.

4) 그래서 라이프니츠의 눈으로 보면 자연세계에서의 약육강식도 악(惡)이 아니게 된다. 이 문제는 그의 유명한 '변신론'(辯神論)으로 이어지게 된다. 또 이 생각은 생물학의 발전 과정에서도 중요한 역할을 하게 된다. 천적 개념이나 생태 개념 등이 이런 생각을 생물학적으로 발전시켜 나간 것이라고 할 수 있다.

생각이 근세 자연과학에 인식론적 신념을 주었다고 할 수 있다.

그런데 들뢰즈의 사유에서는 신은 배제된다. 학문적인 논의에서 신을 끌고 들어오는 것은 "deus ex machina"가 되어 버린다. 때문에 들뢰즈는 라이프니츠의 사유에서 신학적 요소를 솎아낸다. 들뢰즈의 문제는 이것이다: 라이프니츠의 사유에서는 세계는 신에 의해 "디자인된" 것이지만, 이런 신학적 설명을 빼고서 본다면 어떤 결과가 될까? 플라톤 이래 서구 사유는 세계를 제작된 것으로 설명해 왔다. 그리고 근대 과학에서도 이런 전제가 발견된다. 내재성의 철학은 이 제작 모델을 버리고 세계를 그 자체로 존재하는 것으로 받아들인다. 들뢰즈가 한 편지에서 자신에게 라이프니츠보다 스피노자가 더 중요하다고 했던 것은 이 때문이다.

라이프니츠가 말한 것처럼 이 세계가 신에 의해서 완벽하게 디자인되었다면, 세계의 모든 것은 완전히 결정되어 있을 것이다. 아닌 게 아니라 라이프니츠에서 모든 모나드들은 그것이 겪을 사건들을 이미 그 안에 내장하고 있다. 이를 '내속'inesse이라고 말한다. 베르그송 식으로 말하면 "모든 것이 주어졌다"고 할 수 있다. 그러나 들뢰즈의 경우는 다르다. 들뢰즈의 경우, 모든 가능세계들이 우리가 사는 이 세계 안으로 내재화된다. 그리고 물질적 차원보다 모나드의 차원이 먼저 존재하는 것이 아니라, 모든 가능세계들이 물질적 차원에 포함되어 있다고 해야 한다. 다시 말해, 물질은 그 바깥의 어떤 탈물질적 원리에 입각해 운동하는 질료가 아니라 자체에 내재해 있는 법칙성에 따라 운동하는 실체이다. 그리고 이 실체의 양상은 잠재성이지 가능성이 아니다. 이 세계 자체가 수많은 잠재적 층위들을 내포하고 있다고 할 수 있다. 때문에 쿠르노 이래 대부분의 철학자들에게서와 마찬가지로 들뢰즈에게서는 우연이 중요한 역할을 한다. 잠재성의 현실화에는 어떤 아프리오리한 초월적 질서도 개입하지 않기 때문이다. 요컨대 우리 세계는 수많은 공가능/불공가능한 계열들을 잠재적으로 내포하고 있고, 이 계열들의 수렴/발산의 구조가 현실화 이전에 잠재적으로 존재하고 있다. 그리고 그런 계열들의 누층적인 상호 작용에 의해 일정한 현실화가 이루어진다.[5]

이것을 7강에서 논했던 '농-상스'와 '파라-독사'의 문제와 연결시켜 보자. 잠재성의 세계, 말하자면 **내재화된 가능세계들**은 수많은 계열들의 수렴/발산을 포함한다. 말하자면 수많은 실타래들이 얽혀 있는 것이다. 그런데 이 덩어리에서 어느 실타래 하나를 끄집어낸 것이 바로 지금 우리가 보는 현세계이다. 다시 말해, 현세계는 가능세계들과 불연속적으로 존재하는 하나의 세계가 아니라 하나의 유일한 세계인 바로 이 세계의 한 얼굴, 한 표면인 것이다. 사회적으로 말해, 그것은 바로 일정한 방향으로, 일정한 통념으로 구성된 세계이다. 그렇기 때문에 잠재적 차원, 실타래들이 얽혀 있는 차원은 지금 우리가 보고 있는 이 현세계보다 훨씬 광범위한 차원이다. 그것이 농-상스와 파라-독사의 세계이다. 달리 말해, 세계는 일종의 문제이며 그 문제의 한 해가 지금 우리가 보고 있는 이 세계이다. 우리는 들뢰즈가 말하는 잠재성 및 문제 개념을 이렇게 라이프니츠의 가능세계론을 매개해서 해석할 수 있다.[6]

---

5) 「보론 1」을 보라.

여기에서 핵심적인 문제는 바로 이접/발산의 문제이다. 라이프니츠에서는 각 세계들이 이접/발산을 통해 **전혀 다른** 세계들로 갈라진다. 그러나 들뢰즈에게 세계는 단지 우리가 사는 이 세계일 뿐이고, 따라서 이접/발산은 이 세계 안으로 내재화된다. 때문에 우리가 사는 세계를 섬이라고 한다면, 일정하게 구조화되어 있는 이 섬의 밑바닥에는 그 섬의 구조를 뒤바꿀 수 있는 이접/발산의 물줄기들이 흐르고 있는 것이다. 이 물줄기기 내포하는 힘이 바로 '욕망'이다. 잠재공간은 힘=역능의 공간, 생명의 공간이며, 이 공간은 전적으로 무정형적인 공간이 아니라 일정한 경향들=계열들로 잠재적으로 조직되어 있는 공간이다(그러나 결정되어 있는 공간이 아니라는 점을 다시 한번 강조해야 할 것이다). 이 잠재성으로부터의 현실화=분화를 통해서 하나의 '세계'가 표현된다. 따라서 이 현실세계는 잠재적 세계와 다른 세계가 아니라 그 한 표현이다. 때문에 지금의 현세계를 당연한 것, 절대적인 것으로 여기는 것을 경계하고 이 잠재성의 차원을 인정하게 만드는 것이 곧 무의미와 역설의 역할인 것이다. 바로 이런 맥락에서 제시된 개념이 '이접의 긍정적 종합'이다.

그래서 잠재성의 세계는 불공가능한 계열들을 공존시키고 있는 세계이다. 불공가능한 계열들이 영원히 갈라서는 것이 아니라 공존

---

6) 이 내용은 베르그송에게서의 '경향' 개념과 관련지어 이해할 수도 있다. 베르그송에게서 생명이란 **무수한 경향들의 잠재적 공존**이다(베르그송이 '분석'을 비판하기만 하는 것은 아니다. 베르그송은 생명이라는 복합체를 경향들로서 분석한다. 즉 공간적으로가 아니라 시간적으로 분석한다). 조건에 따라 그 경향들 중 어느 하나가 분화되어(se différencier) 나온다. 예컨대 인간과 원숭이의 "공통 조상"은 여러 경향들로 되어 있었고 그 중 인간과 원숭이가 분화되어 나왔다고 할 수 있다.

하는 차원이다. 예컨대 여자로 사는 것과 남자로 사는 것, 부자로 사는 것과 가난하게 사는 것, 잘생긴 사람으로 사는 것과 못생긴 사람으로 사는 것, 철학자로 사는 것과 경영학자로 사는 것,…… 이런 것들이 공존하는 차원이다. **잠재적 복수성의 차원**이라고 할 수 있다.

이접이란 배제의 논리를 포함한다. 이접이란 동시에 가능한 것이 아니기에, 이접을 긍정한다는 것은 즉 '이접적 종합'이라는 역설적인 종합을 실행한다는 것은 바로 배제의 논리를 거부하는 것이기도 하다. 예컨대 남자-임과 여자-임의 이접을 긍정하는 것, 가난한 것과 부자인 것의 이접을 긍정하는 것,…… 이런 것이 이접의 긍정적 종합이다(구체적으로 들어가면, 자연적 경우와 사회적 경우가 다를 것이다). 이 것이 또한 무의미와 역설을 긍정하는 사유이기도 하고, 앞에서(10강) 논한 '무차이'의 사유를 받아들이는 것이기도 하다.[7] 그것은 코드화된 삶 밑에 흐르는 '창조적 욕망'을 살려내는 철학이기도 하다. 코드화된 삶이란 마치 물이 홈 파인 공간을 따라 흘러가듯이 이미 일정하게 형성된 의미/'독사'의 세계만을 살아가는 것이지만, 창조적 욕망의 삶은 현세계와 다른 세계 그러나 현세계와 단절된 세계가 아니라 현세계의 가능조건인 잠재세계를 깨닫고 현실의 홈을 넘어 새로운 길을 닦는 것이다. 창조한다는 것은 새로운 길을 내는 것이고, 그것은 곧 잠재성

---

7) 이로부터 죽음에 대한 하나의 가설을 제시해 볼 수 있다. 죽음이란 사라짐이다. 그러나 그 사라짐은 현실세계에서의 사라짐이지 영원한 사라짐은 아니다. 그 사라짐은 잠재세계로의 사라짐이다. 잠재세계로부터 갈라져 나왔던 생(生)이 다시 잠재차원으로 돌아가는 것이다. 생과 사는 단절된 두 가능세계가 아니라 (생과 사가 공존하는) 잠재세계와 그 한 표현인 현실세계 사이의 관계에서 성립한다.

의 한 가닥=경향 ── 베르그송적 뉘앙스에서의 경향 ── 을 새롭게 현실화하는 것이다.

물론 단순한 개념적 긍정과 실제 사이에는 큰 차이가 있다. 아주 간단한 것, 예컨대 지금 같은 세상에서 남들은 취직 공부에 열중하는데 나는 교양서적을 보는 것 정도도 상당한 용기를 필요로 한다. 이접의 긍정적 종합이라는 것은 큰 용기와 실천을 요구한다. 머릿속에서 긍정하는 것과 가슴으로 느끼는 것 그리고 몸으로 실천하는 것은 상당히 다르다. 그러나 몸을 움직이려면 가슴이 뜨거워야 하고, 가슴이 뜨거워지려면 머릿속에서 확고한 개념이 잡혀야 한다. 관념은 때때로 허망한 것이지만, 결국 사람을 움직이는 것은 관념이다. 관념과 힘은 대립 개념이 아니다. 관념이 곧 힘을 내포한다. 이접을 긍정하는 것, 무의미와 역설을 긍정하는 것, 그것만으로 실제 우리 삶이 바뀌는 것은 아니지만 그 바뀜의 실마리가 되는 것이다. 남다른 삶을 살았던 모든 사람들은, 그들이 이런 생각을 개념화했건 아니건, 이런 깨달음으로부터 출발했던 것이다.

이 문제는 테크놀로지의 문제와도 관련된다. 예컨대 과거에는 남자-임과 여자-임, 즉 남자/여자라는 '존재'는 결코 만날 수 없는 이접/발산이었다. 그러나 지금은 성전환 수술을 통해 성을 바꾸기도 한다. 과거에는 서로 옮겨 다닐 수 없었던 계열들이 지금은 이렇게 서로 변위變位 가능한 계열이 되기도 한다. 이접의 긍정적 종합은 경우에 따라 물질적/기술적 뒷받침을 요청하거니와, 최근의 기술 발달은 이를 상당 수준에서 가능케 했다고 할 수 있다. 그러나 실제에 있어 이런 변화가 어떤 창조적 욕망이나 생의 긍정을 통해서 이루어진다고 말하기는 힘들다. 차라리 자본주의적 욕망과 대중문화가 퍼뜨리는 분위기에 의해 이루어진다고 해야 하리라. 인간의 삶은 시간, 역사, 기억의 지평에서 이루어진다. 시간, 역사, 기억에 균열을 만들고 단절을 야기하면서 무조건 "새로움"만을 추구하는 것은 오히려 우리의 삶을 브레이크 없는 폭주열차暴走列車로 만들고 있지 않은가. 고전적인 가치들의 부정이 아니라 그것들을 포용하는 잠재성 사이에서 균형을 잡는 것이 중요하다. 맥락과 상황을 잘 보고 실천할 수 있는 지혜, '판단력'이 필요하다.

우리 사회와 역사의 맥락에서도 이 문제를 생각해 볼 필요가 있다. 조선조 지식층의 철학은 성리학이었다. 성리학은 결정론의 성격을 띠고 있다. 리理의 정도, 기氣의 청탁淸濁에 따라 한 인간이 결정된다. 이렇게 결정된 위계를 '분'分이라는 말로 표현한다. "네 분수分殊를 알라"는 말은 성리학적 표현이다. 분수에서의 수殊는 특수를 뜻한다. 이론적으로는 하나의 리가 기와의 연관성에 따라 다多로 갈라지는 것[理一分殊]을 말할 때 쓰는 개념이지만, 정치적으로는 분의 세계에서 차지하는 이름-자리[位]를 뜻한다. 그러므로 "네 분수를 알라"는 말은 자신의 이름-자리를 벗어난 사람이 있을 때 하는 말이다. 조선사회의 구조를 핵심적으로 드러내는 말이다. 위계적인 사유의 전형이라고 할 수 있다.

지금 현세계는 이와는 매우 다른 구조를 보여 준다. 사회적 구조에서는 물론이고 최근에는 물질적 차원에서도 큰 변화가 오고 있다. 이제 조선조를 지배하던 피라미드 구조가 상당 부분 무너졌다고 하겠다. 특히 1990년대에 들어와서 이런 경향이 심화되었다. 무의미와 역설의 시대, 욕망의 시대가 온 것이다. 그러나 이런 변화가 항상 의미 있는 결과를 가져온 것은 아니다. 젖가슴이 작다고 실리콘 유방을 해서 크게 만들고(이 가짜 젖가슴이 가끔 터지기도 한다) 돈 잘 버는 사람들이 "신지식인"으로 행세하는 등, 웃지 못할 현상들이 도처에서 팽배하고 있다. 역사와 단절된 탈주는 위험하고 천박한 발상이다. 탈주와 회귀 사이에서의 긴장의 끈을 놓지 않는 것이 중요하다.

지금 우리의 논의는 '부정'negation이라는 핵심적인 요소와 관련이 있다. 그러나 이 부정의 개념은 헤겔의 변증법에서 보이는 부정과는 다르다. 헤겔 변증법에서 부정은 **수직적 동일화**의 논리를 가능케 하는 논리적 과정이다. A가 존재할 때 이 A는 그 자체로서는 즉자-존재an-sich이다. 스스로에 즉해서 존재하는 것이다. 여기에 A에 대립하는 B가 존재한다면, A와 B는 즉자-존재이기를 그치고 타자에게로(서로에게로) 열린다. 그로써 A(와 B)는 대자-존재für-sich로 화한다. 자체로서 완결적인 존재가 아니라 타자에 '대'對해, 스스로에 '대'해 존재하게 되고, 일정한 '관계' 속으로 들어간다. 이 관계들 중 헤겔이 주목하는 것은 모순관계이다. 그에게 모순이야말로 모든 생성의 근본 동인動因이기 때문이다. 모순이 모순으로 그치면 '발전'이라는 개념이 성립하지 않는다(잘 알려져 있듯이, 헤겔 사유를 추동한 근본 동력은 역사의 발전에 대한 그의 믿음에 있었다). 때문에 헤겔은 A와 B가 서로에 대해 '바깥'임을 그치고 '하나'가 되는 운동을 설정하는데, 그것이 유명한 개념인 '지양'Aufheben이다. 이 지양을 통해 '즉자-대자-존재'an-und-für-sich가 성립한다. 우리는 이를 '수직적 동일화' 또는 '수직적 내부화'라고 부를 수 있다. 이때의 동일화는 추상적인/형식적인 동일화(A＝A)가 아닌 질적 상승을 동반하는 동일화이다. 이런 동일화 운동이 역사의 발전을 가져온다.

　여기에서 부정의 개념은 중요한 역할을 한다. B는 A의 부정이다(역도 마찬가지다). 따라서 부정의 관계를 통해 타자들 간의 열림이 이루어지고 또 모순관계가 성립한다. 기존 질서에 대한 저항은 이런 부정의 논리를 함축한다. 그러나 부정이 부정으로 그친다면 모순관계의 영원한 지속이 결과한다. 그래서 헤겔은 '부정의 부정'한다. B를 다시 부정함으로써 단순한 모순관계에 머무르지 않고자 한다. 그러나 B를 다시 부정한다고 해서 A로 다시 회귀하는 것은 아니다. 부정의 부정을 통해 수직적으로 고양된 C로 간다. 그리고 이런 운동은 계속된다. 이렇게 헤겔의 철학은 부정을 핵심 개념으로 담고 있으면서도 고착된 부정(형식논리적 부정)이 아니라 부분과 부분 사이에 존재하는 갈등과 모순이 보다 고차원적인 전체 속으로 화해되어 들어가는 운동의 촉매로서의 부정을 사유하고자 한다.

　이런 헤겔의 생각과 대비해서 우리는 '사건의 철학'의 입장을 **수평적 차이화**로 부를 수 있다. 있는 그대로의 차이를 부정코자 하지 않는 것이다. 차이들을 다른 것으로 환원시키기보다는 차이 자체로서 긍정하는 입장을 말한다. 이는 다多를 수직적으로 내부화해 나가는 사유가 아니라 그것들 사이에의 **외부성**을 자체로서 인정하는 입장이다. 그러나 차이들을 고착화시킨다면 그것은 사실상 동일성들을 고착화시키는 것이다. 핵심적인 것은 "differences"가 아니라 "differentiation"의 운동이다. 현존하는 차이들을 그대로 긍정하는 것은 오히려 기존 질서의 옹호에 불과하다. 헤겔처럼 차이를 무화시켜 나가는 것은 필경 어떤 거대한 동일성 —— 예컨대 국가 —— 으로 귀착하며(이때 부정과 모순은 결국 궁극적인 동일성을 위한 들러리들에 그치게 된다)[8] 반면 차이들을 자체로서 긍정하는 것은 결국 사회적 모순들의 방치로 귀착한다. 중요한 것은 차이들의 생성을 가져오는 일이며, 그 생성의 방향성을 윤리적으로 잡아 나가는 일일 것이다. 차이생성의 운동은 가치를 부정하는 것과는 관련이 없다. 오히려 가치판단을 정교화해 나가려는 행위라 할 수 있다.

우리의 입장을 다음과 같이 정식화할 수 있다 : **무속한 모순이 차이가 아니라 최대의 차이가 모순이다.** 모순을 기본으로 놓고서 차이를 아직 부족한 모순으로 보는 것이 아니라, 차이를 기본으로 놓고서 극단적인 차이를 모순으로 보는 것이다. 니체는 건강과 병을 모순으로 보고서 건강을 긍정하고 병을 부정하는 태도를 비판한다. 건강하게 살고 있을 경우 건강에서 체험할 수 있는 것이 있다면, 병들었을 경우 고통스럽지만 그 병의 체험에서도 배울 수 있는 것이 있다는 것이다. 건강과 병을 통합하는 것도 아니고 그 차이를 자체로서 긍정하는 것도 아니다. 우리가 상식적으로 설정하고 있는 차이를 바꾸어 나가는 것이다(이 바꾸어 나감의 사유는 들뢰즈·가타리의 '~-되기'론을 통해 정교화된다). 그때 병은 자연이 행하는 실험이 되고, 병자는 그 실험에 동참하는 모험가가 된다. 차이생성의 사유는 관점을 바꾸는 사유이기도 하다.

관점에 대해 이야기해 보자. 흔히 관점이라는 말을 주체가 가지

---

8) 수평적으로 보이지만 사실상 동일성 사유일 뿐인 경우도 존재한다. 각종 형태의 '중심주의'들이 그것이다. 중심주의는 차이들을 수평적으로 놓아두지만, 모든 것을 어떤 중심에 입각해, 그 중심으로부터 떨어진 거리에 입각해 관리한다. 차이생성의 실천은 이런 중심주의와의 투쟁을 포함한다.

고 있는 시각으로서 받아들인다. 그러나 라이프니츠는 주체가 있어서 관점이 있는 것이 아니라 관점이 있어서 주체가 있다고 말한다. 라이프니츠의 개념들 중 "표현"은 중요한 역할을 한다. 우주의 모든 것들은 서로를 표현한다. 말하자면 거울처럼 서로를 비추고 있다. 다시 말해 한 모나드에 들어 있는 모든 사건들이 다른 모나드들에도 반영되어 있다는 말이다. 그렇다면 당장 의문이 생겨난다. 모든 것이 서로를 거울처럼 반영한다면, 이 세계의 모든 것은 다 같아야 할 것이 아닌가? 하지만 분명 카이사르는 루비콘 강을 건넜고, 키케로는 건너지 않았다. 분명 개체들은 서로 다른 삶을 살아간다. 라이프니츠는 이를 형이상학적 상상력을 동원해 설명한다. 모든 모나드가 세계를 반영하지만, 각 모나드가 명석하고 판명하게 반영하는 부분은 모두 다르다는 것이다. 다시 말해, 모든 개체들은 우주를 공유하지만 우주의 특정 부위만을 명석하고 판명하게 표상한다는 것이다. 라이프니츠에게 '표상'이란 단순히 모나드 내적인 무엇이 아니다. 표상 자체가 모나드들끼리의 '관계'를 함축한다. 그래서 표상을 가진다는 것은 곧 특정한 관계를 가진다는 것이다. 카이사르와 루비콘 강은 명석하고 판명한 관계를 가졌고, 따라서 서로 관계 맺을 수 있었다.

결국 라이프니츠에게서 '관점'이란 각 모나드가 포함하는 명석하고 판명한 표상이라고 할 수 있다. 아주 즉물적인 예를 들어, 지금 여러분들은 이 교실의 앞면을 보고 있고 나는 뒷면을 보고 있다. 이 경우 우리는 흔히 여러분들은 앞쪽을 보는 관점을 가지고 있고 나는 뒤쪽을 보는 관점을 가지고 있다고 말한다. 그러나 라이프니츠 식으로 생각하면, 우리는 모두 이 교실과 이 안의 모든 모나드들을 반영하고 있다고 해야 한다. 다만 여러분들은 앞쪽을 명석하고 판명하게 볼 모나드로 존재하고, 나는 뒤쪽을 명석하고 판명하게 볼 모나드로 존재한다. 우리가 이렇게 **존재하기** 때문에 우리는 특정한 '관점'을 가지는 것이고, 그 결과 특정한 표상을 얻게 되는 것이다. 결국 라이프니츠에게 관점이란 존재론적인 것이지 인식론적인 것이 아니다. 관점이란 주체가 마음대로 하는 어떤 것이 아니라 주체로 하여금 일정하게 존재하게 만드는 특정한 양태인 것이다. 그래서 관점이 주체를 결정하는 것이지 주체가 관점을 결정하는 것이 아니다. 이 점은 칸트와 비교할 때 중요한 문제로서 제기되곤 한다.

니체 역시 관점주의Perspektivismus를 말한다. 그러나 라이프니츠의 관점주의와 차이가 있다. 라이프니츠에서의 관점은 신이 부여한 대로 결정되어 있는 데 반해, 니체에서의 관점은 맥락에 따라 바뀔 수 있다. 그래서 한 인간이 여러 관점 사이를 건너 다닐 수 있다는 것이다. 그렇지만 여기에서 관점의 변화라는 것은 단순히 어떤 한 관점으로 세상을 보다가 다른 관점으로 바꾼다는 것을 뜻하는 것은 아니다. 그것은 인식론적 관점, 주관주의적 관점이다. 거듭 말한다면, 지금 말하는 관점은 존재론적인 것이다. 내가 관점을 바꾸었다고 해서 내가 바뀌는 것이 아니라, 내가 바뀜으로써 내 관점도 바뀌는 것이다. 그래서 관점은 단지 인식론적인 것이 아니라 존재의 방식, 삶의 양태 그 자체와 관련된다고 해야 한다.

철학사적으로 말해, 라이프니츠가 칸트 이전의 관점주의라면 니체는 칸트 이후의 관점주의라 할 만하다. 라이프니츠의 관점주의는 주체 이전에 신적인 질서를 제시하고 주체를 그 질서의 한 국면으로 이해한다. 그러나 칸트는 그 질서를 인식론적으로 비판해 거부한다 (더 정확히 말해, 실천의 영역으로 옮긴다). 그리고 '구성하는 주체'라는 근대적 개념을 제시한다. 그러나 니체는 데카르트의 코기토나 칸트의 선험적 주체 같은 근대적 개념을 해체한다. 이 맥락에서 라이프니츠 와 연계되지만, 그러나 니체는 이미 칸트 이후의 사상가이다. 니체는 데카르트나 칸트처럼 선험적 주체를 특권화하기보다는 우주적 생성 안에서 변형되어 나가는 것으로 보았다. 이런 생각은 들뢰즈로 이어 지고, 들뢰즈의 유명한 "균열된 나"je fêlé라는 표현이 등장하게 된다.

"균열된 나"라는 말을 단순히 감성적으로 이해하면 곤란하다. 이 말의 엄밀한 의미는 바로 관점 개념을 통해 이해되어야 한다. 하나의 관점이 아니라 다양한 관점을 가지는 것, 그런 자아가 균열된 나이다. 따라서 이 말은 어둡고 병리적인 의미에서의 균열이 아니라 진정한 자유로서의 균열 개념을 담고 있다. 그러나 거듭 말하거니와, 이 다양 한 관점이 단지 세상을 다양한 눈으로 봄을 뜻하는 것만은 아니다. 그 것은 삶을 다양하게 사는 것을 뜻한다. 균열된 나로부터 균열된 관점 들이 나오는 것이지, 균열된 관점들을 가짐으로써 균열된 나가 생기 는 것은 아니다. 그러나, 말할 필요도 없이, 이 다양한 삶이 이것 하다 가 저것 하는 변덕을 뜻하는 것은 아니다. 여기에서의 다양성은 불연 속적인 다多가 아니라 다양체를 뜻한다. "나"는 여럿인 동시에 하나이 다. 그러나 이것이 "일즉다다즉일"—則多多則— 같은 화엄적 황홀경을 뜻하는 것도 아니고 헤겔에게서처럼 단계적인 지양을 통한 하나-됨 을 뜻하는 것도 아니다. 그것은 **다양체로서 살아감, 이접적 종합의 삶을 살 아감**을 뜻한다. 마음속에 여백들을 두되 그 여백들이 단순한 불연속도 또 고착화된 공백도 아니도록 살아가는 것을 뜻한다.

이 문제를 차이의 문제와 연결시켜 보자. 여기에서의 '차이'란 세계 내에서의 차이가 아니라 여러 세계들 사이에서의 차이를 말한다. 다시 말해, 한 세계 내에서의 차이의 긍정만이 아니라 여러 세계들 사이의 차이를 어떻게 긍정하느냐의 문제가 된다. 여기에서 '여러 세계'는 라이프니츠적인 여러 세계라기보다는 내재화된 의미에서의 여러 세계이다. 니체의 영원회귀에서의 여러 세계이다. 보통 영원회귀를 세계의 완벽한 주기적 반복으로 해석하곤 한다. 그러나 이것은 스토아적 영겁회귀이지 니체적 영원회귀는 아니다. 니체에게 영원회귀는 생성의 반복, 생성의 끝없는 되돌아옴이다. 생성의 되돌아옴이란 생성밖에 없음을 말한다. 생성은 차생差生 즉 차이의 연속적인 발생이다. 그러나 차이의 생성과 더불어 반복 또한 존재한다(이는 베르그송적 맥락에서 보면 생명의 차생과 물질의 반복으로 이해할 수 있다). 영원회귀의 긍정은 이런 생성을, 차이와 반복을, '주사위 던지기'를 긍정하는 것이다.

서구의 전통 형이상학의 과제는 늘 영혼, 신, 세계 이 세 가지 특수 존재를 안정적으로 확보하는 것이었다(물론 이 세 가지 특수 형이상학 외에 일반 형이상학 즉 존재론이 있었다). 데카르트가 『성찰』에서 증명코자 한 것도 영혼, 신, 물질세계였고, 칸트가 「선험적 변증론」에서 이율배반을 통해 비판했던 세 가지도 곧 영혼, 세계, 신이었다. 이렇게 볼 때, 칸트 비판철학이 분명 중세적 질서의 종언을 뜻함에도 그 사유의 틀 자체는 여전히 중세적이라는 점을 주목할 수 있다. 잘 알려져 있듯이, 칸트는 그 대가로 구성하는 주체의 개념을 수립했다. 그러나 니체를 비롯한 현대 철학자들은 자아, 신, 세계의 안정적 동일성을 해체시키고 세계를 '카오스'의 개념 위에 놓으려 했다. 카오스로부터 사건들이 솟아오르고, 그 사건들의 계열화를 통해 비로소 질서가 수립되는 것이다. 세계의 근원에 카오스가 있다는 것은 서구 담론사에서 매우 특이한 위상을 점하는 생각이다. 그런데 그 생각이 오늘날에는 상당히 일반적인 생각이 되었다. 구조 아래에는 카오스가 흐르고 있다.

물론 이는 새로운 질서들의 창발을 사유코자 함이지 질서의 부정을 역설코자 함은 아니다. 세계는 무질서와 질서의 두 차원을 담고 있으며, 우리는 이를 '카오스모스'로 부른다.[9] 그러나 이미 강조했듯이, 카오스란 질서의 무가 아니라 오히려 무한한 질서이다. 무질서에서 질서가 나오는 것이 아니라(이는 생각하기 곤란하다), 무한히 얽힌 질서의 실타래에서 하나의 가닥이 현실화되는 것이다(보론 1에서 논의한 들뢰즈의 존재론이 이를 개념화한 빼어난 예이다). 베르그송이 강조한 바 있거니와, 우리가 '무'질서라고 부르는 것이 사실은 '다른' 질서에 다름 아니다. 나아가 무질서의 보편적 형식인 카오스는 곧 무한한 질서라고 할 수 있을 것이다. 세계가 카오스모스인 것은 카오스 안에 이미 코스모스가 잠재하고 있기 때문이다. 전통 철학의 용어를 사용한다면, '氣' 안에 '理'들이 이미 녹아 있다고 할 수 있을 것이다. 이 은유를 구체화해 나가는 것이 현대 존재론의 주요 과제이다.

영원회귀는 우주의 안정적인 반복이 아니다. 영원회귀에는 카오스의 성격이 깃들어 있다. 때문에 어떤 동일성도 영원회귀를 포착할

---

9) 이는 이정우, 『주름, 갈래, 울림』(저작집 4권)에서 다루고 있다.

수 없다. 영원회귀는 차생일 뿐이다. 그러나 차생에는 늘 반복이 동반된다. 물론 이 반복은 안정적인 반복이 아니라 늘 차이를 동반하는 반복이다. 그래서 '차이와 반복'이 문제가 된다. 그러나 이 차이와 반복에는 어떤 아프리오리한 질서도 전제되지 않는다. 차이와 반복의 놀이는 주사위를 던지는 것과도 같다. 그러나 역능의지를 긍정하는 것만이 반복된다. 반복은 역능의지를 함축한다. 가치는 이 역능의지/반복에 의해 측정된다. 영원회귀의 차이와 역능의지의 반복을 긍정하는 것이 중요하다. 우주적인 긍정, 우주의 주사위 놀이의 긍정, 그것이 운명애amor fati이다. 이것이 스토아, 니체, 들뢰즈를 잇는 사유의 끈이라고 할 수 있다.

§3. 최대한을 긍정하는 삶

"山是山 水是水"에 대해서는 누구나 들어 봤을 것이다. 그 원래 내용은 다음과 같다.

노승이 삼십 년 전 참선하기 이전에는, 산을 보면 산이었고 물을 보면 물이었습니다. 그러나 그후 어진 스님을 만나 깨달음에 들어서고 보니, 산을 보아도 산이 아니요 물을 보아도 물이 아니었습니다. 그러나 이제 진정 깨달음에 들어서고 보니, 산은 진정 산이요 물은 진정 물로 보입니다. 여러분, 이 세 가지 견해가 진정 같은 것일까요 아니면 다른 것일까요? 만일 이 경지를 터득한 사람이 있다면, 이 노승은 그 사람과 더불어 있을 것입니다.

老僧三十年前 未參禪時, 見山是山 見水是水. 乃至後來 親見知識 有入處, 見
山不是山 見水不是水 而今得箇休歇處 依前 見山祇是山 見水祇是水. 大衆 這
三般見解 是同是別? 有人緇素得出 許與親見老僧.[10]

이 설법이 여러 형태의 선시로 전해 내려온다. 다음 게송이 정리
가 잘 된 형태이다.

일찍이 산은 산이요 물은 물이었건만,	山是山 水是水
이내 산은 산이 아니요 물은 물이 아니로세.	山不是山 水不是水
급기야 산이 물이요 물이 산이로세.	山是水 水是山
하나 이제 다시 산은 산이요 물은 물이로구나.	山是山 水是水

이 시는 흔히 변증법적으로 해석된다. 정립이 있고(山是山 水是水)
그 부정을 통한(山不是山 水不是水) 반정립이 있다(山是水 水是山). 이제
이 정립과 반정립을 지양한 합이 있어야 한다. 그것이 "山是山 水是水"
이다. 그러나 이 마지막의 "山是山 水是水"는 원래의 그것이 아니라 반
정립을 감싸 안은, 한 단계 고양된 "山是山 水是水"이다. 그래서 부정의
부정을 통한 지양이라는 변증법적 구도가 잘 드러나 있다. 물론 변증
법은 원점으로 되돌아오는 것이 아니다. 설사 부정의 부정을 통한 과
정을 겪었다 해도, 그 결과물은 원래의 것과는 다른 것이어야 한다. 이

---

10) 『續傳燈錄』卷第二十二. 이에 대한 철학적 분석으로는 다음을 보라. 고형곤, 『선의 세계』,
동국대학교출판부, 2005, I. 아울러 「보론 2」를 보라.

점에서 이 선시와 변증법적 구도 사이에는 차이가 있다.

이제 이 시를 지금까지 우리가 이야기해 온 차이생성의 존재론, 긍정의 철학을 가지고서 해석해 보자. 먼저 "山是山 水是水", 이 차원은 우리가 즉물적 긍정의 세계 또는 직접적 긍정의 세계라고 부를 수 있는 세계이다. 어떤 개념이나 사상을 매개시킴으로써 해석된 차원이 아니라 우리에게 드러나는 그대로의 세계, 단순한 긍정의 세계이나. 인식론에서 '소박 실새돈'이라고 부르는 난세이나. 이런 세계에서는 산은 산이고 물은 물이다. 이 즉물적 긍정은 비판적 사유를 매개하지 않은 긍정, 상식적 긍정이다. 이것은 우리의 개념으로는 'sens commun'에 해당한다.

그 다음 "山不是山 水不是水", "산은 산이 아니고 물은 물이 아니다"가 등장한다. 이것은 앞에서 즉물적이고 직접적으로 긍정한 사태를 부정하고 있다. 처음에는 산, 물 같은 개체들, 사물들, 또는 해석하기에 따라서는 사태들이 즉자적인 존재들로서, 또는 불교 용어로 자재自在하는 것들로 받아들여지는 데 비해 여기에서는 그것이 부정된다. 그런데 이 부정은 정도를 포함하는 것으로 받아들여야 할 것 같다. 다시 말해 여러 정도에서 부정되는 것이다. 이 여러 차이들 중에서 가장 큰 차이가 바로 모순관계이다. 헤겔 변증법에서는 대립/모순이 핵심이고 따라서 정도의 연속체에서 양끝만이 문제가 된다. 그러나 강도의 연속체를 사유할 필요가 있다. 강도의 연속체에서 성립하는 무수한 경우들을 모두 시야에 넣을 필요가 있다. "山不是山 水不是水" 역시 대립/모순보다는 오히려 동일성을 갖춘 산과 물에 차이생성이 도입되면서 형성되는 무수한 강도 연속체로서의 생성을 함축하는 것으로 보아야 한다.

　그런데 이러한 차생은 '제행무상'諸行無常 또는 '제법무아'諸法無我의 개념을 통해 이해할 수 있다. '제행무상'이라고 할 때의 '행'行은 산스크리트어 'samskâra'와 'samskrta'에 해당하는 말이다. 이 말들은 '만드는 것', '만들어지는 것'이라는 뜻이다. 능동적/수동적 의미에서 이 세상에서 이루어지는 것, 만들어지는 것, 발생하는 것이다. 그래서 '행위'를 뜻하는 'karma'(업)와도 통한다. 그래서 '제행무상'은 이 세상에 존재하는 모든 사물, 사태는 그 자체로 하나의 실체로서 자재하는 것이 아니라 연기緣起의 매듭들일 뿐임을 말한다. 자재하는 것이 아니라 함은 세계의 본질이 차이생성이라는 뜻이다. 동일성은 한갓된 일시적 멈춤=분별分別일 뿐이다. 따라서 동일성을 통해 사물의 본질을 찾아내는 일상적-합리주의적 사유의 한계를 직시할 필요가 있다.

　여기에서 '연기'라는 중요한 말이 나온다. '연'緣이라는 말은 갖가지 인연을 말한다. 우주의 모든 것이 자재하는 것이 아니라 숱한 인연의 결과로 만들어지는 것이라는 뜻을 함축한다. 2강에서 달마 조사의 설법을 인용한 것을 상기하면 되겠다. '기'起는 생겨남, 만들어짐,…… 등을 뜻한다. 그래서 불교 존재론은 기본적으로 연기 개념에 입각해 있다. 제행무상이란 우주의 그 어느 것도 다 만들고 만들어지는 것이며 연기의 흐름 속에서 자재하지 못한다, 무상하다는 뜻이다. 영원한 실체니 개체니 성질이니 하는 존재들을 내세우는 존재론과는 대비된다. 마찬가지로 '제법무아'에서의 법이란 산스크리트어의 'dharma'에 해당한다. 이 말은 질서, 법칙을 뜻하기도 하고, 또 맥락에 따라서는 도, 덕, 정의, 진실, 실재를 뜻하기도 한다. 희랍어의 '이데아'나 '로고스'와 통한다. 그런데 '제법무아'라 할 때의 법法은 사물, 사태, 현상 등을 뜻한다. 그래서 방금 말한 행行과 크게 다르지 않은 말이라고 할 수 있다. 아我란 좁은 의미에서의 '나'를 뜻하기보다 '개체성', '동일성'을 뜻한다고 할 수 있다. 정확히 일치하지는 않지만 개체, 자족적인 실체를 뜻한다고 볼 수 있다. 맥락에 따라서는 아리스토텔레스의 'eidos'와도 통한다. 제행무상이나 제법무아는 결국 세상의 모든 것은 연기의 흐름 속에 들어 있는 덧없는 것이라는 뜻이다. 이것은 개체 이전의 차원을 직시하고자 하는 것이며, 개체들이 아니라 개체화individuation의 과정에 주목하는 사유이다. 앞에서 언급한 '비인칭적-전개체적 장'을 상기하면 되겠다.

그래서 제행무상, 제법무아의 관점에서 보면 산이나 물 같은 사물들은 자재하는 개체가 아니다. 베르그송 식으로 말하면 모두 '지속'의 흐름 속에 들어 있다고 할 수 있다. 그래서 흔히 불교적인 진리는 강물에 비교되곤 한다.

여기에서 잠깐 이 이야기를 앞 절에서 이야기했던 것과 연결시켜 보자. 라이프니츠 식으로 말하면 우리가 살고 있는 세계는 사건들=특이성들이 이미 일정하게 계열화되어 있는 세계이다. 그런데 아직 그 무엇으로도 계열화되지 않은 세계를 생각해 보라. 또는 가능세계들을 생각해 보라. 이렇게 계열화될 수도 있고 저렇게 계열화될 수도 있는 그런 세계, 특이성들이 우글거리는 세계가 그 세계이다. 잠재성의 세계가 그것이다. 어떤 점에서는 불교적 사유보다 더 나아가야 한다. 그런 세계에 특정한 연기緣起의 사슬, 계열화가 들어가야지 어떤 법칙이 나오기에 말이다. 불교의 사유도 일종의 분석적 사유이다. 연기의 법칙 자체가 분석적 사유의 틀을 벗어난 사유가 아니다. 그래서 잠재성의 차원을 사유하는 것은 연기의 법칙 이전의 차원을 사유하는 것이다. 그 세계에서는 우리가 집착하는 현세계의 질서나 사물들은 무의미하다. 'non-sens'와 'para-doxa'의 세계인 것이다.

불교에서는 '무'와 '부정' 개념이 중요한 역할을 한다. 이미 형성되어 있는 질서를 끝없이 부정해 들어가는 논리이다. 'sens'를 부정하고 'non-sens'로 들어간다. 그러나 우리는 무엇인가를 끝없이 비워내기보다는 그렇게 비워내진 것들 전체가 공존하는 차원을 생각할 필요가 있다. 모든 것이 부정되는 차원이 아니라 모든 가능성이 공존하는 차원을 사유하는 것이 중요하다. 이 점에서 우리의 길은 불교의 길과는 다르다고 할 수 있다. 거듭 이야기하게 되지만, 내가 생각하는 실재는 모든 것이 비워내지는 차원이 아니라 오히려 그렇게 비워내지는 것들이 모두 긍정되는 차원, 무한 질서로서의 무차이의 차원이다. 이것은 오히려 장자의 '허'虛의 차원에 가깝다.[11]

이 세계를 긍정한다는 것은 무엇을 뜻할까? 바로 농-상스와 파라-독사를 긍정하는 것이다. 이미 계열화된 세계가 아니라 계열화되기 이전의 세계를 긍정하는 것이다. 그것은 바로 이접離接을 긍정하는 것이다. '또는'을 통해 갈라지기 이전의 그 이접 자체를 긍정하는 것이다. 그래서 산이 물일 수도 있고 물이 산일 수도 있다. 전통 논리학적으로 말하면 모순이지만, 라이프니츠 식으로 말하면 불공가능성이다. 그래서 역설과 무의미의 세계는 여러 가능세계들이 공존하는 차원(라

---

11) 「보론 2」를 보라.

이프니츠에서는 '또는'을 통해 갈라지지만, 여기에서는 공존하는 것으로
이해해야 한다)을 긍정하는 것이다. 무차이의 세계를 긍정하는 것이
다. 10강에서 죽음의 세계를 달리 해석했다. 그래서 우리가 말하는 긍
정은 바로 죽음을 긍정하는 것이기도 하다. 그것이 "山是山 水是水"의
차원이다.

현실을 넘어 진실재의 차원을 찾아갈 때, 우리는 현실과 이렇게
찾아낸 진실재 사이의 차이를 무성하게 된다. 어느 하나만을 ᄂ성한
다는 뜻이다. 그래서 현실을 부정하고 그렇게 찾아낸 진실, 특히 현실
의 반대편에 도달함으로써 얻는 진실을 긍정하게 된다. 하지만 이것
이 바로 "선무당이 사람 잡는다"는 상황이다. 어정쩡한 지식인은 아예
소박한 선남선녀보다 못하다는 이야기이다. 그러나 진정 깨달은 사람
은 현실로 다시 돌아온다. 그렇다고 해서 현실을 넘어선 깨달음의 세
계를 부정하는 것 또한 아니다. 다만 그 수많은 차원들 사이의 차이를
있는 그대로 긍정할 뿐이다. 중요한 것은 실재와 현실을 연속적으로
보는 것이다. 실재는 접힌 현실이요, 현실은 펼쳐진 실재일 뿐이다. 실
재와 현실을 날카롭게 가를 때 미망迷妄이 발생한다.

선불교의 역사를 관통하는 중요한 개념이 있다. 바로 '평상심'平常
心이라는 개념이다. 한마디로 '깨달음이 깃든 일상'이라고 할 수 있다.
현실에만 머무는 것도 아니고 현실을 부정하는 것도 아니다. 현실을
포함한 수많은 차원들을 긍정하는 사유이다. 조주종심趙州從諗이라는
선사가 있었다. 이분에게 어느 날 서역에서 온 어린 스님이 찾아와 '지
극한 도'를 가르쳐 달라고 머리를 조아렸다. 그 먼 길을 찾아와 진리
를 구하려는 벽안碧眼의 스님을 상상해 보라. 엄숙한 순간이었다. 그때

조주 스님 말씀이 "아침 드셨나?" 하는 것이었고, 그래서 어린 스님이 "예, 먹었습니다" 하고 답했다. 그러자 조주 스님이 그 다음 한 말은 다름 아니라 "그럼 가서 밥그릇을 씻게"였다고 한다. 밥그릇을 씻는다는 것은 가장 일상적인 행위이다. 궁극적인 도를 물어보는 사람에게 가장 일상적인 해법을 제시한 것이다. 앞에서 말한 청원 스님의 게송과 연결된다. 이런 것이 바로 '평상심'의 도이다. '연'緣에 머무는 것도 아니고, 그렇다고 이 차원을 부정하고 "山不是山 水不是水, 山是水 水是山"의 차원에 머무는 것도 아니다. 여러 차원들 사이의 차이를 있는 그대로 긍정하는 사유이다. 나아가 무차이와 차이 사이의 차이까지도 긍정한다. 그래서 진정 깨달은 사람은 일상을 우습게 보지 않는 것이다.

　우리의 대중적 삶은 일상성을 통해서 이루어진다. 달리 말해, 우리가 일상을 완전히 벗어날 수 없는 한 우리는 대중임을 벗어날 수 없다. 일상성이란 마치 진자 운동의 한가운데처럼 결국 그리로 돌아가야 할 끌개이다. 그렇다면 지식인이란 무엇인가? 지식인이란 결국 일상성이라는 중심으로부터 벗어나려는 사람이고, 일상 속에 포함되어 있는 각종 모순들을 비판할 수 있는 사람이다. 대중이 일상성을 통해 성립된다면, 지식인은 그 일상에 대한 비판을 통해 성립한다. 그래서 지식인이 된다는 것은 안일함에서 벗어나는 것을 뜻한다. 10강(§2)에서 블랑쇼 이야기를 했지만, 편안한 중심에서 자꾸 멀어지는 것이기에 그렇다. 그래서 지식인들은 대중적 삶과 갈등을 겪을 수밖에 없다. 혁명이든 철학이든 예술이든 일상의 차원을 넘어 다른 차원을 추구해 들어가는 사람들은 모두 그런 경험을 하게 된다. 다른 차원을 추구하는 사람들은 때로는 경멸의 대상이 되기까지 한다.

그래서 지식인으로서의 나와 대중으로서의 나를 어떻게 조화시켜야 되는지, 일상과 비판을 어떻게 조화시켜 나가야 하는지가 매우 중요한 문제로서 대두된다. 결국 진정한 지식인은 일상을 부정하고 벗어나는 사람이 아니라, 일상 속에서 비판적으로 살아가는 사람이다. "山是山 水是水"만이 아니라 "山不是山 水不是水" 나아가 "山是水 水是山"까지도 긍정하는 사람이다. 그래서 "山不是山 水不是水" 나아가 "山是水 水是山"이 소화되어 있는 "山是山 水是水"를 추구하는 사람이 진정한 지식인이다. 달리 말해, 어느 하나를 선택하고 다른 것을 부정하는 것이 아니라 차이를 있는 그대로 긍정하는 태도이다. 더 근원적으로는 무차이와 차이의 차이를 긍정하는 것, 모든 '세계들'을 긍정하는 것이다.

물론 모든 것을 긍정한다는 것은 극히 어려운 일일 뿐만 아니라, 때로는 위험한 일이기까지 하다. 긍정할 수 없는 것, 긍정해서는 안 되는 것 또한 많다. 그래서 지식인은 항상 두 얼굴을 가지고 있어야 한다. 앞에서 말한 소요의 얼굴과 투쟁의 얼굴이다. 한편으로 우주의 모든 것을 긍정하고 사랑하는 소요의 얼굴이 있어야 한다. 그러나 다른 한편으로 삶의 부조리와 모순에 저항해 싸우는 투쟁의 얼굴이 있어야 한다. 그런데 이 두 얼굴은 결코 쉽게 화합하지 않는다. 두 얼굴에는 영원히 화합되기 어려운 긴장이 존재한다. 때문에 이 두 얼굴 사이에서 어떻게 균형 있게 살아갈 것인가 하는 문제가 참으로 어렵고도 절실한 문제로 다가온다.

보론

1. 들뢰즈와 'meta-physica'의 귀환
2. 비판적 긍정의 사유 ― 禪과 하이데거를 넘어서

1. 들뢰즈와 'meta-physica'의 귀환

근대 이후 학문의 역사에서 '형이상학'이라는 말만큼 잘못 사용되어 온 말도 없을 것이다. 그것은 'meta-physica'임에도 'physica'와 대립하는 것으로 이해되었으며, 경험과학과 유리된 것으로 이해되어 왔다. 니체와 베르그송에 의해 완전히 새로운 모습으로 탈바꿈된 후에도, '형이상학'이라는 말은 중세적 신학에서 자신들을 분리시키고자 열망했던 근대 사상가들이 이 말에 부여한 경멸적 의미를 떨쳐 버리지 못했다. 오늘날에도 상당수의 사람들이 이런 철학사적 변환을 음미하지 못한 채, 'meta-physica'라는 말의 의미를 충분히 새기지 못한 채 이 말을 쉽게 입에 올리고 있다. 현대 형이상학에 공헌한 철학자들 역시 이 말을 둘러싸고서 불협화음을 만들어냈다. 니체와 하이데거에게 형이상학이란 인간의 사유에 필연적으로 들러붙는 무엇이지만 종국에는 극복되어야 할 무엇이며,[1] 반면 베르그송과 화이트헤드에게는 고대 그리스에서 그랬듯이 학문들 중의 학문, 가장 근원적인 사유였다. 전통 학문체계에서 '존재론'은 형이상학의 한 분과였지만

('일반 존재론'은 '특수 존재론'인 영혼론, 자연학, 신학과 구분되었다), 오늘날 존재론은 형이상학을 대체하는 말로서, '형이상학'이라는 말이 자칫 불러일으킬 오해를 피할 수 있게 해주는 말로서 사용되곤 한다 (네그리와 하트는 심지어 형이상학과 존재론을 아예 상반된 담론들로서 대립시키고 있다). 베르그송과 화이트헤드를 비롯한 극소수를 예외로 한다면, 어떤 경우든 형이상학은 'meta-physica'라는 본연의 의미로부터 유리된 채 왜곡되어 사용되고 있다. 예컨대 '형이상학적 사변'은 'physica'에 대한 메타적 사유로서 이해되기보다는 'physica'와 유리된 공허한 담론으로서 이해된다. 어떻게 이런 왜곡이 발생했으며 또 지속하게 되었을까? 지금 내가 직면하려 하는 문제는 이 문제가 아니다. 여기에서 다루려 하는 것은 오늘날의 'meta-physica', 또는 원한다면 존재론은 어떤 얼굴을 하고 있는가? 하는 문제이다.

메타-퓌지카는 고정된 의미를 가진 단일한 담론이 아니다. 메타-퓌지카의 '메타'는 퓌지카의 변화와 맞물려 운동한다(여기에서 'physica'는 물리학이 아니라 경험적/실증적 인식 일반을 가리킨다). 퓌지카는 계속 움직인다. 그에 따라 메타-퓌지카도 함께 움직인다. 메타-퓌지카는 때로 퓌지카 뒤에 따라가면서 자칫 파편화되어 버릴 수 있는 지식들을 종합하기도 하며('뒤에'로서의 메타), 또 때로는 퓌지카

---

1) 니체에게 '형이상학'은 '플라톤주의'의 동의어이다. 이것은 니체의 시대에는 유의미한 동일시일 수 있다. 그러나 이런 동일시가 더 이상 성립할 수 없게 만든 인물은 다름 아닌 니체 자신이다. 형이상학의 역사를 역사적 지평에서 파악한 것은 하이데거이다. 그러나 그의 '형이상학'은 그의 철학적 관심사에 의해 축소된 형이상학일 뿐이다. 그에게는 '존재-신학' 비판으로서의 형이상학 비판이 존재할 뿐 메타-'퓌지카'에 대한 구체적인 사유가 부재한다.

앞으로 달려가 사유의 극한을 열어젖히며 훗날 퓌지카에 의해 구체화될 사변을 펼치기도 한다('넘어서'로서의 메타). 한 가지 분명한 것은 퓌지카도 또 메타-퓌지카도 그 운동성, 역사성에 입각해 이해되어야 한다는 점이다. 메타-퓌지카를 비역사적으로 이해하는 것은 바로 그 자체가 (그렇게 이해하는 사람들이 비난하는 의미에서) '형이상학적인' 것이다. 예컨대 (1980년대에 익숙하게 들어 왔듯이) '형이상학'의 의미를 고정시켜 놓고서, 극히 왜소하게 축소시켜 놓고서 비난하는 '변증법'이야말로 그 자체 비변증법적 사유이다. 메타-퓌지카는 역사의 지평에서, 운동해 나가는 것으로서, 시간 속에서 변환되어 나가는 것으로 이해할 때에만 메타-퓌지카일 수 있다. 내가 여기에서 논하는 존재론은 바로 이 '메타-퓌지카'로서의 존재론이다.

오늘날 메타-퓌지카의 귀환을 가능케 한 사유가 있다면, 즉 퓌지카의 폭넓은 종합, 존재론적 상상력의 전개, 철학과 경험과학들의 역동적인 대화(영향의 주고-받음), 세계에 대한 새로운 사유 지평의 창조를 이끌고 있는 사유가 있다면, 그것은 들뢰즈의 사유일 것이다. 우리는 들뢰즈의 사유에서 베르그송과 화이트헤드를 잇는 '오늘날의 메타-퓌지카'를 발견한다. 오늘날의 진정 살아 움직이고 있는 사유는 들뢰즈와의 대결을 통해서 이어지고 있다. 여기에서 다루어질 내용은 들뢰즈 존재론의 요체이다. 이 요체는 『차이와 반복』, 『의미의 논리』에 집약되어 있다.

우리 논의가 나열식으로 흐르는 것을 막기 위해서 여기에서는 『차이와 반복』의 4장을 집중적으로 다룰 것이다. 많은 사람들이 지적하듯이, 들뢰즈 사유의 핵심은 '잠재적인 것과 현실적인 것'을 사유하는 데 있고 이 문제는 특히 이 4장에 잘 나타나 있기 때문이다(논의가 만족스럽게 되기 위해서는 5장의 강도론이 반드시 함께 논의되어야 한다. 4장의 '특이성' 이론과 5장의 '강도' 이론은 맞물려 있기 때문이다. 그러나 이 작업은 별도의 지면을 준비한다).

'존재론'이라는 담론은 세계에 대한 가장 일반적인/추상적인 파악을 특징으로 한다. 그러나 대부분의 존재론은 사실상 그것이 특히 염두에 두고 있는 영역을 일정 정도 함축한다. 원칙적으로 존재론은 세계 전체를 사유하려 하지만, 거기에 포괄되는 세계'들'이 모두 같은 비중을 부여받는 것은 아니다. 잘 알려진 예들로서, 플라톤의 경우는 수학이, 아리스토텔레스의 경우는 생물학이, 헤겔의 경우는 역사학이 큰 비중을 차지한다. 들뢰즈의 잠재성의 존재론은 매우 다양한 영역들을 포괄하지만, 적어도 지금 논할 대목은 기본적으로 생명의 차원을 염두에 둔 존재론이다. 즉 들뢰즈의 『차이와 반복』에서의 잠재성론은 일종의 생명철학인 것이다.

이데 Idée

들뢰즈에게 잠재성은 현실성의 끝에서 시작하는 것이 아니다. 이 점에서 물자체가 아니다. 잠재성과 현실성을 가르는 실체적인 구분선은 없다. 현실성은 잠재성의 표현이고 잠재성은 현실성의 주름이다. 표면과 심층은 상대적이다. 우리가 말하는 표면은 인식주체로서의 우리에게 상대적인 표면일 뿐이다.

사실상 칸트에게서도 오성과 사변이성은 날카로운 불연속을 이루는 것만은 아니다. 이념의 차원은 물론 주로 도덕철학의 기초로서 제시되지만("도덕적 완전성을 향하는 모든 접근에는 그 근저에 이념이 놓여 있다"), 오성의 한계를 넘어서는 인식 가능성의 차원으로서도 제시되기 때문이다. 물론 칸트에게 오성의 한계를 넘어선 인식의 추구는 "선험적 가상"을 가져다준다. 그럼에도 이념의 차원이 늘 부정적이기만 한 것은 아니다. 칸트는 "실체화한 이념" 즉 이데아를 거부하지만 그럼에도 이념에 일정한 역할을 부여한다. 그 실마리를 우리는 "사변이성이 오성에 관계하는 것은 오성에 어떤 일정한 통일성을 부여하기 위한 것"(B/359)이라는 말에서 찾을 수 있다.[2] 이것은 이성의 정당한 사용 즉 "규제적" 사용이다.

들뢰즈의 'Idée'는 칸트의 이념에서 출발하지만 칸트의 주체중심적 인식론에서 플라톤의 객체중심적 존재론으로 향한다.[3] 즉, 들뢰즈의 'Idée'는 '이념'理念이 아니라 일종의 이데아이다. 그것은 현실성 일반을 가능케 하는 잠재성 일반이다. 그러나 들뢰즈의 이데아는 플라톤과는 다른, 아니 정확히 대조되는 이데아이다. 그것은 영원부동의 실재가 아니라 차이생성différentiation의 구조이다. 그것은 구조이지만 어디까지나 차이생성의 구조이고 차이생성이지만 어디까지나 일정

---

2) Kant, *Kritik der reinen Vernunft*, Reclam, 1966.(재판. 이하 'B/페이지'로 표기함.)

3) 이 점에서 바디우의 다음 지적은 정확하다. "들뢰즈의 철학은 나의 그것과 마찬가지로 아주 완고하게 고전적임을 명심하자. [……] 고전적인 철학이란 칸트의 비판적인 명령들에 복종하지 않는 철학, 칸트가 형이상학에 제기한 비판적인 소송을 마치 무효인 것처럼 여기는 철학, 그리하여 '칸트에로의 모든 회귀'에, 비판에, 도덕 등에 대항하면서 세계란 지금까지 이루어진 그 모습 그대로의 것이라는 고려 아래 기초의 일의성을 다시 사유해야 함을 주장하는 모든 철학을 말한다."(알랭 바디우, 『들뢰즈—존재의 함성』, 박정태 옮김, 이학사, 2001, 111쪽) 플라톤의 'hypothêsis' 개념(『국가』, 511b)은 들뢰즈의 'Idée' 개념을 선취하고 있다.

한 구조를 동반하는 생성이다(편리하게 말해서, 그것은 플라톤의 이데아와 베르그송적 지속을 "지양"하고 있다). 그것은 이데아들처럼 자체의 동일성을 유지하면서 불연속을 형성하는 순수한 존재들이 아니다. 그것은 연속적 흐름을 형성하는 차이생성이다. 그러나 이 차이생성은 막연한 흐름이 아니라 무수한 갈래들=계열들로 구분되는 차이생성이며, 이 갈래들=계열들이 맺는 관계들을 통해서 어떤 일정한 현실성을 낳는 생성이다. 플라톤의 이데아들은 '무엇', 어떤 '것'이다. 그러나 들뢰즈에게 '무엇', 어떤 '것'은 오히려 현실성에 위치한다. 잠재성의 차원은 이 '무엇', 어떤 '것'이 최종적으로 현실로서 나타나게 해주는 생성의 장 자체이다.

문제problème

이념을 규제적으로 사용한다는 것은 곧 문제 구축을 위해 사용한다는 것을 뜻한다. 칸트에게 이성의 사용은 대상에 근거하는 것이 아니며 다만 "오성의 저장물을 경제적으로 처리하는 '주관적' 법칙일 뿐"(B/362)이다. 그러나 이념 — 오성의 순수 개념인 범주들과 대조되는 사변이성의 순수 개념인 선험적 이념들 — 의 역할은 중요하다. 그것이 없다면 오성의 인식들은 여기저기 흩어져 있는 파편들로 그칠 것이기 때문이다. 이념의 작동을 통해서 이 인식들은 비로소 어떤 '해'解들로서 자리를 잡게 된다. 이것은 달리 말해 그러한 인식들이 그것들을 해들로서 포괄하는 어떤 문제의 틀로 통합됨을 뜻한다. 사변이성의 이러한 사용은 "내재적" 사용이며, 이를 통해 오성의 흩어진 성과들이 "허초점으로서의 이념"(B/672)에 비추어 정돈된다. 현대식으로 표현해 '외삽'된다(칸트의 이런 생각은 오늘날의 맥락에서 과학과 철학의 관계로 재사유될 수 있을 것이다). 이 허초점=이념은 경험의 한계 바깥에 있는 것이지만 그것의 도움을 받아 오성은 통일과 확장을 꾀할수 있다. 이럴 때 오성의 성과들은 비로소 어떤 근본적인 문제들의 해들로서 재조명될 수 있다. 이념을 문제 구축을 위해 사용한다는 것은이런 뜻이다.

들뢰즈에게 '문제'는 사변이성의 규제적 사용이라는 인식론적 맥락을 넘어 그러한 사용을 통해 밝혀낸 존재론적 심층이라는 의미로바뀐다. "'문제-장'problématique은 주체적 행위들의 특히 중요한 한종을 뜻할 뿐만 아니라 이 행위들이 겨냥하는 객체성 자체의 한 차원을 뜻하기도 한다"는 말은 존재론적 전환의 선언과도 같은 구절이다.[4] 그러나 여기에서 심층과 표층 사이에는 어떤 실체적 단절도 없다. 앞에서 말했듯이, 잠재성과 현실성 사이에는 실체적인 구분이 없기 때문이다.[5] 이념들은 현실을 낳는 운동성이다. 이념들은 현실성을 낳는잠재성의 차원이다. 잠재성의 차원이 곧 '문제'의 차원인 것은 이러한의미에서이다. 난卵의 개념이 이 점을 가장 잘 보여 주는 것 같다. 난의잠재성은 그것이 온축蘊蓄하고 있는 문제이다. 난에서 배아로, 배아에

---

4) Deleuze, *Différence et répétion*, puf, 1968, p. 219. 들뢰즈, 『차이와 반복』, 김상환 옮김, 민음사, 2004, 371쪽. 이하 "DR, 219/371"과 같은 식으로 약함.

5) 이 점에서 들뢰즈가 논하는 잠재성과 현실성의 관계는 어떤 구체적인 **내용으로서의** 잠재성/현실성이 아니라 그 구체적인 내용이 무엇이든 늘 작동하기 마련인 **형식적 구조**──그러나 오직 생성을 전제하는 한에서만 성립하는 구조──이다. 이 점에서 들뢰즈의 철학은선험철학이지만 그것은 칸트적인 주체주의적 선험철학이 아니라 존재론적 선험철학('객관적 선험'의 철학)이다.

서 유아로의 현실화는 그 문제의 해들이 도출되는 과정이다. 그러나 해가 도출되었다고 해서 문제가 사라지지는 않는다. 들뢰즈가 찾는 "해답 없는 문제들"은 풀리지 않는 문제들이 아니라 풀렸다고 해서 사라지는 것이 아닌 문제들이다. 잠재성이 사라진다면 세계에 더 이상 새로운 변화는 도래하지 않을 것이다. 잠재성은 미리 결정되어 쟁여져 있다가 하나씩 현실화되는 프로그램이 아니다. 그것은 현실의 생성을 가능케 하는 생명 그 자체이다. 그래서 들뢰즈에게 주어진 문제를 푸는 것은 의미가 없다. 그 문제는 이미 현실화된 문제이기 때문이다. 들뢰즈가 찾는 문제는 현실을 낳는 문제, 현실 아래에서 현실을 낳으면서 계속 작동하는 운동성(이자 동시에 어떤 구조)이기 때문이다. 들뢰즈에게 "문제-장의 발견, 선험적 지평으로서의 물음의 발견"(DR, 252/423)이 중요한 것은 이 때문이다.[6] 그것은 문제를 푸는 것도 제기하는 것도 아니며 발견하는 것조차 아니다. 그것은 문제를 사는 것, "해답 없는 문제를 사는 것"이다.[7]

---

6) 문제-장으로의 진입은 '상-식'(sens commun)이나 '양-식'(bon sens)을 통해서 즉 'doxa'를 통해서가 아니라 '역-식'(para-sens)을 통해서 가능하다. 문제-장으로의 진입은 근대적 사유들 특유의 반-형이상학/반-존재론을 넘어 이데의 차원으로 육박해 들어가는 **존재론적 전회**를 뜻한다. 따라서 여기에서 등장하는 물음들은 현실성에서의 해(解)를 전제하는 상투적 물음이 아니라 현실성을 가능케 하는 잠재성의 차원에서 제기되는 물음들(불합리, 수수께끼, 역설과 무의미 등등을 내포하는 물음들)이다. "글쓰기란 무엇인가?", "느낀다는 것은 무엇인가?", "사유한다는 것은 무엇인가?"(DR, 252/423) 같은 물음들이 그것이다. 이러한 물음들을 통한 사유는 '제일 원리'를 찾아내는 사유들과는 판이하다. 불확실한 것에서 출발해 어떤 확고한 것을 찾아가는 전통 철학의 이미지는 여기에서 전복된다. 그러한 확고한 것들("플라톤의 일자-선, 데카르트적 코기토의 속이지 않는 신, 라이프니츠의 최선의 원리, 칸트의 정언명법, 헤겔의 '학'." DR, 254/426~7)을 역-식을 통해서 찾아가는 물음-문제 복합체에서 우리가 발견하는 것은 이와 판이한 세계이다. 뒤에서 다시 논한다.

현실화actualization

들뢰즈에게 개체들(사물들), 성질들, 사건들, 보편자들은 어떤 심층적인 생성의 결과들이다. 서구의 전통 철학은 성질들과 사건들을 사물들에 귀속시켰으며, 개체들과 보편자들 사이의 관계를 존재론적 화두로 삼았다. 들뢰즈에게서 존재론적 화두는 자리를 옮긴다. 그에게서 설명해야 할 것은 세계의 심층적인 생성과 그 결과/효과로서의 개체들, 성질들, 사건들, 보편자들의 관계이다. 현실성 또는 동일성을 중심으로 사유할 때 생성은 파괴와 연결된다. 생성한다는 것은 어떤 것이 와해되거나 최소한 그 동일성을 상실하는 것이다. 우리는 왜 그리스 철학자들이 질료 속에 떨어지지 않은 순수한 형상들을 애호했는지를 이해할 수 있다. 반면 잠재성 또는 차이생성을 중심으로 생각할 때 다름 아닌 생성이 바로 현실성 또는 동일성을 낳는 것으로 이해된다. 생성은 존재와 대립하지 않는다. 생성은 존재들을 낳는다. 더 적극적으로 말해 존재는 곧 생성이다. 그래서 들뢰즈 존재론의 화두는 이것이다: 어떻게 생성으로부터 존재들이 발생하는가? 영원한 존재들이 물질에 떨어져 '타락'하는 것이 아니라, 물질의 생성이 어떻게 (영원하지는 않지만 적어도 안정된) 존재들을 낳는가? 쉼 없이 흘러가는 생성에서 어떻게 특정하게 개체화되는 사물들, 성질들, 사건들, 보편자들이 태어나는가? 들뢰즈의 존재론은 존재론적 카오스 이론이다(프리고진이 베르그송의 또 다른 제자라는 사실을 상기하자).

생성이 오로지 카오스일 뿐이라면 그로부터 각종 동일성들이 나

---

7) 다음을 보라. 檜垣立哉, 『ドゥルーズ―解けない問いを生きる』, NHK出版, 2002.

올 수 없다. 카오스에 어떤 복잡한 길들이 깃들어 있을 때 그러한 발생이 가능하다. 그러나 그 길들을 기존의 의미에서의 형식/구조로 파악하는 순간 그것은 생성철학이기를 그친다. 생성 속의 형상들이라는 사유는 이미 아리스토텔레스나 성리학 등에 의해 실험되었다. 중요한 것은 생성 속에 들어 있는 형상들이 아니라 생성을 통해서, 오로지 생성의 과정에서 태어나는 형상들을 찾는 것이다. 들뢰즈는 이 논리를 세 단계(미시적으로는 무한한 단계)를 거쳐 이루어지는 과정으로서 성립한다.

1. **미규정성으로서의 차이의 연속적 생성** ── 순수 생성이란 연속적 생성(아페이론)을 뜻한다. 이 생성은 전적인 미규정성의 성격을 띤다. 이 미규정성을 최초의 소여로 놓을 때 생성존재론이 성립한다. 가장 근본적인 것은 차이생성이다. 이 순수 생성은 수학적으로는 dx로 성립한다.

2. 차이생성은 막연한 혼돈을 뜻하지 않는다. 차이생성은 항상 계열들=갈래들을 형성한다. 즉 차이생성은 선형적 운동성으로서 이해된다. 들뢰즈에게 세계의 근본은 생성이다. 그러나 그 생성에는 다多의 계기가 깃들어 있다. 차이생성은 얼굴 없는 카오스가 아니다. 더 정확히 말해 카오스는 차생의 동선動線들을 내포한다(말할 필요도 없이 이 다多는 실선이 아니라 점선으로 그려진 다多이다). 카오스를 카오스이게 해주는 것은 이 동선들의 무한함이다. 이 **동선들의 관계를 통해서 어떤 구체적인 질서들이 발생한다.** 동선들은 그것들이 하나의 선을 이룬다는 사실을 제외한다면(그러나 이 "하나의" 선 역시 차생의 결과일 뿐이

다) 순수 생성, 절대 지속이다. 그러나 선들의 교차는 일정한 질서를 낳는다. 수학적으로 말해 dx와 dy는 미규정성이지만 $\frac{dy}{dx}$는 규정 가능성이다.

3. 미규정으로부터 규정으로의 이러한 이행은 중층적으로 이루어진다. 즉 **무한한 층위들** 사이에서 이루어진다. 이 무한한 과정 즉 분화를 통해서 현실화의 최종적인 결과들이 산출된다.

요컨대 들뢰즈에게는 연속적 생성이라는 근본적 소여가 주어져 있으나 그 소여에는 (점선으로 그려진, 즉 그 자체 생성의 와중에 있는) 다多의 계기가 이미 깃들어 있고, 그 다의 상호 작용들을 통해서 일정한 규정들이 산출된다. 이것이 들뢰즈의 생성존재론의 요체이다.

차생소la différentielle

순수 생성은 연속적인 생성이다. 그러나 그 연속성은 수학적 공간에서 볼 수 있는 등질적인 연속성이 아니다. 그것은 한시도 멈춤 없이 흘러가는 활발발活潑潑한 생성 자체이다. 계속 솟아오르는 생성의 요소들을 '차이소'라 부르자. 물론 이 개념은 일견 모순된 개념이다. 연속적 생성에는 '요소'란 존재하지 않기에 말이다(이 점에서 '소'素라는 번역어는 그 안에 운동성을 내포하는 것으로 이해되어야만 의미를 가진다. 모든 '소'들은 **무한히 중층적으로 생성하는** '소들'의 한 잠정적 계기契機일 뿐이다). 차생소는 차생이 낳는 '차이'이지만 그것은 자체의 동일성을 포함하는 차이(예컨대 "A와 B의 차이"에서와 같은 차이)가 아니다. 그것은 차생의 운동 자체의 임의적인 요소일 뿐이다. 수학적으로 이것은 dx를 뜻한다. 차생소는 연속적 변이의 첨단을 점한다.

차생소의 사유는 모순과 부정의 운동을 사유하는 헤겔적 존재론과 대비를 이룬다. dx의 사유와 비-x의 사유. 차생의 철학에서 볼 때 모순과 부정의 사유는 'opposition'의 사유이며, 모순과 부정의 사유에서 볼 때 연속적 변이의 철학은 매듭들이 없는 철학이다. 들뢰즈 사유의 한 과제는 이 매듭들을 설명하는 것, 그러나 (부정과 모순의 철학과는 달리) 현실화된 동일성들이나 불연속들을 통해서가 아니라 차이생성 자체에 입각해 설명하는 것이다. 이러한 설명의 일차적 요건은 미규정의 차원에 존재하는 양화 가능성이며, 차생소의 역할에 대한 구체화이다.[8]

양의 세 가지 양태를 구분할 수 있다. 고정된 양[quantum=常數]은 현실화된 양이다. 여기에서는 모든 것들이 현실화되어 있다. 각각의 수는 독립성과 자율성을 내포하며 그러한 수들끼리 관계를 맺는다. $3+2=5$. 가변적인 양[quantitas=變數]은 현실화된 양은 아니지만 매 경우 현실화될 수 있는 양이다. 각각의 수는 장소성(내용이 없는 빈칸)과 일반성을 내포하며 서로 간에 일반적이고 가능한 관계를 맺는다. $x^2 + y^2 = R^2$. 미규정적인 양은 그 자체로서는 결코 현실화될 수 없는 양으로서 dx는 이러한 양들을 상징한다. 그것은 현실적으로든 가능적으로든 만들어진 것ce qui se fait이 아니라 계속 만들어지고 있는 것ce qui se faisant이다(정확히 말해, 두번째의 가능한 경우는 세번째 경우에 비해

---

8) 헤겔의 부정과 마르크스의 차생·분화(들뢰즈적으로 해석된 마르크스) 사이의 비교로는 DR, 268-9/448-9를 참조.

서는 만들어진 것이지만 첫번째 경우에 대해서는 만들어지고 있는 것이라고 해야 할 것이다). 이 점에서 차생소(수학적으로는 무한소)는 현실적 수와도 또 가능적 수와도 다르다.[9] 차생소는 순수 차이생성 그 자체인 것이다.

그러나 이 미규정적 존재들('존재=생성'으로서의 존재들)은 서로 관계를 맺음으로써 일정한 규정성으로 향한다. dx는 x에 대해서, dy는 y에 대해서 미규정이다. 그러나 이 둘이 관계를 맺어 $\frac{dy}{dx}$가 될 때 이것은 더 이상 순수 무규정이 아니며 일정한 규정성을 낳는다. $ydy + xdx = 0.$[10] 이러한 관계가 바로 '차생적인'différentiel인 관계(수학적으로는 미분적인 관계)이다. dx, dy 등등은 순수 생성 자체로서의 차이소들이다. 그러나 이것들 사이의 관계는 일정한 규정된 차이 ——사물들을, 그리고 성질들, 사건들, 보편자들 각각을 서로 간에 구분해 주는 차이 ——를 낳는다. 순수한 차이생성에서 **규정된** 차이들로, 이것은 들뢰즈

---

9) 들뢰즈는 두번째 경우에서의 관계를 '상상적 관계'로 파악한다(『의미의 논리』, 이정우 옮김, 한길사, 1999, 527쪽). 그러나 여기에서 '상상적'이란 다소 어색하며 '가능적'이라 해야 할 것이다. x, y,…… 등은 빈 장소들이자 일반성들로서 현실화될 수 있는 가능성들이기 때문이다. 들뢰즈의 이러한 용어법은 그에게서 '가능적'인 것과 '상상적'인 것이 거의 등가적인 용어들이기 때문일 것이다.

10) 들뢰즈는 이 관계를 앞에서의 현실적 관계와 '상상적' 관계에 대비해 '상징적' 관계로서 파악하는데(앞의 책, 같은 곳), 이것은 일정한 무리를 동반한다. 자체로서는 무의미한 항들이 상호 관계에 들어섬으로써 의미를 낳는 구조주의의 논리와 자체로서는 미규정적인 차생소들이 상호 관계에 들어섬으로써 일정한 규정성=차이를 낳는 들뢰즈의 논리에는 분명 유사성이 보이지만, 일반적인 의미에서의 상징적 관계는 불연속적 항들의 '기표'적 관계에서 성립하기 때문이다. 상징적인 것을 가능케 하는 것은 차이이지 차생이 아니다. 그러나 차생에서의 매듭들을 항들로 보고 그 항들 사이의 변별적 관계들로서 '상징적인 것'을 이해할 때, 들뢰즈의 '상징적인 것'은 구조주의에 생성을 불어넣은 한에서의 '상징적인 것'이라고 할 수는 있을 것이다.

존재론의 중핵에 위치해 있는 원리이다.

순수 차이생성에서 규정된 차이들로의 나아감은 연속성에서 불연속으로 나아감을 뜻하기도 한다. 규정된 차이들은 개체들 사이의 차이이든, 성질들, 사건들, 보편자들 사이의 차이이든 불연속성(분할이든 분절이든)을 함축하기 때문이다. 때문에 들뢰즈가 미규정성의 차원을 연속성 —— 그러나 운동하는 연속성(베르그송의 지속) —— 의 차원으로 개념화하는 것은 당연하다.[11] 생성하는 연속성의 갈래들이 교차하면서 일정한 불연속성들이 생성한다. 이것을 베르그송적 연속성 위에서 바슐라르적 불연속성을 사유하는 것으로 이해할 수도 있을 것이다.

분화différenciation

들뢰즈는 이렇게 잠재성으로부터 현실성으로 나아가는 과정을 'différentiation'과 구분해서 'différenciation'으로 개념화한다. 'différentiation'이 잠재차원에서의 차이들의 생성을 뜻한다면, 'différenciation'은 현실차원에서의 일정한 차이들이 안정화되는 과정을 뜻한다. 앞에서 말했듯이 이러한 과정은 자체로서는 미규정인

---

11) 들뢰즈는 현대 수학의 개념들을 통해 이 연속성을 특징짓는다. '데데킨트 절단'에 입각한 극한의 개념은 연속성에 대한 현대적 정의를 근거 짓고 있다. 유리수들 사이의 최소 간격을 메워 주는 절대 연속성으로서의 무리수들의 미끄러짐으로서 dx를 이해할 경우('미끄러짐'은 내 표현이다. 수학적 설명으로는 다음을 보라. 足立恒雄, 『無限のパラドクス』, 講談社, 2000), 이러한 연속성이 미규정의 차원을 특징짓는다. 그러나 들뢰즈는 이런 수학적 설명을 기하는 사이에 생성존재론의 대전제를 잠시 잊어버린 듯하다. 수학적 연속성은 생성하는 연속성이 아니기 때문이다. 수학을 통해 베르그송적 지속에서의 '리듬'을 구체화하는 것은 매우 바람직한 작업이지만 그 대전제를 망각하는 것은 곤란하다.

것들이 상호 관계를 통해서 일정한 규정성을 획득하는 과정이다.

들뢰즈가 볼 때 칸트에게서는 규정 가능한 것(순수 소여로서의 공간)과 규정(사유된 한에서의 개념) 사이에는 외재적인 관계만이 성립할 수 있다. 그래서 그 사이에 '구상력'을 삽입함으로써 두 외재적 차원의 관계를 설명하고자 했다. 그러나 이 경우에도 직관, 도식, 개념(작용) 사이에는 외재적인 조화만이 가능하다("concordia facultatum"). 이것은 칸트의 철학이 이러한 능력들 자체의 발생 문제를 접어 두고 그 작동 방식들만을 사유하기 때문이다. 들뢰즈는 살로몬 마이몬이야말로 문제를 발생의 차원으로 끌고 간 인물이었다고 평가한다. 문제의 핵심은 "실재적 대상들의 산출 원천인 차생적 관계들의 상호 종합"(DR, 225/380)이다. 여기에서 중요한 것은 주체에 의한 잡다雜多의 종합/구성이 아니라 세계/존재 자체에서의 운동을 통한 질들, 시공간, 개념들의 출현/발생이다. 1) **질들의 발생**. 질들은 인식의 실재적 대상들이 드러내는 차이들로서 이해된다. 여기에서 차이들은 주체가 종합/구성해야 할 잡다로서가 아니라 세계가 산출하는 질적 차이들이다. 2) **시공의 발생**. 여기에서 시공은 차이들의 인식을 가능하게 하는 조건들이다. 그러나 이 시공은 주체에 내장되어 있는 "감성의 아프리오리한 형식"이 아니라 세계가 질들을 산출해 내보내는 형식 자체이다. 3) **개념들의 발생**. 여기에서 개념들이란 인식들 자체에서의 차이/구분을 위한 조건들이다. 이 조건들 역시 일차적으로는 존재론적으로 생성되는 규칙성, 일반성들이다.

이 모든 발생이 "'이데' 차원에서의 동적 끈들liaisons의 체계" 즉 "상호적으로 규정 가능한 발생적 요소들 사이의 차생적 관계들(수학적으로는 미분비들)"에 의해 이루어진다. 이렇게 들뢰즈는 자체로서는 미규정인 발생적 요소들이 상호 관계에 들어감으로써 잠재적인 것의 현실화인 분화를 가능케 하는 과정을 설명한다.

그러나 이러한 분화의 과정은 단층 구조가 아니라 무한한 복층 구조로 되어 있다. d(허파), d(간), d(심장),…… 같은 발생적 요소들의 차생적 관계들을 통해서 우리 몸의 현상들을 설명할 수 있지만, 허파 자체는 다시 d(허파쐐리)늘의 부수한 차생적 관계들에 의해 형성된다. 그리고 이러한 과정은 무한히 누층적으로 성립한다. '배가 고프다'라는 하나의 현상/질은 우리 몸의 이런 중층적인 차생적 관계들의 누적이 어느 순간 현실화된 것으로 이해할 수 있다. 수학적인 맥락에서 이것은 미분방정식의 차수次數와 관련된다. n차수 방정식을 미분할 경우 n-1차수의 방정식을 얻는다. 분화의 과정은 이렇게 차수가 낮아지는 과정dépotentialisation이라고도 할 수 있다(그 역도 마찬가지). 그리고 한 존재가 내포하는 이러한 누층적인 관계들의 총체가 그것의 역능puissance 전체를 이룬다.[12] "차생소는 다름 아닌 순수 역능이고, 차생적 관계는 잠세성[13]의 순수 요소이다."(DR, 227/384)

---

[12] 들뢰즈의 이런 생각은 (라이프니츠에서 연원하는) 세르의 생각과 통한다. "가령 세포들로 구성된 기관은 세포의 입장에서는 그것들을 담는 형식이지만 유기체 전체로 보자면 유기체를 구성하는 내용이 된다. 따라서 유기체에는 상위로도 하위로도 무한한 '포괄'이 존재한다. 마찬가지로 경험 차원에 따라 내용/형식, 주체/객체, 화자, 청자는 끝없이 반전된다. 그는 이 해석을 통해 기원의 신화를 무너뜨리며, 그 결과 기원을 통해 성립하는 닫힌 계로서의 체계를 논박하는 근거를 확보한다."(이지훈, 「미셸 세르의 인식론: 공존의 모색」, 『현대 철학의 모험: 서양편』, 길, 2007, 305쪽)
맥락을 바꾸어 생각해 볼 때, 이 역능은 베르그송의 'la Mémoire'에 해당한다. 유명한 '원뿔'은 잠재적 공존을 단적으로 형상화해 주고 있다(이 공존이 함축하는 네 가지 역설

특이성 singularité

한 존재의 역능의 최종적인 표현은 곧 완전한 규정이다. 라이프니츠의 모나드에 유비시켜 말한다면 이것은 곧 '완전개념'에 해당한다. 들뢰즈는 상호 규정과 완전한 규정의 차이를 다음과 같이 설명한다.

> 상호 규정은 차생적 관계들 및 정도들, (다양한 형식들에 상응하는) '이데' 내에서의 그 변이체들variétés에 관련되며, 완전한 규정은 한 [차생적] 관계의 값들, 즉 한 형식의 조성 또는 그것을 특성화하는 특이점들의 분포에 관련된다.(DR, 227~8/384~5)

수학적 맥락에서 볼 때, 한 함수의 특이점들/특이성들은 그 함수의 미분계수=0인 점들이다. 이 점들은 한 함수의 공간적 구조를 결정한다.[14] 하나의 특이점은 푸리에 급수 등을 통해 전개될 수 있다(이 경우 하나의 특이'점'이 곧 하나의 함수가 된다).[15] 이로써 고정된 특이점이 아니라 극한으로서의 특이점을 규정할 수 있게 된다.[16] 이 경우 특이점은 일종의 점선들로 둘러싸이게 되며, 그 점선에서 바깥 방향

에 대해서는 DR, 110~114/193~198을 보라). 원뿔의 각 단면들은 앞에서 논한 차이생성의 과정을 통해서 구분되며, 각각은 각각을 반복한다. 각 단면들에 상응해 선들(베르그송의 '경향'들)이 발산적으로 분화하며, 각각의 분화는 곧 각각의 해라고 할 수 있다. 이로써 현실적인 종들/개체들, 부분들, 질들 등이 발생한다.

13) 잠세성(potentialité)은 수학적으로는 멱(冪)의 전체에 해당한다.

14) 자세한 논의로는 다음을 보라. Delanda, *Intensive Science and Virtual Philosophy*, Continuum, 2002, ch. 1.

15) 상세한 논의로는 다음을 보라. Thom, *Stabilité structurelle et morphogénèse*, InterEditions, 1972, pp. 23 ff.

으로 나아갈 때 어느 순간 다른 특이점으로 이행하게 된다. 이런 특이점들의 분포가 한 대상/장場의 성격을 규정하게 된다. 변이체들과 특이점들을 라이프니츠에 유비시킬 경우, 각각의 모나드들은 "모호한 아담"의 성격을 띤다. 제갈량에게서 그 범위 하나하나를 다른 것으로 대치시킬 경우, 우리는 어느 순간 더 이상 제갈량이 아니게 되는 분기점을 만나게 된다. 그래서 모나드들은 모호한-x의 형식에 따라 점선들로 존재하게 되고, 이 점선들이 실선들로 되는 것은 다양한 조건들 위에서 이루어지는 현실화를 통해서이다. 공가능성의 세계란 바로 이런 특이성들이 분포되어 있는 세계이다. 우리는 이 특이성 개념이 둔스 스코투스에서 유래하는 'haecceitas' 개념이나 들뢰즈 특유의 의미에서의 '가면' 개념과도 상통함을 눈치챌 수 있다.

그러나 특이성 개념을 보다 실질적인 맥락에서 이해하고자 한다면 그것을 시간축에 놓고서 생각해 보아야 한다. 앞의 두 항목(미규정, 상호 규정)에서도 그렇듯이 들뢰즈는 여기에서 수학적-공간적 설명을 제공하면서 생성의 문제를 잠시 잊은 듯하다. 특이성이란 dx의 운동이 일정한 변화를 맞이하게 되는 지점이자 동시에 시점이기도 하다. 그리고 지점도 시점도 자체로서는 모호하며 각각의 관계에서는 분명하게 구분된다(여기에서 '모호', '분명' 등은 데카르트적 의미로 사용되고 있다). 그리고 이 시점에서 우리는 "무슨 일인가가 일어났다"

---

16) 이 특이점들은 앞에서 말한 "해답 없는 문제들"을 형성한다. 예컨대 푸앵카레가 『천체역학 강의』에서 각각 'cols', 'noeuds', 'foyers', 'centres'라 불렀던 특이점들은 모두 해를 구할 수 없는 미분방정식들이지만 그 적분 결과들을 통해서 그것들을 둘러싸고 있는 곡선들을 그려 볼 수 있다. 이 과정은 여러 특이점들을 구분할 수 있게 해준다.

고 말할 수 있다. 이 맥락에서 특이성이란 곧 사건의 성격을 가리킨다. 나아가 하나의 특이성은 사건들의 복수적 갈래들이 잠재적으로 공존할 때라고 볼 수 있으며 그 점에서 우리에게는 'pro-blêma'로서 나타난다.[17] 특이성에 대한 『차이의 반복』에서의 수학적 설명보다는 이 사건론적 설명이 들뢰즈 철학 전체를 놓고 볼 때, 나아가 철학 일반을 놓고 볼 때 더 중요할 것으로 본다.

변증법dialectique

특이점들의 이러한 종별화를 통해서 문제가 해에 대해 가지는 'Idée' 로서의 역할이 분명해진다. 즉, 문제는 해들을 조직화한다. 이것은 "사변이성이 오성에 관계하는 것은 오성에 어떤 일정한 통일성을 부여하기 위한 것"이라고 했던 칸트의 생각을 재사유한 것이라고도 할 수 있다. 들뢰즈는 말한다. "한 문제의 완전한 규정은 **정확히 그것의 조건들**을 제공하는 규정적 점들의 실존, 수, 분포를 뜻한다." 이 구절은 문제가 해들에 내재하는 동시에 그것들을 초월해 있음을 잘 보여 준다. 문제와 그것의 조건들이 형성하는 총체는 바로 앞에서 언급했던 '문제-장'에 다름 아니다.

> 문제-장의 요소는 그것의 명제-외적인 특성에 있어 표상에 떨어지지 않는다. 그것은 특수한 것도 일반적인 것도 아니며, 유한한 것도 무한한 것도 아니다. 그것은 보편적인 것으로서의 '이데'의 대상이다.

---

17) 5강, §3에서의 논의를 상기.

[……] 언제나 우리의 손아귀를 빠져나가 버리는 것, 그것은 문제의 정확한 양식 위에서 차생적인 것le différentiel으로서의 '이데'에서 표현되는 명제-외적인 또는 표상-이하의 요소이다.(DR, 231/390)

여기에서의 변증법은 물론 헤겔의 변증법이 아니다. 들뢰즈가 볼 때 헤겔의 변증법은 "대립하는 표상들의 일종의 순환"이다. 그리고 이 순환의 과정은 표상들로 하여금 한 개념의 동일성 내에서 일치하게 만든다. 들뢰즈가 말하는 변증법은 해들의 고유하게 수학적인 성격과 구분되는 한에서 문제의 성격이다. 그것은 플라톤이 이상국가의 교육 과정에서 마지막에 놓고자 했던 것과 유사한 위상을 띤다. 들뢰즈는 로트만을 따라서 문제와 해의 관계를 세 가지로 파악한다.

1. 문제는 해들과 본성상 다르다.
2. 문제는 해들을 초월해 있다. 문제는 그것에 고유한 규정 조건들에서 출발해 해들을 낳는다.
3. 문제는 해들에 내재한다. 해들은 문제를 덮어 버리게 된다. 이 경우 문제는 스스로를 더 많이 규정하고 있을수록 그만큼 더 쉽게 해결된다.

앞에서 보았듯이, 해들은 미분방정식들과 양립 가능한 불연속성들로서 존재하며 문제의 조건들인 '이데' 차원의 연속성 위에서 분만된다. 이 차원은 곧 변증법의 차원이다. 그러나 이미 말했듯이 이 변증법은 플라톤과는 정확히 반대되는 변증법이다. 플라톤의 변증법이 수학적 과학들을 넘어 순수 형상들의 층위에서 성립한다면, 들뢰즈의 변증법은 수학적 과학들을 넘어 순수 생성의 층위에서 성립하기에 말이다. "변증법적 '이데' 즉 문제-장은 차생적 요소들 사이의 동적 끈들의 체계, 발생적 요소들 사이의 차생적 관계들(/미분비)의 체계이다."(DR, 234/395. 물론 여기에서 체계는 수평적 체계일 뿐 아니라 수평적 체계들의 무한한 수직적/누층적 체계이기도 하다) 여기에서 동적 끈들의 체계, 차생적 관계들(/미분비들)은 수학적 함수의 성격을 띠지만 이 함수들은 기본적으로 '차생적 요소들', '발생적 요소들'의 함수들이라는 점을 잊으면 곤란하다.

다양체 multiplicité[18]

이념, 문제, 'différentiation'과 'différenciation'으로 파악되었던 것은 다시 다양체로서, 그리고 바로 뒤에서 논할 구조로서 파악될 수도 있다. 다양체란 무엇인가? 그것은 '하나와 여럿의 변증법'을 넘어서기 위한 사유이다. "다양체 개념은 정확히 일자와 다자 사이의 추상적 대립을 벗어나기 위해서, [헤겔의] 변증법을 벗어나기 위해서, 복수적인 것을 그 순수한 상태에서 다루기 위해서, 그것을 상실된 통일성統一性 또는 총체성總體性의 수적 파편으로서 또는 앞으로 도래할 통일성 또는

---

18) 들뢰즈는 'multiplicité'와 더불어 'variété'도 쓰고 있다. 'variété'는 수학적 다양체로서 영어의 'manifold'에 해당한다. 그러나 들뢰즈는 때로 이 말을 무한한 상호 규정들의 누층적 현실화의 과정이라는 의미에서 다양체의 성격을 가리키는 말로도 사용하고 있다. 이 말은 '변이체'(變移體)로 번역한다. 물론 이 개념은 '연속적 변이' 개념과의 연계성하에서 이해되어야 할 것이다.

총체성의 유기적 요소로서 다루기를 그치기 위해서 창조되었다. 대신 우리가 해야 할 일은 다양체의 상이한 유형들을 구분하는 일이다."[19]

여럿은 주로 어떤 주체/주어에 귀속된다. "s'attribuer à"라는 표현은 최소한 서술, 귀속, 표현 세 가지를 의미한다. 그러나 들뢰즈가 사유하려는 것은 곧 "실사의 지위를 얻은 여럿=다자"(MP, 10)이다. 실사의 지위를 얻은 것은 '무엇', 어떤 '것', 어떤 실체, 주체, 주어이다. 그렇나면 실사의 지위를 얻은 여럿은 어떤 집합체를 뜻하는가? 그러나 하나의 집합은, 그것의 요소들이 아무리 많다 해도 '하나의' 집합이며 여럿이 아니라 통일된 하나이다. 여럿이 완전히 봉합될 때, 하나의 통일성, 동일성을 가진 무엇일 때 그것은 여럿이 아니다. 여럿은 어떤 형태로든 불연속, 열림, (그리고 질적 측면들을 감안할 때) 이질성을 함축한다. 그렇다면 들뢰즈와 가타리가 "실사의 지위를 얻은 여럿"이라 한 것은 어떤 하나(개체이든 집합체이든)가 아닌 진정한 여럿이면서도 또한 동시에 주어로서, 어떤 '실체' —— 기존의 실체 개념과는 판이한 어떤 실체 —— 로서, '무엇'으로서 존재하는 어떤 것이어야 할 것이다. 일자에 추수되지 않는 여럿이면서도 동시에 '무엇', 어떤 '것'으로서 실사의 지위를 얻을 수 있는 것, 그것은 곧 장이다. 여럿이 어떤 장을, 그것도 열린 장을 형성할 때 그것은 다양체이다. 리만에 의해 제기되고 마이몬, 러셀, 후설, 베르그송 등에 의해 사유되었던 다양체 개념은 들뢰즈에 이르러 다시 한번 만개하게 된다.

"'이데'는 n차원의 연속적인 정의된 다양체이다."(DR, 236/399)

---

19) Deleuze et Guattari, *Mille plateaux*, Minuit, 1980, pp. 45~46. 이하 'MP'로 표기함.

여기에서 '차원'이란 하나의 다양체를 구성하고 있는 변수들/좌표들
이며, "연속적인"은 이 변수들의 변화들 사이에 존재하는 관계/비들
의 성격을 뜻하며(예컨대 좌표들의 차생소들/무한소들이 형성하는 이차
적 형식[2차 방정식]), "정의된"이란 이 관계들에 의해 상호적으로 규
정된 요소들을 갖추고 있음을 뜻한다(한 다양체의 정의가 변한다는 것
은 곧 그 다양체의 질서/순서 및 메트릭이 바뀐다는 것을 뜻한다). 우리
는 차원이 미규정적 차생소들(dx, dy 등)을, 연속성이 차생소들의 상
호 관계를 통한 규정성의 도래를, 정의가 한 현상의 완전한 규정을 뜻
한다는 사실을 간파할 수 있다. 들뢰즈의 말을 직접 들어 보자(축약된
번역임).

1. 다양체의 요소들은 감각적 형식도 개념적인 의미작용도 또 구체적
   인 함수/기능도 가지지 않는다. 그것은 현실성 또한 띠지 않으며 하
   나의 **잠세성 또는** 하나의 **잠재성**과 분리될 수 없다. 그것은 어떤 미리
   주어진 동일성도 가지지 않는다. 그리고 이 비결정성/미규정성이 바
   로 차이생성을 가능케 한다.

2. 이 존재=생성의 갈래들은 상호 관계를 통해서 일정한 규정을 낳는
   다. 그리고 이 누층적인 상호 관계에 있어서는 어떤 것도 독립적으로
   존재할 수 없다(앞에서 말한 "연속적인"의 의미). 따라서 다양체는 그
   바깥의 어떤 존재에 의해서도 성립하지 않으며, 오로지 자체의 **누층
   적인 차생적 관계들**(수학적으로는 미분비들)의 **연쇄적 운동**을 통해서만
   성립한다.

3. '이데' 차원에서의 한 동적 계열들(미분비들)은 다양한 시공간적 관

계들[20] 속에서 현실화되어야 한다. 그리고 그것들의 요소들은 다양한[21] 항들termes과 형식들에 **현실화되어 구현된다.**

이렇게 들뢰즈는 다양체를 1) 생성의 존재론이라는 대전제 위에서 2) 순수 차생으로부터 규정된 차이들의 생성(더구나 무한한 누층적 생성)으로 파악하고 3) 이런 개념-틀에 입각해 개체화individuation의 문제를 다루었다고 할 수 있다.[22]

구조structure

"발생genèse은 시간 속에서 한 현실적 항에서 다른 현실적 항으로 나아가는 것이 아니다(출발점이 되는 항이 아무리 미시적이라 해도 사정은 마찬가지이다). 그것은 잠재적인 것에서 그것의 현실화로 나아가는 것이다. 다시 말해, 구조에서 그것의 구현으로, 문제들의 조건들에서 해의 경우들로, 차생적 요소들 및 그것들의 (이데 차원에서의) 동적 계열들로부터 현실적 항들 및 (매 순간 시간의 현실성을 구성하는) 다양한 관계들로."(DR, 237~238/401)

이 인용구에서 볼 수 있듯이 들뢰즈는 지금까지 논한 이데, 문제, 차생(과 분화), 다양체 외에 이것들과 등가적인 또 하나의 개념으로서

---

20) 들뢰즈는 잠재적 차원에서의 관계/비에 대해서는 'rapport'를 쓰고, 현실적 차원에서의 관계들에 대해서는 'relation'을 쓰고 있다.

21) 잠재적 차원에서의 다양성에 대해서는 'divers'를, 현실적 차원에서의 다양성에 대해서는 'variée'를 쓰고 있다. 그리고 거듭 말하거니와 여기에서의 'éléments'은 화학이나 집합론 등에서처럼 고정된 실체/점이 아니라 운동하는 계열/선을 뜻한다.

22) 다음을 보라. Alberto Toscano, *The Theatre of Production*, Palgrave, 2006.

'구조'를 제시한다. 그러나 들뢰즈의 '구조'는 일반적으로 알려져 있는 '구조' 즉 '구조주의'에서의 '구조'와 사뭇 다르다. 그것은 구조주의를 니체-베르그송적 생성철학으로 발전시켜 나간 것이라고 할 수 있으며, 더 정확하게는 니체-베르그송의 생성철학에 구조주의를 도입하고 있는 것이기도 하다. 들뢰즈는 세 분야에서의 구조를 예시하고 있다.

1) 물리학적 이데=구조의 예(에피쿠로스학파의 원자론). 들뢰즈는 에피쿠로스학파의 원자론에서 원자들은 감각 가능한 복합체들에서 현실화되는 하나의 구조 가운데에서 다른 원자와 관계 맺는다고 말한다. 다시 말해 원자들로 이루어진 다양체들을 '이데'들로서 파악하고 있다. 그러나 이것은 마치 구조가 선재先在하고 그것이 복합체들(가시적인 물체들)에 구현된다고 말하는 듯이 보인다. 이것은 원자들 사이의 근본적으로 우발적인 관계를 강조하는 에피쿠로스학파의 생각과 다소 불일치하는 면이 있다. 들뢰즈는 오히려 에피쿠로스적 원자들의 문제점을 각 원자의 동일성을 지나치게 강하게 규정하고 있는 점에서 찾고 있다. 들뢰즈는 근대 원자론(차라리 현대 원자론이라 해야 할 것이다)은 구조의 모든 조건들을 충족시키고 있는가? 하고 물음을 던지는 데 그치고 있다. 이 문제를 적극적으로 다루기 위해서는 양자역학 등 현대 물리학의 근저를 들여다보아야 할 것이다. 슈뢰딩거의 방정식 등을 생각해 본다면, 현대 물리학은 들뢰즈적인 '이데'에 좀더 가까운 형태로 진화되었다 해야 하리라.

2) 생물학적 이데=구조의 예(조프루아 생-틸레르의 생물학). 조프루아의 생물학은 새로운 존재론적 분절을 제시했다는 점에서 들뢰즈의 관심을 끈다. 조프루아는 그 형식들 및 기능들에 독립적인 "추상적

인" 요소들을 제시함으로써 생물학을 미시적 수준에서 재사유할 수 있게 만들었다. 이것은 곧 기존의 존재론적 분절을 넘어 미시적인 수준으로 내려가 미규정적 요소들("순수하게 해부학적이고 원자론적인 요소들")을 사유했음을 뜻한다. 조프루아는 기존의 분절 아래로 내려가 "추상적인" 요소들을 발견했고 그 요소들의 자유로운 결합이 (우리가 알고 있는) 생명체들과는 판이한 생명체들의 형성을 가능케 하리라 보았나(소프두아의 이런 시노는 들뢰스의 '이-것'(하이케이타스), '추상기계', '내재면' 등의 개념에 직결된다). 들뢰즈는 현대 유전학에서 생물학적 구조의 좀더 분명한 예를 찾고 있다.

3) 사회학적 이데=구조의 예(마르크스의 정치경제학). 들뢰즈는 알튀세르 학파에 의해 재독해된 한에서의 마르크스 정치경제학을 사회학적 구조의 예로서 제시한다. 알튀세르는 해들에 의해 은폐되어 있는 문제-장을 드러내 주었기 때문이다. 여기에서도 사회들의 (미규정적인 것들의) 양화 가능성, (상호 규정을 통한) 질화 가능성, 잠세성(=역능)을 발견할 수 있다. 이 변이체들과 특이점들이 규정된 한 사회를 특성화하는 현실의 분화된 구체적 노동들에, 이 사회의 실재적(법적, 정치적, 이데올로기적) 관계들에, 이 관계들의 현실적인 항들에 구현된다. 들뢰즈는 이 문제-장을 결국 경제학적이라고 보는 점에서 알튀세르에 동의한다(이 점은 이후 『천의 고원』에서 '비물체적 변환' 개념과 함께 자주 등장하는 알튀세르 비판과는 대조적이다).

세 가지의 예만을 들었지만 구조들='이데'들은 서로 어떤 연관을 띠고 있는가. 이것들 전체는 어떤 모양새를 하고 있는가. 이것은 곧 세계의 종합적 이해, 아리스토텔레스 이래의 'meta-physica'의 문제이다. 들뢰즈는 변이체들이 맺을 수 있는 세 가지 관계를 제시한다. 1) 서열적 변이체들: 수학적, 수리물리학적, 화학적, 생물학적, 심리학적, 사회학적, 언어학적 등등의 변이체들. 그러나 들뢰즈의 이런 '변증법적 서열'은 근대 과학의 낡은 도식 ——과학'사'적으로는 여전히 유효한 도식이지만—— 의 반복이 아닐까? 이런 서열에는 늘 환원주의가 풍기는 기분 나쁜 냄새가 배어 있다. 2) 특성적 변이체들: 하나의 서열 내에서의 변이체들. 이것은 차생적 관계들의 누층적 위계 및 특이성들의 배분을 뜻한다. 지금까지 우리가 논의해 온 것은 이것이었다. 3) 공리적 변이체들: 이것은 고전적인 철학들이 '제일 원리들'이라 부른 것들, 즉 다양한 영역에 공통으로 적용되는 근본 공리들로서의 변이체들이다(개념이나 원리로서가 아니라 변이체들로서 제시되어 있다는 점에 주의). 들뢰즈는 이 여러 변이체들이 서로 구별되면서도 공존하는 사태[23]를 가리키기 위해 "perplication"이라는 말을 제안하고 있다. 직역해서 "주름들의 얽힘"이라 할 수 있겠다.[24]

---

23) 가타리와 함께 쓴 『철학이란 무엇인가?』에서는 이를 "통합 아닌 접합"이라 표현한다. 들뢰즈(와 가타리)는 종합 학문(본연의 의미에서의 'meta-physica')에의 지향을 가지고 있지만, 이들에게 이 지향은 '통합과학'으로서가 아니라 숱한 분야들의 "통합 아닌 접합"을 통해 가능한 것으로 이해된다. 이는 이들의 (초월적 일자가 없는) 다양체 개념이나 패치워크의 개념 등 다른 개념들과 정합적이다. 철학이란 과학들을 '통합'하는 담론이 아니라 그것들이 존립하고 있는 'plane of consistency' ——바디우처럼 이를 '일자'(一者)로 해석하는 것은 들뢰즈·가타리 이해에 치명적이다—— 를 보여 주는 담론인 것이다.

24) "'이데'들은 차생적 관계들의 모든 변이체들, 특이점들의 모든 배분들을 포함한다. 이 변이체들 및 배분들은 다양한 질서들 안에서 공존하고 있으며, 서로가 서로에게 '주름들로서-얽혀-있다'(perpliquées). 이데의 잠재적 내용이 현실화될 때, 관계들의 변이체들은 서로 구분되는 종들에 구현되며, 이에 상관적으로 한 변이체의 값들에 상응하는 특이점들은 각각의 종들에 특징적인, 서로 구분되는 부분들에 구현된다."(DR, 266/445) 변이

사건 _événement_

들뢰즈에게 사건이란 '표면' —— 현실세계 —— 에서만 성립하는 것이 아니다. "문제의 조건들 자체가 사건들, 단면들sections, 절개부들ablations, 연접부들adjonctions을 내포하고 있기 때문이다."(DR, 244/410) 이것은 곧 '이데'의 차원이 한편으로는 플라톤적인 세계(정적이고 불연속적인 세계)[25]가 아니지만, 다른 한편으로 어떤 형태의 분절도 없는 카오스/흐름 또한 아니라는 점을 함축한다. '이데'의 세계는 근본적으로 생성의 세계이며 반反플라톤적 세계이지만 그것은 또한 생성의 무수한 갈래들, 그 갈래들 사이에서 성립하는 차생적 관계들, 이 관계들의 누층적 포텐셜들로 구조화되어 있는 세계이기도 하다.[26]

따라서 우리가 일상적으로 '사건'이라고 부르는 것들은(미세한 사건들, 예컨대 깃발의 흔들림 등등까지 포함해서) '이데' 차원에서 발생한 그 무수한 사건들의 '효과화'일 뿐이다. 그것은 효과화이자 '표면효

체들은 특이점들의 특정한 배분들로 구성되어 있고, 다양한 변이체들은 잠재성 안에서 'perplication'의 관계를 맺고 있다('différentiation'). 변이체들이 종들로, 특이점들이 각 종의 부분들로 현실화된다('différenciation').

25) 이 세계는 각각의 형상들이 철저한 자기동일성을 보유하는 세계이다. 물론 이 세계에서도 관계는 성립한다. 그러나 이 관계는 어디까지나 논리적 관계들일 뿐이다. 말년의 플라톤이 이 관계들을 정교화하는 데 많은 노력을 기울인 것은 사실이다, 예컨대 『소피스테스』에서 그가 'koinônia'(형상들 간의 결합)에 보인 집요한 관심을 상기하라.

26) 이 세계는 "합리주의냐 반합리주의냐, 생성철학이냐 형상철학이냐, 유물론이냐 관념이냐, 일원론이냐 다원론이냐, ……" 하는 식의 낡아빠진 물음들이 의미를 상실하게 되는 세계이다. 따라서 들뢰즈를 단적으로 생성, 욕망, 차이(정확히 말한다면 차생), 생기(生氣) 등등의 철학자로 보는 것도, 또한 구조주의의 그늘 아래에 있는 철학자로 보는 것(이로부터, 바디우에서도 볼 수 있듯이, 그가 "주체를 부정하는" 철학자라는 빗나간 주장이 도출된다)도 공히 들뢰즈 사유라는 타원의 한 초점에만 주목함으로써 그 타원을 원으로 이지러뜨리는 행위라 해야 할 것이다.

과'이자 '부대물'이다. 그러나 동시에 그것은 그것 자체로서 확고한 존재론적 위상을 가지는 존재이기도 하다. 우리는 사건들(과 그것이 함축하는 의미들)을 그것들 자체로서 그 수평적인 관계를 파악할 수 있다. 어떤 사건이 발생했을 때 우리는 대개 '이데' 차원의 존재론보다는 그 사건과 다른 사건들의 관계를 문제 삼는다(한 선수가 홈런을 쳤을 때, 우리가 관심을 가지는 것은 그의 신체, 투수의 신체, 야구공, 배트 등등에서 일어나는 심층적인 사건들보다는 누가 홈런을 쳤는가, 누가 홈런을 맞았는가, 비거리가 얼마인가, 그 선수의 몇번째 홈런인가 등등에 관심을 가진다). 그래서 우리는 '이중 인과'에 맞닥뜨린다. 한 계열의 인과는 이데 차원에서 성립하며 특이점들의 실존/배분과 관련된다. 다른 한 계열의 인과는 표면에서 성립하며 이 또한 특이점들(표면에서의 특이점들)의 계열학을 성립시킨다.[27] 그리고 이 두 계열은 "유사성 없는 메아리"의 관계를 맺는다.

사건의 존재론에서 중요한 것은 대립이나 모순이 아니라 특이/보통의 관계vice-diction이다. 대립이 일정한 실체의 성질들(철수는 느리다/빠르다) 또는 한 동일성의 대극적 부분집합들(인간 내의 남성과 여성)이 드러내는 양극성을 뜻하고 모순이 양립 불가능한 두 존재의 관계를 뜻한다면, "vice-diction"은 특이한 것과 보통의 것 사이의 구분 및 양자의 배분을 뜻한다. 사건들이란 기본적으로 특이한 것들로서 솟아오른다. 물론 '특이한 것들'과 '보통의 것들'은 상대적인 층차層差를 형성한다. 하나의 층차에서 특이한 것들이 그것들보다 더 두드러

---

27) 들뢰즈, 『의미의 논리』, 이정우 옮김, 한길사, 1999, 계열 14.

지는remarquable 사건에 대해서는 그것의 배경으로 가라앉으면서 보통의 것들로 화한다. 특이/보통의 관계가 이데 안에서 특이점들을 배분한다. 이러한 배분에서 중요한 두 가지는 '연접부들의 확인'과 '특이성들의 압축'이다.[28] 1) 이데의 차원에서 '존재들=entités'은 (현실적 차원에서와 같은) 개체화된 존재들이 아니라 운동하는 계열들이나 장들=다양체들로서의 존재들 즉 사건들이다. 그리고 이 존재들=사건들은, 하나의 층위 내에서 이야기한다 해도, 상호 규정의 복잡한 연계성을 통해 관계 맺는다. 따라서 (애초에 완벽한 분절이 어렵거니와) '하나의 사건'은 그 변이의 장 전반을 서술함으로써만 분명히 파악된다. 즉 그 연접부들 확인이 필수적이다.[29] 2) 특이성들의 근접, 압축은 사건들의 근접, 압축이고 이러한 압축을 통해서 매우 큰 사건, 혁명적 성격의 사건이 발생한다. 그 시간은 크로노스의 시간이 아니라 아이온의 시간, 또는 카이로스의 시간이다. "레닌은 이데들을 가지고 있었다."(DR, 246/413)

---

28) 원문은 "la précision des corps d'adjonction"과 "la condensation des singularités"이다. 여기에서 "corps"는 다소 부적절한 용어로 보인다. 지금 문제가 되는 것은 어떤 체(體)들의 연접이 아니라 한 특이성에서 다른 특이성으로 이행하는 과정에서의 두 장(場)의 연접으로 보는 것이 좋기 때문이다. 『차이와 반복』을 영역한 폴 패튼 역시 "corps"를 "fields"로 번역하고 있다. "corps"라는 말은 스토아적 맥락에서 이해할 수 있을 것이다.

29) 이 계열들/장들의 매듭을 이루는 존재들은 물론 특이성들이다. 따라서 연접부들의 확인이란 특이성들 사이에서 벌어지는 일들을 확인하는 것과도 같다. (들뢰즈 존재론의 자연과학적 짝이라 할 수 있을) 복잡계 이론의 언어로는 다음과 같이 말할 수 있다. "특정한 임계점(critical point)을 전후하여, 시스템의 조건이 조금씩 변함에 따라 시스템의 거시적인 상태에 현격한 변화가 일어난다. 시스템이 임계점과 멀리 떨어져 있을 때에는 무질서한 상태였다가, 임계점에 접근하면 구성요소들이 규칙을 갖고 모이면서 새로운 질서를 만들어내는 현상이 관찰되는 것이다. 많은 복잡계에서는 [……] 내부의 자기조절 과정

헬라스의 비극들은 'drâma'(사건)를 그렸다. 드라마=사건이란 이데 차원에서의 생성의 표현이다. 이 점에서 분화는 곧 드라마생성=극화 dramatisation이기도 하다. 이 점에서 이념과 사건 사이에 단절은 없다. 잠재적인 것과 현실적인 것 사이에 단절은 없는 것이다. 구조를 들뢰즈적으로 이해하는 한, 즉 위치들을 차생소(발생적 계열들)로, 변별적 관계를 차생소들의 상호 규정으로, 구조/체계를 이데로 보는 한, 사건과 구조의 이분법 같은 것은 없다. 아울러 의미를 들뢰즈적으로 이해하는 한, 즉 의식의 구성행위의 산물이나 기호들의 차이들의 놀이가 아닌 "명제 속에 내속/존속하는 순수 사건"으로 보는 한,[30] 구조와 의미(구조주의와 현상학)의 이분법 같은 것도 없다. 다음 구절을 음미해 보자.

> 구조와 발생의 대립이 존재하지 않느니만큼, 구조와 사건, 구조와 의미 사이의 대립도 존재하지 않는다. 구조들은 관계들과 특이점들의 변이체들을 포함하는 만큼 탈물질적인 사건들도 포함하며, 변이체들은 그

을 통해 이러한 임계상태로 스스로 전이해 간다. 이를 자기조직화된 임계성(SOC=self-organized criticality)이라고 한다."(윤영수·채승병, 『복잡계 개론』, 삼성경제연구소, 2005, 105쪽) 물론 이것은 들뢰즈가 논하고 있는 사태보다 간단한 모델을 가지고서 이야기하고 있는 것이다(복잡계 이론은 그 자체 종합적인 담론이지만, 물론 들뢰즈 존재론에 비해서는 특수한 담론이다). 임계점은 특이점으로, "무질서한 상태"는 미규정성의 단계로, "새로운 질서"는 완결된 규정으로, "스스로 전이해 간다"는 내재면의 성격으로 바꾸어 이해할 수 있다.

30) 들뢰즈, 『의미의 논리』, 74쪽.

것들이 규정하는 실재적 사건들과 교차한다. 우리가 구조라고, 관계들과 차생적 요소들의 체계라고 부르는 것은 또한 그것이 구현되는 관계들과 현실적 항들에 따라 발생적 관점에서 보면 의미이기도 하다. 진짜 대립은 다른 곳에 있다. 이데(구조-사건-의미)와 표상 사이에 있는 것이다.(DR, 247/415~416)

들뢰즈에게 '구조'는 발생적 구조이다. 그에게 구조는 요소들, 변별적 관계들, 체계로 구성되기보다는 생성하는 갈래들, 이 갈래들의 상호 규정, 그리고 규정들의 누층을 통해 성립하는 역능 전체이다. 구조와 발생의 대립은 존재하지 않는다. 아울러 들뢰즈의 생성철학에서 생성의 실질적 내용은 사건들이다. 생성은 얼굴 없는 막연한 흐름이 아니라 미규정성, 상호 규정, 완성된 규정의 과정이 내포하는 무수한 사건들의 총체이다. 표면에서의 사건이란 이런 무한한 잠재적 사건들의 한 단면일 뿐이다. 따라서 구조와 사건 사이의 대립도 존재하지 않는다. 마찬가지로 들뢰즈에게 의미란 의식의 구성물이 아니며, 기호와 기호 사이에서 탄생하는 것도 아니다. 의미는 잠재성의 표현으로서의 사건과 더불어 태어나며 그 자체 잠재성의 표현인 의식과 함께 표현된다. 구조가 사건과 대립하지 않는 한, 구조와 의미 또한 대립하지 않는다. 의미의 생성은 구조의 생성의 한 단면일 뿐이다. 구조와 사건, 의미는 사실상 이렇게 밀접하게 얽혀 있다.

들뢰즈에게서 진정으로 대립하는 것은 비-표상과 표상이다. 표상은 거울의 이미지를 품고 있다. 의식이든 언어이든 시각 이미지이든 아니면 다른 어떤 것이든, 표상하는 존재는 일종의 거울로서 표상되는 대상을 복제한다. 아울러 이데아든 신이든 개체들이든 사상이든 아니면 다른 어떤 것이든, 표상되는 존재는 오리지널=원본의 이미지를 품고 있다. 표상되는 것은 원본이고 표상의 결과는 복사본이다. 이 거울은 때로 사물의 표면을 재현하고자 하지만, 또 때로는 사물의 심장부를 재현하고자 한다. 후자의 거울은 보이지 않는 사물의 실재/본질을 비추어 주는 노에시스의 X-ray이다. 그러나 표면의 복사이든 본질의 복사이든, 표상의 대전제는 원본의 동일성이다. 원본의 동일성이 확보되지 않는다면 'REprésentation'은 성립하지 않는다. 표면적인 '이미지'와 심층적인 '본질/실재' 사이의 차이는 사실상 이차적이다. 두 경우 모두 표상해야 할 원본의 동일성이 존재한다는 믿음에서 출발하기 때문이다.

표상은 때때로 사물들 사이의 모순이나 대립에 주목한다. 그러나 비표상의 철학은 오히려 잠재차원에서의 특이/보통의 구조에 주목한다('vice-diction'). 여기에서 역동적으로 변하는 것은 잠재성/이데의 차원만이 아니다. 그와 맞물려 그것에 주목하는 주체 자체도 역동적으로 변해야만 한다. 여기에서 주체는 칸트적인 표상-주체가 아니라 베르그송적인 운동-주체이며, 양의학적 표상-주체가 아니라 한의학적 운동-주체이다(맥을 짚을 때 한의사 자신도 氣-운동체이다. 맥의 결과는 고정된 주체가 고정된 본질을 표상한 결과가 아니라 기화하는 주체와 기화하는 객체 사이에서, 두 운동 사이에서 성립하는 차이이다). 이 점에서 잠재성의 차원은 '지식'savoir의 대상이 아니라 차라리 무한한 '깨달음'apprendre의 차원이다. 수영하기, 당구치기, 춤추기 등에서와 같은 신체적 깨달음이든, 사물들의 굴곡을 따라가면서 개념화하는 인식적 깨달음이든, 사람들과 함께 살아가고 사랑하는 법을 배우는 윤리적 깨달음이든, 깨달음이란 언제나 '이데'/잠재성의 차원으로 육박해 들어가는 것이다. 사물들을 표상하는 것, 사물들에 대한 지식을 가지는 것은 세계에서 모종의 동일성을 파악해내는 것이지만, 잠재성의 차원으로 육박해 들어가는 것, 사물들에 대해 모종의 깨달음을 얻는 것은 잠재성/잠세성과 함께하는 것이며 특이성들의 차생적 분포를 따라가는 것이다.

이 깨달음의 차원은 사태를 **표상하는** 명제가 아니라 잠재성의 차원을 따라가면서 드러내는 **표현**의 차원이다. 이것은 말하자면 "다양체들의 연극", "문제들의 연극", "언제나 열려 있는 물음들의 연극"이다. 그것은 차이생성과 분화의 연극, 사건과 의미형성의 연극인 것이다.

역-식 逆-識=para-sens

세계를 상-식sens commun과 양-식bon sens에 입각해 파악할 때 잠재성의 차원으로 나아가는 것은 불가능하다. 상-식과 양-식이 형성하는 통념doxa을 넘어 "para-doxa"와 "non-sens"의 차원으로까지 내려갈 때 잠재성의 차원, 무의식의 차원을 인식할 수 있다. 어째서인가? "사유 안에는 그것이 사유할 수 **없는** 어떤 것이 존재하며, 이것은 사유 불가능하지만 사유되어야 할 것이자 사유 불가능하지만 사유될 수밖에 없는 것"(DR, 249/418)이 존재하기 때문이며, 이 차원은 상-식과 양-식의 관점에서는 접근할 수 없는 차원이기 때문이다. 칸트가 '오류추리'와 '이율배반' 그리고 '이상'으로서 처리했던 이 차원을 들뢰즈는 (지금까지 우리가 논해 왔던) 잠재성의 존재론을 통해서 해명하고자 한다. 이 존재론은 "문제-장의 고유한 성격"과 "유한한 사유에 내재하는 무의식"에 주목함으로써 가능했다. 그리고 이 차원에 주목할 때, 상-식과 양-식에 갇혀 있는 이데의 차원에 접근할 수 있는 것이다.

지금까지 잠재성을 총체적으로 취급해 왔지만, 실제 연구에서 잠재성의 차원은 여러 다른 얼굴들로 나타난다. 1) 언어학적 이데/다양체의 경우: 경험적 언어를 가능케 하는 선험적 언어. 그러나 들뢰즈는 랑그로서의 언어가 아닌 "파롤의 시적 실행"을 제시하고 있다. 여기에서 파롤은 랑그의 대립어가 아니라 랑그로 포획되기 이전의 언어, 푸코가 말한 '언표-장'에 해당하는 잠재적 장을 뜻하는 것으로 이해해야 할 것이다. 이 파롤은 랑그 이후의 언어가 아니라 랑그 이전의 언어, 즉 '바깥의 바깥'이다. 따라서 '시적'poétique 실행이란 이 잠재성의 차원을 드러내는 언어적 행위로 이해되어야 한다. 2) 사회과학적 이데/다양체의 경우: 이 다양체는 이루어진 사회구성체가 아닌 사회구성체를 변화시켜 가는 잠재성이다. 이 잠재성은 한 사회가 흔들릴 때 그 현실화의 모습을 드러낸다. 가브리엘 타르드의 미시사회학, 미분적=차생적 사회학은 변증법적 변환 아래에서 계속 작동하는 연속적 변이의 차원을 드러내 준다. 3) 심리학적 다양체의 경우: 의식 아래에서 작동하는 무의식의 차원은 심리학적 잠재성을 형성한다. 상상이나 환상 같은 차원들은 무의식의 작동 방식을 시사한다. 정신분석학이 일반 심리학에 대해 선험적 성격을 가지는 것은 이 때문이다. 4) 생물학적 다양체의 경우: 생명체들의 세계는 종, 유를 비롯한 단위들을 통해 위계적으로 파악된다. DNA 차원에서의 규정들 또한 생명체들의 본질들 및 그것들의 집합론적 위계를 드러내 준다. 그러나 잠재성 차원에서의 생명의 운동("vitalité")은 이 본질들을 변형시켜 가며 '괴물들'을 발생케 한다.[31] '창조적 절화'의 과정들.[32] 5) 물리학적 다양체의 경우: 근대 물리학은 제1 성질들과 제2 성질들을 구분했고, 감각 가능한 기호들은 물리적 객관성의 범주에서 제외했다. 버클리 이후 '제2 성질들'은 몇 차례에 걸쳐 존재론적으로 복권되어 왔고, 들뢰즈는 현대 물리학의 잠재성을 감각 가능한 기호들에서 찾고 있다. 물론 이 때의 '감각 가능한'은 기계들의 매개를 통해서 성립한다고 해야 하며, '기호'는 감각 가능한 것들의 극한으로서 이해되어야 할 것이다.

만일 (지금 예시한 것들을 포함해서) 매우 많은 다양체들이 존재한다면, 그것들 사이의 관계는 무엇인가? 세계-전체는 어떻게 이해되어야 하는가? 잠재성의 차원에 육박해 들어가는 능력은 상-식이나 양-식이 아니라 역-식(파라-상스)이다. 그것은 인식 능력들이 공통의 방향sens commun이나 좋은 방향bon sens으로 달려감으로써가 아니라 오히려 서로 다른 방향para-sens으로 달려감으로써 성립하는 능력이다. 즉 그것은 'doxa'가 아닌 'para-doxa'의 능력이다. 인식능력들의 '탈구된disjoint 실행'을 통해서 우리는 현실적 언어가 아니라 언표-장의 차원으로, 현실의 사회가 아니라 사회의 무의식('socius')으로, 현실의 의식이 아니라 무의식으로, 개체화된 세계가 아니라 개체'화'의 세계로, 물체들이 아니라 기호들의 세계로 육박해 들어갈 수 있

---

31) 들뢰즈 사유에서의 '괴물'의 의미에 대해서는 다음을 보라. 蓮實重彦, 『フーコ·ドゥールズ·デリダ』, 朝日出版社, 1978.
32) '창조적 절화'에 대해 다음을 보라. 키스 안셀-피어슨, 『싹트는 생명』, 이정우 옮김, 산해, 1999, 302~308쪽.

다. 그렇게 해서 우리가 얻는 것은 '지식'이 아니라 '깨달음'이다. 깨닫는다는 것은 현실성을 표상하는 것이 아니라 잠재성의 변이체들과 특이점들에 육박한다는 것이며, 또는 탈구된 인식 능력들의 부딪침, 그 부딪침이 불러오는 절박함(어떤 강제성)을 대면한다는 것이다. 이것은 인식 능력들의 '조화'가 지배하는 세계가 아니라 그것들의 발산하는 세계, 그러나 그것들이 (단순히 무관심하게 평행을 달리기보다는) 때로 맞부딪침으로써 어떤 절박하게 새로운 사유에 직면하게 되는 발산의 세계이다. 이렇게 탈구된 인식 능력들을 실행하는 주체는 '균열된 나'je fêlé이다. 여기에서 균열이란 어떤 결함이나 와해를 뜻하지 않는다. 그것은 그 자체 미규정성, 규정성, 완결된 규정성을 따라 생성하는 주체이며, 애벌레 주체들의 누층적 적분을 통해서 작동하는 다층적 주체의 특성을 뜻한다. 그것은 총체성/일자성을 훼손당한 주체가 아니라 다층적이고 다기적多岐的으로 작동하는 계열들의 복수성을 뜻할 뿐이다. 여기에서 작동하는 것은 상-식이나 양-식이 아니라 역-식이며 바탕-놓기fondation나 바탕-쌓기fondement가 아니라 바탕-주름effondement이다.

우발점point aléatoire

헬라스 사람들이 모이라를 어떤 면에서는 제우스조차도 거역할 수 없는 명법命法들의 관리자로 묘사했을 때, 그들은 신들조차도 어찌할 도리가 없는('아낭케') 운명의 차원을 생각하고 있었던 것이다. 들뢰즈의 맥락에서 이 명법은 어떤 궁극의 존재, 세계의 중심/근거에서 울려 나오는 목소리를 뜻하는 것이 아니라 차라리 잠재성의 차원에서 이루어지는 특이성들과 강도들의 놀이를 뜻한다. 그것은 (니체적 뉘앙스에서의) 주사위 놀이이다. 주사위 놀이의 수手들은 특이점들이다. 특이점들의 체계, 즉 주사위 자체는 물음들이다. 그리고 주사위를 던진다는 것은 세계로부터 어떤 명법이 울려 퍼지는 것이다. 물론 이 명법의 배후에는 어떤 초월적-인격적 존재도 없다. 문제-장에서의 물음들이란 바로 주사위들이다. 그리고 주사위를 던져 울리는 명법은 특이성들의 계열을 산출한다.

이 명법은 고전적인 '명'命과는 판이하다. 그것은 어떤 도덕적 중심에서 울려 퍼지는 명법이 아니라 일종의 놀이로서의 명법, 주사위 놀이로서의 명법이다. 때문에 여기에서 우연이란 명법의 거역이나 명법에 끼어드는 불순물이 아니라 명법의 본질 그 자체이다. 그러나 더 중요한 것은 여기에서 우연이란 더 이상 필연(도덕적 필연)과 대비되는 존재가 아니라 단지 그것 자체일 뿐이라는 사실이다. 우연이 '우연'으로서 받아들여지는 것은 그것이 필연과의 대립 쌍으로서 파악될 때 성립하는 것이기 때문이다. 이렇게 생각하는 것은 곧 우연을 긍정하는 것이다. '이데'=잠재성의 차원은 바로 이 주사위 놀이의 차원이다. 한 포텐셜-층위에서의 특이성들의 계열들의 교차는 '우발점'偶發点을 낳으며, 이 우발점들은 마치 (해당 층위의) 모든 우연들을 응축하고 있는 듯하다. 이런 우발점들의 총체야말로 스토아적 'fatum'이며, 우리가 니체적 뉘앙스에서 긍정해야 할 것도 이 우발점들이다.[33] 'fatum'은 외부적 중심으로서의 신이 아니라 무한한 우발점들의 총체로서의 신이 내리는 명에 다름 아니다. 여기에서 자연철학적인 '원인'과 형이상학적인 '섭리/이유'는 더 이상 대립하지 않는다.

이 명법은 구성을 통해 현상을 장악하는 주체에게서 오는 것이 아니다. 차라리 주체-의식의 코스모스는 잠재성-무의식의 카오스모스 운동의 한 단면으로서 성립한다. 그러나 그 사이에 단절은 없다. '나'는 '균열된 나'로 내려감으로써 역-식 차원에서 사유한다. 이곳(문제-물음 복합체의 장)은 불가능과 가능이 교차하는 곳이고, 의식과 무의식이 교차하는 곳이다. '작품'들이란 바로 이렇게 탄생한다.

우발점의 활동은 분화를 "창조적 분화"(DR, 274/457)로 만든다. 베르그송에게서 분화는 거대한 기억의 분화이다. 그에게서 원뿔의 모든 단면들은 곧 다른 모든 단면들의 반복을 포함한다. 각각의 단면들은 차생적 관계들과 특이점들의 배분에 있어 다른 단면들과 구분된다. 각각의 단면은 현실화의 선들에 상응한다. 분화란 우주적 기억의 단면들이 발산하는 선들로서 현실화되는 과정이다. 이 과정이 비결정성을 띤다면 그것은 곧 주사위 놀이의 우발성 때문이다.

반복répétition

이런 사유 구도에서 '반복'이란 어떻게 이해되는가? '빈약한 반복'과 '풍요로운 반복'의 구분은 중요하다. 현실성에서 확인되는 동일성/유사성으로서의 반복은 차이를 동반하지 않는(또는 '퇴락'으로서의 차

---

33) 이 'fatum'은 앞에서 논한 변증법의 차원보다 더 근원적인 것이다. 들뢰즈는 네 층위를 구분하고 있다. 1) 명법적인, 존재론적인 물음들, 2) 변증법적 문제들, 또는 그것들로부터 이끌어져 나오는 테마들, 3) 해결 가능성의 상징적 장들(이 장들에서 이 문제들이 그 조건들에 따라 '과학적으로' 표현된다), 4) 그것들이 경우들의 현실성 속에 구현됨으로써 이 장들에서 부여받는 해들.(DR, 259/433)

이를 동반하는) 빈약한 반복이다. 풍요로운 반복은 현실성이 충분히 드러내지 못한 잠재성의 반복이며, 차이를 동반하는 창조적 반복이다. 두 반복의 구분은 재현 논리의 극복을 가능케 하는 핵심적 구분이다. 들뢰즈의 철학사 연구는 그 자체 풍요로운 반복을 분명하게 예시한다. 스피노자 연구는 현실화된 스피노자를 재현/반복하는 것이 아니다. 스피노자도 몰랐던(무의식으로 알았던) 스피노자, 그러나 스피노자와 무관하지 않은 스피노자, 스피노자의 잠재성을 드러내는 것이다. 그것은 스피노자$_1$, 스피노자$_2$, 스피노자$_3$,……의 반복이 아니라 스피노자^1, 스피노자^2, 스피노자^3,……의 반복이다.

근원적인 물음들은 반복된다. "어째서 무가 아니라 무엇인가가 존재하는가?"라는 라이프니츠의 물음이 그 하나이다. 같은 물음의 반복은 정해진 자리에 차례차례 들어서는 해들의 이어짐을 줄 뿐이다. 우연을 긍정한다는 것은 물음 자체의 풍요로운 반복을 응시한다는 것을 뜻한다. 그것은 "동일자同一者의 결과로서의 다른 것, 다른 조합들이 아니라 차이자差異者, le Différent의 결과로서의 동일한 것 또는 반복"을 주목하는 것이다. 후자야말로 '주름들의 얽힘'의 원천을 형성한다. 근원적인 물음들의 풍요로운 반복은 존재/세계의 동일성 ── 근원적인 것으로 상정된 '그 하나, 유일의 하나, 절대의 하나'로서의 동일성 ── 자체를 무너뜨린다. 따라서 이데의 차원에서 일어나는 일, 그것은 명법의 체계에 특정한 해들이 선택되는 것이 아니다. (차이소-갈래들의 교차점들인 특이성들이 수렴/발산하면서 형성하는 구조/다양체의 누층적 전체로서의) 이데 차원 자체, 명법들, 물음들에서 발생하는 우연 ── '우발성'이 더 적절한 표현일 것이다 ── 은 잠재성의 차원

자체를 차이발생적 장으로 만든다. 문제가 되는 것은 예컨대 "남성인가 여성인가?"가 아니라 "성性은 몇 개인가?"이다. 반복은 이렇게 차이발생적 장 위에서 성립한다. "'이데'의 차생자le différentiel 그것은 이미 주사위 놀이를 정의하고 있는 반복의 과정과 분리될 수 없다."(DR, 259/434) 이 차이와 반복, 그것은 곧 영원회귀이다. 영원회귀를 가능하게 하는 것, 그것은 곧 힘에의 의지로서의 차이발생의 장이다. 이 차이발생의 장 안에서 특이성들이 상탕相盪하고,[34] 특이성들의 리토르넬로가 (풍요로운) 반복을 가져온다.

연속적 변이|variation continue

철학자들과 과학자들은 늘 생성을 연구해 왔다. 그러나 어떤 생성이냐가 중요하다. 변화metabolê와 운동kinêsis의 구분, 그리고 세 가지 운동의 구분(질적 변화, 양의 증감, 공간 이동)이라는 아리스토텔레스의 고전적인 도식 외에도(근대 과학에서 '공간이동=phora'는 특권적인 자리를 차지하게 된다), 연속성의 뉘앙스를 띠는 '전이'transition와 불연속성의 뉘앙스를 띠는 '변환'transformation의 구분, 동북아 맥락에서의 '운'運, '동'動, '변'變, '화'化의 구분, 나아가 베르그송의 '지속', 화이트헤드의 '합생', 하이데거의 '존재사건' 같은 독창적인 생성론적 개념들의 도래, '혼돈으로부터의 질서'(자기조직화)를 비롯한 현대 과학의 성과들 등등, 우리는 사상사에서 생성을 탐구하는 긴 여정을 확인할 수 있다. 지금의 맥락에서 우리가 물어야 할 것은 이것이다: 들뢰즈의 생성

---

34) "剛柔相摩 八卦相盪"(「繫辭傳上」)에서 빌려 온 표현임.

은 어떤 생성인가? 들뢰즈의 생성철학을 특징짓는 개념들은 단일하게 확정하기가 쉽지 않다. 그러나 '변이'變移='variation'이 그의 생성존재론을 특징짓는 개념으로서 결코 빼놓을 수 없는 것이라는 점은 분명하다.

'연속적 변이'만큼 그의 존재론을 잘 표현해 주고 있는 개념은 흔치 않다. 들뢰즈의 생성은 변이, 특히 연속적 변이이다. 무엇이 변이하는가? 배치, 다양체, 추상기계가 변이한다(이하 다양체를 대표로 논한다). 다양체가 '변이'한다는 것은 무엇을 뜻하는가? 다양체를 구성하고 있는 요소들(질적 요소들, '차원'들)이 탈영토화/재영토화를 겪는다는 것을 뜻한다. 탈영토화/재영토화를 겪는다는 것은 무엇을 뜻하는가? 요소들의 연접connexion, 통접conjonction, 이접disjonction의 운동을 통해 다양체가 변화해 감을 뜻한다. '변이'는 접속의 관계들이 변해 간다는 점에서 '變移'이고 또 그러한 변이를 통해 다양체가 질적으로 변해 간다는 점에서 '變異'이기도 하다. 어째서 '연속적' 변이인가? 불연속적으로 보이는 요소들(예컨대 다양체를 구성하는 '기계들')도 지금까지 우리가 말한 잠재성에서의 운동의 결과들이며, 따라서 표면적인 분절들은 무한히 누층적인 차이생성과 분화의 운동의 결과일 뿐이기 때문이디(여기에서 '연속적'이라는 서술어의 의미를 충분히 밝히기 위해서는 들뢰즈의 '강도론'을 도입해야 한다). '연속적'으로 변이한다는 것은 탈영토화/재영토화의 운동이 사실상 그 아래에서 (지금까지 우리가 논해 온) 잠재성 차원에서의 변이까지 내포하고 있음을 뜻한다.

연속적 변이의 관점에서 본다면 대립, 모순, 부정의 관점은 표면적인 것에 불과하다. 그것은 무한히 누층적인 포텐셜들로 이루어지는 차이생성과 분화의 운동이 그려내는 결과들로서의 분절들/매듭들에서 출발하는 관점이기 때문이다. 비유하자면 연속적 변이와 대립, 모순, 부정의 관계는 무조음악과 조성음악/화성음악의 관계, 신시사이저와 피아노의 관계와 같다고 할 수 있을 듯하다. 들뢰즈에게 (헤겔에게서 전형적으로 등장하는) 대립, 모순, 부정의 논리는 잠재성의 차원을 베어 버린 후 현실성에서 성립하는 분절선들을 따라 성립하는 논리이다. 부정의 사유에서 비존재는 '아님'으로 이해되든 '없음'으로 이해되든 기준이 되는 동일자로부터의 도약, 그리고 어떤 형태로든 대립/모순을 가져온다. 그것은 연속적 변이의 총체로부터 현실성의 차원(이미 개체화가 이루어진 차원)에서 성립하는 불연속적 매듭들을 오가면서 성립하는 논리이다. 이 비존재는 잠재성의 성격으로서의 '(비)-존재' 또는 '?-존재'에 비하면 너무나도 빈약한 무엇이다. 그것은 (현실화 과정을 포함한) 잠재성의 운동은 접어 놓은 채 현실성의 차원에서 이루어지는 변증법적 운동을 파악하는 데 유효하다. 그것은 차이생성과 분화의 운동이 띠는 '현동성'_{現動性}=positivité에 주목하지 못한다. 이것은 차이들의 정적인 '체계'에 멈추는 구조주의에 관련해서도 마찬가지로 말할 수 있다. "차이[생성]를 부정으로 읽을 때, 우리는 이미 그것의 고유한 두께를 박탈하고 있는 셈이다. 그것의 현동성이 긍정되는 곳인 그 두께를."(DR, 264/442)

différen $\frac{t}{c}$ iation

지금까지 논한 들뢰즈 존재론은 이 독특한 표현에 압축되어 있다. 차이생성(t)은 미규정적 차이소들이 규정적 관계를 맺고(그로써 특이점

들을 형성하고) 그로써 일정한 차이를 낳는 과정을 뜻하며, 분화(c)란
이러한 과정의 누층적 연속성과 그 결과로서의 현실화를 뜻한다. 여
기에서 차이생성은 관계들의 변이체들 및 각 변이체의 값들에 의존하
는 특이점들과 관련되며, 분화는 변이체들을 현실화하는 다양한 질들
또는 종들 및 특이점들을 현실화하는 수 또는 (상호 구분되는) 부분들
에 관련된다.

잠재성의 차원과 현실성의 차원은 유사성의 관계를 맺지 않는
다.[35] 즉 질들과 종들은 그것들이 구현하는 차생적 관계들과 유사하지
않으며, 부분들은 그것들이 구현하는 특이성들과 유사하지 않다. 차
이생성과 분화의 과정에는 반드시 'élan'의 작용이 깃든다. 분화는 항
상 창조적 분화이다.

> 하나의 잠세적인/잠재적인 것에 있어 현실화한다는 것은 늘 잠재적 다
> 양체와 유사성 없이 상응하는 발산하는 선들을 창조하는 것을 뜻한다.
> 잠재적인 것은, 마치 해결되어야 할 어떤 문제처럼, 수행해야 할 어떤
> 과제의 실재성을 가진다. 해들을 정향시키고 조건 짓고 낳는 것은 문제
> 이지만, 해들은 문제의 조건들과 유사하지 않다.(DR, 274/ 456~457)

여기에서 물어보아야 할 것은 이것이다: "왜 분화는 질화와 조성,

---

35) 유사성의 관계를 맺는 것은 현실성과 가능성이다. 가능성은 현실성에서 따낸 원본을 변
형하는 것으로서 들뢰즈적 의미에서의 '상상적인' 것이다. 그것은 표상/재현의 논리에
지배당한다. 때문에 가능한 것의 실재화(réalisation du possible)와 잠재적인 것의 현실
화(actualisation du réel)는 구분되어야 한다.

종별화와 조직화의 상관적인 과정인가?[36] 왜 이렇게 상보적인 두 길을 따라 분화하는가?"(DR, 276/460~1) 우선 구체적인 분화 과정 아래에서는 더욱 심층적인 어떤 '이데', 즉 시간과 공간의 역동적 과정들이 존재한다는 점이 중요하다. 형태발생의 과정에는 일반적으로 알려져 있는 과정들보다 좀더 심층적인 과정들(자유표면들의 확장, 세포층들의 얇아짐, 주름 접힘에 따른 함입陷入, 군群들의 국소적인 자리 이동들)이 존재하며, 카오스모스(혼돈으로부터의 질서, 자기조직화)의 성격을 띠는 이 과정들은 곧 시공간의 구조가 확립되는 과정이기도 하다. "난卵의 유형들은 한 구조의 현실화를 결정짓는 최초의 요인들인 정향들, 발생축들, 미분적인 속도들·리듬들에 따라 구분되며, 이런 과정을 통해 현실화되는 것에 고유한 하나의 공간과 시간이 창조된다."(DR, 277/461) 이 동역학적 과정은 우선 미분비들과 특이성들을 통한 공간적 과정이다. 미분비들은 종들 안에서, 특이점들은 부분들 안에서 현실화된다. 상보적인 두 길에 따라 분화하는 것은 이 때문이다. 그러나 더 심층적으로 분화는 속도("차이생성의 리듬들")가 중요한 역할을 하는 과정이기도 하다. 그래서 시공간의 형성이야말로 실질적인 분화 과정 이전에 작동하는 이데의 차원을 이룬다고 할 수 있다. 들뢰즈는 시간과 공간의 이원성이 처음부터 분화되는 것이 아니라는 점, 이원성은 현실화 과정의 막바지에 이르러서야 생겨난다는 점을 강조한다.

---

36) 질화(qualification)와 종별화(spécification)는 차생적 관계들의 변이체들이 현실화된 결과로서 질들 및 종들이 형성되는 과정이고, 조성(composition)과 조직화(organisation)는 특이점들이 현실화된 결과로서 수 및 부분들이 형성되는 과정이다.

들뢰즈의 존재론은 극화劇化의 세계이다. 그것은 잠재성에서 이루어지는 차이생성의 운동들, 그 가운데에 빚어지는 미분비들과 특이성들의 놀이, 이 역동성들의 현실화/분화와 그 결과로서 나타나는 종별화 및 사건 발생의 드라마이다.[37] 이념은 "저자도 배우들도 주체들도 없는 순수 연출"이다. 그것은 운명이지만 인간의 운명 이전에 우주 자체의 운명='fatum'이다. 배우들이나 주체들이 존재한다면, 그것은 애벌레-주체들, 점선으로 그려진 주체들, 애벌레-영혼들일 것이다. 그러나 이들은 그 층위들에 있어 매우 복합적이다. "상이한 질서의 세 극화가 서로 메아리를 주고받는다. 심리적 극화, 유기체적 극화, 화학적 극화가. 잠재적인 것을 그 반복들의 바탕에까지 파 내려가는 것이 사유의 역할이라면, 이 교차들eprises과 메아리들의 관점에서 현실화의 과정을 파악하는 것은 구상력의 역할이다."(DR, 284/471) 결국 현실화는 공간, 시간, 의식이라는 세 계열에 따라 이루어진다고 하겠다(여기에서 'conscience'는 베르그송에서처럼 넓은 의미로 사용되고 있다).

잠재성virtualité의 철학

들뢰즈의 철학은 잠재성의 철학이다. 플라톤의 철학이 현실성에서 출발해 초월성으로 올라갔다가 다시 현실성으로 내려오는 철학이라면, 들뢰즈의 철학은 현실성에서 출발해 잠재성으로 내려갔다가 다시 현

---

37) '드라마'라는 말은 사건과 동일시될 수도 있지만, 또한 이념이 구현되는 과정을 가리키는 말이기도 하다. 후자의 용법상으로는 'drama'와 'dramatisation'은 같은 말이 된다. 전자의 용법이 보다 적절한 것으로 보인다.

실성으로 올라오는 철학이다. 이 점에서 들뢰즈의 철학은 플라톤의 영원의 철학과 대비되는 생성의 철학이다.

그러나 들뢰즈의 생성은 막연한 흐름이 아니라 미규정적인 차생소들이 서로 관계 맺음으로써 미분비를 형성하고, 미분비들로 구성되는 변이체들과 시공간적 매듭들로서의 특이점들이 이루어내는 역동적인 과정, 더구나 무한히 누층적인 과정으로서의 생성이다. 그래서 그의 철학은 존재론적 카오스 이론이라 할 만하다. 이것은 곧 베르그송이 세워 놓은 '물질의 형상발생'genèse idéale론을 발전시킨 것이라고 할 수 있을 것이다. 이것은 선험적인 형상들이 '질료'에 **구현되는** 철학이 아니라 물질로부터 형상들이 **발생하는** 철학이다. 따라서 들뢰즈의 존재론 전체는 결국 'morphogenesis'의 이론이라 할 수 있을 것이다. 들뢰즈에게 중요한 것은 잠재성의 현실화이지 가능성의 실재화가 아니다. 이 점에서 그는 실재의 부재/무의미/상대주의, 철저한 주관주의/구성주의/언어중심주의 등으로 특징지어지는 이른바 '포스트모더니즘'의 대극에 선 철학자라 할 것이다. 들뢰즈의 존재론은 "고전적인" 형이상학이며, 건전한 형태의 실재론이라 보아 무방하다.

들뢰즈 사유의 이 측면은 마누엘 데란다의 『강도의 과학과 잠재성의 철학』[38]에서 매우 정확하고 치밀하게 파헤쳐졌다. 들뢰즈 존재론의 노른자위를 명쾌하게 해명해 주고 있는 이 저작이야말로 "After

---

38) Manuel Delanda, *Intensive Science and Virtual Philosophy*, Continuum, 2002. 이보다 간명하게 잠재성론을 논하고 있는 글로는 다음을 보라. Eric Alliez, *Deleuze: philosophie virtuelle*, Empecheurs Penser en Rond, 1996; *La signature du monde*, Le Cerf, 1993.

Deleuze"를 만들어 가고 있는 저작들 중에서도 첫손가락에 꼽힐 수 있는 저작일 것이다.

오늘날 "the virtual"은 이중적인 의미로 사용된다. 일상 언어에서 보다 자주 접할 수 있는 "가상적인"이라는 의미는 들뢰즈의 용어로는 '가능적인' 또는 '상상적인'에 해당한다. 들뢰즈에 '가상현실' 같은 것은 그저 인간의 주관적인/상상적인 놀이일 뿐 별다른 존재론적 가치를 가지지 못한다(이 점을 이해하지 못할 때 들뢰즈와 보드리야르 —사실상 들뢰즈와 대극에 서 있는 사상가— 를 같은 열에 놓고서 "포스트모더니즘"으로 이해하는 치명적인 오류를 범하게 된다). 그리고 이것은 들뢰즈의 철학이 프로이트-라캉의 정신분석학과 근본적으로 다른 정향을 가지게 되는 중요한 이유이기도 하다(이는 궁극적으로는 베르그송의 '생명의 약동'과 프로이트의 '죽음욕동'의 대결이다). 브라이언 마수미의 『잠재적인 것/가상적인 것을 위한 우화들』[39]은 'the virtual'을 둘러싼 오늘날의 흥미로운 논의들 중에서도 두드러진 사유를 보여 주는 일례이다. 우리는 네그리와 하트의 『제국』[40]과 네그리의 『혁명의 시간』[41]에서 들뢰즈가 폄하한 'the possible/imaginary'의 역할에 대한 새로운 해명의 시도들을 볼 수 있다.

잠재성의 철학은 곧 '개체화'individuation의 철학이기도 하다. 우리가 살아가는 세계는 개체들의 세계이다. 플라톤 식의 철학은 개체

---

39) Brian Massumi, *Parables for the Virtual*, Duke University Press, 2002.
40) 네그리·하트, 『제국』, 윤수종 옮김, 이학사, 2001.
41) 네그리, 『혁명의 시간』, 정남영 옮김, 갈무리, 2004.

들을 개체 이상의 존재들 즉 (중세의 용어를 쓴다면) 보편자들을 통해서 설명한다. 들뢰즈는 정확히 반대로 개체들을 개체 이하의 존재들을 통해서 설명한다. 플라톤은 현실적인 동일성들을 그보다 더 완전한 동일성들로써 설명하고자 한다. 들뢰즈는 현실적인 동일성들을 그보다 더 불완전한 동일성들로써 설명하고자 한다. 그래서 그의 철학은 개체-화의 철학이며 하나의 생명철학인 것이다.[42]

표면surface

들뢰즈는 『차이와 반복』에서 세계의 심층을 다룬 후 그 자매편이라 할 만한 『의미의 논리』에서는 표층을 다루고 있다. 달리 말해 『차이와 반복』이 잠재성을 다루었다면, 『의미의 논리』는 사건을 다룬 것이다. 이 점에서 전자가 'fond'을 둘러싸고 전개되는 존재론이라면, 후자는 'surface'를 둘러싸고 전개되는 존재론이다(따라서 이 맥락에서의 'superficiel'을 '피상적인'으로 번역하면 엉뚱한 번역이 된다). 들뢰즈의 사건의 존재론을 화이트헤드, 하이데거, 데이빗슨, 바디우 등등의 사건론과 비교하는 것, 나아가 그 윤리-정치적 함축 및 동북아 사상과의 연계성을 읽어내는 것은 오늘날의 존재론에 주어진 하나의 흥미로운 과제라고 할 수 있을 것이다. 『차이와 반복』의 잠재성 이론과 『의미

---

42) 들뢰즈의 생명철학에 대해서는 다음을 보라. 키스 안셀-피어슨, 『싹트는 생명』, 이정우 옮김, 산해, 1999. 개체화의 문제에 대해서는 앞에서도 인용했던 Alberto Toscano, *The Theatre of Production*(Palgrave, 2006)을 보라. 이 문제를 깊이 이해하기 위해서는 질베르 시몽동, 베르나르 스티글러에 대한 이해가 필요하다. 들뢰즈 생명철학을 독창적으로 재해석한 뛰어난 저작으로 다음을 보라. 郡司 ペギオ-幸夫, 『生命理論』, 哲學書房, 2006. 이 저작은 『차이와 반복』 이후의 고전으로 손꼽을 수 있는 저작이다.

의 논리』의 현실성 이론을 함께 독해함으로써 우리는 들뢰즈 존재론의 전체 윤곽을 파악할 수 있다.[43]

추상기계 machine abstraite

들뢰즈·가타리에게 잠재성은 '욕망'이라는 이름으로 파악된다. 『안티 오이디푸스』와 『천의 고원』은 '욕망의 형이상학'을 전개하고 있다. 그러나 욕망 그 자체는 추상적이다. 우리의 현실은 배치들로서 구성되어 있다. 기계적 배치들[44]은 곧 '욕망'의 기계적 배치들이다. 따라서 이들에게 욕망이란 한 인격체의 속성이 아니라 잠재성 그 자체이며 우주의 근본 에네르기이다. '진화'의 과정은 다양한 방식의 탈영토화를 도래시켰고, 마침내 기계들로부터 단적으로 구분되는 언표적 배치의 차원을 탄생시켰다. 들뢰즈·가타리에게 실천철학의 출발점은 바로 배치(/다양체)들이다. 기계적 배치는 '내용'을 언표적 배치는 '표현'을 형성하며, 내용과 표현 각각은 자체의 실체(질료)와 형식을 가진다. 예컨대 감옥, 법정, 판검사와 변호사, 피고와 원고 등등은 '기계적 배치'를 형성하며, 법조문이나 법의학, 형법학 등등은 언표적 배치를 형성

---

43) 특히 '반(反)효과화'(contre-effectuation)와 '역-식'을 중심으로 한 좋은 독해로 江川隆男, 『存在と差異』(知泉書館, 2003)를 보라.

44) 들뢰즈·가타리에게 '기계'란 하나의 개체를 가리키지만, 1) 이 개체는 바로 우리가 이 글에서 줄곧 논했던 개체화 과정을 그 안에 온축하고 있는 한에서의 개체(역능 또한 욕망을 온축하고 있는 개체. 따라서 '욕망'을 심리적인 무엇으로 이해할 경우, 게다가 거기에 비난의 뉘앙스까지 넣어서 이해할 경우 이 또한 심각한 오독이 된다)이며, 2) 들뢰즈·가타리에게서 개체란 그 자체로 의미를 가지기보다는 배치 ——그 자체가 하나의 '사건'이다—— 의 요소로서만 의미를 가진다는 점이 전제된다.

한다(우리는 이 구도가 곧 푸코의 신체적 실천과 담론적 실천의 구도와 일치한다는 것을 알 수 있다). 기계적 배치와 언표적 배치가 '배치'를 형성한다.

배치의 잠재성이 곧 '추상기계'이다. 구체적인 배치들은 각각에 해당하는 추상기계의 현실화이다. 수용소, 감옥, 홍등가의 폐쇄 공간 등등은 모두 감금-추상기계의 구체화된 배치들이다. 이렇게 우리는 전시-추상기계, 운동경기-추상기계, 시위-추상기계, 결혼식-추상기계 등등 무수한 추상기계들과 더불어 살아간다. 보다 나은 삶은 현실의 배치에서 출발해 그것의 추상기계로 나아가 새로운 잠재성을 발견하고 다시 현실의 배치로 돌아오는 원환을 그린다. 이것은 플라톤의 경우와 정확히 대조적이다. 현실(감각적인 것들)에서 출발해 형상(이데아)들의 차원으로 올라갔다가 현실로 내려오는 플라톤의 구도와 현실에서 출발해 잠재성으로 내려갔다가 다시 현실로 올라오는 들뢰즈의 구도를 음미해 볼 필요가 있다. 결국 들뢰즈의 사유는 『차이의 반복』의 잠재성의 존재론이 (『의미의 논리』와 『안티오이디푸스』를 거쳐) 『천의 고원』의 실천철학으로 개화해 가는 과정을 밟았다고 할 수 있다.

2. 비판적 긍정의 사유—禪과 하이데거를 넘어서

일상적 삶의 존재론은 한편으로 인간에게 주어진 지각체계와 그것에 상관적인 존재들(사물, 성질, 사건 등등)을 통해, 그리고 다른 한편으로 이런 암묵적 존재론을 기호화하고 있는 일상 언어(명사, 형용사, 동사 등등)를 통해 구성된다. 이 세계는 대다수 사람들이 살고 있는 즉물적 긍정의 세계이다. 즉물적 긍정은 사물들을 (어떤 형태로든) 동일성으로 받아들임으로써 현실의 실재성을 받아들인다. 이 즉물적 긍정이 부정될 때 현실의 실재성은 의문에 부쳐지며, 실재는 현실과 차이나는 것으로서 이해되어 실재를 둘러싼 존재론적 투쟁이 시작된다.[1] 그러나 사유는 현실의 부정으로부터 실재로 나가는 일방향적 화살('인

---

1) 실재를 시간 너머의 무엇으로 볼 경우, 시간에 의해 지배되는 현실세계는 환(幻)으로서 이해된다. 반면 시간을 실재로서 볼 때, 시간을 넘어서 나타나는 동일성을 어떻게 이해할 것인가가 문제가 된다. 전자는 생성의 체험을 구제해야 하는 부담을 지게 되고, 후자는 동일성(또는 반복)의 경험을 설명해야 하는 부담을 지게 된다. 이 문제는 본문의 두번째 부분에서 다루어진다.

식론적 단절')을 구부려 다시 현실로 되돌아오게 만듦으로써('인식론
적 회귀'), 즉물적 긍정과는 다른 반성된/비판적 긍정의 세계에로 귀환
하기에 이른다. 이 비판적 긍정의 세계와 예전의 즉물적 긍정의 세계
는 외연을 같이하지만 내포를 달리하는 두 세계이다.

　이 과정을 존재론적으로 그리고 윤리학적으로 어떻게 명료화할
것인가? 창조적인 반복을 요하는 이 주제를 청송聽松 고형곤高亨坤의
사유를 소재로 다시 논해 보자. 청송의 사유는 그의 저작의 제목(『선禪
의 세계』)이 말해 주듯이 선불교를 근간으로 하고 있으며, 후설과 하이
데거의 철학이 그 현대적 이해의 핵심적 시각을 이루고 있다. 청송은
그의 저작 모두의 「총론」에서 이 문제를 다루고 있고, 그 전반적 구도
는 다음과 같다.

일찍이 산은 산이요 물은 물이었건만,　　　　　山是山 水是水

이내 산도 산이 아니요 물도 물이 아니었네.　　山不是山 水不是水

하나 이제 다시 산은 산이요 물은 물이로세.　　山是山 水是水.[2]

---

2) 이 게송은 청원선사(靑原禪師)의 다음 이야기에서 유래한 것으로 알려져 있다. "노승이 삼
십 년 전 참선하기 이전에는, 산을 보면 산이었고 물을 보면 물이었습니다. 그러나 그후
어진 스님을 만나 깨달음에 들어서고 보니, 산을 보아도 산이 아니요 물을 보아도 물이 아
니었습니다. 그러나 이제 진정 깨달음에 들어서고 보니, 산은 진정 산이요 물은 진정 물로
보입니다. 여러분, 이 세 가지 견해가 진정 같은 것일까요 아니면 다른 것일까요? 만일 이
경지를 터득한 사람이 있다면, 이 노승은 그 사람과 더불어 있을 것입니다."(老僧三十年前
未參禪時, 見山是山 見水是水. 乃至後來 親見知識 有入處, 見山不是山 見水不是水 而今得箇休歇
處 依前 見山祇是山 見水祇是水. 大衆 這三般見解 是同是別? 有人緇素得出 許與親見老僧.—『속
전등록』續傳燈錄, 권22)

청송은 위의 게송을 다음과 같이 풀이한다.

1) 깨침이 없는 통속적 견해. (山是山 水是水)

2) 선禪의 문턱에 들어선 견해. (山不示山 水不是水)

3) 선禪의 궁극적인 경지에 도득道得한 후의 깨침. (山是山 水是水)

우리는 이를 각각 즉물적 긍정의 세계, 비판적 부정의 세계, 비판적 긍정의 세계로 부를 수 있다. 긍정을 부정하고 다시 그 극단적 부정으로부터 긍정으로 회귀하는 이 구도는 (예컨대 『금강경』을 비롯한) 반야 계통의 경전들에서도 종종 볼 수 있다.[3] 이 게송을 새롭게 개념화함으로써 시간과 실재를 둘러싼 논의에 일정한 진전을 가져올 수 있을 것이다.

새로운 개념화는 해명이나 해석과는 다르다. 해명解明은 얽혀 있는 텍스트를 낱낱이 풀어 헤침으로써 그 의미를 밝게 하는 것이다. 여기에서 실재(텍스트의 내용)는 인식주체에게 가려져 있을 뿐 자족적으로 선재先在한다. 해석解釋은 온전히 드러나 있지 않은 텍스트의 밑바닥을 파헤쳐 그 의미와 맥락을 풀이해 주는 것이다. 여기에서도 실재는 인식주체에게 가려져 있을 뿐 자족적으로 선재하나, 사태 자체에만 내재하는 것이 아니라 그 사태와 연관되는 전체 장에 내재한다. 이

---

3) "이와 같이 헤아릴 수 없고 셀 수 없고 가없는 중생들을 내 멸도(滅度)한다 했으나, 실로 멸도를 얻은 중생은 아무도 없노라. 어째서 그러한가? 수보리야! 보살이 아상(我相)·인상(人相)·중생상(衆生相)·수자상(壽者相)을 가진다면 보살이라 할 수 없기 때문이노라." (『금강경』,「대승정종분」大乘正宗分) "所謂佛法者 卽非佛法."(「의법출생분」依法出生分)

점에서 해석은 해명보다 더 적극적이고 복잡한 행위이다. 새로운 개념화——신해新解라 부를 수 있을 것이다——는 주어진 사태의 실재성이 선재한다고 가정하지 않으며, 다만 그것을 실마리로 해서 새로운 사유를 펼쳐 나가는 것이다. 이는 주어진 실마리에 기반하는 영토화의 계기와 사유의 새로운 탈영토화 운동의 계기를 동시에 함축한다.

해명은 논리적 분석의 사유이고, 해석은 역사적(문헌학적) 탐구의 사유이다. 반면 신해는 철학적 개념화의 사유이다. 청송의 사유는 위의 화두('시간과 실재'의 문제)에 기반을 두고 있지만 한국 선불교의 성과들은 물론 (하이데거를 비롯한) 현대 철학자들의 사유를 매개해 자신의 사유를 새롭게 펼쳐 나갔다는 점에서 '신해'에 해당한다. 여기에서는 우선 청송의 '신해'를 비판적으로 정리하면서 그 안에 함축되어 있는 여러 아포리아들을 드러낸다. 그리고 그 아포리아들을 하나씩 검토하면서 그의 것과는 상이한 해결책들을 모색할 것이다.

'즉물적 긍정'의 세계(山是山 水是水)

"山是山 水是水"는 일상적 인식의 세계, 통속적 견해('doxa')의 세계를 말하고 있다. 그것은 일상의 삶에서 부딪치는 사물들에 대한 '소박실재론'적 존재론과 그 사물들을 인식하는 자아=인식주체의 존재에 대한 인식론적 확신으로 구성된 믿음이다. 그것은 인식주관에 의한 대상적 파악("대경對境을 반연攀緣하는 능能-소所/주主-객客 대립")의 세계이다.[4] 이 세계는 인간이 (감각작용을 비롯해) 자신에게 주어진 원초적 인식 조건들을 통해 인식한 세계, 오랫동안 쌓인 경험들의 반복과 그에 대한 언어화를 통해 성립한 세계이다. 이 세계를 존재론적 회의/비판 없이 대할 때 '즉물적 긍정의 세계'가 성립한다.

청송이 볼 때 세계의 원초적인 사실은 생성生成이다. 통속적 견해의 형성은 이 생성의 경험에서 어떤 공통성들을 읽어내고, 그런 파악에 기반해 생성을 분절하고, 그렇게 분절해낸=개별화해낸 각각의 것들에 이름을 붙임으로써 성립한다. 이런 "경험 사실의 일반화"를 통해서 일상적 인식의 세계가 성립한다. 청송이 볼 때, 이런 식의 인식은 기본적으로 삶에서의 '효율성'을 겨냥하는 것이다.[5] 그러나 청송이 볼 때 이 세계는, 분명 일상적 경험을 토대로 하고 있음에도, 사실은 있는-그대로-드러나-있는 세계 —— 청송은 이를 '본지풍광'本地風光이라는 말로 표현한다 —— 와는 다른 세계이다.

이러한 개념은 객체로서의 사물[對境]과 이것을 표상하고 판단하고 추리하고 추상하는 의식작용[影緣之心] 사이에서 일어나는 의식현상으로서의 표상[心緣相]에 불과한 것이다. 그러므로 사람들은 저 자신 훤하게 나타나 있는 현전자재現前自在의 사물 대신, 의식의 표상을 상대로 살고

---

4) 고형곤, 『선의 세계』, 동국대학교출판부, 2005, 24쪽. 이하 본문에 책 제목과 쪽수만을 표기함. 이 저작은 매우 두툼한 저작이지만, 그 철학적 핵은 사실상 첫번째 논문(「총론: 산도 그 산이요 물도 그 물이로다」)에 모두 들어 있다. 여기에서는 이 논문을 집중적으로 다룬다. 이 논문은 두번째 논문으로 보충되고 있으며(「禪에서 본 하이데거의 존재현전성」), 세번째 논문인 「禪의 존재론적 구명」에서 자세히 풀이되고 있다.

5) 일상적/통속적 견해의 의미를 '인식'에서가 아니라 '효율성'에서 찾는 생각은 기본적으로 니체와 베르그송의 생각에 기반하고 있다고 할 수 있다. 그리고 이런 식의 이해는 19세기→20세기 전환기에 후설, 제임스, 니시다 등에 의해서도 제기되었으며, 그후 하이데거를 비롯한 여러 철학자들에 의해 계승되었다.

있는 셈이다. 마치 자연경치 대신 그 경치의 사진을 보고 즐기듯이, 또는 지금地金 대신 보증수표로 교역하듯이.(『선의 세계』, 26쪽)

그렇다면 '있는-그대로-드러나-있는 세계', "저 자신 훤하게 나타나 있는 현전자재의 사물들"의 세계는 과연 어떤 세계일까? 우리가 눈을 들고 보는, 귀를 열어 듣는,…… 세계, 특별한 인식 장치들이나 고도의 개념들, 수학적 함수들 등등을 사용하지 않고 단지 일상적으로 접하게 되는 세계, 그것이 있는-그대로-드러나-있는 세계가 아닌가? 우리에게 주어진 지각 조건과 일상 언어를 통해 접하는 세계가 바로 이 세계가 아닌가? 하지만 청송은 '본지풍광의 세계'와 '일상적 인식의 세계'를 분명하게 구별하며, 전자를 실재로 후자를 그 실재에 대한 표상으로 파악하고 있다.

그렇다면 이 '본지풍광의 세계'는 우리가 언어를 벗어나 대할 때의 세계인가? 하지만 우리의 **일상 언어 자체가** 바로 이런 **원초적 지각에 기반해서 만들어진** 것이 아닌가? 언어를 접어 둔다고 해도(과연 접어 둘 수 있는가의 문제는 접어 두자), 우리가 세계를 지각하는 방식은 바로 우리가 일상 언어를 통해 그것을 인식하는 방식 ── "하늘은 푸르다", "강아지가 꼬리를 흔든다" 등등 ── 과 최소한 동형적isomorphic 이지 않은가? 있는-그대로-드러나-있는 세계와 일상적 인식이 드러내는 세계 사이에 정확히 어떤 차이가 있는가? "하늘은 푸르다"라는 언표에 깃들어 있는 일상적 인식의 존재론(실체-속성 관계 등등)을 모두 접어 두고서 하늘을 본다고 해서, 우리가 지금까지와는 전혀 다른 어떤 것을 보게 될 것인가? 세계의 실상은 일상적 인식이 이야기하는 것과는 전혀 다른 무엇이라고 말한다면, 문제는 다르다. 그러나 '있는-그대로-드러나-있는' 세계와 일상적 인식의 세계가 다르다는 것은 간단히 이해되지 않는 주장이다.

이 문제를 시간과 연계시켜 생각해 보자. 본지풍광의 세계는 곧 현재의 세계이다. 우리에게 있는-그대로-드러나는 세계는 곧 현재의 세계일 수밖에 없기 때문이다. 과거와 미래가 우리에게 있는-그대로, '본지풍광'으로서 드러날 수는 없다. 만일 본지풍광의 세계가 있는-그대로-드러나는 세계라면, 이 세계는 과거와 미래에 대한 온갖 표상들을 접어두고 현재에 충실할 때의, 대상──더 정확히는 존재──에 충실할 때의 세계라 할 수 있다. 본지풍광의 세계가 이렇게 순수하게 비워내어진 의식이 '생생한 현재'[6]에서 접하는 세계라면, 즉물적 긍정의 세계는 과거에서 현재에 이르기까지(또 미래에 대한 일정한 기대를 형성하기까지) 오래도록 쌓여 온, 사물들에 대한 가장 평균적이고 일상적인 이해의 세계이다.

그렇다면 청송의 생각은 과거-현재(-미래)를 거친 오랜 시간 동안 평균적이고 일상적으로 형성되어 온 세계보다 생생한 현재에 접

---

6) 후설에게서 '생생한 현재'(lebendige Gegenwart)는 과거 및 미래와 단절되는 현재가 아니라 과거로 계속 흘러가면서(과거파지=Retention) 미래를 계속 받아들이는(미래파지=Pretention) 현재-장이다. 이는 시간의 연속성과 의식의 흐름[意識流]을 개념화하고 있다. 예컨대 "단적으로 따지자면 현금(現今, jetzt)이라는 시간의식에서 주어지는 점적(點的)인 음만이 지각되고 이전의 음들은 현실적으로는 지각되지 않는다고 보아야 할 것이다. 그럼에도 불구하고 일련의 음 지속 또는 멜로디가 자기동일적 단일체로서 현금 지각(現今 知覺)된다."(『선의 연구』, 158쪽) 이는 미래파지의 경우에도 마찬가지이다. 의식은 언제나-이미 지향적으로 미래를 향해 열려 있고 음들이 쉴 새 없이 미래로부터 현재로 밀려 들어온다.

하는 세계가 더 본래적本來的/본연적本然的 세계라고 주장하고 있는 셈이다. 그러나 다른 시각에서 본다면, 생생한 현재에 접하는 세계는 특정한 주관에 드러난 그때그때의 세계일 뿐이고, 오랜 세월 동안 또 많은 사람들에 의해 형성되어 온 세계야말로 쉽게 논박될 수 없는 견고한 세계라고 해야 하지 않을까. 후자의 세계는 전자의 세계의 사진일 뿐이라는 청송의 생각은 어떻게 이해되어야 하는가? 다른 시각에서 본다면, 전자의 세계가 후자의 세계의 한 단면, 한 사진일 뿐이라고 할 수 있지 않을까? 요컨대, 생생한 현재의 세계(본지풍광의 세계)는 어떤 의미에서 평균적이고 일상적으로 형성되어 온 세계(즉물적 긍정의 세계)와 다르며, 나아가 더 본래적/본연적 세계인가?

청송의 생각을 이렇게 이해해 볼 수 있다: 본지풍광의 세계는 현실세계(즉물적 긍정의 세계)를 부정하고 세계의 심층적인 모습들을 충분히 사유한 후 다시 돌아와 본 현실세계이다. 이 점에서 출발점에서의 현실세계와 종착점에서의 현실세계는 다르다. 이렇게 해석할 때 두 가지 문제가 발생한다. 1) 변한 것은 현실인가, 아니면 그것을 바라보는 주체인가? 현실 너머로 갔다가 현실로 돌아왔다고 해서 현실 자체가 변했을 리는 없다. 현실을 바라보는 주체가 변했을 것이고, 그래서 이전에 보던 현실과는 다른 현실이 그의 눈에 드러난다고 해야 하리라. 이 문제는 뒤에서 다룬다. 2) 현실 너머에서 찾아낸 것이 실재일 터인데, 어떤 의미에서 그것은 한계를 보이고 오히려 되돌아온 현실이야말로 본지풍광의 세계인 것일까? 아니면 현실 너머의 차원이란 애초에 진정한 현실을 보려면 통과해야 하는 비−실재인 어떤 매개자에 불과한 것일까? 일반적으로 말해서, 현실 너머의 실재를 드러내 보여 주는 것은 여러 과학적 담론들이다. 이 점에서 이 두번째 해석은 상식과 과학의 관계에 직결된다고 할 수 있다. 그렇다면 청송은 상식의 차원과 과학의 차원의 관계에 대해 어떻게 생각하고 있는 것일까?

청송의 사유는 즉물적 긍정의 세계와 과학적 인식의 세계를 기본적으로 동일한 차원에 놓음으로써 좀더 복잡한 문제들을 유발한다. 청송이 볼 때 상식/통념의 세계와 과학의 세계는 그 원리에 있어 연속선상에 있다. 상식과 과학은 "경험의 빈도頻度를 토대로 이것을 논리 기능에 의하여 일반화하고 보편화하여 고정적인 개념을 만드는 과정"이라는 점에서 동일한 토대 위에서 움직이고 있다고 보기 때문이다. 다만 과학은 상식을 정교화한다. 청송은 그 정교화의 방식을 1) 인식에 끼어들어 가는 정의적情意的 요소들을 솎아냄으로써 객관성을 마련하는 것, 2) 반복적인 실험을 통해서 일반적 지식 — 보편적 지식은 아니다(포퍼의 '반증' 개념이나 바슐라르의 "'아니오'의 철학'을 상기) — 에 도달할 수 있다는 것, 3) 수학을 사용해서 '잠정적' 필연성을 확보(하고 미래를 예측)한다는 것, 이렇게 세 가지로 정리한다. 과학적 지식은 이런 측면들을 활용해 보다 정교한 '세계상'을 구성하지만, 청송은 이것이 결국 '선행적인 사고의 윤곽'을 세계에 투영해 보는 것일 뿐이며[7] 기본적으로 통념/상식적 세계관의 연장선상에 있다고 보는 것이다.[8]

"과학"이라는 말 자체가 함축하고 있는 개념적 난점들은 일단 접

---

7) '세계상'(世界像=Weltbild) 개념과 '선행적인 사고의 윤곽' 개념은 하이데거에게서 유래한다. 다음을 보라. 하이데거, 『세계상의 시대』, 최상욱 옮김, 서광사, 1995 ; Heidegger, *Die Frage nach dem Ding*, Max Niemeyer, 1987.

어 두자.[8] 우리가 우선적으로 물어야 할 것은 다음이다: 일상적 상식의 세계와 과학적 인식의 세계는 같은 차원에 놓여 있을까? 과학은 단지 상식의 정교화일 뿐인가?[10] 우선 과학이 "정의적情意的 요소들을 솎아낸다"는 것이 과연 비본질적인 것에 불과한가? 정의情意를 섞어 사물을 보는 것과 그것을 솎아내고서 사물을 보는 것은 천양지차이다. 그런데도 과학은 단지 상식의 정교화일 뿐이라고 할 수 있을까? 나아가 과학적 "세계상"이 통념의 연장선상에 있다면, 양자역학이나 분자생물학을 비롯한 여러 과학 이론들이 그리는 세계와 (통념이 인식하는 대로의) 현실세계 사이의 괴리를 어떻게 이해할 것인가?(물론 우리는 이미 DNA 같은 단어들을 '상식적'으로 사용하고 있다. 그러나 이는 과학적 지식이 사회화된 것일 뿐, 그 지식 자체와 즉물적 긍정의 세계가 같은 차원에 있음을 뜻하는 것이 아니다) 또, 과학에서 수학의 역할이 단지 현상들의 "경제적 서술"(에른스트 마흐)에 있을 뿐인가? 나아가, 상식

---

8) "우리는 본래적으로는 저 자신 자재하는 현전사물(現前事物)의 현실적 세계에 있으면서, 이 세계를 표상형태[心緣相]로 대상화하여 개념적인 세계상을 만들어 가지고 이 의식현상 속에서 살고 있는 것이다. '見山是山'의 見山은 이 표상의 체계로서의 세계상 속에서 보는 山이요, 是山은 우리가 선행적으로 가진 관념적인 사고의 윤곽 속에서 이에 준하여 알고 있는 山인 것이다."(『선의 세계』, 29쪽)

9) '과학'에 대해 논할 때 늘 다음 두 가지를 분명히 해야 한다. 1) '과학'이라는 말의 외연적-내포적 의미를 명료화해야 한다. 과학이라는 말로 무엇을 뜻하는지, 과학은 극히 다양한데(과학'들'이라 해야 할 것이다) 구체적으로 어떤 과학을 말하는 것인지,…… 등등. 2) 과학은 항상 그 역사적 전개 전반을 놓고서 논해야 한다. 과학은 늘 변해 가는데, 도대체 어떤 시기의 과학을 말하는 것인지, 어떤 역사적 맥락에서의 과학을 말하는 것인지,…… 등등. 물론 이는 '과학'에 대해서만이 아니라 (그 안에 매우 다양한 것들을 내포하고 있는) 일반적인 범주들에 대해 논할 때면 항상 조심해야 할 점이다.

10) 과학이란 상식의 정교화일 뿐이라는 생각은 베르그송에 의해 정립되었으며, 그후 하이데거에게로 이어졌다.

도 과학도 '선행적인 사고의 윤곽'을 투영해 세계를 본다고 해도(실제 그런가는 접어 두자), 이 공통점(바로 이 하나의 공통점)으로부터 상식과 과학의 근본적인 무차이가 추론되는가? 과학에 대한 이런 식의 이해는 많은 문제점을 내포하고 있다.

현실세계, 상식의 세계와 과학의 세계 사이에는 깊은 '인식론적 단절'이 있다. 본문에서 집중적으로 논한 바 있거니와, 이 인식론적 단절을 신중히 고려하지 않은 채 상식과 과학을 동일선상에 놓는 생각은 설득력을 가지기 힘들다. 과학은 분명 상식의 차원에서는 드러나지 않은 실재를 드러내 보여 준다. 오히려 진짜 문제는 이것이다: 과학이 드러내는 실재는 진정 세계의 진정한 진리, 진실재眞實在인가? 아니면 세계의 (우리에게 보이지 않던) 또 다른 어떤 측면일 뿐인가? 그리고 과학이 드러낸 세계와 현실세계의 관계는 무엇인가?

우선 과학이 드러내는 세계는 다원적이고 제한적이라는 점을 생각해 보아야 한다. 앞에서 과학이 아니라 과학'들'이라고 했거니와, 과학들이 드러내는 세계들은 간단히 정합적으로 받아들일 수 없는 간극들을 내장하고 있다. 더 근본적으로 다른 모든 형태의 인식들이 그렇듯이, 과학적 인식 역시 인간이 사용하는 개념들, 논리들, 원리들, 장치들, 선입견들,…… 등에 의해 채색된 진리이며 완전히 극복될 수는 없는 한계를 내포한다. 물론 인간은 긴 역사에 걸쳐 과학을 발달시켜 왔으며, 이런 다원성/상대성과 제한성을 조금씩 극복해 나갈 것이다. 그러나 과학적 지식들의 완전한 통합이나 어떤 조건도 전제되지 않는 지식 —— 만일 이런 것이 존재한다면 —— 은 어디까지나 이상태로서만 존재할 뿐이다. 요컨대 우리는 상식과 과학을 같은 지평에 놓는 인식론/존재론을 받아들일 수는 없지만, 그렇다고 과학적 지식을 절대화할 수도 없다.

　　그렇다면 이제 물음의 장소[11]는 이동한다: 과학'들'을 이야기했고 그것들을 상식의 차원과 구분한 지금, 이제 "山不是山 水不是水"의 차원을 담지하는 과학적 지식들은 어떤 것인가? 그러나 청송은 과학적 지식들을 상식의 층위에 위치시켰고, 때문에 우리는 위의 물음을 (청송의 맥락에서) 고쳐 물어야 한다: "山是山 水是水"의 차원을 넘어 제기되는 "山不是山 水不是水"의 차원은 어떤 존재론의 차원을 가리키는가? 제반 과학들의 종합태로서의 존재론이 아니라(청송에게서는 과학들은 상식의 지평에 위치하므로 이런 개념의 존재론은 부재한다), 청송이 생각하는 "山不是山 水不是水"의 차원은 어떤 것인가?

'비판적 부정'의 세계(山不是山 水不是水)

상식/통념의 세계 —— 기본적으로 실체들과 속성들/성질들 그리고 관계들/사건들로 이루어진(명사, 형용사, 동사 및 기타 품사들로 서술되는) 세계 —— 가 '실재'가 아니라는 깨달음, '실재'는 이와는 다른 차원이라는 깨달음이 모든 존재론적 사유의 출발점이다. 존재론적 사유는 "山是山 水是水"가 "山不是山 水不是水"임을 깨닫는 순간부터 시작된다.

---

11) '물음의 장소'(place of question)라는 개념을 다음과 같이 정의하자: 우리가 지금 가지고 있는 현실을 하나의 해(解)로서 포함하는 문제-장이 존재한다. 물음은 그 전개의 각 단계에서 이 문제-장의 어느 특정한 장소에서 발생한다. 이 장소를 '물음의 장소'라 할 수 있다.

청송은 "山不是山 水不是水"를 "산도 아니고 물도 아니다"가 아니라 "산도 없고 물도 없다"고 번역하고 있다. 그리고 이를 '적멸寂滅의 세계'라고 부연하고 있다. 청송이 '不是'를 '아니다'가 아니라 '없다'라고 번역한 것은 (문법적으로 가능한가를 떠나서) 일정한 비약을 안고 있다. 파르메니데스를 연상시키는 이런 비약은 청송의 논리 전개에도 영향을 끼치고 있는 것으로 보인다. 우리는 문제를 '없음'보다는 우선 '아님'을 가지고서 출발하는 것이 좋다. (헤겔, 베르그송, 사르트르 등에게서 볼 수 있듯이) 무néant에 대한 논의와 부정négation에 대한 논의는 밀접한 관련을 가지거니와, 무에서 출발하기보다는 부정에서 출발하는 것이 보다 단단한 논리 전개를 가능케 하기 때문이다. "山不是山 水不是水"는 우선은 "산도 산이 아니요, 물도 물이 아니로세"로 읽는 것이 좋을 것이다.

왜 산은 산이 아니고 물은 물이 아닐까? 전반적인 맥락에서 볼 때, 이는 물론 (소쉬르가 강조했던) '기호의 자의성'에 대한 깨달음이라든가, 어떤 주체의 환각이라든가,…… 등의 문제는 아니다. 청송이 볼 때, 그 기본 이유는 "우리가 일상생활 속에서 만나서 교섭하는 대상사물들은 우리의 의식 속에서 만들어진 관념적인 것, 즉 환화幻化에 불과한 것"이기 때문이다. "일체유심조"一切唯心造라는 말이다. 그렇다면 심心 자체는 실재인가? 이제 이 문제에 대한 청송의 논변을 따라가 보자.

즉물적 긍정의 세계는 "과거→현재→미래에로 연속적으로 흘러가는 영원한[끝나지 않는] 시간 속에서 고정적 자성自性을 가진 물체들이 시간-장소적으로 변천이동하고 있다"는 신념에 의해 뒷받침된다는 것이다.

물체만이 우리의 의식 밖에 실재하는 것인 양 믿어질 뿐만 아니라, 시간과 공간도 역시 의식주관 밖에 있는 것으로서 믿는 것인즉, 이것들도 또한 모두 의식주관에 대하여 의식의 밖에 초월적으로 있는 것으로 표상되어진 객체이다. 또 우리는 여러 가지 물질적 요소로 구성된 생리조직체(地水火風四大의 假合)인 신체를 가지고 표상·판단·지각·의욕 등의 식작용(見聞覺知의 六塵緣影之心)을 가진 자아[主宰]가 있다고 믿고[我執], 이 자아와는 달리 그 밖에 색성향미촉법色聲香味觸法의 지각적 세계(六塵對境의 色法의 세계)가 실재한다고 믿는다[法執].(『선의 세계』, 29~30쪽)

요컨대 청송이 볼 때 즉물적 긍정의 세계는 주-객 이원의 구도에서 바라보는 세계이고, 객체(시간과 공간을 포함[12])와 주체의 실존이 즉물적으로 긍정되는 세계이다. 그렇다면 이렇게 이해된 세계(주체도 포함)는 왜 '환화'幻化에 불과한가?

1) 우선 즉물적 긍정의 세계에 대한 비판적 부정은 일상적인 체험을 통해서 주어진다. 이는 "인생의 허무"라든가 "10년이면 강산도 변한다",…… 등의 표현들로 나타나는 객체들과 주체들의 생성becoming/차이생성differentiation의 인정을 뜻한다. 이를 청송은 '인공' 人空으로 표현한다. 이는 곧 세계의 근원은 시간이며, 모든 것은 시간을 통해 변해 간다는 보편적 경험에 기반한다. 현재의 견고함이 과거

---

12) 통념의 세계에서 시간도 객체로서 인식되고 있는지는 의문이다. 시간은 한편으로 (시계를 통해 측정되는) 객관적인 것으로 이해되기도 하지만, 때로는 의식의 특징으로서 이해되기도 하기 때문이다.

시간과 미래시간을 통해 무너져 내린다.[13]

　　그러나 사실 이런 생성의 체험과 이해는 즉물적 긍정의 세계와 다른 세계가 아니다. 즉물적 긍정의 세계는 동일성을 갖춘 사물들의 세계이기도 하면서, **동시에 모든 것이 생성하는 세계**이기 때문이다. 동일성을 갖춘 사물들을 긍정한다고 해서 그로부터 세계의 생성에 대한 부정이 유추되는 것은 아니다. 철수, 저 나무, 저 새,…… 등의 동일성을 긍정한다고 해서 그것이 그 존재들이 시간에 따라 변해 간다는 것을 부정하는 것은 아니기 때문이다. 또 우리의 자아/의식이 계속 변해 간다는 것이 사실이라 해서, "나" 자신과 타인들의 "나"들이 그렇게 쉽게 부정될 수 있는 것도 아니다. 즉물적 긍정의 세계는 (오랜 세월에 걸친 경험을 토대로) **이미 존재와 생성을 조합**해서 이해하는 세계인 것이다. 현재의 실체들을 인정하는 것이 과거 및 미래를 포함한 시간 지평에서의 그것들의 생성을 부정하는 것은 아니다. 따라서 "山不是山 水不是水"에 대한 이 첫번째 논변은 즉물적 긍정의 세계의 부정이 아니라 오히려 그 세계가 이미 포함하고 있는 내용이라 봐야 할 것이다. 요컨대 '인공'人空은 이미 즉물적 긍정의 세계에 포함되어 있다.

　　"山不是山 水不是水"에 대한 보다 적극적인 논변은 청송이 '법공' 法空이라 부르는 논변이다. 이는 곧 "일정한 고정적 자성自性을 가지고

---

13) 미래에서의 무너져 내림 즉 현재와 미래 사이에서의 차이생성은 과거에서의 무너져 내림 즉 과거와 현재 사이에서의 차이생성을 통해서 유추된다. 물론 과거와 현재 사이에서의 차이생성이 잘못 이해될 수도 있다. "실은 너는 우리 아이가 아니란다"라는 말을 들었을 때, 이 말을 들은 아이에게서 과거와 현재 사이의 차이생성들은 총체적 변화를 겪는다. 따라서 미래만이 불확실한 것이 아니라 사실은 과거 또한 불확실하다. 역사학 (history)이란 바로 이 과거의 불확실을 붙들고서 이루어지는 담론적 고투이다.

모든 시간을 일관하여 지속적으로 자성을 가지고 자재自在해 온 것은 없다"는 제행무상諸行無常에의 깨달음을 말한다. 그러나 청송처럼 '제행무상'을 "일정한 고정적 자성을 가지고 모든 시간을 일관하여 자재하는" 것은 없다는 것으로 이해하는 것은 이 말을 다소 좁게 이해하는 것이다. 제행무상은 자기동일성을 가지고서 영원히 자재하는 것(예컨대 지중해세계 철학에서의 이데아, 신神,…… 등 또는 인도철학에서의 브라만, 아트만,…… 등)이 없다는 것을 뜻할 뿐만 아니라 말 그대로 모든 형태의 '행'行들은 '무상'無常이라는 것을 뜻하기 때문이다. 또 (아비다르마 불교에서처럼) '제행무상'을 역설하면서도 '아공법유'我空法有의 입장을 취할 수 있기 때문에, (아래에서 보겠지만 일단 철저한 空을 이야기하려 하고 있는) 청송의 논변이 좀더 일관성이 있으려면 오히려 '아공법공'我空法空, '일체개공'一切皆空, '제법무아'諸法無我를 언급해야 할 것이다. 어쨌든 청송이 말하려는 것은 일체는 무상하다는 생성존재론의 원리이며, 모든 것이 시간 속에서 흘러가는 세계에서는 "山是山 水是水"의 즉물적 긍정의 세계는 인식 주관의 착각에서 오는 '환화'幻化일 뿐이라는 것이다.

그러나 이런 절대적 생성[14]의 관점을 취할 경우 우리가 세계에서 엄연히 경험으로 확인하는 질서, 규칙성, 동일성, 반복,…… 등을 어떻게 설명할까라는 문제가 생긴다. 세계의 절대적 생성을 전제할 때 이런 측면들을 어떻게 설명할까에 대한 답을 주지 않을 때, 그 생성존재론은 "모든 것이 생성한다"는 막연한 이미지 이외의 것을 주지는 못한다. 어떤 추상적인 존재론의 입장을 취한 후 그 추상적인 존재론을 위해서 그것보다 오히려 더 소중한 것일 수도 있는 많은 현상들의 의미

를 [여기에서는 '환화'로서] 일거에 부정하는 존재론은 '나쁜 존재론'이
며, 철학의 초심자나 섣부른 과학적 환원주의가 흔히 저지르는 오류
이다. 데리다의 '탈구축' 이후에 우리는 이런 식의 사유방식이 얼마나
위험한 것인지를 더욱 잘 알게 되었다. 이런 맥락에서 다음과 같은 근
본적인 아포리아가 생성한다: 세계가 절대적 생성 또는 공空이라면[15]
우리가 엄연히 경험히는 질서, 규칙성, 동일성, 반복,…… 등을 어떻게
설명할 것인가? 자연과학, 사회과학을 비롯해 이런 측면들을 우리에
게 드러내 보여 주는 여러 담론들/경험들에 대한 구체적인 검토 없이
위의 존재론적 원리만을 일방적으로 내세우는 철학은 결국 '게으른
철학'이 될 수밖에 없을 듯하다.

　　2) 그러나 "山不是山 水不是水"에 대한 청송의 보다 급진적인 논변
은 생성/변천의 부정에 있다. 더 정확히 말해, 이는 상식적 시간 개념
의 부정이다. 청송은 시간의 연속성 자체를 비판한다. 시간이란 "연속
적이 아니고 찰나찰나 삽시간에 나타났다가 그 당장에 사라지는 것"

---

14) **절대적 생성이란 상대적 생성과 대비해 쓴 말이다.** 상대적 생성은 일상 언어가 함축하는
　　생성이다. A, B, C,…… 등의 존재가 서로 관계를 맺음으로써 이루어지는 생성으로서,
　　A, B, C,…… 등의 실체성은 인정된다. '아공법유'(我空法有)의 입장은 A, B, C,…… 등
　　을 일상 언어와는 달리 설정하지만("능히 自相을 保持하는 것, 그것을 法[dharma]이라 이
　　름하니,……" 바수반두, 『아비달마구사론』, 권오민 역주, 동국역경원, 2002, 4쪽), 그 사유문
　　법은 상대적 생성이다. 절대적 생성은 A, B, C,…… 등과 같은 존재들(entities)은 그것
　　들이 어떤 것들이든 실체성을 가지지 않는다는 것을 뜻한다. 이는 철저한 생성존재론
　　으로서 이 입장에서는 어떤 A, B, C,……를 논하든 그것들은 dA, dB, dC,……이다(d는
　　'différentiation'의 약자. 그러나 이런 경우에도 어쨌든 A, B, C,…… 등을 쓰지 않을 수 없지
　　않은가. 절대적 생성의 세계는 사실상 사유를 초월하는 세계이다).
15) 공(空)이 반드시 생성을 의미하지는 않는다. 그러나 여기에서는 청송의 논변의 맥락에서
　　이 둘을 일단 동일시했다.

으로서, "예전[과거] 것은 예전에 자재自在하는 것으로서 현금現今[지나
간-현재에 대비되는 지금-현재]으로부터 간 것이 아니요, 현금의 것은 현금
에 자재하는 것으로서 예전으로부터 현금에 도래한 것이 아니다.""현
금은 현금에 자재하는 것이요, 과거는 과거에 자재하는 것인즉, 현금
이 분명코 왔다갔다 변천하는 것이 아니다." 요컨대 "昔日自在昔 今日
自在今"인 것이다. 따라서 과거→현재→미래로 흘러가는 연속적인
시간이란 존재하지 않으며, 결국 '자성'自性을 가지고서 지속하는 사물
들——아我와 법法도 포함해—— 은 있을 수 없는 것이다.

　　시간의 연속성은 흔히 시간이 "흐른다"는 말로 표현된다. 여기에
서 "흐른다"는 것은 정확히 무엇을 뜻할까? 시간이 (실수의 연속성에
서처럼) 절대적으로 연속적이라면 시간은 오히려 흐르지 않는다. 아
니 시간이 존재할 수 없다고 해야 할 것이다. 청송은 순간=찰나만이
존재하기에 (상식적인 의미에서의) 시간은 없다고 보았지만, 사실 시
간이 완벽히 연속적이어도 시간은 정지해/증발해 버린다. 시간이 "흐
르기" 위해서는 오히려 그것이 분절되어야 한다. "흐른다"는 것은 결
국 시간이 분절되어 연속과 불연속이 계속된다는 것을 뜻할 뿐이다.
특히 연속과 불연속이 매우 짧은 간격으로 반복될 때 시간은 "흐른다"
(물론 시간에 대한 감각이 우리와 전혀 다른 존재에게는 긴 간격도 매우
짧게 보일 수 있고, 짧은 간격도 매우 길게 보일 수 있다). 청송의 논의는
시간의 분절을 전제한다. 시간이 흐르지 않는다는 청송의 생각은 시
간의 분절되지-않음에 있기보다는, 분절된 마디들이 연관성을 가지
지 않고서 끊어져-버림에 있다. 분절-없는 시간은 무-시간이고, 불연
속적인 분절들의 시간은 비-시간이다. 어느 경우든 지속하는 사물들

은 있을 수 없다.

그러나 여기에서 과연 시간이 분절되는 것일까? 시간"이" 분절된다는 말은 그리 간단히 이해될 수 있는 말이 아니다. 시간 개념 자체가 전형적인 존재론적 아포리아를 형성하거니와, 지금 맥락에서만 볼 때 시간"이" 분절된다는 말은 사실상 시간을 공간화하고 있는 표현이다. 그러나 이것이 분절되지 않은 시간을 공간화해 분절하는 분석적 지성에 대한 베르그송의 비판을 뜻하는 것만은 아니다. 시간"이"/"은"이라는 표현 자체가 이미 시간을 어떤 사물/실체로 만들고 있다. 이런 식의 표현은 사실상 편의상의 표현일 뿐이며, 존재론적으로는 적절치 않은 표현이 아닐까? 만일 시간을 '사건에 상관적인 의식의 차이생성'으로 본다면,[16] 분절되는 것은 사건(과 그것에 상관적인 의식의 흐름)이지 시간 자체가 아니다.[17] 이런 개념을 전제한다면, 청송의 주장 역시

---

16) 이런 식의 개념화 자체는 긴 논변을 요한다. 여기에서는 일종의 가설로서 일단 선언적으로 제시할 수밖에 없다. 여기에서 '상관적인'이라는 말이 중요하다. "바람이 움직이는 것도 아니요 깃발이 움직이는 것도 아니니, 그대들 마음이 움직이고 있는 것"이라 했지만, 마음은 공연히 움직이는 것이 아니라 객관적 사건들, 주체/의식이 **마주치게 되는**(rencontrer) 사건들에 상관적으로 움직인다. "일체유심조"는 이런 마주침의 존재론적 이미를 간과하고 의식'환원주의'에 빠진 생각이다. 조계혜능의 생각은 묘하게도 (영화 「매트릭스」에 등장하는) 매트릭스의 세계에서 설득력을 가진다. 여기에서 사건을 일으키는 것은 오로지 마음이기 때문이다. 매트릭스의 세계야말로 바로 유심(唯心)의 세계이다.

17) 이 의식의 분절들이 일으키는 내면적 느낌이 시간이라 해야 할 것이다. 그렇다면 시계의 역할은 무엇인가? 시계란 기계의 규칙성을 이용해 사람들이 **공통으로 확인할 수 있는** 사건들(시계의 바늘들과 숫자들의 일치)을 일으키는 장치라 할 수 있을 것이다. 시계로 측정되는 시간은 의식적 시간과 대립하는 것처럼 보이지만, 사실상 의식의 시간을 전제하고 있을 뿐이다. 그리고 다시 의식의 시간은 사건들과의 마주침에 근간하고 있다고 보아야 한다(결국 시계의 시간은 이 숱한 사건들/마주침들을 기계적 등질성으로 환원시켜, 의식들 간의 공통성을 확보하는 장치라 할 수 있다).

시간 자체가 찰나적으로 분절된다는 것이기보다는 모든 존재들이 찰나적으로 분절된다는 것을 뜻할 뿐이다(시간은 그 찰나적 분절의 상관자로서의 의식 —— 이 또한 찰나적으로 분절될 것이다 —— 이 가지는 무엇이라 할 수 있다).

그러나 모든 것이 이렇게 찰나적으로 분절될 뿐이라면(이렇게 생각할 때, 가능한 가설은 모든 것이 찰나에 주어져 있다는 생각뿐이다), 우리가 겪는 모든 일들이나 행하는 모든 일들은 역시 '환화'幻化 이상이 아니게 된다. 그리고 이런 주장 자체도 그저 착각에 그치게 되는데, 모든 주장은 지속적인 사유, 길게 이어지는 논변, 글쓰기, 타인들과의 소통,…… 등을 전제하기 때문이다. 진리 주장 자체가(만일 이상의 논의가 진리 주장이 아니라면 굳이 사유하고 논변하고 저작할 필요는 없다) 어떤 형태로든 사물들의 지속과 시간의 지속을 전제한다. 모든 것이 찰나에 주어져 있다면, 객관세계에서 부딪쳐 오는 타자들의 존재는 일방적으로 그 안에 내부화되어 버린다. 그러나 삶에 있어 부정할 수 없는 하나의 사실은 우리가 사건들에 항상 열려 있으며 **타자들과의 마주침을 통해** 변해 간다는 사실이다. 이 점에서 청송의 위의 논변 또한 특정한 존재론을 위해 다른 모든 경우들을 아주 간단히 해소시켜 버리는(자체 내로 억지로 내부화시켜 버리는) 전형적인 논리라고 하지 않을 수 없다. 이런 논리가 성립하는 경우는 타자와의 마주침 자체가 부재하는(사실상 불가능하지만) 경우뿐이다("도를 닦는" 사람들이 홀로 있는 환경을 만들려는 것이 바로 이 때문이다. 이는 뒤에서 논할 윤리적 문제와도 연관된다). 여기에서는 앞에서 말한 과거의 불확실성도 미래의 불확실성도 사라져 버리며, 모든 타자성들이 단번에 해소되어 버린다. 자신이 지금 살고 있는 상황과 모순되는 주장을 하는 모든 논변은 자가당착적自家撞着的인 논변이다. 모든 논변은 그 논변에 함축되어 있는 것들(논변 주체, 진리 주장, 타인들, 언어 및 글쓰기, 사회적 상황,……등)까지 자체 내에 포함해 이루어져야 한다. 그렇지 않을 때 흔히 자가당착에 빠져 버린다. '시간의 종합'을 전제하지 않는다면 우리는 어떤 일도 할 수 없다.[18] 요긴대, 시간을 찰나적 현재들의 계기繼起로만 파악할 때, '시간의 종합'을 통해서만 이해할 수 있는 모든 것들을 어떻게 설명할 수 있을 것인가?[19]

3) 청송의 논의에서 또 하나 중요한 것은 '환화'幻化에 불과한 세계를 실재로 생각하는 미망으로부터 벗어나야 한다는 점이다. 즉, "山不是山 水不是水"를 최종적인 진리로 착각하는 것에서 벗어나야 한다. 이를 위해서는 우선 대상세계가 실재라는 생각을 버려야 하고, 다음으로는 이렇게 버려야 한다는 마음[遠離心] 또한 버려야 한다. 앞에서 "심心 자체는 실체일까?" 하고 물었거니와, 이 대목에서는 심 자체의 실체성에도 집착해서는 안 된다는 결론이 나온다. 그로써만 '무념'無念/'공공혜'空空慧에 도달할 수 있다. 이때 비로소 "산도 없고 물도 없다"는 지경에 도달하게 된다. 이 세계는 그야말로 '적멸'寂滅의 세계이다.

---

18) '시간의 종합'(synthesis of time) 개념은 칸트에 의해 확보되었고(『순수이성비판』에서 시간 개념이 중요한 이유는 「선험적 감성론」에서의 시간론에 있기보다는 이 저작 전체를 관류하는 생각이 결국 시간의 종합이라는 점에 있다), 후설의 '과거파지'와 '미래파지' 개념, 베르그송의 '지속' 개념, 제임스의 '의식의 흐름' 개념 등을 통해서 정교화되었다.
19) 또, 설사 시간의 종합까지 가지 않는다 해도, 의식(과 그 상관물들)이 찰나적으로 생멸(生滅)할 뿐이라면 어떤 연관성도 없는 사건/시간의 파편들에서 왜 '반복'이라는 현상이 나타나게 되는가를 설명해 주어야 한다.

"若見諸相非相 卽見如來"[20]의 가르침조차도 방편일 뿐, 집착해야 할 또 하나의 진리는 아니라는 것이다.

그러나 이 세계는 절대적 무의 세계, '적멸허무'寂滅虛無의 세계는 아니다(이는 이른바 '악취공'惡取空, '묵조사선'墨照邪禪일 뿐이다).

무념無念-적멸寂滅은, 관념적 허구인 대상의 세계를 단멸한 것을 의미하는 것이요, 결코 현실적으로 생동하는 우리의 현실적 세계를 말살하는 것을 의미하는 것은 아니다. 그저 우리의 마음속에 털끝만큼의 사념만 일어나도 그것을 원수로 삼아 고개를 쌀쌀 흔들어 파제破除하고, 눈 딱 감고 캄캄한 의식[頓絶] 상태에 잠기는 것을 유일의 무념인 줄로 맹신하는 사람들이 있는 고로 보조국사가 "흔히 말을 여의고 생각을 끊어서 무념무상에 잠기는 것을 진리인 양 생각하는 사람이 있으나, 이는 우리가 살고 있는 현실적 세계에서 사사물물事事物物에 즉卽하여 그것을 떠나는 깨침을 얻지 못하는 사람들이다"라고 꾸짖고, "이언절려離言絶慮, 무념의 심경에서, 현실적 세계의 현전을 소상히 본다[證得]"고 하였다. 진각국사도 또한 "불단불멸不斷不滅의 밝음이 스스로 있어 항상 세간을 비친다. 비쳐지는 세간이 없지 않다"고 하였다.(『선의 세계』, 43~44쪽)

이상 논했듯이, 청송은 1) 과거→현재→미래로 흐르는 시간 속에서 자성을 가지고서 지속되는 것은 없다, 2) 나아가 시간의 실재는 찰나뿐이며 찰나들은 불연속적이다라는 근거에서 "山是山 水是水"는

---

20) 『금강경』, 「여리실견분」(如理實見分).

사실상 "山不是山 水不是水"임을 주장한다. 그러나 우리는 이렇게 생각할 경우 1) 우리가 엄연히 경험하는 질서, 규칙성, 동일성, 반복,⋯⋯ 등을 어떻게 이해할 것인가? 그리고 2) 시간의 종합을 전제해야지 이해할 수 있는 삶의 숱한 경험들을 어떻게 이해할 것인가? 라는 두 가지 아포리아를 제시했다.

첫번째 문제는 (앞에서 이야기했던) 청송이 과학적 지식들을 첫번째 "山是山 水是水"에 위치시켰던 점과 관련되며, 이 때문에 단순한 생성존재론의 입장으로 귀결한다고 볼 수 있다. 만일 과학적 지식들의 종합태로서의 존재론을 추구할 경우, 우리는 생성과 존재들이, 차이생성과 반복이 얽혀 있는 세계를 발견하게 된다(앞에서 지적했듯이, 상식의 세계조차도 단순한 동일성들의 세계가 아니라 동일성과 차이생성이 함께 발견되는 세계이다). 물질의 차생差生 속에서 영원한 동일성들이 흐려지는 세계이든(플라톤), 동일성들의 역동적인 공간적-시간적 관계 맺음의 세계이든(아리스토텔레스-헤겔), 절대적 생성의 세계로부터의 동일성들이 탄생하는 세계이든(베르그송-들뢰즈), 동일성들에 대한 진지한 고려가 없는 생성존재론은 우리에게 막연한 이미지 외의 것을 주지는 못한다는 점을 생각해 봐야 한다.

나아가 마찬가지로 시간의 종합을 인정하시 않는다면 (첫번째의 형태와 다른 형태로) 또다시 막연한 이미지의 생성존재론에서 멈추게 된다. 이 세계에 (가장 넓은 의미에서의) 개체들이 존재하는 것은 어떤 형태로든 시간적-공간적 종합을 전제하며, 인간의 경험들 또한 시간적-공간적 종합 없이는 생각할 수 없다. 종합의 계기를 결한 채 해체의 계기만을 강조할 때 귀결하는 것은 아무런 규정성도 없는 'white noise'뿐이다. 그러나 물론 '시간의 종합' 개념 역시 타자와의 마주침이라는 계기를 결여할 때, 또 하나의 내부화의 논리가 될 수밖에 없다. '시간의 종합'에 관한 논의는 반드시 이 계기를 포함해야 하며, '종합'은 내부화가 아니라 '혼효'混淆 ── 들뢰즈와 가타리가 말하는 **통합 아닌 접합**' ── 로 이해되어야 할 것이다.

요컨대 "山不是山 水不是水"의 경지에 대해 청송이 제시한 존재론은 절대적 성격을 띤 생성존재론 ── 첫번째 형태는 얼굴 없는 생성만을 제시하고 있으며, 두번째 형태는 단절된 세계의 계기만을 제시하고 있다 ── 이며, 이는 동일성들의 엄연한 존재 및 시간의 종합이라는 근본 현상을 방기하고 있는 것이다. 이는 이 존재론이 1) 과학적 인식들을 상식 수준에 위치시켜 버린 후, 2) 과학들의 종합이라는 과정을 결한 추상적인 생성존재론만을 생각하고 있기 때문이다. 그러나 우리는 1) 상식의 수준과 과학적 지식들의 수준을 구분한 후, 2) 제반 과학들의 종합태로서의 존재론을 추구해야 할 것이다. 이런 과정을 결할 때 실재에 대한 추상적이고 독단적인 존재론을 제시하는 데 그칠 수밖에 없게 된다.

그러나 물론 공空의 차원이 청송 사유의 귀결점은 아니다. 청송은 3) "山是山 水是水"의 세계, (상식과 과학에 의한) 즉물적 긍정의 세계를 철저히 적멸시켜야 하지만, 나아가 그 적멸시키는 마음까지도 적멸시켜야 한다는 것, 하지만 이것이 절대적인 무無를 말하는 것은 아니며 그릇된 미망의 적멸을 의미할 뿐이라고 말한다. 이때 우리는 즉물적 긍정의 세계로서의 "山是山 水是水"가 아닌, 철저한 비판적 부정의 세계로서의 "山不是山 水不是水"를 거친 이후의 비판적 긍정의 세계로서의 "山是山 水是水"를 얻게 된다. 그렇다면 이 후자의 "山是山 水是水"→"山是祇山 水是祇水"의 세계, 청송이 말하는 '본지풍광'本地風光의 세계란 도대체 어떤 세계인가?

'비판적 긍정'의 세계(山是山 水是水)

이제 우리 논의 구도의 귀결점인 비판적 긍정의 세계에 도달했다. 청송은 이 세계를 네 가지 갈래로 파악한다. 이 논의들을 음미해 보고, 또 그 한계들을 지적하면서 새로운 방향들을 설정해 보자.

1) 우선 이 세계는 '적-조寂-照현전現前의 현행現行'의 세계이다. '寂-照'란 모든 것이 적멸했다고 생각하는, 나아가 그런 생각까지도 꺼져 버린 그 순간에 갑자기 환하게 비쳐 오는 정신적 빛이다. 이 '寂-照'의 세계는 한마디로 사물을 대상화하고 자신을 주체화하는 의식이 적멸했을 때 비쳐오는 빛의 세계이다. 진각국사의 말처럼, "대상의식만 끊고 나면 바로 그 진리가 보리현행菩提現行인지라 맑고 밝은 마음이 본래부터 온 세계를 두루 비치니, 이것은 다른 사람으로부터 받아서 얻는 것이 아니다. 다른 사람으로부터 얻은 것이 아닌 이상 그것은 다만 당자當者 자신의 말이니 봄소 믿고 몸소 깨칠 따름이다." 이 세계는 '대상적 표상'을 버렸을 때 드러나는, 사진을 버리고서 볼 때 드러나는 '현전자재'現前自在의 세계이다.

이 '적-조현전'의 세계는 늘 현행적現行的이다. 그것은 과거에 대해 구성한 세계도 아니고 미래에 대해 상상한 세계도 아니다. 그러나 이 현행적 현재는 후설이 말하는 '생생한 현재'는 아니다. 그것은 차라리 바슐라르의 '순간의 형이상학'이나 니시다 기타로가 말하는 '생명사건', 벤야민이 말하는 '순간의 변증법'이 함축하는 현재에 가깝다. 즉, 후설, 베르그송, 제임스 등의 수평으로 흐르는 현재가 아니라 바슐라르, 니시다, 벤야민의 수직적으로 정지한 현재에 가깝다. 이것은 시간 그 자체를 벗어나 버리는 깨달음의 시간이다. 이런 세계는 하이데거가 말하는 세계, 즉 인간주체가 표상하는='자신-앞에-불러-세운'vorstellen 세계가 아니라 '스스로-자기를-열어-보이는-것'das Sichöffendes으로서의 세계이다. 인간이 대상화하는 세계가 아니라 오히려 스스로를 그것에 내맡겼을 때 드러나는 세계Anwesen(=현전자재하는 세계)인 것이다. 하이데거가 볼 때, 이 'Anwesen'으로서의 세계는 바로 본래적 의미에서의 'physis'이다. 그것은 곧 대상적 세계를 벗어났을 때[寂] 환히 드러나는[照] '현전자재'하는 세계이다.[21]

이 현전자재의 시간은 물리적 시간도 후설의 의식류의 시간도 아니다. 존재가 개현開顯되는 시간, 스스로 '시숙'時熟하는sich zeitigen 시간이다. 하이데거는 "현전자재에는 현재와 존속이 접혀walten 있다"고 말한다.[22] 이 시간은 언제나 현전(자재)해 있는 시간, 늘 시숙하는 시간, "가장 늙었으면서도 가장 젊은 시간", 퓌지스의 시간이다. 이 퓌지스라는 개현의 광장에서 사물들이 열린다. 요컨대, 하이데거가 생각

---

21) 『선의 세계』의 두번째 논문인 「禪에서 본 하이데거의 존재현전성」을 참조. 책의 말미에 붙은 「현대 사조의 전향과 禪 사상」에 비교적 평이한 해설이 실려 있다.
22) 더 상세하게 번역하면 "현전에는 사유되지 않은 채 은폐되어 있는 현재와 지속이 현동(現動)하고 있고, 시간이 현성(現成)하고 있다"(im Anwesen waltet ungedacht und verborgen Gegenwart und Andauern, west Zeit)가 된다(『형이상학이란 무엇인가』, 이기상 옮김, 서광사 1994, 40~41쪽).

하는 현전자재의 시간은 지나가 없는 것도 아직 오지 않은 것도 아닌
언제나 존재하는 시간이면서 특히 현존재에게 현전자재로서 드러나
는 그런 시간이다. 그 때문에 존속과 현재가 접혀 있는 시간이 현전자
재의 시간이 된다.[23] 이는 곧 '적-조현전'의 '현행'現行 바로 그것의 시
간이다. 결국 空의 끝에서 만나게 되는 것은 적멸허무가 아니라 퓌지
스의 빛이며, 그 만남의 시간은 곧 (물리적 시간도 심리적 시간도 아닌)
현재와 존속이 접혀 있는 존재사건의 시간인 셈이다.

　　요컨대 청송이 말하는 "山祇是山 水祇是水"는 상식과 과학이 세계
에 투사하는 모든 틀들을 걷어내고 세계를 "있는 그대로" 보는 경지
인 셈이다. 그러나 이 "있는 그대로"라는 것이 과연 무엇일까? 상식도
또 과학적 지식도 넘어서 보는 세계란 어떤 세계일까? 이것이 문제의
핵심이며, 쉽게 답하기 어려운 문제이다. 하이데거는 예술을 통해 이
런 세계가 드러난다고 하지만, 예술이 드러내는 세계가 참세계고 (과
학을 비롯한) 다른 관점들이 드러내는 세계는 참세계가 아니라는 주장
은 그저 한 인간의 주관/취향 이상은 아닌 듯하다. 또 누군가가 종교
적 "경지"에서 본다고 하는 그런 '적-조현전의 현행'이 어떤 의미에서
진실재인지는 그가 그것을 명료하게 증명하지 않는 이상 (그 개인에게
는 물론 어떤 식으로는 의미가 있겠지만) 개관적인 의미는 없는 것이다.
요컨대, "있는 그대로의" 현전자재하는 세계란 도대체 어떤 세계인

23) 하이데거의 이런 시간론은 그의 '존재사건'(Ereignis) 개념을 통해서도 잘 나타난다.
　　'Ereignis'에 대해서는 이기상, 『하이데거의 존재사건학』(서광사, 2003)과 김종욱, 『하이
　　데거와 형이상학 그리고 불교』(철학과현실사, 2003)를 참조.

가? 주관적 체험/취향/독단 이상으로 이를 명료화할 수 있는가? 결국 우리는 첫번째 아포리아로 되돌아간 셈이다.

아마도 선불교-하이데거-청송이 말하는 '현전자재'는 이런 것인 듯싶다. 우리는 물에 대해 여러 가지 경험들과 지식들을 가지고 있다. 물이 흘러간다든가 (특별히 데우지 않는 이상) 차갑다든가 손에 잡히지 않는다든가 하는 등등의 경험들, 그리고 물의 화학식은 'H₂O'라든가 "100℃에서 끓고 0℃에서 언다"든가 하는 과학적 지식들이 그것들이다. 이것이 첫번째 "水是水"의 차원이다. 그러나 이런 지식들이 사실은 미망에 불과하며 공空을 깨닫지 못한 소치에 불과하다고 봄으로써 비판적으로 부정하는 차원이 "水不是水"의 차원일 것이다. 이것은 '물'이라는 동일성이 미망에 불과함을 깨닫게 되는 차원이다. 그러나 다시 긍정으로 돌아와 이런 상식들, 지식들을 걷어낸 상태에서 물을 "있는-그대로"의 물로서 바라보는 차원이 마지막의 "水是水" 즉 "水祇是水"의 차원인 것이다. 사실 우리는 이런 경험들을 가지고 있다. 물에 대해 우리가 별 생각 없이 가지고 있는 상식적 경험들이나 과학적 지식들은 대개 일반화된, 평균화된 상像들인 경우가 많다. 그래서 우리는 물에 이런 경험들, 지식들을 투사해서 그저 덤덤하게 그것을 보곤 한다. 그러나 어느 순간 물 그 자체, 우리에게 갑작스럽게 새로이 다가오는, '존재사건'으로서 부닥쳐 오는 물을 만나곤 하지 않는가. 자연=퓌지스의 근원적 힘으로서 다가오는 또 지금 여기에서의 생생한 감동으로 다가오는(호수의 잔잔함으로서든, 폭포의 웅장함으로서든, 바다의 깊이로서든,……) 물에 마음이 열리면서 만나게 되는 그런 물이 있다(예컨대 뛰어난 화가들은 이런 고유한 경험을 독창적으로 표현하기도 한다).

만일 청송이 말하는 '적-조현전의 현행'이 이런 것이라면, 이런 경험들에도 불구하고, 이런 경험들이 세계에 대한 (우리가 평소에는 잊고 살아가는) 또 다른 생생한 경험이라는 점을 인정한다 해도, 이런 차원의 세계가 다른 차원들이 세계보다 더 진실재眞實在라는, 더 진리라는 인식론적 논거가 정확히 무엇인지 분명치가 않다. 상식의 세계는 오랜 세월에 걸쳐 대부분의 사람들의 경험을 매개해 형성된 것이다. 그런 상식에 가려 버린 측면들의 '탈은폐성'Unverborgenheit도 소숭하시만, 상식 자체도 마찬가지로 소중한 것이 아닐까. 타인들과의 소통을 통해서 이루어진, 선인들의 숱한 피와 땀을 통해 이루어진(신농神農은 무수한 약초들을 실험하느라 고통을 겪었다고 하지 않는가) 상식과 그 상식의 그물이 은폐해 버린 세계의 또 다른 측면, 어느 쪽이 더 소중하다고 쉽게 말할 수 있을까? 또 어느 쪽이 더 '소중하다'는 가치론적 판단으로부터 그것이 '진실재/진리이다'라는 존재론적/인식론적 판단으로 쉽게 넘어갈 수 있는가?

과학의 경우는 더 복잡하다. 일반적인 생각으로, 오히려 과학이야말로 우리가 모르던 세계의 심층을 '탈은폐'시켜 주지 않는가. 생명체가 세포로 되어 있다는 사실은 우리에게 생명의 심층을 한 차원 더 깊게 드러내 준 것이 아닌가. 흰 개인의 감성을 표현한 시가 이런 과학적인 지식보다 어떤 면에서 더 진실재이고 탈은폐성인지 납득하기가 힘들다. 그런 식의 탈은폐의 경험이 다른 탈은폐들과는 다른 어떤 드러냄을 준다는 것은 받아들일 수 있다(물론 이는 다른 탈은폐들의 경우에도 **상대적으로** 똑같이 말할 수 있다). 또, 그런 탈은폐의 경험이 우리에게 커다란 깨달음과 감동을 가져다준다는 것 또한 당연히 공감

할 수 있다(물론 이 역시 상대적인 것이다. 다른 탈은폐들도 모두 나름대로의 깨달음과 감동을 준다). 하지만 문제는 (선불교나 하이데거에 기반해) 청송이 드러내고자 하는 '적-조'의 깨달음이 어떤 면에서 다른 형태의 깨달음보다 더 진실재인 것일까? 하는 것이다. 이런 주장은 인간 행위와 깨달음의 어떤 특정 국면을 너무 독단적으로 특화시킨 것은 아닐까? 철학이 해야 할 일은 어떤 특정한 차원에 대한 이런 독단적인 강조가 아니라 오히려 각종 형태의 차원들/깨달음들의 존립근거를 평등하게 드러내 주고(선험철학적=메타적 작업), 그런 차원들/깨달음들을 보다 넓은 차원에서 조망할 수 있는 길들을 사유하는 것(존재론적=종합적 작업)이 아닐까?[24]

2) "山祇是山 水祇是水"의 두번째 의미는 '일제평등'—濟平等='일여'—如이다. 이는 "山不是山 水不是水"를 겪은 이후에 다시 돌아와 "그래도 역시/다만[祇] 산은 산이고 물은 물이구나" 하고 깨닫는 경지이다. 청송의 말을 들어 보자.

---

24) 흔히 '환원주의'(reductionism)라는 개념은 자연과학 또는 사회과학에 관련해 사용되지만, 선불교-하이데거적 관점 역시 또 하나의 환원주의라 할 수 있다. 이 역시 모든 논의를 세계와 주체의 어떤 한 극단으로 몰고 가는 것은 마찬가지이기 때문이다. 소은 박홍규는 환원주의의 문제점을 다음과 같이 지적한다. "A와 B가 관계를 맺고 있을 때 A를 B로, 즉 어느 일부분을 희생시키고 다른 일부분만을 갖고 그 A와 B의 전체를 설명하려고 하는 것이 (……) 환원이야. 축소야./ 분석은 그런 것이 아니라 환원하고는 반대돼. (……) A와 B가 관계를 맺고 있을 적에 분석은 각각 A 자체, B 자체로 나누어서 A 자신의 입장에서 한 번 보고, 또 B 자신의 입장에서도 한 번 보고, 또 관계 맺는다는 요소가 들어가니까 관계 맺음의 요소에서도 보는 것이야. (……) 분석은 축소하는 것이 아니라. 그것과 관계 맺고 있는 것이 가지고 있는 모든 측면에서 보자는 얘기야."(박홍규, 『『파르메니데스』편 강의』, 『플라톤 후기철학 강의』, 민음사, 2004, 181~182쪽)

첫째 경우["山是山 水是水"]는 주-객 대립에서 그때그때 의식에 의하여 허구된 대상사물을 항구불변의 자성을 가지고 실재하는 양 망령되이 믿는 상집常執이요, 둘째 경우["山不是山 水不是水"]는 대상일체의 세계는 허구에 불과한 것이라 하여 단멸하는 것까지는 좋으나, 현실적 세계까지도 통틀어서 허구화하고 다만 무념무위의 적멸에만 침체沈滯하는 단집斷執인 데 대하여, 셋째 경우["山祇是山 水祇是水"]는 현실을 현실 있는 그대로 여실하게 보는 요오了悟의 경지이다. 현실 있는 그대로라는 뜻은, 현전現前의 현실세계 대신으로 관념적 체계를 대치하지 않는다는 의미에서 그러하고, 또 엄연히 현전하는 이 현실적 세계를 부정하지 않고 질직무위質直無爲 —— 작위 없이 단적으로 직하直下에 긍정[承當]하는 의미에서 또한 그러하다.(『선의 세계』, 59쪽)

상집常執→단집斷執→요오了悟로 나아갔을 때 만나게 되는 차원이 곧 'Anwesen'의 차원, 존재-현전存在-現前의 차원이다. 이는 "보이는 '것을' 의식하지 않고 다만 그것을 '보는' 것"이요, "주-객 대립 이전의 세계로서의 본지풍광"이요, "인간의 본질적 사유[無緣常智]의 구조와 존재[無相常境]의 구조가 서로 일치하는 것"이다.

이 '일제평등'—齊平等='일여'—如의 세계는 결국 인간이 사물들에 부여하는 차별상을 접어 두고 자신에게 현전하는 세계를 그 현전자재함 그대로 보는 것을 뜻할 것이다. 이는 미학에서 말하는 '사심-없음' disinterestedness을 상기시킨다. 어쩌면 이런 태도는 우리의 앎과 삶의 고비 고비에서 되돌아가 봐야 할 원초적 상황일 수도 있다. 그러나 이 '일여'의 세계가 진실재라는 주장은 극히 인간중심적 주장이 아닐까?

사심-없게 바라볼 때 우리에게 드러나는 세계는 다른 조건들에 입각해 볼 때 드러나는 세계들(일상 언어로 본 세계, 양자역학으로 본 세계, 정치경제학으로 본 세계,…… 등)에 비해 더 진리인가? 우리가 사심-없이 바라보는 세계는 그저 다른 조건들을 접어둔 채 우리에게 주어진 원초적인 조건에 입각해 바라보는 세계가 아닌가? 만일 우리 눈의 구조가 잠자리처럼 되어 있다면 이 '본지풍광의 세계'는 전혀 다른 세계가 되어 버리지 않겠는가? 만일 인간(어른)의 키가 10m이거나 1m라면 세계는 어떻게 보일까? '본지풍광의 세계'가 진실재라는 주장은 심미적 차원과 존재론적 차원을 혼동한 것이 아닌가? 그런 심미적 통찰에 깊이 공감한다고 해서, 그렇다고 해서 그것이 존재론적 진리라는 주장에 동의할 수 있는 것은 아니지 않은가? 오히려 존재와 인식의 어떤 특정 국면을 특권화하고 진리화하려는 것이야말로 바로 **편파심**偏頗心이 아닐까? 우리가 진정 벗어나야 할 일차적인 미망迷妄은 상식이나 과학이 아니라 특정한 존재론을 앞세워 다른 경험들, 담론들, 행위들,……을 너무 쉽게 재단하려는 존재론적 편파심이 아닐까?

'일제평등'의 세계는 오히려 윤리적 맥락에서 중요한 의미를 띠는 듯싶다. 인간이 세계와 인생에 자의적으로 부여하는 가치들을 모두 거두어내고 때때로 절대 평등의 세계에 서 보는 것이 반드시 필요하다. 그러나 이는 자신을 비우는 행위이지 진실재를 발견하는 행위는 아니다. 오히려 그런 존재론적 개입commitment을 접어 두는 것이 중요하다 해야 할 것이다. 오히려 중요한 문제는 존재론적 '있는-그대로'에 대한 자의적 주장이 아니라 윤리학적 '있는-그대로'의 나/우리 자신의 모습이 아닐까. 그때 우리는 '일제평등'의 세계에 서게 되고,

다시 그 위에서 새로운 삶의 양식들을 실험할 수 있을 것이다.

　3) "山祇是山 水祇是水"의 세번째 의미는 "입득세간入得世間 출세무여出世無餘"의 차원이다. 이는 현전자재하는 세계를 봄과 더불어 그런 봄을 가지고서 삶[人間世]을 살아가는 것, 세상에 나아가 살되 세상에 물들지 않는 것을 뜻한다. 이는 결국 세간이 부여하는 온갖 가치들에 초탈해 살아감을 뜻한디.[25]

　이는 앞에서 말한 '현전자재하는 세계'의 발견과 '일제평등=일여의 경지'의 연장선상에서 가능할 것이다. 다시 한번 말한다면, 윤리적 차원에서 이런 경지에 때때로 서 보는 것은 매우 중요하다. 하지만 이 경지에 머무름으로써는 오히려 윤리적 삶은 불가능하다. 그것은 우리가, 깨끗한 삶을 위해서는 틈틈이 목욕을 해야 하듯이, 윤리적 삶을 살기 위해서는 때때로 갔다가 와야 할 경지이지, 그 자체가 최종적인 귀착점이 될 수는 없다. 그것은 투쟁이 **없는** 소요의 경지이지 투쟁을 위한 소요의 경지는 아니다. 소요가 없는 투쟁은 자칫 증오로 치닫게 되지만, 또한 투쟁이 없는 소요는 (사실상 가능하지도 않거니와) 윤리의 문제들을 방기하는 것에 다름 아니다. 세상사를 살아간다는 것은 항상 **타인들과 관계를 맺는다는 것이다.** 삶에는 다른 측면들(시대적 상황, 자

---

25) "맑고 밝은 거울이 胡來胡現 漢來漢現 ──無心코 모든 것을 있는 대로 비치듯이, 대상에의 집념이 없이 그때그때 현행하는 순수행위에 설 때에는, 선도 현행하고 악도 현행하는 고로 선악이 다 동일한 하나의 현행에서의 현행일 뿐──여기에서는 善惡好厭의 애증이 없다. 원래 시비선악은 인간 주관의 가치평가에서 오는 것이요 이 가치평가는 평가되는 목적대상의 실재, 즉 대상 정립을 전제로 한다. 그러나 대상의식을 가지는 주-객 대립에로의 분열이 전개되기 이전인 순수행위의 형행에서는 이러한 대상 정립이 없는 고로 거기에는 선한 것, 악한 것이 없고 따라서 是非好厭이 있을 리가 없다."(『선의 세계』, 78쪽)

연환경, 기술 변화 등등)도 있지만, 사람이 한평생을 산다는 것은 결국 타인들과 더불어 살아가는 것이다. 가치에 초탈한다는 것은 관계 속에서 살아가는 한 불가능하다. 그것은 결국 타인들과의 관계를 방기放棄하는 것에 다름 아니며, 그럴듯한 말로 수식되긴 했지만 결국 일종의 염세厭世에 다름 아니다. 가치의 초탈은 오히려 더 좋은 가치에로 나아가기 위해 수시로 매개되어야 할 소요의 차원으로서 의미를 가진다고 해야 할 것이다.

가치의 초월은 인간을 삶에서 일어나는 각종 관계들, 사건들에 무책임하게 만든다. 타인들과의 관계는 좋은 것들(사랑, 우애, 협동, ……)도 또 나쁜 것들(질시, 경쟁, 이기심,……)도 포함한다. 세상에서의 사건들은 좋은 것들(민주화, 환경보존,……)도 나쁜 것들(독재, 개발, ……)도 존재한다. 이런 좋음과 나쁨에 대해(물론 이에 대해 의견들은 다양할 수 있다) 초탈한다는 것은 결국 윤리적 무책임에 다름 아니다. 인간이란 타인들과 더불어 살아갈 수밖에 없는 존재이며 때문에 좋든 싫든 필연적으로 윤리적 존재일 수밖에 없다. 따라서 '좋은 윤리'에 대해 끝없이 고민하고 대화하고 실험하는 것이 아니라 판단 자체를 방기해 버린다는 것은 결국 타인들과 세상을 방기하는 것에 다름 아니다. 어떤 사람들은 불교가 21세기를 구원할 듯이 이야기하지만, 현전 자재의 차원으로, 퓌지스의 차원으로 "돌아간다"고 해서 현실의 윤리적 문제들이 해결되는 것일까?[26]

우리가 삶에서 부딪치는 윤리적 문제들은 대개 '사건'의 성격을 띤다. 사건이란 삶의 지평으로 솟아오르는 것이며, 우리에게 와서 부딪치는 것이다. 그것은 근본적으로 타자성의 성격을 띤다. 따라서 삶의 핵심적인 문제는 우리가 만나게 되는 사건들을 어떻게 살 것인가 하는 것이다. 하나의 사건을 산다는 것은 그것을 다른 사건들과 계열화하는 것이며, 또 스스로를 그 사건에 동일시하는 것이고, 그 사건을 둘러싼 욕망과 권력의 놀이에 참여해 투쟁함으로써 (스피노자적 의미에서의) 신神=자연自然에 대한 사랑으로 나아가는 것이다. 윤리란 이런 동적인 성격을 띤다. 일제평등의 차원이나 가치 초탈의 차원은 이런 역동적 과정의 한 매개 고리가 되어야지 귀결점이 되어서는 곤란하다. 그것은 사건을 살아갈 수 있게 해주는 소요의 힘으로서 작동해야 하는 것이다.

4) 게다가 청송의 논의에서 등장하는 타인들이란 그저 (흔히 하는 말로) "통하는 사람들"일 뿐이다. "山祇是山 水祇是水"의 네번째 의미인 유일현전성唯一現前性의 '실참실오'實參實悟가 이 점을 함축한다. 이것은 "인간 사유의 밖에 장차 언젠가는 도득到得할 수 있는, 또는 영원히 도득할 수 없는 형이상학적 실체로서 실재하는 것이 아니라, 지금 여기 개개인 분상分上에서 현전하는 것인 고로, 개개인이 몸소 현행現行의 실참실오에서 자신자긍 자증자득自信自肯 自證自得해야 하는 것"으로서, 결국 "당사자만 아는 일"이거나 "통하는 사람들"끼리 고개를 끄덕끄덕하거나 "서로 끌어당겼다[雙收] 놓있디[雙放]하는 수작"이다.

---

26) 아울러 만일 선불교와 하이데거가 21세기의 대안이라면, 선불교도 하이데거도 공히 파시즘에 연루되었다는 사실을 어떻게 이해해야 할까? 이 문제는 이런 주장을 펼치기 위해서는 반드시 통과해야 할 문제이다. 불교와 파시즘에 대해서는 가라타니 고진, 『역사와 반복』(조영일 옮김, 도서출판b, 2008), 3부를, 하이데거와 파시즘에 대해서는 박찬국, 『하이데거와 나치즘』(문예출판사, 2001)을 참조.

그러나 앞에서도 줄곧 그랬듯이, 이 생각 역시 타자성을 방기하는 사유의 성격을 띨 수밖에 없다. 인간사회의 대부분 윤리적 문제는 결국 집단이기주의에서 나온다. 각각의 집단이 단단한 동일성을 고집하면서 타자들을 배척하고 그런 동일성들의 이해타산만이 사회적 현실을 지배할 때, 그 사회는 전형적인 닫힌 사회로 머문다. 동일성의 껍질을 깨고 집단이기주의를 완화시켜 나가는 정도가 그 사회의 윤리 수준의 척도를 이룬다고 할 수 있다. 베르그송의 '열린 사회'의 이념은 윤리의 정곡을 겨냥한 생각이다. 물론 청송이 생각하는 집단은 비윤리적인 집단과는 거리가 멀다. 오히려 그의 생각은 깨달은 사람들의 수준을 겨냥하고 있다. 그러나 그런 집단일지라도 그것이 닫힌 집단인 한 윤리적 사회에 공헌할 수는 없는 법이며, 나아가 사회의 비윤리성을 방기함으로써 (설사 원하지 않더라도) 거기에 연루되지 않을 수 없다고 해야 하지 않을까.

요컨대 청송이 도달한 "山祇是山 水祇是水"의 세계, 즉 "적조현전"寂照現前, "일제평등"一濟平等, "입득세간 출세무여"入得世間 出世無餘, "실참실오"實參實悟의 세계는 아름다운 경지이기는 하지만, 존재론적으로 독단적이고 윤리학적으로 수동적인 생각이라는 한계를 노정한다고 볼 수 있다. 1) "山不是山 水不是水"를 넘어 "山祇是山 水祇是水"의 세계로 나아간다는 것은 전자를 부정하고 후자로 귀착하는 존재론적인 문제라기보다는, 전자를 전제했을 때 후자를 우리 삶의 어디에 위치시켜야 하는가라는 윤리적 문제라고 해야 한다. 다시 보게 된 현실이 '진리'인 것은 아니다. 오히려 우리가 물어야 할 것은 두번째 단계에서 찾아낸 실재와 우리가 사는 현실을 어떻게 관계지을 것인가이다. 아니,

실재가 단적인 하나의 그림으로서가 아니라 매우 입체적이고 다원적인 형태로서만 파악된다는 점을 감안한다면(과학적 지식들의 다원성과 존재론적인 통일적 사유가 동시에 고려되어야 한다), 우리가 물어야 할 것은 '세계의 모든 얼굴', 세계의 무한한 존재면存在面들의 총체에 우리 삶의 현실면現實面을 어떻게 삽입할 수 있는가의 문제이다.

2) 또 하나, 이렇게 되돌아와 만나게 되는 현실세계는 적연부동寂然不動의 관조적 세계가 아니라 다양한 형태의 타자성이 우리에게 끝없이 윤리적 문제를 던지는 세계이다. 그래서 정말 중요한 문제는 이 관조적 세계를 매개로 해서 어떻게 윤리적 문제들에 부딪치는가 하는 것이다. 이것은 1)에서 언급한 '존재면들에로의 현실면의 삽입'의 또 하나의 측면이지만, 그러나 1)의 경우와 2)의 경우는 다르다. 후자의 경우, 현실세계는 인간 고유의 의미와 가치의 세계이며, 따라서 고유한 윤리학적 사유를 요하는 세계이기 때문이다. 현실세계가 어떻게 '인식'되든 이 세계는 인간이 살아 있는 한 그 안에서 살아야 할 근본 장소이며, 결국 문제는 그런 '인식'과 현실세계에서의 '윤리'를 어떻게 연결시키느냐의 문제인 것이다.

지금까지 청송의 논의를 비판적으로 독해하면서 다른 관점을 제시해 왔거니와, 가장 핵심적인 논점은 세 가지이다.

첫째, 상식과 과학 그리고 형이상학/존재론의 관계라는 문제이다. 청송은 상식과 과학은 같은 지평에 놓았고, 존재론을 전개했다. 그러나 우리는 이 때문에 그의 사유는 제반 과학의 성과들에 대한 메타적 작업이라는 과정을 결한 채 존재론으로 비약했다는 것을 논했다.

우리가 볼 때, 상식과 과학 사이에는 엄연한 인식론적 단절이 존재하며, 존재론은 제반 과학의 종합태로서 추구되어야 한다. 둘째, 실재에 대한 파악의 문제이다. 청송은 실재를 공空으로서 더 나아가서는 생성까지도 극한 세계로서 파악했다. 그러나 우리는 실재에 관련해서 반드시 차이생성과 동일성이 동시에 고려되어야 한다는 것, 그리고 시간의 종합은 세계의 가장 근본 성격으로서 결코 배제될 수 없다는 점을 강조했다. 셋째, 귀결점으로서의 현실을 어떻게 인식하고 또 어떻게 살아야 하느냐의 문제이다. 청송은 이 궁극의 세계를 관조적인 관점에서 이해했고, 또 그런 관점을 공유하는 집단의 특수성을 강조했다. 그러나 우리는 그런 특정한 관점의 차원을 존재론적으로 진리화眞理化하는 것을 비판했으며, 나아가 이 세계의 문제는 결국 윤리적인 것이라는 점과 윤리에서 가장 중요한 화두는 어떻게 '열린 사회'를 지향하면서 타자성의 문제에 맞부딪쳐 가는 것이라는 점을 강조했다. 우리가 비판적 긍정의 사유를 실천해 나가기 위해서는 앞으로도 이 논의 구도에 입각해 세부 사항들을 계속 정교화해 나가야 할 것이다.

참고문헌

가라타니 고진, 『역사와 반복』, 조영일 옮김, 도서출판b, 2008.

고형곤, 『선의 세계』, 동국대학교출판부, 2005.

기어츠, 클리퍼드, 『문화의 해석』, 문옥표 옮김, 까치, 1998.

김성도·박여성, 「음식기호학」, 『기호학과 철학 그리고 예술』, 소명, 2002.

김종욱, 『하이데거와 형이상학 그리고 불교』, 철학과현실사, 2003.

나가르주나, 『중론』, 박인성 옮김, 주민출판사, 2001.

네그리, 안토니오, 『혁명의 시간』, 정남영 옮김, 갈무리, 2004.

동국역경원 역경위원회 엮음, 『대반야바라밀다경』, 동국역경원, 1987.

르벨, 샤론 엮음, 『불확실한 세상을 사는 확실한 지혜』, 정영목 옮김, 까치, 1999.

마루야마 게이자부로, 『존재와 언어』, 고동호 옮김, 민음사, 2002.

마르쿠스 아우렐리우스, 『명상록』, 천병희 옮김, 숲, 2005.

바디우, 알랭, 『들뢰즈― 존재의 함성』, 박정태 옮김, 이학사, 2001.

바수반두, 『아비달마구사론』, 권오민 역주, 동국역경원, 2002.

박찬국, 『하이데거와 나치즘』, 문예출판사, 2001.

박홍규, 『플라톤 후기철학 강의』, 민음사, 2004

보르헤스·알리시아 후라도, 『보르헤스의 불교 강의』, 김홍근 옮김, 여시아문, 1998.

사르트르, 장 폴, 『변증법적 이성 비판』, 박정자 옮김, 나남, 2009.

＿＿＿, 『존재와 무』, 정소정 옮김, 동서문화사, 2009.

세네카, 『산다는 것과 죽는다는 것』, 장경룡 옮김, 혜원출판사, 1999.

＿＿＿, 『세네카 희곡선』, 최현 옮김, 범우사, 2001.

＿＿＿, 『영혼의 치료자, 세네카』, 이경직 옮김, 동녘, 2001.

＿＿＿, 『인생이 왜 짧은가』, 천병희 옮김, 숲, 2005.

아리아노스 엮음, 『신의 친구 에픽테토스와의 대화』, 강분석 옮김, 사람과책, 2001.

에버릿, 안토니, 『로마의 전설 키케로』, 김복미 옮김, 서해문집, 2003.

에픽테토스, 『엥케이리디온』, 김재홍 옮김, 까치, 2003.

왕필, 『주역 왕필주』, 임채우 옮김, 길, 1998.

우, 존 C. H., 『선의 황금시대』, 김연수 옮김, 한문화, 2006.

윤영수·채승병, 『복잡계 개론』, 삼성경제연구소, 2005.

이기상, 『하이데거의 존재사건학』, 서광사, 2003.

이지훈, 「미셸 세르의 인식론: 공존의 모색」, 『현대 철학의 모험: 서양편』, 길, 2007.

정성본 역주, 『임제어록』, 한국선문화연구원, 2003.

지젝, 슬라보예, 『이데올로기라는 숭고한 대상』, 이수련 옮김, 인간사랑, 2002.

키케로, 『키케로의 의무론』, 허승일 옮김, 서광사, 1989.

______, 『최고선악론』, 김창성 옮김, 서광사, 1999.

______, 『노년에 관하여／우정에 관하여』, 천병희 옮김, 숲, 2005.

______, 『국가론』, 김창성 옮김, 한길사, 2007.

______, 『법률론』, 성염 옮김, 한길사, 2007.

포크너, 키스, 『들뢰즈와 시간의 세 가지 종합』, 한정헌 옮김, 그린비, 2008.

푸코, 미셸, 『지식의 고고학』, 이정우 옮김, 민음사, 1994.

______, 『이것은 파이프가 아니다』, 김현 옮김, 민음사, 1995.

프리고진·스탕제르, 『혼돈으로부터의 질서』, 신국조 옮김, 정음사, 1998.

하이데거, 『세계상의 시대』, 최상욱 옮김, 서광사, 1995.

郡司ペギオ―幸夫, 『生命理論』, 哲學書房, 2006.

多田富雄, 『生命の意味論』, 新潮社, 1997.

檜垣立哉, 『ドゥルーズ―解けない問いを生きる』, NHK出版, 2002.

足立恒雄, 『無限のパラドクス』, 講談社, 2000.

江川隆男, 『存在と差異』, 知泉書館, 2003.

上野千鶴子, 『構造主義の冒險』, 勁草書房, 1985.

日本記號學會 編, 『生命の記號論』, 東海大學出版會, 1994.

蓮實重彦, 『フーコ・ドゥウールズ・デリダ』, 朝日出版社, 1978.

Alliez, Eric, *La signature du monde*, Le Cerf, 1993.

______, *Deleuze : philosophie virtuelle*, Empecheurs Penser en Rond, 1996.

Ansell-Pearson, Keith, *Germinal Life*, Routledge, 1999.[이정우 옮김, 『싹트는 생명』, 산해, 2005.]

Badiou, Alain, *L'Être et l'Événement*, Seuil, 1988.

Bergé, Pierre, et al., *L'Ordre dans le chaos*, Hermann, 1988.

Bouquiaux, Lawrence, *L'Harmonie et le chaos*, Ed. Peeters, 1994.

Bréhier, Émile, *La théorie des "Incorporels" dans l'ancien stoïcisme*, 9 éd., Vrin, 1997.

Cassin, Barbara, *Nos Grecs et leurs modernes*, Seuil, 1992.

Cassirer, Ernst, *Substanzbegriff und Funktionsbegriff : Untersuchungen über die Grundfragen der Erkenntniskritik*, Bruno Cassirer, 1910 (Sondereinband, 1994).

Comte, Auguste, *Philosophie des sciences*, textes choisis J. Laubier, PUF, 1974.

Cournot, Antoine A., *Essai sur les fondements de nos connaissances et sur les caractères de la critique philosophique*, Bibliobazaar, 2009.

Delanda, Manuel, *Intensive Science and Virtual Philosophy*, Continuum, 2002.[이정우 · 김영범 옮김, 『강도의 과학과 잠재성의 철학』, 2009, 그린비.]

Deleuze, Gilles, *Différence et répétition*, PUF, 1968.[김상환 옮김, 『차이와 반복』, 민음사, 2004.]

______, *Logique du sens*, Minuit, 1969.[이정우 옮김, 『의미의 논리』, 한길사, 1999.]

Deleuze et Guattari, *L'Anti-Oedipe*, Minuit, 1972.

______, *Mille plateaux*, Minuit, 1980.[김재인 옮김, 『천 개의 고원』, 새물결, 2001.]

Derrida, Jacques, "La pharmacie de Platon", *La Dissémination*, Seuil, 1972.

Descartes, René, *Règles pour la direction de l'esprit*, Gallimard, 1953.[이현복 옮김, 『방법서설 / 정신지도를 위한 규칙들』, 문예출판사, 1997.]

Foucault, Michel, *Les mots et les choses : une archéologie des sciences humaines*, Gallimard, 1966.[이광래 옮김, 『말과 사물』, 민음사, 1986.]

______, *Madness and Civilization : A History of Insanity in the Age of Reason*, trans. R. Howard, Random House, 1967.[이규현 옮김, 『광기의 역사』, 나남, 2003.]

______, *La pensée du dehors*, Fata Morgana, 1986.

______, "Introduction", Georges Canguilhem, *The Normal and the Pathological*, trans. Carolyn R. Fawcett & Robert S. Cohen, Zone Books, 1991.

Goldschmidt, Victor, *Le système stoïcien et l'idée de temps*, 4 éd., Vrin, 2000.

Heidegger, Martin, *Die Frage nach dem Ding*, Max Niemeyer, 1987.

Kant, Immanuel, *Kritik der reinen Vernunft*, Reclam, 1966.[백종현 옮김, 『순수 이성비판』(전2권), 아카넷, 2006.]

Lacan, Jacques, *Ecrits*, Seuil, 1966/1999.

Leibniz, Gottfried Wilhelm von, *La Monadologie*, 1714.

______, *Discours de métaphysique*, in *Lebniz, choix de textes avec étude du système philosophique et notices biographiques et bibliographiques*, éd. P. Archambault, Louis-Michaud, 1920.

Lévi-Strauss, Claude, *Tristes tropiques*, Plon, 1955.[박옥줄 옮김, 『슬픈 열대』, 한길사, 1998.]

______, *La pensée sauvage*, Plon, 1962.[안정남 옮김, 『야생의 사고』, 한길사, 1996.]

Long, A. A. and D. N. Sedley(ed. and trans.), *The Hellenistic Philosophers*, 2 vols., Cambridge Univ. Press, 1987.

Massumi, Brian, *Parables for the Virtual*, Duke University Press, 2002.

Mattéi, Jean-François, *L'Etranger et le simulacre*, PUF, 1983.

Negri, Antonio, and Michael Hardt, *Empire*, Harvard University Press, 2000. [윤수종 옮김, 『제국』, 이학사, 2001.]

Platon, *Œuvres complètes*, Les Belles Lettres, 1920.

Spinoza, Baruch De, *Ethica, ordine geometrico demonstrata*, 1677.[강영계 옮김, 『에티카』, 서광사, 1997.]

Thom, René, *Stabilité structurelle et morphogénèse*, Interéditions, 1972.

Toscano, Alberto, *The Theatre of Production*, Palgrave, 2006.

개념 찾아보기

반-효과화(contra-effectuation) 374
부정법 89, 94, 183~185, 197, 205~206,
255, 355, 362, 404, 407, 411, 413
불공가능성(incompossibilité) 414, 416,
418~419, 422, 424~425, 448
불이(不二) 362, 376, 411
비-물체적인 것들(asômata) 82~85, 93~
94, 96, 124, 128, 321, 386, 404, 406
빈위(賓位, attribut) 87, 90~91, 124, 174,
183, 201, 208~210, 212, 233, 239~240,
301~302, 383, 400, 420, 423, 471

사건(événement) 5~6, 13~16, 47~49,
71, 86, 94, 96~98, 110, 124, 141, 144,
148, 150, 169, 182, 209, 271, 275, 278,
293, 337, 342, 387, 414, 422, 481, 539
사건-의미 125, 127, 129~130, 134,
136, 142, 156, 422
선(禪) 300, 306, 505, 507
선불교 27~28, 80, 270, 300, 303~308,
312, 344, 362, 382, 408, 449, 506,
508, 532, 534, 539
선험적 계열학 156, 159, 212
소리 133, 360, 368, 374
소요(逍遙) 7, 262~263, 312, 372, 451,
537~539
순수사건 6, 89, 91, 94, 97, 123~124,
130, 141, 182~183, 205, 209, 212, 250,
278, 342~343, 353, 355, 369, 374, 404
시뮬라크르(simulacre) 13, 16, 18, 20,
23~24, 50, 59~61, 69, 71, 73~74, 79~
80, 85~86, 92~93, 131, 184, 202, 259,
270, 294

아이온(aiôn) 89, 94, 303, 382, 391,
402, 404~407, 411~413
언표-장(場) 133~140, 228, 247, 488

연접(連接, connexion) 160~161, 164,
417~418, 483, 495
연접적 종합 161~162
우발점(point aléatoire) 150~152, 154,
156~158, 168, 221, 343, 405~406,
490~492
운명(fatum) 283, 287, 324, 326~333,
336~337, 346, 499
울림 358
의미 98, 244
이름-자리 262~263, 266~267, 434
이웃관계 158, 167~168, 178~180, 188,
199, 212, 242
이접의 긍정적 종합 412, 426, 431~433
이접적 종합(synthèse disjonctive) 161,
163, 254, 432, 440
이중 인과 148, 217, 317, 343, 416, 482
익살 287~288, 300, 305~308, 375
인칭 189, 214~216, 222~223, 229,
278~279, 300, 342, 355, 423~424
인칭적 죽음 363, 365, 369

자살 283, 364~365, 378~379, 381
자연주의 80, 219~221, 291~293, 298,
303, 310, 315~319, 365~366
잠재성(virtuality) 88~91, 122, 129,
163, 196~203, 213~215, 236, 252, 255,
278, 280, 365, 377, 400, 402, 411, 426,
429~434, 447, 457~462, 467, 485~504
전미래 373
정적 발생 215~218, 222~223
존속(subsist) 87~89, 91, 94, 129~130,
197~198, 209, 383, 397, 400, 530~531
죽음 128, 135, 336, 343, 358~365,
372~373, 376~379, 402
준-원인 148, 218~219, 317, 343, 416
중용(中庸) 284

인명 찾아보기

메를로-퐁티(Merleau-Ponty, Maurice)
24, 36, 113, 116
메시앙(Messiaen, Olivier) 133
메이에르송(Meyerson, Émile) 29, 39
멘 드 비랑(Maine de Biran, François-
Pierre-Gonthier) 22~24, 27, 106, 241
무어(Moore, George E.) 316
밀(Mill, John Stuart) 29

바디우(Badiou, Alain) 60, 74, 79, 167,
185, 274, 296, 458, 480~481, 502
바슐라르(Bachelard, Gaston) 27, 29,
31~32, 49~52, 100, 107, 112, 127, 182,
513, 530
방브니스트(Benveniste, Émile) 100
베르그송(Bergson, Henri) 14, 17, 19,
21~27, 31~32, 39~40, 43~44, 51, 63,
73, 88, 110, 120, 129, 157, 160, 169,
182, 186, 196, 198~205, 242, 250, 255,
268, 273~277, 294, 385, 401, 426, 431,
442, 454~456, 462, 467, 469, 475, 492,
499~501, 514, 517, 523, 525, 530, 540
베르나르(Bernard, Claude) 29, 40
벤야민(Benjamin, Walter) 530
보드리야르(Bodrillard, Jean) 60, 73,
88, 131, 185, 274, 501
보르헤스(Borges, Jorge Luis) 103, 382,
407~411
부르디외(Bourdieu, Pierre) 46, 48,
103, 117, 135, 167, 185, 278
부스케(Bousquet, Joe) 356
불레즈(Boulez, Pierre) 133
브렁슈비크(Brungschvig, Leon) 29
블랑쇼(Blanchot, Maurice) 359, 365

사르트르(Sartre, Jean Paul) 36, 54,
248~249, 332, 517

생-틸레르(Saint-Hilaire, Geoffroy) 478
세네카(Seneca, Lucius Annaeus) 287
세르(Serres, Michel) 29, 38, 40, 46,
80, 134~138, 188, 193, 203, 233, 242,
281, 428, 469
소쉬르(Saussure, Ferdinand de) 27,
117, 120, 517
소크라테스(Socrates) 210, 282, 288,
291, 300, 305~306, 339, 387, 420
슈뢰딩거(Schrödinger, Erwin) 478
스코투스(Scotus, Duns) 20, 471
스피노자(Spinoza, Baruch) 19~20, 27,
43~44, 62, 66, 124~125, 142, 163,
208, 255, 268, 309, 330, 357, 422,
429, 493

아리스토텔레스(Aristoteles) 17, 20~21,
80~81, 95~96, 105, 107, 272, 278,
282~285, 287~288, 313~314, 320,
325~326, 330, 333~335, 338, 367, 384,
387~388, 390, 419~421, 447, 457, 463,
479, 494, 527
아우구스티누스(Augustinus, Aurelius)
384, 390
아인슈타인(Einstein, Albert) 39, 100,
110, 169, 385
알튀세르(Althusser, Louis) 32, 46, 117,
165, 185, 208, 274, 278, 410, 479
에피쿠로스(Epicouros) 80~81, 340
에픽테토스(Epiktētos) 287, 331, 345
엠페도클레스(Empedocles) 21, 291
오규 소라이(荻生徂徠) 314
워홀(Warhol, Andy) 76

장자(莊子) 27, 321~322, 363, 448
제임스(James, William) 509, 525, 530
졸라(Zola, Émile) 365~368